Mein Leben unter zwei Himmeln

Y. C. Kuan

Mein Leben unter zwei Himmeln

Eine Lebensgeschichte zwischen Shanghai und Hamburg

Mit einem Nachwort von Hans-Wilm Schütte

Scherz

Für Petra

Schutzumschlagfotos
Vorne: Hochzeit der Eltern und Porträt Y.C. Kuan
Hinten: Y.C. Kuan mit Freunden und Geschwistern

Erste Auflage 2001

Dieses Werk wurde vermittelt durch die
Literarische Agentur Thomas Schlück GmbH, 30827 Garbsen.

Kindheit

(1931–1945)

Historischer Rahmen

10.10.1911	Der Aufstand von Wuchang läutet das Ende des Kaiserreichs ein (Revolution von 1911)
1.1.1912	In Nanking wird die Republik China ausgerufen und Sun Yatsen zum ersten Präsidenten gewählt
12.2.1912	Der letzte Kaiser dankt ab
25.8.1912	Gründung der Nationalen Volkspartei (Kuomintang, KMT). Sun Yatsen wird zum Vorsitzenden gewählt
4.5.1919	Bewegung vom 4. Mai: patriotische Studentenproteste gegen die Nachgiebigkeit der chinesischen Regierung bei den Friedensverhandlungen in Versailles erfassen von Peking ausgehend viele Städte des Landes. Die Studenten schreiben Wissenschaft und Demokratie auf ihre Fahnen und verdammen die konfuzianischen Traditionen
Juli 1921	Gründung der Kommunistischen Partei Chinas (KPCh) in Shanghai
12.3.1925	Sun Yatsen stirbt
April 1927	Jiang Kaishek, Heerführer der KMT-Armee, schlägt in Shanghai gewaltsam einen Generalstreik nieder (Shanghai-Massaker), kündigt das Bündnis mit der KPCh auf und gründet eine eigene Nationalregierung in Nanking
Sept. 1931	Die japanische Kwantung-Armee beginnt mit der Besetzung der Mandschurei; antijapanische Proteste erfassen das Land
16.10.1934	Unter dem Druck der KMT-Armee verlässt die kommunistische Rote Armee die von ihr gehaltenen zentralchinesischen Gebiete und beginnt den «Langen Marsch»
8.1.1935	Auf der Zunyi-Konferenz während des Langen Marsches wird Mao Zedong zum Parteichef der KPCh gewählt
20.10.1935	Der Lange Marsch endet in Nord-Shaanxi, wo die Rote Armee ein Stützpunktgebiet etabliert
7.7.1937	Mit dem «Zwischenfall an der Marco-Polo-Brücke» beginnt die groß angelegte japanische Invasion, die rasch von Nord nach Süd fortschreitet
13.8.1937	Beginn der Kämpfe um Shanghai
20.11.1937	Die Nationalregierung in Nanking gibt angesichts der japanischen Bedrohung die Verlegung des Regierungssitzes nach Chongqing (Chungking) bekannt
13.12.1937	Japanische Truppen besetzen Nanking; Beginn des Nanking-Massakers
30.3.1940	Einsetzung einer japanischen Marionettenregierung für China in Nanking

7.12.1941	Mit dem japanischen Überfall auf den US-Flottenstützpunkt Pearl Harbor, Hawaii, beginnt der Pazifikkrieg
6.8.1945	Hiroshima wird durch eine amerikanische Atombombe zerstört; die zweite Bombe auf Nagasaki folgt drei Tage später
8.8.1945	Die Sowjetunion erklärt Japan den Krieg
14.8.1945	Der japanische Kaiser kündigt die bedingungslose Kapitulation an

Der Traum

Der schönste unter den Weiße-Wolken-Bergen am Stadtrand von Kanton trägt den Namen «der Himmelsberührer». Mit seinen fast vierhundert Metern ist er nicht besonders hoch, dennoch verhüllen oft Wolken den Gipfel. Ein schmaler Treppenpfad schlängelt sich hinauf. Gerät ein Wanderer in die Wolken, so scheint es ihm, als schwebte er schon in einem himmlischen Reich und mit der Menschenwelt unter ihm wären auch all seine irdischen Sorgen in den Nebeln versunken. Meine Mutter unternahm viele Ausflüge auf den Berg. Vielleicht hoffte sie, dass die Wolken auch ihren Kummer einmal hinwegtragen würden.

Eines Nachts träumte sie von dem Berg. Sie stand vor ihm und blickte zu ihm empor. Da gewahrte sie einen großen Stein, der sich vom Gipfel löste und den Berg herabgerollt kam. Er sprang über Wege und Bäche, stieß gegen Felsen und Kiefern, doch nichts hielt ihn auf. Schließlich schoss er einen steilen Abhang herab geradewegs auf meine Mutter zu. Sie konnte ihm nicht mehr ausweichen, und als er sie mit voller Wucht traf, schrie sie auf und erwachte. In der folgenden Nacht wurde sie ein drittes Mal schwanger. Der Himmel hatte mit diesem Traum, wie sie mir später sagte, meine Geburt angekündigt. Immer wieder musste sie ihn mir erzählen, als ich klein war, und mit neuen Bildern ausschmücken. Heute scheint es mir, als hätte der Felsbrocken, der den langen Weg vom Gipfel herabrollt, dabei auf ein Hindernis nach dem anderen trifft und doch von keinem aufgehalten wird, schon einen Hinweis auf meinen Lebensweg gegeben.

Meine Eltern

Meine Mutter Yan Zhongyun gehörte zur ersten Generation chinesischer Frauen, die eine Universität besuchen durften. Das konfuzianische China hatte von einer Ausbildung der Frauen nichts gehalten und sie sogar als schädlich angesehen: «Kluge Frauen sind schlechte Ehefrauen», war eine verbreitete Ansicht. 1896 geboren, kam Mutter jedoch in einer Zeit des sozialen Umbruchs zur Welt und wuchs zudem in Tianjin auf, einer vom Westen stark beeinflussten Stadt. Tianjin besaß den größten Hafen Nordchinas, der ausländische Kaufleute und Militärs – unter ihnen Engländer, Franzosen, Deutsche, Amerikaner und Japaner – gleichermaßen anzog. Sie versuchten, China als Absatzmarkt für ihre Produkte zu erschließen und sich Einflusszonen zu sichern, die sie sogar mit Waffengewalt ausbauten – für die Chinesen eine große Demütigung. Mit den Kaufleuten und Soldaten waren Missionare ins Land gekommen und hatten Missionsschulen gegründet. Viele Chinesen sahen darin ein Ärgernis, doch für Mutter war es ein wahres Glück. Sie hatte, wie damals in vielen Familien üblich, von einem Privatlehrer Unterricht in konfuzianischen Texten und Kalligraphie bekommen. Als sie neun Jahre alt war, starb ihre Mutter. Drei Jahre später heiratete ihr Vater eine junge Frau, die nur vier Jahre älter war als sie selbst. Der geringe Altersunterschied machte Stiefmutter und Stieftochter zu Freundinnen.

Weil es inzwischen unter den Intellektuellen Tianjins Mode geworden war, die Kinder in die neue Missionsschule zu schicken, gab auch mein Großvater seine Tochter dorthin. Mit großem Eifer widmete sie sich fortan dem westlich orientierten Unterricht, und schon bald stand für sie fest, dass sie Lehrerin werden wollte. Dem Besuch der Missionsschule folgte deshalb ein Pädagogikstudium an der Pädagogischen Hochschule von Tianjin, der ersten chinesischen Frauenhochschule, aus der im Laufe der Zeit viele Schriftstellerinnen und Aktivistinnen der chinesischen Revolution hervorgingen. Gleich nach Abschluss ihres Studiums bekam sie vom örtlichen YMCA, dem Christlichen Verein Junger Männer, ein Stellenangebot als Englischlehrerin, das sie sofort annahm. Das Gehalt, obzwar nicht hoch, reichte für den Lebensunterhalt und erlaubte ihr sogar, die Finanzen der Familie aufzubessern.

Die exzellente Ausbildung und finanzielle Unabhängigkeit meiner Mutter schmälerten jedoch ihre Heiratschancen. Traditionell denkende Familien bevorzugten nach wie vor Schwiegertöchter, die nichts weiter gelernt hatten als Hausarbeit und Gehorsam. Damals wurden die Ehen meist noch von den Eltern arrangiert. Mein Großvater jedoch hielt nichts davon: Seine Tochter sollte sich ihren Ehemann allein auswählen. Diese fortschrittliche Einstellung war ungewöhnlich für einen Gelehrten wie ihn, der noch an den kaiserlichen Beamtenprüfungen teilgenommen hatte und einer traditionsbewussten Familie entstammte. Voll Stolz erachtete die Familie Ziyou, einen Schüler des Konfuzius, als ihren Urahn.

Mutter gefiel das Berufsleben. Sie hatte es deshalb auch nicht eilig zu heiraten, erwog sogar, unverheiratet zu bleiben. Die Jahre vergingen, und fast schien es ihrer Umgebung, als würde sie einmal als alte Jungfer enden, da begegnete sie im Alter von 29 Jahren meinem Vater, der gerade nach sechsjährigem Studienaufenthalt in Frankreich und den USA als weltgewandter Mann nach Tianjin zurückgekehrt war, den Kopf voller Ideen, wie man die sozialen Missstände in China überwinden und das Land zu einem respektierten Staat machen könnte. Angeblich litt er bei seiner Rückkehr unter schrecklichem Liebeskummer, denn seine amerikanische Freundin hatte ihm nicht nach China folgen wollen. Beim YMCA traf er viele alte Freunde aus seiner Studienzeit wieder, die sich wie er inzwischen zum Christentum bekannten. Sie waren überrascht, dass ihr einstiger Kommilitone, immerhin ein attraktiver Mann, mit seinen über dreißig Jahren noch unverheiratet war. Einige dachten sofort an meine Mutter, die von ihrem Charakter und ihrer Erziehung her gut zu ihm zu passen schien und zudem blendend aussah. Sie machten die beiden miteinander bekannt. Ob es Liebe auf den ersten Blick war, weiß ich nicht. Da für meinen Vater ohnehin nur eine selbständige Akademikerin in Frage kam, die westlich orientiert und Christin sein sollte, war klar, dass sie zu ihm passen würde. Auch Mutter war ihm vom ersten Moment an sehr zugetan.

Sie heirateten sofort, natürlich kirchlich und sie in Weiß, und gleich im nächsten Jahr bekamen sie eine Tochter, Minqian, der mein Vater in Erinnerung an seine amerikanische Freundin den Zweitnamen Margret gab. Meine Mutter, die diesen Hintergrund nicht kannte, fand das interessant. Als Vater dann einen Ruf an die berühmte Kantoner Lingnan-Universität erhielt, beneideten alle sie um ihr Glück. Die Professoren an der von amerikanischen Protestanten gegründeten Hochschule galten als Günstlinge des Himmels, denn sie verdienten ein Vielfaches von dem, was andere Universitäten zahlten, und konnten sich deshalb manchen Luxus leisten, zum Beispiel einen gelegentlichen Wochenendausflug ins nahe Hongkong.

Bald vermehrte sich die Familie noch um einen Sohn, Diqian. Für eine kurze Zeit schien das Glück vollkommen. Frei von finanziellen Sorgen lebte die junge Familie in einem schönen Haus auf dem Universitätscampus. Die Eltern besaßen alles, was sie brauchten, um das Leben zu genießen. Dann aber schien ein böser Geist die Sinne meines Vaters zu verwirren. Er wurde launisch und ungnädig. Mutter verstand die Welt nicht mehr. Sie war eine liebevolle, zurückhaltende Frau, die nie stritt oder laut zürnte und ganz nach dem alten chinesischen Sprichwort lebte: «Wer ein Huhn heiratet, folgt einem Huhn, und wer einen Hund heiratet, folgt einem Hund.» Sie beschwerte sich nicht, wenn ihr Mann allein ausging, doch allmählich spürte sie, dass irgendetwas nicht stimmte. Es tauchte das Gerücht auf, Vater habe eine Geliebte, eine Studentin, die ihm von Tianjin an die Lingnan-Universität gefolgt sei. Mutter mochte das nicht glauben, wagte jedoch nicht, ihren Mann zur Rede zu stellen. Stattdessen betete sie zu Gott, Vater möge ihr treu bleiben und das junge Glück nicht aufs Spiel setzen.

Schließlich wurde sie zum dritten Mal schwanger. Als ich dann im Februar 1931 zur Welt kam, gab mir mein Vater den Namen Yu, «der Überflüssige». Jahre später wählte Mutter ein anderes Schriftzeichen gleicher Aussprache, denn sie fürchtete, dass mich die Bedeutung des Namens verletzen würde. Von da an hieß ich Yu, «der Bescheidene». Mit dem Generationsnamen, den auch meine Geschwister trugen, ergab sich daraus nach heutiger Schreibweise Yuqian oder, wie wir es damals schrieben, Yu Chien.

Die Lingnan-Universität galt als modern und progressiv, eben amerikanisch, und zog deshalb viele aufgeschlossene Studenten an. Die meisten von ihnen kamen aus reichem Hause oder waren Kinder wohlhabender Auslandschinesen, die sich die hohen Studiengebühren leisten konnten. Selbstverständlich kleidete man sich westlich, die Studenten trugen maßgeschneiderte Anzüge und Lederschuhe, die Studentinnen elegante Kleider aus feinen Stoffen. Wenn sie über den Campus stolzierten, glichen sie einer Schar aufgeregter Pfauen. Vater empfand das Auftreten dieser jungen Studenten als Provokation gegenüber der vorwiegend bitterarmen Bevölkerung, die in der Nachbarschaft der Universität lebte. «Wir müssen die Menschen aus ihrer Armut befreien und dürfen sie nicht durch unser Auftreten beleidigen!», wetterte er in seinen Vorlesungen. Er selbst bevorzugte die schlichten, langen Herrengewänder, wie sie die Gelehrten im alten China trugen.

Vater war der geborene Pädagoge, temperamentvoll und mitreißend, von amerikanischer Offenheit und natürlichem Charme. Die Studenten liebten und verehrten ihn. Seine Vorlesungen zur englischen Sprache und amerikanischen Literatur übten auf sie große Anziehungskraft aus. Jedoch war es nicht nur sein pädagogisches Talent und die fachliche Kompetenz, die sie anzogen, sondern viel mehr noch seine flammende Rhetorik. Häufig rief er während des Unterrichts – wenn auch in englischer Sprache – zu Patriotismus und antijapanischem Widerstand auf.

Die Japaner hatten im Herbst 1931 die Mandschurei besetzt. In Strömen flüchteten die Menschen aus dem Norden in die südlich gelegenen Großstädte und berichteten von Misshandlungen, Folter und Mord. Jeder, der auch nur einen Funken Patriotismus in sich trug, war tief empört und empfand Wut und Scham über die Unfähigkeit von Regierung und Armee, die Heimat erfolgreich zu verteidigen. In frühesten Kindheitserinnerungen sehe ich meinen Vater nächtelang mit Freunden in leidenschaftliche Diskussionen verwickelt. Ich verstand nichts von all der Aufregung, doch die Worte «Vaterland» und «Freiheit» prägten sich mir ein und gehörten zu den ersten Worten, die ich lernte.

Im Laufe der Zeit sammelten sich um meinen Vater immer mehr politisch aktive Studenten und Professoren, die die Idee des antijapanischen Widerstandes in allen Veranstaltungen der Universität propagierten. Der Universitätsleitung waren Vaters aufrührerische Reden ein Dorn im Auge, doch hielt sie sich mit einer offiziellen Rüge zurück. Als dann aber seine Affäre mit jener Studentin allgemeines Gesprächsthema an der Universität wurde, nutzte der Rektor den willkommenen Anlass, Vater wegen skandalösen Verhaltens zu entlassen. Zu spät erkannte er, wie leichtfertig er sein Glück verspielt hatte. Die umgehende Trennung von der Geliebten konnte ihn nicht mehr retten, und bald zeigte sich auch, dass es praktisch aussichtslos war, an einer anderen Universität eine ähnliche Position zu finden. Eine Rückkehr nach Tianjin kam für ihn nicht in Frage; er schämte sich zu sehr, also tauchte er vorübergehend bei Freunden unter.

Nach Peking

Mutter war verzweifelt. Wie sollte sie sich und ihre drei kleinen Kinder allein durchbringen? Trotz des Skandals kam für sie eine Scheidung nicht in Frage, denn als geschiedene Frau mit Kindern hätte sie jedes gesellschaftliche Ansehen eingebüßt. Glücklicherweise hatte Vater immer treue Freunde. Einer von ihnen vermittelte Mutter eine Stellung als Lehrerin an einer Grundschule, die zur Yanjing-Universität in Peking gehörte. So zog sie mit uns drei Kindern 1934 in den Norden. Kurz darauf erhielt Vater eine Professur in Qingdao, jenem nordchinesischen Hafen- und beliebten Seebadeort, der entstanden war, nachdem das Deutsche Reich hier 1897 die Jiaozhou-Bucht besetzt und China einen Pachtvertrag über das Gebiet abgetrotzt hatte; 1914 hatte dann Japan die deutsche Kolonie besetzt, ehe sie 1922 an China zurückfiel. Gemeinsame Freunde rieten meinen Eltern, sich zu versöhnen, doch Mutter entschied, mit uns in Peking zu bleiben.

Die Yanjing-Universität lag nordwestlich der Stadt in ländlicher Umgebung. Wie an der Lingnan-Universität lebten auch hier die Lehrkräfte mit ihren Familien auf dem Campus oder in dessen unmittelbarer Nähe. Mutter mietete für uns ein bescheidenes Anwesen. Auf seiner Südseite, zur Straße hin, verbarg es sich hinter einer hohen Mauer. Trat man durchs Tor, so gelangte man in einen stillen, rechteckigen Innenhof, in dem ein riesiger Baum Schatten spendete. An der Nordseite sowie im Osten und Westen fasste den Hof je ein eingeschossiges Haus mit zwei, drei Zimmern ein. In dieser Kleinausgabe einer typischen nordchinesischen Hofhausanlage gefiel es mir vom ersten Augenblick an, umso mehr, als es in den Nachbarhäusern, wo Mutters Kollegen wohnten, jede Menge Spielkameraden gab, mit denen sich wunderbar auf der ungepflasterten Dorfstraße und in den angrenzenden Reisfeldern herumtollen ließ. Wenn es regnete, verwandelten sich die staubigen Lehmwege in schaurige Schlammwüsten, wo wir zu unserer Freude und zum Entsetzen der Erwachsenen so manche Schlacht gegen die Bauernkinder austrugen. Als Angehörige des Lehrkörpers durften wir auch die Sportanlagen der Universität, den Fußballplatz und das Schwimmbecken, benutzen. Ich hätte mir keine bessere Umgebung wünschen können.

Auch Mutter schien zufrieden zu sein. Die neue Aufgabe als Lehrerin lenkte sie von den Sorgen mit ihrem Mann ab, und besonders glücklich zeigte sie sich, als kurz nach unserer Ankunft in Peking Tante «Dreizehn» mit ihrer zehnjährigen Tochter Shanshan zu uns zog. Tante Dreizehn war die Schwester meines Vaters und in der Guan-Sippe die dreizehnte Tochter ihrer Generation. Ich liebte Tante Dreizehn. Sie war rund wie eine Kugel, hatte ein großes Herz und eine spitze Zunge. Sie scherzte und lachte gern mit uns Kindern, aber sie konnte auch sehr streng sein. Obwohl ihr Mann schon kurz nach der Hochzeit verstorben war, war sie bei den Schwiegereltern in Tianjin geblieben, die sie wie eine Tochter behandelten. Sie vermachten ihr sogar ein kleines Vermögen. Nach dem Tod der Schwiegereltern zog sie nun zu uns nach Peking. Mutter verstand sich gut mit ihrer Schwägerin und schien sehr erleichtert, eine weitere Erwachsene im Haus zu wissen, die ab und zu ein Auge auf uns Kinder werfen konnte. Bei ihrer Ankunft überraschte uns Tante Dreizehn mit zwei weiteren Frauen, die sie mitbrachte: ein etwas beschränktes Dienstmädchen, mit dem es niemand außer meiner gutmütigen Tante aushalten konnte, und eine Nebenfrau des verstorbenen Schwiegervaters. Das Dienstmädchen erledigte alle Hausarbeiten für Tante Dreizehn, die Nebenfrau – wir Kinder nannten sie Nebentante – fühlte sich dagegen nur für eine einzige Aufgabe bestimmt: die Betreuung meiner Kusine Shanshan. Von morgens bis abends umsorgte sie dieses eine Kind, das deshalb immer wie aus dem Ei gepellt aussah. Nur zu gern wäre Shanshan meinen Spielkameraden und mir über Stock und Stein in die Felder gefolgt, doch sie fand nie eine Chance, dem wachsamen Auge der Nebentante zu entwischen.

Kriegsausbruch

Es vergingen drei Jahre, und ich hatte meinen Vater eigentlich schon vergessen, als im Frühling 1937 ein Brief von ihm eintraf: Er vermisse uns Kinder sehr, und wir sollten in den Sommerferien alle nach Qingdao kommen, einschließlich Tante Dreizehn samt Anhang. Er habe inzwischen genug Geld gespart, um uns in einem feinen Hotel unterzubringen.

Tante Dreizehn zeigte sich gerührt, wir Kinder tanzten vor Begeisterung: Sommerferien am Meer! Mutter dagegen war von der Einladung alles andere als begeistert: «Wahrscheinlich fühlt er sich einsam, und deshalb fallen ihm plötzlich seine Kinder wieder ein. Und was das kosten wird an Fahrt, Unterbringung und Verpflegung! Von dem Geld könnten wir hier ein ganzes Jahr lang leben. Warum kommt er nicht nach Peking, wenn er die Familie so vermisst?»

Meine Tante warf ihr Undankbarkeit vor. «Da hat er sich endlich besonnen und möchte einen Neuanfang wagen, und du denkst nur an das Geld!», schimpfte sie.

Mutter fand in keinem von uns Unterstützung. Alle wollten wir in die Sommerfrische fahren. Auch einige enge Freunde redeten ihr zu, so willigte sie schließlich ein. Anfang Juli war es soweit. Selbst Mutter freute sich nun auf das Meer, denn in Peking herrschte große Hitze. Vater zeigte sich überglücklich und in bester Stimmung, als wir mit dem Zug in Qingdao eintrafen. Wir wohnten in einem noblen Strandhotel, dessen Geschäftsführer, ein Deutscher, uns Kinder sofort in sein Herz schloss.

Qingdao entpuppte sich als Paradies. Zum ersten Mal im Leben sah ich blaues Meer und weiße Sandstrände. Ich staunte über die vielen feinen Häuser, die von Deutschen und anderen Ausländern gebaut worden waren und so anders aussahen als chinesische. Auf den gepflegten Straßen spazierten unter schattigen Bäumen vornehm gekleidete Chinesen und Ausländer, meist Deutsche und Engländer. Einige von ihnen trugen merkwürdige, khakifarbene Hüte und kurze Hosen. Besonders spaßig fand ich die Knickerbocker, die man mit dicken Kniestrümpfen trug. So etwas hatte ich noch nie gesehen.

Wenn es nach mir gegangen wäre, dann hätten wir den ganzen Tag am Strand verbringen können. Vater spielte und scherzte mit uns Kindern, schwamm mit uns im warmen, klaren Wasser, verwöhnte Mutter mit vielen Aufmerksamkeiten und plauderte vergnügt mit seiner Schwester. Ich hatte Mutter noch nie so glücklich erlebt.

Am Abend des 7. Juli – wir saßen gerade in ausgelassener Stimmung beim Abendessen – kam plötzlich ein Jugendlicher ins Hotel gestürmt und schrie: «Es ist Krieg! Die Japaner sind in Peking einmarschiert! Sie haben den ganzen Norden besetzt!» Vater sprang auf, stürzte erst dem weiterlaufenden Jungen nach, kam dann zurück und schaltete ein Radio ein, das in dem Speisezimmer stand. Musik erklang, dann ein Rauschen und irgendwelche Stimmen. Begeistert sprang ich auf, drängte mich an Vater heran und drehte genau wie er an den Knöpfen.

«Weg da!», donnerte er los und verpasste mir eine schallende Ohrfeige, die ich nie vergessen habe, so tief verletzte sie mein Herz. Weinend rannte ich zu Mutter, die mich tröstend in ihre Arme schloss. «Es ist aus», sagte sie wie zu sich selbst. «Ich habe alles verloren: meine Ersparnisse, den Schmuck von meiner Mutter, die neuen Möbel, die Bücher! Wir haben kein Zuhause mehr.»

Die Nachricht von der Besetzung Pekings setzte unserem Urlaub ein jähes Ende. Da uns der Rückweg abgeschnitten war, hätten wir in Qingdao bleiben müssen, doch das war kaum praktikabel. Vater besaß keine angemessene Wohnung, in der er unsere kleine Gesellschaft von immerhin acht Personen hätte unterbringen können, und außerdem verdiente er nicht genug, um uns auf Dauer im teuren Qingdao zu unterhalten.

Eine Lösung kam schneller als erwartet. Einige Tage später erhielt Vater ein Telegramm von seinem Bruder: Wir sollten alle ins sichere Shanghai kommen, wohin er selbst sich auch schon mit seiner Familie aus Tianjin geflüchtet hatte. Schon am nächsten Tag arrangierte Vater für uns die Zugfahrt zu Onkel «Zehn» nach Shanghai, er selber kam jedoch nicht mit. Er habe noch eine wichtige und große Aufgabe zu erledigen, erklärte Mutter uns. Das machte mich neugierig, doch wie ich es auch anstellte, bekam ich mehr nicht aus ihr heraus. Wenig später verplapperte sich aber Tante Dreizehn. So erfuhr ich, dass Vater sich den Kommunisten und ihrem antijapanischen Widerstandskampf angeschlossen hatte. Da spürte selbst ich mit meinen sechs Jahren, dass ich mit niemandem darüber sprechen durfte.

Bei Onkel Zehn

Onkel Zehn – innerhalb der Sippe der zehnte Sohn seiner Generation – betrieb mit großem Erfolg einen Importhandel für europäische Maschinen und hatte es innerhalb weniger Jahre zu einem stattlichen Vermögen gebracht. Er beeindruckte mich mit seiner großen, kräftigen Statur und seiner volltönenden Stimme. Er war ein tatkräftiger Mann, der sich, anders als mein Vater, nicht viel um Politik kümmerte, sondern seine ganze Aufmerksamkeit den Geschäften und der Familie widmete. Dabei kümmerte er sich nicht nur um seine eigenen fünf Kinder, sondern auch um seine Nichten und Neffen. Er hatte im chinesischen Viertel im Norden Shanghais ein mehrstöckiges Haus angemietet, das für seine siebenköpfige Familie reichlich Platz bot. Das änderte sich, als wir zu acht aus Qingdao anrückten. Es wurde für alle recht eng.

Uns Kinder – neun an der Zahl – störte das nicht. Wir verstanden uns prächtig. Waren wir unter uns, so machten unsere Vettern und Kusinen jeden Unsinn mit, in Gegenwart der Erwachsenen aber wagten sie nicht aufzumucken – ihre Mutter, Tante Zehn, früher Lehrerin, war ein wahrer Hausdrachen. Lautstark führte sie das Regiment. Schon ihre Gestalt gebot Respekt: Sie war stämmig wie ein Tempelwächter, dabei fehlte ihr die Herzlichkeit von Tante Dreizehn. Ständig hatte sie etwas auszusetzen, vor allem an ihren Kindern. Ab und zu rutschte ihr auch die Hand aus. Das kannten meine Geschwister und ich überhaupt nicht von unserer Mutter, die uns mit sanfter Strenge erzog und dennoch mehr Autorität besaß als Tante Zehn ihrem Nachwuchs gegenüber.

Insgesamt gesehen gefiel mir Shanghai am Anfang gar nicht, denn alles, was zu meinem Pekinger Alltag gehört hatte, wie das Spielen in der freien Natur, war nicht mehr erlaubt. Zu meinem großen Verdruss untersagten mir die Erwachsenen, allein auf Entdeckungstour zu gehen und die Nachbarschaft zu inspizieren. Tante Dreizehn versuchte mir Angst einzujagen: «Shanghais Straßen sind gefährlich. Es gibt Räuber, Diebe und Kinderhändler!» Doch das beeindruckte mich nicht, im Gegenteil: Es machte mich eher neugierig.

Natürlich blieb es nicht aus, dass wir Kinder in Begleitung der Erwachsenen ein paarmal unser quirliges chinesisches Viertel verließen und die feine französische Konzession und die internationale Niederlassung besuchten, wo an schattigen Straßen vornehme Villen standen. Besonders aufregend fand ich den Bund, die berühmte Uferpromenade mit ihren grandiosen Bürohäusern und Hotels, ließ sich doch von hier aus das geschäftige Treiben auf dem Huangpu mit den unzähligen Schiffen verfolgen. Hier war zu spüren, dass Shanghai eine richtige Metropole war, und nach und nach gefiel sie mir auch besser. Insgeheim dankte ich es nun Onkel Zehn, dass er uns hierher geholt hatte. Mutter allerdings trauerte noch immer um den Verlust unserer Pekinger Habseligkeiten.

Doch nicht nur deswegen war Mutter anfangs in Shanghai sehr unglücklich. Sie hatte keine Arbeit und deshalb kaum noch Geld. Wir lebten hauptsächlich von der Unterstützung durch Onkel Zehn und Tante Dreizehn. Das Dienstmädchen und eine neu engagierte Köchin, Frau Pan, ließen keine Gelegenheit aus, uns spüren zu lassen, dass nicht wir diejenigen waren, die ihre Dienste bezahlten, obwohl wir sie ohnehin kaum in Anspruch nahmen.

Eines faszinierte mich sofort an Onkel Zehns Domizil: Ich hatte bisher nur in eingeschossigen Häusern gewohnt und empfand es deshalb als größtes Vergnügen, über die engen Treppen vom Erdgeschoss bis in den dritten Stock zu jagen und wieder hinunter. Darum spielte ich im Treppenhaus besonders gern Fangen mit den anderen Kindern, sehr zum Ärger der Erwachsenen, die das Gepolter die Treppen auf und ab manchmal an den Rand eines Nervenzusammenbruchs brachte.

Noch spannender fand ich, dass aus dem Wasserhahn im zweiten Stock Wasser floss. Wie kam das Wasser überhaupt dort hinauf? Ich untersuchte das gesamte Leitungssystem. Dann kam der Tag, an dem Tante Zehn den Hahn überdrehte und ihn nicht mehr schließen konnte. Das Wasser schoss aus der Leitung, und Tante Zehn stand zeternd daneben. Im Nu kamen Onkel Zehn und Tante Dreizehn angerannt, ebenso die Nebentante und meine Mutter. Mein Onkel drehte ebenso hektisch wie erfolglos an dem Hahn herum, und die anderen schauten ihm ratlos zu. Schon drohte das Waschbecken überzulaufen, der Abfluss war wohl ein wenig verstopft.

«Was sollen wir nur tun?», kreischte Tante Zehn.

«Das haben wir gleich!», rief ich triumphierend, ohne dass mich jemand ernst nahm. Ich sauste ins Erdgeschoss und sperrte den Haupthahn zu, den ich im Rahmen meiner Nachforschungen entdeckt hatte. Noch bevor ich wieder oben ankam, hörte ich schon ein erstauntes und beifälliges Ah! und Oh!

«Wie hast du das gemacht?», wollte Onkel Zehn wissen. «Du wirst bestimmt einmal Ingenieur!»

Tante Zehn strahlte anerkennend und lobte mich über alle Maßen, was so selten vorkam, dass es mir bis heute denkwürdig erscheint.

Wir wohnten kaum einen Monat bei Onkel Zehn, da hatten die japanischen Truppen schon Shanghai erreicht. Eine Zeit lang konzentrierten sie sich auf die Eroberung von Vororten. Dann verlagerten sich die Kämpfe bis in die innerstädtischen Wohnviertel. Zunächst wagten sich die Japaner nur in die chinesischen Teile Shanghais, die französische Konzession und die internationale Niederlassung ließen sie unbehelligt. Erst 1941, nach dem Ausbruch des Pazifikkriegs, besetzten sie auch die ausländischen Viertel.

Als an einem Nachmittag das Krachen der Gewehrschüsse näher rückte, hielt ich es vor Neugier nicht mehr aus. Ich wollte unbedingt auf die Straße laufen und sehen, was da vor sich ging. Meine ängstliche Mutter wusste sich keinen anderen Rat, als mich in einer Dachkammer im dritten Stock einzuschließen. Dort war es jedoch drückend heiß. Die einzige Dachluke, die frische Luft hätte einlassen können, saß unerreichbar hoch. Für mich war das aber nur eine neue Herausforderung. Als ich in einer Ecke der Kammer einen massiven Holztisch entdeckte, wusste ich, was zu tun war: Zuerst zerrte ich den viel zu schweren Tisch mit aller Gewalt bis unter die Luke, dann holte ich einen der Stühle, die herumstanden, und hievte ihn auf den Tisch. Am Ende war ich schweißgebadet, doch ich hatte es geschafft. Ich kletterte auf den Tisch, von dort auf den Stuhl und öffnete vorsichtig die Dachluke. Welch eine Wohltat, endlich frische Luft! Ich streckte meinen Kopf hinaus. Das war ja eine völlig neue Perspektive! Um mich herum blickte ich auf ein Meer von Dächern. Ich konnte sogar in die oberen Stockwerke der Nachbarhäuser schauen. Warum nicht hinausklettern auf das Dach, von wo man doch sicher noch viel besser sehen konnte? Vorsichtig zog ich mich über den Lukenrand und robbte langsam die Schräge hinauf. Meine Hände und Füße fanden keinen richtigen Halt. Immer wieder rutschte ich zurück. Die Sonne stach, doch ich biss die Zähne zusammen. Endlich bekam ich den Dachfirst zu fassen und konnte darüber hinwegschauen. Da erspähte ich japanische Soldaten, die in den gegenüberliegenden Häusern plündernd durch die oberen Stockwerke rannten. Sie rissen Schränke und Truhen auf, stießen Tische und Stühle um, packten irgendwelche Sachen und rannten weiter. In einem der Räume sah ich eine junge Frau, die starr vor Schreck vor einem Soldaten zurückwich, bis sie gegen eine Wand stieß. Da zückte der Soldat ein blinkendes Messer und hielt es ihr an den Hals, doch er stach nicht zu, sondern riss ihr die Kleider vom Leib. In diesem Moment löste sich der Dachziegel unter meiner linken Hand. Ich glaubte den Halt zu verlieren, und mit einem Schrei richtete ich mich auf, was sofort die Aufmerksamkeit der Soldaten erregte. Sie stürzten an die Fenster, ich duckte mich, und schon fielen Schüsse. Mehrere Kugeln pfiffen über meinen Kopf hinweg. Vor Schreck ließ ich mit der rechten Hand den Dachfirst los und rutschte die Schräge hinunter an der Luke vorbei, wobei ich im letzten Moment mit einer Hand noch den Lukenrand erwischte. Nun konnte ich mich durch die Öffnung wieder ins Innere winden, landete dabei aber so unglücklich auf dem Stuhl, dass dieser umkippte und mit mir vom Tisch zu Boden stürzte. Ich schlug mir Nase und Stirn auf und spürte gleich darauf ein warmes Rinnsal in meinen Mund laufen. Noch bevor ich zu meinem Taschentuch greifen konnte, tropfte das Blut auf mein Hemd. Ich war entsetzt: Mutter würde bestimmt wieder böse werden. Vielleicht hatte sie sogar das Poltern gehört und war schon auf dem Weg nach oben? Ich horchte ein wenig, doch es tat sich nichts. Um die Spuren meiner Eskapade zu tilgen, zerrte ich den Tisch wieder zurück an seinen Platz und stellte den Stuhl auf.

Plötzlich vernahm ich wildes Hämmern unten an der Haustür und kurz darauf das Getrampel von schweren Stiefeln auf der Treppe. Ich hörte Mutter und Tante Dreizehn schreien. Das Getrampel kam näher. Zitternd vor Angst verkroch ich mich unter dem Holztisch, da trat auch schon jemand mit einem gewaltigen Knall die Tür ein, und gleich darauf sah ich mehrere Soldaten mit Gewehren und aufgesetzten Bajonetten in die Kammer eindringen. Einer schrie etwas und zeigte mit seinem Gewehr zur Dachluke, ein anderer entdeckte mich unter dem Tisch.

«Du da oben auf dem Dach?», fragte er in gebrochenem Chinesisch und zeigte mit der Gewehrspitze zur Luke. Ich nickte ängstlich und wischte mir die blutige Nase. Sie wechselten ein paar unverständliche Worte, durchsuchten die Kammer und liefen eilig wieder nach unten. Kurz nachdem sie weg waren, kam Mutter die Treppe heraufgerannt und schloss mich weinend in ihre Arme. Von diesem Tag an fürchtete ich die Japaner und verstand Vaters Zorn, wenn er über die ausländischen Aggressoren sprach, und ich hoffte inbrünstig, ihm und seinen Freunden würde etwas einfallen, wie man sie los würde. Nie mehr unter fremder Herrschaft leben! Diesen Satz hatte ich oft gehört, doch zum ersten Mal begriff ich seine Bedeutung.

Umzug auf die «Insel»

Nun richtete sich die japanische Besatzung in unserem Viertel ein. Jeder, der vor der japanischen Flagge an der nahe gelegenen japanischen Garnison vorbeiging, musste das Haupt senken, sonst wurde er nicht durchgelassen und konnte sogar festgehalten und eingesperrt werden. Doch auch bei uns wurde es zunehmend ungemütlich, da sich Tante Dreizehn und Tante Zehn täglich Gefechte um irgendwelche Kleinigkeiten lieferten.

Schließlich überredete Tante Dreizehn unsere Mutter, mit uns zusammen auf eine der «Inseln» zu ziehen, wie die französische Konzession und die internationale Niederlassung genannt wurden. Dort war man vor japanischen Übergriffen geschützt. Da sich natürlich viele Menschen dorthin in Sicherheit bringen wollten, waren die Mieten entsprechend hoch. Tante Dreizehn jedoch besaß noch das kleine Vermögen, das sie von ihren Schwiegereltern geerbt hatte. So gelang es ihr schließlich, in der französischen Konzession ein bescheidenes Reihenhaus anzumieten, das Platz für uns acht Personen bot. Die Miete zahlte sie gleich für mehrere Jahre im Voraus, wie üblich in Form kleiner Goldbarren. Auch Onkel Zehn wollte nicht länger bleiben. Er ging zurück nach Tianjin, wo es ebenfalls internationale «Inseln» gab.

Unsere neue Bleibe, ein dreigeschossiges Stadthaus aus rotem Backstein, gehörte zu einer für Shanghai typischen geschlossenen Wohnsiedlung. Sie lag an der Avenue Joffre (heute Huaihai Lu), einer der vornehmsten und belebtesten Einkaufsstraßen der Stadt, auf der fein gekleidete Damen und Herren, grell herausgeputzte Mädchen und Männer mit pomadeglänzenden Haaren flanierten und um die Bettler einen Bogen machten. Durch einen Torbogen gelangte man von der Avenue Joffre auf eine schmale Straße, die unsere Wohnsiedlung L-förmig erschloss und am anderen Ende in eine Querstraße mündete. Von der Erschließungsstraße wiederum zweigten rechtwinklig viele kleine Gässchen ab. Gärten gab es nicht. Trotz der hohen Wohndichte herrschte hier, fern der verkehrsreichen Straße, eine angenehme Ruhe.

Im Erdgeschoss unseres neuen Heims befanden sich ein Wohnzimmer, die Küche und eine Toilette, im ersten Stock ein großes Schlafzimmer, in das Mutter mit uns drei Kindern zog, ein Gästezimmer und ein Bad. Im zweiten Stock teilte sich Tante Dreizehn ein Zimmer mit Shanshan, und in einem weiteren Zimmer schliefen die Nebentante und das Dienstmädchen.

Schon vor unserem Umzug hatte Mutter begonnen, in allen Schulen nach einer freien Stelle als Lehrerin zu fragen. Da berichtete ihr ein Bekannter, dass ein reicher Reishändler namens Zhou schräg gegenüber von unserer Siedlung eine Grundschule gründen wolle und nach geeignetem Lehrpersonal suche. Mutter stellte sich vor und wurde sofort genommen. So konnte sie als Mitarbeiterin der ersten Stunde am Aufbau der Schule mitwirken, was ihr viel Freude bereitete. Oft erledigte ich nun dort meine Hausaufgaben, während Mutter an Korrekturen saß oder den Unterricht vorbereitete.

Die Partisanenfamilie

Wie schon in Peking waren wir zu Haus nur Frauen und Kinder, aber während das Fehlen einer Mannsperson zuvor keine Rolle gespielt hatte, ängstigte sich Tante Dreizehn im unsicheren Shanghai nun unendlich deswegen. Eines späten Abends – wir lebten inzwischen schon fast zwei Jahre in Shanghai – klopfte jemand an unsere Haustür. Wer mochte uns so spät noch besuchen? Nach Zuständigkeitsgrad schaute erst Tante Dreizehn meine Mutter an, Mutter dann die Nebentante und die Nebentante das Dienstmädchen, doch niemand machte Anstalten zu öffnen. Ich besaß von allen wohl noch den größten Mut und ging zur Tür.

«Wer ist da?», fragte ich mit betont fester Stimme.

«Ich bin es, Guan Xibin», antwortete eine fremd klingende, männliche Person.

«Was wollen Sie?», entfuhr es mir, aber schon im nächsten Moment entsann ich mich, dass mein Vater ja so hieß. Da stürzte schon Tante Dreizehn herbei: «Xibin ist zurück», rief sie. «Schnell, mach auf, das ist doch dein Papa!» Der Schreck fuhr mir in die Glieder, und sofort fiel mir die Ohrfeige ein, die er mir in Qingdao verpasst hatte. Vater sah man die Spuren einer anstrengenden Reise an – sein dunkelblaues Gewand und die Reisetasche waren völlig verstaubt –, dennoch sah er gut aus und wirkte mit seiner Brille auf der Nase sehr gebildet. Ich hatte ihn seit Qingdao nicht mehr gesehen, und er kam mir fremd vor. Auch er erkannte mich nicht gleich. Meine Schwester fiel ihm sofort in die Arme und begrüßte ihn stürmisch. Sie war immer sein Liebling gewesen. Mein Bruder rührte sich dagegen nicht von der Stelle und lächelte nur still vor sich hin. Ich ging lieber erst einmal auf Distanz und suchte die Nähe unserer Mutter. Als diese Vater gegenübertrat, sprach sie kaum ein Wort. Ich wusste nicht, was sie empfand. Tante Dreizehn sprühte dagegen vor Begeisterung.

Kaum saß Vater im Wohnzimmer, sprudelte es schon aus ihm heraus. Er berichtete von den Gräueltaten der Japaner und dem Widerstandskampf, an dem er sich beteiligte. Gebannt hing ich an seinen Lippen, und vor meinem inneren Auge formte sich langsam das Bild eines Helden. Er redete ohne Unterbrechung, und anfangs hörten ihm auch Tante Dreizehn und Mutter voller Bewunderung zu. Doch allmählich wurden sie unruhig und schauten mit besorgtem Blick auf uns Kinder. Schließlich unterbrach Mutter ihn:

«Erzähl nicht so viel vor den Kindern. Sie sind noch zu jung. Wenn sie in der Schule davon erzählen, bekommen wir großen Ärger.»

«Was bist du nur für ein Feigling!», herrschte Vater sie an. «Unsere Kinder sollen von klein auf lernen, dass sie ihr Vaterland lieben und unsere Feinde bekämpfen müssen!»

Mutter standen Tränen in den Augen. «Das hört sich ja großartig an. Aber nachher gehst du wieder, und wer übernimmt dann die Verantwortung, wenn etwas passiert?»

Die Tränen rannen ihr über das Gesicht. Innerlich gab ich zwar Vater Recht, dass wir doch gegen die Japaner kämpfen müssten, doch Mutters Tränen waren mir unerträglich. Ich hatte sie schon häufiger nachts, wenn sie noch über ihren Büchern saß, weinen sehen. Ich stand dann immer auf und trocknete ihr tröstend das Gesicht. Aber jetzt war Vater endlich zu

Hause, und sie weinte wieder! Ich verstand das nicht. Meine Schwester ging zu ihr und beschwichtigte sie: «Mutter, Papa ist so selten zu Hause, lass uns fröhlich sein!»

Mutter nickte, wischte sich die Tränen ab und sagte: «Plaudert ein wenig mit eurem Vater! Ich koche uns derweile etwas.»

Kaum hatte sie mit den anderen Frauen den Raum verlassen, sagte Vater: «Kommt, ich bringe euch ein paar Lieder bei!» Wir Kinder klatschten vor Freude in die Hände und jubelten.

Und schon ging es los: «Wer will schon ein Sklave sein, schuften wie Ochs' und Pferd!»

«Wer will schon ...!», schmetterten wir ihm nach.

Kaum konnten wir Text und Melodie, sangen wir alle im Chor. Dann kamen neue Lieder:

«Auf, auf, auf! Wir sind die Avantgarde. Wir bahnen den Weg! ...»

«Wir sind die Geisterkrieger, jeder Schuss ein toter Feind ...»

Unsere Stimmen klangen immer lauter, und mir schien, als würde Vaters Gestalt an Größe zunehmen. Die Lieder entflammten mein Herz. Ich hasste die Japaner und wusste kaum noch, wohin mit meiner Wut.

Vater freute sich über unsere Begeisterung, doch schließlich wurde er ernst und sagte:

«Hört auf eure Mutter! Von heute an seid ihr keine Kinder mehr, sondern Nachwuchsrevolutionäre. Auf keinen Fall dürft ihr jemandem erzählen, dass ich hier gewesen bin, und diese Lieder bleiben ebenfalls unser Geheimnis. Wenn die Japaner euch das singen hören, schlagen sie euch den Kopf ab!» Und mich, den Kleinsten, mahnend: «Yuqian, hast du gehört? Du musst dein Vaterland immer in deinem Herzen tragen. Die japanische Besatzung wird irgendwann zu Ende gehen. Hast du verstanden?»

«Ja, Papa, ich habe verstanden!», erwiderte ich aus vollem Herzen, sprang auf und umschlang ihn überglücklich. Ich habe einen Papa, und was für einen, dachte ich voller Stolz.

Es mag bald darauf gewesen sein, dass mich mein Lehrer einmal fragte, was mein Vater mache, denn ihm war aufgefallen, dass ich stets allein nach Haus ging, während viele Mitschüler wegen der Unsicherheit auf Shanghais Straßen von erwachsenen Angehörigen zur Schule gebracht und nach dem Unterricht abgeholt wurden.

«Früher hat er an der Universität unterrichtet, aber jetzt kämpft er gegen die japanischen Teufel», entschlüpfte es mir, und erschrocken schlug ich die Hände vor den Mund. Der Lehrer schien ebenso entsetzt wie ich, denn er schaute sich besorgt um. Zum Glück war kein Lauscher in unserer Nähe.

«Red kein dummes Zeug!», zischte er mir zu. «So etwas darfst du nie wieder sagen! Du möchtest doch deinen Kopf behalten, oder?» Bei der Vorstellung, die Japaner könnten ihn mir abschlagen, fing ich unwillkürlich an zu zittern. Von da an führte er mich mehrmals in der Woche nach Haus.

Vater besuchte uns noch zwei-, dreimal, aber immer nur sehr kurz. Beim letzten Mal, es war im Winter, stürmte er, ohne viele Worte zu verlieren, schnurstracks ins Wohnzimmer, öffnete eine große Kleidertruhe und holte einen Pelzmantel heraus, den Mutter erst kürzlich von ihrer Stiefmutter bekommen hatte.

«Wo willst du mit dem Mantel hin?», fragte Mutter, die ihm bis zur Truhe gefolgt war.

«Ich habe gerade eine Bettlerin gesehen, die nichts Warmes anzuziehen hat. Ich schenke ihr den Mantel.»

«Aber er gehört mir! Es ist das Wertvollste, was ich besitze!»

«Sei nicht so egoistisch! Man muss auch an die Armen denken.» Und so schnell, wie er gekommen war, verschwand er auch wieder. Niemand von uns glaubte an die Geschichte mit der Bettlerin. Mir war, als hätte Vater uns beraubt. Mutter hatte den Mantel, den sie noch nie getragen hatte, als eine Art Sicherheit betrachtet, denn im Notfall hätte sie ihn verkaufen können.

Etwa zwei Jahre später, ich war nun zehn Jahre alt, tauchte plötzlich Wu Yaozong, ein ehemaliger Kommilitone von Vater, bei uns auf. Er überreichte Mutter einen Zeitungsartikel aus grobem, dunklem Papier. Ihre Hände zitterten ein wenig, als sie leise vorlas: «Der Widerstandskämpfer Professor Guan Yiwen, der sich zurzeit in der Partisanenzone im Norden Jiangsus aufhält, hat die von der japanischen Armee begangenen Gräueltaten aufs Schärfste verurteilt ...»

Ich hörte verwundert zu. Was hatte das zu bedeuten?

«Onkel Wu», fragte ich schließlich, «wer ist Guan Yiwen?»

Onkel Wu schaute Mutter fragend an, und als diese nickte, antwortete er:

«Dein Vater. Er hat seinen Namen geändert.»

«Seinen Namen geändert?»

«Ja, euretwegen. Würde er unter seinem wirklichen Namen kämpfen, wärt ihr alle in größter Gefahr.»

Tatsächlich hatte er nicht einmal seinen Familiennamen beibehalten, sondern für «Guan» ein anderes Schriftzeichen gewählt. Ich schaute vom einen zum anderen, und mich beschlich das merkwürdige Gefühl, dass dies nicht die ganze Wahrheit war. Mutter starrte auf den Artikel. «Wie geht es ihm?», fragte sie.

«Das Leben in der Partisanenzone ist hart und entbehrungsreich. Es hat im Norden Jiangsus heftige Kämpfe gegen die Japaner gegeben. Aber ihm persönlich geht es recht gut. Als ich ihn dort traf, war alles in Ordnung.»

«Hat er dir denn keine Nachricht für uns mitgegeben?», fragte meine Schwester enttäuscht. «Er wusste doch sicher, dass du nach Shanghai kommen würdest.»

«Nein», bedauerte Onkel Wu. «Er ist mit vielen wichtigen Dingen beschäftigt, da hat er keine Zeit, euch zu schreiben.»

Mir schien, dass Vater uns beim Kampf gegen die Japaner im fernen Partisanengebiet wohl schon vergessen hatte. Er schrieb nicht, sandte nicht einmal durch Dritte eine Nachricht und änderte seinen Namen, ohne es uns wissen zu lassen. Sicher, er kämpfte gegen die Japaner, darauf war ich stolz, aber durfte er uns deswegen einfach vergessen? Früher hatte er uns wenigstens noch ab und zu Geld geschickt, aber das war auch schon lange her. Mutters Gehalt reichte ja gerade für das Nötigste, und das auch nur, weil wir an Tante Dreizehn keine Miete zu zahlen brauchten. Meine Bewunderung für Vater wich der Enttäuschung. Wenn er uns vergessen hat, werden wir ihn eben auch vergessen, sagte ich mir.

Bei Bügelmeister Huang

Ich war zwölf, als ich von der Grundschule abging. Unser Schulsystem lehnte sich an das amerikanische an: sechs Jahre Grundschule, drei Jahre untere und drei Jahre höhere Mittelschule mit Abschlussprüfung. Nur wenig Grundschüler hatten die Chance, eine weiterführende Schule zu besuchen, denn die hohen Schulgelder waren für viele Familien unerschwinglich und für Mutter ebenfalls, das wusste ich. Vor mir hatte das gleiche Problem natürlich schon bei meinen Geschwistern bestanden. In beiden Fällen hatte Onkel Zehn sich großzügig gezeigt und meiner Schwester den Besuch einer der besten Mädchenschulen ermöglicht, während mein Bruder auf eine Eliteschule für Jungen gehen konnte. Aber ich war der Jüngste. Wie sollte es mit mir weitergehen? Ich konnte Mutter nicht bitten, das Schulgeld für mich aufzubringen. Sie arbeitete ohnehin schon zu viel. Jeden Tag stand sie früh auf, bereitete das Frühstück für uns und ging dann zum Unterricht in ihre Grundschule. Mittags, nach Schulschluss, konnte sie an manchen Tagen nicht einmal eine Pause einlegen, denn dann lehrte sie noch ein paar Stunden in einer Frauenberufsschule. Erst im Dunkeln kam sie nach Hause, kochte dann noch für uns das Abendessen, überprüfte unsere Hausaufgaben und korrigierte die Schulhefte ihrer Schüler. Sonntagmorgens führte sie uns zum protestantischen Gottesdienst in die Kirche, und nachmittags wusch sie Wäsche oder erledigte andere Arbeiten. Immer hatte sie etwas zu tun, nie sah ich sie tatenlos herumsitzen. Ihre Haare ergrauten schon in jungen Jahren, doch ihr Gesicht blieb glatt und zart. Trotz der schwierigen Lebensumstände blieb sie eigentlich immer ausgeglichen und fröhlich. Sie war in allem sehr gelassen, und wenn jemand sie bedauerte, sagte sie: «Das ist mein Schicksal. Gott entscheidet alles.» Trotz unserer permanenten Geldknappheit unterstützte sie gelegentlich sogar noch Bedürftige. Für meine Geschwister und mich war Mutters Hilfsbereitschaft und Großzügigkeit stets ein großes Vorbild, und wir versuchten unsererseits, sie nach Kräften zu unterstützen. Mit meinen zwölf Jahren wusch ich meine Wäsche selber und flickte sogar die Löcher. Ich räumte auch immer unser großes Schlafzimmer auf, um Mutter eine Freude zu machen, wenn sie abends heimkam.

Eines Tages sprach Mutter die Frage meines weiteren Schulbesuches an und sah dabei so traurig aus, dass ich es nicht übers Herz bringen konnte zu gestehen, dass ich nur zu gern weiter zur Schule gehen wollte.

«Mama, ich will gar nicht zur Schule gehen. Ich möchte lieber Geld verdienen.»

«Geld verdienen? Mit zwölf? Wo willst du denn arbeiten?»

«Ich gehe Schuhe putzen. Das machen viele.»

«Schuhe putzen? Du als Sohn eines Professors und einer Lehrerin willst Schuhe putzen? Niemals!»

«Aber warum denn nicht? Meine Herkunft sieht mir niemand an, wenn ich mit meinem Schuhputzzeug auf der Straße stehe.»

Je hartnäckiger ich meine Idee vertrat, desto trauriger wurde Mutter. Schließlich umarmte sie mich und weinte herzzerreißend. Wenn sie früher geweint hatte, weinte ich meistens gleich mit, aber heute blieb ich hart, denn ich fühlte mich nicht mehr als kleines Kind. Ich dachte an die verhassten Japaner. Ohne sie wäre Vater nicht weggegangen, und dann müssten wir nicht in solcher Armut leben.

Da sich Mutter weigerte, mich als Schuhputzer losziehen zu lassen, dachte ich mir etwas anderes aus. Am Eingang zu unserer Gasse gab es einen kleinen Holzverschlag, in dem ein gut vierzigjähriger Mann arbeitete, der von morgens bis abends Wäsche bügelte. Wir nannten ihn Meister Huang. Jeden Tag und zu jeder Jahreszeit stand er hinter seinem Bügeltisch in dem Verschlag, der so eng war, dass noch nicht einmal ein Stuhl zum Ausruhen hineinpasste. Im Sommer wurde es darin unerträglich heiß, und obwohl er dann immer halb nackt arbeitete, rann ihm doch der Schweiß über Brust und Rücken. Vorn im Verschlag diente eine breite Öffnung als Tresen. Bei Feierabend verschloss er die Luke mit einem großen Holzbrett. Die fertig gebügelten Kleidungsstücke holten sich die Kunden entweder selbst ab, oder er brachte sie abends bei ihnen vorbei. Wenn mir hin und wieder zu Hause die Decke auf den Kopf fiel, ging ich hinunter und sah ihm beim Bügeln zu. Er lächelte mich immer freundlich an und wechselte mit mir ein paar nette Worte.

Seine Bügelkunst faszinierte mich jedes Mal aufs Neue. Mit welch zauberhafter Leichtigkeit er das schwere Bügeleisen schwang und wie tänzelnd er sich dabei bewegte, war immer wieder faszinierend. Zudem feuchtete er die Wäsche an, wie ich es früher nie gesehen hatte: Er nahm einen großen Schluck Wasser und versprühte es laut prustend mit aufgeblasenen Backen, so dass es sich auf dem Wäschestück als gleichmäßiger Nebel verteilte. Die Temperatur des Bügeleisens prüfte er, indem er es mit seinen kräftigen, offenbar hitzeunempfindlichen Fingern antippte. Ich staunte jedes Mal, wenn ich sah, wie aus irgendwelchen Knäueln glatte, blütenweiße Wäschestücke entstanden. Warum konnte ich nicht auch bügeln lernen und damit Geld verdienen? Gleich am nächsten Tag ging ich zu Meister Huang und fragte ihn, ob ich bei ihm arbeiten könnte. Meister Huang musterte mich von oben bis unten und fragte: «Du machst wohl Witze? Schau mal, wie du angezogen bist: so ein vornehmer Junge aus einem modernen, westlichen Haus. Und du willst bei mir arbeiten? Hör doch auf!»

Doch ich ließ nicht locker: «Ich meine es ernst. Ich kann nicht weiter zur Schule gehen, weil mein Vater Shanghai verlassen hat und wir zu wenig Geld haben. Ich muss unbedingt etwas verdienen. Wollen Sie mich nehmen?»

«Dein Vater hat Shanghai verlassen? Wohin ist er denn gegangen?»

«Weiß ich nicht.»

«Er kämpft wohl gegen die Japaner, was?»

Ich entgegnete nichts, nickte aber flüchtig mit dem Kopf. Da wurde sein Gesicht noch ernster. «Und deine Mutter? Ist sie denn damit einverstanden? Was macht sie? Ist sie Hausfrau?»

«Sie ist Lehrerin an der Jiaocheng-Grundschule.»

«An der Jiaocheng-Grundschule? Wie heißt sie?»

«Yan.»

«Oh, Lehrerin Yan ist deine Mutter? Meine Tochter geht in ihre Klasse. Sie ist eine gute Lehrerin. Alle mögen sie. Und du willst bei mir lernen? Hast du denn schon mit deiner Mutter darüber gesprochen?» Ich schüttelte den Kopf und wich seinem Blick aus.

«Willst du es denn heimlich tun?»

«Sie geht sowieso jeden Tag zur Schule und ist nie zu Hause. Und ich gehe ja jetzt nicht mehr zur Schule. Da kann ich Ihnen doch ein bisschen helfen.»

Er überlegte eine Weile, bevor er schließlich sagte: «Na gut. Aber pass auf, manchmal bin ich ziemlich schlecht gelaunt.»

Von dem Tag an half ich bei Meister Huang aus. Er behandelte mich sehr gut, und ich arbeitete mit großer Begeisterung. Ich holte von zu Hause Nachschub an Wasser, denn in seinem Holzverschlag gab es keinen Wasseranschluss. Ich hielt das Feuer in dem kleinen Kohleofen in Gang, auf dem das Bügeleisen immer wieder erhitzt werden musste. Jetzt brauchte er die fertig gebügelte Wäsche, die von seinen Kunden nicht selbst abgeholt wurde, nicht mehr stapelweise bis zum Abend aufzubewahren, wofür es in dem engen Raum sowieso kaum Platz gab, sondern ich brachte sie gleich zurück, ein Service, der ihm weitere Aufträge verschaffte. Ich arbeitete jedoch nur halbe Tage. Morgens begann ich, kurz nachdem Mutter aus dem Haus ging, und da sie zuweilen mittags zum Essen nach Hause kam, machte ich kurz vorher Schluss. Ohne dass jemand von der Familie etwas davon erfahren hätte, arbeitete ich so einen ganzen Monat lang für Meister Huang.

Er war sehr zufrieden mit mir, denn schon nach kurzer Zeit brauchte er mir keine Anweisungen mehr zu geben. Ich kannte den Ablauf und erledigte das meiste gleich selbst. Eines Tages zog er aus der Hosentasche ein paar Geldscheine hervor: «Da, nimm. Das ist dein Lohn für diesen Monat.»

Ich hatte in meinem Leben ja noch nie einen Pfennig verdient und auch sonst kaum Geld in der Hand gehabt, jedenfalls niemals zuvor so viel wie jetzt. Meine Geschwister und ich bekamen kein Taschengeld. Wenn wir mal ein Eis am Stiel haben wollten, mussten wir so lange warten, bis wir eine gute Zensur mit nach Hause brachten. Mutter mochte nicht, wenn wir uns mit Geld beschäftigten, und sprach fast nie über Finanzielles mit uns.

Ich empfand großen Stolz, dass ich so viel Geld verdient hatte – wie viel es war, zählte ich gar nicht nach, allein der Anblick der Scheine beeindruckte mich. Doch dann machte ich mir Sorgen, wie ich es Mutter erklären sollte. Als wir abends alle beim Abendessen saßen, holte ich vorsichtig das Geld hervor. Mutter war entsetzt. «Woher hast du so viel Geld?», fragte sie, und plötzlich wurde ihr Ton heftiger. «Wo warst du überhaupt in den letzten Tagen? Deine Schwester und dein Bruder haben gesagt, dass du immer verschwindest, sobald ich aus dem Haus gehe. Hast du dieses Geld etwa...», sie stockte, «hast du es gestohlen?»

Meine Geschwister warteten mit finsterer Miene auf eine Antwort. Ich war wie vom Schlag getroffen. «Ich ... ich...», stotterte ich. «Ich habe gearbeitet!» Weiter kam ich nicht. Wie konnte Mutter mich des Diebstahls verdächtigen, ich hatte doch nichts Unrechtes getan! Weinend warf ich mich in ihre Arme. Sie befürchtete wohl schon das Schlimmste, denn sie beruhigte und tröstete mich. Schließlich sagte sie: «Yuqian, du bist der Kleinste in unserer Familie und zugleich der Klügste, aber leider auch der Unartigste. Nun sag schon, woher hast du das Geld?»

«Ich habe bei jemandem gearbeitet.»

«Bei wem hast du gearbeitet?»

«Bei Meister Huang, dem Wäschebügler unten in der Gasse.»

Ich erzählte die ganze Geschichte. Dann blieb es lange Zeit still. Ihr stiegen Tränen in die Augen, und sie flüsterte: «Yuqian, es tut mir Leid. Ich habe dir Unrecht getan. Bitte verzeih mir! – Wie lange hast du denn bei ihm gearbeitet? Das ist ja mehr Geld, als ich verdiene!»

Am nächsten Morgen begleitete mich Mutter hinunter zu Meister Huang. Er fühlte sich sichtlich unwohl, als er uns kommen sah, und verbeugte sich respektvoll vor Mutter, blieb jedoch still. «Meister Huang», sprach sie ihn freundlich an, «wollen Sie meinen Sohn wirklich als Lehrling annehmen?»

«Aber nein, wie könnte ich! Er ist zu klug dafür. Er lernt sehr schnell und kann sicherlich ganz andere Berufe ergreifen. Er kommt immer nur zum Zeitvertreib her, und ich freue mich über seine Gesellschaft.»

«Aber wieso haben Sie ihm dann so viel Geld gegeben?»

Meister Huang errötete ein wenig, und nach einigem Zögern sagte er: «Das ist nicht weiter von Bedeutung. Sein Vater ist hinausgezogen, um unser Vaterland zu verteidigen, während ich die japanische Besatzung so einfach über mich ergehen lasse.» Mutter zuckte bei diesen Worten zusammen und warf mir einen ärgerlichen Blick zu.

«Ich schäme mich», fuhr Meister Huang fort. «Da möchte ich zumindest helfen, wenn der Sohn eines so mutigen Mannes Schwierigkeiten hat.»

«Das können wir nicht annehmen!», protestierte Mutter.

«Aber Lehrerin Yan, Ihr Sohn hat mir wirklich viel geholfen. Sprechen wir doch nicht weiter über das Geld. Wer weiß, was uns die Zukunft noch alles bringt. Vielleicht werde ich eines Tages auch mal die Hilfe Ihres Sohnes benötigen. Übrigens geht meine Tochter in Ihre Klasse. Seien Sie ruhig streng mit ihr und sagen Sie mir Bescheid, wenn sie nicht fleißig lernt.»

Er lachte verlegen, und schließlich zog Mutter mit mir etwas ratlos von dannen.

Von nun an nahm mich Mutter jeden Tag mit in ihre Schule, wo ich im Lehrerzimmer Bücher las oder Kalligraphie übte. Wenig später, an einem Sonntag, putzte sie uns beide heraus und erklärte, sie wolle mit mir einen Freund von Onkel Zehn aufsuchen, einen Bankier.

Der Mann bewohnte ein palastähnliches Gebäude, das von einem riesigen Garten umgeben war. An den Wohnzimmerwänden glänzte ockerfarbener Marmor, den Fußboden bedeckten dunkelrote Perserteppiche, die Möbel kamen aus dem Westen: es war unfasslich. Wie häufig hatte ich gehört, dass die Menschen über die Folgen des Krieges klagten, doch hier war von alledem nichts zu spüren, als wären wir in einer anderen Welt. Der Bankier hatte zum Mittagessen geladen, und wir wurden ins Speisezimmer geführt. Beim Anblick der Tafel kam ich aus dem Staunen nicht heraus. Ich hatte nie geahnt, dass es überhaupt so wunderbare Sachen zu essen gab. Während des Essens bemerkte ich, wie unser Gastgeber jede meiner Bewegungen beobachtete. Das machte mich nervös, doch ich wusste, wie ich mich zu benehmen hatte. Mutter hatte immer darauf geachtet, dass ich eine ordentliche Haltung einnahm, und mir gute Tischmanieren beigebracht. Ich hatte das Gefühl, ihre Erziehungskünste stünden auf dem Prüfstand, und so bemühte ich mich, ihr Ehre zu machen. Nach dem Essen sagte der Bankier zu ihr: «Sie sollten ihn weiter zur Schule gehen lassen. So ein guter Junge! Es wäre schade, ihn nicht zu fördern. Wenn ich ihn als Lehrling in meiner Bank unterbrächte, müsste er wie die anderen die ersten drei Jahre putzen, Botendienste machen und derlei niedrige Arbeiten erledigen. Erst danach beginnt die eigentliche Ausbildung. Überlegen Sie es sich noch einmal! Ich nehme ihn gern, aber ich denke, es wäre schade um ihn. Ich werde noch einmal mit seinem Onkel darüber sprechen.»

Zwei Wochen später traf ein Brief aus Tianjin ein, in dem Onkel Zehn an Mutter schrieb: «Ich bin sehr beunruhigt über die Nachricht, dass Yuqian die Schule aufgeben musste und arbeiten soll. Solange meine Kinder die Chance haben, zur Schule zu gehen, sollen es deine ebenfalls können. Ich hoffe deshalb, dass du deinen Jüngsten nicht in eine Bank, sondern wieder in die Schule schickst. Ich werde auch für ihn die Schulgebühren übernehmen.»

Ich hätte meinen lieben Onkel Zehn umarmen können. Er ließ mich nicht im Stich wie mein Vater. Auf ihn konnte ich zählen! Ich empfand tiefe Dankbarkeit. Auch später stand mir der fürsorgliche Onkel Zehn wesentlich näher als mein Vater.

Meinem Besuch einer Mittelschule stand nun nichts mehr im Wege, die Frage war nur, zu welcher Schule ich gehen sollte. Die besten Mittelschulen Shanghais befanden sich in den ausländischen Konzessionen; ihre Träger waren verschiedene Institutionen westlicher Länder, meist christliche Kirchen. Die Lehrer waren hoch qualifiziert, hatten im Ausland studiert und bezogen gute Gehälter. Sie unterrichteten in kleinen Klassen bei niedriger Stundenzahl. Zu den besonderen Stärken dieser Schulen gehörte der Fremdsprachenunterricht. Die Absolventen beherrschten daher mindestens eine Fremdsprache fließend und konnten sich entsprechende Berufschancen ausrechnen. Auf Grund der sehr hohen Schulgelder, die sich nur Mitglieder von Shanghais Highsociety für ihre Kinder leisten konnten, kam von diesen Schulen jedoch keine für mich in Frage. Eine weitere Gruppe bildeten die Privatschulen und die staatlich geförderten Schulen. Einige von ihnen verdankten dem selbstlosen Engagement ihrer Schulleiter und Lehrer ebenfalls einen ausgezeichneten Ruf, weshalb sie zu den bevorzugten Schulen der Mittelschicht gehörten. Aber es war extrem schwer, in diese Schulen aufgenommen zu werden: Voraussetzung waren ein ausgezeichnetes Grundschulzeugnis und das Bestehen einer schweren Aufnahmeprüfung. Dann gab es noch die Schulen in den armen Bezirken: Sie kosteten nur wenig, aber das Unterrichtsniveau war eben auch nicht das beste. Dass Mutter mich von ihrem intellektuellen Anspruch her am liebsten auf eine der besten Schulen geschickt hätte, von denen manche zudem in der Nähe unserer Wohnung lagen, war klar, nur wagte sie es nicht, Onkel Zehn ein derart hohes Schulgeld zuzumuten. Die Entscheidung, zu welcher Schule ich gehen sollte, traf schließlich ein anderer.

Hin und wieder besuchten wir die mit uns entfernt verwandte Familie Yue, deren weibliches Oberhaupt die Kusine meiner Tante Zehn war.

Dem Großvater von Tante Yues Mann, einem begnadeten Kräuterarzt, war es gelungen, seine kleine Apotheke zu einem berühmten pharmazeutischen Unternehmen auszubauen, das in den letzten Jahren der Kaiserzeit durch seinen Sohn sogar zum Hoflieferanten avancierte. In der dritten Generation der Yues gab es mehrere Söhne, die alle in das Heilkräutergeschäft einstiegen. Einige übernahmen bestehende Apotheken, wie die bis heute berühmte Tongrentang in Peking, andere gründeten neue. Der fünfte Sohn und Ehemann unserer Verwandten, Yue Duzhou, hatte in Shanghai die Apotheke Hongrentang gegründet, später sogar noch Niederlassungen in Hongkong und Taipei.

Onkel Yue hatte wie mein Vater im Ausland studiert, was seiner Haltung und Gestik anzumerken war. Er bewegte sich freier und zeigte mehr Spontanität als bei Chinesen in seiner Position sonst üblich. Er besaß große Autorität, die noch durch seine kräftige tiefe Stimme unterstrichen wurde. Sprach er, so schien das ganze Haus zu erzittern. Ich mochte ihn und spürte, dass auch er es gerne sah, wenn ich sein Haus besuchte und mit seinem jüngsten Sohn spielte. Dabei ging es immer sehr lautstark zu. Wenn mich Mutter dann zur Ruhe ermahnte, nahm er mich in Schutz: «In dem Alter ist es doch ganz normal, wenn die Kinder ein bisschen lebhafter sind.»

Onkel Yue hatte zwei Söhne und vier Töchter, die alle eine der ausländischen christlichen Schulen besuchten, weshalb sie auch schon ziemlich gut Englisch und Französisch sprachen. Die Söhne trugen stets westliche Anzüge und Krawatte, die Töchter Kleider nach dem neuesten westlichen Schick. Das Haus der Yues stand in einer ruhigen, schattigen Platanenallee in der französischen Konzession. Eine hohe Mauer riegelte das Grundstück von der Straße ab, so dass man von draußen nicht sehen konnte, welcher Luxus sich dahinter verbarg. Wurde am Tor geläutet, kam ein Pförtner heraus und fragte nach dem Anliegen. Familie Yue beschäftigte mehrere Köche, Diener, Dienstmädchen und einen Chauffeur. Im Erdgeschoss befanden sich die Empfangshalle und der Speisesalon, beide Räume luxuriös ausgestattet mit Ledersofas und Möbeln aus Mahagoni und Rosenholz. Hier wurden Ehrengäste und Fremde bewirtet. Freunde und Verwandte führte man in den ersten Stock, wo es ein kleineres Ess- und Wohnzimmer gab. Verglichen mit der Villa des Bankiers nahm sich das Haus eher bescheiden aus, ein Raum aber beeindruckte mich hier mehr als alles andere: die riesige Bibliothek. Dort wiederum faszinierten mich nicht die unzähligen Bücher am stärksten, sondern eine Sammlung von Musikinstrumenten: Vor einem Fenster standen ein Flügel und zwei Celli, auf einem Tisch daneben lagen mehrere Violinen, auch an der einzigen Wand, die nicht mit Bücherregalen voll gestellt war, hingen Geigen. Onkel Yue war ein leidenschaftlicher Sammler europäischer Violinen. Einmal erzählte uns Tante Yue im Beisein ihres Mannes, dass er gerade ein halbes Vermögen für den Kauf einer merkwürdigen italienischen Geige ausgegeben habe. «Eine Stradivari», ergänzte Onkel Yue und zeigte sie uns voller Stolz.

Der jüngste Sohn der Familie, mein Spielkamerad, war genauso alt wie ich. Er hieß Yue Zheng, aber wir nannten ihn nur «kleiner Glatzkopf», denn als Kleinkind hatte er eine Zeit lang keine Haare auf dem Kopf. Auf Wunsch seines Vaters musste er Geigenstunden nehmen, doch er liebte viel mehr den Klang der traditionellen chinesischen Geige, der wiederum dem Vater nicht gefiel. «Der Mensch ist doch wirklich ein merkwürdiges Wesen», dachte ich schon damals. «Was er hat, schätzt er nicht, und was er nicht hat, möchte er unbedingt haben.» Ich hätte gern eine Geige gehabt und Geigenstunden genommen. Von klein auf war ich mit westlicher Musik aufgewachsen, denn Mutter besaß ein Grammophon und mehrere Schallplatten. Sie kannte sich sehr gut aus in klassischer Musik, spielte selber Klavier und sang für ihr Leben gern. Wir Kinder hatten ihre Musikalität geerbt, nur leider reichte das Geld nicht, ein Instrument spielen zu lernen.

Onkel Yue konnte leidlich gut Cello spielen. Einmal spielte er uns etwas vor und ließ sich dabei von einer Tochter am Klavier begleiten. Ich hörte fasziniert zu. Zum ersten Mal hörte ich klassische Musik nicht von der Schallplatte, sondern im Original. Onkel Yue bemerkte meine tiefe Konzentration, die wohl sehr ungewöhnlich erschien, denn normalerweise fiel mir das Stillsitzen schwer. «Kennst du dieses Stück, Yuqian?», fragte er.

«Das war ‹der sterbende Schwan›», antwortete ich wie aus der Pistole geschossen.

Onkel Yue musterte mich überrascht. «Und weißt du auch, wer das komponiert hat?»

«Saint-Saëns.»

Onkel Yue war begeistert. Ich erzählte ihm nicht, dass ich diese Musik erst zwei Tage zuvor im Radio gehört und mir den Namen des Komponisten gemerkt hatte, weil mir das Stück so gut gefiel.

«Magst du denn klassische westliche Musik?»

Ich nickte wahrheitsgemäß.

«Welches Instrument magst du am liebsten?»

«Die Geige», antwortete ich.

«Warum magst du gerade die Geige?»

«Sie klingt so sentimental», schwärmte ich. «Man kann mit ihr große Freude und tiefe Trauer zum Ausdruck bringen.»

«Können die anderen Instrumente das denn nicht, zum Beispiel das Klavier?» Onkel Yue schaute mich aufmerksam an.

«Nicht so gut wie die Geige. Das Klavier kann zwar langsam und leise gespielt werden, aber es geht nicht so tief zu Herzen.»

Onkel Yue sprang begeistert auf, auch Mutter schaute mich verwundert an. Diese Seite kannte sie noch nicht an mir.

«Yuqian ist ein echtes Talent!», rief Onkel Yue, und schon zauberte er aus einem Schrank eine Geige hervor und sagte zu Mutter: «Zhongyun, ich habe hier eine sehr gute Dreiviertelgeige. Ich möchte sie Yuqian schenken. Er soll unbedingt Geige spielen lernen.»

Mutter lachte und erwiderte kein Wort. Wahrscheinlich fragte sie sich, wovon wir die Geigenstunden bezahlen sollten.

«Yuqian hat doch sicher schon die Grundschule abgeschlossen, nicht wahr?», erkundigte sich Onkel Yue.

Mutter nickte.

«Zu welcher Mittelschule soll er jetzt gehen?»

«Das ist noch nicht klar.»

«Kennst du eigentlich das hiesige Saint Francis Xaviers College? Es soll sehr streng, aber ausgezeichnet sein, vor allem was den englischen Sprachunterricht angeht. Es ist schwer reinzukommen. Die meisten Kinder stammen aus katholischen Familien.»

«Dann haben wir ja keine Chance», entgegnete Mutter. «Ich bin zwar Protestantin, doch meine Kinder sind noch nicht getauft. Ich wollte ihnen die Entscheidung selbst überlassen, welcher Glaubensrichtung sie sich anschließen.»

«Ich möchte den kleinen Glatzkopf auf diese Schule geben. Es wäre doch schön, wenn du Yuqian auch dorthin schicken würdest.»

«Aber die Schulgebühren sind doch sicherlich sehr hoch. Yuqians Onkel hat zwar versprochen, für sein Schulgeld aufzukommen. Aber ich möchte ihn nicht zu sehr belasten.»

«Mach dir um das Schulgeld mal keine Sorgen. Ich werde das mit seinem Onkel regeln. Andernfalls übernehme ich die Kosten. Das ist kein Problem.»

Ich hatte genau zugehört. Sicherlich war das Saint Francis Xaviers College eine besonders gute Schule, sonst würde Onkel Yue sie nicht empfehlen. Erwartungsvoll schaute ich Mutter an, als Kind durfte man ja nicht einfach dazwischenreden. Aber sie senkte nur den Kopf und schwieg. Onkel Yue ahnte wohl, dass es Mutter schwer fiel, seine Hilfe anzunehmen. So wandte er sich an mich: «Yuqian, möchtest du auf das Saint Francis Xaviers College gehen?»

«Ja, gern!», rief ich, dankbar, gefragt worden zu sein.

«Gut. Dann werde ich für deine Mutter entscheiden und dich nächste Woche zusammen mit dem kleinen Glatzkopf dort anmelden. Ich werde sagen, dass ihr Vettern seid und ich während der Abwesenheit deines Vaters die Verantwortung für dich übernommen habe. Unsere Familie ist katholisch, also ist es besser, wenn ich dich dort anmelde und nicht deine Mutter.» Er wandte sich wieder Mutter zu: «Bist du einverstanden?»

Sie lachte, doch dann quollen die Tränen. «Seit Yuqians Vater uns verlassen hat, strecken uns alle Verwandten und Freunde ihre Hände entgegen und helfen uns. Ich weiß wirklich nicht, wie ich euch das danken soll.»

«Zhongyun, vergiss nicht, dass ich euer Trauzeuge war! Eines deiner Kinder braucht Hilfe, und ich kann und möchte sie ihm geben. Das ist doch selbstverständlich.» Onkel Yue ließ sich zum Glück nicht beirren. Ich war überglücklich und hätte auf dem Heimweg Freudensprünge machen können.

«Bist du denn nicht zufrieden?», fragte ich Mutter, die still neben mir ging.

«Doch, das bin ich. Aber weißt du eigentlich, dass das Saint Francis Xaviers College eine der teuersten Schulen der Stadt ist? Wie können wir deinem Onkel Zehn ein so hohes Schulgeld aufbürden? Und wenn wir Onkel Yues Hilfe annehmen, stehen wir auch bei ihm noch in der Schuld. Wie können wir das alles jemals wieder gutmachen?»

Das College

Der Besuch des Saint Francis Xaviers College sollte mich in entscheidender Weise prägen, denn kein zweites Mal wurde ich in China einem derart starken westlichen Einfluss ausgesetzt. Die Hälfte unserer Lehrer waren katholische Patres, von denen die meisten aus Europa kamen. Wir trugen westliche Schuluniformen – elegante dunkelblaue Anzüge mit Krawatte, auf der Brusttasche prangte das Schulwappen mit den Initialen des College. Täglich sprachen wir vor Unterrichtsbeginn das Vaterunser. Außer für das Fach chinesische Sprache kamen unsere Schulbücher allesamt aus Europa und Amerika, und auch der entsprechende Unterricht wurde auf Englisch oder Französisch gehalten, selbst wenn der Lehrer Chinese war. Während an der staatlichen Schule, auf die mein Bruder ging, auf Chinas klassische Traditionen Wert gelegt wurde, lernten wir in Geographie, Literatur und Geschichte mehr über Europa als über China.

In den chinesischen Schulen ist normalerweise ganztags Unterricht, aber bei uns ging der Unterricht nur von morgens um acht bis mittags um eins, der Nachmittag war frei. Kindern so viel Freizeit zu geben, widersprach den chinesischen Erziehungsprinzipien, die den täglichen Lebensrhythmus recht genau reglementierten. Aus der Sicht traditionell geprägter Familien konnte es nicht gut sein, wenn die Kinder schon in jungen Jahren lernten, frei zu denken, ihre Meinung zu äußern und ihre Freizeit selbst zu gestalten. Auch Mutter missfiel das. Vor allem aber störte sie der mangelnde Unterricht in traditioneller Kultur, weshalb sie mir zu meinem Verdruss zu Haus noch zusätzlichen Unterricht erteilte und mir Sonderlektionen aufbrummte.

Die meisten Mitschüler kamen aus reichen Familien. Das zeigte sich sogar trotz der Uniformen, von denen einige gleich drei oder vier besaßen. Mutter war schon froh, dass sie für mich eine gebrauchte erstehen konnte. Die anderen trugen blütenweiße Hemden in hervorragender Qualität, meine waren abgetragen und reichlich verwaschen. Zwischen zehn und halb elf Uhr hatten wir große Pause. Sobald die Pausenglocke ertönte, rannten die meisten Kinder zu einem kleinen Laden, der zu unserer Schule gehörte, und kauften Sandwiches, Hot Dogs oder Coca-Cola. Ärmere Kinder wie ich wagten erst gar nicht, diesen Laden zu betreten.

Eines Morgens war ich zu spät aufgestanden und ohne Frühstück in die Schule gegangen. In der großen Pause, als ich die anderen wieder mit vollen Backen kauen sah, hätte ich vor Hunger am liebsten geweint. Pater Zhang, einer meiner chinesischen Lehrer, der die Pausenaufsicht führte, bemerkte mein mürrisches Gesicht und fragte: «Was ist los mit dir, Guan Yuqian? Hat dir jemand Unrecht getan?»

Pater Zhang stammte aus Peking und war ein großer, kräftiger Mann von etwa vierzig Jahren mit einer schwarz geränderten Brille. Ich fühlte mich sehr zu ihm hingezogen. Seine Worte gaben mir immer ein Gefühl der Vertrautheit, denn er sprach ein klares Nordchinesisch, die Sprache meiner Familie. Obwohl ich nun schon einige Jahre in Shanghai lebte und den Shanghai-Dialekt perfekt beherrschte, fühlte ich mich dennoch als Nordchinese. Auch er schien gern mit mir zusammen zu sein, denn ich war einer der wenigen Schüler am College, mit dem er in seinem breiten Pekinger Platt scherzen konnte. Da er kein Shanghainesisch sprach, machten sich andere Schüler oft über ihn lustig.

«Ich finde, dass die ganze Welt ungerecht ist», antwortete ich.

«So?» Pater Zhang riss erstaunt seine Augen auf. «Dann sag doch mal, was du an der Welt so ungerecht findest.»

«Zum Beispiel hier an der Schule. Die meisten Schüler haben die Taschen voller Geld, aber einige wenige haben nichts und können sich noch nicht einmal ein Sandwich kaufen.»

«Und zu welchen Schülern gehörst du?»

«Natürlich zu denen, die kein Geld haben.»

«Also du findest die Welt ungerecht, weil du kein Geld hast, um dir ein Sandwich zu kaufen. Aber weißt du, dass viele Familien so arm sind, dass sie ihre Kinder noch nicht einmal zur Schule schicken können?»

«Ich weiß. Ich hätte ja auch beinahe nicht zur Schule gehen können.»

«Was macht denn dein Vater?»

«Er ist nicht mehr da.»

«Und wie kommt es dann, dass du an dieser teuren Schule bist?»

«Mein Onkel zahlt das Schulgeld.»

«Und dann findest du die Welt ungerecht? Obwohl du einen so großzügigen Onkel hast? Bist du nicht ein wenig undankbar?»

Ich begriff, dass Pater Zhang Recht hatte. Hoffentlich verachtete er mich jetzt nicht.

«Entschuldigen Sie, Pater Zhang, ich bin wirklich undankbar.»

«Na ja, kleiner Guan», seufzte Pater Zhang, «im Grunde genommen hast du ja Recht. Auf unserer Welt geht es wirklich ungerecht zu, und wir müssen das ändern. Doch die menschliche Kraft hat Grenzen, und wir können nur zu Gott beten und hoffen, dass er uns hilft, die Welt zu ändern. Reichtum ist nicht gleichbedeutend mit Glück. Wenn du fleißig lernst, wirst du später vielleicht ein Wissenschaftler oder Künstler und kannst der Welt etwas Brauchbares hinterlassen. Das ist wahres Glück.»

Ich nickte stumm. Plötzlich schien er sich an den Ausgangspunkt unseres Gespräches zu erinnern: «Nicht alle Kinder gehen in der Pause zum Einkaufen in den Laden. Spiel doch lieber mit den anderen Fußball!»

Das Fußballteam unserer Schule war in ganz Shanghai bekannt, denn es besaß einen der schnellsten Mittelfeldspieler, einen Schüler aus der Oberstufe, den alle nur «Gelbhose» nannten, trug er doch beim Fußballspielen immer gelbe Shorts. Durch ihn wurde Fußball am College populär, alle eiferten «Gelbhose» nach. Dabei kam es auf dem schuleigenen Fußballplatz immer wieder zu Streit. Die Schüler der höheren Klassen vereinnahmten ihn ganz für sich und ließen uns Kleinere nicht mitspielen. Schon mehrmals hatte ich versucht, in eine der beiden Pausenmannschaften aufgenommen zu werden, doch ohne Erfolg. Jedesmal wurde ich verscheucht, weil ich ihnen zu langsam lief. Nun wollte ich es noch einmal versuchen. Einen Tag nach dem Gespräch mit Pater Zhang rannte ich zu Beginn der großen Pause wieder zum Fußballplatz, doch wieder hatte ich keine Chance. Keine Mannschaft wollte mich haben. Das machte mich so wütend, dass ich mir den Ball schnappte und damit über das Spielfeld rannte. «Wenn ich nicht mitspielen darf, dann braucht ihr auch nicht zu spielen!», schrie ich. Natürlich hatten sie mich im Nu eingeholt, und ich wurde ordentlich verprügelt. Der größte unter ihnen, ein gefürchteter Schläger, zerrte mich schließlich über den Platz und warf mich wie ein Stück Abfall an den Rand. Ein Lehrer hatte den Vorfall beobachtet. «Schämt euch!», schrie er. «Wie könnt ihr großen Jungen alle zusammen einen kleinen verprügeln!» Schlägereien waren streng verboten und wurden hart bestraft. Für leichte Fälle setzte es Rohrstockschläge auf die Finger oder auf das Hinterteil, für schwere Fälle den Schulverweis. Manchmal musste man auch schwere Gegenstände über den Kopf halten oder stundenlang in einer Ecke knien. Angeblich waren derlei Züchtigungen an anderen Schulen schon verboten, an unserer jedenfalls machte man noch regen Gebrauch davon. Doch dieser Lehrer zeigte sich eher milde: Er erteilte jedem von den Schlägern als Strafe nur ein einstündiges Knien in einer Ecke ihres Klassenzimmers, zudem erhielten sie eine Verwarnung.

Zur Rache lauerten sie mir nun nach der Schule außerhalb des Schulgeländes auf. «Komm her, Kleiner! Ich muss noch mit dir abrechnen», rief der Schläger und drosch eine Weile auf mich ein. «Wehe, du petzt, dann geht's erst richtig los!», warnte er mich.

Mit Schrecken sah ich, wie sehr mein Anzug an diesem Tag gelitten hatte. Er war übersät mit Schmutzflecken und vollkommen aus der Form geraten. Ich fürchtete Mutters Reaktion, so schaute ich lieber erst bei Meister Huang vorbei und bat ihn um Hilfe.

«Wer hat dich denn so zugerichtet?», fragte er und zog mich in seinen Verschlag. «Komm, das haben wir gleich. Zieh den Anzug und das Hemd aus, ich werde die Sachen ausbürsten und bügeln.»

Dankbar lieferte ich die Kleidung ab und erzählte ihm, was sich zugetragen hatte.

«Warum lässt du dir das gefallen?», fragte er schließlich.

«Was soll ich denn tun?»

«Ich hab eine Idee. Komm heute Nachmittag zu mir. Ich bringe dich zu einem Freund, bei dem du lernst, wie man sich verteidigt.» Er nahm eine breitbeinige, bedrohliche Haltung ein. «Verstehst du?», fragte er. «Das ist die Haltung der Wushu-Kämpfer.»

«Wushu-Kämpfer?»

«Nie gehört? Wushu ist traditioneller Kampfsport.»

«An meiner Schule lernen wir nur westliche Sportarten.»

«Na prima! Die glauben ja, alles aus dem Westen wäre besser!» Er spuckte verächtlich aus. «Nein, du musst Wushu lernen. Dann brauchst du keine Angst mehr vor diesen Jungs zu haben.»

«Kannst du denn Wushu?»

«Klar! Zwar nicht sehr gut, aber es reicht, um mich zu verteidigen. In einer Stadt wie Shanghai hilft einem kleinen Mann wie mir oft schon ein sicheres Auftreten.»

Schon gleich nach dem Mittagessen stand ich wieder vor seinem Lädchen. «Du scheinst es ja wirklich eilig zu haben», lachte er, schloss den Verschlag und führte mich durch einige kleine Gassen. Vor einer besseren

Wellblechhütte blieb er stehen. «Hier ist es.» Ich folgte ihm hinein und befand mich plötzlich in einem großen Übungsraum, wie ich ihn von außen nicht vermutet hätte. Der Boden bestand aus gestampftem Lehm, und an den Wänden hingen breite Schwerter, Speere mit roten Quasten und andere traditionelle Waffen. Mehrere junge Menschen, darunter zwei Kinder, die allem Anschein nach noch jünger waren als ich, sprangen in langen Sätzen durch den Raum, drehten sich blitzschnell, stießen mit ihren Füßen auf und blieben schließlich wie festgenagelt stehen. Ein älterer Herr mit einem Ziegenbärtchen kam auf uns zu und begrüßte Meister Huang mit dem Gruß eines Kämpfers: Die Hände ineinander gelegt, hob er sie vor sein Gesicht und verbeugte sich. Er trug eine weitärmelige Jacke mit Knebelknöpfen aus Stoff.

«Meister Wen», sagte Meister Huang und wies auf mich. «Ich habe dir einen neuen Schüler mitgebracht. Ein zuverlässiger Junge, der schnell lernt und gut arbeiten kann, aber immer von älteren Jungen verprügelt wird. Er stammt aus bestem Hause; sein Vater ist einer von uns – er kämpft im Widerstand. Bring ihm etwas bei. Ich denke, er hat Zukunft.»

Meister Wen kniff die Augen zusammen und musterte mich eingehend. Dann schritt er einmal um mich herum, befühlte prüfend meine Schultern und besah sich meine Hände von innen und außen.

«Seine Knochen sind gut gewachsen, die Haltung ist aufrecht», stellte er fest. «Er hat genug Energie von den Eltern geerbt; aber er ist zu dünn und wirkt deshalb wohl ein bisschen schwächlich und sensibel.»

Meister Wen sprach mit tiefer Stimme und mit mandschurischem Akzent. Er war sechzig Jahre alt, von kräftiger Statur, hatte graue Schläfen und eine kleine Glatze. Zwei tiefe, wie eingeschnitzt wirkende Falten verlängerten seine Augenwinkel. Er hatte eine faszinierende Ausstrahlung.

«Warum möchtest du Wushu lernen?», fragte er.

«Meister Huang hat gesagt, wenn man die Kampfkunst beherrscht, braucht man die Stärkeren nicht mehr zu fürchten.»

«Oh, wie ich höre, kommst du aus Peking.» Er lächelte und nickte mir wohlwollend zu. «Wir Nordchinesen müssen zusammenhalten.»

«Also bist du einverstanden?», fragte Meister Huang erwartungsvoll. «Du nimmst ihn als Schüler auf?»

«Wir können es versuchen.»

Von nun an erhielt ich von Meister Wen mehrmals die Woche Gratisstunden in der Grundtechnik traditioneller Kampfkunst. Meister Wen sprach nicht viel, doch er war sehr streng und ließ keine Nachlässigkeit durchgehen. Stundenlang musste ich in bestimmten Positionen verharren, mal mit ausgestreckten Armen, mal in Schulterhöhe zu einem Kreis geformt, mal mit tief gebeugten Knien im so genannten Reiterstand, dann wieder in aufrechter Sitzposition. Ich übte Schrittfolgen, Faust- und Handkantenschläge, lernte Fußhaken schlagen und richtiges Fallen. Nach wenigen Wochen spürte ich eine ganz neue Leichtigkeit in meinen Bewegungen.

«Du musst deine Hände und Finger stählen!», riet mir Meister Wen eines Tages. «Ihr habt doch sicherlich zu Hause einen Sack Reis stehen.» Das hatten wir, wie wohl jede Shanghaier Familie. «Du krempelst dir die Ärmel hoch, und dann stichst du die Hände im schnellen Wechsel in den Sack. Nach und nach schnürst du den Sack enger, so dass der Reis immer weniger nachgibt. Wenn du das ein Jahr lang übst, werden deine Finger kräftig und stark.»

Ich setzte seine Anweisung sofort in die Tat um und begann tatsächlich zum großen Erstaunen meiner Geschwister jeden Tag eine halbe Stunde lang in unseren Reissack zu stechen. Meister Wen schien meine Fortschritte rasch zu bemerken und zeigte sich zufrieden. «Nun bringe ich dir einige Übungen zur Selbstverteidigung bei», sagte er eines Tages. «Es gibt vier Prinzipien, die du dir merken musst: nachgeben, ausweichen, reagieren, angreifen. Erkenne die Stärke deines Gegners und weiche ihr geschmeidig aus, aber erkenne auch seine Schwäche und nutze diese zum Angriff!» Zur Demonstration musste ich ihn mit aller Kraft angreifen, er wehrte mich dabei jedesmal mit einfachen Handbewegungen ab, so dass ich buchstäblich durch die Luft flog. Tatsächlich übertraf er trotz seines Alters alle seine Schüler in der perfekten Körperbeherrschung und der Geschmeidigkeit seiner Bewegungen. Hinzu kam sein gütiges, buddhagleiches Wesen. Immer hatte er ein offenes Ohr für die Probleme seiner Schüler und erteilte geduldig Ratschläge.

Einmal fragte ich ihn neugierig: «Meister Wen, wo wohnen Sie eigentlich? Haben Sie keine Familie?» Gleich darauf bereute ich meine Frage, denn seine Miene verfinsterte sich, und er ließ sich plötzlich müde wie ein alter Mann in einer Ecke des Raumes nieder. Mehrere Bündel lagen dort. Aus einem zog er eine lange, mandschurische Pfeife und begann, gedankenversunken zu rauchen. Nie zuvor hatte ich ihn rauchen sehen.

«Es tut mir Leid, Meister Wen, ich wollte Ihnen nicht wehtun», sagte ich schnell und kniete neben ihm nieder.

«Ist schon gut, ich will es dir erklären. Hier dieser Raum ist mein Zuhause. Und meine Familie?» Er rauchte schweigend ein paar Züge. «Meine Familie lebt nicht mehr. Meine Frau und meine Kinder sind in der Mandschurei von japanischen Soldaten umgebracht worden, ich bin der Einzige, der entkommen ist. Ich habe keine Wurzeln mehr. Ich bin eigentlich auch schon tot.»

Für einen Moment glaubte ich keine Luft mehr zu bekommen. Entsetzt dachte ich an meine Mutter, an meine Geschwister. «Haben die Japaner das in Shanghai auch schon mal gemacht?», fragte ich.

«Nein, das wagen sie nicht, noch nicht. Shanghai ist eine internationale Stadt. Wegen der Zensur erfährt man hier nichts von den Gräueltaten dieser Halunken. Ja, das Vaterland braucht junge Leute wie dich.»

«Bringen Sie uns Wushu bei, damit wir später gegen die Japaner kämpfen?»

«Nein!» Er lachte ein wenig amüsiert. «Wushu hilft da nicht, da brauchst du richtige Waffen. Ich unterrichte hier, um ein Dach über dem Kopf zu haben und ein wenig Geld zu verdienen.»

«Haben Sie denn keine Angst, von den Japanern festgenommen zu werden, wenn Sie so auf sie schimpfen?»

«Wieso? Ich habe doch nur vor dir geschimpft, und dir kann ich doch vertrauen, oder?» Er zwinkerte mir zu. «Hier bin ich sicher. Hier interessieren sich die Japaner nicht für uns einfache Leute, hier fürchten sie nur die Intellektuellen, die den Widerstand organisieren.»

Ich musste sofort an Vater denken. Vermutlich gehörte er zu jenen, vor denen die Japaner sich fürchteten.

Nach einigen Monaten durfte ich anfangen, mich mit den anderen Wushu-Schülern im Kampf zu üben. «Ihr müsst lernen, die Kraft des Gegners zu nutzen, um die eigene Kraft zu mehren», erklärte Meister Wen und warf uns abwechselnd einen schweren Hocker zu, den wir kurz ergriffen und mit einer leichten Körperdrehung in die eingeschlagene Richtung weiterleiteten, so dass er mit einem Mehrfachen der ursprünglichen Kraft in hohem Bogen weiterflog.

Anfangs erzählte ich Mutter nichts von der Wushu-Schule, aber später nahm ich Meister Wen einmal mit nach Hause. Zuerst bekam sie einen Schreck, als sie erfuhr, was ich trieb, doch Meister Wen gefiel ihr. «Wahrscheinlich ist es gut für meinen Sohn, wenn er nachmittags bei Ihnen trainiert und etwas für seinen Körper und seine Gesundheit tut», meinte sie und bat Meister Wen sogar, es nicht an Strenge fehlen zu lassen.

Dann aber passierte ein Zwischenfall, der mir die Lust am Kampfsport nehmen sollte. Eines Tages sah ich auf dem Heimweg, wie zwei Kleine aus unserer Schule wieder einmal von einer Gruppe älterer Schüler vom Fußballplatz vertrieben und verprügelt wurden. Auch der mir schon bekannte Schläger war dabei. Wütend schaute ich ein Weilchen zu, dann juckten mir die Finger. Welch eine Gelegenheit zu zeigen, was ich in den letzten Monaten gelernt hatte! Und schon sprang ich dazwischen, ein Held, der sich schützend vor die Schwächeren stellt. «Halt, ihr Feiglinge!», schrie ich und nahm eine kampfbereite Position ein. «Immer schikaniert ihr die Kleinen!»

«Was geht dich das an?», brüllte einer der Großen, der ein pickeliges Eselsgesicht hatte.

«Den kennen wir doch!», rief der Schläger. «Der hat uns damals den Ball geklaut. Jetzt macht er schon wieder Ärger. Dem werde ich es mal richtig zeigen!» Bevor er jedoch noch zu einem Schlag ausholen konnte, hatte ich ihm schon eine Ohrfeige verpasst. Alle hatten den Schlag gehört, aber es war so schnell passiert, dass es niemand richtig gesehen hatte. Mein Widersacher schnaubte vor Wut, doch fühlte er sich wohl etwas verunsichert. Im nächsten Moment sah ich die Spuren meiner Hand auf seiner Wange. Der Reissack hatte tatsächlich seine Wirkung getan! Mit einem Schwall von Schimpfwörtern ballte der Schüler seine rechte Faust und zielte auf meine linke Wange. Blitzschnell zog ich den Kopf zurück und drehte mich, so dass seine Faust ins Leere schlug und er vornüberstürzte. Wie bei den Übungen mit den Hockern half ich noch nach, indem ich mit der Linken seiner Schulter und mit der Rechten seinem Oberschenkel zusätzlich Schwung verlieh. Völlig verdutzt von der ungeahnten Wendung verfolgten die anderen das Geschehen mit aufgerissenem Mund. Nun kam einer meinem Widersacher zu Hilfe und wollte mich von hinten angreifen, doch ich hörte die raschen Schritte und duckte mich rechtzeitig, so dass auch er ins Leere stieß, kopfüber zu Boden stürzte und sich Hautabschürfungen im Gesicht zuzog. Welch ein Erfolg! Todesmutig richtete ich mich auf, ballte die Fäuste und fragte: «Wer ist der Nächste?» Ein junger Mann – seinem verwahrlosten und unangenehmen Aussehen nach offenbar kein Mitschüler – rief: «Das Kerlchen hat bestimmt Wushu gelernt. Los, wir machen ihn gemeinsam fertig!» Schon sammelten sich Schaulustige um uns. Mir war klar, dass ich gegen so viele keine Chance hatte, da schrie ein unbeteiligter Schüler: «Ich sag in der Schule Bescheid!» Damit war Schluss mit der Schlägerei, denn nichts fürchteten wir mehr, schließlich drohte allen Beteiligten, von der Schule verwiesen zu werden, ganz gleich, wer angefangen hatte. Alle liefen weg, und auch ich wollte mich verdrücken, doch der Erste, den ich zur Strecke gebracht hatte, mochte nicht klein beigeben und griff mich erneut an. Wieder zog er den Kürzeren. Vor Wut fing er an zu brüllen. Die Schaulustigen, die sich schon hatten trollen wollen, lachten ihn aus, was ihn natürlich noch mehr anstachelte. Er war schon ein reichlich großer Kerl und kräftig noch dazu. Mehrmals konnte ich seinen Fausthieben nicht mehr ausweichen und begann zu ermüden. Als er dann aber, blind vor Zorn, mit Schwung zu einem neuen Angriff ausholte, konnte ich ihm ein Bein stellen, so dass er voller Wucht gegen eine Mauer prallte. Bewusstlos und mit blutendem Kopf blieb er liegen, und ich machte mich aus dem Staub.

In der ersten Stunde am nächsten Morgen hatte meine Klasse Unterricht bei Pater Joseph, einem Österreicher. Keiner von uns mochte ihn. Er war ein unangenehmer Typ, der immer ein langes Gesicht zog und ständig mit einem Rohrstock herumfuchtelte. Wir nannten ihn «Truthahn», denn er hatte rote Haare und eine große Adlernase mit einer groben Spitze – einen echten Säuferkolben, wie ein Mitschüler fachmännisch feststellte. Als wir das Vaterunser sprachen, hielt ich die Augen fest geschlossen und sprach besonders laut, in der Hoffnung, Gott würde sich mir gnädig erweisen. Ich betete inbrünstig wie nie zuvor, bat den lieben Gott, mir zu verzeihen, mich nicht zu bestrafen und meine Mutter nichts von der Schlägerei erfahren zu lassen. Ich betete so innig, dass ich selbst ganz ergriffen davon war.

Nach dem Gebet zog der Truthahn ein noch längeres Gesicht als sonst, und auch sein Blick schien noch finsterer zu sein. Ich ahnte, was nun kam: «Gestern gab es unweit der Schule eine Prügelei, an der auch einige unserer Schüler beteiligt waren. Einer ist dabei schwer verletzt worden. Seine Eltern gehören zur Shanghaier Gesellschaft und haben sich schon beschwert. Wer von euch etwas gesehen oder daran teilgenommen hat, soll aufstehen.»

Noch nie war es in unserer Klasse so mucksmäuschenstill gewesen. Mein Herz klopfte wie wild. Ich wusste, dass ich nicht darum herumkam, meine Teilnahme zuzugeben, denn es hatte ja genügend Zeugen gegeben. Aber ich zögerte noch, vor allen anderen aufzustehen und mich schuldig zu bekennen, schließlich hatte ich nur die Kleineren beschützen wollen. Je mehr ich darüber nachdachte, desto mehr fand ich, dass ich im Recht sei. Schließlich stand ich auf: «Pater Joseph, an der Schlägerei gestern habe ich teilgenommen.»

«Was? Du?» Er schaute mich ungläubig an und musterte mich mit verächtlichem Blick.

«Hast du gesehen, dass jemand verletzt wurde?»

«Ja.»

«Du weißt doch, dass wir an unserer Schule keine Schlägereien dulden. Warst du es, der ihn verletzt hat?»

Ich nickte. Ein triumphierendes Lächeln huschte über sein Gesicht. «Dann habe ich den Schuldigen ja schneller gefunden, als wir alle vermutet haben. Komm her!» Der Truthahn ließ seinen Rohrstock in der Hand tanzen, dann bog er ihn an beiden Enden zu einem Bogen. Ich verließ meinen

Platz und ging zum Lehrerpult, das auf einem Podest stand. Anders als der nette Pater Zhang verließ Truthahn normalerweise nie das Podest, es schien ihm mehr Autorität zu verleihen. Kaum vorn angekommen, sauste schon der erste Schlag mit dem Rohrstock auf mich herab.

Ich zuckte zurück, aber der Schlag traf mich auf die Wange, die sofort höllisch brannte. «Warum schlagen Sie mich? Warum schlagen Sie mich?», rief ich erschrocken und begann zu weinen.

Das reizte ihn noch mehr, und mit peitschenden Schlägen hieb er auf mich ein. «Knie nieder!», brüllte er, ohne einzuhalten. Mit dem Gesicht zur Tafel kniete ich auf der Podestkante. Die Füße und Unterschenkel hingen in der Luft. Immer wieder schlug er auf mich ein, und wie ich mich auch wand, gelang es mir nicht, seinen Schlägen auszuweichen. Sein Stock traf überall, den Kopf genauso wie Brust und Schultern, Rücken, Beine und Füße. Weinen konnte ich schon nicht mehr, stattdessen erfüllte mich unbändige Wut. «Ich bin doch unschuldig!», rief meine innere Stimme. Ich hasste diesen Pater, hasste diese ausländischen Teufel, die in unser Land kamen, um Chinesen zu verprügeln. Irgendwann schließlich hielt Pater Joseph erschöpft inne und begann mit dem Unterricht. Ich musste währenddessen weiter am Pult knien bleiben, und sobald ich mich vor Schmerzen leicht bewegte, setzte es neue Schläge auf die Füße. Nach dem Unterricht befahl Pater Joseph: «Du kommst mit in mein Büro!», und lief mit großen Schritten aus dem Klassenzimmer. Auch die Mitschüler gingen hinaus zur Pause. Keiner achtete darauf, dass ich mich nicht mehr bewegen konnte. Der Länge nach fiel ich auf das Podest und blieb halb bewusstlos liegen. Dann erschien Lehrer Zhou zur Mathematikstunde.

«Was ist denn hier passiert?», rief er entsetzt und kniete neben mir nieder. Die Mitschüler schrien alle durcheinander, und nur langsam begriff er, was sich ereignet hatte. «Ich hole den Direktor!», rief er empört und rannte hinaus. Ich wusste, dass Zhou den Truthahn nicht leiden konnte. Jetzt würde er mich rächen, dachte ich und merkte, wie mir plötzlich wieder die Tränen kamen. Schon wenige Minuten später hörte ich eilige Schritte nahen. Ich drehte den Kopf und erblickte den Direktor mit mehreren Patern, Lehrer Zhou und den Schularzt im weißen Kittel. Dieser beugte sich zu mir herunter und fragte, wo ich Schmerzen hatte.

«Auf dem Rücken!», stöhnte ich.

Der Arzt zog vorsichtig mein Hemd aus der Hose und hob es mir über den Kopf. Gleich darauf spürte ich, wie alle die Luft anhielten. Der ganze Rücken war mit blutigen Striemen übersät. Der Arzt drehte mein Gesicht zur Seite und bemerkte auch dort geschwollene Striemen. «Wie ist das passiert?», fragte einer der Patres, und sogleich erzählten mehrere Mitschüler den ganzen Hergang. Dabei sparten sie nicht mit haarsträubenden Übertreibungen. Wortlos verließ der Schuldirektor die Klasse. Er war Franzose, ein Pater, der wenig sprach. Er war nicht besonders groß, schon grauhaarig und trug einen Bart. Wir mochten ihn recht gern, denn er wirkte sehr menschlich und strahlte eine natürliche Autorität aus.

Der Arzt brachte mich in sein Behandlungszimmer, und nach einer Weile kam auch Pater Zhang dorthin. Bestürzt schaute er sich meine Verletzungen an. «Wie ist es gestern überhaupt zu dieser Schlägerei gekommen?», fragte er, und ich erzählte ihm alles ganz genau, angefangen bei meinen eigenen Erfahrungen auf dem Fußballplatz.

«War das gestern derselbe Junge, der dich damals schon geschlagen hat?»

«Ja. Er geht immer nur auf Kleinere los.»

Pater Zhang nickte. «Ich weiß. Den kenne ich. Heute sind seine Eltern mit einem riesigen Auto vorgefahren und haben sich beklagt, scheinen wichtige Leute zu sein.»

«Aha, deshalb also hat Pater Joseph so heftig reagiert», meinte der Arzt und verpflasterte mich derart, dass ich zu einer wandelnden Anklage gegen Pater Joseph wurde. «Beiß die Zähne zusammen und zeig keine Schwäche!», ermunterte er mich zu meiner Verwunderung, ehe ich dem Direktor Bericht erstatten musste. «Für mich bist du ein kleiner Held.»

Der Direktor hatte inzwischen alle Zeugen der Schlägerei gefunden und sie einzeln über den Hergang befragt. So blieb nicht mehr viel zu klären. Abschließend meinte er zu mir mit einem Augenzwinkern: «Wenn du wieder einmal jemandem hilfst und dich in einen Streit einmischst, such dir am besten einen Platz, an dem keine Mauer steht.»

Auf meine Bitte brachte mich Pater Zhang an jenem Tag nach Hause – ich brauchte Beistand. Er lobte mich vor Mutter denn auch in den höchsten Tönen. Kaum allerdings war er weg, musste ich mir von ihr noch eine Standpauke anhören.

Eine Woche später fand eine Versammlung statt, zu der die Schulleitung die Eltern aller an der Schlägerei beteiligten Schüler eingeladen hatte. Auch der Leiter der katholischen Gemeinde von Shanghai war anwesend. Als mein Bürge und Vertreter meiner Eltern nahm Onkel Yue daran teil. Wir Schüler saßen vorn in der ersten Reihe wie auf einer Anklagebank. Fast das gesamte Lehrerkollegium hatte sich eingefunden, auch Pater Joseph, der sich jedoch mit bleichem Gesicht im Hintergrund hielt. Der Direktor leitete die Veranstaltung mit Worten des Bedauerns über den Ansehensverlust ein, den die Schule durch den Vorfall erlitten habe, dann folgte eine Befragung der Beteiligten.

Zuerst mussten die beiden kleinen Schüler erklären, warum man sie angegriffen hatte. «Wir wollten auch endlich mal Fußball spielen, aber sie haben uns nie mitspielen lassen. Und als wir das letzte Mal geschimpft haben, haben sie uns extra nach der Schule aufgelauert.»

«Und der hier», fügte sein Freund hinzu und zeigte auf den Schläger: «Der hat gleich losgeschlagen.»

«Warum prügelt ihr euch in aller Öffentlichkeit? Wisst ihr nicht, dass das dem Ansehen unserer Schule schadet?», fragte der Direktor den Schläger.

«Auf dem Schulgelände ist es ja verboten», gab dieser murmelnd zur Antwort.

«Dann habt ihr sie also absichtlich außerhalb der Schule abgepasst?»

Der verletzte Schüler senkte den Kopf, seine zwei Kumpane nickten jedoch.

Der Direktor wandte sich wieder an die jüngeren Schüler: «Und wie ist euer Mitschüler Guan dann dazugekommen? Kennt ihr euch?»

«Nein. Er ist nur so vorbeigekommen, und als er gesehen hat, was die Großen mit uns machen, hat er uns verteidigt.»

Nun drehte sich der Direktor zu mir: «Hattest du keine Angst, gegen so viele anzutreten?»

«Ich war einfach nur wütend, dass sie immer auf Kleinere losgehen», antwortete ich und verschwieg lieber, dass ich eigentlich auch einmal meine Wushu-Kenntnisse ausprobieren wollte.

«Wie konntest du Li Deshang» – so hieß der Schläger – «denn überhaupt so verletzen? Er ist doch viel größer als du!»

«Er ist auf mich losgestürmt und wollte mich schlagen, da hab ich ihm ein Bein gestellt.»

«Stimmt das?», fragte der Direktor die großen Schüler, und sie nickten.

«Dann habt ihr Schüler aus den höheren Klassen also die Schlägerei angezettelt. Ist das so?» Li Deshang antwortete nicht, sondern ließ nur den Kopf hängen.

«Unsere Nachforschungen haben ergeben, dass du schon mehrmals Prügeleien angefangen hast, sowohl außerhalb wie auch innerhalb der Schule», sagte der Direktor zu dem Schläger. «Wir haben auch herausgefunden, dass du außerhalb der Schule Kontakt zu einigen Raufbolden unterhältst. Ich erteile dir deshalb einen Schulverweis auf Bewährung. Wenn so etwas noch einmal passiert, dann wirst du endgültig von der Schule verwiesen. – Schüler Guan Yuqian, du hast dich auf diese Schlägerei eingelassen und müsstest eigentlich auch bestraft werden. Aber weil du dich für die anderen eingesetzt hast, nehmen wir davon Abstand. – Ich weiß nicht, wie die anderen Anwesenden darüber denken. Ich bitte um Ihre Meinung.»

Eine Weile blieb es still, dann aber meldete sich Onkel Yue zu Wort: «Herr Direktor, was wird mit dem Pater geschehen, der meinen Schützling derart verletzt hat?»

«Das ist eine schulinterne Angelegenheit. Wir werden das regeln.»

«Aber Herr Direktor, das ist keine schulinterne Angelegenheit! Einer Ihrer Pater hat meinen Neffen mit einem Rohrstock in brutaler Weise gezüchtigt. Als sein Onkel habe ich ein Recht zu erfahren, was Sie mit dieser Lehrkraft zu tun gedenken. Das Saint Francis Xaviers College hat einen guten Ruf in Shanghai, deshalb habe ich auch gleich zwei Kinder auf Ihre Schule gegeben. Schüler, die sich schlagen, bestrafen Sie hart. Aber welche Konsequenzen ziehen Sie mit einer Lehrkraft, zumal mit einem katholischen Geistlichen, der zu einem Schläger wird? Wenn Sie diese Angelegenheit nicht zur allgemeinen Zufriedenheit lösen, könnte das unangenehme Folgen für Ihre Schule zeitigen.»

Onkel Yues vornehme Erscheinung, die tiefe Stimme und das fließende Englisch schienen auf alle Anwesenden großen Eindruck zu machen. Der Direktor wandte sich an den Leiter der katholischen Gemeinde und begann mit ihm auf Französisch zu diskutieren. Sie konnten ja nicht ahnen, dass Onkel Yue mehrere Jahre in Paris gelebt hatte und deshalb fließend Französisch sprach. Er mischte sich sofort verärgert auf Französisch ein. Für einen Moment herrschte eine gespannte Atmosphäre im Raum. Schließlich sagte der Direktor auf Englisch: «Herr Yue hat völlig Recht. Wir werden diese Angelegenheit prüfen und Sie alle über unsere Entscheidung in Kenntnis setzen.»

Onkel Yue war zufrieden mit dem Verlauf der Versammlung und lud mich gut gelaunt in ein nobles westliches Restaurant zum Mittagessen ein. Er lobte mich: «Yuqian, es ist richtig, dass du für die Gerechtigkeit kämpfst, aber in Zukunft solltest du vorher abwägen, ob es die Sache auch wirklich wert ist. Konzentriere dich lieber aufs Lernen. Natürlich ist gegen Fußballspiel und traditionelle Kampfkunst nichts einzuwenden. Aber in diesen Zeiten steht das Schicksal unseres Landes auf dem Spiel, daher gibt es Wichtigeres zu tun. Unser Land braucht mutige Menschen wie dich. Die Japaner sind unsere Feinde, nicht die paar Jungs aus den höheren Klassen. Lerne fleißig, damit du in Zukunft etwas für das Vaterland tun kannst.»

Ich hatte großen Respekt vor Onkel Yue, so verfehlten seine Worte nicht ihre Wirkung. Ich versprach, mich nun ganz auf die Schule zu konzentrieren. Was Mutter mit ihren häufigen Ermahnungen nicht erreichte, schaffte Onkel Yue mit drei, vier Sätzen.

Eines wollte ich aber noch wissen: «Warum warst du plötzlich so verärgert, als die beiden auf Französisch miteinander gesprochen haben? Was haben sie gesagt?»

«Sie haben uns Chinesen beleidigt. Der Gemeindeleiter meinte, der Direktor brauche sich nicht auf eine Diskussion mit einem Chinesen einzulassen. Er solle mich vertrösten und die Sache dann im Sande verlaufen lassen.»

«Und was hast du dann zu ihnen gesagt?»

«Ich sagte: ‹Ehe Sie sich hier so abfällig über uns Chinesen äußern, sollten Sie besser vorher feststellen, ob Sie auch niemand versteht. Wenn Sie diesen Zwischenfall nicht gewissenhaft bereinigen, werde ich ihn in ganz Shanghai publik machen. Die Mittel dazu habe ich.› Ich glaube, das hat gewirkt.»

Tatsächlich wurde Pater Joseph von dem Tag an nie wieder an unserer Schule gesehen.

Nach diesem Zwischenfall ging ich nur noch selten zum Wushu-Unterricht, stattdessen widmete ich mich intensiv meinen Schulfächern und wurde deshalb – zur großen Freude von Mutter und Onkel Yue – ein wirklich guter Schüler. Bald konnte ich sogar Geigenunterricht nehmen, und zwar beim besten Lehrer der Stadt, einem Juden namens Foa, der damals Chefdirigent des Shanghaier Symphonieorchesters war. Onkel Zehn war es nämlich gelungen, Mutters Sparguthaben, das sie mit Kriegsbeginn verloren glaubte, ausfindig zu machen. Als sie ihm das Geld überlassen wollte – schließlich hatte er uns schon so viele Jahre unterstützt –, lehnte er das kategorisch ab. Das Geld reichte sogar, um davon ein Klavier zu kaufen – ein sehnlicher Wunsch meiner Schwester. Wenig später wurde ein fabrikneues Instrument deutschen Fabrikats angeliefert. Von nun an war die Musik aus unserem Haus nicht mehr wegzudenken.

Bombenkrieg, Widerstand und Kapitulation

Beim Beginn des Pazifikkrieges 1941 besetzten die Japaner auch die französische Konzession und die internationale Niederlassung und beendeten damit die Geschichte der internationalen «Inseln», die mit dem Ersten Opiumkrieg und dem Vertrag von Nanking 1842 begonnen hatte. Obwohl diese Gebiete 1943 offiziell an China zurückgegeben wurden, blieben sie wie das übrige Shanghai bis Kriegsende faktisch in japanischer Hand.

Durch meine älteren Geschwister war ich schon früh mit der internationalen politischen Lage vertraut und lernte auch, zensierte politische Nachrichten zu deuten. Oft stritt ich mit meinem Bruder, wer als Erster den politischen Teil der Zeitung, die Mutter abonniert hatte, lesen durfte. Dank der ausländischen Agenturmeldungen, die die Zensur durchgehen ließ, konnten wir uns ein ungefähres Bild der tatsächlichen Lage machen. Nachrichten wie: «Landung amerikanischer Truppen in der Normandie» oder «Totaler Rückzug deutscher Soldaten aus der Sowjetunion» versetzten uns in große Freude, wussten wir doch, dass es den Japanern schadete, wenn es seinem Verbündeten an den Kragen ging. Als im Mai 1945 die Kapitulation Deutschlands bekannt wurde, war allen klar, dass nun auch die Tage bis zur japanischen Kapitulation gezählt waren. Man brauchte nur noch etwas Geduld und durfte bis dahin nicht übermütig werden.

Das Leben wurde immer unruhiger. Manchmal fiel unvermittelt der Strom aus. In einer Nacht hörten wir, wie die Japaner in schweren Lederstiefeln ins Haus nebenan eindrangen und einige Personen festnahmen. Ein anderes Mal sah ich, wie zwei junge Männer im Dunkeln antijapanische Parolen in unserer Nachbarschaft an die Wände klebten. Sie wurden geschützt von einigen anderen, die sich um sie herumstellten und aufpassten, ob japanische Soldaten kämen. Plötzlich tauchten tatsächlich welche auf, und jemand zischte: «Sie kommen!» Rasch wurde die Nachricht weitergegeben, und die beiden Plakatkleber verschwanden in der Finsternis. Kaum waren die Japaner außer Sichtweite, tauchten die Plakatkleber wieder auf. Ich freute mich über ihren Mut, denn was sie taten, konnte sie den Kopf kosten. An anderer Stelle waren einmal zwei Plakatkleber von japanischen Soldaten erschossen worden.

Kurz vor der Kapitulation Japans bombardierten die Amerikaner einige Shanghaier Vororte. Die Angriffe versetzten uns in Angst und Schrecken, doch gaben sie uns auch Hoffnung auf ein rasches Ende der japanischen Herrschaft. Einige Landsleute liefen vor Freude über das Erscheinen amerikanischer Bomber sogar auf die Straße und klatschten Beifall. Die Japaner hatten kaum noch Zeit, auf solch ein provozierendes Verhalten zu reagieren.

Niemand wusste, ob die Bombenangriffe der Amerikaner nicht auch irgendwann die Stadt selbst treffen würden. Wir hatten deshalb die Fenster von innen längs und quer mit Papierstreifen beklebt, damit sie bei nahen Einschlägen nicht so leicht zersplitterten. Wurde Verdunkelung befohlen, hängten wir die Fenster zudem noch mit schwarzem Stoff und Decken zu. Da es keine Luftschutzkeller gab, legten wir etliche Decken über unsere schwersten Tische und krochen bei Bombenalarm darunter. Die Detonationen in den Vororten und das japanische Flakfeuer waren bis ins Stadtzentrum zu vernehmen. Zum Glück blieb unser Viertel von Treffern verschont, und so erlebten wir die Angriffe zunehmend als Befreiung. Als sie jedoch immer heftiger wurden, fürchtete Mutter, dass sie eines Tages doch noch die Innenstadt treffen könnten, und suchte mit uns, wann immer es sich einrichten ließ, bei Freunden in einem solideren Haus Unterschlupf. Der Eigentümer – ich nannte ihn Onkel Guo – arbeitete als hoher Beamter beim Zoll. Einmal sagte er: «Die Japaner sind schon schlimm genug, aber die Amerikaner sind auch nicht viel besser. Sie bombardieren blindlings die Wohnviertel und töten die Zivilbevölkerung.» Die Amerikaner sind auch nicht viel besser? Dieser Satz passte nicht in das Bild, das ich mir von den Amerikanern machte. Waren sie nicht unsere Retter, die die Japaner zum Teufel jagten?

Im August 1945 herrschte in Shanghai entsetzliche Hitze. Die meisten verbrachten daher so viel Zeit wie möglich draußen in den kühleren Gassen. Selbst das Abendessen nahm man dort ein. So sah ich, dass auch bei den Nachbarn nur noch dünne Reissuppe mit Salzgemüse gegessen wurde. Schon seit einigen Monaten waren die Lebensmittel knapp.

In diesen langen, heißen Sommernächten gab es in unserem Wohnviertel nur ein Gesprächsthema: die nationale Lage Chinas. Eines Tages blieben die regelmäßigen japanischen Patrouillen aus. Das war verwunderlich. Waren die Japaner etwa schon am Ende?

Einmal kamen wir erst spätnachts zurück in unsere Wohnung. Im Dunkeln nahmen wir die Decken von den Fenstern und öffneten sie. Der kühle Luftzug tat gut! Mutter sagte: «Die internationale Lage ändert sich jetzt sehr schnell. Nun haben auch die Russen Japan den Krieg erklärt. Bald werden wir aufatmen können.»

Wenige Tage später rissen uns frühmorgens Gewehrschüsse aus dem Schlaf. Wir hörten Menschen durch unsere Gasse rennen und stürzten ans Fenster. «Haltet ihn, diesen kleinen japanischen Teufel! Lasst ihn nicht entkommen!», schallte es herauf. Mehrere Personen liefen hinter einem Mann her, der plötzlich stehen blieb und aus einem Gewehr feuerte. «Schnell in Deckung! Der schießt!»

Wir waren in heller Aufregung. Wie konnte es jemand wagen, einen Japaner zu verfolgen? Hatten die Leute keine Angst, erschossen zu werden? Bevor wir noch begreifen konnten, was geschehen war, drang aus der Ferne Gesang zu uns herüber: «Wer will schon ein Sklave sein ...», «Erhebt euch! Werft die Sklavenfesseln ab! ...» Das waren doch antijapanische Lieder! Vor

Aufregung bekam ich feuchte Hände. Konnte das wahr sein? Wer diese Lieder sang, musste damit rechnen, sofort einen Kopf kürzer gemacht zu werden.

«Leute, die Japaner haben kapituliert!», schrie jemand in unserer Gasse. «Die Japaner haben kapituliert!» Die Stimme überschlug sich fast, aber in unserer Nachbarschaft blieb noch alles still. Einer nach dem anderen öffnete nur das Fenster und steckte vorsichtig den Kopf heraus, als würde jeder denken: «Wenn es nicht stimmt und die Japaner wiederkommen, haben wir uns zu früh gefreut, und es ist aus mit uns.»

Ich hielt es drinnen nicht mehr aus, wollte hinausstürmen und nachsehen, woher der Gesang kam, doch Mutter ließ es wieder einmal nicht zu. Dann sahen wir vom Fenster aus Leute singend durch unsere Gasse ziehen. Einer trat vor, baute sich vor unserem Fenster auf und rief: «Die Amerikaner haben über Japan Atombomben abgeworfen! Die Japaner haben kapituliert und sich aus Shanghai zurückgezogen!» Und dann schrie der erste Nachbar: «Die Japaner haben kapituliert! Die Japaner haben kapituliert!» Nun fielen viele andere Stimmen ringsumher ein: «Die Japaner haben kapituliert!» In Wellen wogte der Ruf über das Viertel hin und her. Nun stürmten auch unsere Nachbarn in die Gasse hinaus. Irgendjemand brannte eine Kette Feuerwerksböller ab, und wie in einer Kettenreaktion krachte Feuerwerk bald aus allen Richtungen. Alle, die noch irgendwelche Knallkörper zu Hause hatten, holten sie hervor und veranstalteten einen Festtagslärm fast wie beim Neujahrsfest.

Nun hielten es mein Bruder und ich beim besten Willen nicht mehr drinnen aus. Wir zogen uns schon die Schuhe an, als Mutter wieder dazwischentrat und uns befahl, drinnen zu bleiben: «Gerade in so einem kritischen Moment kann leicht etwas passieren. Die Lage ist noch zu chaotisch. So plötzlich können ja gar nicht alle Japaner verschwinden. Sicherlich haben sie auch noch ihre Waffen. Bleibt hier!» Mit den Worten setzte sie sich ans Klavier und begann, antijapanische Befreiungslieder zu spielen.

Wir Geschwister waren bass erstaunt. «Mama, wo hast du denn diese Lieder gelernt?», fragte meine Schwester.

Mutter lachte: «In der Schule. Ein junger Kollege hat sie uns beigebracht.»

Alle Zurückhaltung fiel plötzlich von ihr ab, und überglücklich griff sie in die Tasten. Eine solche Freude hatte ich lange nicht mehr an ihr gesehen. Wie schön sie war, wenn sie lachte! Sogar ihre Grübchen kamen nun wieder zum Vorschein.

«Lass mich mal spielen!», rief Minqian und drängte Mutter beiseite. Meine Schwester spielte inzwischen wesentlich besser als Mutter. Voller Elan stimmte sie ein Lied nach dem anderen an, und wir sangen aus voller Kehle mit. Immer näher rückten wir dabei zusammen, bis wir einander schließlich fest umarmten. Freudentränen rannen uns über das Gesicht. Nach Jahren der Angst und der Not konnten wir nun wieder wagen, unseren Blick auf eine bessere Zukunft zu richten. Ich spürte, dass Mutter mit der Rückkehr unseres Vaters rechnete. Alles würde gut werden. Wir dankten unserem Retter Jesus Christus, dass er uns aus dem Elend erlöst hatte.

Doch das Glück war nur von kurzer Dauer. Uns blieb nicht einmal Zeit, den Nachgeschmack dieser Freude auszukosten.

Jugend
(1945–1949)

Historischer Rahmen

28.9.1945	Unter US-Schirmherrschaft beginnen in Chongqing Verhandlungen zwischen der KP-Führung (Mao Zedong, Zhou Enlai) und Jiang Kaishek über die Zukunft Chinas und die Wiederherstellung der staatlichen Einheit
Sept./Okt. 1945	Rund 50 000 US-Marinesoldaten landen in chinesischen Häfen, um bei der Entwaffnung und Evakuierung der japanischen Truppen zu helfen
27.11.1945	George Marshall wird vom US-Präsidenten zum Sondergesandten für China ernannt. Seine Versuche, die von Jiang Kaishek geführte Nationalregierung zum Friedensschluss mit den Kommunisten zu bewegen, scheitern; von ihm gewünschte Sanktionen der USA gegen Jiang Kaishek werden nur teilweise umgesetzt
5.5.1946	Offizielle Rückverlegung des Regierungssitzes nach Nanking
26.6.1946	Eine Großoffensive der Regierungstruppen gegen die Rote Armee leitet den Wiederbeginn des Bürgerkriegs ein
24.12.1946	Die Vergewaltigung der Studentin Shen Chong durch US-Soldaten in Peking löst eine landesweite Welle antiamerikanischer Demonstrationen aus
Anfang Mai 1947	Die galoppierende Inflation führt zu Lebensmittelknappheit. In Shanghai und anderen Städten brechen Unruhen aus, an denen sich Arbeiter und Studenten beteiligen
30.6.1947	Die Überquerung des Gelben Flusses durch die kommunistische Volksbefreiungsarmee (VBA) leitet eine Wende im Bürgerkrieg ein
2.4.1948	Der US-Kongress verabschiedet ein Gesetz zur Chinahilfe im Umfang von 338 Mio. Dollar
22.5.1948	Beginn der Studentenproteste gegen die amerikanische Japan-Politik
19.8.1948	Bekanntgabe einer Währungsreform, die die Einführung des Gold-Yuan, Lohn- und Preiskontrollen und andere Maßnahmen zur Stabilisierung der Wirtschaft vorsieht
15.1.1949	Die VBA nimmt Tianjin ein
31.1.1949	Die VBA nimmt Peking ein
23.4.1949	Die VBA nimmt Nanking ein

Die Parade

Japans Kapitulation stürzte Shanghai erst einmal in ein Chaos. Dass die japanischen Soldaten aus dem Straßenbild verschwanden, war klar, doch mit ihnen gingen auch die chinesischen Polizisten, die im Dienst der Marionettenregierung gestanden hatten und den meisten Menschen noch verhasster waren als die Japaner selbst. Im Schutz der Besatzungsmacht hatten viele von ihnen die eigenen Landsleute hemmungslos malträtiert. Nun fürchteten sie Rache.

Auf unserer Avenue Joffre wie anderswo regelte also niemand mehr den Verkehr. Hier und da wurde geplündert. Die Schulen blieben geschlossen. Im Nu schnellten die Preise in die Höhe, denn Händler begannen, ihre Waren zu horten. Zunächst trug die Bevölkerung die neue Situation gelassen – zu groß war das Siegesgefühl, das sich mit der japanischen Kapitulation breit gemacht hatte. So wahrte die große Mehrheit demonstrativ Disziplin, hier und da sprangen sogar Freiwillige ein, um den Verkehr zu regeln. Bei uns um die Ecke wurde ein Triumphbogen errichtet, finanziert aus Spenden von Geschäftsinhabern und anderen Bewohnern des Viertels. «Das Land ist unser!», prangte in bester Kalligraphie auf dem Bauwerk. Beim Anblick des Ehrenmals durchströmte mich jedes Mal ein Gefühl von Glück und Wärme. Auch die Presse berichtete Erfreuliches, schilderte die Verlegung chinesischer Regierungstruppen in zuvor besetzte Landesteile und meldete die Rückgabe der verschiedenen Institutionen wie Finanz- und Zollamt, Banken, Eisenbahn und Hafen in die Hände der Regierung. Auch das «Falschgeld» aus der Besatzungszeit sollte jetzt zurückgetauscht werden, allerdings zum Kurs von zweihundert zu eins – ein Betrug, wie viele meinten; dennoch überwogen Erleichterung und Stolz, dass es endlich wieder eine echte chinesische Währung geben sollte. Präsident Jiang Kaishek war der gefeierte Nationalheld. Porträts von ihm wurden zur heiß umkämpften Ware. Mit großer Mühe gelang es mir, eines zu ergattern. Es bekam einen Ehrenplatz in unserem Wohnzimmer, und jeden Morgen verbeugte ich mich ehrfürchtig davor.

Dann kam der 7. September 1945 mit den offiziellen Siegesfeiern. Die Zeitungen hatten berichtet, in Shanghai sei eine Zeremonie geplant, bei der die Japaner ihre Waffen niederlegen sollten. Außerdem werde General Tang Enbo im Rahmen einer Parade durch Shanghai fahren und sich von der Bevölkerung feiern lassen. Ganz Shanghai wurde daraufhin mit chinesischen Flaggen und den Fahnen der Nationalen Volkspartei, der Kuomintang, geschmückt. Überall klebten nun Jiang-Kaishek-Porträts an den Häusern. Schon in der frühen Morgendämmerung des 7. September versammelte sich die Bevölkerung an den Straßen, um die Parade mitzuerleben. Niemand wusste allerdings so recht, wann sie eigentlich stattfinden sollte. Aus unserem Viertel drängten sich fast alle an der Avenue Joffre und harrten dort geduldig der Dinge. Viele schwenkten Bilder von Jiang Kaishek oder hielten Fähnchen in der Hand. Noch nie in meinem Leben hatte ich so viele fröhliche Gesichter gesehen. Ich schaffte es, mich ganz nach vorn durchzuzwängen, und setzte mich auf den Boden. Wir warteten Stunde um Stunde bis in den Nachmittag hinein. Die Sonne brannte, und schließlich wurden alle müde. Trotzdem blieb jeder diszipliniert auf seinem Platz.

Irgendwann drang schließlich aus der Ferne Motorengeräusch ans Ohr. «Sie kommen! Sie kommen!», schrie die Menge, alle schwenkten begeistert ihre Fähnchen, klatschten Beifall und riefen Willkommensparolen. Es näherten sich aber nur mehrere der altvertrauten Lastwagen, und sie trugen japanische Fahnen! Ich traute meinen Augen nicht. Plötzlich hielten die Wagen, Soldaten sprangen herab und postierten sich mit wenigen Metern Abstand voneinander in langer Reihe beidseitig der Straße. Unter ihnen schienen sogar Japaner zu sein. Mit kaltem, versteinertem Gesichtsausdruck richteten sie ihre Karabiner wortlos auf die Menschenmenge. Alles erstarrte. Die Stimmung schlug um. Dann erneut Motorengeräusch: Einige amerikanische Jeeps kamen vorbeigesaust, dicht gefolgt von einem schwarzen, offenen Wagen, in dem kerzengerade, geschniegelt und gebügelt, ein Mann in Militäruniform stand: War das General Tang? Er trug weiße Handschuhe und hielt eine Hand zum Gruß halb erhoben. Kaum hatte man ihn erspäht, war er auch schon vorbei. Es folgten noch ein paar weitere Jeeps, und damit war die «Parade» zu Ende.

Fassungslos wandten sich die Menschen ab. Einige schimpften lauthals:

«Eine Schande! Wieso lässt sich General Tang Enbo von unseren Feinden schützen?»

«Vor wem hat er Angst? Vor uns?»

«Vor den Kommunisten!», rief einer. «Die Nationalpartei hat Angst vor den Kommunisten!»

«Die haben noch nicht genug eigene Soldaten in Shanghai, deshalb greifen sie auf die Verräterpolizisten und die Japaner zurück.»

Die Uniformierten sprangen wieder auf ihre Lastwagen. Plötzlich brüllte jemand: «Nieder mit den japanischen Imperialisten! Nieder mit den Verrätern! Fort mit den japanischen Teufeln!» Hunderte fielen mit erhobenen Fäusten in die Rufe ein, die immer lauter und bedrohlicher schallten. Gerade als die Wagen anrollten, warf einer der Soldaten eine Granate. Sie detonierte an einem Obststand ganz in meiner Nähe. Früchte flogen durch die Luft, eine Frau fiel blutüberströmt auf die Straße. Ich kannte sie. Es war Tante Wang. Sie hatte mir oft das eine oder andere Stück Obst zugesteckt und stets mit einem Augenzwinkern gesagt: «Erzähl's nicht weiter!» Voller Panik rannte alles auseinander und zurück in die Häuser. Wie benommen und am ganzen Körper zitternd kam ich heim, unfähig zu begreifen, was ich gesehen hatte. Alle unsere Zukunftsfreude war zerstoben, das Vertrauen in die Regierung zunichte gemacht. Als wollte er uns verhöhnen, lächelte Präsident Jiang von der Wand. Ich riss das Bild herunter.

Die Unfähigkeit von Jiang Kaisheks Regierung, für geregelte Verhältnisse zu sorgen, wurde in der folgenden Zeit auf allen Gebieten offensichtlich. Besonders schlimm wirkte sich für die einfache Bevölkerung die Inflation aus. Schon unter den Japanern hatte es eine starke Teuerung gegeben. Bei Kriegsende erwarteten nun alle eine verantwortungsbewusste Finanzpolitik, und tatsächlich sanken zunächst die Preise. Doch nach zweimonatiger Atempause begann sich die Inflationsspirale erneut zu drehen, und zwar mit wachsendem Tempo. Der Schwarzmarkt blühte und ebenso die Korruption. Die Beamten machten gemeinsame Sache mit Profiteuren, Spekulanten und der mafiosen Schwarzen Gesellschaft.

Die schlimmste Mafia aber saß ganz oben, denn über China herrschte ein Klüngel der vier reichsten Familien, die vor allem die eigenen Interessen verfolgten, darunter die Familie Jiang mit Jiang Kaishek an der Spitze und die Song (nach alter Schreibweise Soong), zu der seine Frau und sein Schwager, der Politiker T. V. Soong gehörten. Obwohl die Mitglieder dieser Familien einen erheblichen Teil der Wirtschaft kontrollierten und die höchsten Einkommen erzielten, zahlten sie keine Steuern. Nur ein Viertel des Staatshaushalts beruhte damals auf Steuereinnahmen. Ein weiterer Teil stützte sich auf Finanzhilfe durch die USA. Der große «Rest» wurde durch die Notenpresse finanziert.

Die Amerikaner kommen

Bald nach Kriegsende trafen amerikanische Marinetruppen im Hafen von Shanghai ein. Die Neuigkeit verbreitete sich wie ein Lauffeuer. Meine Schulkameraden und ich zogen zur Hafenpromenade, dem Bund. Dort sahen wir sie: dunkelgraue Kriegsschiffe, die im Fluss ankerten. Stundenlang standen wir dort und bewunderten diese imposanten Zeugnisse westlicher Kriegstechnik. Um ihre Bordwände drängten sich ganze Geschwader armseliger

Ruderboote, schwankenden Nussschalen gleich, von wo aus an langen Bambusstangen Waren hinaufgereicht und zum Kauf angeboten wurden: Schnitzereien, Antiquitäten, Souvenirs. Bis zum Dezember 1945 lagen einhundertdreißig amerikanische Schiffe im Hafen von Shanghai. Das größte war die «Sao Paolo», ein Schlachtschiff mit eintausend Mann Besatzung.

Ganz Shanghai schien sich auf die Amerikaner einzurichten. Überall entstanden neue Restaurants, Cafés und Hotels. In den beiden Hauptstraßen, der Nanking Road und der Avenue Joffre, flanierten Scharen amerikanischer Offiziere in schmucken Uniformen und Matrosen in schnittigen Anzügen, viele von ihnen mit chinesischen Mädchen im Arm, eins links, eins rechts. Sie kutschierten in Rikschas umher und tranken Bier auf offener Straße direkt aus der Flasche. Wo immer sie auftauchten, erschienen ganze Rudel von Kindern als Schuhputzer. Bars, Tanzlokale und Nachtklubs mit greller Neonreklame sprossen aus dem Boden wie der in China sprichwörtliche Bambus nach dem Frühlingsregen, und vor ihnen spazierten herausgeputzte Chinesinnen herum und sprachen die amerikanischen Soldaten auf merkwürdig unbekümmerte Art an. Eines Abends entdeckte ich unter ihnen eine Nachbarin. Sie war stark geschminkt. Ich hatte ein ungutes Gefühl, sie so zu sehen, vor allem als ich hörte, wie sie amerikanischen Soldaten zurief: «One dollar one hour! One dollar one hour!» Ich verstand damals den Sinn eines solchen Angebots nicht, und als ich Mutter fragte, hieß es nur: «Das wirst du später begreifen.»

Jeden Tag brachten die Zeitungen fantastische Meldungen über die großzügige Hilfe der USA: «Die Amerikaner unterstützen China tonnenweise mit Milchpulver und Fleischkonserven.» «Die amerikanische Regierung gewährt der chinesischen Regierung finanzielle Unterstützung im Kampf gegen den kommunistischen Terror.» Doch langsam machte sich Unmut über die zunehmende Zügellosigkeit der Amerikaner breit. Oft verursachten sie Unfälle, wenn sie in angetrunkenem Zustand mit ihren Jeeps durch die engen Straßen rasten, manchmal begingen sie dann noch Fahrerflucht. Allein zwischen dem 12. September 1945 und dem 10. Januar 1946 zählte man 495 solcher Unfälle, bei denen 336 Personen verletzt wurden und 86 starben.

Die neue Schule

In den alten Konzessionsgebieten hatten Europäer und Amerikaner einst nicht nur Handel getrieben, sondern auch Versorgungsbetriebe für Gas, Wasser und Strom gegründet und öffentliche Verkehrsmittel eingerichtet.

Nun kehrten die alten Eigentümer zurück, und unser Wohnviertel, das früher zur französischen Konzession gehört hatte, stand erneut unter dem Einfluss der Franzosen, obwohl die Konzessionen offiziell schon nicht mehr existierten.

Um diese Zeit war ich bereits nicht mehr Schüler am Saint Francis Xaviers College. Zufällig hatte ich von einer interessanten Alternative erfahren: der Hambury School, einer neu gegründeten Institution, die keine Schulgebühren erhob. Ich überlegte, dass wir, wenn ich dorthin wechselte, Onkel Zehn entlasten könnten, der inzwischen sogar beschlossen hatte, Minqians Studium zu finanzieren. Für die Hambury School sprach auch eine dem Saint Francis Xaviers College ähnliche Ausrichtung. Die Unterrichtssprache war Englisch, und die meisten Lehrer kamen aus dem Ausland.

Wider Erwarten traf ich mit meinem Vorschlag, die Schule zu wechseln, bei Mutter zuerst auf Widerstand. «Was wird Onkel Yue dazu sagen? Schließlich hat er dich an diese Schule geschickt. Wenn du wechseln willst, müssen wir vorher mit ihm darüber sprechen.»

Schon wenige Tage später besuchten wir ihn.

«Wir haben uns auch schon überlegt, ob wir den kleinen Glatzkopf vom Saint Francis Xaviers College nehmen sollen. Die besten Lehrer sind alle gegangen, und die verbliebenen sind erzkonservative Katholiken», sagte Tante Yue. «Am liebsten würden wir ihn nach Amerika auf die Schule schicken.»

Onkel Yue hatte bereits von der Hambury School gehört und fand an meiner Idee sofort Gefallen: «Der Leiter ist ein überaus frei denkender Chinese, der gerade aus Amerika zurückgekehrt ist. Ich denke, Yuqian hat sich da die richtige Schule ausgesucht», erklärte er Mutter.

Die neue Schule befand sich in einem recht guten Viertel an der Grenze zwischen der früheren französischen Konzession und der internationalen Niederlassung. Anfangs konnte ich morgens immer direkt mit dem französischen oder britischen Trolleybus hinfahren. Dann kam es zu Unstimmigkeiten zwischen den beiden Busunternehmen, und man konnte in dem französischen Viertel nur noch mit dem französischen und im internationalen Viertel nur noch mit dem britischen Trolleybus fahren. An der Grenze musste man umsteigen. Alle empörten sich über diese umständliche Fahrerei. Die Japaner sind weg, die Konzessionen abgeschafft. Wieso liegen die öffentlichen Verkehrsmittel in den Händen von Engländern und Franzosen?

Ich traute meinen Augen nicht, als ich zum ersten Mal die neue Schule betrat, denn die Schülerschaft – es waren nur Jungen – war noch stärker westlich orientiert als am Saint Francis Xaviers College. Unter den zehn oder zwölf Mitschülern in meiner Klasse waren nur drei Chinesen. Anfangs gab es weder eine richtige Schulsatzung noch ein echtes Schulgebäude, geschweige denn adäquate Schulmöbel. Vielmehr fand der Unterricht im Privathaus eines amerikanischen Kaufmanns statt, der es nur vorübergehend an die Schule vermietet hatte. Für ein Wohnhaus war es sehr groß, aber für eine Schule viel zu klein. Ein Teil der Schüler wurde daher vormittags, ein Teil nachmittags unterrichtet. Zu Letzteren zählte meine Klasse.

Unter den Mitschülern gab es einen Italiener und einen Spanier, die beide nur Unsinn im Kopf hatten. Einmal schraubten sie eine Glühbirne heraus und anschließend mit einem Streifen Alufolie dazwischen wieder ein. Als der Lehrer kam und das Licht einschalten wollte, gab es einen Kurzschluss, und in der ganzen Schule fiel das Licht aus. Da es bereits dunkelte, schickten uns die Lehrer nach Hause. Erst nach zwei, drei Tagen fanden die Elektriker endlich die Ursache. Ein andermal kam ein englischer Lehrer in einem weißen Anzug zur Schule, und wir vermuteten, dass er anschließend ein Rendezvous plante. Diesmal pinselten die beiden Mitschüler in der Pause Tinte auf seinen schwarzen Stuhl, und als dann der Lehrer kam und sich setzte, brüllte die Klasse vor Lachen. Auch diese Unterrichtsstunde fiel aus.

Anfangs fand ich die Streiche sehr lustig, aber ich mochte nicht täglich nur Unfug treiben. Als hätte der Himmel ein Einsehen gehabt, wurde die Hambury School zwei Monate später zu einer staatlichen gemischten Mädchen- und Jungenschule umgewandelt. Chinesische und ausländische Schüler waren von nun an in getrennten Klassen. Gleichzeitig zog die Schule um und wurde in «Western Public School» umbenannt. Das neue Gebäude, einst als Mädchenschule errichtet, hatte im Krieg als Internierungslager gedient und war völlig heruntergekommen, als wir am 18. Dezember 1945 dort einzogen. Das Allererste, was wir Schüler deshalb zu tun hatten, war aufräumen und Ordnung schaffen. Später gehörte unsere Mittelschule mit ihrer großen Aula, einem gut ausgestatteten Chemie- und Physikraum und einem Sportplatz zu einer der besten der Stadt.

Der Direktor, Professor Zhao Chuanjia, hatte im amerikanischen Colorado Pädagogik studiert. Er war ein zierlicher Mann mit ernstem Gesicht, der sich voller Elan seiner neuen Aufgabe stellte und vor pädagogischen Ideen nur so sprühte. Er besaß eine natürliche Autorität, so dass ihn alle Schüler achteten, ohne sich vor ihm zu fürchten. In kürzester Zeit verbreitete er an der Schule eine intensive Lernatmosphäre. So erwarb sich unsere

Schule einen ausgezeichneten Ruf. Da aber nur die wohlhabenden Familien den Privatunterricht bezahlen konnten, der gewöhnlich nötig war, um die Kinder auf das nötige englische Sprachniveau zu trimmen, stammten bald die meisten Schüler aus den reichsten Familien der Stadt.

Drei ausländische Lehrerinnen sind mir im Gedächtnis geblieben. Eine von ihnen war Mrs Morgan, eine Engländerin. Sie las mit uns Shakespeare und besaß eine unglaubliche Gabe, unser Interesse an Literatur zu wecken. Die zweite war unsere Kunstlehrerin, Mrs Sandau, eine Russin, die mit ihrem jüdischen Ehemann nach Shanghai geflüchtet war. Sie verlangte von uns eine Genauigkeit und Geduld, wie man sie sonst wohl nur von Kunststudenten erwartet. In einem Halbjahr zeichneten wir bei ihr nur Hände in verschiedenen Positionen, im nächsten nur Flaschen. Die meisten Mitschüler fanden das langweilig, mir dagegen bereitete es großen Spaß, denn ich zeichnete und malte gern. Und dann war da noch Mrs Liang, eine Deutsche, die mit einem Chinesen verheiratet war. Ihr Unterricht war miserabel, sie besaß weder Geduld noch pädagogisches Talent. Ich weiß nicht einmal mehr, was sie unterrichtete. Eins aber machte sie unvergesslich: Sie sah fantastisch aus. Sie hatte langes, rotblondes Haar von weichem Glanz, blaue Augen und lange, fast künstlich erscheinende Wimpern. Zudem verstand sie es, sich so zu kleiden, dass ihre gute Figur zur Geltung kam. Wir Jungen in der Klasse himmelten sie an, und nach jeder Stunde war sie für uns das Pausengespräch. Damals liefen in den Shanghaier Kinos lauter amerikanische Filme, und überall in den Straßen hingen Reklametafeln mit Abbildungen heißer Kussszenen, die unsere Fantasie reichlich anregten. Wir Jungen hatten ja gerade ein Alter erreicht, in dem wir uns für Mädchen zu interessieren begannen, und jeder von uns träumte, einmal solch eine Frau wie Mrs Liang in den Armen zu halten.

Viele meiner Klassenkameraden begannen, sich richtig herauszuputzen, und da an der Schule keine Uniformen getragen wurden, waren der individuellen Kleiderwahl keine Grenzen gesetzt. Vorbild waren die amerikanischen Filmstars. Viele Jungen trugen teure Anzüge mit Schlips und Kragen, andere Cowboykleidung mit nietenbesetzten Ledergürteln, die Jacken voller bunter Knöpfe, dazu eisenbeschlagene Cowboystiefel. Und natürlich schmierten wir uns alle Pomade ins Haar. Für mich war es ein Problem, die Kleidermoden mitzumachen. Ich hatte kein Geld und musste mir etwas einfallen lassen. So nähte ich mir zum Beispiel aus Stoffresten meiner Schwester eine Krawatte, oder ich versetzte einen guten Wollpullover und kaufte dafür aus zweiter Hand eine amerikanische Armeehose und Armeestiefel.

Jeder Montag begann mit einer kleinen Zeremonie, die unser patriotisches Bewusstsein stärken sollte. Zuerst versammelten sich alle Schüler und Lehrer zum Fahnenappell auf dem Schulhof, danach zogen wir in die Aula, und der Direktor hielt eine kurze Rede. Zum Abschluss mussten alle Schüler gemeinsam das politische Testament des Republikgründers Sun Yatsen aufsagen. Hierzu hatte ein Schüler den Text Satz für Satz vorzusprechen. Da den Lehrern meine gute hochchinesische Aussprache aufgefallen war, avancierte ich zum Vorsprecher, stand nun also jede Woche vorn auf dem Podium und wurde so in der Schule bekannt wie ein bunter Hund. Ich bildete mir darauf etwas ein und wurde frech und übermütig.

Vier Jahre lang, bis zum Mittelschulabschluss, besuchte ich die Western Public School. Es war eine Zeit, die mein weiteres Leben prägen sollte. Damals erhielt ich eine umfassende Allgemeinbildung und übernahm westlichen Geschmack und westliche Gewohnheiten. Vor allem schien uns jungen Shanghaiern alles großartig, was aus Amerika kam. Die Amerikaner kauten Kaugummi, wo immer man sie traf. Wir fanden das unglaublich lässig. Wenn sie auf der Straße Bier tranken und die leeren Büchsen oder Flaschen achtlos wegwarfen, sahen wir darin ein Zeichen von Reichtum. Wir ließen keinen amerikanischen Film aus. Die Filme prägten uns, bekämpften darin die Helden doch ihre Feinde, um schöne Frauen zu beschützen. Viele Filme liefen im Originalton, da man mit der Synchronisierung gar nicht so schnell nachkam. Wir liebten den amerikanischen Slang, und es wurde Mode unter uns Schülern, in den Pausen oder auf der Straße miteinander Englisch zu sprechen.

Ich war inzwischen sechzehn und eitel geworden und merkte selbst, dass ich mich veränderte. Ich lernte tanzen, sang amerikanische Lieder und begann, mit Mädchen auszugehen. Irgendwann sah ich den Streifen «Romeo und Julia», ein Renner in meiner Altersgruppe. Von nun an war ich auf der Suche nach meiner Julia.

Lucy

In meiner Klasse gab es eine zurückhaltende Schülerin, die ungewöhnlich hübsch war. Sie hieß Lucy und war der Schwarm aller Jungen in den höheren Klassen. Sie hatte leicht gewellte, halblange Haare, große Augen, schön geschwungene Brauen, und wenn sie lächelte, bildeten sich zauberhafte Grübchen in ihren Wangen. Klar, dass auch ich schon seit einiger Zeit ein Auge auf sie geworfen hatte. Da sie am liebsten weiße Kleider trug, nannte ich sie im Stillen Schneewittchen – ich hatte gerade den gleichnamigen amerikanischen Zeichentrickfilm gesehen. Lucy musste aus einer ziemlich reichen Familie stammen, denn sie wurde jeden Tag per Fahrradrikscha zur Schule gefahren und auch wieder abgeholt. Manchmal kam sie sogar in einem Auto, was selbst für die damalige Weltstadt Shanghai eine Rarität war.

Lucys wegen besuchte ich sonntagmorgens nicht mehr wie üblich die protestantische Kirche in unserer Nähe, sondern ging wie sie in die Baptistenkirche, wagte jedoch nie, sie anzusprechen. Eines Tages nun wandte sich Lucy nach der Schule an mich: «Ich möchte dich gern am Samstag zu mir nach Hause einladen. Meine Eltern sind verreist, deshalb wollen meine Geschwister eine Tanzparty veranstalten und all ihre Kommilitonen von der St. John's University einladen. Ich bin ihnen noch zu jung, und sie lassen mich nur mitmachen, wenn ich einen eigenen Tanzpartner habe. Hättest du Lust zu kommen?»

Ich traute meinen Ohren kaum und war völlig überwältigt. Dass sie unter all den Mitschülern gerade mich ausgewählt hatte! In letzter Zeit waren an unserer Schule Tanzpartys in Mode gekommen, die meist bei den Mädchen zu Hause stattfanden. So hatte ich mehrmals Gelegenheit gehabt, mir die Grundschritte einiger Standardtänze anzueignen.

«Ich tanze aber nicht besonders gut. Ich habe es gerade erst gelernt», wehrte ich verlegen ab.

«Das macht nichts! Ich tanze auch nicht besonders gut», beruhigte sie mich. «Das ist eine gute Gelegenheit zum Üben.»

Überglücklich ging ich nach Hause. Mutter bemerkte meine Freude und fragte nach dem Grund.

«Ein Mitschüler hat mich zu seiner Geburtstagsparty eingeladen», log ich, wohl wissend, dass eine Einladung von einem mir fast fremden Mädchen sofort ihren Protest ausgelöst hätte. Mutter reagierte stets allergisch auf das Wort «Party». Sie fürchtete, dass mich mein lebhaftes Temperament und meine Unternehmungslust in schlechte Gesellschaft führen könnten. Am liebsten sah sie es deshalb, wenn ich abends zu Hause blieb und mich in klassischer chinesischer Schriftsprache übte.

«Musst du da wirklich hin?», fragte sie.

«Die Party ist ganz wichtig für mich. Ich möchte unbedingt hingehen!»

Es war klar, dass sie nicht einverstanden war, aber sie sagte kein Wort mehr.

Lucy wohnte in einer prächtigen Villa in der Great Western Road, die zu den vornehmsten Wohngegenden Shanghais gehörte. Die Häuser dort waren erst in den letzten Jahren entstanden, von weitläufigen Gärten umgeben und übertrafen die Villen von Onkel Yue und dem Bankier noch an Glanz und Größe.

Pünktlich um sechs Uhr abends stand ich vor der Tür. Ein Butler – in schwarzem Anzug und weiß behandschuht – geleitete mich durch eine geräumige Diele, von der eine breite, jadeweiße Marmortreppe zu den Gemächern im ersten Stock führte. Entlang dem Treppengeländer hatte sich die weibliche Dienerschaft postiert, an die zehn Personen, die mich neugierig beäugten. Womöglich war es das erste Mal, dass das junge Fräulein einen Freund eingeladen hatte? Ich hatte mich zünftig herausgeputzt, trug mein bestes Jackett, das mir Mutter zum Eintritt in die Oberstufe gekauft hatte, und ein weißes Hemd, dessen Kragen ich mit einer selbst angemischten Lauge aus Weizenmehl und Alkali gestärkt hatte, dazu eine schöne, bunte Krawatte, ein Geburtstagsgeschenk von einem Verwandten. Trotz meiner feinen Ausstattung kam ich mir in diesem Palast reichlich schäbig vor. Das Schlimmste waren meine ausgetretenen schwarzen Lederschuhe, die ich zwar mit mehreren Schichten Schuhcreme gewienert hatte, deren abgelaufene Absätze aber verrieten, dass ich ärmeren Kreisen entstammte.

Der Butler führte mich in einen opulenten Salon und sagte:

«Bitte gedulden Sie sich einen Moment! Das gnädige zweite Fräulein ist noch in ihrem Zimmer und macht sich zurecht.»

«Bin ich denn der erste Gast?»

«Ja. Sie sind zu pünktlich gekommen!» Mit diesen Worten zog er sich zurück. Wahrscheinlich ist Pünktlichkeit nicht vornehm, dachte ich und ärgerte mich über meine Unwissenheit. Der Salon war wohl für die Tanzparty eigens umgeräumt worden. Ledersessel und Ledersofas standen an den Wänden aufgereiht. Das Parkett glänzte frisch poliert. In einer Ecke wartete ein Plattenspieler auf seinen baldigen Einsatz.

Nach und nach trafen weitere Gäste ein, lauter Studenten, die sich untereinander kannten und lässig englische Brocken in ihre muntere Unterhaltung mischten. Sie mochten kaum mehr als vier, fünf Jahre älter sein als ich und beachteten mich nicht. Mir kamen sie sehr erwachsen vor. «Du kennst die Familie doch ganz gut, oder?», hörte ich einen von ihnen ein herausgeputztes Mädchen fragen. «Wieso ist sie so reich?»

«Ihnen soll eine große Fabrik gehören.»

«Sind die Eltern denn einverstanden mit so einer großen Party?»

«Die sind im Moment in Hongkong. Der älteste Sohn ist schon siebenundzwanzig und hat immer noch keine Freundin. Da soll die heutige Party helfen.»

Als alle Gäste eingetroffen waren, ging plötzlich die Tür zu einem weiteren

Salon auf, und Lucy erschien mit ihrer Schwester Nancy und den beiden Brüdern, alle schick und modisch gekleidet und mit strahlenden Gesichtern. Ich erkannte Lucy kaum wieder. Sie wirkte schon genauso reif wie ihre älteren Geschwister, elegant in ihrer Erscheinung und selbstsicher in ihren Bewegungen. Sie trug einen kurzen, violett karierten Faltenrock und eine himmelblaue Seidenbluse, die ihren wohlgeformten Körper zur Geltung brachten. Schön wie eine Märchenfee stand sie mit rosigen Wangen und glänzenden Augen neben ihrer Schwester, und mir schien, als hielten alle Gäste bei ihrem Anblick für einen Moment die Luft an. Die beiden Brüder, der jüngere hoch gewachsen mit breiten Schultern, der ältere klein und feingliedrig, trugen in samtigem Dunkelrot glänzende Jacketts und weiße Hosen mit messerscharfen Bügelfalten.

Noch nie in meinem Leben hatte ich solch einen Abend erlebt mit köstlichem Essen, sanfter Musik, dezenter Beleuchtung und den trunken machenden Düften teurer Parfums. Lucy verlor im Laufe des Abends ihre sonst so zurückhaltende Art und wurde immer ausgelassener. Wir tanzten langsamen Walzer und Foxtrott, dann brachte sie mir die Grundschritte von Tango und Rumba bei, was ihr große Freude machte, denn ich lernte schnell.

Ich war ihr einziger Tanzpartner, und je länger ich tanzte, desto weniger mochte ich aufhören. Längst hatte ich vergessen, dass ich Mutter versprochen hatte, kurz nach neun wieder zu Hause zu sein. Erstmals erlebte ich die verwirrende Nähe des weiblichen Geschlechts. Anfangs hielten wir uns beim Tanzen und beim Üben der Tanzschritte an den Händen, dann, als alle ein wenig müde vom vielen Tanzen wurden, ging die Musik zu langsameren Rhythmen über, das Licht wurde schummriger, und die Tanzpaare schmiegten sich eng aneinander. Lucy flüsterte mir ins Ohr: «Jetzt tanzen wir *cheek to cheek*», und wie ich es viele Male in den amerikanischen Filmen gesehen hatte, legte sie ganz selbstverständlich ihre Wange an die meine. Mein Gesicht fing sofort an zu glühen, und ich spürte, wie ich knallrot wurde. Zum Glück war es so dunkel, dass es niemandem auffiel. Da hörte ich sie besorgt fragen: «Dein Gesicht ist ja unheimlich heiß! Du hast doch hoffentlich kein Fieber?» Ich war viel zu aufgeregt, um zu antworten, und schüttelte nur stumm den Kopf.

«Wieso hast du eigentlich gerade mich eingeladen?», fragte ich nach einer Weile.

Sie antwortete ganz unbefangen: «Du gefällst mir! Du bist groß, siehst gut aus, bist schon ein richtiger Mann. Du sprichst gut Englisch und Hochchinesisch. Außerdem schwärmen die Mädchen in unserer Klasse für dich.»

Meine Brust schwoll. «Veranstaltet ihr häufig solche Tanzpartys?»

«Nein! Es ist das erste Mal, und wir durften es nur machen, weil Papa und Mama nicht da sind.»

«Hast du denn noch nie einen Freund nach Hause eingeladen?»

«Nein, noch nie. Hast du denn nicht bemerkt, wie gespannt unsere Dienstmädchen auf dich gewartet haben?»

«Doch, das ist mir aufgefallen. Wie viele Dienstmädchen habt ihr eigentlich?»

«Insgesamt haben wir mehr als zwanzig Hausangestellte. Das ist richtig lästig! Wenn ich später einmal ein eigenes Zuhause habe, will ich kein Personal haben. Ich will auch nicht in einem so großen Haus leben. Ich finde, je einfacher man lebt, desto besser.»

Ihre Worte gefielen mir, und ich drückte sie noch enger an mich.

«Aus was für einer Familie stammst du eigentlich?», fragte sie.

«Mein Vater ist Professor, meine Mutter Lehrerin.»

Sie schien beeindruckt: «Das ist gut», sagte sie. Plötzlich schaute sie mir in die Augen und fragte: «Magst du mich eigentlich? Wenn ich in der Schule an dir vorbeigehe, beachtest du mich nie.»

Ich lachte: «Ich mag dich sehr. Das ist dir bloß noch nicht aufgefallen. Deinetwegen besuche ich jetzt sogar den Sonntagsgottesdienst in der Baptistenkirche.»

«Ist das wahr?», rief sie erfreut aus. «Dann bist du auch Christ?»

Sie schlang zufrieden ihre Arme um meinen Hals, und wir tanzten schweigend eine Weile. Das Licht im Raum wurde noch dunkler, die anderen Pärchen tanzten eng umschlungen und küssten sich. Lucy hob ihren Kopf und schaute mich an. Ich fasste all meinen Mut zusammen und küsste sie zart auf die Stirn, die Augen, die Nase. Als sich unsere Lippen trafen, glaubte ich das Blut in meinen Adern rauschen zu hören. Teilte Lucy meine Aufregung und meine Gefühle? Sie presste sich noch fester an mich.

«Vielleicht glaubst du mir nicht», flüsterte sie mir ins Ohr. «Aber das ist das erste Mal für mich, dass ich einen Jungen geküsst habe.»

«Bereust du es?»

«Nein», kam ganz leise die Antwort.

Als ich endlich nach Hause kam, war es ein Uhr nachts. Mutter und die Geschwister waren noch auf. Ein Blick auf Mutter reichte, um zu erkennen, was ich angerichtet hatte. Ihre Augen waren vom Weinen gerötet und ihr Gesicht müde und übernächtigt. Sie musste sich furchtbare Sorgen gemacht haben. Ich fiel vor ihr auf die Knie.

«Wo bist du bloß gewesen?», rief meine Schwester vorwurfsvoll. «Wir haben geglaubt, dir sei etwas passiert. Du weißt doch ganz genau, dass wir uns noch nicht einmal an die Polizei wenden können, weil die sonst nach Papa fragen würde.» Sie musterte mich mit scharfem Blick. «Wie siehst du überhaupt aus! Wie kannst du dich so albern herausputzen, sogar mit Krawatte! Das passt nicht zu uns! Mama arbeitet den ganzen Tag, um Geld zu verdienen, und du treibst dich herum, und jetzt sogar noch nachts. Los, sag schon, wo du gewesen bist!»

«Ich war bei einem Mitschüler zu Hause eingeladen, zu einer Party. Das hatte ich Mama doch gesagt.»

Mutter schüttelte nur traurig den Kopf: «Du solltest aber längst zu Hause sein!»

«Verzeih mir, Mama!», rief ich zerknirscht. «Die Familie wohnt in der Great Western Road, und als ich nach Hause wollte, gab es keinen Bus mehr. Ich habe beim Feiern vergessen, auf die Zeit zu achten.»

Sie sah mich an: «Yuqian, ich bereue wirklich, dass ich dich auf diese Schule geschickt habe. Seit du dort bist, willst du dich besser kleiden, ins Kino gehen, amerikanische Filme sehen und Partys feiern. Wie können wir uns das leisten? Es ist schon ein Glück, dass du überhaupt lernen und in die Schule gehen kannst. Nur mit einer guten Ausbildung hast du später einmal eine Chance auf ein besseres Leben. Aber du nutzt diese Chance nicht. ‹Lernen ist wie Rudern gegen den Strom – sobald man aufhört, treibt man zurück.› Vergiss das nicht! Du bist intelligent und hast eine rasche Auffassungsgabe. Wer jedoch leicht lernt, nimmt auch schnell Schlechtes an. Du hast sogar einige Pullover verkauft, nur um an Geld zu kommen und dir amerikanische Lederschuhe zu kaufen. Denkst du, ich merke das nicht? Weißt du, dass das eigentlich Betrug ist?»

Geknickt ging ich zu Bett, doch ich konnte keinen Schlaf finden. Ich wälzte mich hin und her und sah die ganze Zeit nur Lucys hübsches Gesicht vor mir, spürte noch ihre samtweiche Haut und ihre süßen Lippen. Doch mir gingen auch Mutters tadelnde Worte nicht aus dem Sinn. Ich wusste, dass ich eigentlich noch zu jung war für die Liebe, aber ich konnte mich nicht gegen meine Gefühle wehren. Ich war unsterblich verliebt.

Am nächsten Montag sah ich Lucy bei der Morgenzeremonie auf dem Schulhof, doch sie wandte sich ab und schaute weg. Hatte sie mich nicht gesehen? Während des Unterrichts drehte sie sich kein einziges Mal nach mir um. Ich konnte mich nicht mehr konzentrieren und hörte kaum noch zu, wartete nur ungeduldig auf das Ende jeder Stunde, um mit Lucy in der Pause zu sprechen. Doch dann wagte ich nicht, mich ihr zu nähern, aus Sorge, die anderen könnten meine Gefühle bemerken und uns zum Ziel ihres Spotts machen. Ein paarmal trafen sich unsere Blicke von ferne. Lucy zeigte keine Regung, fast so, als wäre überhaupt nichts gewesen. Das war mir nun wirklich unerklärlich. So vergingen mehrere Tage. Ich litt Qualen. Mutter sorgte sich und fragte, ob ich krank sei, doch ich schüttelte nur traurig den Kopf. Mir lagen Dinge auf der Seele, die ich niemandem anvertrauen konnte. Da fiel mir der amerikanische Pastor Frank William Price aus der Baptistenkirche ein. Er gefiel mir. Er war gut fünfzig Jahre alt, sprach fließend Chinesisch und wirkte auf mich sehr würdevoll und väterlich. Sein chinesischer Name war Bi Fanyu, und alle nannten ihn nur «Pastor Bi». In amerikanischen Filmen hatte ich gesehen, dass die Leute zur Beichte gingen und dass es sie sehr erleichterte. Ich verstand nichts davon, dachte aber, dass ich es vielleicht auch einmal mit einer Beichte probieren sollte. Der nächste Sonntag kam, und ich verließ in aller Frühe das Haus.

Schon von fern sah ich Lucy vor der Kirchentür stehen. Kaum hatte sie mich entdeckt, winkte sie mir fröhlich zu und zeigte mir wieder ihr bezauberndes Lächeln. Die Qualen der letzten Tage waren vergessen.

«Ich habe auf dich gewartet! Du hast mir ja gesagt, dass du sonntags auch oft hierher kommst. Lass uns zusammen hineingehen.»

Ich war überglücklich und zugleich verwirrt.

«Wenn ich gewusst hätte, dass du heute auch zum Gottesdienst kommst, wäre ich bestimmt nicht gekommen», schmollte ich.

«Warum? Bist du böse?», fragte sie erstaunt.

«Allerdings! Ich war ja die ganze letzte Woche Luft für dich.»

Lucy zog ein langes Gesicht: «Ich habe großen Ärger bekommen. Meine Geschwister haben mich nach der Party ausgeschimpft. Ich solle mich schämen, ich sei zu jung für einen Freund, und sie drohten, es meinen Eltern zu erzählen.»

«Ich habe auch Ärger bekommen», gab ich zu. «Meine Mutter sagte, dass ich mich aufs Lernen konzentrieren und mich nicht amüsieren soll.»

«Was? Hast du denn deiner Mutter etwas von uns erzählt?»

«Nein, das natürlich nicht!»

«Ehrlich gesagt, ich mag dich sehr gern», sagte Lucy, und ich hatte das Gefühl, die Sonne würde aufgehen. «Aber ich möchte doch noch mit einer festen Freundschaft warten. Meine Geschwister haben wahrscheinlich Recht. Ich habe auch ziemlich große Angst davor, dass meine Eltern davon erfahren.»

Lucys Worte versöhnten mich, ließen sie mich doch ahnen, dass sie ähnlich für mich empfand wie ich für sie. Und sie erleichterten mich auch, denn sie ersparten auch mir eine Menge Ärger. «Let us be good friends», sagte ich und reichte ihr die Hand, wie ich es in einem Film gesehen hatte. «Let's forget what happened that evening.»

«Why should we forget it?», fragte sie. «I'll keep it always in my mind. God is my witness! Aber lass uns in der Schule möglichst wenig Kontakt haben, sonst gibt's doch bloß dummes Gerede.» Damit nahm sie mich bei der Hand und zog mich in die Kirche. «Es ist schön, dass du auch Christ bist. Meine Familie hat mit der Kirche leider gar nichts im Sinn. Ich würde mich gern von Pastor Bi taufen lassen. Er ist sehr nett. Kennst du ihn eigentlich?»

«Nur vom Gottesdienst. Aber ich würde ihn gern persönlich kennen lernen.»

«Nach dem Gottesdienst werde ich dich mit ihm bekannt machen», versprach Lucy.

Es wurde für mich der allerschönste Gottesdienst, den ich je erlebt hatte. Ich saß neben Lucy und dankte Gott aus tiefstem Herzen, dass er mich nicht nur aus meinen Höllenqualen errettet, sondern mir auch noch diese Freundin geschenkt hatte – und dass ich den netten Pastor kennen lernen würde. Langsam verspürte ich den Wunsch, mich ebenfalls taufen zu lassen.

Pastor Bi mochte mich auf Anhieb. Als er erfuhr, dass ich aus einer christlichen Intellektuellenfamilie stammte und mein Vater wie er selbst an der Yale University studiert hatte, umarmte er mich und sagte: «Ich würde deine Familie gern einmal besuchen!» Er ahnte sogar, dass es mit uns finanziell nicht zum Besten stand, denn er fragte: «Könntest du mir vielleicht ein wenig in der Kirche helfen? Ich bezahle das natürlich.»

Es war wie ein Geschenk des Himmels, ich konnte es kaum fassen und willigte begeistert ein.

Pastor Bi spielte von nun an eine wichtige Rolle in meinem Leben. Er nahm mich mit zu sich nach Hause, wo ich seine sympathische und gebildete Frau kennen lernte. Sie erzählte mir von der Geschichte Amerikas, vom amerikanischen Bürgerkrieg, von der Befreiung der schwarzen Sklaven und der Freiheit der Amerikaner. Durch die beiden gewann ich einen unglaublich positiven Eindruck von Amerika. Für die europäischen Länder wie England oder Frankreich empfand ich dagegen keine Sympathie, denn sie hatten in China viel Unheil angerichtet. Die Engländer setzten sich sogar jetzt noch durch ihre Kleidung von der allgemeinen chinesischen Bevölkerung ab, denn sie trugen selbst bei größter Hitze stets Schlips und Kragen. Außerdem hatten die Amerikaner viele Schulen und Universitäten in China gegründet und unterstützten sie weiterhin. Und nicht zuletzt hatten sie maßgeblich zur Kapitulation Japans beigetragen. Die Übergriffe durch amerikanische Soldaten in Shanghai tat ich dagegen als unerfreuliche Einzelfälle ab.

Pastor Bi wurde ein regelmäßiger Gast bei uns zu Hause. Manchmal brachte er sogar amerikanische Freunde mit. Amerikaner zu Gast zu haben, war eine große Sache für eine chinesische Familie, dadurch stieg ihr Ansehen. Ich konnte zu dieser Zeit schon ganz gut Geige spielen, meine Schwester spielte Klavier, und Pastor Bi sang dazu – meist christliche Lieder, die er mir dann beibrachte, wie «Glory, glory, hallelujah». Als er erfuhr, dass Vater nicht zu Hause lebte, fragte er nicht weiter nach. Dafür verkündigte er Mutter eines Tages, er würde mich gern wie seinen eigenen Sohn behandeln. Mutter weinte gerührt.

Was Pastor Bi versprach, hielt er. Ich begann, ihm in der Kirche zu helfen, und verdiente mir damit ein kleines Taschengeld. Jeden Sonntag kam ich schon in aller Frühe und schmückte die Kirche mit Blumen, legte die Bibeln und Gesangbücher aus und verteilte vor dem Gottesdienst das kirchliche Veranstaltungsprogramm. Bald konnte ich nicht mehr alles allein schaffen. So bat ich Lucy, mir zu helfen.

Einmal fragte uns Pastor Bi: «Stimmt es, dass ihr euch taufen lassen möchtet?»

«Ja – aber woher wissen Sie das?», wunderte ich mich.

«Von deiner Mutter. – Ich bin überzeugt, dass eure Herzen rein und aufrichtig sind. Wenn ihr euer Herz wirklich Gott schenken wollt, werde ich euch taufen.»

Lucy und ich waren überglücklich, denn wir wussten, dass Pastor Bi nicht jeden akzeptierte. Nun hatte er uns sogar von sich aus angesprochen. Er wollte Lucy und mich gemeinsam taufen. Konnte es ein größeres Glück geben?

Bei der Taufe waren meine Mutter, meine Geschwister und auch Lucys Geschwister zugegen. Pastor Bi gab mir den Taufnamen Peter; so nannte ich mich auch in der Schule, wo jeder Schüler einen westlichen Namen erhielt. Nach der Tauffeier fühlten wir uns wie neu geboren. Mutter strahlte, ich hatte mich doch aus eigenem Antrieb für das Christentum entschieden.

Als Nesthäkchen der Familie wurde Lucy zu Hause noch immer gegängelt wie ein Kind. Niemals durfte sie allein fortgehen, und stets wurde sie per Rikscha oder Auto gebracht und wieder abgeholt. «Warum können wir nicht mal zusammen spazieren gehen oder einen Ausflug unternehmen?», fragte ich sie einmal.

«Meine Eltern würden sich Sorgen machen.»

«Wieso denn das? Du bist doch kein kleines Kind mehr? Sie lassen dich doch auch in die Kirche gehen!»

«Das sei etwas Anständiges, haben meine Eltern gesagt, obwohl sie selbst für Religion nichts übrig haben. In der Kirche könne man nur Gutes lernen.»

«Dann weiß ich einen noch interessanteren Ort für dich», sagte ich. «Die protestantische Schüler- und Studentenkirche, die der Christliche Verein Junger Männer organisiert. Die Gottesdienste finden sonntagnachmittags in der Internationalen Kirche in der Avenue Pétain statt. Nach dem Gottesdienst gibt es verschiedene Gruppenveranstaltungen. Meine Geschwister und ich singen im Chor mit. Das macht richtig Spaß, denn alles sind junge Leute.»

«Ich kann aber gar nicht singen», wandte Lucy ein.

«Macht nichts, du kannst ja an einer anderen Gruppe teilnehmen.»

Beim Gottesdienst in der Protestant Students' Church saß unser Chor immer oben auf der Orgelempore. Wir trugen dann über der Kleidung kurzärmelige, weiße Umhänge, die man sich über den Kopf streifte und an den Seiten zusammenband. Wer mitsingen wollte, musste die westliche Notation beherrschen – kein Problem für diejenigen, die ein westliches Musikinstrument spielen konnten. So sangen hauptsächlich westlich orientierte junge Menschen bei uns mit. Wir trafen uns nicht nur ein- bis zweimal pro Woche zum Üben, sondern unternahmen gelegentlich auch gemeinsame Ausflüge, lernten Volkstänze verschiedener Länder und studierten Theater- und Musikaufführungen ein.

Es dauerte nicht lange, da erschien tatsächlich Lucy zum Gottesdienst. Ich entdeckte sie, als wir uns zum Singen erhoben. Sie saß allein in der sonst unbesetzten ersten Reihe und war ganz in Weiß gekleidet. Durch die hohen, bunten Fenster fiel ein Strahl der Nachmittagssonne auf ihre schlanke Gestalt, so dass sie wie ein Engel wirkte. Sie hielt die Augen geschlossen und den Kopf leicht gesenkt, tief versunken in die Musik. Erst mit dem Verklingen unseres Liedes hob sie ihren Kopf und folgte dann aufmerksam der Predigt. Ihre auffallend hübsche Erscheinung zog alle Blicke auf sich. Ich sah, wie manche der anderen Kirchgänger die Köpfe zusammensteckten und miteinander tuschelten.

Unser junger Pastor hieß Li Chuwen. Er hatte eine klare, wenn auch nicht sehr kräftige Stimme, und er predigte nicht in dem sonst oft üblichen Singsang, sondern sprach langsam und wohl akzentuiert. Mit einfachen Worten erläuterte er sehr eingängig die christliche Lehre. Ohne dass wir es merkten, vermittelten uns seine Predigten ein tiefes Vertrauen in unser Vaterland. Viele folgten ihm, als er sich später der Revolution anschloss.

Wie nach jedem Gottesdienst blieben die meisten jungen Leute zu den Gruppenaktivitäten zurück. Noch bevor es mir gelang, mit Lucy zu sprechen, wurde sie schon von anderen zu einer Gruppe mitgenommen. Als unsere Übungsstunde vorüber war, war sie bereits nach Hause gegangen.

Ich bereute schon bald, dass ich Lucy von der Students' Church erzählt hatte, denn nun sah ich sie sonntags kaum noch. Sie kam nur noch selten zu Pastor Bi, bei dem ich weiterhin meine Aufgaben verrichtete, und in den Gruppenaktivitäten der Students' Church begegneten wir uns auch nicht. Als ich sie einige Wochen später einmal in der Schule fragte, wie es ihr bei der Students' Church gefiele, strahlte sie und sagte: «Ganz toll! Die Leute in meiner Gruppe sind unglaublich aktiv. Ich habe jetzt jede Menge zu tun.»

Geldsorgen, Geldsegen

Unterdessen verschlechterte sich die politische und wirtschaftliche Lage. Jiang Kaishek begann einen neuen Bürgerkrieg gegen die Kommunisten und verschärfte die politische Repression. In Shanghai spielten sich Polizei und Soldaten immer mehr als Herren auf, gingen essen und ins Kino, ohne zu bezahlen, oder beanspruchten gar Gratisbetten im Hotel. Soldaten und Polizisten lieferten sich manchmal auf offener Straße Schießereien. Die gespannte Situation brachte auch Unruhe in unsere Students' Church, denn die Studenten waren politisch sehr sensibel. Warum, so wurde beispielsweise diskutiert, brachten es die Chinesen nach dem überstandenen Krieg nicht fertig, friedlich zusammenzuarbeiten, sondern verfielen in Machtkämpfe?

Zudem sorgten ständig wiederkehrende Zusammenstöße amerikanischer Soldaten mit Chinesen für Unruhe. Da war zum Beispiel der Fall eines Shanghaier Rikschafahrers, den ein amerikanischer Soldat erschlagen hatte. Wochen später erfuhr man, dass der Soldat aufgrund der Exterritorialität der US-Truppen nicht nach chinesischem Gesetz verurteilt werden konnte, sondern vor ein amerikanisches Militärgericht gestellt und freigesprochen worden sei.

Die Empörung hierüber war noch nicht verebbt, als eine neue Nachricht Schlagzeilen machte: Eine Studentin der Universität Peking war von einem US-Soldaten vergewaltigt worden. Auch dieser Fall fiel unter die Exterritorialität, woraufhin alle Pekinger Universitäten in Streik traten. Auch aus anderen Städten hagelte es Proteste. Die Studentin war die Kusine eines unserer Chormitglieder, weshalb uns dieser Vorfall besonders berührte.

Ganz in unserer Nähe stand eines der luxuriösesten Apartmenthäuser von Shanghai, Grosvenor House. Ihm gegenüber befand sich der opulente Bau des Cercle Sportif Français, also des französischen Sportklubs. Chinesen hatten dort nur in Ausnahmefällen Zutritt. Mehrere Sikhs in ihrer typischen Haar- und Turbantracht bewachten den Eingang. Dabei gingen sie gegen Neugierige, die einen Blick durch die Tür werfen wollten, äußerst rüde vor. Da ich den Klub jeden Tag passierte, schenkte ich ihm keine große Aufmerksamkeit, aber als ich einmal in Begleitung zweier Mitschüler war, reckten die beiden neugierig den Hals, um einen Blick nach drinnen zu erhaschen. Sofort zückten zwei Sikhs ihre Gummiknüppel und schlugen auf uns ein. Ich entkam ungeschoren, doch die beiden Mitschüler waren nicht flink genug und erlitten Blutergüsse und Schwellungen auf dem Rücken.

Die Eltern der beiden waren empört und suchten uns abends zu Hause auf, um sich mit meiner Mutter zu beraten, ob sie nicht Anzeige erstatten sollten. Ein Kollege meiner Mutter, der gerade zugegen war, riet davon ab: «Hier gibt es keine Gerechtigkeit! Unsere Beamten biedern sich bei den Ausländern an. Mit einem solchen Fall vor Gericht zu ziehen, ist völlig aussichtslos.» Resigniert gaben die Eltern ihr Vorhaben auf.

Mit dem Beginn des Jahres 1947 legte die Inflation noch an Tempo zu. Eine derartige Teuerung hatte es selbst unter den Japanern nicht gegeben. In Shanghai und anderen chinesischen Städten kam es zu Lebensmittelknappheit und in der Folge zu Unruhen und Plünderungen.

Eines Tages schickte mich Mutter Reis kaufen – damals ein echtes Problem. Die Läden öffneten nur wenige Stunden am Vormittag, und man musste sich schon am Abend vorher anstellen, um überhaupt etwas zu ergattern. Mutter gab mir einen dicken Stapel von Hunderttausend-Yuan-Scheinen. Der würde für knapp zehn Kilo Reis reichen, sagte sie. Als ich gegen 21 Uhr bei dem Laden ankam, wartete dort bereits eine lange Schlange. Polizisten schrieben jedem Wartenden mit Kreide eine Nummer auf die Schulter. Ich bekam die Nummer 253. Es war kühl und regnerisch, und wir verbrachten die Nacht fröstelnd an eine Wand gekauert. Am nächsten Morgen um acht, kurz bevor der Laden öffnete, drängte eine Horde von Schlägertypen die Spitze der Schlange beiseite. Die Polizisten hielten sich abseits und schauten weg. Die Wartenden kochten vor Wut, doch niemand wagte es, laut zu protestieren. Schließlich öffnete das Geschäft ein Fenster, durch das der Verkauf erfolgte. Die Einzigen, die an diesem Tag Reis bekamen, waren die

Rowdies. Als sie alles leer gekauft hatten, schloss der Laden, und draußen wurde ein Zettel angebracht mit dem klugen Rat: «Seien Sie morgen eher da!» Als ich Mutter von dem Geschehen erzählte, sagte sie: «Wenn wir morgen Glück haben und tatsächlich Reis bekommen, reicht das Geld wahrscheinlich nur noch für fünf Kilo», und genauso war es.

Mit zunehmender Not spielten sich unglaubliche Szenen auf den Straßen ab. Jeden Morgen gegen vier Uhr fuhren Lastwagen durch die Straßen und sammelten die Leichen von Verhungerten und Erfrorenen ein. Verzweifelte Eltern boten ihre Töchter zum Verkauf an. Bald nannte man Shanghai das Paradies der Reichen und die Hölle der Armen. «Vor den Villen stinkt es nach Fleisch und Wein, während auf der Straße die Armen verhungern und erfrieren», lautete in jenen Tagen ein gängiger Ausspruch.

Die Studenten organisierten bald lautstarke Proteste gegen Inflation, Hunger, Unterdrückung und Bürgerkrieg. Auch in der Students' Church sprachen wir kaum noch über die Bibel, sondern fast nur noch über die politische Lage. Dann, am 18. Mai 1947, begann die Regierung durchzugreifen. Allein in Shanghai verloren vierzig Professoren ihre Stellung. Einige hundert Studenten wurden von der Hochschule verwiesen. Die Shanghaier Studentenvereinigung wurde verboten, und auch unsere Students' Church geriet derart unter Druck, dass wir kaum noch über Politik zu sprechen wagten.

Im August 1948 kündigte die Regierung schließlich die Einführung einer neuen, goldgestützten Währung an. Die Bevölkerung wurde aufgefordert, innerhalb eines Monats ihr gesamtes Geld – chinesische Banknoten, Gold- und Silberdollars ebenso wie amerikanische Dollars und andere ausländische Währungen – sowie ihr Gold gegen die neue Währung einzutauschen. Es hieß, was nach einem Monat noch an Gold und Devisen vorhanden sei, würde bei Entdeckung konfisziert werden; ihre Besitzer würden schwer bestraft.

Der Plan verbreitete allgemeine Ratlosigkeit und Entsetzen. Kaum jemand mochte den über die Presse verbreiteten Beteuerungen der Regierung glauben. Täglich erschienen in der Zeitung neue Aufrufe zum Tauschen. Es war nicht leicht, sich dem Einfluss der Medien zu entziehen. «Nur noch sieben Tage...», schrieben die Zeitungen, «nur noch sechs Tage ... Wer bisher noch nicht getauscht hat, sollte sich beeilen. In wenigen Tagen dürfen keine anderen Währungen mehr im Umlauf sein!»

Als nur noch drei Tage blieben, nahm Mutter zwei kleine Goldbarren und einige goldene Broschen aus ihrem Brokatbeutel und ging mit mir zu einer Bank in unserer Nähe. Es war noch früh am Morgen, die Bank hatte noch geschlossen, doch schon herrschte vor dem Eingang ein heilloses Gedränge, Kinder heulten, Erwachsene schimpften. Mittags endlich waren wir an der Reihe. Nachdem Mutters Gold geprüft und gewogen worden war, bekam sie ein Bündel neuer Scheine vorgezählt. Mutter wollte sich noch nach dem Wechselkurs erkundigen, doch da drängten sie schon die Nächsten beiseite. Ob der ausgezahlte Betrag überhaupt richtig berechnet worden war, ließ sich nicht mehr feststellen.

Tatsächlich stabilisierten sich zunächst die Preise. In der Region Shanghai war Jiang Kaisheks Sohn Jiang Jingguo für die Währungsreform zuständig und ging konsequent gegen Spekulanten vor. Eines Tages hieß es, Jiang Jingguo habe den Sohn von Finanzminister H. H. Kung der Steuerhinterziehung sowie der Spekulation mit Devisen und Autos überführt und daraufhin dessen Firma, die das Importmonopol für Autos besaß, schließen lassen. Nun war H. H. Kung allerdings Jiang Kaisheks Schwager. Jiang Jingguo zog unausweichlich den Kürzeren. Die Schließung der Firma wurde aufgehoben. Für die herrschende Politclique sollten die allgemeinen Gesetze offenbar nicht gelten. Prompt wurde daher auch der private Handel mit Gold und Devisen wieder legalisiert, und Jiang Jingguo trat zurück. Innerhalb von nur zweieinhalb Monaten war die Währungsreform gescheitert, und viele ehrliche Bürger sahen sich um fast ihr gesamtes Eigentum betrogen.

Eines Nachmittags schlenderte ich die Nanking Road Richtung Uferpromenade entlang. Plötzlich traten zwei amerikanische Soldaten an mich heran. Der eine hielt mir einen Zettel hin, auf dem «Park Hotel» auf Chinesisch stand. Ein Blick auf die Streifen an ihren Ärmeln verriet mir, dass es sich um hochrangige Offiziere handelte.

«What can I do for you, Sir?», fragte ich, und die beiden lachten überrascht.

«Du sprichst Englisch?», rief der eine. «Das ist ja wunderbar! Wir wollen zum Park Hotel. Wie kommen wir dorthin?»

Ich kannte das Hotel, es befand sich nicht weit entfernt in der Bubbling Well Road. «Kommen Sie! Ich bringe Sie hin», sagte ich, und die beiden folgten mir zufrieden.

Mit Mühe kämpften wir uns durch das Gedränge und kamen, obwohl es gar nicht weit war, erst nach einer halben Stunde am Hotel an. Einer der Offiziere zog zwei Dollar aus der Tasche und wollte sie mir in die Hand drücken, doch ich lehnte ab. Hatte Mutter mich nicht gelehrt: Jemandem zu helfen, ist die größte Tugend. Dafür nimmt man kein Geld.

«War mir ein Vergnügen», sagte ich nur.

Der Offizier steckte das Geld wieder ein und klopfte mir auf die Schulter. «Bist ein guter Junge! Vielen Dank! Vielleicht sehen wir uns mal wieder.»

Erst nach einer Weile kam ich zur Besinnung. Hätte ich das Geld doch angenommen, ich hätte es gut gebrauchen können!

Langsam schlenderte ich die Nanking Road zurück. Bunte Neonreklame für Coca-Cola, Nivea Creme, Lucky Strike und Meili-Zigaretten leuchtete an den Fassaden. In den Geschäften gab es alles, was das Herz begehrte. Ich kam an einem Wettbüro für Pferderennen vorbei, an feinen Cafés, wo sogar Eis serviert wurde, und an allerlei Imbissständen. Im Schaufenster eines Modeladens sah ich schöne weiße Kleider, wie Lucy sie zu tragen pflegte. Ich blieb stehen, betrachtete sie und dachte an Lucy. So hatte ich wohl schon eine ganze Weile gedankenversunken in die Auslagen geblickt, als mir auf einmal schien, es riefe jemand «Hello! Hello!». Ich schaute mich um. Da waren wieder die beiden Offiziere! Sie kamen fröhlich auf mich zu und fragten mich nach einem Café, wo man Kaffee und Kuchen bekäme. Hatte ich nicht gerade eins gesehen? Ich brachte sie hin, und sie luden mich ein, mit hineinzukommen. Diesmal wollte ich nicht wieder so dumm sein und ablehnen. Außerdem wirkten beide sehr nett, und der Ältere machte mit seinen leicht ergrauten Haaren einen richtig würdigen Eindruck. Sie fragten mich, woher ich so gut Englisch könne, und erkundigten sich nach meiner Familie. Ich erzählte von der Schule, von Vater und seinem Studium in den USA und von meiner Mutter. Interessiert hörten die beiden zu und stellten viele Fragen. Dann schilderte ich die Schwierigkeiten, die unser tägliches Leben bestimmten, die Unzufriedenheit der Menschen und das Unrecht, dass die Reichen zu reich und die Armen zu arm waren.

«Ich kann das gut verstehen, was du sagst, denn ich habe selbst auch schwere Zeiten erlebt», meinte der Ältere. «Als ich zur Mittelschule ging, kam die große Wirtschaftskrise. Es gab viele Arbeitslose, und meine Familie hatte nicht mehr die Mittel, mich weiter zur Schule zu schicken. Da musste ich mir einen Job suchen, hab mal hier, mal da gearbeitet. In den Sommerferien bin ich sogar zum Geldverdienen nach Alaska gefahren.»

Erstaunlich, wie freimütig dieser amerikanische Offizier über seine schwierigen Jahre sprach, obwohl ich doch nur ein chinesischer Schüler war und er mich zudem kaum kannte!

«So nebenher etwas Geld verdienen würde ich auch gern, aber was kann ich als Schüler in Shanghai schon machen!»

«Du suchst tatsächlich Arbeit?», fragte der Jüngere. Ich nickte.

Die beiden überlegten ein Weilchen und beratschlagten sich. Schließlich sagte der ältere Offizier: «In Kürze besucht uns eine Gruppe von Offiziersangehörigen. Wir brauchen dann jemanden, der Shanghai gut kennt und sie herumführt. Du bist zwar noch ein bisschen jung, aber wir glauben, du könntest das.»

Es verschlug mir für einen Moment die Sprache. Welch eine Ehre! Solch eine Arbeit war natürlich viel besser als Schuheputzen, Bügeln oder dergleichen. «Ich würde es gern versuchen», sagte ich. «Ich hoffe nur, dass ich Sie nicht enttäuschen werde.»

«Nur keine Bange. Du arbeitest die Route für Besichtigungen und Rundgänge aus und übernimmst die Erklärungen. Transport und Verpflegung arrangieren wir.»

Als ich Mutter diese Neuigkeit berichtete, strahlte sie vor Freude. Ich würde nicht nur ein bisschen Geld verdienen, sondern dabei auch noch einiges an Englisch lernen. Aber sie ermahnte mich auch: «So einfach ist deine Aufgabe nicht. Was weißt du denn von Shanghai? Was willst du ihnen erzählen, wenn sie nach Geschichte, Kultur oder Architektur fragen, nach Restaurants und Einkaufsmöglichkeiten?»

«Was ich nicht weiß, kann ich ja lernen», entgegnete ich mutig und machte mich sofort auf den Weg in eine Bibliothek, um mir einige Bücher über Shanghai auszuleihen.

Schon am nächsten Morgen legte ich dem jüngeren Offizier den Vorschlag zu einer Besichtigungsroute vor, die ich mit Mutters Hilfe ausgearbeitet hatte. Der Offizier freute sich über mein Engagement und schlug mir auf die Schulter. «Der Oberst hat dich gestern gleich in sein Herz geschlossen. Hier sind erst einmal zwanzig Dollar Anzahlung. – Besorg dir ein neues weißes Hemd!», setzte er nach einem prüfenden Blick auf meine Kleidung hinzu.

Welch unerwarteter Geldsegen! Wer Dollars besaß, brauchte keine Inflation zu fürchten. In den nächsten Tagen half mir Mutter bei der Planung der Besichtigungstour und der Zusammenstellung von Informationen. Mit Straßenbahn und Bussen fuhr ich die ganze Route ab. So lernte ich die Stadt selbst erst richtig kennen und bekam auch noch eine neue Hose und ein Hemd.

Mit meinen Stadtführungen für die amerikanischen Gäste erzielte ich einen vollen Erfolg. Die Gruppe bestand größtenteils aus den Ehefrauen der amerikanischen Offiziere. Sie waren in allem, was sie taten, unheimlich laut, lachten, sprachen und lärmten derart, dass ich den Eindruck gewann, sie mussten ohne Kummer und Sorgen und wirklich glücklich sein. Allen saß das Geld locker, und sie kauften, ohne lange zu überlegen. Immer wieder riefen sie: «Cheap! Cheap!» Ich zeigte ihnen die ganze Stadt, und jeden meiner Versuche, ihnen etwas über Geschichte und Kultur zu erzählen, belohnten sie mit anerkennenden Worten, obwohl ich den Eindruck gewann, dass sie mir gar nicht richtig zuhörten. Nur wenn ich von mir selbst erzählte, von meinen Geschwistern, meiner Mutter und unseren täglichen Schwierigkeiten, hörten sie still und aufmerksam zu. Zum Abschied gab mir jede zwischen zwei und fünf Dollar Trinkgeld. Ich konnte es kaum glauben.

In mir wuchs der Wunsch, einmal wie mein Vater in Amerika zu studieren. Nach Amerika gehen...! Sogar in meinen Träumen nahm dieser Wunsch allmählich Gestalt an. Ich beschloss, in der Schule noch fleißiger zu lernen und in meiner Freizeit viel zu lesen. Zumindest Letzteres tat ich dann recht ausgiebig und wurde bald geradezu süchtig nach den Romanen von Mark Twain, Margaret Mitchell und Jack London.

Im Zeichen des Bürgerkriegs

Der vorübergehende Geldsegen, den uns meine Stadtführungen bescherten, änderte nichts an der Unsicherheit, die wir in diesen Zeiten wachsender politischer Depression empfanden, zumal unsere Familie doppelt gefährdet war: einmal durch Vaters Aktivitäten auf kommunistischer Seite, zum Zweiten durch das politische Engagement meiner Schwester.

Je mehr die Nationalregierung an allen Fronten unter Druck geriet, desto härter ging sie vor. Einmal wurden bei einer Razzia an mehreren Universitäten an einem einzigen Abend vierhundert Studenten festgenommen. Von BBC und Voice of America erfuhren wir über Kurzwelle, dass immer mehr Regierungssoldaten zu den Kommunisten überliefen.

Immer deutlicher wandelte sich auch die Stimmung in unserer Students' Church. Wir jungen Leute wollten nicht mehr tatenlos zuschauen, wie das Land in Not und Chaos versank, und suchten nach Wegen in eine bessere Zukunft. Allmählich sahen viele von uns in der Kommunistischen Partei die bessere Alternative. Dann kam eine Nachricht, die alle schockierte und unser weiteres Verhalten entscheidend verändern sollte. Zwei politisch sehr aktive Mitglieder unserer Kirche verschwanden plötzlich. Nachts hatten Polizisten sie zu Hause festgenommen. Die Nachricht war in aller Munde: «Die Nationalregierung hat angefangen, Leute zu entführen!»

Nachdem wir eines Abends in der Chorstunde ein geistliches Lied eingeübt hatten, stimmte plötzlich jemand eine alte Melodie aus dem antijapanischen Widerstand an: «Erhebt euch! Werft die Sklavenfesseln ab! ...» Das Lied war in den letzten drei Jahren nicht mehr zu hören gewesen. Nun erlebten wir seine Wiedergeburt. Wir sangen es aus voller Kehle mit. Die anderen Gruppen hörten uns, stimmten mit ein, und bald schallte das Lied aus allen Räumen. Die Türen gingen auf, und singend traten alle in den großen Korridor. Da erblickte ich Lucy. Ihr Gesicht war gerötet, auch sie sang mit. Doch wie anders sie aussah! Sie hatte ihre schönen weißen Kleider gegen unauffällige eingetauscht. Der kindliche Ausdruck in ihrem Gesicht war einem reiferen gewichen. Wie fremd sie mir plötzlich erschien! Nur ihr hübsches Lächeln war geblieben.

Als sich dann alle auf den Heimweg machten, fragte sie mich, ob wir nicht noch ein Stückchen spazieren gehen sollten. Überrascht nahm ich ihren Vorschlag an, und schon wenig später schlenderten wir unter sternenklarem Himmel die Uferpromenade entlang. Schon lange war ich mit Lucy nicht mehr allein gewesen. Wie selbstverständlich hakte sie sich bei mir unter.

«Yuqian», sagte sie, «früher glich ich einer Blume in einem Treibhaus. Ich lebte in den Tag hinein, hielt mich nur zu Hause oder in der Schule auf. Von dem, was draußen vor sich ging, hatte ich keine Ahnung. Selbst von den Japanern bekam ich kaum etwas mit. Aber seit ich zur Students' Church komme, habe ich enorm dazugelernt, sehe jetzt die Probleme unserer Gesellschaft, verstehe etwas von Klassenunterschieden und Klassenbewusstsein und von Politik. Ich weiß jetzt, was gerecht und was ungerecht ist.»

Lucys ernste Worte bewegten und trafen mich zugleich, denn im Vergleich zu ihr empfand ich mich plötzlich noch als ein Kind. Zwar hatte auch ich mir meine Gedanken über gesellschaftliche Fragen unserer Zeit gemacht, doch in der Students' Church galt ich immer nur als das «Brüderchen» meiner großen Schwester, das ihr gehorsam zu allen Veranstaltungen folgte und mit dem man keine politischen Diskussionen führte. «Erklär doch mal, was du für gerecht und für ungerecht hältst», wollte ich wissen. Schließlich stammte sie aus reichem Hause und lebte im Überfluss.

«Gerecht ist, auf der Seite der Bevölkerung zu stehen und gegen die korrupten Beamten anzugehen. Mit den korrupten Beamten zusammenzuarbeiten, das ist ungerecht.» Die Antwort kam ohne langes Überlegen, offenbar hatte sie sich schon länger mit der Thematik beschäftigt. Wenn das ihrem Vater zu Ohren käme!, dachte ich. Als reicher Unternehmer arbeitete er bestimmt mit korrupten Beamten zusammen. Erneut kam Lucy auf die Students' Church zu sprechen, berichtete von ihren Aktivitäten in der

Gruppe und erwähnte dabei ständig einen tüchtigen Studenten namens Zhang Manqi.

Bald mochte ich den Namen nicht mehr hören. Offenbar handelte es sich bei ihm um einen hellen Kopf mit breitem Wissen und überzeugenden Argumenten. Ich wurde immer ungeduldiger und platzte schließlich heraus: «Warum erwähnst du ihn andauernd? Bist du in ihn verliebt?»

Anscheinend lag ich mit meiner Frage nicht ganz verkehrt. Lucy wirkte selbst überrascht. Sie senkte ihren Kopf und überlegte.

«Lucy, du hast dich wirklich verändert. Du sprichst ganz anders als früher, und du denkst an Dinge, die dich früher nie berührten. Ist das der Einfluss von diesem Zhang?»

«Ach, ich weiß nicht. Jedenfalls ist er sehr aktiv in unserer Gruppe und kann gut überzeugen. Durch ihn weiß ich jetzt, warum man überhaupt lebt. Zhang Manqi –»

«Lucy», unterbrach ich und beschleunigte meine Schritte. Ich hatte keine Lust mehr, weiter zuzuhören. Jedesmal wenn sie Zhangs Namen erwähnte, überkam mich Eifersucht. «Es ist schon spät. Ich bringe dich jetzt schnell nach Hause.»

«Bist du böse?»

«Nein.»

«Es ist gar nichts zwischen mir und diesem Zhang. Aber in gewisser Hinsicht ist er mir schon sehr wichtig. Für ihn bin ich jedoch noch ein Kind. Mit dir ist das ganz anders. Wir sind gute Freunde, und ich kann alles mit dir besprechen, was mir durch den Kopf geht. Aber du bist noch zu jung, um eine Freundin zu haben. Meine Schwester Nancy hat das auch gesagt.»

Ihre so offen und direkt ausgesprochenen Gedanken verletzten mich, obwohl ich mir den Gedanken längst aus dem Kopf geschlagen hatte, dass sie jemals meine Freundin werden könnte. Allerdings hätte ein einziger Wink von ihr genügt, und ich hätte ihr zu Füßen gelegen. Immerhin war ich schon siebzehn und fast erwachsen.

Plötzlich kamen uns drei amerikanische Matrosen entgegen. Kaum hatten sie Lucy entdeckt, fühlten sie sich von ihr angezogen wie Motten vom Licht. Sie grölten ein paar unanständige Bemerkungen, und als wir auf Englisch konterten, wurden sie noch aufdringlicher. Einer von ihnen hatte zu viel getrunken, tappte auf Lucy zu und versuchte, sie zu umarmen. Lucy wich zurück, und ich stellte ihm ein Bein. Er stürzte zu Boden. Die beiden anderen erstarrten für einen Moment, dann kamen sie langsam auf mich zu, und ich wusste: Jetzt gibt es kein Entkommen. Da aber sausten wie aus dem Nichts zwei Fahrradrikschas heran. Die Fahrer mussten den Vorfall beobachtet haben. Einer von ihnen pfiff schrill durch die Finger, und drei, vier weitere Rikschas tauchten aus der Dunkelheit auf. Die Fahrer sprangen herab und stellten sich mit verschränkten Armen an den Straßenrand, als wollten sie einem kleinen Spektakel zusehen. Doch ihre furchtlosen Gesichter schienen den Matrosen zu bedrohlich. Sie rannten davon.

Studentenprotest

Im Frühjahr 1948 schlug die amerikanische Regierung vor, amerikanisches Kapital und japanische Industrie sollten kooperieren, um chinesische Bodenschätze zu fördern. Die chinesischen Studenten antworteten mit lautem Protest: Ein solcher Kurs stärke nur den japanischen Militarismus. Etwa fünfzehntausend Shanghaier Schüler und Studenten - darunter meine Schwester und ich - versammelten sich zu einer Kundgebung auf dem Campus der Jiaotong-Universität. Dabei wurde die Gründung eines Shanghaier Studentenverbands beschlossen. Er sollte die Proteste gegen die US-Pläne organisieren.

Kurz darauf wurde meine Schwester zur Vorsitzenden der Christlichen Studentenvereinigung gewählt. Vielen ihrer Kommilitoninnen war sie ein Vorbild, denn sie zählte nicht nur zu den besten Studentinnen ihres Jahrgangs, sondern verdiente sich mit englischem Nachhilfeunterricht schon eigenes Geld. Zudem engagierte sie sich in sozialer Hinsicht, rief zum Beispiel zu Kleider- und Geldspenden auf, die sie dann persönlich an arme Familien verteilte.

Am 5. Juni 1948 strömten Schüler und Studenten erneut zusammen, diesmal zu einer Großdemonstration. Jeder hinter der Fahne seiner Schule oder Universität, marschierten sie durch die Straßen. Einige Studenten hatten sich als «Uncle Sam» verkleidet, andere liefen als Polizisten der Nationalregierung mit Menschenkopf und Hundekörper hinter den Uncle-Sam-Gestalten her. Hier und da trugen Studenten selbst gebastelte Megaphone, mit denen sie verkündeten, warum und gegen wen sie demonstrierten. Flugblätter mit Aufrufen gegen die amerikanische Regierung und gegen die Nationalpartei wurden verteilt. Plötzlich sah ich ein kurzhaariges junges Mädchen in einfacher Arbeiterkleidung, das emsig Flugblätter verteilte. Ihre Figur und ihre Bewegungen kamen mir sofort vertraut vor, und kaum drehte sie sich in meine Richtung, rief ich schon: «Lucy! Lucy!»

Sie winkte mir lachend zu. «Hier, nimm!», rief sie und gab mir ein Flugblatt. Ich warf einen Blick drauf: «Müssen wir uns eine solche Regierung gefallen lassen?», lautete die Schlagzeile. Ich ließ das Blatt sofort in meiner Hosentasche verschwinden. Welcher Gefahr setzte sich Lucy aus! Das war offene Revolte, eine Aufforderung zum Umsturz! Stand sie überhaupt hinter dieser Aktion? Ich wollte Lucy warnen, doch als ich aufblickte, war sie schon im Menschengewühl verschwunden. Es dauerte nicht lange, da tauchten Soldaten und Geheimdienst in Zivil auf. Sie platzten in den Demonstrationszug hinein, nahmen einzelne Leute fest und trieben die Studenten auseinander. Hoffentlich ist Lucy entkommen!, dachte ich, als ich mit einigen versprengten Demonstrationsteilnehmern von unserer Students' Church auf der Flucht vorm Militär durch die Straßen irrte.

In den nächsten Tagen war Lucy weder in der Schule noch in der Students' Church zu finden. Als ich bei ihr zu Hause anrief, hieß es, sie sei nicht in Shanghai. Was war passiert? War sie verhaftet worden? Ich machte mir größte Sorgen und fühlte mich zugleich schuldig, schließlich hatte sie die Students' Church durch mich kennen gelernt. Lucy blieb verschwunden.

Die Flugblätter

An einem Spätnachmittag erschien die Haushälterin von Minqians Freundin Peggy bei uns. Sie war nie zuvor gekommen, und Mutter geriet sofort in Sorge. «Unser Fräulein lässt Ihrem Fräulein Tochter ausrichten, dass bei uns heute eine Hausdurchsuchung war», flüsterte sie Mutter zu. «Sie sollen sich bitte in Acht nehmen!» Sogleich verschwand sie wieder, wobei sie sich umschaute, ob auch niemand sie gesehen hätte. Mutter war ohnehin schon immer sehr vorsichtig gewesen, aber diese Nachricht erschreckte sie so sehr, dass sie nicht ein noch aus wusste. Meine Schwester kam von den Nachhilfestunden, die sie gab, oft erst sehr spät nach Hause. Mussten die Kinder für nahende Klassenarbeiten pauken, blieb sie bei Bedarf auch schon mal mehrere Nächte bei den Familien. Mein Bruder Diqian studierte damals bereits in Peking an der Yanjing-Universität Journalistik. Onkel Zehn hatte sich mal wieder als überaus großzügig erwiesen und die Kosten übernommen, obwohl er schon das Studium meiner Schwester finanzierte.

Ich war mit Mutter allein, und sie sah mich ratlos an: «Wir müssen Minqian warnen! Sie ist bestimmt in irgendwelche politischen Aktivitäten verstrickt.»

«Soll ich in die Uni gehen und sie suchen?», fragte ich.

«Tu das bitte, und wenn du sie dort nicht findest, such sie bei Familie Yan. Sag ihr, sie soll erst einmal dort bleiben.»

Die St. John's University, an der Minqian studierte, lag weit weg am westlichen Stadtrand. Ich schnappte mir mein Fahrrad und sauste los. Ich war schon fast eine Stunde unterwegs, als es zu dunkeln begann. Zwischen mir und dem Campus lag noch der große Jessfield-Park, in dem Fahrrad fahren jedoch verboten war. Also stellte ich den Drahtesel ab und eilte zu Fuß weiter. Es begann zu regnen. Ich hatte keinen Regenmantel mit und war bald ziemlich durchnässt. Als ich an einem Pavillon vorbeikam, beschloss ich, mich ein Weilchen unterzustellen – gerade noch rechtzeitig, denn nun fing es an, in Strömen zu gießen. Plötzlich tauchte aus der Dämmerung ein Schatten auf, eine Gestalt, die geradewegs auf den Pavillon zulief. Die Mütze tief ins Gesicht gezogen, schaute sie sich immer wieder um, als würde sie verfolgt. Ich überlegte schon, ob ich nicht die Flucht ergreifen sollte, denn die Situation schien mir nicht ganz geheuer, da betrat die Gestalt den Pavillon und entdeckte mich.

«Yuqian, was machst du denn hier?», rief eine vertraute Stimme. Es war Lucy. Sie schaute mich an, als traute sie ihren Augen nicht.

«Lucy! Ich suche dich schon seit Tagen! Wo warst du denn?» Ein Lächeln huschte über ihr Gesicht. «Ich bin gerade auf dem Weg zu meiner Schwester...», wollte ich erklären, da unterbrach sie mich mit einem Ernst in der Stimme, der mich erschreckte:

«Yuqian, hör zu! Zwei Schnüffler von der Nationalpartei sind hinter mir her. Ich hab Flugblätter, die zur Wirtschaftsfakultät der St. John's University sollen. Bitte übernimm du das für mich!» Sie zog unter ihrem Mantel ein Paket hervor und drückte es mir in die Hand. «Frag nach dem Großen Zhao. Du kennst ihn, der von der Students' Church. Schnell, beeil dich!»

Schon nahten Schritte. Lucy gab mir ein Zeichen, sofort zu verschwinden. Ich versteckte mich in einem Gebüsch. Der Regen ließ allmählich nach, und ich hörte, wie zwei Männer in den Pavillon traten.

«Lucy, du hast doch ein Paket bei dir», sagte der eine, «gib es uns!»

«Wovon redest du, Zhang Manqi? Ich habe kein Paket.»

«Zhang Manqi, bist du dir auch sicher? Hat sie wirklich das Paket bei sich?», unterbrach der andere.

Zhang Manqi, Zhang Manqi – woher kannte ich diesen Namen nur? Richtig: Von der Students' Church! Das war doch der, von dem Lucy so geschwärmt hatte!

«Zhang Manqi, du elender Verräter! Was zahlt dir die Nationalpartei dafür?», hörte ich Lucy schimpfen, und mir war klar, dass sie auch deswegen laut wurde, damit ich mitbekam, was hier vor sich ging. «Wie habe ich dich bewundert! Aber du hast kein Rückgrat! Du hast uns alle verraten, nur um deine eigene Haut zu retten.»

Zhang Manqi – ein Verräter? Mir stockte der Atem.

Lucy ließ nicht locker: «Nun sag schon, wie viel du bekommen hast! Dir hab ich es doch zu verdanken, dass man mich verhaftet hat! Aber leider hast du nicht gewusst, dass mein Vater über ausgezeichnete Kontakte verfügt und mich herausholen konnte. Es könnte also für dich gefährlich werden! Du hast Angst vor mir, weil ich zu viel über dich weiß. Und jetzt willst du mich schon wieder ins Gefängnis bringen. Du hast Recht: Ich weiß alles über dich!»

Ich hörte einen Knall wie von einer Ohrfeige und einen kurzen Aufschrei von Lucy.

Ich war hin- und hergerissen. Am liebsten wäre ich aus meinem Versteck herausgesprungen, um sie zu schützen.

«Zhang Manqi», hörte ich die scharfe Stimme des anderen, «stimmt das, was Lucy sagt?»

«Quatsch! Die quatscht doch nur Blödsinn. Ich kenne sie ja kaum!», rief Zhang Manqi.

«Was? Du kennst mich kaum?», schrie Lucy. «Dafür kenne ich aber jeden Winkel deines Zimmers. Ich weiß genau, wo du die Umdruckmaschine und das andere Material versteckt hältst! Ich hätte nie gedacht, dass du solch ein Ekel bist!» Sie hielt kurz inne und fuhr dann mit ruhigerer Stimme fort:

«Was wollt ihr überhaupt von mir? Warum lauft ihr hinter mir her?»

«Zhang Manqi hat behauptet, dass du kommunistisches Propagandamaterial bei dir hast», antwortete der andere.

«So? Er will wohl den Verdacht von sich auf andere lenken! Los, sucht doch!»

Der andere schien tatsächlich den Pavillon abzusuchen. Ich hörte Lucys bitteres Lachen und eilige Schritte hin- und herlaufen.

«Zhang Manqi, lass uns gehen!» Mit diesen Worten drehte sich der andere um und trollte davon. Zhang folgte ihm. Kaum waren sie verschwunden, wollte ich hinter meinem Busch hervorkommen und zum Pavillon gehen, doch da war Lucy schon bei mir.

«Schnell! Hau ab! Es darf dich niemand sehen! Die beiden kommen vielleicht noch einmal zurück. Ich werde dir später eine Nachricht schicken!» Ohne meine Antwort abzuwarten, wandte sie sich um und lief fort.

Ich rannte los und erreichte rasch den Campus. Ich war nie zuvor dort gewesen. Die St. John's University galt als eine der besten Hochschulen

Chinas, und es war ein großes Privileg, hier studieren zu dürfen. Die amerikanische St.-John's-Kirche hatte sie 1879 in Shanghai als College gegründet, 1892 einen Teil und 1906 das ganze College zur Universität umgewandelt.

Viele der Studenten, die ich sah, trugen vornehme Anzüge mit Krawatte, die Studentinnen elegante Kleider und Röcke. Nicht umsonst hieß es, dass die St. John's University Shanghais Mode bestimmte. Wo sollte ich Minqian nur suchen? Ich hielt mehrere Studenten an und fragte nach dem Fachbereich für Anglistik. Da begegnete ich einem Kommilitonen von Minqian, den ich kannte, und er führte mich zu ihr.

«Yuqian, was willst du denn hier?», rief sie überrascht.

«Mutter schickt mich.»

«Ist bei euch etwas passiert?» Sie sprang sofort auf und zog mich beiseite.

«Schnell, erzähl!», forderte sie mich auf, plötzlich ganz aufgeregt. Meine Schwester hatte schon immer ein hitziges Temperament und war ausgesprochen ungeduldig. Ich erzählte ihr von Peggys Warnung und dass Mutter sie bat, erst einmal bei den Yans unterzutauchen. Minqian nickte. «Hör zu! Lauf sofort wieder nach Hause! In der Schublade vom Kleiderschrank liegt unter der Wäsche ein Stapel Flugblätter. Die müsst ihr sofort verbrennen!»

«Wird gemacht!», rief ich und machte auf dem Absatz kehrt. Welch entsetzlicher Gedanke, dass man bei Mutter die Flugblätter entdecken könnte! Doch da fiel mir ein, dass ich ja noch etwas für Lucy zu erledigen hatte.

Ich fragte mich zur Wirtschaftsfakultät durch, um dort den Großen Zhao zu suchen, den ich zwar von der Students' Church kannte, aber dessen vollen Namen ich nicht wusste. Niemand schien ihn zu kennen. «Großer Zhao? Wer ist das?» Wo ich auch fragte, immer dieselbe Antwort. Schließlich gab ich auf. Der Gedanke an Mutter und an die Flugblätter in der Schublade machte mich unruhig, und so spurtete ich mitsamt Lucys Paket nach Haus.

Mutter lächelte erleichtert, als sie erfuhr, dass Minqian wohlauf war. Sogleich grub sie im Kleiderschrank nach dem besagten Stapel Flugblätter, dann verbrannte sie das Papier im Küchenherd. Schon unter den Japanern hatte Mutter einmal verräterische Unterlagen meines Vaters verbrennen müssen. Der Schein des Feuers beleuchtete ihr Gesicht. Wie alt sie geworden war! Obwohl erst Anfang fünfzig, hatte sie schon Falten und stark ergrautes Haar.

«Hol mal die russischen Romane von meinem Schreibtisch», sagte sie. «Womöglich sind die auch zu gefährlich.»

Während ich die Bücher holte, dachte ich an Lucys Paket. Wer weiß, was das an brisantem Material enthielt! Die Szene im Park ließ ja einiges vermuten. Ich konnte es unmöglich hier im Haus behalten, wenn Mutter sogar schon die russischen Romane verbrennen wollte.

Besser, ich schaute erst einmal nach, worum es da überhaupt ging! Ich schlich mich also mit dem Paket in die Vorratskammer, wo ich es vorsichtig öffnete. Ein Stapel Flugblätter kam zum Vorschein, und eine riesige Schlagzeile sprang mir ins Auge: «Die Truppen der Nationalpartei erleiden nur noch Niederlagen! Unsere Armee setzt zum entscheidenden Angriff an!»

Angeblich bereiteten die Kommunisten die Eroberung von Peking und Tianjin vor. Zum ersten Mal las ich, dass die kommunistischen als «unsere» Truppen bezeichnet wurden. Mich überkam panische Angst. Nicht auszudenken, was passieren würde, wenn man dieses Material bei uns entdeckte! Rasch berichtete ich Mutter, was vorgefallen war. Sie wurde leichenblass, als sie erfuhr, dass ich einen Stapel kommunistischer Flugblätter mitgebracht hatte.

«Vor ein paar Tagen hat die Nationalpartei in den Vororten Shanghais unzählige Kommunisten umgebracht, darunter junge Leute, kaum älter als du. Schnell, schnell, hol die Flugblätter her, die müssen wir auch verbrennen!»

Als sie die ersten ins Feuer werfen wollte, fiel ihr Blick auf die Schlagzeile. Wie gebannt hielt sie inne und las den Text durch, dann lächelte sie.

«Mutter, sollen wir wirklich alle verbrennen?»

«Wenn der Geheimdienst das hier bei uns findet, werden wir sofort umgebracht. Aber auf der anderen Seite ...»

«Kann ich die Flugblätter nicht einfach auf die Straße legen? Der Wind verteilt sie dann schon, und niemand wird wissen, dass ich es war.» Ich musste an Lucy denken. Sie hatte ihr Leben riskiert, um diese Nachrichten zu verbreiten, aber wir dachten nur an unsere eigene Sicherheit. Wie könnte ich ihr jemals wieder gegenübertreten?

Mutter überlegte kurz, dann stand sie auf, warf sich einen Mantel über, verbarg das Paket darunter und sagte streng: «Du bleibst zu Hause und wartest! Ich bin sofort wieder zurück.» Sie ging zur Hintertür und verschwand im Dunkeln.

In diesem Moment liebte ich Mutter mehr denn je. Sie war für mich eine Heldin. Nie hatte sie über die Revolution gesprochen oder Kontakt zu Kommunisten gepflegt, aber im entscheidenden Augenblick wusste sie, was sie zu tun hatte. Mutter bewies Tapferkeit, aber wenn ihr nun etwas zustieße? Ich griff nach meiner Jacke und folgte ihr. Ich musste sie beschützen.

Die Nacht war still und rabenschwarz. Der Wind blies mir kalt ins Gesicht. Ich sah Mutter die Gasse hinuntereilen und lief ihr nach. Sie überquerte die Avenue Joffre und ging weiter zur nächsten Straßenkreuzung, blickte sich dann nach allen Seiten um und sah mich, sagte aber nichts. Dann öffnete sie das Bündel, legte den Stapel auf den Fußweg, drehte sich um und kam zurück. Schon wirbelten die ersten Blätter durch die Luft. Zufrieden gingen wir nach Haus.

Wir räumten gerade noch die Küche auf, da klopfte es leise an der Haustür. Wer mochte so spät noch kommen? Es klopfte erneut, wieder nur ganz sacht. Das konnte kaum der Geheimdienst oder die Polizei sein, die traten anders auf. Ich ging zur Tür und fragte leise: «Wer ist da?»

«Ich bin's, Lucy.»

«Lucy!», entfuhr es mir fast wie ein leiser Schrei. Sie war noch nie bei uns gewesen. Ich wollte gerade die Tür öffnen, als Mutter mich zurückhielt.

«Wer ist das?»

«Lucy. Du kennst sie doch: die Mitschülerin, mit der zusammen ich getauft wurde.»

Mutter öffnete, und wir erblickten eine junge Dame. Nichts erinnerte mehr an die Gestalt, die ich im Park oder auf der Demonstration gesehen hatte. Sie war geschminkt, trug einen modischen Mantel und hochhackige Schuhe. Niemand konnte vermuten, dass sie sonst kommunistische Propaganda verteilte.

«Bitte, tritt ein!», sagte Mutter höflich, doch ich bemerkte ihren skeptischen Blick, mit dem sie erst Lucy und dann mich musterte. Sie ging vor, um uns ins Wohnzimmer zu führen.

«Wo ist das Paket?», flüsterte mir Lucy ins Ohr. Offenbar hatte sie schon herausgefunden, dass ich es nicht hatte abliefern können.

«Keine Sorge! Vor meiner Mutter kannst du ruhig sprechen, sie weiß über alles Bescheid», antwortete ich mit normaler Lautstärke, so dass auch Mutter es hören musste. «Wir haben die Sache mit dem Paket schon erledigt. Bist du deswegen gekommen?»

«Ja. Ihr dürft es auf keinen Fall hier behalten. Wenn der Geheimdienst es findet, seid ihr erledigt. Ich bin extra hergekommen, um euch davon zu befreien. Der Große Zhao sagte, dass du überall nach ihm gefragt hättest. Aber weil kurz zuvor zwei verdächtige Gestalten aufgetaucht und nach ihm gesucht hatten, hat er sich lieber nicht zu erkennen gegeben. Deshalb nahm ich an, dass du das Paket mit nach Hause genommen hast. Gib es mir. Ich bringe es fort. Die Hunde von der Nationalpartei treiben sich schon überall herum.»

Ich erzählte Lucy, was mit den Flugblättern geschehen war. Sie lachte erleichtert: «Ich habe mich vorhin schon gewundert, als mir die vielen Flugblätter entgegenflatterten. Ich dachte, sie kämen aus einer anderen Quelle. Morgen früh wird sich die Nachricht in ganz Shanghai herumgesprochen haben!» Sie wandte sich Mutter zu, schaute sie mit leuchtenden Augen an und griff nach ihren Händen. «Ich danke Ihnen! Yuqian muss stolz auf Sie sein. Wie gern hätte ich doch auch so eine Mutter!»

Alle Skepsis war aus Mutters Gesicht gewichen. Herzlich legte sie den Arm auf Lucys Schulter und fragte: «Warum kämpft ein Mädchen wie du, das aus reichem Hause stammt und sich alle Wünsche erfüllen kann, für dieselben Ziele wie die Armen und Unterprivilegierten? Ich finde das sehr beeindruckend.»

Meine Augen ruhten auf Lucy. Man hätte sie für einen Filmstar halten können, und doch kämpfte sie für die Revolution!

«Ich habe zwei Wochen im Gefängnis gesessen und dadurch eine Lektion in Politik bekommen. Wie viele Menschen leben im Elend, verkaufen sogar aus Not ihre eigenen Kinder oder verhungern! Diese Gesellschaft ist grausam und ungerecht. Das müssen wir ändern. Und wir müssen gegen die Ausländer kämpfen, die nach China kommen, um sich zu bereichern, und dann noch diese Regierung unterstützen und unser Leiden verlängern. Ich habe mir im Gefängnis geschworen, mein Leben ganz in den Dienst der Revolution zu stellen.»

«Wieso bist du überhaupt ins Gefängnis gekommen?»

«Zhang Manqi hat mich verraten. Er wurde von der Nationalpartei als Spitzel in die Students' Church eingeschleust. Durch mich ist er sogar in meine Gruppe gekommen. Er wollte über mich die ganze Untergrundbewegung ausspionieren. Doch ich wusste damals kaum etwas über die Organisation, sondern hatte nur ganz emotional die progressiven Kräfte unterstützt. Erst als man mich zusammen mit ein paar wirklichen Revolutionären einsperrte, habe ich richtig begriffen, wofür wir zu kämpfen haben.» Lucy lachte und fügte hinzu: «Aber ich bin schnell wieder freigelassen worden, denn mein Vater unterhält beste Beziehungen zur Regierung. Zhang Manqi ist sogar von oben getadelt worden, weil er die Tochter eines so einflussreichen Mannes fälschlich angeschwärzt hat. Jetzt ist er mir ständig auf den Fersen. Er will unbedingt beweisen, dass ich mit den Kommunisten im Untergrund etwas zu tun habe. Und beinahe wäre es ihm vorhin ja auch gelungen.»

Mutter lächelte und zog Lucy hinüber zum Sessel. «Setz dich doch! Du bist wirklich ein gutes Mädchen. Aber wenn du nicht aufpasst, kann es dich ganz schnell das Leben kosten. Die Nationalpartei schlägt ihre letzten Schlachten und ist unberechenbar.»

Lucy nickte. «Ja, ich weiß. Ich muss wirklich aufpassen. Darum gehe ich jetzt auch erst mal nach Haus. Meine Schwester meint, dort sei ich am sichersten, denn der Geheimdienst hat es bis jetzt nicht gewagt, bei uns aufzukreuzen.»

«Ist deine Schwester denn einverstanden mit deinen politischen Aktivitäten?», fragte ich.

«Natürlich! Sie ist ja selbst sogar noch aktiver als ich! Und der jüngere von meinen beiden Brüdern ist schon längst von zu Hause weggegangen. Er ist drüben», sagte Lucy stolz. «Drüben» – das hieß: in den von den Kommunisten befreiten Gebieten.

«Wirklich?», rief ich. «Genau wie mein Vater!»

Mutter warf mir einen strengen Blick zu.

Polizeibesuch

Im Winter 1948 wurde die Lage zunehmend brisanter und unübersichtlicher. Gerüchte kursierten, die Kommunistische Partei sei besiegt worden, überhaupt seien die Kommunisten wie Bestien, die allen Privatbesitz zum Gemeineigentum machten, womöglich sogar die Frauen. Dann hieß es plötzlich, die Amerikaner hätten ihre Unterstützung der Nationalpartei eingestellt. Unsicherheit, Ängste kamen auf. Zu welcher Seite sollte man sich zählen? Anfangs fürchteten fast alle die Kommunisten, doch an die Fähigkeit und den Willen der Regierung, die zahllosen Probleme zu lösen, glaubte auch niemand mehr.

Eines Sonntagnachmittags, als Mutter und ich lesend zu Hause saßen, kam uns plötzlich Vetter Li Qingyuan besuchen, ein Patenkind meiner Tante, der inzwischen Polizist geworden war. Wir hatten an sich nie viel Kontakt mit ihm, denn wir wussten, dass er Anhänger der Nationalpartei war. Sein unerwarteter Besuch, zudem in Polizeiuniform, ließ Mutter vorsichtig werden. «Tante Neun», so nannte er sie, «weißt du schon, dass die ganze Mandschurei verloren ist?» Das bedeutete, dass sie in der Hand der Kommunisten war.

«Ich habe davon gehört», sagte Mutter gelassen. Gerüchte über entsprechende Kämpfe kursierten seit Tagen.

«Jiang Kaishek hat vor abzudanken», sagte er.

Das hatten wir noch nicht gehört. Mutter zeigte plötzlich Interesse. «Ist das wirklich wahr? Ist das nur ein Gerücht oder eine zuverlässige Nachricht?», fragte sie.

«Die Nachricht kommt aus Nanking. Sie ist absolut zuverlässig. Es heißt, Jiang Kaishek würde jetzt am liebsten mit den Kommunisten Frieden schließen, aber nun wollen die nicht mehr.»

«Wieso wollen die Kommunisten keinen Frieden schließen?», fragte ich. «Sie waren doch sowieso gegen den Bürgerkrieg.»

«Sie kontrollieren ja schon halb China und haben es nicht mehr nötig. Die Regierungstruppen sind überall auf dem Rückzug.» Er hielt inne. «Übrigens – wisst ihr, dass man kürzlich eine Menge Leute gefasst hat?»

Mutter schaute ihn an und sagte spöttisch: «Dann habt ihr ja alle Hände voll zu tun!»

«Ich nicht. Ich bin ja nur einfacher Ordnungshüter. Ich erfahre nur etwas früher als andere, wenn wieder irgendetwas anliegt. Sie haben in letzter Zeit so viele Untergrundrevolutionäre und Kommunisten festgenommen, dass sie gar keine Zeit mehr haben, sie vor Gericht zu stellen. Sie werden einfach erschossen. – Aber ich muss jetzt gehen.» Und leise fügte er hinzu: «Ich wollte euch nur sagen, dass wir in diesen Tagen alle ganz besonders vorsichtig sein müssen!» Er setzte seine Polizeimütze auf und ging.

Mutter brachte ihn noch zur Tür, dann ließ sie sich auf dem Sofa nieder und schwieg eine Weile gedankenversunken. Schließlich fragte sie mich: «Yuqian, überleg mal: Warum ist Li Qingyuan zu uns gekommen? Sieht es nicht so aus, als ob er etwas wüsste und zu uns gekommen ist, um uns zu warnen? Aber was könnte das sein? Die Geschichte mit den Flugblättern ist eigentlich schon zu lange her.»

«Hat es vielleicht etwas mit Minqian zu tun?», fragte ich.

«Nein, wohl eher nicht. Sie ist mit ihrem Studium doch fertig und nicht mehr an der Uni.»

Während wir noch rätselten, klopfte es erneut an der Tür. Mutter öffnete. Es war der Sohn von einem guten Freund meines Vaters.

«Mutter schickt mich», sagte er. «Ich soll Ihnen diesen Zeitungsausschnitt geben!»

Er überreichte ihn Mutter und verabschiedete sich sogleich wieder. Mutter faltete das Papier auseinander. Es stammte aus einer Untergrundzeitung. Die Überschrift des Artikels lautete: «Song Qingling ist in der Mandschurei eingetroffen, begleitet von dem demokratischen Professor Guan Yiwen», also von meinem Vater.

Song Qingling war nicht nur als Ehefrau des Republikgründers Sun Yatsen eine bedeutende Persönlichkeit. Sie hatte immer die Revolution unterstützt und mitgetragen. Auch nachdem ihr Schwager Jiang Kaishek die Macht übernommen hatte und gegen die Kommunisten kämpfte, schlug sie sich nie auf dessen Seite, sondern unterstützte die linken Intellektuellen und progressiven Kräfte, unter denen sich viele Kommunisten befanden. Jiang Kaishek ließ sie zwar beschatten, doch war sie als Witwe des Staatsgründers unantastbar.

Die Nachricht, dass Song Qingling in einem kommunistisch kontrollierten Gebiet aufgetaucht war, kam einer Sensation gleich. Sie war ungleich interessanter als die Erwähnung meines Vaters. Ich hatte Vater schon mehr als sieben Jahre nicht mehr gesehen. Wenn wir etwas über ihn erfuhren, dann nur über Freunde. Er selbst ließ nie von sich hören, dabei hätte er nach der Kapitulation der Japaner ruhig nach Shanghai zurückkehren und uns besuchen können.

Mutter schien völlig geistesabwesend wie immer, wenn sie etwas über Vater erfuhr. Ich wusste nie, was sie in solchen Momenten wohl dachte. Unvermittelt fragte sie mich: «Hast du nicht zuletzt einen modernen russischen Roman gelesen?»

«Ja, wieso?»

«Vielleicht hat der Besuch Li Qingyuans etwas mit deinem Vater zu tun. Mag sein, dass bei uns eine Hausdurchsuchung ansteht. Haben wir denn sonst noch irgendwelche gefährlichen Unterlagen bei uns?»

Ich dachte kurz nach. «Nur diesen Roman von Ostrowski, ‹Wie der Stahl gehärtet wurde›.»

«Dann bring ihn schnell weg. Es kann kein Zufall sein, dass Qingyuan uns heute besucht und am selben Tag dieser Artikel in der Zeitung steht.»

Ich holte sofort das Buch und verließ das Haus, um es draußen irgendwo zu verstecken. Am Eingang zu unserer Gasse kamen mir plötzlich drei Polizeibeamte entgegen. Einer von ihnen war Li Qingyuan, mein Vetter. Ich erschrak, denn das Buch steckte, nur in eine alte Zeitung gewickelt, unter meinem Arm. Doch Qingyuan schaute demonstrativ an mir vorbei. Das beruhigte mich. Ich verließ das Wohnviertel und warf das Päckchen in einen Müllkorb. Erst zwei Stunden später kehrte ich nach Hause zurück. Mutter saß ruhig in einem Sessel und las, als ob gar nichts passiert wäre.

«Mutter, ich habe vorhin Li Qingyuan mit zwei anderen Polizisten gesehen. Sind sie hier gewesen?»

«Ja», sagte Mutter. «Sie benahmen sich sehr zuvorkommend, haben nichts durchsucht, stellten nur ein paar Fragen, tranken zwei Tässchen Tee und gingen wieder. Anscheinend haben die Polizisten auch schon keine Lust mehr, für Jiang Kaishek zu arbeiten.»

Zwei Tage danach kam Qingyuan noch einmal zu uns. Er war sehr fröhlich, und meine Mutter dankte ihm, dass der Besuch der Polizei so friedlich verlaufen war. «Tante», sagte er mit leiser Stimme. «Wie es jetzt aussieht, wird die Nationalpartei nicht mehr lange durchhalten. Ist es wahr, dass Onkel Neun schon seit langem ‹drüben› ist? Wenn demnächst die politische Wetterlage umschlägt und er zurückkommt, wird er sicher ein hoher Beamter. Ich würde mich freuen, wenn Sie dann für mich ein gutes Wort einlegen könnten.»

«Was für Arbeit hast du eigentlich zu tun als Polizist?», fragte ich Li Qingyuan.

«Ich habe mich mit meinen Kollegen um alles zu kümmern, was in unserem Bezirk passiert, zum Beispiel Verkehrsunfälle, Streit, Diebstahl, Plünderungen. Und im Great World habe ich auch zu tun, ziemlich viel sogar.»

Der Vergnügungspalast Great World! Für einen Moment hielt ich die Luft an. Dieser Tempel der Lustbarkeiten sollte ja in ganz China berühmt sein, wie ich gehört hatte. Bisher kannte ich ihn nur von außen. Es war ein riesiges Gebäude, sechs Etagen hoch, mit Theater, Kino, Akrobatik, Musik, Schlangenbeschwörern, Schwertschluckern, Wettbüros und Spielsalons. Angeblich lebte dort auch Huang Jinrong, der Chef der Shanghaier Unterwelt.

Ich beugte mich zu Qingyuan vor und fragte leise: «Kannst du mich nicht mal dorthin mitnehmen?»

«Wenn du willst, können wir sofort gehen. Ich habe heute frei.» Mutter war natürlich gar nicht einverstanden, aber auf den Hinweis, dass ich ja in Polizeibegleitung ginge, wusste sie nichts mehr zu entgegnen.

Normalerweise kaufte man am Eingang eine Karte, die zum Besuch der meisten Veranstaltungen berechtigte. Für meinen Vetter allerdings war der Zugang gratis, für mich in seiner Begleitung ebenfalls. Der Vergnügungspalast war wirklich riesig. Er umschloss ein gewaltiges Atrium. Gleich hinter dem Eingang amüsierten Zerrspiegel die Besucher. Es wimmelte von Prostituierten, darunter schienen viele jünger zu sein als ich. Jede von ihnen hatte eine Zuhälterin an ihrer Seite, allesamt ältere Matronen, die einzeln vorbeikommende Männer ansprachen, sie am Ärmel zogen und auf sie einredeten. Ich sah so etwas zum ersten Mal.

«Hier im Great World triffst du die übelsten und gefährlichsten Leute von ganz Shanghai», flüsterte mir Qingyuan zu. «Hier kann man Opium rauchen, saufen, um Geld spielen und sich mit Frauen vergnügen. Viel schlimmer ist, dass viele Leute hier schwarze Geschäfte machen. Hier gibt es Menschenhändler, die Frauen und Kinder zur Prostitution zwingen. Die

Mädchen werden von manchen Kunden unglaublich zugerichtet und haben Schreckliches auszuhalten. Wenn sie jedoch Kunden ablehnen, beziehen sie von ihren Zuhälterinnen Prügel.»

«Wieso ist so etwas nicht verboten?», fragte ich mit belegter Stimme. Bei dem Anblick der minderjährigen Mädchen und den Erklärungen Qingyuans drehte sich mir fast der Magen um.

«Verboten?» Qingyuan schaute mich erstaunt an und streichelte mir dann lachend die Wange. «Ach, du bist ein Seelchen! Natürlich ist das verboten! Aber die Regierung drückt beide Augen zu, und so bleibt uns kleinen Polizisten auch nichts anderes übrig. Am schlimmsten allerdings sind die Kämpfe und Racheakte der Gangsterbanden untereinander. Selbst wenn die Bettler um ihre Reviere kämpfen, kommt es zu Gewalttätigkeiten.»

Nach meinem Besuch in der ‹Großen Welt› lag ich die ganze Nacht wach. Ich war entsetzt über das, was ich dort gesehen und gehört hatte. Wie konnte man einen solchen Ort mitten in Shanghai dulden? Gab es denn keine Gerechtigkeit unter dem Himmel? Wie konnte Gott das zulassen? Kaum schloss ich die Augen und versuchte zu schlafen, sah ich die kreidebleichen Gesichter der Mädchen mit den rot geschminkten Wangen.

Pastor Bi, Amerika und die Kommunisten

Bald darauf, an einem Sonntagnachmittag, besuchte uns Pastor Bi. Er strahlte über das ganze Gesicht, als er sagte: «Ich habe für Yuqian eine Stipendienzusage für Amerika bekommen. Ich weiß nicht, ob Sie damit einverstanden sind, wenn er bei uns studiert. Er muss allerdings noch eine schriftliche Prüfung ablegen. Aber das ist nur eine Formalität.»

In wenigen Monaten sollte ich den Schulabschluss machen, und über die weitere Zukunft hatte ich noch nicht nachzudenken gewagt. Eine unbändige Freude stieg in mir auf. Sofort fielen mir die vielen Postkarten ein, die Vater aus Amerika mitgebracht hatte. New York, Boston, Chicago – mir war, als wäre mein Herz bereits dorthin geflogen. Mutter zeigte sich erfreut, als sie sagte: «Wäre das denn wirklich möglich?», doch ich spürte, dass sie mich nur ungern gehen lassen würde. Meine Geschwister hatten das Haus ja bereits verlassen. Ginge ich auch noch, bliebe sie allein zurück. Pastor Bi antwortete: «Lassen Sie ihn an der Prüfung teilnehmen und sehen, ob er Glück hat. Nächsten Dienstag habe ich in Nanking zu tun. Ich würde Yuqian gern mitnehmen, dann können wir unterwegs schon mal über die Prüfung sprechen.»

Mutter war einverstanden. Nachdem Pastor Bi gegangen war, versank sie ins Grübeln. Nach einer Weile sagte sie: «Den ausländischen Missionaren darf man nie ganz trauen. Unter ihnen gibt es gute und schlechte. Viele Missionare kommen nach China, um den Chinesen zu helfen. Andere vertreten nur die Interessen ihres Landes. Auf keinen Fall darfst du ihm etwas über deinen Vater sagen. Aus den Zeitungen ist jetzt bekannt, wo er sich aufhält und was er macht. Vergiss nicht, die Amerikaner unterstützen noch immer Jiang Kaishek.»

Ich verstand, dass meine Mutter eine leichte Skepsis auch Pastor Bi gegenüber behielt, auch wenn ich sie selbst nicht teilte. Ich vertraute ihm. Er versuchte mich nach Amerika zu bringen. Er nahm mich mit nach Nanking. Was sollte daran Schlimmes sein?

Als wir dann zusammen in Nanking waren, erlebte ich, wie groß Pastor Bis Einfluss war. Die dortigen chinesischen Pastoren begegneten ihm mit größtem Respekt. Dann nahm er mich mit aufs Land, wo er mich zu einer Dorfkirche brachte und mir erklärte: «Peter, du musst jetzt für zwei Tage hier bleiben. Ich habe noch etwas Wichtiges zu erledigen, wozu ich dich nicht mitnehmen kann. Ich hole dich hier wieder ab, und dann fahren wir zurück nach Shanghai.»

Mir gefiel es zwar gar nicht, für zwei Tage gewissermaßen abgestellt zu werden, doch musste ich mich wohl oder übel fügen. Die Kirche lag viele Kilometer außerhalb der Stadt, und es war niemand dort außer dem Küster.

Bei ihm wohnte ich auch, und als ich abends mit ihm zusammensaß, erzählte er mir, dass das Land rund um diese Kirche von einer amerikanischen Kirchenorganisation aufgekauft worden war. Wieso kamen ausländische Missionare in die Hauptstadt Nanking und bauten dort nicht nur Kirchen, sondern kauften auch Land? Ich fand das eigenartig. Plötzlich fiel mir ein, dass Pastor Bi mir einmal ein Foto gezeigt hatte, auf dem er mit Jiang Kaishek zusammen abgebildet war. Damals hatte er mir erzählt, dass er mit dem Ehepaar Jiang Kaishek gut befreundet sei. Ob er sich jetzt wohl mit dem Präsidenten traf?

Zwei Tage später holte mich Pastor Bi wieder ab, und eine schwarze Limousine fuhr uns zum Bahnhof. Auf der Hinfahrt von Shanghai nach Nanking waren wir in einem gewöhnlichen Zugabteil gefahren, aber nun führte uns ein weiß behandschuhter Schaffner in ein edles Zweibettabteil. Vor dem blitzblank geputzten Fenster hing eine weiße Spitzengardine. Während ich alles staunend inspizierte, saß Pastor Bi still da und schaute gedankenverloren aus dem Fenster. Langsam verließ der Zug die Stadt, die Häuser huschten an uns vorbei, die Fahrt ging immer schneller. Es war zwar noch Winter, aber auf den Feldern zeigte sich schon ein zartes Grün. Erst als der Schaffner Kaffee und Tee servierte, erwachte Pastor Bi wieder aus seiner Versenkung. Wir begannen zu erzählen. Pastor Bi zeigte großes Interesse an meiner Schule und meinem Leben zu Hause. «Erzähl mal ein wenig, wie es in deiner Schule so läuft?»

«Im Moment nicht so besonders», antwortete ich ganz offen und ohne zu zögern.

«Wieso nicht?»

«Die politische Lage macht alle unsicher. Einige unserer ausländischen Lehrer sind bereits weggegangen. Sie sagen, China werde immer unsicherer. Und dann die vielen Gerüchte, die man von den anderen hört.»

«Was für Gerüchte?»

«Zum Beispiel, dass die Kommunisten bereits bis Peking und Tianjin vorgedrungen sind und dass Amerika jetzt Präsident Jiang nicht mehr unterstützen will. Angeblich soll er demnächst abdanken.»

Pastor Bi sah mich erstaunt an. «Wo hast du das denn gehört?»

«Unsere ganze Schule spricht davon», entgegnete ich und dachte im Stillen, dass ich derjenige gewesen war, der diese Nachricht überhaupt erst an der Schule verbreitet hatte. Pastor Bi schien von dem Gerücht zu wissen. Entsprach es also der Wahrheit?

«Und wie geht es bei euch zu Hause?»

«Zurzeit ist es für alle schwer. Die chaotischen Zustände, die ständig steigenden Preise, die Plünderungen – alle haben Angst.»

Pastor Bi zeigte sich sehr mitfühlend. «Schickt denn dein Vater kein Geld? Er ist doch Professor an der Universität, oder? An welcher Universität lehrt er eigentlich?»

Wie sollte ich auf diese heikle Frage bloß antworten? Mutter hatte mir eingeschärft, auch mit Pastor Bi nicht über Vater zu sprechen. Plötzlich kam mir eine Idee.

«Ich weiß es nicht», antwortete ich fest. «Ich will es auch gar nicht wissen. Er ist nämlich nicht gut zu meiner Mutter. Es ist wegen einer anderen Frau. Ich möchte nicht mehr von ihm sprechen.» Taktvoll, wie er war, fragte Pastor Bi nicht weiter nach und wechselte das Thema. Ich war froh über meinen Einfall. Was ich allerdings nicht ahnen konnte, war, dass ich die Wahrheit gesagt hatte. Pastor Bi fragte nach der Students' Church, die ihn brennend interessierte, vor allem nach den einzelnen Gruppenaktivitäten.

«Was macht ihr noch alles in eurer Chorgruppe, außer zu singen?»

«Oh, wir tanzen Volkstänze, studieren kleine Theaterstücke ein oder unternehmen manchmal auch kleine Ausflüge. Einmal sind wir auch demonstrieren gegangen.»

«Demonstrieren? Seid ihr denn auch politisch aktiv?»

«Wir haben gegen die Vergewaltigung der Studentin durch den amerikanischen Soldaten demonstriert und gegen die amerikanische Unterstützung der Japaner», antwortete ich prompt.

Pastor Bis Lächeln erstarb. Aber er fing sich rasch wieder und fragte wie beiläufig: «Wer hat denn die Demonstration organisiert?»

«Niemand, die hat sich einfach spontan ergeben.»

«So etwas ergibt sich doch nicht spontan! Dahinter standen bestimmt Leute, die die Freundschaft zwischen Amerika und China zerstören wollen.»

«Wir haben für Gerechtigkeit demonstriert», beharrte ich. «Die amerikanischen Soldaten haben schon so viele Zwischenfälle verursacht, und die amerikanische Regierung unterstützt diese verkommene Regierung! Da muss man doch etwas tun!» Ich begann leise ein Lied zu singen, das wir während der Demonstration gesungen hatten: «Solidarität ist unsere Kraft...» nach der Melodie von «Glory, glory, hallelujah».

Pastor Bi unterbrach mich ungehalten: «Hör auf! Das ist ein kommunistisches Lied, ein Lied der Revolutionäre!»

Ich verstummte sofort und blickte zum Fenster hinaus. Er war eben doch ein Ausländer, das hatte ich schon fast vergessen! Nie würde er so denken wie wir Chinesen.

Nur wenige Tage später nahmen die Kommunisten die drittgrößte Stadt Chinas, Tianjin, ein. Eine Woche darauf, am 21. Januar 1949, erklärte Jiang Kaishek seinen Rücktritt. Sein Nachfolger wollte mit den Kommunisten über einen Frieden verhandeln, die waren jedoch längst auf der Siegerstraße und hatten es nicht mehr nötig, um Kompromisse zu feilschen. Schon Ende Januar 1949 zog die kommunistische Volksbefreiungsarmee in die alte Kaiserstadt Peking ein. Am 23. April besetzte sie die Hauptstadt.

Auf dem Weg zum Revolutionär

(1949)

Historischer Rahmen

27.5.1949	Die Volksbefreiungsarmee schließt die Einnahme Shanghais ab
21.9.1949	Die Politische Konsultativkonferenz tritt in Peking zusammen und bereitet die Gründung einer neuen Regierung vor
27.9.1949	Peking wird anstelle von Nanking zur neuen Hauptstadt erklärt

Bald, das war nun klar, würde sich die Volksbefreiungsarmee nach Shanghai wenden. Die Reichen und Mächtigen waren schon geflüchtet und hatten sich in Hongkong oder im Ausland in Sicherheit gebracht. Am 12. Mai hörten wir erstmals von ferne Kanonendonner.

Trotz der gespannten Lage lief der Schulunterricht weiter, allerdings stand die Politik bei uns Schülern ganz im Mittelpunkt des Interesses. Jeder vertrat offen seine Ansicht, und man merkte, auf welcher Seite die einzelnen Familien standen. In den Pausen wurde über die weitere Entwicklung spekuliert. Ein Mitschüler sagte: «Wenn die Kommunisten kommen, sind wir alle erledigt. Sie werden allen ihr Eigentum wegnehmen, und es ist aus mit der Freiheit.»

Ein anderer Schüler argumentierte vehement dagegen: «Wenn die Kommunisten kommen, wird es ganz bestimmt besser. Seit der Kapitulation der Japaner ist das Leben ja nur noch schlimmer geworden. Alles Geld wandert in die Taschen korrupter Beamter und reicher Kaufleute. Wenn es gegen solche Leute keine Revolution gibt, gegen wen dann?»

Ein anderer mischte sich ein: «Wie ich gerade gehört habe, soll die kommunistische Befreiung überall sehr friedlich ablaufen.»

Als ich am 24. Mai von der Schule nach Hause ging, war die Straße entlang unserem Viertel abgesperrt. Eine endlose Kolonne amerikanischer Militärtransporter, alle mit Regierungssoldaten besetzt, rauschte Richtung Hafen an uns vorbei. Dann, am späten Abend und die ganze Nacht hindurch, hörte man Gewehrschüsse. In der Morgendämmerung des 25. Mai fielen auch in unserem Wohnviertel einige Schüsse, dann wurde es still. Plötzlich hörte ich Gesang – dasselbe Lied wie an jenem Abend im August 1945, als die Kapitulation der Japaner bekannt gegeben wurde: «Erhebt euch! Werft die Sklavenfesseln ab!» Darauf folgte ein anderes Lied, eines, das ich kaum je gehört hatte. Mutter erkannte es sofort: «Das ist doch ein kommunistisches Lied! Sind die Kommunisten etwa schon da?» Es war die Internationale. Ich versuchte, die Sieben-Uhr-Nachrichten im Radio hereinzubekommen, doch zunächst waren alle Sender tot. Dann plötzlich ertönte die Stimme des Nachrichtensprechers mit den Worten: «Die kommunistischen Truppen schreiten von einem Sieg zum anderen! Die Nationalpartei führt einen verzweifelten Kampf...» Der Sender war bereits in kommunistischer Hand.

Vermutlich war es draußen jetzt nicht mehr gefährlich, so machte ich einen kleinen Inspektionsgang und traf außerhalb unseres Viertels tatsächlich auf die ersten Soldaten der Volksbefreiungsarmee. Sie trugen schlichte Uniformen aus grobem Stoff. Einige lagen auf der noch feuchten Straße und schliefen, andere saßen im Schneidersitz und flickten ihre Kleidung oder plauderten miteinander. Einige Bewohner zeigten Mitgefühl mit den Soldaten und brachten ihnen zu essen und zu trinken. Aber außer Tee lehnten die Soldaten alles ab. Eine Frau, die einen Korb mit Essen trug, fühlte sich etwas beleidigt und fragte: «Wieso lehnt ihr mein Essen ab? Glaubt ihr, ich hätte es vergiftet?»

Ein junger Soldat erhob sich und erklärte freundlich: «So ist das nicht gemeint. Aber es gehört zu den Prinzipien unserer Armee, kein Essen und keine anderen Sachen von der Bevölkerung anzunehmen.»

«Ich gebe es doch freiwillig! Ist das denn verboten?», fragte die Frau tadelnd.

«Na gut, ich nehme etwas zu trinken. Aber behalten Sie das Essen. Wir sind so viele, es reicht sowieso nicht für alle.» Der junge Soldat wirkte sehr sympathisch mit seinem dunklen Gesicht und den leuchtenden Augen.

Ein alter Mann mit weißen Haaren kam hinzu und sagte zu den Umstehenden gewandt, als wollte er eine Rede halten: «Solch eine Armee habe ich mein Lebtag noch nicht gesehen, sie nimmt der Bevölkerung nichts weg und schläft lieber auf der Straße, als private Wohnungen zu beschlagnahmen. Kein Wunder, dass solch eine Armee siegreich ist!»

Einen Tag später war ganz Shanghai in der Hand der Kommunisten. Ich unternahm an diesem 26. Mai einen Gang durch die Stadt, um mir ein Bild vom Geschehen zu machen. Am Vergnügungspalast Great World prangten zwei riesige Porträts: eins vom Vorsitzenden Mao Zedong und das zweite von Zhu De, dem Oberkommandeur der Armee, beide gemalt von Studenten der Kunstakademie. An den größten Gebäuden der Stadt, dem Warenhaus an der Nanking Road und dem Park Hotel, hingen lange Banner mit Sätzen wie: «Wir grüßen die Volksbefreiungsarmee und gratulieren zur Befreiung von Shanghai.» Mehrere Operntrupps gaben kostenloses Straßentheater, um die Grundsätze der vorbildlichen Armeedisziplin zu propagieren. Unter der Shanghaier Bevölkerung verbreitete sich eine gute Stimmung. Als ich am 27. Mai frühmorgens das Radio einschaltete, kündigte eine ernste Stimme an: «Hier ist der Volkssender Shanghai.» Es folgten Worte und Sätze, die mich tief beeindruckten – «Verteidigung und Schutz der territorialen Integrität des Landes», «Die in China lebenden Ausländer dürfen nicht die autonomen Rechte des befreiten China verletzen, widrigenfalls werden sie von der Volksbefreiungsarmee und dem Volksgericht bestraft.» Noch nie zuvor war mit solcher Offenheit und Entschiedenheit etwas gegen Ausländer zu hören gewesen. Trotz aller Demütigungen, die sie den Chinesen zugefügt hatten, hatten die Ausländer immer eine gewisse Bewunderung genossen. Zum ersten Mal trat nun eine Regierung selbstbewusst gegen sie auf.

Einige Tage später kam meine Schwester nach Hause. Sie strahlte über das ganze Gesicht, als sie auf eine weiße Banderole am Ärmel zeigte, die sie als «Ordnungskraft der Stadt Shanghai» auswies.

«Wie bist du denn dazu gekommen?», wollte ich wissen.

«Die hat die Befreiungsarmee ausgegeben», erklärte Minqian.

«Und – was hast du zu tun?»

«Bis zur Gründung der Shanghaier Volksregierung sind wir dafür verantwortlich, Plünderungen und Unruhen zu verhindern.»

«Kann ich da auch mitmachen? Besorgst du mir auch eine Banderole?»

«Die werden ja nicht so einfach an jeden verteilt. Nur wer an der Revolution teilgenommen und früher im Untergrund für die Revolution gekämpft hat, bekommt eine.»

«Aber ich habe doch an den Demonstrationen teilgenommen!»

«Das zählt nicht», sagte sie streng.

Ein Monat verging. Was für eine friedliche Zeit! Der Schulbetrieb lief normal, der Verkauf in den Geschäften ebenfalls, die amerikanischen Soldaten waren verschwunden, von Gangstern, Verbrechern und Spekulanten nichts mehr zu hören. Die Ausländer auf den Straßen gaben sich nicht mehr so stolz und arrogant wie früher, und sie wurden auch nicht mehr so von den Chinesen hofiert. Auch einige britische Kriegsschiffe, die zuvor auf Jiang Kaisheks Seite in den Bürgerkrieg eingegriffen hatten, verschwanden aus dem Shanghaier Hafen. Man hatte ihnen die Ausfahrt versperrt, doch sie flüchteten in einer Nacht- und Nebelaktion. Als wir in der Schule davon erfuhren, riefen wir spontan: «Es lebe Mao Zedong! Es lebe Mao Zedong!» Unter uns Schülern hatte sich eine regelrechte Euphorie verbreitet. Wir hatten das Gefühl, dass die Kommunistische Partei wirklich für unser Vaterland kämpft, gegen all die Ungerechtigkeit und für ein freies, selbständiges und demokratisches China. Ich verstand nichts von Demokratie, aber die Kommunistische Partei sprach immer wieder davon. Demokratie bedeutete für mich, dass wir die Herren im eigenen Land sein sollten.

Am 6. Juli 1949 fand eine große Militärparade statt, um den Einzug der Volksbefreiungsarmee in Shanghai zu feiern. Anders als bei der Feier zur japanischen Kapitulation erlebten wir nun einen wirklichen Triumphzug. Die Soldaten fuhren im Schritttempo die Straßen entlang, umjubelt von allen Seiten. Manche Soldaten sprangen von den Wagen herab und schüttelten die ihnen entgegengestreckten Hände. Freudentränen flossen. Ich stand ganz weit vorn, als die Wagen vorbeirollten.

«Kann ich mitfahren?», rief ich den Soldaten zu, als wieder ein Lastwagen langsam an mir vorbeizog.

«Na klar, komm rauf!» Mehrere Soldaten streckten mir die Hand entgegen, und schon saß ich zwischen ihnen auf ihrem Siegeszug durch die Stadt. Noch nie hatte ich so viele Menschen gesehen – jubelnde Menschen, so weit das Auge reichte. Alle trugen ihre schönsten Kleider, schwenkten Blumen, klatschten, lachten und sangen. Die Straßen waren mit Spruchbändern dekoriert, an Wänden und Fassaden prangten Darstellungen kräftiger Arbeiter, die ihre Ketten abschüttelten und selbstbewusst in die Zukunft schauten. Wir bogen in die Nanking Road ein. Überall an den Fenstern der hohen Geschäftshäuser standen Männer in westlichen Anzügen und vornehme Fräulein in wunderschönen Kleidern, unter ihnen auch etliche Ausländer. Sie ließen buntes Konfetti und Papierblumen auf die Soldaten herabregnen. Die Straße wirkte wie eine riesige, bunte Hochzeitsgesellschaft.

Erst am späten Abend kehrten die Wagen in ihr Quartier zurück. Ich verabschiedete mich von den Soldaten und fragte noch: «Seid ihr eigentlich von der Achten Route-Armee?»

«Nein», sagte einer von ihnen. «Wir gehören zur Neuen Vierten Armee.»

Zu der gehörte mein Vater auch, jedenfalls hatte Mutter mir das einmal gesagt.

«Kennt ihr dann zufällig einen Guan Yiwen?», fragte ich und benutzte Vaters Pseudonym.

Der Soldat schüttelte den Kopf und stieß einen anderen Soldaten an. «Kennst du einen Guan Yiwen?»

«Guan Yiwen?», wandte sich dieser an mich. «Das ist doch der Dolmetscher von unserem Armeechef. Er war mal mein Lehrer. Woher kennst du ihn denn?»

«Er ist mein Vater», sagte ich stolz. Nie hatte ich von ihm sprechen dürfen. Zum ersten Mal in meinem Leben konnte ich frei heraus sagen, dass er zu den Kommunisten gehörte.

Ich hatte überhaupt nicht beachtet, wie spät es schon war. Als ich zu Hause ankam, wartete Mutter noch auf mich, doch anders als früher war sie diesmal überhaupt nicht besorgt oder böse wegen der späten Rückkehr, sondern erkundigte sich nur freundlich: «Wo hast du denn die ganze Zeit gesteckt? Ich habe dich auf der Straße plötzlich aus den Augen verloren.» Ich erzählte ihr ausführlich, was ich erlebt hatte, und berichtete auch von dem Gespräch über Vater. Sie schien gar nicht mehr so betroffen zu sein wie früher, wenn ich oder meine Geschwister ihn erwähnten. Wir saßen noch eine ganze Weile beisammen.

«Yuqian», fragte sie mich schließlich. «Du wirst bald die Schule beenden, und die Zeiten scheinen sich jetzt wirklich zu ändern. Was möchtest du in Zukunft machen?» Pastor Bis Zusage, ich könne in Amerika studieren, waren in den letzten Monaten keine konkreten Schritte gefolgt; mit dem Machtwechsel rückte der Plan nun in immer größere Ferne.

«Ich weiß es nicht. Am liebsten würde ich studieren wie Minqian und Diqian. Andererseits braucht die Revolution junge Leute. Vielleicht sollte ich mich ihr anschließen.»

Mutter erwog das Für und Wider: «China ist jetzt frei. Die Revolution braucht jeden. Ich will auch etwas für die Revolution tun. Aber du bist noch jung, du solltest erst einmal studieren. Dein Bruder und deine Schwester sind ja schon aus dem Haus, da brauche ich nur noch für uns beide zu sorgen. Ich denke, wir können es uns leisten, dass du studierst.»

In diesem Moment wurde mir zum ersten Mal bewusst, wie sich die neue politische Situation auf unser Leben auswirkte. Die Inflation ebbte ab, Mutters Gehalt gewann wieder an Wert. Die Revolution hatte uns von vielen Schwierigkeiten befreit.

In den nächsten Tagen hörte ich, dass sich einige junge Leute aus unserem Chor der Befreiungsarmee anschließen und in den Süden gehen wollten, unter ihnen eine Freundin Minqians. Mit der Befreiungsarmee in den Süden ziehen – welch eine tolle Idee! Noch am selben Tag suchte ich die Meldestelle auf. Ein ausnehmend netter Herr mittleren Alters in Militäruniform empfing mich. «Willst du dich auch bewerben?», fragte er mich, und ich sah, dass schon rund zehn andere junge Leute dort warteten. Sie schienen etwas älter zu sein als ich, offensichtlich waren es Studenten, unter ihnen zwei junge Frauen.

Als ich zustimmend nickte, sagte er: «Gut so. Setz dich zu den anderen. Ich erkläre euch erst einmal ein paar Dinge. Die chinesische Befreiungsarmee stößt mit ihren Truppen nach Süden vor, ohne auf großen Widerstand zu stoßen. Der Kampf selbst ist natürlich die Aufgabe unserer Befreiungsarmee. Sind aber die Gebiete befreit, brauchen wir viele Leute mit guter Ausbildung, die in der Lage sind, die Verwaltung zu übernehmen. Deshalb suchen wir junge Leute wie euch. Ich muss euch sagen, dass euch ein abwechslungsreiches Leben erwartet, aber ihr müsst euch auch darauf einstellen, dass das Leben mühsam und mit Strapazen verbunden sein wird. Viele von uns haben für den Sieg der Revolution ihr Leben geopfert, und ich glaube, dass die Schwierigkeiten, die euch erwarten, dagegen leicht zu meistern sind.»

«Erfahren wir genauer, wohin wir geschickt werden?», fragte ein junger Mann.

«Das wird, wenn es soweit ist, von der ‹Dienstgruppe für den Süden› entschieden. Sie untersteht der Führung der Kommunistischen Partei und der Befreiungsarmee. Wenn ihr beitretet, heißt das, dass ihr euch der Revolution anschließt. Wer sich der Revolution anschließt, untersteht dem Befehl der Revolutionsführung.»

Mit diesen Worten legte er ein paar Anmeldebögen vor uns auf den Tisch. Jeder griff sich einen und füllte ihn aus.

Kaum war Mutter am Abend heimgekehrt, erzählte ich ihr die Neuigkeit von meiner Anmeldung. Es war, als hätte ich ihr einen heftigen Schlag versetzt. Ihre Hand suchte Halt an einem Stuhl, sie setzte sich und schwieg. Dann rannen Tränen über ihr Gesicht.

«Mutter, was ist denn?», fragte ich. «Ich schließe mich der Revolution an. Findest du das nicht richtig? Die Revolution braucht junge gebildete Menschen.» Ich hatte mir schon ausgemalt, wie es aussehen würde, wenn ich mit Uniform und Militärmütze, am Gürtel vielleicht sogar eine kleine Pistole, in den Süden marschieren würde, tagsüber im Sonnenschein, nachts im Mondschein, durch Gebirge und an Seen vorbei – wie romantisch!

Mutter wischte sich die Tränen aus dem Gesicht. «Vielleicht bin ich zu egoistisch, aber ich habe euch drei großgezogen, und jetzt geht ihr einer nach dem anderen fort. Du bist mein Jüngster. Ich wünsche mir wirklich, dass eins meiner Kinder bei mir bleibt.»

Auch mir kamen nun die Tränen. Ich liebte Mutter doch über alles! Für mich war immer klar gewesen, dass ich alles für sie tun würde. Doch jetzt? Kaum hieß es, die Revolution brauche junge Leute, und schon wollte ich fort. Ich befand mich in einem echten Konflikt. «Ach, Mutter», seufzte ich. «Was soll ich nur tun? Ich möchte dich ja nicht verlassen, aber ...»

Mutter hob den Kopf und schaute mich an. «Du hast ja Recht: Die Revolution braucht gebildete junge Menschen, aber das Studium ist auch ein Teil der Revolution.»

«Nein, ein Studium hat mit der Revolution nichts zu tun», widersprach ich. «Es dient nur der Ausbildung einzelner Personen.»

So viele junge Leute gingen in den Süden, und ich sollte zu Hause bleiben? Das war doch eine Schande! Aber wenn ich an Mutter dachte ... In dieser Nacht fand ich kaum Schlaf.

Fremder Vater

Am nächsten Morgen kam meine Schwester überraschend nach Hause. Sie war furchtbar aufgeregt und wedelte mit einer Zeitung herum. «Hier, habt ihr es schon gelesen?» Sie zeigte auf einen Artikel. «Hier steht, dass Vater gestern in Shanghai eingetroffen ist. Er soll das Büro für Auswärtige Angelegenheiten leiten.»

Für einen Moment war ich sprachlos. Tatsächlich, da stand es schwarz auf weiß! Von nun an war also Vater für die Belange der Ausländer in Shanghai zuständig. Sicherlich ist das ein wichtiges Amt, dachte ich, sonst würde die Zeitung nicht so detailliert davon berichten. Ob er jetzt wohl zu uns nach Hause kommt? Ich wagte es mir kaum vorzustellen.

«Wir beide sollten ihn besuchen gehen», schlug meine Schwester vor und tippte mir auf die Schulter. Ich spürte kein großes Verlangen, ihn zu sehen, und schwieg.

«Was ist?», fragte sie ungeduldig. «Wieso sagst du nichts?»

«Er ist doch gerade erst angekommen. Vielleicht hat er gar keine Zeit für uns. Wo wohnt er überhaupt?»

«Keine Ahnung», gab Minqian betreten zu und schaute mich ratlos an. «Wie können wir das herausfinden?»

In solchen Fragen war ich meist schneller und geschickter als sie, und um ihr das zu beweisen, ergriff ich gleich die Initiative, lief zu den Nachbarn, die ein Telefon hatten, und fragte mich zur Stadtregierung durch. Nach zwei Anrufen hörte ich eine freundliche Männerstimme von der Stadtregierung am anderen Ende der Leitung sagen, was wir wissen wollten: «Guan Yiwen wohnt zurzeit im Hotel Shanghai.»

Das Hotel Shanghai gehörte zu den vier schönsten Luxushotels der Stadt. Wir kamen gegen vier Uhr nachmittags dort an. Als das Empfangspersonal an der Rezeption hörte, wer wir waren, behandelten sie uns sehr höflich und ließen uns mit dem Lift in die oberste Etage bringen.

«Dort ist die Suite, in der euer Vater wohnt», sagte der Portier und wies auf eine Tür. Während ich noch klopfenden Herzens davor stand, drückte Minqian schon forsch den Klingelknopf. Kurz darauf öffnete eine junge Frau in schlichter Militärkleidung die Tür.

«Ja bitte? Sucht ihr jemanden?», fragte sie höflich lächelnd.

«Wir möchten Guan Yiwen besuchen», antwortete meine Schwester.

«Er ist im Moment nicht da. Wer seid ihr denn?»

«Wir sind seine Kinder. Ich heiße Guan Minqian, und das ist mein Bruder Yuqian.»

Ihr Lächeln erstarrte für einen Moment, dann bat sie uns höflich, aber kühl herein. «Nehmt einen Moment Platz. Er müsste bald zurückkommen. Ich mache euch solange einen Tee.»

Eine merkwürdige Frau, dachte ich, sicherlich ist sie Vaters Mitarbeiterin, obwohl sie eigentlich wie eine Bäuerin aussieht. Sie sprach auch kein klares Hochchinesisch, sondern hatte einen südchinesischen Tonfall.

«Vielen Dank», meinte Minqian. «Aber bitte machen Sie keine Umstände!»

Die Frau verließ den Raum, und staunend schauten wir uns um. Wir befanden uns in einem riesigen Zimmer, das wohl als Empfangsraum diente. Es war mit bequemen Sesseln und Sofas ausgestattet. Der Parkettfußboden glänzte und roch ein wenig nach Wachs. Die großen Fenster boten einen atemberaubenden Ausblick auf die Mündung des Suzhou Creek in den Huangpu und auf den Hafen. Aus solcher Prachtperspektive hatte ich Shanghai noch nie gesehen. Meine Schwester und ich waren noch ganz in die Szenerie vertieft, als plötzlich ein kleines Mädchen hereingelaufen kam. Es lief hinter einer Glasmurmel her, die direkt auf uns zugerollt kam. Ich bückte mich, hob sie auf und hielt sie der Kleinen entgegen. Diese zeigte keinerlei Scheu, nahm mir lächelnd die Murmel aus der Hand und schaute mich neugierig an. Sie war mit Schleifchen und hübscher Kleidung niedlich herausgeputzt.

«Na du Kleine, wie heißt du denn?», fragte ich sie.

«Kleine Guan.»

«Kleine Guan? Hast du denn keinen Vornamen?»

«Doch: Yiqian.»

Ich schaute meine Schwester an, die mir einen bedeutungsvollen Blick zuwarf. Für einen Moment fühlte ich mich wie vor den Kopf geschlagen. Guan Yiqian? Konnte es sein, dass Vater eine neue Familie gegründet hatte? Oder wie kam sonst ein Mädchen namens «Guan» und mit unserem Generationsnamen «Qian» in seine Suite? Etwas verlegen betrachtete ich das Kind, das fast so aussah wie meine Schwester in früheren Jahren. Der Kleinen schien es langweilig zu werden, und sie lief wieder aus dem Zimmer.

«Was denkst du, wessen Tochter das ist?», flüsterte ich Minqian zu.

«Es muss Vaters Tochter sein», sagte sie stockend. «Ich wusste, dass er eine andere Frau hat, aber ich hatte keine Ahnung, dass er jetzt auch noch ein Kind mit ihr hat.»

«Vater hat eine andere Frau? Seit wann?»

«Schon einige Jahre lang.»

«Weiß Mutter davon?»

«Ja.»

«Dann ist diese Frau, die uns gerade hereingelassen hat, seine ...?»

«Wahrscheinlich. Sie hat doch so seltsam reagiert, als wir sagten, wir seien seine Kinder. Vielleicht wusste sie gar nichts von uns.»

Das alles schien mir ungeheuerlich. Vater war weggegangen, hatte uns verlassen, aber das war doch aus der Notwendigkeit heraus geschehen, um gegen die Japaner und später gegen die Nationalisten zu kämpfen – oder nicht? Wie konnte er einfach eine andere Frau heiraten? Er war doch gar nicht geschieden! Mir wurde es unheimlich. Was sollten wir hier noch? Meine Schwester dachte wohl dasselbe: «Lass uns gehen», schlug sie vor, und ihre Stimme klang bitter. Sie war immer Vaters Liebling gewesen. Dass er mit einer anderen Frau noch andere Kinder hatte, traf sie offenbar besonders tief.

In diesem Moment kam die Frau mit frisch aufgegossenem Tee zurück. Wir wollten uns trotzdem verabschieden, murmelten ein paar höfliche Worte und standen schon in der Tür, als sie sagte: «Wartet noch einen Moment, euer Vater müsste jede Sekunde hier sein.»

Wir zögerten. Nur einen Augenblick später war zu hören, wie jemand den Aufzug verließ, dem Liftboy zurief: «Schönen Dank, Genosse!», und auf die Suite zugelaufen kam. Ich erkannte die Stimme wieder.

Die Frau ging ihm entgegen. «Komm schnell herein, wir haben Besuch», rief sie ihm zu und zog sich zurück.

«Wir haben Besuch?», fragte er erstaunt und warf uns einen flüchtigen Blick zu. «Was gibt's? Was kann ich für euch tun?»

Ich sah ihn an. Er trug einen grauen, uniformartig geschnittenen Anzug, dazu einen lässig über die Schultern geworfenen leichten Mantel und sah einfach fantastisch aus. Seine Schläfen waren inzwischen ergraut, und die Augenbrauen schienen noch breiter und buschiger zu sein als früher. Ich brachte kein Wort hervor. Minqian lächelte unbeholfen. Er stutzte, und plötzlich hellte sich sein Gesicht auf.

«Minqian, das bist ja du!», rief er aus.

Minqian fing an zu schluchzen, und plötzlich stürzten ihr die Tränen nur so aus den Augen. Vater schien sehr verlegen angesichts dieses Gefühlsausbruchs. Nun musterte er mich von oben bis unten. «Du musst Yuqian sein», stellte er freudig fest und schüttelte mir herzlich die Hand. «Du bist aber groß geworden.»

Eigentlich hätte ich ihn jetzt mit «Vater» grüßen müssen, doch mir blieb das Wort im Hals stecken. In diesem Moment kam das kleine Mädchen auf ihn zugestürmt und rief: «Papa! Papa!»

Er nahm sie auf den Arm. «Begrüße Schwester Minqian und Bruder Yuqian!», forderte er sie auf, doch sie reagierte nicht, befreite sich aus seinen Armen und lief davon.

«Lasst uns in mein Büro gehen! Dort sind wir ungestört.» Vater führte uns in ein riesiges Arbeitszimmer, in dem ein wuchtiger Schreibtisch mit einem eleganten Ledersessel stand. Bücherregale aus Mahagoni nahmen eine ganze Seite des Raumes ein. Auf einer kleinen Sesselgruppe nahmen wir Platz. Vater allerdings entschuldigte sich für einen Augenblick: Er wolle sich umziehen.

Meine Schwester schaute mich aus verweinten Augen an und schwieg. Für mich gab es auch nichts mehr zu sagen. Wir hatten unseren Vater endgültig verloren. Ich dachte an Mutter, und Wut kroch in mir hoch. Was sollte ich ihr sagen? Dennoch blieben wir sitzen und warteten fast dreißig Minuten, bis Vater wieder erschien, doch nun wirkte er verärgert und müde. Wahrscheinlich hat er sich mit der Frau gestritten, dachte ich schadenfroh. Eine schöne Überraschung, wenn plötzlich die vergessenen Kinder vor der Tür stehen!

«Es geht euch hoffentlich gut?», fragte Vater und bemühte sich um ein Lächeln.

«Warum hast du so lange nichts mehr von dir hören lassen?», platzte Minqian heraus.

«Ich wusste ja gar nicht, ob ihr noch immer in Shanghai lebt.» Welch eine dürftige Ausrede!

Minqian setzte nach: «Wieso wusstest du das nicht? Du hast doch mehrmals Onkel Wu Yaozong getroffen. Der ist doch bei uns gewesen und hat es uns erzählt.»

«Unter den Japanern wäre es zu gefährlich gewesen, mit euch in Verbindung zu treten. Und nach deren Kapitulation begann der Bürgerkrieg. Wir waren ständig unterwegs, heute hier und morgen dort, nie an einem festen Ort. Es war unmöglich, mit euch Kontakt aufzunehmen. Aber sag mal, Minqian», wechselte er das Thema, wobei er sie einen Moment mit anerkennendem Blick betrachtete, «du bist richtig erwachsen und sehr hübsch geworden. Erzähl mir ein wenig von eurem Leben. Wie ist es euch ergangen?»

«Nachdem du uns verlassen hast, haben Onkel Zehn und Onkel Yue für uns das Schulgeld bezahlt. Mutter hat sich fast totgearbeitet, um uns durchzubringen.»

Vater schien über unsere Mutter nichts hören zu wollen, denn er fragte gleich weiter: «Lebt ihr noch mit der Tante zusammen?»

Minqian nickte.

«Und studierst du jetzt?», fragte er.

«Ich habe das Studium schon abgeschlossen.»

«Was? So jung und schon fertig mit dem Studium? Was hast du denn studiert?»

«Anglistik.»

«Anglistik? Genau wie ich!»

«Ja, Mutter sagt immer, dass ich dir sehr ähnlich bin.»

Vater lächelte zufrieden. «Und was machst du jetzt?»

«Ich gehe bald nach Peking. Die Organisation versetzt mich dorthin.» Mit «Organisation» war die Kommunistische Partei gemeint.

«Die Organisation?» Vater war für einen Moment sprachlos. «Bist du denn schon der Partei beigetreten?»

Wieder nickte meine Schwester und lächelte stolz. «Ich war schon im Untergrund dabei.»

«Wirklich?» Nun war er begeistert. «Dann sind wir ja Genossen! Wunderbar! Ich hätte nie zu hoffen gewagt, dass du dich so toll herausmachst.»

«Und du, Yuqian?», fragte er. «Wie weit bist du?»

«Ich habe gerade die Mittelschule abgeschlossen und weiß noch nicht genau, was ich jetzt machen soll. Eventuell gehe ich mit der Befreiungsarmee in den Süden, aber Mutter ist damit nicht einverstanden. Sie möchte, dass ich studiere.»

«Natürlich musst du studieren! Das neue China braucht gebildete junge Menschen. Wir haben eine Bevölkerung von vierhundertfünfzig Millionen, aber an Intellektuellen gibt es nur vier oder fünf Millionen. Das ist zu wenig.»

«Aber ich möchte auch etwas für die Revolution tun. Was hat ein Studium schon mit der Revolution zu tun?», entgegnete ich.

«Oh, mehr, als du denkst! Wenn man dem Land dient und Gutes tut, egal ob als Verkäufer, Busfahrer, Lehrer oder als Student, dann steuert man seinen Teil zur Revolution bei. Du bist noch zu jung und nicht kräftig genug, um dich der Armee anzuschließen. Was glaubst du, wie hart das Leben in der Armee ist, wenn sie in den Süden zieht! Ich glaube nicht, dass du dem gewachsen wärst.» Er schaute mich prüfend an und fuhr dann fort: «Unser Land braucht viele junge Leute, die in Ämtern und Behörden wichtige Aufgaben übernehmen. Wir wissen schon jetzt, dass wir nicht genug finden werden. Darum ist es ein dringliches Vorhaben unserer Regierung, begabte junge Menschen auszubilden. Zurzeit suchen mehrere Hochschulen in Peking neue Studenten. Bevor ich nach Shanghai kam, haben sie mich gebeten, hier ein paar Studenten für sie auszuwählen. Ich denke, du kommst in Frage.»

Ein Studium in Peking, genau wie mein Bruder! Das wäre ja auch etwas Aufregendes und wohl doch verlockender als die Armee. Früher, vor der Revolution, hätte ich wegen der Kosten kaum von einem Studium in Peking träumen dürfen, nachdem Onkel Zehn schon Minqian und Diqian das Studium finanziert hatte. Jetzt allerdings wurden die Hochschulen verstaatlicht, und der Staat kam für die Kosten auf, ich würde also niemanden belasten. Sollte ich Vaters Angebot annehmen? Mir blieb keine Zeit zum Überlegen.

«Hättest du denn Lust, nach Peking zu gehen?», hakte Vater nach.

«Ja, doch, natürlich – Papa.»

«Gut.» Er lächelte zufrieden. «Dann werde ich mich sofort darum kümmern.»

Plötzlich empfand ich eine große Erleichterung. Er war eben doch mein Vater. Er sorgte sich um mein Fortkommen, er kannte die Strapazen eines Lebens in der Armee und wusste, dass ich den Marsch nach Süden wahrscheinlich nicht durchstehen würde. Er war Revolutionär und Kommunist, er musste wissen, wie man der Revolution diente.

Nach einer weiteren halben Stunde nahmen wir von ihm Abschied. Es war das erste Mal gewesen, dass ich mich mit Vater richtig unterhalten hatte. Er wurde mir plötzlich wieder ganz sympathisch. Gleichzeitig spürte ich Schuldgefühle gegenüber Mutter. Ich musste doch wütend auf Vater sein nach allem, was er sich uns gegenüber herausgenommen hatte!

Als ich dann Mutter gegenüberstand, waren meine Gefühle wieder ganz auf ihrer Seite: «Vater hat sich nach Chinas Befreiung eine Nebenfrau mitgebracht. Das verstößt doch gegen das Gesetz! Ich werde ihn anzeigen!», platzte ich heraus.

«Das tust du nicht! Es ist eine Sache zwischen deinem Vater und mir. – Außerdem hat er dieses Mädchen schon aus Shanghai mitgenommen, als er sich der Armee anschloss.»

«Was? Du hast es also von Anfang an gewusst?»

«Ja. Und jetzt, da er als großer Revolutionär wiedergekommen ist, möchte ich, dass du ihn schätzt und nicht tadelst. Du würdest sonst nur der Revolution schaden.»

Ich schaute Mutter fassungslos an. Wie schlecht Vater sie auch behandelte, blieb sie doch geduldig und rücksichtsvoll. Sie liebte ihn wahrscheinlich immer noch.

«Worüber habt ihr gesprochen?», fragte sie.

«Wir haben ihm erzählt, was aus uns inzwischen geworden ist, und es schien ihn sehr zu freuen. Als er erfuhr, dass Minqian von sich aus den Weg in die Organisation gefunden hat, sagte er: ‹Dann sind wir ja Genossen.›»

Mutter lächelte glücklich, und ich glaubte zu spüren, dass sie wissen wollte, ob er auch nach ihr gefragt hatte. Ich zögerte und log schließlich: «Papa hat auch von dir gesprochen.»

Ihre Augen weiteten sich, und sie schaute mich gespannt an.

«Er hat gesagt: Dem Himmel sei Dank, dass es eurer Mutter gelungen ist, aus euch so tüchtige junge Leute zu machen. – Übrigens habe ich es mir anders überlegt. Ich werde nun doch nicht in den Süden gehen.» Ihre Gesichtszüge hellten sich sofort auf.

«Papa ist genau wie du nicht damit einverstanden, dass ich in den Süden gehe. Er befürchtet, dass ich das nicht durchstehe. Außerdem könne man nicht nur im Süden an der Revolution teilnehmen, sondern überall seinen Beitrag leisten.»

«Ich dachte, das hätte ich auch schon gesagt. Anscheinend genügt ein Wort deines Vaters, und schon änderst du deine Entscheidung», meinte sie vorwurfsvoll, doch das Strahlen in ihren Augen blieb mir nicht verborgen.

«Er hat gesagt, ich solle studieren, am besten in Peking, denn dort suchen mehrere Hochschulen nach geeigneten Studenten. Er will mir helfen, dort unterzukommen.»

«Dann verlässt du also doch Shanghai.» Ihre Augen schweiften in die Ferne, doch sie schien nicht traurig zu sein. Plötzlich kam mir eine Idee.

«Mama, Diqian arbeitet in Peking, Minqian auch bald, und wenn ich nun dort studieren würde, dann wäre es doch das Beste, du ziehst einfach auch dorthin. Dann sind wir alle wieder zusammen!»

«Yuqian, so einfach ist das nicht. Ich bin nicht mehr so jung. Es ist ja auch gar nicht sicher, ob ich dort überhaupt eine neue Stelle bekomme. Abgesehen davon gibt es doch auch in Shanghai ein paar sehr gute Universitäten. Du könntest doch auch hier studieren.»

«Peking soll doch Chinas neue Hauptstadt werden. Da erlebt man alle Veränderungen aus der Nähe mit. Das wird bestimmt spannend. Ich würde gern an die Yanjing-Universität gehen. Sie ist doch eine der besten des Landes. Wärest du einverstanden, wenn es klappt?»

«Na gut. Wenn du die Aufnahmeprüfung schaffst, bin ich selbstverständlich einverstanden.»

Die nächsten Tage wartete ich sehnsüchtig auf eine Nachricht von Vater. Um mich abzulenken, traf ich mich mit ehemaligen Mitschülern. Kaum jemand war an einem Studienplatz in Peking interessiert, und auf die Idee, sich der Befreiungsarmee anzuschließen und in den Süden zu gehen, war erst recht niemand gekommen.

Dann traf tatsächlich ein Brief von Vater ein, der erste, den ich je von ihm erhielt. Ich riss ihn auf und überflog ihn. Er bedankte sich noch einmal für den Besuch. Dann hieß es: «Du möchtest doch an der Revolution teilnehmen. Hier habe ich eine gute Nachricht für dich: Der Auswärtige Dienst unseres Landes und die Fremdsprachenhochschule in Peking brauchen gebildete junge Leute, die über gute sprachliche Grundkenntnisse verfügen und in Peking Fremdsprachen studieren möchten. Sie sollen künftig als Diplomaten im Auswärtigen Dienst eingesetzt werden. Ich habe dich dort bereits angemeldet. Wenn du möchtest, wirst du dort aufgenommen. Bitte ruf mich an und teile mir mit, ob du einverstanden bist. Dein Vater.»

Ich war sprachlos. Ich las den Brief noch einmal Wort für Wort. «... Sie sollen künftig als Diplomaten im Auswärtigen Dienst eingesetzt werden.» Diplomat werden! Ich? In amerikanischen Filmen hatte ich schon Diplomaten gesehen. Sie trugen schneeweiße Hemden, hübsche Krawatten und gepflegte Anzüge. Ich gab Mutter den Brief. Auch sie schien ihn gleich mehrere Male zu lesen. Endlich gab sie ihn mir zurück. Sie lächelte und nickte.

«Ja, ich denke, das ist eine gute Sache. Du solltest ihn sofort anrufen.»

Ohne weiter zu überlegen, lief ich zum Nachbarn hinüber und telefonierte mit Vater.

Als mir danach bewusst wurde, dass nun alles beschlossene Sache war und ich allein unter vielen Fremden nach Peking gehen würde, bekam ich es doch mit der Angst zu tun. Wenn noch jemand mitkäme, wäre alles viel leichter. Was machte Lucy eigentlich? Ich hatte lange nichts von ihr gehört. War sie überhaupt noch in Shanghai? Wie schön wäre es, wenn sie auch in Peking studieren würde! Lucys Telefonnummer wusste ich auswendig, ich zögerte nicht lange und rief sie an. Lucy war tatsächlich in Shanghai.

«Yuqian! Yuqian!», rief sie erfreut ins Telefon. «Welch ein Zufall! Ich bin gerade erst von meinen Eltern aus Hongkong wiedergekommen. Ich habe dir viel zu erzählen!»

«Ich dir auch. Wollen wir uns gleich treffen?»

«Ja, gut. Aber wo?»

«In einer Stunde am Ping-An-Kino?»

«Einverstanden.»

Das Treffen mit Lucy kam mir vor wie aus einer anderen Welt. Wir umarmten uns spontan mitten auf der Straße, was für jene Zeit so ungewöhnlich war, dass die Passanten irritiert stehen blieben und uns anschauten.

Lucy war genauso hübsch wie immer und hatte sich sogar leicht geschminkt. Sie führte mich in ein nahes Café, ein elegantes Etablissement mit leiser Musik, gedämpftem Licht und makellos weißen Tischtüchern. Die Shanghaier Gesellschaft hatte sich gewandelt, aber dieses Café wahrte noch seine alte, romantische Atmosphäre. Es war ein idealer Ort für unser Rendezvous.

«Damals an dem Abend, als ich so spät von dir nach Hause kam, erfuhr ich, dass wieder irgendwelche Leute vom Geheimdienst oder von der Polizei nach mir gefragt hatten. Meine Eltern entschieden deshalb, mich sofort nach Hongkong zu holen. Sie meinten, ich sei in zu großer Gefahr. Ich war die ganzen letzten Wochen bei ihnen. Erst jetzt durfte ich zurückkehren.»

«Und was hast du jetzt vor? Willst du studieren?»

«Ich weiß noch nicht, ich bin ja gerade erst zurückgekommen. Was willst du denn machen?»

Ich war über unser Wiedersehen noch so durcheinander vor Freude, dass ich nur mit Mühe die nötige Ruhe fand, um ihr von der Rückkehr meines Vaters zu erzählen und von der Möglichkeit, in Peking zu studieren.

«Komm doch mit nach Peking», schlug ich vor. «Wenn wir dort an der Fremdsprachenhochschule studieren, werden wir später für den diplomatischen Dienst im Ausland arbeiten können. Das ist doch eine fantastische Möglichkeit! Außerdem gilt das Studium auch als eine Art Teilnahme an der Revolution.»

«Oh, du engagierst dich jetzt auch für die Revolution?», fragte Lucy überrascht.

War das ironisch gemeint? «Ja», bestätigte ich nur kurz, zog mein Notizbuch aus der Tasche und sagte: «Hier ist die Adresse, wo man sich offiziell anmeldet. Ich werde dort gleich hingehen. Wäre es nicht wunderbar, wenn wir gemeinsam nach Peking gehen könnten? Ich habe dich auch deswegen angerufen, weil ich dir von dieser Möglichkeit erzählen wollte. Was hältst du davon?»

«Lust hätte ich schon. Aber das kommt mir alles etwas plötzlich.»

«Wir können uns doch erst einmal anmelden. Mal sehen, ob es überhaupt klappt. Du kannst dann ja später noch entscheiden, ob du wirklich nach Peking gehst oder nicht.»

‹Einschreibung Studienverband Nord› stand an der Tür zur Anmeldestelle. Wir traten ein, und ein Mann in der Uniform der Befreiungsarmee begrüßte uns freundlich.

«Mein Vater hat mich für das Studium an der Fremdsprachenhochschule in Peking angemeldet. Er sagte, ich würde hier alles Weitere erfahren.» Ich nannte meinen Namen, und er fand ihn wenig später auf seiner Liste.

«Ach ja, Genosse Guan Yiwen hat uns schon benachrichtigt, dass sich der Sohn seines Freundes hier melden würde.»

Seine Worte trafen mich wie ein Stich ins Herz, und wenn Lucy nicht neben mir gestanden hätte, wäre ich sofort weggegangen. Lucy verzog keine Miene. Ich schluckte heftig und fragte: «Muss ich noch etwas ausfüllen?»

«Ja, dies hier, nur der Form halber.» Damit reichte er mir ein Merkblatt und ein Formular.

«Wir brauchen zwei davon.» Ich wies auf Lucy.

«Ach so, Sie wollen sich alle beide anmelden?», fragte der Mann irritiert.

«Ja», antwortete Lucy mit fester Stimme.

Als wir wieder auf der Straße waren, schüttelte Lucy ratlos den Kopf. «Ich weiß wirklich nicht, was ich tun soll. Meine Eltern leben in Hongkong, meine Geschwister in Shanghai, warum soll ich da nach Peking gehen? Ich könnte doch auch hier studieren. Warum willst du eigentlich unbedingt in Peking studieren – jetzt, wo dein Vater endlich zurückgekommen ist?»

Gerade weil Vater wieder in Shanghai war, kam das nun überhaupt nicht mehr in Frage. Aber ich wollte vor Lucy nicht die Eheprobleme meiner Eltern ausbreiten. «Die meisten Leute aus meiner Umgebung und viele Mitglieder aus dem Chor engagieren sich für die Revolution und gehen nach Peking. Dort liegt ja in Zukunft das politische Zentrum. Und was ist mit dir? Du bist doch sicher sowieso schon in der Partei, oder?»

Sie nickte: «Ja, aber du musst es bitte einstweilen für dich behalten.»

Ich musste laut loslachen: «Es ist doch unglaublich: Ein Fräulein aus großkapitalistischer Familie wird Untergrundrevolutionärin und Mitglied der Kommunistischen Partei! Und ich, Sohn eines hohen Funktionärs, bin selber nicht drin. Wie kam es überhaupt, dass du dich der Revolution angeschlossen hast?»

«Du weißt doch, wie mich die Students' Church geprägt hat. Außer meinem ältesten Bruder haben sich übrigens alle meine Geschwister der Revolution angeschlossen. Zum Schutz vor Verrätern hatte die Partei für die Aufnahme neuer Mitglieder die so genannte einlinige Methode eingeführt. Das bedeutet, dass man nur von demjenigen, der einen als Mitglied angeworben hat, und von denen, die man selbst anwirbt, weiß, dass sie auch Parteimitglieder sind. Mich hat meine Schwester angeworben, das hatte gar nichts mit der Students' Church zu tun.»

«Und wieso hast du mich nicht angeworben? Dann wäre ich jetzt auch schon Parteimitglied.»

«Meine Schwester hat gemeint, du seist noch zu kindisch. Darum konnte ich dir viele Sachen nicht erzählen.»

Ihre Bemerkung ärgerte mich ein wenig, und ich entgegnete patzig: «Dann kannst du mich ja jetzt anwerben. Nun bin ich ja wohl reif genug.»

«Das einlinige System existierte nur bis zur Befreiung. Wer heute in die Partei eintreten will, setzt ja sein Leben nicht mehr aufs Spiel. Jetzt gibt es ein geregeltes Eintrittsverfahren, und jeder wird vorher genau überprüft.»

«Dann bist du mir also einen großen Schritt voraus», sagte ich mit ironischem Ton.

«Red keinen Unsinn! Du hast bestimmt eine bessere Zukunft als ich. Vergiss nicht, dass du einer revolutionären Familie entstammst. Hast du dich nicht eben selbst gewundert, wie ein Fräulein aus großkapitalistischer Familie Untergrundrevolutionärin werden konnte? Die anderen denken genauso.»

Die Tage bis zur Abreise vergingen wie im Fluge. Mutter packte mir ein riesiges Bündel mit Büchern, Kleidung und Bettzeug zusammen. «Ich will zur Revolution und nicht auf Vergnügungstour», protestierte ich.

Als ich mich von ihr verabschiedete, drückte sie mir noch einen verschlossenen Brief in die Hand: «Der ist für dich. Lies ihn bitte erst, wenn du im Zug nach Peking sitzt.»

Zunächst freilich ging es nicht nach Peking, sondern zu einem einwöchigen Vorbereitungstreffen in der Shanghaier Verkehrshochschule, deren Aula zum Treff- und Sammelpunkt bestimmt worden war. Als ich dort ankam, erschrak ich, denn die riesige Halle quoll fast über von Menschen und Bettzeugbündeln. Alle meine zukünftigen Kommilitonen sahen sehr gebildet aus, die meisten schienen Anfang zwanzig zu sein, andere waren schon über dreißig und einige wenige sogar um die vierzig. Manche trugen Anzug und Krawatte, die Studentinnen hatten sich geschmackvoll gekleidet und dezent geschminkt. Lucy war nicht darunter. Sie würde später mit einer anderen Gruppe fahren, hatte man ihr gesagt.

Pünktlich um fünf Uhr betraten einige Männer in Uniform die Aula. Alle erhoben sich von ihren Bündeln und begrüßten sie mit Beifall. Dann wurde es still im Saal.

«Liebe Genossen, ich grüße euch!»

Prompt folgte begeistertes Klatschen, denn die Anrede «Genossen» war neu für uns, und sie erfüllte mich mit Stolz.

Der Sprecher freute sich über die Begeisterung im Saal. Enthusiastisch und mit erhobener Stimme fuhr er fort: «Mein Name ist He, und ich bin eigens nach Shanghai geschickt worden, um euch alle abzuholen. Von jetzt an sind wir wie eine große Familie, alles Genossen und Freunde, die kollektiv zusammenleben.»

Kollektiv zusammenleben? Darunter konnte ich mir nicht viel vorstellen, und ich war mir sicher, dass es den meisten anderen ebenso ging.

«Wir haben euch wie beim Militär in Gruppen eingeteilt, in denen ihr ab morgen politische Dokumente lesen und diskutieren werdet. Ab heute seid ihr der Revolution beigetreten!»

Stürmischer Beifall, der sich noch steigerte, als der Redner begeistert brüllte: «Ab heute seid ihr ein Teil der revolutionären Familie!»

Als wieder Ruhe eingekehrt war, fuhr er fort: «Da ihr jetzt Revolutionäre seid, müsst ihr euch auch an Disziplin gewöhnen. Denkt einfach, ihr wärt schon gar nicht mehr in Shanghai. Wie wir euch schon schriftlich mitgeteilt hatten, dürft ihr jetzt nicht mehr nach Hause, es sei denn, es lägen triftige Gründe vor.»

Diesmal wurde nicht mehr geklatscht, sondern nur aufgeregt getuschelt.

«Der Grund ist folgender», fuhr er fort. «Ihr werdet mit einem Sonderzug nach Peking gebracht. Aber da der Krieg noch nicht vorbei ist und wir noch mit Fliegerangriffen auf die Bahnlinien zu rechnen haben, werden wir spontan zu einem günstigen Zeitpunkt aufbrechen. Das kann in drei, vier Tagen, aber auch später sein. Ihr müsst euch daher ständig bereithalten.»

Dann wurden wir in Gruppen eingeteilt und erfuhren, wo sich die Mensa und die Schlafsäle befanden. Nachdem wir uns häuslich eingerichtet und gegessen hatten, gab es nichts mehr zu tun, und so sammelten sich alle wieder in der Aula, aufgeregt miteinander schnatternd über die Dinge, die uns wohl erwarteten.

Auf der gegenüberliegenden Seite des Saales hörte ich jemanden Gitarre spielen. Es war Jazzmusik. Einige begannen rhythmisch zu klatschen, und nach und nach fingen sogar einige an zu tanzen. Ich gesellte mich dazu. Im Gitarrespieler erkannte ich überraschend Robby, den ich von gemeinsamen Feiern im Chor kannte. Er war ein lebenslustiger Mensch und einige Jahre älter als ich. Sein Steckenpferd war der Jazz. Einmal hatte er auf dem Klavier Boogie-Woogie gespielt und mir beigebracht, dazu Jitterbug zu tanzen.

Robby strahlte, als er mich sah, und änderte plötzlich den Rhythmus, obwohl die anderen noch tanzten. «Los, kleiner Guan!», rief er und spielte einen schnellen Boogie-Woogie. «Tanz mal Jitterbug!»

Ich schüttelte den Kopf, aber er ließ nicht locker und rief den anderen zu: «Ihr solltet mal sehen, wie gut der kleine Guan Jitterbug tanzt!»

«Na los!», riefen die anderen begeistert und feuerten mich an: «Kleiner Guan, ja tanz mal!»

«Wie kann ich tanzen?», rief ich. «Ich trage Holzpantoffeln!»

«Macht nichts», meinten die anderen. Es blieb mir nichts anderes übrig. Meine Schritte hallten durch den ganzen Saal und zogen so nur noch mehr Schaulustige an. Später erfuhr ich, dass die Begleiter aus Peking über uns die Köpfe geschüttelt und gesagt hatten: «Und das wollen Revolutionäre sein!» Anscheinend hielten sie uns junge Shanghaier für verrückt.

Am nächsten Tag wurden wir über die Ziele der Revolution, über Marxismus, Kommunismus und die Mao-Zedong-Ideen aufgeklärt. Ein neues China werde entstehen, eine gerechte Gesellschaft frei von Unterdrückung und Ausbeutung. Wir waren begeistert.

Vier Tage später ging es los. Als wir am Bahnhof ankamen, warteten schon Hunderte anderer auf dem Bahnsteig. Endlich wurde der Zug bereitgestellt, und die Schlacht um einen Sitzplatz begann. Schließlich saßen wir dicht gedrängt wie Sardinen in einer Büchse nicht nur auf den Bänken, sondern auch auf dem Boden zwischen den Sitzreihen, in den Gängen, vor den Toiletten und sogar auf den Plattformen zwischen den Waggons. Am Boden blieb praktisch keine Handbreit mehr Platz.

Nun warteten alle, dass der Zug sich endlich in Bewegung setzte, doch nichts geschah. Eine Stunde verging, zwei Stunden, drei – vier ... Allmählich verloren wir die Geduld. Schließlich wurde eine Meldung durchgegeben: Die Abfahrt werde erst bei Dunkelheit erfolgen, da wieder Flugzeuge der Nationalisten im Anflug seien.

Es war zwar schon Ende August, aber gerade herrschte das, was die Shanghaier «Herbsttiger» nennen: eine Art zweiter Hundstage. Im stehenden Zug war es daher schlicht unerträglich. So stiegen schließlich alle wieder aus und warteten auf dem Bahnsteig. Eine Gruppe von Studenten fing an, revolutionäre Lieder zu singen, und bald fielen die anderen ein, bis schließlich alle aus voller Kehle mitsangen. Die zuvor gespannte Stimmung schlug um in ausgelassene Fröhlichkeit, die Müdigkeit des Wartens schien wie weggeblasen. Noch nie hatte ich einen so großen Chor gehört. Plötzlich erklang eine glockenhelle wunderschöne Sopranstimme. Sie sang das anrührende Liebeslied: «Sag mir, wie könnte ich nicht an dich denken ...», aus dessen Text nicht klar hervorgeht, ob ein Mann oder eine Frau gemeint ist.

In dieser Situation weckte es in jedem das Gefühl, dass es sich einzig an unser Heimatland, unsere «Mutter China», wendete. Gebannt lauschten wir dem Gesang, manchen standen vor Rührung Tränen in den Augen.

«Ich kenne die Sängerin», sagte ein junger Mann neben mir. «Sie ist gerade aus Frankreich zurückgekehrt und schon ziemlich berühmt.»

Welch eine Veränderung! Noch vor zwei Monaten hielt ich in der rechten Hand die Bibel und in der linken westliche Romane, pfiff amerikanische Schlager, kaute Kaugummi und tanzte auf Partys Rumba, Tango und Foxtrott. Jetzt hielt ich in der rechten Hand marxistische Schriften und in der linken Aufsätze von Mao Zedong. Ich sang revolutionäre Lieder und aß mit den anderen gemeinsam aus einem großen Topf. Ich machte mit bei der Revolution!

Als es dunkel wurde, ging es endlich los, doch da der Zug so überladen war – oder aus welchen Gründen auch immer –, erreichte er nur Schildkrötentempo. Ich saß auf dem Boden zwischen den Sitzreihen. Zwei Frauen mittleren Alters, die sich eine Bank teilten, boten mir an, mich zwischen sie zu quetschen. Dankend nahm ich an. Die eine hieß Yang, die andere Tang, und sie baten mich, sie «große Schwester Yang» beziehungsweise «große Schwester Tang» zu nennen.

Trotz der beängstigenden Enge schliefen schließlich die meisten ein. Ich hatte die ganze Zeit an den Brief meiner Mutter gedacht und zog ihn nun, da sich alles beruhigte, aus der Tasche und begann zu lesen. Bald rollten mir Tränen über die Wangen.

«Was fehlt dir denn?», fragte die Tang besorgt.

«Ein Brief meiner Mutter», sagte ich stockend.

«Willst du ihn uns vielleicht einmal vorlesen?», schlug «Schwester» Yang vor.

Mit leiser Stimme las ich vor:

«Mein lieber Yuqian! Jetzt bist du also doch fortgegangen. Ich konnte dich nicht zurückhalten, denn du willst der Revolution und der Zukunft unseres Vaterlandes dienen. Du bist erwachsen, wie könnte ich dich da von solch hehren Zielen abhalten? Das wäre egoistisch. Aber tief im Herzen wünschte ich doch, du wärst bei mir. Du bist mein Jüngster und mein Liebster. Deine Schwester und dein Bruder haben sich bereits der Revolution angeschlossen. Ich hatte gehofft, dass wenigstens ein Kind an meiner Seite bliebe. Aber ich kann es nicht von dir verlangen. Nun wird es still und einsam um mich. Erinnerst du dich, wie wir uns abends oft wegen der Radiosendungen gestritten haben? Du wolltest immer westliche klassische Musik hören und ich chinesische Opern. Doch jetzt, wenn du abends nicht mehr da bist, werde ich wohl nur noch deine klassische Musik hören wollen und keine Pekingopern mehr ...»

Wieder musste ich weinen und merkte plötzlich, dass die beiden Frauen neben mir auch schluchzten. Unser Heimweh steckte die anderen an, und trotz der Fahrtgeräusche hörte ich, dass immer mehr junge Leute im Zug ebenfalls weinten. Wahrscheinlich hatten sie wie ich noch nie ihre Familien verlassen. Niemand wusste, was uns erwartete. Aus romantischen Gefühlen heraus hatten wir unser Schicksal vertrauensvoll in die Hände der Partei gelegt. Wie eine riesige Welle war die Revolution über uns junge Menschen hinweggerollt und hatte uns mit sich fortgerissen.

Als die Sonne aufging, waren wir bereits jenseits des Jangtse, den wir nachts mit der Eisenbahnfähre überquert hatten. Bald drang durch die geöffneten Fenster die trockene, kühle Morgenluft Nordchinas herein und hellte die Stimmung auf. Wir sangen, lachten, erzählten und rissen Witze. Während wir noch die tolle Stimmung in unserem Waggon genossen, ging plötzlich ein heftiger Ruck durch den ganzen Zug, und es folgte eine Notbremsung. Alles fiel durcheinander, Bündel und Taschen flogen aus den Gepäckablagen, Schreie ertönten. Dann hörten wir draußen jemanden durch ein Megaphon rufen: «Alles raus aus dem Zug! Luftangriff! Alles raus aus dem Zug! Zerstreut euch in alle Richtungen, versteckt euch in den Büschen und legt euch flach auf den Boden!»

Ich rannte mit meinen beiden großen «Schwestern» hinter einen kleinen Hügel und warf mich dort zwischen die Büsche. Nach einer Weile war das Brummen von Flugzeugmotoren zu vernehmen. Gleich sind wir dran, dachte ich, doch nichts geschah. Zwei Flugzeuge flogen über uns hinweg. Erst aus einiger Entfernung hörte ich die Detonation von Bomben. Nach einer Weile kamen sie zurück, flogen wieder vorbei und warfen erneut erst ein gutes Stück weiter weg Bomben ab. Als sie zum dritten Mal kamen, zogen sie eine Schleife über uns, als wollten sie sich verabschieden, und verschwanden Richtung Osten. Wir warteten noch etwas und stiegen dann wieder in den Zug.

Sofort setzte eine allgemeine Diskussion über das Verhalten der Flieger ein. «Es wäre gar kein Problem für sie gewesen, uns zu treffen, von oben konnten sie uns bestimmt gut sehen!»

«Sie haben ihre Bomben wohl absichtlich woanders abgeworfen», meinte jemand. «Wahrscheinlich sabotieren die Piloten Jiang Kaisheks Politik.»

Unsere Reise dauerte drei Tage und zwei Nächte, doppelt so lange wie üblich. Es war wie eine Erlösung, als wir endlich in Peking ankamen. Unsere Truppe von der Fremdsprachenhochschule wurde recht zentral unweit der Haupteinkaufsstraße Wangfujing in einer ehemaligen japanischen Kaserne einquartiert, gleich neben der einstigen japanischen Gesandtschaft.

Das Erste, was mir an Peking auffiel, war neben dem deutlich kühleren Wetter die schlichte, meist einfarbige Kleidung der Menschen. Die Ankunft von uns modisch gekleideten Shanghaiern sorgte daher für einiges Aufsehen. Vor unserer Kaserne drängten sich die Rikschafahrer in der Hoffnung, die gnädigen Fräulein und gnädigen Herren durch Peking fahren zu dürfen, und da wir bis zum Studienbeginn noch einige Tage frei hatten, machten viele begeistert von dem Angebot Gebrauch und ließen sich zum Kaiserpalast und den anderen Sehenswürdigkeiten kutschieren, während andere die Warenhäuser stürmten.

Als Onkel Zehn erfuhr, dass wir drei Geschwister jetzt alle in Peking waren, kam er eigens aus Tianjin angereist, um uns zu sehen, eine Geste, die uns sehr berührte und freute, schließlich stand er uns wesentlich näher als unser eigener Vater. Vier von Onkel Zehns eigenen Kindern studierten inzwischen ebenfalls in Peking, drei von ihnen waren sogar schon der Kommunistischen Partei beigetreten. Onkel Zehn lud uns alle zum Feuertopfessen in das berühmte Donglaishun ein. Es wurde ein harmonischer und vergnügter Abend. Wir aßen, tranken Wein, lachten und scherzten.

Mit einem leichten Schwips kehrte ich spät am Abend in die Kaserne zurück. Die wachhabenden Soldaten ließen mich nicht hinein, sondern schoben mich in ein Nebenzimmer, in dem drei Offiziere saßen. Einer von ihnen, der mich kannte, fragte entgeistert: «Wo kommst du denn her?»

«Mein Onkel hat mich zum Essen eingeladen», antwortete ich wahrheitsgemäß.

«Oh, hast du ein Glück! In welchem Restaurant wart ihr denn?»

«Im Donglaishun.»

«Aber hallo! Ihr wart also im teuersten Feuertopfrestaurant von ganz Peking?», rief der Zweite überrascht aus.

Ich schwieg betreten. Da meldete sich der dritte von ihnen: «Seid ihr eigentlich der Revolution wegen gekommen, oder um euch zu amüsieren? Der hier war zum Essen aus, die Mädchen gehen zum Tanzen, und wieder andere kommen erst spät in der Nacht zurück. Was sind wir denn hier? Ein Hotel? Was glaubt ihr wohl, was man unter Revolution versteht? Mach bloß, dass du wegkommst, und geh schlafen!»

Am nächsten Morgen wurden wir alle zusammengerufen und von unserem Gruppenleiter informiert, dass wir ab sofort Uniformen zu tragen hätten. Schon zwei Stunden später war aus dem undisziplinierten, bunt gekleideten Haufen eine einheitliche Truppe geworden. Wir trugen alle die gleiche Unisexkluft aus khakifarbenem Baumwollstoff mit aufgesetzten Taschen und Stehkragen wie die Soldaten der Volksbefreiungsarmee, eine «Sun-Yatsen-Uniform». Der einzige Unterschied zur Soldatenuniform bestand in der Aufschrift über der Brusttasche: statt «Volksbefreiungsarmee» stand auf unseren Jacken «Fremdsprachenhochschule». Wer auf diesen kleinen Unterschied nicht achtete, musste uns für Soldaten halten. Jacke und Hose waren baumwollgefüttert, daher ziemlich unförmig, sehr zum Missfallen der jungen Damen, die ihre langen Haare mit Dauerwellen zudem nun hochgesteckt unter Mützen zu verbergen hatten. Doch Shanghaier wären keine Shanghaier, wenn sie nicht einen Weg fänden, sich ein wenig von der Masse abzuheben. Einige verschönerten ihre Uniform, indem sie den Rand eines roten Pullis oder einen weißen Hemdkragen hervorschauen ließen, andere legten sich einen dünnen gelben oder weißen Schal um den Hals oder brachten andere kleine Farbtupfer an. Am unangenehmsten war, dass wir nur diese eine Garnitur und keine zweite zum Wechseln hatten, und das im staubigen Peking! Als ich bei anderen Leuten die verdreckten Stehkragen bemerkte, kam ich auf die Idee, eine Kommilitonin zu bitten, mir aus brauner Wolle einen Streifen zu stricken, den ich dann in den Jackenkragen einnähte, so dass er, nach außen übergeschlagen, wie ein zweiter Kragen über dem anderen saß. Das sah ziemlich flott aus und stieß gleich auf große Bewunderung.

Kurze Zeit später wurden wir in eine Kaserne am nördlichen Stadtrand verlegt. Nun war es aus mit Besichtigungen und Einkaufsbummel. Gleich am nächsten Tag fand eine Versammlung statt. Ein Kader in Militäruniform gab eine langweilige Einführung in die Geschichte der Kommunistischen Partei und der Volksbefreiungsarmee. Dann folgten Hinweise, dass wir noch vor Beginn des Studiums die Politik der Partei studieren und eine ideologische Umerziehung durchlaufen müssten. Er betonte, dass wir als Intellektuelle noch viel kapitalistisches Gedankengut in uns trügen, das zu reformieren sei. «Ihr seid jetzt keine gewöhnlichen Bürger mehr, sondern Revolutionäre. Ihr müsst revolutionäre Ideen in euch tragen. Diese Ideen erhaltet ihr nicht nur durch ein Studium der marxistischen Theorie, sondern vor allem durch Kritik und Selbstkritik und dadurch, dass ihr euch deutlich von den kapitalistischen Machenschaften distanziert. Dies gilt vor allem für jene unter euch, die aus kapitalistischen Familien stammen.»

Aufgeregtes Getuschel setzte ein. Die meisten von uns stammten ja aus kapitalistischen Familien, denn wer sonst hätte es sich vor der Revolution leisten können, die Kinder an guten Schulen oder Universitäten studieren zu lassen! Mich trifft das nicht, dachte ich, denn ich stammte durch meinen

Vater ja aus einer revolutionären Familie. Die anderen würden also Selbstkritik üben müssen, ich nicht.

Die Umerziehung begann schon mit den harten Bedingungen, unter denen wir nun zu leben hatten. Je fünfzehn Personen teilten sich einen Raum mit drei breiten Holzpritschen, auf die jeweils fünf Personen mehr schlecht als recht passten. Wir lagen so eng zusammen, dass man sich kaum drehen konnte. Doch wir nahmen es mit Humor und lachten über den Vorschlag, den einer machte: Wer sich drehen will, solle pfeifen, dann müssten sich eben alle gleichzeitig mit umdrehen.

Sehr unangenehm war, dass abends um zehn Uhr das Licht zentral abgeschaltet wurde. In unserem Gebäude gab es nämlich keine Toiletten. Wer nachts ein Geschäft zu erledigen hatte, musste sich daher in totaler Finsternis aus der Kaserne hinaus zu einem Nebengebäude tasten, hinter dem ein Plumpsklo stand. Vertat man sich im Dunkeln mit der Richtung, konnte man dabei leicht in die Jauchegrube fallen. Ich machte deshalb einen Vorschlag, über den sich erst viele mokierten, ehe sie ihn dann doch ernst nahmen: «Trinken wir doch ab dem Abendessen nichts mehr. Dann müssen wir nachts auch nicht raus.»

Auch mit dem Essen gab es Probleme. In Shanghai war Reis das Grundnahrungsmittel, in Peking gab es stattdessen Dampfbrötchen aus Weizen- oder Maismehl, dazu gewöhnlich nur ein einziges Gericht, das wir in eine große Emailleschüssel gefüllt bekamen, die für acht Personen reichen musste. Da in der Kantine weder Tische noch Stühle standen, stellten wir die Schüssel auf den Boden, hockten uns in chinesischer Manier darum herum und aßen mit unseren Stäbchen alle aus dem großen Napf. Jeder hielt dazu sein Dampfbrötchen in der Hand, von dem er ab und zu abbiss. Die Achterportionen wurden stets knapp bemessen, daher war die Schüssel immer im Nu leer. Darunter litten vor allem wir Christen: Bis wir unser Tischgebet gesprochen hatten, hatten die anderen schon die Hälfte weggeputzt. So begannen wir unser Gebet bald schon auf dem Weg zur Kantine und ließen beim Hinhocken nur noch das Amen vernehmen. Nach zwei Monaten betete niemand mehr.

Es gab einige wenige in diesen ersten Wochen, die das revolutionäre Leben nicht ertrugen und nach Shanghai zurückkehrten. Wir verachteten sie und betrachteten sie als Fahnenflüchtige.

Dann begann die geistige Unterweisung. Wir erfuhren zunächst einiges über die Entstehung der Welt. Dass sie von Gott geschaffen sei, wie es die Bibel lehrt, und die Menschen von Adam und Eva abstammten, wurde als unwissenschaftlicher Unsinn verworfen. Zur Entwicklung der Gesellschaft hieß es, sie vollziehe sich in fünf gesetzmäßigen Etappen: Auf den Urkommunismus folgten nacheinander die Sklavenhaltergesellschaft, der Feudalismus, der Kapitalismus und schließlich die kommunistische Gesellschaft. Das sei einer der zentralen Punkte, die wir als Revolutionäre begreifen müssten.

Mir gefiel die Lehrmethode überhaupt nicht. Von morgens um acht bis abends nach dem Abendessen mussten wir im ständigen Wechsel zunächst den Unterweisungen zuhören und sie dann wieder und wieder diskutieren. Durch dieses ständige Wiederkauen fantasierten einige sogar noch nachts im Traum über die Entwicklung der Gesellschaft. Ohnehin ging es in unserem Schlafraum nachts ziemlich geräuschvoll zu. Einmal, als wir wieder auf unseren Holzpritschen lagen, witzelte einer der Zimmergenossen: «Wie gern habe ich früher die Sinfonien der westlichen klassischen Musik gehört, doch die sind nun ja verpönt. Dafür sind jetzt immer die östlichen Sinfonien zu hören, und die klingen auch ganz interessant.»

Niemand verstand, worauf er anspielte.

«Habt ihr es denn nicht gemerkt? Hier ist doch jede Nacht ein ganzes Orchester versammelt: die Schnarcher spielen die Blasinstrumente, die Zähneknirscher die Saiteninstrumente und die Furzer die Schlaginstrumente, fehlen nur noch die Einsätze des Dirigenten. Das übernehmen jene, die im Traum sprechen. Also sind wir komplett!»

Wir lachten uns halb tot über seine Entdeckung der östlichen Sinfonien. Dies war einer der letzten Abende, an denen wir noch alle zusammen lachen konnten.

Unterricht in Selbstverleugnung

Schon wenige Tage später eröffnete uns der Gruppenleiter, dass wir nicht nur Theorien zu lernen hätten, sondern sie auch praktisch umsetzen müssten. Wir wurden aufgefordert, Kritik und Selbstkritik zu üben.

Ein besonders eifriger Student entstammte einer Grundherrenfamilie. Wie er eingestand, verfügte die Familie über immense Pachteinnahmen. «Dieses Geld nimmt meine Familie durch reine Ausbeutung ein», rief er empört. «Das ist ein großes Unrecht!»

Andere folgten seinem Beispiel und wetteiferten in ihrer Selbstkritik. Der Sprössling einer Industriellenfamilie verkündete: «Ab heute nehme ich keine finanzielle Unterstützung mehr von meiner Familie an, denn sie sind alle Kapitalisten und Ausbeuter!»

Die anderen reagierten mit Verlegenheit, denn alle bezogen von ihren Familien finanzielle Unterstützung. Wir bekamen zwar ein wenig Taschengeld vom Institut, doch dies reichte nur, um Toilettenpapier zu kaufen. Die Mädchen erhielten doppeltes Taschengeld, da sie außerdem Papier für die monatliche Regel brauchten. Lehnte man also die Unterstützung durch die Familie ab, stand man praktisch ohne einen Pfennig Geld da. Ich zählte mich nicht zu jenen, die auf die Unterstützung der Eltern verzichten müssten, und erklärte: «Meine Mutter ist Lehrerin, und das Geld, das sie mir schickt, ist kein Ausbeutergeld.»

Zwei Tage später lernten wir, dass Religion «das Opium des Volks» sei. Alle wussten, dass ich Christ war, deshalb erkoren sie mich aus, als Erster Selbstkritik zu üben. Dies war auch eine gute Gelegenheit für all jene, die nun auf ihr Ausbeutergeld zu verzichten hatten, mit mir abzurechnen. Von allen Seiten hagelte es kritische Fragen: Warum bist du Christ geworden? Warum hast du dir ausgerechnet einen amerikanischen Pastor für deine Taufe ausgesucht? Was war das für ein Mensch? ...

Auf viele Fragen wusste ich überhaupt nichts zu antworten. Einige Gruppenmitglieder versuchten, mich richtig fertig zu machen, und behaupteten, ich habe wahrscheinlich mit den amerikanischen Imperialisten gemeinsame Sache gemacht. Mit meinen achtzehn Jahren war ich der Jüngste in der Gruppe und fühlte mich den Angriffen der teilweise erheblich Älteren bald nicht mehr gewachsen. Stockend versuchte ich, mich zu verteidigen, und schließlich liefen mir die Tränen über das Gesicht.

«Es ist auch notwendig, dass du weinst», erklärte der Gruppenleiter. «Alle, die aus der alten Gesellschaft kommen, schleppen ein kapitalistisches Geschwür mit sich herum. Und wenn dieses Geschwür abgehackt wird, tut es weh.»

Nach der Sitzung kam die «große Schwester» Yang zu mir, die in derselben Gruppe war. Seit unserer gemeinsamen Zugfahrt bemutterte sie mich wie ihren kleinen Bruder. «Sei vorsichtig mit dem, was du sagst!», warnte sie mich. «Du hast die anderen mit deiner Bemerkung über das Ausbeutergeld provoziert. Heute haben sie mit dir abgerechnet. Du darfst nicht so offen sein. Die anderen müssen nicht unbedingt wissen, was du denkst.»

In diesen ersten Wochen kollektiven Lebens spaltete sich unsere Shanghaier Gruppe in verschiedene Lager auf. Eine kleine Minderheit, die sich besonders korrekt und linientreu gab und auch schon der Partei beigetreten war, genoss das höchste Ansehen. Dann gab es die Aktivisten, die zwar noch keine Parteimitglieder waren, sich aber voller Eifer der politischen Schulung widmeten. Allerdings ließ ihre Abstammung zu wünschen übrig, denn sie stammten zumeist aus «Ausbeuterfamilien». Einer weiteren Reihe von Kommilitonen fehlte ebenfalls der ideale Klassenhintergrund – auch ihre Eltern waren weder Arbeiter noch Bauern –, aber es mangelte ihnen zudem noch an revolutionärem Elan. Einige hatten sogar kritische Bemerkungen zur Partei geäußert und wurden nun als «besonders gefährliche Elemente» betrachtet. Vermutlich zählten mich die anderen allmählich zu Letztgenannten, denn ich stellte häufiger kritische Fragen.

Als einmal über Amerika diskutiert wurde und ein älterer Student aus der vorbildlichen Minderheit die vielen jungen Leute in Shanghai beschuldigte, sie vergötterten alles Amerikanische, erwiderte ich: «Ich habe auch die amerikanischen Kriegsschiffe im Hafen von Shanghai gesehen und mich gefragt, was die überhaupt bei uns zu suchen hatten. Die Amerikaner haben der Nationalpartei Waffen und Panzer geschenkt, um die Revolution niederzuschlagen. Deswegen habe ich in Shanghai auch an einer Demonstration gegen die USA teilgenommen. Aber Amerika hat auch seine guten Seiten. Es ist ein fortschrittliches, demokratisches Land mit hohem industriellen und technischen Niveau und steigendem Lebensstandard. So gesehen, ist Amerika ein gutes Vorbild für Chinas Zukunft. Ich habe außerdem unter Amerikanern auch sehr nette und hilfsbereite Menschen kennen gelernt. Ich denke deshalb, man muss differenzieren und darf nicht alles ablehnen, nur weil es amerikanisch ist.»

Sofort setzte Unruhe ein. Alle hatten sich bisher stets bemüht, sich von Amerika zu distanzieren, galten die USA doch als Feinde der Kommunistischen Partei. Wie also konnte ich mich erdreisten, den Amerikanern noch etwas Gutes abzugewinnen! Ein Mädchen meldete sich zu Wort: «Grundherren und Imperialisten haben China einhundertfünfzig Jahre lang ausgebeutet. In dieser Zeit sind viele unserer Landsleute verhungert. Das chinesische Volk kämpft für die Revolution, weil es sich aus Not und Elend befreien möchte, doch Amerika will diese Revolution verhindern. Ein solches Land kann uns doch nicht als Vorbild dienen!»

Ihr Argument leuchtete mir ein. Dann meldete sich ein junger Mann zu Wort, den ich absolut nicht ausstehen konnte. Es war Lin Yi, ein Phrasendrescher, der andere allzu gern abstempelte. Vor Aufregung zuckte er beim Sprechen ständig mit den Augenbrauen, und wenn er fertig war, schaute er den Gruppenleiter an, als hätte er sich ein Lob verdient. Jetzt schien er wieder eine Chance zu wittern. «Was Guan sagt, zeigt deutlich, welch große Zuneigung er für Amerika hegt», keifte er los und warf sich stolz in die Brust. «Er versucht, die Fratze unseres Feindes schön zu schminken. Er denkt gar nicht daran, sich von Amerika zu distanzieren, er verlangt sogar noch, dass wir von Amerika lernen sollen. Das ist nun wirklich zum Fürchten! Ich glaube, er ist ein Feind des Volkes, der sich in unseren revolutionären Reihen verstecken will.»

Im ganzen Raum war es mucksmäuschenstill. Ich kochte vor Wut, denn ich wusste, dass seine Worte beim Gruppenleiter ankommen würden. Vielleicht schloss man mich jetzt sogar von der Revolution aus? Ich sprang von meinem Platz auf und wollte mich rechtfertigen, brachte aber keinen einzigen Satz heraus. Am liebsten hätte ich Lin verprügelt. In diesem Moment griff die «große Schwester» Yang, die neben mir saß, nach meiner Hand, zog mich auf meinen Sitz zurück und sagte: «Ich denke, dass wir hier zum Studium versammelt sind und dass jeder seine Meinung äußern sollte. Guan hat soeben seine Ansichten ehrlich und offen dargelegt. Das finde ich völlig in Ordnung, und das sollte unterstützt werden. Es gibt unterschiedliche Meinungen, und wir müssen sie diskutieren, aber wir dürfen die Leute nicht einfach politisch abstempeln. Wer würde es sonst noch wagen, seine Meinung zu äußern?»

Nach diesen Worten entspannte sich die Lage im Raum. Nach der Sitzung kamen einige Kommilitonen zu mir und lobten meine Offenheit. Andere dagegen hielten betont Abstand von mir. Ich wusste nun, wem ich vertrauen konnte und vor wem ich mich in Acht nehmen musste.

Am selben Abend, gleich nach dem Abendessen, trat eine Frau in grauer Uniform an mich heran und sagte freundlich: «Hallo, Guan! Ich habe gehört, dass du heute von jemandem kritisiert worden bist. Fühlst du dich ungerecht behandelt?»

Sie hieß Xu Ping, und ich wusste, dass sie meine zukünftige Lehrerin sein würde. Sie war kurz über dreißig, hatte breite Schultern, große Augen und eine breite Kinnpartie. Mit ihrer Erscheinung hob sie sich deutlich von den zartgliedrigen, hellhäutigen Shanghaierinnen ab. Die graue Uniform bezeugte, dass sie sich schon vor längerer Zeit der Revolution angeschlossen hatte und keine Studentin war. Sie war mir mehrmals durch ihr herzliches Lachen und ihre klare, langsame Sprache aufgefallen. Was sie sagte, hatte immer Hand und Fuß. Ich wusste nicht, dass sie mich kannte. Und wer hatte ihr gesagt, dass ich mich ungerecht behandelt fühlte? Sie hatte an unserer Sitzung doch gar nicht teilgenommen!

«Das ist schon in Ordnung», sagte ich. «Ich finde es nur lächerlich, wie sich manche Leute als ganz tolle Revolutionäre gebärden. Ich dachte, wir sind hier zur politischen Umerziehung. Das heißt doch, dass wir falsche Vorstellungen haben müssen, sonst bräuchten wir ja nicht umerzogen zu werden!»

«Ich bin ganz deiner Meinung», stimmte Genossin Xu zu. «Es war sehr gut, dass du heute Morgen deine Meinung so offen und ehrlich dargelegt hast. Allerdings habe ich auch gehört, dass du dich am liebsten prügeln wolltest, als du kritisiert wurdest. Die Kritik war sicher übertrieben, wenn nicht sogar falsch, aber du musst noch lernen, dich zu beherrschen. Hier an unserer Hochschule bist du einer der jüngsten Studenten. Du hast also noch nicht viel über die Geschichte unseres Landes gelernt. Nie zuvor hat das chinesische Volk so viel Not und Elend erdulden müssen wie in den letzten hundert Jahren. Wie viele junge Intellektuelle haben verzweifelt nach Wegen gesucht, um ihr geliebtes Vaterland zu retten! Schließlich glaubten sie durch die Nachahmung der westlichen Zivilisation dem Land helfen zu können. Das hat China jedoch keinen Reichtum beschert, sondern ermunterte den Westen noch zu weiteren Aggressionen. Nach dem Zweiten Weltkrieg gelang es dann den Amerikanern, ihre Interessen gegen die anderen Ausländer durchzusetzen und die chinesische Wirtschaft zu beherrschen. Manche behaupten, die Amerikaner unterstützten ganz uneigennützig die chinesische Kultur, weil sie in China mehrere Universitäten gegründet haben und auch vielen chinesischen Studenten eine Ausbildung in den USA ermöglichten. Aber trotzdem wurde das Leben immer schlimmer. Nun hat uns die Revolution befreit. Wir sind endlich unabhängig und haben die Chance, eine neue, gerechte Gesellschaft aufzubauen.» Sie führte viele Beispiele an, die verdeutlichten, dass die Amerikaner den Sieg der Revolution nicht dulden wollten, und fragte schließlich: «Glaubst du noch immer, dass ein Land wie Amerika ein Vorbild für uns sein könnte?»

Ich senkte den Kopf und schwieg. Was hätte ich auf so viel Sachverstand auch antworten können?

«Du bist noch jung, und du möchtest etwas für dein Land tun», fuhr sie fort. «Dann konzentriere dich erst auf die ideologische Umerziehung und dann auf dein Studium. Ich bin sicher, dass du eine strahlende Zukunft vor dir hast. Du darfst dich durch ungerechte Angriffe nicht entmutigen lassen. – Ich werde diese Person verwarnen.»

Ihre Worte machten mir Mut, und ich war ihr dankbar für ihre ehrliche, freundliche Belehrung. Menschen wie sie waren doch wirklich ein Vorbild! Vorm Einschlafen dachte ich noch lange über das Geschehene nach. Wahrscheinlich hatte der westliche Einfluss mich doch zu stark geprägt. In der westlichen Zivilisation zählten nur Individualismus und Materialismus. Selbst in der Kirche beteten viele nur um ihrer selbst willen zu Gott. So konnte man ein rückständiges Land wie China nicht retten. Ich spürte plötzlich, dass meine Zukunft mit der Chinas eng verwoben war. Damit es dem Einzelnen gut gehe, müsste das ganze Land zur Blüte gelangen. Am liebsten wäre ich sofort aufgesprungen, hätte die Ärmel hochgekrempelt und losgelegt.

Für die nächste Diskussion über Amerika wollte ich mich richtig vorbereiten. So blätterte ich in einigen Zeitungen und suchte mehrere Artikel heraus, in denen die USA kritisiert wurden. Sie waren mir viel zu theoretisch – vielleicht aber gerade deswegen genau das, was ich brauchte. Als die Sitzung begann, meldete ich mich gleich als Erster zu Wort. Mein Redebeitrag war gespickt mit Begriffen wie «amerikanische Aggression», «US-Imperialismus», «Ausbeutung» und «kulturelle Beeinflussung». Ich redete ohne Punkt und Komma und gab hauptsächlich die Zeitungsinhalte wieder. Nach dieser – wie ich meinte – ausgesprochen revolutionären Rede erwartete ich eigentlich Beifall, stattdessen blieb es still. «Der kleine Guan hat Fortschritte gemacht», sagte der Gruppenleiter nur kurz und versuchte, die Diskussion über Amerika wieder in Gang zu bringen, doch die Beteiligung blieb schleppend. Ich war entsetzt. Konnte man es ihnen denn gar nicht recht machen? Am liebsten hätte ich laut geschrien.

Genossin Xu, die an der Sitzung teilgenommen hatte, setzte sich in der Pause neben mich. «Mit der ideologischen Umerziehung ist es nicht so einfach», flüsterte sie mir zu. «Deine Rede heute war zusammengelesen aus verschiedenen Leitartikeln der Volkszeitung. Kein einziger eigener Gedanke war darin enthalten. Du musst genau analysieren, in welcher Hinsicht dir die amerikanische Kultur geschadet hat. Du musst deine dunklen Seiten sichtbar machen, deine Weltanschauung und frühere Lebensart kritisieren. Vergiss nicht: Du bist ein typisches Beispiel für die unangemessene Bewunderung Amerikas. Aber lass dir Zeit, es hat keine Eile.» Ohne eine Erwiderung abzuwarten, stand sie auf und verließ den Raum.

Ich konnte mich kaum beherrschen. Wut und Empörung schnürten mir die Kehle ab. Was hatten eigentlich alle gegen mich? Mir erschien wieder die Szene vor Augen, als US-Matrosen versuchten, Lucy zu belästigen. Ich hätte sie bis zum Letzten verteidigt. Wie sehr hasste ich damals die Amerikaner, die glaubten, sich in Shanghai alles erlauben zu dürfen! Und jetzt sollte ich plötzlich ein typisches Beispiel für die unangemessene Bewunderung Amerikas sein?

Für den Rest des Tages beteiligte ich mich nicht mehr an den Diskussionen, aß auch nicht und legte mich abends völlig bekleidet ins Bett, mit dem Gesicht zur Wand. Ich wollte mit niemandem sprechen. Was ist das für eine Revolution, wenn man jeden Tag nur diskutiert und die eigenen Gedanken auseinander pflückt! Sie sollten mir lieber ein Gewehr in die Hand drücken, mit dem ich kämpfen könnte!

Mein Blick fiel auf meine Kleidung, die an der Wand hing, eine neue Jacke und eine Hose, die mir Mutter eigens für das Studium in Peking gekauft hatte. Wir hatten ja nicht geahnt, dass ich hier nur Uniform tragen würde. Zu der Jacke gehörte eine knallrote Krawatte mit hellgelben Blumen drauf. Wie stolz war ich vor zwei Jahren auf diese Krawatte gewesen! Damals hatte unter uns Schülern ein regelrechtes Amerikafieber geherrscht: Je amerikanischer wir aussahen, desto besser. Leider hatte ich mir selbst die abgelegte Kleidung der GIs kaum leisten können, obwohl sie billig zu haben war. Die rote Krawatte allerdings hatte ich einmal für wenig Geld erstanden, denn sie stammte aus chinesischer Produktion. Ich trug sie zum ersten Mal, als ich mit Lucy zum Gottesdienst zu Pastor Bi ging. Als Lucy die Krawatte sah, hatte sie überrascht gefragt: «Was für eine hübsche Krawatte! Ist sie aus Amerika?»

«Ja. Ein amerikanischer Freund hat sie mir geschenkt.»

Kurz darauf hatte sich irgendwie die Rückseite mit dem Etikett nach vorn gedreht. ‹Elephant, Made in Shanghai›, stand darauf. Lucy hatte es gesehen und gelacht. Ich hätte im Boden versinken mögen vor Scham.

Jetzt fand ich meine damalige Einstellung im Grunde viel schlimmer als meine Lüge: Ich hatte mich als Chinese nicht mehr chinesisch kleiden mögen, sondern – wenn ich das Geld gehabt hätte – es vorgezogen, abgelegte amerikanische Kleidung zu tragen, und selbst eine chinesische Krawatte hatte ich noch als amerikanisch ausgegeben. Hätte ich nicht am liebsten meine chinesische Seele gegen eine amerikanische eintauschen wollen? Wie beneidenswert, Amerikaner zu sein! Wo war mein Nationalstolz geblieben? Mit diesen Gedanken schlief ich ein.

Am nächsten Morgen ging es mit der Kritik an der Verherrlichung Amerikas weiter. Ich meldete mich mit den Worten: «Eine Krawatte hat in mir einige Erinnerungen hervorgerufen», und erzählte, was mir am Abend zuvor durch den Kopf gegangen war. «Ich war zu einem Sklaven der amerikanischen Kultur geworden!», rief ich zum Schluss.

Die anderen hatten die ganze Zeit wie gebannt zugehört, und als ich endete, blieb es für einen Moment still, dann brandete so stürmischer Applaus auf, wie ich ihn bisher bei keiner Selbstkritiksitzung erlebt hatte. Die «große Schwester» Yang umarmte mich, ihre Augen waren feucht. «Ich wusste, dass du es schaffen würdest», flüsterte sie mir zu. Der Gruppenleiter lobte meine Rede über alle Maßen. Auch alle anderen, die sich daraufhin zu Worte meldeten, äußerten sich begeistert und beteuerten, dass sie unbedingt von mir lernen wollten. Das machte mich richtig verlegen, doch zum ersten Mal hatte mir die Umerziehung richtig Spaß gemacht.

Der ungeahnte Erfolg meiner Krawattenkritik zog weitere Kreise. Nicht nur Genossin Xu kam hinterher zu mir, um mir zu gratulieren, sogar der Vizepräsident der Hochschule ließ mich zu sich rufen. «Deine Rede war ausgezeichnet. Ich habe alle Einzelheiten übermittelt bekommen. Unser Präsidium hat beschlossen, dass du in der Vollversammlung vor allen Studenten, die aus Shanghai kommen, die gleiche Rede noch einmal halten sollst. Ich werde dir jemanden schicken, mit dem du die Rede aufschreiben kannst.»

Tatsächlich musste ich auf der Vollversammlung noch einmal meine Krawattenkritik wiederholen, und es wurde ein voller Erfolg. Anschließend verkündete der Vizepräsident: «Genosse Guan Yuqian hat einen wichtigen Beitrag zur Revolution geleistet.» Schließlich machte ein Journalist von der Chinesischen Jugendzeitung noch ein Interview mit mir.

Die Partei begann damals, die Zahl ihrer Mitglieder unter den Studenten zu erhöhen. Die Aufnahme in die Kommunistische Partei war für uns der Inbegriff des persönlichen revolutionären Erfolges. Aber wir wussten auch, dass dies mit einer schwierigen Prozedur verbunden war. Zuerst überprüfte die Parteiorganisation die Vergangenheit des Antragstellers und die seiner Familie. Wenn die Eltern früher für die Nationalpartei, die Polizei oder für ausländische Firmen gearbeitet hatten oder wenn man gar selbst Mitglied der Nationalpartei gewesen war oder für die alte Regierung gearbeitet hatte, wurde man besonders gründlich überprüft. Dies galt auch für ehemalige Mitglieder christlicher Gemeinden. Manchmal diskutierte man zwei, drei Wochen lang über einen Antragsteller und lehnte ihn dann am Ende doch ab.

Wesentlich leichter war es, Mitglied in der Jugendorganisation der Partei, der Jugendliga, zu werden. Eines Tages fragte mich Genossin Xu: «Warum hast du eigentlich noch keinen Antrag für die Aufnahme in die Jugendliga gestellt?»

«Ich?», fragte ich überrascht. «Darf ich das denn überhaupt? Sie wissen doch, dass ich Mitglied einer Kirche war. Das ist doch ein schwarzer Fleck in meiner Vergangenheit. Kann ich denn überhaupt aufgenommen werden?»

«Du kannst es immerhin versuchen.»

Ich hatte inzwischen erkannt, dass man mindestens Mitglied der Jugendliga sein musste, um respektiert zu werden. Dann eröffneten sich auch ganz andere Zukunftsperspektiven. Nach dem Studium würde man mir eine bessere Arbeit zuteilen, und ich könnte vielleicht später einmal wie mein Vater ein wichtiges Amt bekleiden. Sogleich setzte ich ein Antragsschreiben auf: «Die Mitglieder der Kommunistischen Partei und der Jugendliga haben wichtige Beiträge zur chinesischen Revolution geleistet und ihr Leben eingesetzt, um das Volk aus Not und Elend zu befreien. Sie genießen unser aller Respekt und Hochachtung. Ich möchte von diesen Helden lernen und ebenfalls für Volk und Vaterland und für die Revolution kämpfen, auch wenn es mich mein Leben kosten sollte. Deshalb wäre es mir eine große Ehre, der Jugendliga beitreten zu dürfen. Ich hoffe, dass die Parteiorganisation mich prüft und aufnimmt.»

Einige Tage später kündigten große Schriftzeichen an unserer Tafel die Jugendligaversammlung zwecks Aufnahme neuer Antragsteller an. Mein Name stand an vierter Stelle.

Wie üblich fand die Versammlung nach dem Abendessen statt. Die Diskussion über die ersten drei Anwärter, nette unproblematische Leute, verlief schnell und reibungslos. Sie wurden sofort aufgenommen. Hoffentlich würde ich genauso schnell die Hürde nehmen, dachte ich noch. Da erhob sich Lin Yi, der bereits Mitglied der Jugendliga war. In der letzten Zeit hatte er sich mir gegenüber immer sehr freundlich gezeigt, doch ich hatte ihm nicht getraut. Er hielt einen Zettel in der Hand, auf dem er sich Stichworte notiert hatte. Anscheinend hatte er systematisch Material über mich gesammelt, denn er redete fast eine halbe Stunde lang und griff mich an allen Fronten an. Wie ich stammte er aus Shanghai. Er kannte die teure Schule, auf die ich gegangen war, und einige meiner Kommilitonen, die fast alle aus kapitalistischen Häusern stammten. Er warf mir vor, als frommer Christ der Kirche gedient zu haben. Ich sei ein glühender Bewunderer der amerikanischen Kultur, sang westliche Lieder im Chor und tanzte auf Partys westliche Tänze. Mein Lebensstil sei durch und durch amerikanisch. Ich sei undiszipliniert, arrogant und an der ideologischen Umerziehung gescheitert. Kurzum, eine Aufnahme in die Jugendliga sei außerhalb der Diskussion.

Seine Rede zeigte große Wirkung. Mehrere Mitglieder aus der Jugendliga meldeten sich spontan zu Wort, einige gehörten meiner Studiengruppe an, andere nicht. Ich merkte, dass die Veröffentlichung meiner Rede nicht nur Bewunderung, sondern auch viel Neid verursacht hatte. Einige meinten, dass sich meine extrem kapitalistischen Gedanken unmöglich in so kurzer Zeit verändert haben könnten. Andere führten meine Krawattenkritik als Gegenbeweis an. Die Diskussion wurde immer hitziger, und ich fühlte mich zeitweise wie vor dem Jüngsten Gericht. Ich hasste Lin Yi, der so selbstherrlich über mein Schicksal entscheiden wollte. Innerlich kochte ich bereits vor Wut. Schließlich konnte ich nicht mehr an mich halten und rief: «Lasst es gut sein! Ich ziehe meinen Antrag zurück. Ich weiß, ich bin hier der Einzige, der kapitalistische Gedanken im Kopf hat. Ich bin der Einzige, der rückständig ist. Ihr seid progressiv, besonders du, Lin Yi! Aber in Wirklichkeit bist du ein alter Arschkriecher! Ich dagegen nicht! Zerreißt meinen Antrag! Ich will nicht mehr in die Liga eintreten!»

Dann stürzte ich aus dem Saal, gesenkten Hauptes, um nicht den Blicken der anderen begegnen zu müssen. Es war bereits neun Uhr abends, und draußen war es stockfinster. Ich irrte ziellos umher, bis ich auf eine Wiese kam, wo ich mich auf den Boden warf und hemmungslos weinte. Ich weinte über meine Schwierigkeiten bei dieser verfluchten Umerziehung, über das mangelnde Verständnis der anderen und über die Unverschämtheit dieses miesen Lin Yi. Er hatte meine künftige Karriere zerstört, die gescheiterte Aufnahme in die Jugendliga würde einen zweiten schwarzen Punkt in meinem Lebenslauf bilden. Lieber wollte ich in einer Fabrik arbeiten, dort war es allemal besser als hier! Was für eine Hochschule war das, an der man überhaupt nicht studierte, sondern nur endlos über Ideologie diskutierte! Was waren das bloß für Menschen, die ständig Selbstlosigkeit predigten und denen der Egoismus doch aus allen Poren schaute! Hatte uns die Revolution denn nicht befreit? Wenn die Partei wirklich für Gleichheit war, warum teilte sie die Menschen dann in Parteimitglieder, Jugendligamitglieder, Nichtmitglieder, in gute Familien, schlechte Familien, Kapitalisten, Ausbeuter und Ausgebeutete ein?

Die Stille der Nacht und ein frischer Wind kühlten meinen erhitzten Kopf langsam wieder ab. Dann hörte ich Schritte nahen. Sie kamen nicht direkt auf mich zu, sondern wanderten hin und her, als ob der Betreffende etwas suchte. Ich lauschte eine Weile. Ob das Genossin Xu Ping war, die nach meinem Verbleib forschte? Sie hatte mich ermutigt, den Antrag zu stellen, sie hatte mich unterstützt; dass ich so emotional reagiert und einfach die Sitzung verlassen hatte, musste sicherlich auch für sie sehr peinlich sein. Ich erhob mich und ging in die Richtung, aus der die Schritte kamen.

Es war tatsächlich Genossin Xu. Sie atmete erleichtert auf, als sie mich erkannte: «Ach, endlich habe ich dich gefunden! Ich habe dich schon überall gesucht.» Wir gingen ein paar Schritte. Dann sagte sie: «Ich fand dein Verhalten vorhin nicht in Ordnung. Wieso reagierst du so impulsiv, ohne vorher einen klaren Gedanken zu fassen? Bei uns wird über solche Aufnahmeanträge demokratisch diskutiert, und die Massen entscheiden. Wir akzeptieren nur gute, qualifizierte Leute, die die Gewähr bieten, auch in Zukunft korrekt und linientreu zu arbeiten. Dabei sind die Kritik und Kontrolle durch die Massen wichtig. Wenn dich die anderen kritisieren, so deshalb, weil sie dir helfen wollen, dich zu bessern. Versteh das doch!»

«Ja», sagte ich. Wahrscheinlich hatte sie wie immer Recht, und ich war es, der wieder einen Fehler begangen hatte. Wann würde aus mir endlich ein richtiger Revolutionär werden?

Studienzeit

(1949–1953)

Historischer Rahmen

1.10.1949	Staatsgründung: Mao Zedong ruft auf dem Tian'anmen-Platz in Peking die Volksrepublik China aus
2./3.10.1949	Die Sowjetunion und die VR China vereinbaren die Aufnahme diplomatischer Beziehungen
10.12.1949	Jiang Kaishek flieht nach Taipei. Der Kriegszustand dauert noch vier Jahrzehnte an
16.12.1949	Mao Zedong trifft Stalin in Moskau
14.2.1950	Unterzeichnung des chinesisch-sowjetischen Freundschaftsvertrags in Moskau
25.6.1950	Nordkoreanische Truppen marschieren in Südkorea ein (Ausbruch des Koreakriegs)
27.6.1950	UN-Resolution fordert alle Mitglieder zur Unterstützung Südkoreas auf
28.6.1950	Der chinesische Staatsrat verdammt die USA als Aggressor im Koreakrieg
25.10.1950	Chinesisches Freiwilligenkorps trifft in Nordkorea ein
1.2.1951	UN-Resolution verdammt China als Aggressor im Koreakrieg
21.2.1951	Mao Zedong unterzeichnet Gesetz zur Bestrafung konterrevolutionärer Aktivitäten
10.7.1951	Beginn erster Waffenstillstandsverhandlungen im Koreakrieg; sie scheitern Ende August
25.10.1951	Beginn neuer Waffenstillstandsverhandlungen im Koreakrieg
7.12.1951	Offizieller Beginn der Drei-Anti-Bewegung gegen Korruption, Verschwendung und Bürokratie
1.2.1952	Offizieller Beginn der Fünf-Anti-Bewegung gegen Bestechung, Steuerhinterziehung, Diebstahl von Staatseigentum, betrügerische Verträge mit dem Staat und privaten Missbrauch von Wirtschaftsinformationen
27.7.1953	Mit dem Waffenstillstandsabkommen von Panmunjom endet der Koreakrieg

Staatsgründungsfeier

Am 28. September 1949 schlug eine Nachricht an der Hochschule wie eine Bombe ein: Alle Studenten sollten am 1. Oktober an den Feierlichkeiten zur Gründung der Volksrepublik China vorm Tor des Himmelsfriedens teilnehmen und so den offiziellen Beginn einer neuen Ära in Chinas Geschichte miterleben. Nach hundert Jahren Fremdherrschaft und Krieg ging am Horizont eine Sonne auf: das neue China! Und ich durfte dabei sein! Wie weggeblasen war plötzlich aller Ärger über die gescheiterte Aufnahme in die Jugendliga und vergessen auch die Enttäuschung, dass das Fremdsprachenstudium bisher nur aus politischer Umerziehung bestand.

Die gesamte Hochschule geriet aus dem Häuschen. Unterricht und Gruppensitzungen fielen aus. Eine riesige Hochschulflagge musste genäht werden, dazu eine Nationalflagge und viele kleine bunte Fähnchen, die Uniformen waren zu waschen und zu bügeln und die Haare zu schneiden. Im Morgengrauen des 30. September begannen wir, das Marschieren zu proben, denn wir würden an einer riesigen Parade teilnehmen. Einige Hochschulfunktionäre waren früher in der Armee gewesen und kannten sich in diesen Dingen aus, so dass sie es mit einiger Mühe schafften, unsere aufgeregte Hühnerschar innerhalb von mehreren Stunden in einen leidlich forsch marschierenden Trupp von jungen Revolutionären zu verwandeln.

Am Vorabend schliefen wir nicht, sondern gingen zu Fuß zur etwa sieben Kilometer entfernten Qinghua-Universität, dem Sammelplatz. Gegen ein Uhr nachts marschierten wir dann gemeinsam mit den dortigen Studenten zur Stadtmitte. Je näher wir unserem Ziel kamen, desto mehr Gruppen trafen wir. Arbeiter, Bauern, Soldaten, Schüler und Studenten: aus allen Richtungen strömten sie herbei. Als wir endlich am Tian'anmen, dem Tor des Himmelsfriedens, ankamen, tagte es bereits. Der Platz südlich des Tores war damals kaum halb so groß wie heute und sah noch so aus wie zur Kaiserzeit. Nie zuvor hatten sich hier eine halbe Million Menschen versammelt.

Am Morgen des 1. Oktober herrschte kühle Herbstwitterung. Fröstelnd, übermüdet und hungrig hockten wir auf dem Boden und harrten geduldig Stunde um Stunde aus. Den Organisatoren des riesigen Aufmarsches fehlte wohl die nötige Erfahrung, denn sie hatten weder für ausreichende sanitäre Einrichtungen noch für Verpflegung gesorgt. Trotzdem fieberten alle mit ungetrübter Begeisterung dem großen Augenblick entgegen. Endlich war es soweit. Nachmittags um drei Uhr erscholl aus allen Lautsprechern das Lied, das am Tag der japanischen Kapitulation auf den Straßen Shanghais gesungen wurde: «Erhebt euch! Werft die Sklavenfesseln ab!» Es war unsere neue Nationalhymne. Alles schaute gespannt zum mächtigen Tor der einstigen Kaiserstadt, auf dessen Tribüne sich die Ehrengäste eingefunden hatten. Schließlich erschienen die höchsten politischen Führer: Mao Zedong, der Parteivorsitzende, Liu Shaoqi, der Vizevorsitzende und spätere Staatspräsident, Zhu De, der Oberbefehlshaber der Streitkräfte, und Zhou Enlai, bald darauf Ministerpräsident. Mit kräftiger Stimme und unverkennbarem Hunan-Dialekt rief Mao: «Hiermit verkünde ich die Gründung der Zentralen Volksregierung der Volksrepublik China.» Gleich darauf ertönten Salutschüsse, und ein unbeschreiblicher Jubel brach aus. «Lang lebe Mao Zedong! Lang lebe die Kommunistische Partei! Lang lebe die Volksrepublik China!» Alles um mich herum schrie, lachte und weinte. Mützen wurden in die Luft geworfen, Fähnchen geschwenkt, wir umarmten uns und tanzten vor Freude.

Drei Stunden lang, bis in die Abenddämmerung hinein, feierten wir noch auf dem Platz, ehe wir den ganzen Weg wieder zurückmarschierten. Wir spürten weder Müdigkeit noch Hunger, wie berauscht lachten und sangen wir, stolz auf unseren neuen Staat, unser neues China. Als wir schließlich die Fremdsprachenhochschule erreichten, war es schon spät in der Nacht, doch an Schlaf dachte niemand. Wir feierten noch bis in den frühen Morgen.

Nachdem die politischen Schulungen und Kritiksitzungen bereits begonnen hatten, das eigene Denken zu verdrängen, beeindruckten mich die Ereignisse dieses denkwürdigen Tages so sehr, dass ich Kritik an der Kommunistischen Partei, ihrer Politik und ihrem Vorsitzenden Mao Zedong nicht mehr gelten ließ. Die Partei, der Kommunismus und die Ideen Mao Zedongs genossen mein uneingeschränktes Vertrauen.

Das Ministerium bittet zum Tanz

Während die ideologische Umerziehung weiterlief, wurde uns eines Tages der Beginn des Sprachstudiums angekündigt. Mehrere Fremdsprachen wurden angeboten: Englisch, Französisch, Russisch, Japanisch und Spanisch. Ich hatte mich für Englisch beworben, zu meiner Überraschung fand ich meinen Namen jedoch auf der Liste derjenigen, die dem Fach Russisch zugeteilt wurden. Ich vermutete ein Versehen und ging zum Verwaltungsbüro. Dort erfuhr ich, dass unser Land zurzeit viele Dolmetscher für Russisch brauchte. «Du kannst doch schon Englisch, und außerdem bist du noch jung. Da wird es dir leicht fallen, eine weitere Sprache zu lernen. Die Organisation hat deshalb beschlossen, dass du Russisch lernen sollst.» Es gab für mich keinen Zweifel an der Richtigkeit der Entscheidungen, die die Partei fällte, so fügte ich mich widerspruchslos diesem Beschluss.

Als ich die Liste der für das Fach Englisch Vorgesehenen durchging, entdeckte ich Lucys Namen. Die hat aber Glück gehabt!, dachte ich und war ein wenig enttäuscht, dass ich nicht mit ihr zusammen studieren durfte. Aber immerhin waren wir an derselben Hochschule. Seltsam nur, dass ich sie noch nicht zu Gesicht bekommen hatte. Womöglich war sie noch gar nicht in Peking eingetroffen? Ich ging zur Verwaltung der Abteilung für englische Sprache und erkundigte mich nach ihr, doch auch dort war nicht bekannt, wann sie kommen würde.

Bei der Durchsicht der Namenslisten war mir noch etwas anderes aufgefallen: Einige Kommilitonen tauchten darin überhaupt nicht auf. Auf Nachfrage erfuhr ich, dass sie auf Grund ihrer Vergangenheit und ihres Familienhintergrundes nicht zum weiteren Studium zugelassen worden waren. Die ideologische Umerziehung habe bei ihnen nicht gefruchtet. Für einen Moment überkam mich ein ungutes Gefühl.

Eines Tages fragte mich Genossin Xu Ping: «Stimmt es, dass du ziemlich gut tanzen kannst?»

«Ja», antwortete ich überrascht.

«Sehr schön», sagte sie. «Nächsten Samstag veranstaltet das Außenministerium eine Feier, bei der auch getanzt wird. Wie du weißt, untersteht unsere Hochschule diesem Ministerium, deshalb sollen auch ein paar von uns eingeladen werden. Um achtzehn Uhr wartet ein Bus vor dem Verwaltungsgebäude, der euch hinfährt. Ich würde mich freuen, wenn du mitkämst.»

Das Ministerium für Auswärtige Angelegenheiten war für mich kleinen Studenten eine Institution in unerreichbarer Höhe. Und doch durfte ich an solch einer Feier teilnehmen! Ich fühlte mich sehr geehrt. Meine Erfahrungen hatten mich indes vorsichtiger gemacht, daher erzählte ich niemandem etwas von der Einladung.

Insgesamt wurden zwanzig Kommilitonen von uns an diesem Abend zum Außenministerium chauffiert. Es befand sich in einem imposanten alten Gebäude westlichen Stils. Ich musste an die vielen Tanzpartys in Shanghai denken, die nun wie eine Erinnerung aus einem früheren Leben schienen, ohne Bezug zu meiner jetzigen Existenz.

Als wir eintrafen, hatte die Feier noch nicht begonnen, und wir waren die Ersten im Saal, doch aus einer Ecke erklang bereits ein Walzer. Wir wechselten überraschte Blicke und mussten lachen. Westliche Tanzmusik für uns junge Revolutionäre?

Der spiegelglatte Parkettboden war wirklich verlockend. «Warum tanzen wir eigentlich nicht?», fragte ein Student. «Die anderen sind ja noch nicht da.» Als hätten alle nur auf diese Bemerkung gewartet, bildeten wir Paare und begannen, uns genüsslich zur Musik zu drehen. Nach und nach trafen weitere Gäste ein, die lachend unserem Beispiel folgten oder auf den Stühlen, die zu beiden Längsseiten aufgereiht standen, Platz nahmen und sich unterhielten. Plötzlich wurde ein Paar in den Saal geführt, bei dessen Anblick alle ihr Tanzen unterbrachen und applaudierten.

«Wer sind die beiden?», fragte ich einen Studenten, der neben mir stand.

«Schau doch genau hin!», zischte er. «Ministerpräsident Zhou Enlai mit seiner Frau Deng Yingchao!»

Tatsächlich! Jetzt erkannte ich ihn. Ich hatte ihn bisher nur auf Fotos und bei der Staatsgründung von weitem auf der Tribüne gesehen. Alle strömten auf die beiden zu und umringten sie. Zhou Enlai plauderte zuerst mit den anderen Gästen, dann wandte er sich uns Studenten zu. Hochrot vor Aufregung und stolz, mit dem zweiten Mann im Staate zu sprechen, beantworteten wir seine Fragen. Die Mitarbeiter des Hauses geleiteten Zhou zum mittleren Stuhl der einen Reihe und ließen die Studentinnen alle rechts von ihm Platz nehmen, während sich Deng Yingchao mit uns Studenten auf die gegenüberliegende Seite setzte. Wieder erklang Musik, und Zhou Enlai, der offensichtlich gern tanzte, stand auf und forderte seine Nachbarin zur Rechten auf. Mit einer einladenden Handbewegung gab er uns zu verstehen, es ihm gleichzutun. So erhob sich auch der Student rechts neben Deng Yingchao und forderte sie zum Tanz auf. Alle Übrigen folgten. Jeder Student kam einmal an die Reihe, mit Deng Yingchao zu tanzen, und jede Studentin tanzte einmal mit Zhou Enlai. Deng Yingchao war keine besonders gute Tänzerin, aber sie unterhielt sich mit uns freundlich und angeregt wie eine Mutter mit ihren Kindern. Als ich mit ihr tanzte, fragte sie: «Wie heißt du? Was machst du? Was machen deine Eltern?» Als sie erfuhr, dass mein Vater in der Neuen Vierten Armee gewesen war, fragte sie nach seinem Namen und rief dann überrascht: «Guan Yiwen aus Tianjin? Den kenne ich gut. Wir haben 1919 zusammen in Tianjin in der Studentenbewegung gekämpft. Und du bist sein Sohn?»

Ich nickte, und sie schaute mich staunend an.

«Ich weiß, dass er drei Kinder hat. Bist du der Jüngste?»

«Ja.»

Sie lachte und schüttelte den Kopf: «Dreißig Jahre ist das nun schon her, dass wir damals unseren Kampf begonnen haben. Wie schnell doch die Zeit vergeht!»

Als die Musik endete, rief sie Zhou Enlai zu: «Rate mal, wer das ist!» Sie wartete gar nicht erst seine Antwort ab, sondern sagte: «Das ist der jüngste Sohn von Guan Yiwen.»

«Ach», rief Zhou Enlai erstaunt und musterte mich interessiert. «Du bist der Sohn von unserem alten Kampfgefährten?»

Noch nie war ich so stolz gewesen, der Sohn meines Vaters zu sein.

«Du studierst auch hier an der Fremdsprachenhochschule?», fragte er freundlich.

«Ja, Russisch.»

«Gut, sehr gut. Dann kannst du ja später im Ministerium für Auswärtige Angelegenheiten arbeiten. Nutz deine Zeit und lerne fleißig, unser Land braucht tüchtige junge Leute!»

Dann traten andere Gäste hinzu und zogen ihn mit sich fort. Ich hätte mich gern noch ein wenig mit ihm unterhalten, denn er war mir sehr sympathisch.

Da wir schon auf die Sprachklassen aufgeteilt waren, erwartete ich, dass es nun tatsächlich bald mit dem eigentlichen Unterricht losginge. In der Verwaltung hatte man ja auch von einem dringenden Bedarf an Russischdolmetschern gesprochen. Keiner von uns ahnte, dass die politische Umerziehung noch mehr als ein Jahr lang über allem anderen dominieren und das Sprachenlernen eine sporadische Ausnahme bleiben sollte.

Wiedersehen mit Lucy

Eines Abends – es war schon nach acht Uhr, und ich saß auf unserer Pritsche und ordnete Notizen – klopfte es an der Tür. Das war ungewöhnlich, denn normalerweise stürmten wir ohne anzuklopfen in unsere Zimmer. Als niemand reagierte, klopfte es erneut, bis schließlich einer von uns ungeduldig «Herein!» rief. Ich schenkte dem späten Besucher keine Beachtung, doch als ich plötzlich die Worte hörte: «Ist Guan Yuqian hier?», fiel ich fast von der Pritsche herunter: Es war Lucy.

Mit einem Satz sprang ich zur Tür und schloss sie glücklich in meine Arme. Endlich war sie da, und mit ihr ein Stück vertrautes Shanghai! Ich wollte sie im Zimmer Platz nehmen lassen, doch als ich die fassungslos staunenden Gesichter der anderen sah, verließ ich lieber schnell mit ihr den Raum. Lucy sah wie immer hinreißend aus. Ihr stand die Uniform vorzüglich, aber vielleicht fand ich das auch nur, weil ich richtige Sehnsucht nach ihr gehabt hatte. Wir verließen das Wohnheim und liefen über den Campus auf der Suche nach einem gemütlichen Ort, an dem wir ungestört reden konnten. Es war dunkel, kalt und windig. Ich merkte, wie Lucy fröstelte, und entschloss mich, mit ihr in die Kantine zu gehen, deren Tür nie verschlossen wurde. In dem riesigen Raum, den man inzwischen mit Tischen und Stühlen ausgestattet hatte, brannte schummeriges Licht, und es roch nach Putzmitteln. Ich schaute Lucy an und sagte: «Die Uniform steht dir richtig gut.»

«Unsinn! Sie sieht scheußlich aus», entgegnete sie trotzig.

Wir setzten uns an einen Tisch.

«Wie geht es dir?», fragte ich. «Warum bist du erst so spät gekommen?»

«Meine Mutter war in Shanghai. Sie wollte unbedingt, dass ich nach Hongkong ziehe. Meine Eltern haben dort einen reichen Bräutigam für mich ausgesucht. Aber ich habe abgelehnt, und das hat einen Riesenkrach gegeben. Deswegen bin ich erst so spät gekommen.»

Sie erzählte von den Kämpfen, die sie zu Hause durchgestanden hatte, und von der Enttäuschung ihrer Eltern, denen ihre Tochter immer fremder wurde. Auch ich wollte von den Erfahrungen der letzten Wochen berichten und begann begeistert mit der Schilderung der Staatsgründungsfeier, merkte dabei aber, dass sie meine Euphorie nicht teilte. Sie schien überhaupt mit den neuen Verhältnissen recht unzufrieden zu sein. Schließlich stand sie auf und sagte: «Lass uns gehen! Es ist schon spät. Wenn uns hier jemand entdeckt, wird das unangenehm für uns beide. Auf jeden Fall weißt du jetzt, dass ich da bin.»

Der Kriegsaufruf

Im Sommer 1950 erschütterte die Nachricht vom Ausbruch des Koreakrieges die chinesische Öffentlichkeit. Südkorea habe Nordkorea zu einem Krieg provoziert, hieß es in den Zeitungen, die wir täglich lasen. Sogleich verurteilte die Regierung die USA als Aggressor. Als dann die Amerikaner mit einer Armee von fünfzigtausend Mann sowie dreihundert Kriegsschiffen und fünfhundert Flugzeugen Mitte September tatsächlich in Korea eingriffen, hieß es, der Angriff der amerikanischen Imperialisten bedrohe auch China. «Korea ist unser Nachbarland. Wir müssen unserer Brudernation helfen, auch wenn wir noch so arm sind», lautete eine der Schlagzeilen, die uns auf eine Intervention Chinas vorbereiten sollte.

Der Koreakrieg passte gut zum Ziel der Partei, die Chinesen zu glühenden

Patrioten zu erziehen. Überall musste nun über die aktuelle Lage diskutiert werden, ob in den Universitäten, Schulen, Fabriken oder in den Wohnvierteln. Die Meinungen gingen allerdings auseinander. Man müsse gegen Amerika kämpfen, sagten die einen, während die anderen vor einem Krieg gegen die weltgrößte Militärmacht warnten. Dagegen sei der Kampf gegen die Nationalisten ein Kinderspiel gewesen. Die Volksbefreiungsarmee könne gegen Amerika nur so viel ausrichten wie ein Ei gegen einen Stein.

Auch an unserer Hochschule erhitzten sich die Gemüter. Die zentrale Frage lautete: Was sollen wir tun, wenn die Partei Truppen gegen Amerika nach Korea schickt? Wir kamen zu der einhelligen Antwort, dass wir im Nachbarstaat gegen Amerika mitkämpfen würden, wenn die Partei es beschlösse. Vorerst allerdings blieb das nur Theorie, so fiel es leicht, sich zu patriotischem Heldentum zu bekennen.

Eines Tages aber prangte in der Mensa ein Plakat an der Wand, auf dem zu lesen stand: «Appell an die Partei – Auf nach Korea! Die amerikanischen Imperialisten haben Nordkorea angegriffen, um das Land zu einem Sprungbrett für Angriffe auf China zu machen. Dem können wir nicht tatenlos zusehen. Wir fordern die Partei auf, uns nach Korea zu schicken und mitkämpfen zu lassen. Zweifler sagen, China könne keinen so großen Tiger besiegen. Andere meinen, so viele Menschen hätten in den Kriegen der letzten hundert Jahre ihr Leben gelassen, daher solle man sich nicht schon wieder in einen Krieg hineinziehen lassen. Es gibt sogar Menschen, die behaupten, an dem Tag, an dem die Kommunistische Partei Truppen nach Nordkorea entsende, habe ihr letztes Stündlein geschlagen. Sie würden es sogar begrüßen, wenn die Amerikaner China angriffen. Diese Leute seien gewarnt: Wenn ihr meint, dass ihr mit Hilfe der Amerikaner die Kommunistische Partei stürzen könnt, so irrt ihr. Euch Konterrevolutionäre werden wir bis zum Letzten bekämpfen!»

Der Appell verbreitete erhebliche Unruhe. Noch am selben Tag erfuhren wir aus dem Radio, dass die Partei beschlossen hatte, Truppen nach Nordkorea zu entsenden. Wir fragten uns, ob sie auch Studenten schicken würde.

Wieder wurde eine Vollversammlung einberufen. Der Präsident unserer Hochschule hielt eine ernste Rede, in der er die internationale und innenpolitische Lage analysierte. Er sprach von chinesischen Soldaten, die in Korea bereits Bruderhilfe leisteten, und von einem Freiwilligenkorps, das dieser Vorhut bald folgen solle. «Der amerikanische Imperialismus ist in seinem wahren Wesen nur ein Papiertiger», rief er. «Wir können ihn besiegen, dazu brauchen wir aber die Unterstützung des ganzen Volkes. Leider gibt es an unserer Hochschule einige Klassenfeinde, die behaupten, ein chinesisches Freiwilligenkorps habe kein Recht, nach Korea zu gehen. Außerdem würde es völlig umsonst in den Tod geschickt. Diese Klassenfeinde erhoffen sich durch Amerikas Hilfe die Rückkehr der Nationalpartei, damit sie selbst wieder an die Macht kommen und das Volk erneut unterdrücken können. Wir müssen unseren Blick schärfen und gegen solche Menschen unnachsichtig vorgehen!»

Den Blick schärfen und unnachsichtig vorgehen? Diese Formulierung war mir neu. Gegen wen sollten wir denn vorgehen? Bei uns gab es doch nur Lehrer und Kommilitonen. Wo sollten die Klassenfeinde stecken, zumal die nicht Umerziehbaren schon hatten gehen müssen? Ich konnte die Sache nicht besonders ernst nehmen und machte innerhalb meiner Gruppe noch ein paar witzige Bemerkungen über die neuerlichen Grübeleien. Die «große Schwester» Yang aber warnte mich: «Kleiner Guan, du solltest Chinas Schicksalsfragen ernster nehmen. Hast du nicht gemerkt, wie nachdenklich wir alle in den letzten Tagen geworden sind?»

Es stimmte tatsächlich. Alle waren ernster und stiller geworden, vor allem Zhang Zhengzhong und Hong Kezhi, zwei ohnehin recht schweigsame junge Männer, die sich klar gegen die Entscheidung der Partei ausgesprochen hatten, Soldaten nach Korea zu entsenden. Jetzt sagten sie überhaupt nichts mehr und wirkten ziemlich nervös.

Nach zwei Tagen Zeitungslektüre begannen wir, einige Kernfragen zu diskutieren: Was versteht man unter Internationalismus, was unter Patriotismus? Gibt es einen Patriotismus ohne Internationalismus? Warum muss China ein Freiwilligenkorps nach Korea entsenden? Was halten wir persönlich von der Entsendung der Soldaten und was von der Kampagne, die zum Widerstand gegen Amerika und zur Unterstützung Koreas aufruft? Warum ist Amerika als ein Papiertiger zu bewerten, der dem Schein nach stark, innerlich aber schwach ist?

Anfangs verlief die Diskussion recht ruhig. Dann übte der Erste Selbstkritik: «Ich hatte bis jetzt nicht erkannt, wie wichtig die Unterstützung Koreas ist. Es war egoistisch von mir, nur an uns Chinesen zu denken und nicht an unsere koreanischen Nachbarn. Ohne Internationalismus kann es keinen Patriotismus geben. Patriotismus ist positiv zu bewerten, Nationalismus dagegen als gefährlich.»

«Ich hatte früher große Angst vor Amerika», meldete sich ein anderer zu Wort. «Aber Jiang Kaishek hat den Bürgerkrieg verloren, obwohl Amerika ihn nach Kräften unterstützte. Das ist ein typisches Beispiel für solch ein Papiertigertum. Jetzt unterstützt Amerika Südkorea, und ich sage euch, es wird das Gleiche geschehen.»

Nun meldete sich Lin Yi zu Wort: «Der amerikanische Imperialismus ist wie ein tollwütiger Hund. Er wagt es, den Willen aller Völker der Welt zu missachten und einen Krieg gegen Nordkorea anzuzetteln. Da dürfen wir als junge chinesische Patrioten nicht untätig zuschauen. Auch ich will meinen Beitrag für unser Vaterland leisten und bitte deshalb die Partei, mich als Freiwilligen nach Korea zu schicken. Ich bin bereit, für unser Vaterland zu sterben. Ich bin zwar noch kein Parteimitglied, möchte aber hiermit meine Begeisterung für die Revolution und meine Treue zur Partei ausdrücken. Das ist eine Prüfung für mich, eine Feuertaufe, nach der ich der Partei beitreten möchte.»

Großer Applaus. Viele andere stimmten Lin Yi zu und beteuerten, sich an seinem revolutionären Enthusiasmus ein Beispiel nehmen zu wollen.

Ein Student namens Li Qing meldete sich zu Wort. Er war erst knapp über zwanzig und trug eine Brille mit dicken Gläsern. Wir nannten ihn den «Bücherwurm».

«Genosse Lin ist ein mutiger junger Mann und voller Ehrgeiz», lobte er. «Er ist ein hervorragendes Beispiel für unsere junge Generation. Ich bin noch nicht soweit, eine so schwer wiegende Entscheidung zu treffen. Ich brauche noch etwas Zeit. Doch wenn mich eines Tages mein Vaterland ruft, dann werde ich bestimmt zur Stelle sein.»

Sofort erhob Lin wieder seine Stimme. Seine Augenbrauen zuckten nervös. «Ich finde, Li Qing überlegt zu viel. Er denkt nur an sich. Das ist purer Egoismus. Es handelt sich hier um einen Aufruf der Partei, was soll man also noch viel überlegen?»

Das war wieder der typische, arrogante Lin. Widerwärtig, wie er sich als Held aufspielte!

«Genosse Lin Yi», platzte ich heraus. «Warum sollen die anderen nicht ein wenig darüber nachdenken dürfen? Nur weil du dich schon entschieden hast, müssen wir es dir doch nicht sofort gleichtun. Ich brauche auch noch ein wenig Zeit, um darüber nachzudenken. Auf jeden Fall möchte ich zumindest die Meinung meiner Mutter hören.»

Alle brachen in lautes Gelächter aus. Offenbar hatte ich mich unwillkürlich als Muttersöhnchen zu erkennen gegeben. Doch im Innern blieb ich dabei. Bevor ich mich entschied, nach Korea zu gehen, würde ich mich bestimmt mit Mutter beraten.

Tatsächlich ließ der Hochschulpräsident schon am nächsten Tag eine Mitteilung aushängen: «Das Vaterland ruft! Die Partei ruft! Zur Unterstützung des koreanischen Volkes und zur Verteidigung unseres eigenen Vaterlandes appelliere ich an unsere jungen Leute, sich zum Freiwilligenkorps zu melden.»

Der Aufruf sorgte für höchste Aufregung. Überall an den Wänden klebten plötzlich Propagandalosungen und Loyalitätsbekundungen. Einige baten öffentlich die Partei um Erlaubnis, sich dem Freiwilligenkorps anschließen zu dürfen. Bei den Unterzeichnern handelte es sich fast ausnahmslos um Partei- und Jugendligamitglieder, die offenbar mit gutem Beispiel vorangehen sollten. Ich selbst bewunderte einerseits die Kriegsfreiwilligen und stimmte der Notwendigkeit ihres Einsatzes in Korea zu. Es war ja wirklich unglaublich, dass die amerikanischen Truppen einfach unser Nachbarland bombardierten, das sehr arm war und kaum einen solch brutalen Krieg überstehen würde. Allein dieser Gedanke machte mich so wütend, dass ich mich am liebsten sofort freiwillig gemeldet hätte. Andererseits aber war dies ein richtiger Krieg, und man wusste nicht, ob man überhaupt lebend zurückkäme. Mutter war ja schon gegen meinen Vorsatz gewesen, mit der Volksbefreiungsarmee in den Süden zu ziehen. Ich war hin- und hergerissen und nicht der Einzige, der in dieser Nacht kaum schlief.

Am nächsten Morgen lief ich zufällig Robby in die Arme.

«Hast du das Neueste gesehen?», rief er. «Da hängt tatsächlich ein Freiwilligenantrag, der mit Blut geschrieben wurde. Einer aus deiner Gruppe hat ihn verfasst.»

Dafür kam eigentlich nur einer in Frage. «Hieß der Lin Yi?»

«Ja, richtig», bestätigte Robby mit einem verächtlichen Gesichtsausdruck. «Was hältst du von dem?»

«Ich kann ihn nicht leiden», antwortete ich wahrheitsgemäß. «Hast du auch schon einen Antrag gestellt?»

«Ich werde mir damit Zeit lassen, denn man hat mich sowieso als rückständig abgestempelt. Schließlich stamme ich aus einer kapitalistischen Familie und habe an einer christlichen Universität studiert. Ich bin verwestlicht, verstehst du? Warum also sollte ich mich so ins Zeug legen? Du hast es gut! Du hast schließlich einen Revolutionär zum Vater.»

«Ach», winkte ich lachend ab. «Dafür bin ich ein Musterbeispiel für die Verherrlichung Amerikas.»

«Was?» Robby lachte laut heraus. «Ich sehe schon, wir sind wirklich Brüder. Lass uns mal an einem Sonntag zusammen in der Stadt essen gehen. Ein paar von meinen Shanghaier Freunden möchten mal wieder tanzen. Es juckt sie schon in den Füßen. Ich werde meine Gitarre mitnehmen.»

«Wie kannst du in dieser Situation ans Tanzen denken!», entfuhr es mir vorwurfsvoll.

«Du brauchst es ja niemandem zu erzählen», sagte er mit verschmitztem Blick, klopfte mir auf die Schulter und ging seines Weges, während ich ihm noch ein wenig nachschaute. Ich mochte ihn. Er war nie richtig ernst, aber immer direkt und offen, ein guter Kamerad. Ich wusste, dass viele diese Art nicht leiden konnten.

Am Nachmittag wurden vor jedem Gebäude lange Tische mit Antragsformularen für den freiwilligen Kriegseinsatz aufgebaut. Hinweisschilder zeigten an, wo sich die Studenten der einzelnen Gruppen melden konnten. Alles geriet in helle Aufregung. Immer mehr Studenten sammelten sich vor den Tischen. Während die Wartenden nur wenig sprachen, tönten diejenigen, die sich bereits gemeldet hatten, laut und selbstzufrieden herum. Da deren Zahl mit der Zeit zunahm, wandelte sich auch die Stimmung. Schließlich war es, als würden alle von einer Woge der Euphorie mitgerissen. Wie unbedeutend doch der Einzelne ist!, dachte ich. Ich stellte mir das riesige Heer von Freiwilligen vor, das nach Korea ziehen und siegreich kämpfen würde. Wenn ich dann zurückkäme, wäre Mutter sicher stolz auf mich. Und wenn ich an der Front mein Leben ließe, würde man an ihre Tür eine Ehrentafel hängen, um an meinen Märtyrertod für den proletarischen Internationalismus und fürs Vaterland zu erinnern. Ich wäre ein Feigling, wenn ich hier bliebe. Gerade erst hatte ich Mutter geschrieben und sie nach ihrer Meinung gefragt. Jetzt fürchtete ich mich ein wenig vor ihrer Antwort. Stellte sich heraus, dass Mutter meinem Kriegseinsatz nicht zustimmte, und würde ich deswegen die Meldung verweigern, verlöre ich völlig mein Gesicht.

Noch immer zögernd irrte ich über den Campus, als mir die «große Schwester» Yang begegnete.

«Wo gehst du hin?», fragte sie.

«Ich will mich anmelden.»

Sie schaute mich erstaunt an. «Warum willst du dich denn anmelden? Das eilt doch nicht. Warte doch erst einmal ab, was deine Mutter antwortet.» Ich folgte ihrem Rat.

Am Abend fand wieder eine Gruppensitzung statt. Mehr als ein Drittel von unserer Klasse hatte bereits unterschrieben. Den anderen war anzumerken, dass sie schwere innere Kämpfe ausfochten. Alle wussten von dem Brief an meine Mutter, und einige trieben ihren Spott mit mir: «Na, hat Mama schon geantwortet?» «Pass auf, Mama hält dich an den Hosenbeinen zurück!» Lin Yi setzte noch eins drauf: «Geh doch nach Hause und lass dir die Brust geben, du Muttersöhnchen!» Ich platzte fast vor Wut und hätte ihm am liebsten eine Ohrfeige verpasst. Selbstgefällig stolzierte er herum und genoss die Ehre, die er durch seinen mit Blut geschriebenen Antrag erlangt hatte. Doch ich bemerkte auch die Kühle, mit der ihm die anderen begegneten. Wie es schien, erwarteten außer mir auch viele andere mit Spannung die Antwort meiner Mutter.

Wenige Tage später – unsere Gruppe saß gerade beim Zeitungslesen – kam ein Kommilitone in den Unterrichtsraum gestürzt. Er schwenkte einen Brief in der Hand und rief: «Guan Yuqian, ein Expressbrief für dich aus Shanghai!»

Alle hoben den Kopf, als wäre der Brief an sie gerichtet. Ich wollte ihn jedoch nicht vor den anderen öffnen und ging damit hinaus. Als ich dann las, was Mutter schrieb, brach ich in Tränen aus. Mutter, wie gut du mich verstehst! Ich bin stolz auf dich. Mit rot geweinten Augen kehrte ich zurück und rief unserem Gruppenleiter zu: «Wo sind die Antragsformulare? Ich unterschreibe.»

«Ist deine Mutter denn einverstanden?», fragte die «große Schwester» Yang.

«Ja», sagte ich und reichte ihr den Brief. Sie las ihn, und auch ihre Augen wurden feucht. Das machte die anderen nur noch neugieriger.

Sogar unser sonst so zurückhaltender Gruppenleiter Wu fragte: «Dürfen wir auch erfahren, was in dem Brief steht?»

«Soll ich ihn vorlesen?», fragte die Yang an mich gewandt. Ich nickte.

«Mein geliebter Sohn! Ich bin stolz, dass unser Vaterland einen so guten Jungen wie dich hat, und ich bin glücklich, dass ich einen so treuen Sohn habe. Auch an unserer Schule möchte jeder die Koreaner unterstützen. Du bist jetzt erwachsen, und deine Flügel sind stark genug. Ich spüre, dass dein Entschluss bereits feststeht. Wie könnte ich dich daran hindern wollen, auf deinem Weg voranzugehen? Geh dich nur rasch anmelden, falls du es noch nicht getan hast, damit niemand von dir denkt, du seist ein Feigling. Natürlich bist du mein Sohn, und ich würde mir nichts sehnlicher wünschen, als dass du immer bei mir bliebest. Wie viele Mütter gibt es in China, die ihre Söhne lieben und sie dennoch an die Front gehen lassen! Wie könnte ich da meinen Sohn zu Hause behalten wollen, nur damit er meinen Lebensabend begleite! Das wäre zu egoistisch von mir. Geh! Wenn das Land dich braucht, sollst du zur Stelle sein. Ich hoffe auf eine baldige Nachricht und deine glückliche Heimkehr von der Front. Pass gut auf dich auf!»

Für einen Moment herrschte Stille im Raum, dann sprangen einige Kommilitonen auf und schüttelten mir die Hand, und diejenigen, die mich zuvor verspottet hatten, entschuldigten sich. Die meisten Mädchen hatten Tränen in den Augen. Die «große Schwester» Yang umarmte mich und sagte: «Du kannst wirklich stolz sein, dass du solch eine Mutter hast!»

Da meldete sich auch unser Aktivist Lin Yi zu Wort: «Endlich also unterschreibt auch Guan Yuqian. Gratulation! Das zeigt, dass er Fortschritte macht. Allerdings kommt das etwas langsam. Und überhaupt: Was würde er denn tun, wenn seine Mutter nicht einverstanden wäre? Die Abhängigkeit von seiner Mutter zeigt seine kleinbürgerliche Gesinnung. Ich bin der Meinung, dass er noch einiges aufzuholen und sich von den familiären Bürden zu befreien hat. Ich stamme aus einer kapitalistischen Familie und bin darüber hinaus noch Einzelkind. Wenn ich meine Eltern um die Erlaubnis bäte, nach Korea zu gehen, würden sie das bestimmt ablehnen. Aber ich bin Mitglied der Jugendliga und möchte Parteimitglied werden. Ich kann mich doch nicht meiner Familie zuliebe davon abhalten lassen, an der Revolution teilzunehmen!»

Obwohl mir eigentlich alles, was Lin Yi von sich gab, zuwider war, hatte er in diesem Punkt wohl Recht. Wenn man an der Revolution teilnehmen wollte, musste man die eigenen und familiären Interessen hintanstellen. Hatte Vater nicht genauso gehandelt? Plötzlich riss mich der stark kurzsichtige Li Qing aus meinen Gedanken: «Genosse Lin Yi kritisiert immer gern die anderen. Natürlich ist es schön, wenn er selbst sehr fortschrittlich denkt, aber man braucht das ja nicht immer so herauszuposaunen. Die Menschen sind eben unterschiedlich. Ich habe mich zwar gemeldet, aber trotzdem bin ich noch sehr uneins mit mir. Der Widerspruch zwischen dem allgemeinen und dem privaten Interesse ist eben schwer zu überwinden. Die Anmeldung ist ein kleiner Sieg meines kollektiven Bewusstseins. Sicher sollten wir uns an dem großen Enthusiasmus unseres Genossen Lin Yi ein Beispiel nehmen, aber das Wichtigste sind später die Taten, die wir den Worten folgen lassen.»

«Richtig!», rief unser Dickschädel Zhang Zhengzhong. «Ich finde, dass die Menschen in unterschiedlichen Situationen stecken und deshalb auch unterschiedliche Gedanken haben. Ich bin gegen Krieg. Ich kann kein Blut sehen. Wer sich melden möchte, kann sich ja melden, und wer sich nicht melden möchte, der lässt es eben bleiben. Ich gebe zu, dass ich egoistisch bin, aber ich bin noch jung. Ich weiß überhaupt nicht, wie man mit einer Waffe in der Hand kämpft. Man sollte in solchen Fragen niemanden zu irgendetwas zwingen.»

Zhangs Äußerung sorgte für große Unruhe. Ein Kommilitone mit dem Spitznamen «eiserner Ochse», ein etwas plumper Bauernsohn, sprang mit hochrotem Kopf auf und zeigte mit ausgestrecktem Finger auf Zhang: «Wer zwingt dich denn, du Grundherrensöhnchen? Du alter Blutsauger ernährst dich doch vom Blut und Schweiß des Volkes! Du wünschst dir doch nichts sehnlicher, als dass die Amerikaner kommen und euch das Land zurückgeben, das man euch weggenommen hat. Wir sind froh, wenn sich Leute wie du nicht melden! Niemand will den Krieg. Aber wenn die Räuber schon an deiner Tür schnuppern, tust du noch immer so, als herrsche eitler Friede. Wenn jeder so denken würde, wäre das chinesische Volk bald am Ende.»

Jetzt konnte Zhang Zhengzhongs Freund Hong Kezhi nicht mehr an sich halten. Ohne sich zu melden, rief er: «Eiserner Ochse, glaub nicht, dass du hier so einfach Gift und Galle versprühen kannst, nur weil du aus einer einfachen Bauernfamilie kommst. Man kann sich seine Familie nicht aussuchen. Die Söhne von Grundherren sind auch Menschen. Jeder kann seine Meinung frei äußern. Ich kenne Zhang Zhengzhong. Er ist ein guter Kerl, der sagt, was er denkt, und auch dazu steht, nicht wie einige andere, die schöne Worte über die Revolution im Mund führen und in Wirklichkeit ganz anders denken und handeln.»

Die Welle der Anmeldungen erreichte ihren Höhepunkt. Die Gruppen traten miteinander in einen regelrechten Wettstreit, wobei es besonders die Gruppenleiter waren, die der Ehrgeiz packte. Nur an ihre Erfolgsquote denkend, versuchten sie, jeden noch zögernden Studenten direkt zu beeinflussen. Überall, ob in Radiokommentaren, ob in den Zeitungen, in Liedern, Gemälden oder mit Tanzaufführungen wurde die Unterstützung Koreas propagiert. An unserer Hochschule forderten ganze Serien von persönlichen Erklärungen und Aufrufen zum entschlossenen Kampf auf. Vollversammlungen zur Mobilisierung der Studenten folgten Kampfversammlungen zur Verurteilung der Nationalpartei und der alten Gesellschaft. Diskussionen mit Kadern in Kleingruppen von zwei, drei Studenten sollten durch so genannte gegenseitige Hilfe «die Herzen aufschließen».

Immer mehr gaben dem Druck nach und unterschrieben, obwohl sie es eigentlich gar nicht wollten. Bald wurden die ersten Gruppen genannt, die komplett unterschrieben hatten. Solch ein Erfolg blieb unserem Gruppenleiter jedoch versagt, denn er konnte den Dickschädel Zhang Zhengzhong nicht überreden. Wir anderen hatten alle unterschrieben. Dabei war mir längst klar, dass die vielen freiwilligen Meldungen, die im Laufe der zweiwöchigen Kampagne zusammengekommen waren, nicht widerspiegelten, was jeder tatsächlich dachte. Ich begann, Zhang Zhengzhong zu bewundern. Er war immerhin ein Kerl!

Nachdem zwischenzeitlich wieder Ruhe eingekehrt war und wir sogar einigen Sprachunterricht erhielten, kündigte die Hochschulleitung eines Morgens eine Vollversammlung an, auf der die Namen derer verlesen werden sollten, die nach Korea geschickt würden. Jetzt wurde es ernst.

Ich fürchtete mich allmählich davor, nach Korea gehen zu müssen. Bei der Vorstellung, Blut zu sehen, wurde mir ganz flau. Ich hatte doch das Leben noch gar nicht richtig genossen. Nein, die Aussicht, an die Front geschickt zu werden, behagte mir ganz und gar nicht.

Zuvor fand noch eine Gruppendiskussion statt. Lin Yi hockte dabei wie geistesabwesend in einer Ecke, das Gesicht leichenblass, und hielt den Blick gesenkt. Die Mädchen zeigten sich eher entspannt. Für sie war die Wahrscheinlichkeit, nach Korea gehen zu müssen, minimal. Einer Kommilitonin, wir nannten sie Blümchen, war Lin Yis Veränderung anscheinend nicht entgangen. «Gruppenleiter Wu», rief sie. «Mir scheint, dass einige Probleme damit haben, nun vielleicht tatsächlich nach Korea geschickt zu werden. Hat die Hochschulleitung nicht gesagt, dass man den Antrag noch vor Verlesung der Namen zurückziehen könnte?»

Ich blickte nur auf Lin Yi. Er war doch sonst immer mit dem Mundwerk vornweg. Wieso wirkte er plötzlich wie ein Luftballon, aus dem die Luft entwichen war? «Lin Yi», rief ich, «wie kommt es, dass du heute so still bist? Hast du plötzlich auch Probleme?»

Er errötete und sagte trotzig: «Ich habe keine Probleme, aber ich hatte es mir doch einfacher vorgestellt. Meine Eltern haben nur mich als ihren einzigen Sohn. Sollte mir in Korea etwas zustoßen, wer soll sich dann später um meine Eltern kümmern? Soviel ich weiß, werden aus diesem Grunde normalerweise auch keine Einzelkinder in die Armee eingezogen. Für mich persönlich wäre es völlig in Ordnung, wenn ich nach Korea gehen soll. Ich stehe zu meinem Entschluss. Es sind nur meine Eltern, an die ich im Moment denke.»

Alles begann zu tuscheln. Lin Yi, der Liebling der Parteikader, der immer so heldenhaft auftrat und mich als Muttersöhnchen tituliert hatte, sprach plötzlich von seinen Eltern! «Ach? Ziehen dich jetzt deine Eltern an deinen Hosenbeinen zurück?», trumpfte ich auf. «Dann möchtest du jetzt wohl auch lieber nach Hause und dir die Brust geben lassen?»

Wie von einer Tarantel gestochen sprang er auf. Mit seinen hervorquellenden Augen sah er aus wie ein Frosch. «Wer behauptet denn, dass mich meine Eltern an den Hosenbeinen zurückziehen? Ich habe nur wie alle anderen meine Schwierigkeiten beschrieben. Ihr wisst, dass ich meine Entschlossenheit, nach Korea zu gehen, mit meinem Blut besiegelt habe. Ich bin bereit, bis an mein Lebensende für den Kommunismus zu kämpfen!»

Zum Abendessen gab es diesmal Fisch, Fleisch, Gemüse und köstlichen weißen Duftreis aus großen Holzbottichen, ein wahres Festessen, doch kaum einer hatte Appetit. Der Einzige, der diese Mahlzeit genoss, war der ehrliche Dickschädel Zhang Zhengzhong. Er hatte sich bis zuletzt nicht gemeldet.

Zu Beginn der Vollversammlung hielt der Parteisekretär der Hochschule eine lange politische Rede. Er forderte, dass wir Studenten uns an den schwer arbeitenden Werktätigen und entbehrungsreich lebenden Bauern ein Beispiel nehmen und zu persönlichen Opfern bereit sein sollten. «Diejenigen von euch, die nun nach Korea geschickt werden, werden uns allen als Vorbild dienen. Und die anderen, die hier bleiben, sollten nicht enttäuscht sein. Es ist durchaus möglich, dass wir später noch ein zweites oder drittes Kontingent schicken. Auf jeden Fall wird jeder von euch die Chance bekommen, etwas für das Vaterland zu tun.»

Dann endlich wurden die Listen verlesen. Man hätte eine Stecknadel zu Boden fallen hören, so still war es plötzlich in der Aula. Die ersten Namen wurden aufgerufen. Jubel brach aus. Jeder Aufgerufene hatte sogleich aufs Podium zu kommen, wo ihm eine große rote Papierblume an die Brust geheftet wurde. Mein Herz klopfte mir bis zum Hals. Immer mehr Namen fielen, und einige der Auserwählten wurden von ihren Kommilitonen sogar in die Luft geworfen. Ich kannte keinen der bis dahin verlesenen Namen, bis plötzlich Robby aufgerufen wurde, mein einziger Freund hier an der Hochschule. Dann kam unsere Gruppe an die Reihe. Ich hielt die Luft an und merkte, dass ich ein wenig zitterte.

Der kurzsichtige Li Qing wurde aufgerufen, und unsere Gruppe begann zu jubeln. Als Zweiter folgte Lin Yi, und schon ging es mit einer anderen Gruppe weiter. Von uns würden also nur zwei nach Korea gehen. Erleichtert atmete ich auf.

Als der letzte von rund siebzig Namen aufgerufen worden war, ertönte donnernder Applaus. Da erhob einer der Kriegsfreiwilligen auf dem Podium seine Stimme und begann zu singen: «Voller Mut und voller Stolz über-quer'n wir den Yalu ...» Das Lied war eigens für den Einsatz in Korea komponiert worden und inzwischen in ganz China bekannt. Es erinnerte an einen Militärmarsch, und sein Rhythmus war so mitreißend, dass alle begeistert mitsangen. Oder war es, wie bei mir, eher Erleichterung, die uns so laut mitsingen ließ? Li Qing stand oben auf dem Podium in vorderster Reihe und sang aus voller Kehle, während sein Arm energisch mitdirigierte. Er schien wirklich stolz und zufrieden zu sein.

«Wo ist eigentlich Lin Yi?», fragte die «große Schwester» Yang erstaunt. «Eben war er doch noch da!»

«Ich weiß auch nicht», entgegnete ich und gab die Frage an meinen Nachbarn weiter. Lin Yi stand nicht auf der Bühne, er war verschwunden.

Die nächsten Tage waren alle mit der Vorbereitung eines großen Abschiedsfestes für die Kriegsfreiwilligen beschäftigt. Theaterstücke wurden geschrieben und einstudiert, Lieder komponiert und eingeübt, koreanische Tänze geprobt. Einige halfen in der Küche bei der Vorbereitung des Festessens, andere beim Waschen von Kleidung und Bettdecken, die die Freiwilligen nach Korea mitnehmen sollten.

Das Fest fand an einem Samstagabend statt. Nie zuvor hatte es an unserer Hochschule so etwas gegeben. Der kurzsichtige Li Qing war wie verwandelt. Keiner hatte ihn jemals so lebendig und fröhlich gesehen. Er stellte sich selbstbewusst auf die Bühne und rezitierte eine Ballade, die er selbst verfasst hatte. Ich war stolz darauf, dass er zu meiner Gruppe gehörte.

An diesem Abend traf ich auch Robby wieder. Ich wollte ihm gratulieren, doch er kam mir zuvor: «Du hast aber Glück gehabt!», sagte er. «Du kannst hier bleiben und studieren, und ich muss an die Front.»

«Bereust du, dass du dich gemeldet hast?»

«Die Partei hat entschieden, also gehe ich. Es wird schon nicht so schlimm werden. Ich habe gehört, dass sie uns als Dolmetscher für die amerikanischen Gefangenen brauchen. Hast du nicht gemerkt, dass fast alle, die geschickt werden, aus den Englischklassen kommen?»

Das war mir gar nicht aufgefallen. «Nimmst du deine Gitarre auch mit?», fragte ich.

«Soll ich?»

«Ja klar. Vielleicht kannst du von den amerikanischen Gefangenen ein paar neue Lieder lernen. Die spielst du mir dann vor, wenn du zurückkommst.»

«Meinst du, dass ich zurückkomme?»

Für einen Moment glaubte ich, das Blut würde mir in den Adern gefrieren. «Na klar. Ganz bestimmt!» Wir fielen uns in die Arme.

Einige Tage später fuhren morgens um sechs Uhr Lastwagen vor, um die Kriegsfreiwilligen abzuholen. Mit Umarmungen und Tränen nahmen wir voneinander Abschied. Unter Gong- und Trommelschlägen, Feuerwerksgeknall, Gesang und lauten Parolen bestiegen die Ausgewählten die Lastwagen. Sie trugen neue khakifarbene Armeeuniformen und große rote Papierblumen an der Brusttasche. Erst als sie schon nicht mehr zu sehen waren, zerstreute sich die Menge still und gesenkten Hauptes. Ich fühlte plötzlich großes Mitleid mit Robby, Li Qing und selbst mit Lin Yi. Was sie wohl erwartete? Ruhm und Ehre oder Kälte, Hunger und Tod? Sie hatten noch nicht einmal Gelegenheit gehabt, sich von ihren Familien zu verabschieden.

Eine Woche später erreichte uns ein Brief aus Andong, einer Stadt an der koreanischen Grenze. «Li Qing hat geschrieben», riefen einige, die seine Schrift sofort erkannten. Gruppenleiter Wu öffnete den Brief und bat Blümchen, eine Verehrerin von Li Qing, den Brief vorzulesen. Er berichtete, dass Lin Yi bei der Zugfahrt nach Korea den ersten längeren Zwischenstopp genutzt hatte zu desertieren.

Studium in neuen Räumen

Immer wieder war uns gesagt worden, das neue China brauche Funktionäre mit Fremdsprachenkenntnis. Dennoch schien es mit unserer Sprachausbildung keine Eile zu haben. Ein ganzes Jahr lang stand die ideologische Umerziehung obenan, auch wenn, wie bei den Russischstudenten, eine Gefährdung durch kapitalistisches Gedankengut im Zuge der Berufsausübung gar nicht zu befürchten war. Erst als die Sowjetunion die Entsendung vieler Experten ankündigte und China dringend eine noch sehr viel größere Zahl an Russischdolmetschern benötigte als zuvor angenommen, wurden die Prioritäten anders gesetzt. Dazu wurde die Abteilung für russische Sprache aus der Fremdsprachenhochschule ausgegliedert, zu einem eigenständigen Russischinstitut umgewandelt und in die Innenstadt verlegt. Zudem vervielfachte sich die Zahl der Russischstudenten auf einen Schlag durch zahlreiche Neuanfänger.

Der Umzug bescherte uns nicht nur eine überaus angenehme zentrale Lage, sondern auch viel bessere Räumlichkeiten. In dem neuen Schlafsaal, den ich mit dreiundzwanzig anderen jungen Männern teilte, lebte es sich im Vergleich zur vorangegangenen Unterkunft paradiesisch, denn jeder erhielt ein eigenes Bett. Es waren doppelstöckige Betten, und ich entschied mich für die obere Etage. Im Zuge der Neuorganisation wurden auch unsere alten Gruppen aufgelöst und reine Sprachklassen gebildet. Von den alten Gruppenmitgliedern kam nur der Dickkopf Zhang Zhengzhong mit mir zusammen in dieselbe Klasse. Ansonsten blieb uns außer einigen Lehrern auch Genossin Xu Ping am Russischinstitut erhalten. Ich freute mich darüber, bedauerte aber die räumliche Trennung von Lucy, die ja der Englischabteilung angehörte.

Alle versenkten sich nun mit großem Elan in ihr Sprachstudium. Wir wussten, dass es nicht zum eigenen Nutzen, sondern zu dem des Vaterlandes geschah. Um gemeinsam so schnell wie möglich voranzukommen, tauschten wir neue Lernmethoden aus. Zum Beispiel berichtete ein Student von seiner genialen Methode des Vokabelnlernens. «Jedesmal, wenn ich ein Wort im Wörterbuch nachschlage, setzte ich einen Punkt daneben. Wenn ich erneut nachschlage, einen zweiten. Stehen dann drei Punkte neben einem Wort, lasse ich nicht eher locker, bis ich es mir endlich eingeprägt habe.» Ich propagierte dagegen die Methode der Mustersätze. Wenn man sie immer wieder laut las, prägten sie sich rasch ein, und man vermied bei der Bildung ähnlicher Sätze unnötige Fehler. Bald einigten wir uns darauf, bei den Mahlzeiten nur noch Russisch zu sprechen. Wer einen chinesischen Satz sagte, musste Strafe zahlen. Wir hielten das tatsächlich eine ganze Zeit lang durch. Selbst nach zehn Uhr abends, wenn das Licht ausgeschaltet wurde, paukte ich im Bett wie viele andere im Schein einer Taschenlampe weiter Vokabeln.

Im Rahmen des Kulturaustauschs kamen bald zwei Dozenten aus Moskau an unser Institut. Von ihnen lernte ich unglaublich viel. Professor Mamonow, der um die vierzig Jahre alt war und schon eine Glatze hatte, war sehr temperamentvoll und immer zu Scherzen aufgelegt. Da er kein Chinesisch sprach und wir bis dahin nur wenig Russisch beherrschten, redete er oft mit Händen und Füßen, tanzte oder führte Pantomimen vor, um uns die Bedeutung einzelner Wörter verständlich zu machen. Sein Engagement ließ jeden von uns seinen Stolz auf die russische Literatur, Kultur und Musik spüren. Ich gewann durch ihn den Eindruck, dass die russische Sprache die reichste der Welt sein müsse. Stieß ich bei der Lektüre auf irgendwelche Schwierigkeiten, ging ich zu ihm; manchmal suchte ich ihn sogar abends in seinem Zimmer auf. Meistens gab er bei seinen Antworten viele weitere Erklärungen zur Kulturgeschichte Russlands.

Die andere russische Lehrkraft, Professorin Igonikowa, war Mitte vierzig und nahm in ihrer mütterlichen Art auch Anteil an unserem Privatleben, ohne sich dabei aufzudrängen. Auch sie sprach kein Chinesisch, aber dank ihrer langsamen, deutlichen Aussprache konnten wir sie immer hervorragend verstehen. Alle schwärmten von ihrer «Silberglockenstimme». Eine ihrer Stärken war das Vorlesen von Lyrik und Prosa. Auch wenn wir den Text oft noch nicht verstanden, spürten wir doch die Stimmung und fühlten die Freude oder Trauer mit. Durch die Art, wie sie uns die Poesie nahe brachte, weckte sie in uns den Wunsch, die Gedichte auswendig zu lernen. Bis heute habe ich einige dieser Gedichte immer noch im Gedächtnis.

Einmal riet sie uns: «Wenn ihr russische Lyrik besser verstehen wollt, müsst ihr russische Lieder singen lernen.» Wie von selbst bildete sich in unserer Klasse ein Singkreis, der sich regelmäßig traf. Bald schlossen sich Kommilitonen aus anderen Klassen an, so dass ein richtiger Chor entstand. Wir empfanden die Lieder als so wunderschön und zu Herzen gehend, dass sich viele von uns in das Russische geradezu verliebten. So gestaltete sich unser Bild vom sowjetischen Russland außerordentlich positiv.

Im Februar 1951 erhielten wir anlässlich des traditionellen Frühlingsfestes zwei Wochen Ferien. Sogleich wuchs in mir die Sehnsucht nach Shanghai und meiner Mutter. Genossin Xu Ping, die ich bat, nach Shanghai fahren zu dürfen, stimmte ohne weiteres zu. Die meisten auswärtigen Studenten würden nach Hause fahren, sagte sie, und die Eisenbahn biete den Studenten sogar stark verbilligte Fahrkarten an. Ich war beeindruckt. In der alten Gesellschaft wäre es undenkbar gewesen, dass die Eisenbahn zugunsten schmaler Geldbeutel ihre Preise senkte.

Bei nächster Gelegenheit fuhr ich zu Lucy hinaus an die Fremdsprachenhochschule, um sie zu fragen, ob sie mitkäme.

«Was soll ich denn in Shanghai?», entgegnete sie. «Außer meiner Großmutter wohnt niemand mehr dort. Manchmal weiß ich wirklich nicht mehr, wo ich eigentlich hingehöre und wo mein Zuhause ist. Am liebsten würde ich ganz weit weg ins Ausland gehen. Ich habe allmählich das Gefühl, dass das neue China mich gar nicht braucht.»

Ich wunderte mich. «Wie kann das sein? Es gibt so vieles für uns zu tun!»

«Ich weiß nicht. Meine kapitalistische Abstammung hat mich doch sehr geprägt», meinte sie kopfschüttelnd. «Mir ist zum Beispiel diese Begeisterung für den Koreakrieg recht fremd. Ich verstehe nicht, wieso sich unsere Kommilitonen unbedingt in diese Gefahr begeben wollten.»

«Aber vor der Befreiung hast du doch auch unter dem Einsatz deines Lebens für die Revolution gekämpft!»

«Aber das habe ich für die Gerechtigkeit, für die Armen und Unterdrückten getan, weniger für die Kommunistische Partei. Ich weiß nicht, ob ich für die Partei mein Leben aufs Spiel setzen würde. Dazu fehlt mir wohl die Begeisterung. Die anderen reden doch nur so patriotisch, weil sie Parteimitglieder werden wollen. Ich bin ja schon Mitglied.»

«Aber jetzt komm doch mit nach Shanghai! Soweit ich weiß, fahren fast alle nach Hause. In Shanghai könnten wir die Ferien gemeinsam verbringen. Das würde dich auch wieder aufmuntern.» Ich wünschte mir plötzlich nichts sehnlicher, als mit ihr ein paar Tage zusammen zu sein.

«Wirst du denn überhaupt Zeit für mich haben?», fragte sie skeptisch. «Du kennst doch so viele Leute in Shanghai.»

«Für dich habe ich immer Zeit.»

«Du Schlingel» – sie drohte mit dem Finger – «deine Umerziehung lässt doch noch sehr zu wünschen übrig!» Sie überlegte einen Moment und rief dann fröhlich: «Na gut, ich komme mit!»

Auf dem Bahnsteig des alten Pekinger Westbahnhofs herrschte wüstes Gedränge. Als der Zug endlich bereit stand, konnte ich uns beiden nur mit Mühe einen Sitzplatz ergattern. Wir saßen in einem Waggon dritter Klasse zwischen Arbeitern, Bauern, Soldaten und Kleinhändlern, die alle zum Frühlingsfest heimwärts fuhren. Der Wagen war voll gestopft mit Gepäckstücken aller Art und Größe. Aus einigen Körben schauten lebende Hühner heraus, Netze und Taschen quollen über von Eiern, Gemüse und anderen Esswaren. Eine Wolke merkwürdiger Gerüche schwebte über allem. Wir schienen unter den anderen richtig aufzufallen, denn man beobachtete uns neugierig. Lucy sprach nicht viel und verfolgte stattdessen voller Interesse, was um uns herum geschah. Wahrscheinlich hatte sie sich noch nie in einer so bunten und für sie fremdartigen Gesellschaft befunden.

Es wurde Nacht und still im Zug, die meisten schliefen schon. Lucy hatte den Kopf an meine Schulter gelehnt, und ich spürte ihren ruhigen Atem. Offenbar war auch sie eingeschlummert. Ein tiefes Glücksgefühl erfüllte mich. Ich wagte nicht, mich zu bewegen, aus Furcht, sie könnte aufwachen, und wünschte, die Nacht würde nie enden. Langsam nickte auch ich ein. Als es wieder hell wurde, lehnte Lucys Kopf noch immer an meiner Schulter.

Nach sechsunddreißig Stunden Fahrt trafen wir in Shanghai ein. Die Stadt hatte sich auf den ersten Blick kaum verändert. Wir fuhren mit einer Dreiradrikscha durch die altbekannten Straßen, auf denen es noch immer genauso laut und geschäftig zuging wie früher. Die Häuser, die engen Seitengassen, die kleinen Imbisslokale an den Straßenecken, die schon immer ihren Reiz auf mich ausgeübt hatten, sogar die bunten Neonreklamen: alles war beim Alten geblieben. Ich konnte gar nicht sagen, warum, aber ich empfand sofort eine große Erleichterung. Ich liebte diese Straßen, auf denen ich schon als Kind gespielt hatte, und genoss es, die hübsch gekleideten Mädchen die Straßen entlangschlendern zu sehen. Man sah jetzt mehr Uniformen, das fiel mir auf, aber ansonsten überwog doch die modisch geschnittene, bunte Kleidung. Dass die Shanghaier Mädchen die hübschesten von ganz China sind, stand für mich fest. Sie sind nicht so kräftig und breit gebaut wie die Nordchinesinnen, aber auch nicht so winzig wie die Südchinesinnen. Ihre Haut ist nicht so dunkel wie die der Mädchen in den westlichen Provinzen. Sie sind lebhaft, klug, manchmal sogar ein wenig zu schlau, und die meisten sind gebildet.

Vor Lucys Haus angekommen verabredeten wir uns für den nächsten Tag. Dann ließ ich mich allein nach Hause fahren. Mutter wohnte noch im alten Viertel, nur dass die Avenue Joffre inzwischen Huaihai Lu hieß.

Welch ein freudiges Wiedersehen! Mutter war überglücklich. Sie betrachtete ihren fast zwanzigjährigen Jungen von oben bis unten und fand vor Freude keine Worte. Meine Uniform schien sie zu amüsieren, denn sie lachte herzlich. Gerade in dieser Uniform fühlte ich mich sehr erwachsen und schloss meine kleine Mutter selig in die Arme. Dann schaute ich mich in der Wohnung um: Nichts hatte sich verändert. Ich war todmüde, aber viel zu aufgeregt, um zu schlafen. Es gab viel zu erzählen, und Mutter wollte alles ganz genau wissen. Wie erwartet, fühlte sie sich ohne ihre Kinder einsam, doch die Schule und der gute Kontakt zu ihren Kollegen trösteten sie. Außerdem kümmerte sie sich um Tiantian, eine ihrer Schülerinnen, die zusammen mit ihrer Großmutter in größter Armut lebte. Der Vater war als Konterrevolutionär erschossen worden, die Mutter, die zu ihrem Mann gehalten hatte, saß im Gefängnis. Tiantian litt an Lymphtuberkulose, und Mutter unterstützte sie bei der Finanzierung der Behandlung. Die Heilung des Mädchens sollte sich über einige Jahre hinziehen, doch schließlich genas sie und blieb meiner Mutter wie eine Tochter ein Leben lang verbunden.

Am meisten freute mich, dass Mutter mit nur elf anderen Shanghaier Kollegen als vorbildliche Lehrkraft ausgezeichnet worden war. Zur Anerkennung ihrer Leistungen hatte die Stadt ihr einen mehrwöchigen Urlaub in Hangzhou finanziert. Auch finanziell stand sie gut da, denn sie bekam ein besseres Gehalt als früher. Nie zuvor hatte es ein so schönes Abendessen bei uns zu Hause gegeben. Alle meine Lieblingsspeisen standen auf dem Tisch.

«In Shanghai ist es am schönsten», rief ich und schob mir ein besonders leckeres Stück Gemüse in den Mund.

«Gefällt dir Peking nicht?»

«Doch, aber meine liebe Mutter lebt in Shanghai.»

Sie wirkte nur wenig älter als früher, dabei aber fröhlicher und frischer, und ihre Augen leuchteten. Sie trug ein dunkelblaues, traditionell geschnittenes Kleid, lang und eng anliegend und mit einem Stehkragen, darüber eine einfache Strickjacke.

«Gehst du noch in die Kirche?», fragte ich sie.

«Nein, nicht mehr. Jahrelang habe ich zu Gott gebetet, aber schließlich war es die Revolution, die uns aus der Armut befreit hat. Ich bin so manches Mal stolz darauf gewesen, dass sich alle meine Kinder der Revolution angeschlossen haben.»

Als Mutter am nächsten Morgen zur Schule ging, machte ich mich auf den Weg zu Lucy. Wie lange war es her, seit ich sie damals besucht hatte! Obwohl ich nur das eine Mal dort gewesen war, schien mir der Weg zu ihrem Haus seltsam vertraut. Ich klingelte am Gartentor und wartete auf Einlass. Von weitem sah ich eine junge Frau in dunkelrotem Rock, weißer Bluse und rosa Jackett aus der Haustür treten, eine wunderschöne Erscheinung. Es war Lucy. Gestern noch hatte sie ihre Uniform getragen, heute verwandelte sie der neueste Shanghaier Schick wieder in ein vornehmes junges Fräulein. Sie sah unglaublich süß aus, aber irgendwie fand ich es unangemessen. Ich selbst hatte zwar auch meine Uniformhose gegen eine zivile Anzughose eingetauscht und mir dazu einen normalen Wollpullover angezogen, doch darüber trug ich noch immer das Uniformjackett.

«Wie sehe ich aus?», fragte sie lachend und öffnete das Tor.

«Fantastisch! Du willst wohl einen umerzogenen Revolutionär ärgern!» Sie führte mich ins Haus, wo ich meine Jacke ablegte. «So revolutionär bin ich auch nicht.»

Äußerlich schien sich in der Villa wenig verändert zu haben, doch die Atmosphäre hatte sich gewandelt. Außer der Großmutter lebte nur noch eine alte Dienerin in dem riesigen Haus, die Einzige, die von dem vielen Personal übrig geblieben war. Lucy geleitete mich in den Salon, in dem damals die Party stattgefunden hatte. Noch immer standen dort die mächtigen Ledersofas und Ledersessel, daneben einige kleine Tische und Schränke sowie kostbare Vasen. Ich sah mich um und entdeckte auch wieder das Radio mit dem Plattenspieler, made in Germany. Daneben lagen in einem Regal unzählige Schallplatten. Ich legte Tanzmusik auf, Foxtrott, Walzer, Tango, Rumba ... Wir tanzten quer durch den Raum, unbeschwert und glücklich. Die Nöte der letzten Monate waren vergessen, ich wiegte mich in den Klängen der Musik und sah in Lucys schönes Gesicht. Als der Rhythmus langsamer wurde, fasste ich mir ein Herz und drückte sie an mich: «Bin ich immer noch ein Kind für dich?», flüsterte ich.

Sie schaute mich mit großen Augen an, zog schließlich die Nase kraus und sagte lächelnd: «Du bist der einzige Junge, mit dem ich alles zu besprechen wage. Unsere Freundschaft ist sehr rein und deshalb kostbarer als alles andere. Ich hoffe, du bleibst mir ein Leben lang ein treuer Freund. Aber ich habe immer das Gefühl, ich wäre älter als du, obwohl wir gleichaltrig sind.» Sie schwieg für einen Moment und stellte dann fest: «Als Liebhaber bist du mir zu jung.»

Ihre Worte schmerzten, doch ich versuchte, mir nichts anmerken zu lassen. Sie schaute mich prüfend an und fragte dann: «Kannst du das akzeptieren?»

«Ja», sagte ich und dachte, dass ich sie mit der Zeit vielleicht doch noch erobern könnte. «Du bleibst eben immer ein Fräulein, das sich nicht umerziehen lässt.»

«Komm, ich zeige dir mein Zimmer!» Sie führte mich über eine breite, mit einem roten Läufer ausgelegte Treppe hinauf in die dritte Etage. Beim Eintritt in ihr Zimmer verschlug es mir fast den Atem. So etwas hatte ich zuvor nur in Filmen gesehen: ein Himmelbett mit milchweißen Säulen und goldenen Verzierungen; die Bettdecke und der Bettvorhang waren aus gelbem Brokat. Zierliche Sessel, ein Schreibtisch und eine Schminkkommode mit Spiegel vervollständigten die Möblierung. Alles war farblich aufeinander abgestimmt und sah sehr gemütlich aus. Unter der Glasplatte ihres Schreibtisches lag ein großes Foto von ihr, das sie in einem nach westlicher Mode geschnittenen, langen weißen Kleid am Flügel sitzend zeigte. «Erinnerungen aus kapitalistischer Zeit», flachste Lucy und deckte das Bild mit der Hand ab. «Ich sollte besser nicht mehr zurückkehren. Hier holt mich die Vergangenheit ein. Kaum kam ich gestern Abend nach Hause, besuchten mich mein Onkel und meine Tante. Sie sind genauso wie früher, haben sich überhaupt nicht verändert. Und ich muss sagen, es gefiel mir, wie wir ein richtiges Festessen einnahmen und sie mich mit Liebe und Zuwendung verwöhnten. Wenn ich das noch ein paar Tage länger mitmache, lasse ich mich vielleicht wieder völlig ins gemütliche kapitalistische Nest sinken.»

«Na und? Du kannst das doch ruhig mitmachen. Du brauchst deine geistige Einstellung ja deshalb nicht aufzugeben.»

«Ich muss zugeben, dass ich diesen Luxus hier im Hause mag. Nur passt er nicht mehr in unsere neue Gesellschaft. Die Standpunkte und Maßstäbe haben sich total geändert.»

In diesem Moment trat eine alte Frau ein: «Gnädiges Fräulein, die gnädige alte Dame lässt Sie und Ihren Besuch zum Frühstück bitten.»

Lucy verzog das Gesicht und errötete: «Mutter Li, ich habe dir doch gestern Abend gesagt, dass wir jetzt nicht mehr in der alten Gesellschaft leben. Du sollst mich nicht mehr ‹gnädiges Fräulein› nennen.»

«Ach ja, gnädiges Fräulein, das habe ich ganz vergessen. Nächstes Mal denke ich daran», entschuldigte sich die alte Frau und verschwand.

«Das war unsere alte Dienerin», erläuterte Lucy. «Sie arbeitet schon seit Ewigkeiten bei uns. Komm, lass uns zum Frühstück gehen!»

«Aber es ist doch schon nach zehn! Hast du denn noch nicht gefrühstückt?»

«Nein. Oma steht morgens immer erst spät auf und geht abends spät ins Bett. Typisch kapitalistisch.»

Lucys Großmutter erwartete uns bereits im Esszimmer an einem reich gedeckten Tisch.

«Setzt euch!», rief sie einladend und musterte mich neugierig von oben bis unten. Sie sah sehr vornehm aus in ihrem traditionellen, engen Seidenkleid, die Haare zu einem modernen Dutt hochgesteckt, das Gesicht leicht geschminkt, eine typische Erscheinung aus alten Tagen. Sie mochte um die sechzig sein. Das Geschirr war feinstes Porzellan, die Essstäbchen aus Silber, und die Speisen, die auf dem Tisch standen, ließen mir das Wasser im Munde zusammenlaufen. Trotzdem wünschte ich mich in diesem Augenblick in die schlichte Mensa unseres Russischinstitutes zurück, denn der Blick, mit dem sie mich ansah, war mir unangenehm.

«Ich freue mich, dass ihr mir Gesellschaft leistet. Kennt ihr euch schon lange?»

«Ja», erwiderte Lucy. «Wir sind zusammen zur Mittelschule gegangen.»

Die alte Dame musterte mich erneut. «Nicht übel. Er sieht ganz anständig aus.» Sie nahm einen Bissen zu sich und sagte dann zu Lucy: «Du solltest ihn deinen Eltern vorstellen. Sie kommen ja bald aus Hongkong zu Besuch. In diesen Zeiten ist es am besten, so früh wie möglich zu heiraten. Sonst gerätst du noch an einen Soldaten der Befreiungsarmee.»

«Oma, können wir nicht über etwas anderes reden?», bat Lucy verlegen.

«Alle sagen, ich sei eine Kapitalistin», fuhr sie verächtlich fort. «Aber in Wirklichkeit gehöre ich jetzt zum Proletariat. Unsere neue Regierung zwang mich, mein ganzes Geld in Staatsanleihen zu stecken oder in Militärflugzeuge und Kanonen zu investieren. Unsere Tabakfabrik gehört uns praktisch auch nicht mehr. Es wurde eine so genannte revolutionäre Gewerkschaft gegründet, und wir haben keine Möglichkeit mehr, Arbeiter einzustellen oder zu entlassen, wie wir es für nötig halten. Alles muss zuerst mit der Gewerkschaft besprochen werden. Dann ist es doch nicht mehr unsere eigene Fabrik, oder? Na ja, mir ist die Fabrik sowieso egal. Darum sollen sich deine Eltern kümmern ...»

Sie redete ohne Unterbrechung, klagte über die neuen Zeiten und trauerte den alten nach. Ab und zu flocht sie ein paar revolutionäre Vokabeln ein, was lächerlich klang und überhaupt nicht zu ihr passte. Ich schaute Lucy an und merkte, dass sie genauso ungeduldig wurde wie ich. Aber nach altchinesischer Sitte durften die Jüngeren den Älteren nicht widersprechen.

«Oma», rief Lucy schließlich. «Wir haben noch eine Verabredung in der Stadt. Wir müssen jetzt aufbrechen.»

Erleichtert sprang ich auf. Ich glaubte schon zu ersticken.

«Ich hab es ja gesagt», erklärte Lucy, als wir das Haus verließen, «sie ist eine Kapitalistin.»

Wir schlenderten durch die vertrauten Straßen und Gassen. Als wir an unserer alten Kirche vorbeikamen, fragte Lucy: «Weißt du eigentlich, was aus Pastor Bi geworden ist?»

«Nein, unser Kontakt brach schon kurz vor der Revolution ab», antwortete ich. «Sollen wir mal reingehen und nach ihm fragen?»

Die Kirchentür stand offen. Alles sah noch genauso aus wie früher. Für eine Weile setzten wir uns auf unseren alten Stammplatz, gingen dann in die Nebenräume in der Hoffnung, jemanden zu finden, der uns Auskunft geben könnte. Im letzten Zimmer trafen wir mehrere Männer an. Sie schauten überrascht auf, als wir eintraten. Zwei von ihnen kannte ich vom Sehen.

«Können Sie uns sagen, wo Pastor Bi ist?», fragte ich höflich. Die Leute schienen für einen Moment zu erstarren und schauten sich dann viel sagend an. Der älteste von ihnen musterte mich eingehend.

«Ich habe hier früher oft die Gottesdienste besucht», fügte ich hinzu, denn ihre Reaktion kam mir seltsam vor.

Plötzlich hellte sich das Gesicht des einen auf, den ich vom Sehen kannte. «Bist du nicht der kleine Guan?», fragte er. «Ja klar! Du hast Pastor Bi doch häufig geholfen.»

Nun lichtete sich auch der skeptische Blick des Älteren, und er erklärte: «Pastor Bi ist längst nicht mehr da. Er soll angeblich in Hongkong sein. Aber wir wissen es nicht genau.»

«Pastor Bi hat als Spion für die CIA gearbeitet», rief ein junger Mann, der mir unbekannt war. «Wusstest du das nicht?»

Der Ältere warf ihm einen vorwurfsvollen Blick zu. Lucy zog mich von hinten am Ärmel. Wahrscheinlich hielt sie es für ratsamer zu gehen. Mir wurde klar, dass uns weitere Fragen in eine heikle Lage bringen könnten. So beließen wir es bei der kargen Auskunft und gingen. Noch lange rätselten wir, ob Pastor Bi wohl wirklich als Spion gearbeitet hatte.

«Lass uns doch mal in das kleine Café gehen, in dem wir uns letztes Mal getroffen haben», schlug ich vor.

Lucy schaute mich erstaunt an und lachte: «Die Umerziehung hat bei dir wirklich versagt! Wie kannst du überhaupt nach Peking zurückgehen, wenn das so weitergeht?»

Wenige Minuten später saßen wir in einem Bus, der direkt bis vor das Café fuhr. Die Atmosphäre in dem Bus fiel mir sofort auf. Im Vergleich zur Zeit vor der Befreiung ging man viel freundlicher miteinander um. Der Busfahrer und die Fahrscheinverkäuferinnen sprachen die Fahrgäste nicht mehr mit «Herr» und «Frau» an, sondern nannten jeden «Genosse». Auch die Fahrgäste waren freundlicher als früher. Stieg ein älterer Mensch oder ein Erwachsener mit Kind ein, stand sofort jemand auf und bot seinen Sitzplatz an.

Die Veränderungen in dem Café gefielen uns allerdings weniger. Grelles Licht ersetzte jetzt die einstmals dezente Beleuchtung, und statt romantischer Musik schallte nur das laute Geschnatter eines völlig gewandelten Publikums durch den Raum. Alle Plätze waren besetzt.

«Die Schule meiner Mutter liegt ganz in der Nähe», sagte ich. «Lass uns lieber dorthin gehen. Mutter würde sich bestimmt freuen.»

Ich war sehr aufgeregt, als ich das Schulgelände betrat. Mir schien mein letzter Besuch viele Jahre zurückzuliegen. Überall hingen Plakate mit Parolen: «Wir erschaffen ein noch schöneres China» – «Wir unterstützen den Koreakrieg gegen Amerika» – «Der amerikanische Imperialismus hat keine Chance».

Es war gerade Pause. «Onkel Befreiungssoldat!», schrien die Kinder begeistert, als sie mich entdeckten. Die Kunde verbreitete sich wie ein Lauffeuer: Ein Soldat der Volksbefreiungsarmee besucht die Schule! Mit meiner missverständlichen Uniformjacke war ich eine richtige Sensation. Aus allen Ecken kamen die Schüler angerannt, bildeten spontan ein Spalier und klatschten Beifall. Einige Lehrer tauchten auf, um nach dem Grund des allgemeinen Trubels zu schauen. Einer von ihnen erkannte mich, brachte uns ins Lehrerzimmer und rief: «Der Sohn von Lehrerin Yan besucht uns!» Die ganze Belegschaft saß dort, knapp zwanzig Lehrer und mittendrin meine Mutter. Sofort erhoben sich alle und boten uns einen Sitzplatz und Tee an.

Seit Peking wieder zur Hauptstadt erklärt worden war, genoss die alte Metropole großes Ansehen, und ihr Glanz strahlte auf ihre Bewohner aus. So war denn Besuch aus Peking auch etwas Besonderes. Da die meisten mich noch persönlich kannten, bestürmten sie mich sofort: «Yuqian, deine Mutter hat uns viel von dir erzählt. Du bist sehr progressiv, hast dich sogar freiwillig für den Koreakrieg gemeldet. Wir sind stolz auf dich! Erzähl doch mal ein wenig von Peking!»

«Was soll ich erzählen? Ich weiß gar nicht, wo ich anfangen soll. Vielleicht stellen Sie uns ein paar konkrete Fragen.» Ich zeigte auf Lucy. «Das ist meine ehemalige Mitschülerin aus der Mittelschule, die jetzt wie ich in Peking studiert. Sie kann auch Fragen beantworten.» Lucy errötete ein wenig.

Es folgten allerlei Fragen zur ideologischen Umerziehung, zur Landreform und zur internationalen Lage. Dann wollte eine Lehrerin wissen: «Yuqian, du bist doch sicher schon in der Partei, oder?»

Ich merkte, wie ich rot wurde. «Ich erfülle die Bedingungen noch nicht. Aber ich bemühe mich gerade um eine Aufnahme. Doch sie ...», ich zeigte auf Lucy, «sie ist Parteimitglied.»

Alle Köpfe wandten sich Lucy zu, die zum zweiten Mal errötete und mir einen vorwurfsvollen Blick zuwarf.

Mutter beobachtete stolz und zufrieden das lebhafte Gespräch.

Lucy und ich trafen uns in den nächsten beiden Wochen fast jeden Tag. Wir genossen es, nach Herzenslust herumzuphilosophieren, Späße zu machen und von künftigen Zeiten zu träumen. Wir gingen einkaufen, bummelten durch die Geschäftsstraßen oder über den Bund und saßen fast jeden Abend bei Mutter zum Essen. Mutter freute sich, als sie mich so glücklich sah, denn sie mochte Lucy ebenfalls. Einmal fragte sie mich: «Was ist eigentlich genau zwischen euch beiden?»

Ich lachte und wehrte ab: «Wir sind einfach nur gute Freunde, die ihre gemeinsamen Ferien genießen. Für Lucy bin ich immer noch ein Kind!»

Eines Tages trafen wir beim Stadtbummel einen Studenten, den wir aus Pastor Bis Gemeinde kannten. Er freute sich riesig, uns wieder zu sehen, und wollte uns unbedingt zu sich nach Hause einladen. Eigentlich verspürten wir keine Lust mitzukommen, denn wir hatten früher kaum Kontakt zu ihm unterhalten, aber er ließ nicht locker. Schließlich folgten wir ihm in sein Elternhaus, das sich in einer der vornehmsten Straßen befand; man sah sofort, dass die Familie recht wohlhabend sein musste. Bald setzten sich die Eltern zu uns. Der Vater fragte, wie wir als Studenten die Wochenenden verlebten. «Spielt ihr auch mal Mahjong an der Uni?»

«Wir haben einen Klub, in dem verschiedene Spiele wie Bridge oder auch Mahjong gespielt werden, aber es nehmen nicht viele daran teil», erwiderte ich.

«Dann ist es bei euch also erlaubt zu spielen», stellte er fest.

«Ja, sicher.»

«Siehst du», wandte er sich in triumphierendem Ton an seine Frau, «die Gouverneure und ihre Beamten brandstiften, aber das einfache Volk darf nicht einmal Lampen anzünden!»

Diese Bemerkung traf mich wie ein Schlag. «Wie meinen Sie das?», fragte ich.

«Ihr in Peking dürft Mahjong spielen. Aber hier in Shanghai gibt's deswegen Ärger.»

«Aber Sie spielen ja auch sicher um Geld, oder?»

«Das bisschen Geld! Das hat ja nur symbolische Bedeutung.»

«Sie wissen doch», schaltete sich Lucy ein. «Glücksspiel ist im neuen China verboten.»

«Und wieso? Wir spielen ja schließlich zu Hause und nicht auf der Straße. In der heutigen Gesellschaft dürfen wir nicht spielen, nicht tanzen, keine amerikanischen Filme sehen, und sogar die Freudenhäuser sind alle dichtgemacht!»

Seine Frau warf ihm einen missbilligenden Blick zu. «Jedenfalls gibt es überhaupt kein kulturelles Leben mehr. Mit Shanghai geht es nur noch bergab», fügte er hinzu.

«Geht ihr beiden eigentlich noch in die Kirche?», fragte der Sohn.

Lucy und ich schüttelten den Kopf. Er seufzte resigniert. «Ihr seid den Kommunisten also auch auf den Leim gegangen. Wenn ihr jetzt sogar Gott ablehnt, dann lehnt ihr ja alles aus der alten Gesellschaft ab! Vater ist Kaufmann, und natürlich hat er mit dem Handel viel Geld verdient. Nun kam kürzlich ein Funktionär zu uns, der Vater beschuldigte, jemanden bestochen zu haben. Wir sind uns aber sicher, dass der Mann eigentlich bloß Geld von uns kassieren wollte. Die Kader sind selber nämlich auch korrupt. Wie können wir unter solchen Umständen weiterleben? Es gibt ja noch nicht einmal eine Stelle, an der man sein Recht einklagen könnte!»

Jetzt reichte es mir: «Vor der Befreiung gab es genug arme Menschen, die nichts zu essen und nichts anzuziehen hatten. Hast du damals darüber nachgedacht, wie die weiterleben können? Ihr habt doch genug zu essen und anzuziehen, und ihr wohnt in einem schönen Haus. Und nur weil man euch nicht mehr Mahjong spielen lässt und die Prostitution verboten ist, könnt ihr jetzt nicht mehr leben? Du bist noch so jung, wie kannst du da so rückständig sein?»

Jetzt fuhr sein Vater aus der Haut. Er zeigte fuchtelnd in meine Richtung und rief: «Ja ja, du bist fortschrittlich, und wir sind rückständig, und mein Sohn auch. Aber das eine will ich euch sagen: Wir haben unser Geld nicht gestohlen, sondern es durch ehrliche Arbeit verdient. Da kann ich es schließlich so ausgeben, wie ich will! Ich kümmere mich ja auch nicht um die Angelegenheiten der anderen. Wenn jemand arm ist, dann liegt es an seinem Schicksal. Das ist alles von Gott bestimmt.»

«Lass doch! Es ist sinnlos, sich so zu erregen», versuchte ihn seine Frau zu beruhigen. «Wir werden ja sehen. Die Kommunistische Partei wird sowieso nicht mehr lange durchhalten – die ist nichts anderes als ein kurzer Hasenschwanz.»

«Und ihr werdet erst recht nicht mehr lange durchhalten, ihr Konterrevolutionäre und Kapitalisten», entfuhr es mir. «Komm, Lucy, lass uns gehen!»

Ohne mich zu verabschieden, marschierte ich mit Lucy aus dem Wohnzimmer. Der Vater stürzte hinter uns her und stellte sich uns in den Weg, lächelte unterwürfig und sagte: «Warum so wütend? Wir haben doch bloß ein wenig diskutiert. Bitte erzählt es nicht weiter. Ihr seid doch Freunde meines Sohnes. Kommt uns doch wieder mal besuchen.»

«Sie sollten besser der Politik der Partei folgen», sagte Lucy mit ernster Miene, «sonst werden Sie mit Ihrer Einstellung noch große Probleme bekommen.»

«Ja, ja, das werden wir ganz bestimmt tun», versicherte der Vater, dabei dienernd wie ein Sklave.

Die neue Jagdsaison

Der Koreakrieg hielt weiter an, und allmählich schien den Amerikanern der Atem auszugehen. Sie erklärten sich bereit, mit China zu verhandeln. Zu jener Zeit begannen wir Studenten zu verstehen, wie wir die Zeitungen zu lesen hatten. Innerhalb eines langen politischen Artikels gab es meist nur wenige Sätze, die wirklich wichtig waren. Zum Beispiel hieß es am 1. April 1951 in einem Leitartikel der Volkszeitung, dass im Verlaufe des Koreakrieges und bei der Landreform einige Konterrevolutionäre in Erscheinung getreten seien, die die Partei stürzen wollten. In derselben Ausgabe wurde an anderer Stelle von der Niederschlagung der Konterrevolutionäre berichtet. Ihre Zahl gehe in die Millionen. Viele Organisationen aus dem früheren Militär und Geheimdienst, aus Politik und Parteien hätten die Revolution überlebt und agitierten nun im Geheimen gegen die neue Regierung. Auch feudalistische Despoten und Banditen aus religiösen Sekten und Geheimgesellschaften zählten zu den Konterrevolutionären. Seit die Amerikaner in Korea kämpften, witterten diese Leute ihre Chance für eine Rückgewinnung der Macht und verbreiteten deshalb Gerüchte von einem nahen dritten Weltkrieg und einer Rückkehr Jiang Kaisheks. Wir schlossen aus dem Artikel, dass eine neue politische Bewegung bevorstehe, und hofften nur, dass sie sich nicht auf unser Studium auswirken würde.

Schon bald darauf wurde jedoch eine Institutsvollversammlung einberufen, auf der unser Präsident verkündete: «Wir folgen den Anweisungen der Partei und werden deshalb im Rahmen der Kampagne zur Unterdrückung der Konterrevolutionäre ein politisches Studium durchführen. Es findet in den kommenden Sommersemesterferien statt, die daher nicht frei gestaltet werden können.»

Ich war enttäuscht und wütend, als ich das hörte, denn Lucy und ich hatten gemeinsame Ausflüge in die nähere Umgebung geplant. Zwei Mädchen gegenüber, mit denen ich mich in meiner Klasse am besten verstand, machte ich meinem Unmut Luft: «Die Lage ist doch schon kompliziert genug: In Korea haben wir noch immer mit dem Krieg gegen Amerika zu tun und bauen währenddessen unser eigenes Land auf. Warum dann noch eine Kampagne zur Unterdrückung der Konterrevolutionäre? Das bringt doch bloß Chaos! Außerdem kann ich mir nicht vorstellen, dass es hier unter den vielen fleißigen Studenten Konterrevolutionäre geben soll.»

Ich mochte die meisten meiner Kommilitonen sehr gern. Die Hälfte von ihnen waren Mädchen, und von denen hatten die meisten von uns Jungen einen Spitznamen bekommen: Kätzchen, Mäuschen, Eule, Kaninchen. Mit Eule und Kätzchen verstand ich mich am besten. Die beiden dachten ähnlich wie ich und konnten sich ebenso wenig vorstellen, dass es in unserer Klasse irgendwelche Konterrevolutionäre geben sollte. Am folgenden Abend besuchte mich überraschend Genossin Xu Ping. Sie lud mich zu einem Spaziergang ein, und kaum waren wir draußen allein, begann sie mich zu kritisieren: «Wie kannst du behaupten, dass sich in eurer Klasse keine Konterrevolutionäre befinden! Du hast gesagt, eine Kampagne gegen die Konterrevolutionäre würde ein Chaos verursachen. Damit stellst du dich gegen die Anweisungen der Partei. Du hast dich jetzt zwei Jahre lang intensiv mit Politik beschäftigt und äußerst dich immer noch so naiv. Wie ist denn das möglich?»

Ich war zutiefst getroffen: «Wie haben Sie das erfahren?»

«Das steht nicht zur Debatte. Jedenfalls hat sich dein Kommentar schon bis zum Parteikomitee herumgesprochen. Wenn du in Zukunft weiterhin so unbedacht drauflosplapperst, wirst du Probleme bekommen. Überleg mal: Wenn du schon jetzt so sicher bist, dass es in deiner Klasse keine Konterrevolutionäre gibt, sieht es doch so aus, als wolltest du die Kampfbereitschaft gegen sie lähmen. Damit stellst du dich ganz klar auf die Seite des Feindes!»

War das die Möglichkeit? Ich hatte bloß eine etwas leichtsinnige Bemerkung gemacht, und schon wussten es alle! Hatte Kätzchen gepetzt oder Eule? Wütend stürmte ich davon, um sofort nachzuforschen. Genossin Xu Ping versuchte mich am Arm festzuhalten, aber ich schüttelte sie ab und rannte zum Wohnflur der Studentinnen. Als Erste fand ich Kätzchen. Sie war erst vor kurzem in die Jugendliga eingetreten. Vielleicht hatte sie geplaudert. Als ich sie danach fragte, zeigte sie sich genauso überrascht und empört wie ich. Gemeinsam gingen wir zu Eule. Auch sie fand das alles sehr merkwürdig. Ihre Reaktionen überzeugten mich, dass sie es eigentlich nicht gewesen sein konnten. Wir versuchten uns zu erinnern, wer sich bei dem Gespräch in unserer Nähe aufgehalten hatte, aber uns fiel niemand ein. Da sah ich, wie Genossin Xu Ping angelaufen kam. Wahrscheinlich hatte sie mich überall gesucht. Ich ging ihr entgegen.

«Guan, du bist unverbesserlich mit deinem aufbrausenden Temperament. Wieso machst du gleich so viel Lärm um Kleinigkeiten?», fragte sie ungehalten, aber doch so leise, dass die anderen es nicht hören konnten. «Wenn das Parteikomitee hört, dass ich dir das erzählt habe, bekomme ich selbst auch noch Ärger. Ich hatte nur zufällig davon gehört und war mit der Absicht gekommen, dich zu warnen. Es ist undankbar von dir, wenn du dich so verhältst.»

Mir war inzwischen klar geworden, dass ich zu heftig reagiert hatte, und bat sie vielmals um Entschuldigung.

«Kommt», rief Genossin Xu Ping den beiden Mädchen zu, die sich respektvoll abseits hielten. «Wir setzen uns draußen auf die Wiese!»

Wir folgten ihr hinaus ins Freie und setzten uns mit ihr ins Gras.

«Wir müssen uns darüber im Klaren sein», erklärte sie, «dass der Sieg der chinesischen Revolution vom größten Teil des Volkes begrüßt wird, aber eben nicht von allen. Denkt nur an die reichen Beamten und die Grundherren, die ihr Land verloren haben. Auch hier am Institut gibt es Kinder von Grundherren, von denen einige vermutlich ebenso unzufrieden sind wie ihre Väter. Die amerikanischen Truppen stehen vor den Grenzen unseres Landes. Sie würden gern unsere neue Regierung stürzen. Dafür brauchen sie aber innerhalb Chinas Helfer. Natürlich suchen sie sich zuerst diejenigen aus, die mit der Revolution unzufrieden sind. Darum müssen wir wachsam sein. Ihr wisst auch, dass unser Institut Kader für das Militär und für das Außenministerium ausbildet. Auch deswegen können wir hier keine unzuverlässigen Leute dulden. – Übrigens ist man im Parteikomitee der Ansicht, dass ihr drei im Grunde genommen ganz in Ordnung seid und euer Familienhintergrund unproblematisch ist, dass ihr aber politisch noch unreif seid. Seid darum in Zukunft wirklich vorsichtiger bei dem, was ihr sagt!»

Einige Tage später wurde unser stellvertretender Klassenleiter Xu Tianyou heimlich von der Polizei festgenommen. Xu und ich hatten uns immer gut verstanden. Er war ein großer, kräftiger junger Mann mit sonorer Bassstimme, der sich immer nett und freundlich gegenüber seinen Kommilitonen gezeigt und eine sehr progressive Einstellung vertreten hatte. Er war im ganzen Institut beliebt. Seine Festnahme versetzte uns in große Aufregung. Auf Bitten der Institutsleitung erläuterte uns der Polizeichef den Grund für die Festnahme:

«Xu Tianyous Vater ist ein Grundherr aus Hebei. Xu selbst hat als kleiner

Offizier unter der Nationalregierung gedient, was er verschwiegen hat, als er an euer Institut kam. In den letzten Ferien fuhr er nach Hause zu seiner Familie. Er war wohl sehr unzufrieden mit der Landreform. Auf einer öffentlichen Versammlung, auf der sein Vater von den armen Bauern als Ausbeuter angeklagt wurde, schüchterte er mit seiner Uniform die anderen ein. Er erklärte, er sei ein revolutionärer Kader, und drohte, sich an ihnen zu rächen, wenn sie seinem Vater etwas zuleide täten. Nach seiner Rückkehr an die Hochschule schrieb er mehrere Briefe an die Bauern und wiederholte seine Drohung. Einer der Bauern hat das der örtlichen Polizeistelle gemeldet und die Briefe als Beweis vorgelegt. So haben wir schließlich davon erfahren. Nach eingehender Befragung hat Xu Tianyou inzwischen alles zugegeben.»

Der Institutsleiter forderte uns anschließend auf, wachsam zu sein und die versteckten Konterrevolutionäre zu entlarven. Jeder von uns, Studenten wie Mitarbeiter des Instituts, hatte nun einen detaillierten Lebenslauf zu schreiben. Wir sollten uns dabei gegenseitig unterstützen.

Von nun an herrschte in unserer Klasse eine derart bedrückende Stimmung, dass ich manchmal glaubte, nicht mehr richtig atmen zu können. Die neue antikonterrevolutionäre Bewegung säte zwischen allen Misstrauen. Jeder von uns schrieb angespannt an seinem Lebenslauf. Auch ich musste wieder die schwarzen Flecken meiner Vergangenheit wie die Mitgliedschaft in einer christlichen Gemeinde und meine einmalige Tätigkeit als Fremdenführer für amerikanische Besucher darlegen. Als die Lebensläufe in einer ersten Fassung fertig waren, mussten wir uns, wie vorgeschrieben, «gegenseitig unterstützen», das bedeutete, dass jeder seinen Text vorzulesen hatte und die anderen Fragen dazu stellten. Eule, die Jüngste von uns, hatte nicht viel zu berichten. Trotzdem fand man auch bei ihr Haare in der Suppe: «Warum sind deine Eltern damals von Wuhan nach Shanghai umgezogen? Als was arbeitete dein Vater? War er Beamter unter der alten Regierung?» Als sie Letzteres bejahte, wurde sofort nachgehakt: «Dann musst du viel detaillierter über deinen Vater berichten, zum Beispiel, warum er ausgerechnet zu jener Zeit von Wuhan nach Shanghai gewechselt ist!»

Allein das Zuhören bei solchen Befragungen machte mich nervös. Ich bedauerte die älteren Kommilitonen, die lückenlos ihren genauen Lebensweg vom sechsten oder siebten Lebensjahr an aufzeichnen und über jeden Wendepunkt in ihrem Leben ausführlich Rechenschaft ablegen mussten. Es wurde sogar die Nennung von Zeugen verlangt, die beweisen konnten, wie man sich an diesem oder jenem Punkt verhalten hatte. Waren die Eltern als

Kapitalisten oder Grundherren eingestuft oder hatten zu einer Geheimgesellschaft oder ähnlichen Gruppen gehört, dann wurde verlangt, dass man auch über die Großeltern schrieb.

Nachdem Kätzchen, Eule und ich unsere Lebensläufe fertig hatten, verabredeten wir uns mit zwei weiteren Kommilitonen, der kleinen Li und dem dicken Chen, zu einem Ausflug zum Jingshan-Park mit seinem im Volksmund so genannten Kohlehügel, um uns von der bedrückenden Stimmung am Institut zu erholen. Endlich hatte man mal wieder Lust zum Scherzen. Eule baute sich lachend vor uns anderen auf und meinte provozierend: «Ich muss schon sagen: Wir Shanghaier verstehen einfach mehr von vornehmer Lebensart. Wir haben modernere Häuser und ein viel besseres Verkehrssystem. Wir tragen hübschere Kleider, verstehen etwas von raffiniertem Essen und feinen Künsten.»

Das mochte Kätzchen als Pekingerin nicht auf sich sitzen lassen. Doch während sie noch nach Luft schnappte, entgegnete schon der dicke Chen: «Die Shanghaier sind verschlagen und schlimm verwestlicht. Wir Pekinger sind dagegen ehrlich und tolerant. Außerdem ist unsere Landschaft schöner, und wir haben viel mehr Sehenswürdigkeiten.»

Eule widersprach neckend: «Die Pekinger stehen doch noch immer stark unter dem Einfluss der alten Gesellschaft. Die feudalistische Kultur und die konservative, kaiserliche Moral haben die Leute vollkommen verdorben.»

Nun schaltete ich mich ein, denn ich hielt mich für neutral. Zwar stammte ich aus Peking, doch aufgewachsen war ich ja in Shanghai. «Shanghai ist modern, und Peking ist wunderschön. Aber ihr Shanghaier seid die Sklaven des Westens, und ihr Pekinger träumt immer noch vom Kaiser. Ihr gehört alle vier auf die Anklagebank!»

«Und du bist ein Mischling aus Imperialismus und Feudalismus. Du musst als Erster angeklagt werden», konterte Eule.

Wie herrlich es in diesem Park war! Endlich fühlten wir uns frei und konnten sagen, was wir gerade dachten. Wir unterhielten uns über westliche Literatur – über «Anna Karenina» von Tolstoi, über «A Tale of Two Cities» von Charles Dickens und «Der Graf von Monte Christo» von Dumas. Wir diskutierten über amerikanische Filme, die wir gesehen hatten, vor allem über «Vom Winde verweht» und «A song to remember» von Jane Ayle. Wir verzehrten ein kleines Picknick, das wir mitgebracht hatten, und wagten am Pavillon oben auf der Spitze des Hügels sogar ein paar Tanzschritte.

Der Jingshan-Park wurde auch an den nächsten Abenden zu einem Zufluchtsort für uns. Immer wenn der Druck am Institut zu stark wurde, flüchteten wir uns für ein paar Stunden dorthin. Unser geheimes Signal: «Lasst uns mal wieder eine Luftveränderung vornehmen!» Wir fühlten uns im Park wie in einer anderen Welt. Nur dort konnten wir kleine Freiheiten genießen und reden, wie uns der Schnabel gewachsen war.

Eines Abends, als ich gerade noch einmal die «verbesserte» Fassung meines Lebenslaufs durchging, flüsterte mir Kätzchen ins Ohr: «Heute Abend findet eine außerordentliche Versammlung statt. Die Organisation will, dass du daran teilnimmst.»

Ich erschrak. Was für eine Versammlung mochte das sein? «Nimmt unsere ganze Klasse daran teil?»

«Nein», erwiderte sie. «Das soll eine Lagebesprechung werden. Nicht so laut! Lass uns gehen.» Auf dem Weg ins Parteibüro überlegte ich hin und her, was mich da erwarten mochte.

Wir betraten das Büro, in dem sich schon einige andere eingefunden hatten. Unser Klassenleiter war da, einige Mitglieder der Jugendliga, Parteimitglieder und außerdem die kleine Li und Eule. Auch Genossin Xu Ping war anwesend. So ernst, wie alle dreinblickten, verstärkte sich gleich mein mulmiges Gefühl. Ob sie diese Versammlung einberufen hatten, um uns zu kritisieren, weil wir mit unseren Ausflügen gegen die Schuldisziplin verstoßen hatten?

Genossin Xu Ping saß allein an einem Schreibtisch, auf dem eine Lampe brannte, und sah einige Papiere durch. Als wir alle Platz genommen hatten, hob sie den Kopf und fragte den Klassenleiter: «Sind alle anwesend?» Dieser nickte. Lächelnd begann sie zu sprechen: «Heute halten wir hier eine kleine außerordentliche Sitzung ab. Außer Mitgliedern der Partei und der Jugendliga haben wir euch drei dazugeladen. Wir heißen euch herzlich willkommen.» Sie nickte Eule, der kleinen Li und mir freundlich zu und fuhr fort: «Solche Sondersitzungen werden wir künftig häufiger abhalten. Ich bitte euch, gegenüber anderen darüber Stillschweigen zu wahren.»

Demnach befinden wir uns in einer geheimen Sitzung, dachte ich. Nun wurde es schon bedrohlich spannend.

«Heute wollen wir die Situation in eurer Klasse angesichts der gegenwärtigen Kampagne untersuchen. Ihr könnt alles sagen, was euch dazu einfällt. Es geht vor allem darum herauszufinden, ob es in eurer Klasse irgendwelche verdächtigen Vorkommnisse gibt.»

Demnach hatte die Versammlung nichts mit mir persönlich zu tun, sondern zog uns im Gegenteil sogar ins Vertrauen. Erleichtert atmete ich auf. Nun sprach Klassenleiter Xin, der gerade frisch in die Partei eingetreten war: «In unserer Klasse geht es nicht so ruhig und friedlich zu, wie es den

Anschein hat. Gerade zum Koreakrieg gibt es ganz unterschiedliche Ansichten. Besonders auffällig ist Zhang Zhengzhong. Wie ihr wisst, stammt er aus einer Grundherrenfamilie. Er will sich einfach nicht in unsere neue Gemeinschaft einfügen und hat an allem etwas auszusetzen. Ich hoffe, dass ihr alle eure Meinung über ihn sagt und uns mitteilt, wie er sich in der letzten Zeit verhalten hat.»

Da ich Zhang Zhengzhongs Mut bewunderte, war ich nicht bereit, etwas Negatives gegen ihn auszusagen. Ohnehin fand ich es nicht fair, hinter seinem Rücken über ihn zu sprechen. Am Anfang herrschte Stille, schließlich meldete sich jemand zu Wort. Zhang Zhengzhong rede nicht viel, aber wenn er einmal etwas sage, seien es immer spöttische Kommentare zur aktuellen Politik. Sein Vater sei bei der Landreform unterdrückt worden, was ihn offenbar sehr verärgert habe. Außerdem sei er ja auch gegen die Entsendung von Truppen nach Korea gewesen. Genossin Xu Ping führte Protokoll. Dann wandte sie sich an mich: «Guan, du bist mit Zhang Zhengzhong schon bei der ideologischen Umerziehung in einer Gruppe gewesen. Eigentlich müsstest du doch einiges über ihn wissen.»

Ich hatte schon befürchtet, dass ich um eine Stellungnahme nicht herumkäme. Zugleich spürte ich, dass es hier nicht um Kleinigkeiten ging, sondern um die Zukunft dieses Kommilitonen. Ich wusste wirklich nicht, was ich sagen sollte. Schließlich erklärte ich: «Ich habe keinerlei privaten Kontakt mit Zhang Zhengzhong, denn wir sind charakterlich zu unterschiedlich. Ich weiß nichts über seinen privaten Hintergrund. Aber es stimmt, dass er nicht einverstanden war mit der Entsendung von Truppen nach Korea. Das hat er auch immer vor allen zugegeben, und ich denke, dass es ein Vorzug von ihm ist, dass er offen seine Meinung sagt.»

Genossin Xu Ping schaute in die Runde: «Haben die anderen noch etwas zu Zhang Zhengzhong zu sagen?»

Mehrere Kommilitonen meldeten sich. Zhang Zhengzhong habe behauptet, Amerika sei unbesiegbar, weil das Land über Atombomben verfügt. Eine ganze Reihe von Anschuldigungen kamen zusammen, und schließlich fragte ich mich, ob Zhang wirklich so ein schlechter Mensch war. Hofft er allen Ernstes, dass die Amerikaner China eroberten, wie behauptet wurde?

«Gibt es noch etwas über andere Kommilitonen zu berichten?», fragte Genossin Xu, und diesmal hagelte es Antworten.

«Kommilitone Sheng verhält sich seit der Rede des Präsidenten sehr merkwürdig. Er spricht kaum noch. Das ist richtig auffällig.»

«Der kleine Wang hat einen Brief von zu Hause bekommen und ist seitdem nur noch schlecht gelaunt. Ich habe ihn nach dem Grund gefragt, aber er hat es mir nicht erzählt.»

«Die kleine Liao war unzufrieden mit der Entscheidung der Partei, dass sie Russisch lernen muss.»

«Kommilitone Tan ist neulich bei der Rede des Präsidenten fast eingeschlafen.»

Wenn man dieser so genannten Lagebesprechung zuhörte, konnte man meinen, dass die meisten irgendwelche finsteren Makel zu verbergen hatten. Die einzig Guten aus unserer Klasse saßen anscheinend alle in dieser Versammlung, denn sie griffen sich nicht gegenseitig an. Ich fragte mich, was sie wohl hinter meinem Rücken alles über mich redeten.

Die Versammlung dauerte schon vier Stunden, und mittlerweile war es nach Mitternacht. Ich konnte kaum noch die Augen offen halten. Da zog Genossin Xu aus ihrer Schublade noch ein Schriftstück hervor und sagte: «Wir werfen zum Abschluss einen Blick auf die ‹Neue Anweisung des Zentralorgans der KP zur antikonterrevolutionären Bewegung›. Diese Schrift ist streng geheim. Ihr dürft nicht darüber sprechen.»

Auf diese Weise erfuhr ich zum ersten Mal, dass die Partei für die Vorgehensweise in Kampagnen an ihre Mitglieder und die Mitglieder der Jugendliga gesonderte Anweisungen erteilte. Es sah ganz so aus, als ob es in unserem neuen China schon wieder eine privilegierte Gruppe gab, die sich vom Rest der Bevölkerung abhob.

Als ich am nächsten Tag den Unterrichtsraum betrat und Zhang Zhengzhong sah, mochte ich ihn nicht wie sonst grüßen. Ich drehte den Kopf zur Seite und vermied, ihn anzusehen. Hatte uns Genossin Xu nicht aufgefordert, die Augen offen zu halten? Ich begann, meine Kommilitonen genau zu beobachten, und hatte das Gefühl, über ihnen zu stehen. Ich wusste durch die Sitzung plötzlich mehr über sie, als sie ahnten. Und ich wusste auch, was die anderen über sie dachten. Lin Yi fiel mir ein. Er hatte doch immer so vieles im Voraus gewusst und die anderen kritisiert. Jetzt fiel es mir wie Schuppen von den Augen: Offenbar hatte er an ebensolchen Sitzungen teilgenommen und sich deshalb immer eng an die Parteipolitik halten können.

Die kleine Li und Eule verhielten sich ähnlich zurückhaltend und machten keine Witze mehr. Eine einzige Nacht hatte die gesamte Atmosphäre in unserer Klasse verwandelt. Schon früher war mir aufgefallen, dass viele, die in die Partei oder Jugendliga eintraten, stiller und zurückhaltender wurden. Ich hatte es immer als ein Zeichen von Reife interpretiert und einem höheren politischen Bewusstsein zugeschrieben. Jetzt erkannte ich, was wohl der wahre Grund dafür war.

An der nächsten Geheimsitzung beteiligte ich mich schon etwas aktiver. Wieder zu Zhang Zhengzhong befragt, analysierte ich mögliche Zusammenhänge zwischen seinen Gedanken und seinem Familienhintergrund. Anscheinend war unser politisches Studium doch nicht umsonst gewesen, denn ich merkte, dass mir das Analysieren viel leichter fiel als früher. Am Ende dieser Sitzung lobte Genossin Xu meinen Kommentar und erklärte, ich habe Fortschritte gemacht. Tatsächlich hatte ich begriffen, dass man als besonders fortschrittlich galt, wenn man die Gedanken der anderen analysieren und kritisieren konnte. Das war im Übrigen viel einfacher und angenehmer, als Selbstkritik zu üben. Zudem erwarb man sich so das Vertrauen der Partei und durfte sich auf eine gute Karriere und eine strahlende Zukunft freuen.

Kurz danach traf ich auf dem Weg zur Mensa auf Genossin Xu.

«Hallo Guan, sag mal, wie ist die Atmosphäre in eurer Klasse?»

«Alle sind viel stiller geworden in der letzten Zeit.»

«Du meinst, dass die Sitzungen die Stimmung in der Klasse beeinträchtigt haben?»

«Vielleicht. Ich weiß es nicht genau.»

«Glaubst du, dass solche Sitzungen für die Arbeit der Partei von Vorteil sind?»

«Ja, selbstverständlich», antwortete ich ohne Zögern.

«Wenn es von Vorteil für die Partei ist, dann müssen wir es auch durchsetzen», rief sie, anscheinend erleichtert. «Wenn etwas schlecht für die Partei ist, müssen wir es unterbinden. Das ist unser wichtigstes Prinzip.»

Ich bewunderte sie sehr für diese einfache Antwort.

Als hätte ein Funke einen Schwelbrand ausgelöst, nahmen Kritik und Selbstkritik bald immer schärfere Formen an. Verdächtige Reden, Gedanken und Aktionen am Institut und in unserem Verwandten- und Bekanntenkreis sollten zu Protokoll gebracht werden. Dann trat ein Untersuchungsausschuss in Aktion, der nur aus Parteimitgliedern bestand; gleichzeitig wurde das Sprachstudium ausgesetzt. Nun widmeten wir die Vormittage nur noch der Überarbeitung unserer Lebensläufe sowie der Aufzählung von Auffälligkeiten unter den Kommilitonen, Verwandten und Bekannten; nachmittags versammelte sich die Klasse und studierte die Leitartikel der Volkszeitung. Jeder musste seine Gedanken überprüfen, um herauszufinden, ob man aus Bequemlichkeit irgendwelche Dinge zu leicht nahm. Welche falschen Gedanken steckten sonst noch tief in uns? Was hatten wir während des Bürgerkrieges gedacht? Dann kritisierten wir uns gegenseitig, um den falschen Gedanken auf die Spur zu kommen und sie auszumerzen.

Auf den geheimen Sitzungen wurde immer klarer, dass unser Parteikomitee Zhang Zhengzhong zum Abschuss freigegeben hatte. Das spürte wohl auch Zhang Zhengzhong selbst. Er wurde immer stiller und blasser, während sich ein Sturm über ihm zusammenbraute. Auf den Kritiksitzungen, die sich mehr und mehr auf ihn konzentrierten, fuhren diejenigen, die der Partei ebenfalls als verdächtig galten, die schwersten Geschütze auf. Das war nicht verwunderlich, denn die Institutsleitung hatte bekannt gegeben, dass nur die Hauptkonterrevolutionäre bestraft, die Mitläufer aber für unschuldig erklärt würden. Wer sich in dieser Kampagne besonders verdient machte, sollte sogar belohnt werden. Außerdem kündigte das Parteikomitee strenge Bestrafung für diejenigen an, die ihre Taten leugneten. Niemand wollte nun mehr etwas mit Zhang Zhengzhong zu tun haben; viele versuchten sogar zu beweisen, dass sie ihn schon lange verdächtigt und deshalb Abstand von ihm genommen hatten. Einer der eifrigsten Studenten schrie: «Ich habe von Anfang an gewusst, dass Zhang Zhengzhong ein übler Kerl ist. Er hasst die Kommunistische Partei. Er ist gegen die Bodenreform und hofft, dass die Amerikaner zurückkommen und wir alle noch einmal unter ihnen leiden müssen. Er ist ein Klassenfeind, der sich in unserem Institut versteckt hält.»

Zhang Zhengzhong sprang bei diesen Worten auf und brüllte mit hochrotem Kopf: «Das ist eine üble Verleumdung!»

«Setz dich, Zhang Zhengzhong!», fuhr unser Klassenleiter dazwischen. «Du bist nicht dran.»

Es ist unverschämt, wie man mit ihm umgeht, dachte ich empört, schwieg jedoch. Die Diskussion ging weiter, wurde immer unerbittlicher und aggressiver, ohne dass sich der Betroffene zur Wehr setzen durfte. Am nächsten Nachmittag ging es weiter. Am dritten Tag schließlich wandte sich der Klassenleiter an Zhang Zhengzhong: «So, Zhang Zhengzhong, jetzt sollst du Gelegenheit haben, dich zu äußern. Ich bitte dich, ganz ehrlich zu sein. Du musst uns all deine konterrevolutionären und parteifeindlichen Aussprüche und Taten darlegen.»

Ich wusste, dass Zhang Zhengzhong in den letzten beiden Tagen keinen Bissen mehr herunterbekommen und auch nicht mehr geschlafen hatte. Er hatte schwarze Ränder unter den Augen und war hochgradig nervös. Er stritt alles ab, was man ihm vorgeworfen hatte. «Das sind alles Verleumdungen!», schrie er. «Ich bin ein ehrlicher Mensch. Ich sage, was ich denke. Wenn ich gewusst hätte, dass mich meine Offenheit in eine solche Lage bringt, hätte ich von Anfang an meinen Mund gehalten.»

«Nun hört euch das an! Er weigert sich nicht nur, Selbstkritik zu üben, er will uns sogar noch die Schuld zuschieben», rief der Klassenleiter erbost. «Daran könnt ihr sehen, wie giftig Zhang Zhengzhong ist. – Wir haben extra jemanden eingeladen, der Zhang Zhengzhong sehr gut kennt. Ich möchte ihn jetzt hereinbitten.»

Gespannt verfolgten wir, wie der Klassenleiter zur Tür ging. Als er die Tür öffnete, traute ich meinen Augen kaum. Hong Kezhi trat ein, der zweite Dickkopf! Zhang Zhengzhong wurde schneeweiß. Ich war der einzige unter meinen Kommilitonen, der wusste, wie gut sich die beiden kannten. Mir schwante nichts Gutes.

«An vieles von dem, was Zhang Zhengzhong gesagt hat, erinnere ich mich nicht mehr genau», begann Hong Kezhi. «Doch einige Aussprüche haben mich so schockiert, dass ich sie bis heute genau behalten habe. ‹Keine Aufregung›, hat er zum Beispiel einmal gesagt. ‹Du kannst ganz beruhigt sein, die Kommunistische Partei bleibt nicht lange an der Macht.›» Es schien, als würden alle für einen Moment die Luft anhalten. Als Hong Kezhi merkte, wie gebannt wir seinen Worten lauschten, wurde er immer selbstgefälliger: «Und als der Koreakrieg begann, war er ganz erleichtert und sagte zu mir: ‹Wenn die amerikanischen Truppen in China einmarschieren, hole ich meine zwei Eisenhanteln unter meinem Bett hervor und schlage einigen kommunistischen Kommilitonen den Kopf ein.›»

Dieser Satz schlug ein wie eine Bombe. Jeder kannte Zhangs Eisenhanteln unter seinem Bett. Sie waren so schwer, dass ich sie kaum anheben konnte. Er trainierte täglich damit. Ob er es wirklich wagen würde, damit auf Studenten loszugehen?

«Zhang Zhengzhong, du bist ein Konterrevolutionär!», schrie jemand.

«Zhang Zhengzhong, steh auf und gestehe!», verlangte ein anderer.

Plötzlich sprang ein junger Student, ein Mitglied der Jugendliga, auf den Tisch und schrie: «Wir haben genug Beweise über deine konterrevolutionären Aktivitäten in der Hand. Jetzt musst du aussagen!» Noch am Vorabend hatte derselbe Student auf der geheimen Sitzung zugegeben, dass keine Beweise gegen Zhang vorlägen.

Zhang erhob sich, am ganzen Körper zitternd. Alle standen auf und bildeten einen Kreis um ihn. Kätzchen fuchtelte wütend mit den Armen und schrie: «Nieder mit den Konterrevolutionären!» Einige hoben ihre geballten Fäuste und stimmten mit ein: «Nieder mit den Konterrevolutionären!»

Nun erhob sich die kampferfahrene Genossin Xu, die vom Hintergrund aus die Sitzung verfolgt hatte. «Zhang Zhengzhong, du gehst jetzt zurück in euer Zimmer. Von jetzt an darfst du es nur mit ausdrücklicher Erlaubnis verlassen», sagte sie und kam nach vorne. «Der Fall Zhang Zhengzhong ist sehr ernst. Dennoch müssen wir auf dem Boden der Tatsachen bleiben und alles genau untersuchen. Eure Kampfbereitschaft ist sehr lobenswert. Sie zeigt, dass euer politisches Bewusstsein gestiegen ist. Aber wir müssen weiter unsere Augen offen halten, damit wir keinen unserer Feinde übersehen.»

Als wir am Abend zusammen in der Mensa aßen, fehlte Zhang Zhengzhong. Er wusste wohl nicht, ob er zum Essen das Zimmer verlassen durfte. Unser Klassenleiter rief mich zu sich: «Guan, heb etwas zu essen für ihn auf und bring es ihm nachher.»

Auf dem Weg zu unserem Zimmer gingen mir viele Gedanken durch den Kopf: Zhang Zhengzhong hegte sicherlich keinerlei Sympathie für die Revolution, aber war er deshalb gleich ein Konterrevolutionär? Konnte man Hong Kezhi glauben? Versuchte er nicht bloß, seine eigene Haut zu retten? Schließlich waren er und Zhang früher dick befreundet und stets einer Meinung gewesen.

Zhang Zhengzhong saß allein im Zimmer, als ich eintrat. Er hielt die Augen geschlossen und sah völlig fertig aus.

«Ich hab hier etwas zu essen für dich», sagte ich und setzte es ihm vor. Er öffnete die Augen und sah mich dankbar an.

«Du bist doch bestimmt sehr hungrig. Iss mal ein bisschen!»

«Guan, wir waren doch in derselben Gruppe», flüsterte er und schaute mich flehend an. «Du kennst mich doch besser als die anderen hier. Denkst du denn auch, dass ich wirklich ein Konterrevolutionär bin? Wenn ich einer wäre, hätte ich doch nichts gesagt!»

Seine Worte berührten mich tief. Tränen stiegen mir in die Augen, aber ich brachte kein Wort hervor. Ich klopfte ihm nur ein paarmal auf die Schulter und ging wieder.

Am nächsten Tag wurde eine Versammlung einberufen, an der die Mitglieder der Partei und der Jugendliga teilnahmen, die es am Institut gab, dazu einige Parteilose wie ich, insgesamt knapp hundert Personen. Der Vorsitzende des Parteikomitees unseres Jahrgangs hielt eine Rede über die aktuelle Lage: «An unserem Institut wurde eine parteifeindliche Vereinigung aufgedeckt. Acht Personen gehören ihr an. Wir werden deshalb heute Abend eine große Veranstaltung durchführen, die unsere Studenten zum Kampf gegen falsche Ideen mobilisieren soll. Wir müssen auf der Hut sein. In der letzten Zeit sind an verschiedenen Orten etliche Konterrevolutionäre entlarvt worden. Sie haben gebrandschatzt, Verleumdungen in die Welt gesetzt und Menschen ermordet. Da ihr zu den politisch zuverlässigen Leuten gehört, bekommt jeder von euch ab vier Uhr nachmittags einen Posten zugewiesen. Irgendwelche Auffälligkeiten habt ihr sofort zu melden. Es könnte sein, dass heute Abend unvorhergesehene Vorkommnisse ein Eingreifen notwendig machen. Es gilt, das Eigentum unseres Landes zu schützen, auch wenn wir unseren Einsatz mit dem Leben bezahlen müssen.»

Er verlas die Liste der Standorte und Wachablösungen. Meine Aufgabe war es, von sieben bis acht Uhr auf einem bestimmten Punkt auf dem Campus und von acht bis zwölf vor der Bühne der Aula Stellung zu beziehen.

Unter uns Kommilitonen machte sich große Aufregung breit. Das war ja wie in einem Kriminalroman, und wir befanden uns mitten drin! Ich war sogar ein bisschen stolz, dass man mich für politisch zuverlässig hielt. Endlich würde auch ich meinen Beitrag zur Revolution leisten können! Doch als ich die Versammlung verließ, trübte sich meine Stimmung wieder. Ich bekam es regelrecht mit der Angst zu tun. Was würde heute Abend passieren, dass man sogar Wachpersonal einsetzte?

Um sieben Uhr stand ich pünktlich auf dem mir zugewiesenen Posten. Ich hatte mir sogar einen kleinen Dolch eingesteckt, den ich noch von den Pfadfindern aus meiner Zeit an der Mittelschule hatte. Vielleicht würde ich mich verteidigen müssen. In der Aula war die Vollversammlung bereits in vollem Gange. Ganz allein stand ich im Dunkeln. Wenn sich nun jemand von hinten anschlich und versuchte, mich zu erdrosseln? Ich riss Augen und Ohren auf und lauschte angestrengt, hin und wieder schaute ich mich um. Ich fühlte mich wie ein richtiger Wachsoldat. Die Stunde verging, ohne dass irgendetwas vorgefallen wäre. Die Anspannung hatte mich sehr ermüdet, doch nun musste ich meinen Posten an der Bühne einnehmen. Die Aula quoll förmlich über von Menschen. Acht Personen standen oben, die Hände auf dem Rücken. Einer von ihnen war Zhang Zhengzhong. Vorn stand ein kleines Rednerpult, an das nacheinander Studenten aus dem Auditorium traten, um die Täter anzuklagen. So erfuhr ich zu meinem Erstaunen, dass Zhang Zhengzhong noch in der Nacht zuvor gestanden hatte, Mitglied einer «Antikommunistischen Armee zur Rettung des Vaterlandes» zu sein, und nicht nur das, er war sogar als ihr Anführer an unserem Institut entlarvt worden. Ich erfuhr, dass diese Gruppe über einen konkreten Plan verfügte, wie sie in Zusammenarbeit mit der Nationalpartei und den Amerikanern die Macht erobern wollte. Wie schrecklich! Noch letzte Nacht, als ich ihm das Essen gebracht hatte, hatte ich eher an seine Unschuld geglaubt. Hatte er wirklich diese Ungeheuerlichkeiten vorgehabt und auch gestanden?

Die Stimmung wurde immer hitziger. Einige waren drauf und dran, auf die Bühne zu springen und die Angeklagten zu verprügeln. Natürlich wurden sie von uns mutigen Wächtern zurückgehalten. Der Versammlungsleiter bemühte sich, die Massen zu beruhigen: «Wenn man jemanden verprügelt, verletzt man ihn nur körperlich, es berührt nicht die Seele. Unsere Politik zielt darauf ab, die Menschen zu ändern, und wir machen das, indem wir sie umerziehen.»

Schließlich verkündete er, dass auch Polizisten anwesend seien, und er bat einen von ihnen auf die Bühne. Der Mann pries die Mobilisierung der Massen als geeignete Methode des politischen Kampfes und dankte dem Institutspersonal und den Studenten, dass sie gemeinsam eine Gruppe von Konterrevolutionären entlarvt hatten. Zum Schluss rief er: «Im Namen der Diktatur des Proletariats nehme ich diese Konterrevolutionäre fest. Sie werden zur Umerziehung durch körperliche Arbeit verurteilt.»

Unter stürmischem Applaus marschierten zehn bewaffnete Polizisten in Uniform vom anderen Ende des Saales auf die Bühne, griffen die Angeklagten und führten sie ab.

Es war das erste Mal seit der Befreiung, dass ich eine Festnahme miterlebte. Alle Anwesenden applaudierten, einige lachten und schienen begeistert zu sein, andere hatten merkwürdig verzerrte Gesichter, ein ungutes Gefühl stand ihnen auf der Stirn geschrieben. Manche schauten völlig entgeistert, und andere hielten sogar die Köpfe gesenkt, als wollten sie nichts sehen. Ich folgte mit meinen Blicken den Angeklagten. Über die anderen konnte ich mir kein Urteil erlauben, aber über Zhang Zhengzhong? Er hatte doch nur – gewiss recht freimütig – seine Meinung über den Koreakrieg geäußert und außerdem zwei Eisenhanteln besessen, mit denen er trainierte. Gab es wirklich Beweise, dass er eine konterrevolutionäre Gruppe an unserer Uni leitete? Mit welchen Mitteln hatten sie das herausgefunden? Viele Fragen gingen mir durch den Kopf, aber ich wagte auch später nicht, mit irgendjemandem darüber zu sprechen.

Nun wurde es still im Saal: Der Präsident trat ans Rednerpult.

«Ihr seid Intellektuelle, die meist aus kapitalistischen oder kleinbürgerlichen Familien stammen. Sicherlich habt ihr schon viel über Frieden und Demokratie gehört, und sicher seid ihr nicht an öffentliche Verhaftungen gewöhnt. Vielleicht denkt ihr sogar, so etwas schade der Freiheit und der Demokratie. Aber, liebe Genossen, es gibt keine absolute Freiheit und keine absolute Demokratie. In den kapitalistischen Ländern gibt es Opposition, und man sagt, dies sei ein Symbol für Demokratie und Freiheit. Aber wenn sich in diesen Ländern die progressiven Leute gegen die Interessen der herrschenden Kapitalisten einsetzen und sich gegen die geltende Verfassung und Regierung stellen, werden sie von Polizei und Armee unterdrückt. In unserem neuen China gehören Freiheit und Demokratie dagegen dem Volk. Millionen von Menschen haben ihr Leben dafür geopfert. Wir werden nicht zulassen, dass die ausländischen Imperialisten, die Grundherren und Kompradoren wieder die Macht zurückerlangen. Für sie darf es keine Freiheit geben. Daher die heutigen Festnahmen. Die Konterrevolutionäre wollen unser Volk wieder unterjochen. Können wir das zulassen?»

«Nein!», erscholl es einstimmig, und das Gebäude schien unter den Schallwellen zu erzittern. Was der Präsident zu Freiheit und Demokratie gesagt hatte, leuchtete mir ein, und den anderen offenbar ebenso.

«Wem gehört das Land?», rief der Präsident.

«Uns!»

Plötzlich erhob sich ein Mann und rief mit donnernder Stimme: «Wir kämpfen entschlossen gegen die Konterrevolutionäre!»

Der ganze Saal wiederholte brüllend den Satz wie ein Echo.

«Alle Macht dem Volk!», donnerte der Mann weiter, und wir wiederholten es.

«Wir stehen geschlossen hinter der Kommunistischen Partei Chinas!»

Drei-Anti, Fünf-Anti

Es dauerte nicht lange, da kam eine neue Kampagne in Gang: die Drei-Anti-Kampagne. Sie wandte sich gegen Missstände in der Administration: Korruption, Verschwendung und Bürokratie. Sie wurde später um die Fünf-Anti-Kampagne ergänzt, die Missstände in der Wirtschaft bekämpfte. Die Tätigkeit der Hochschulen war von diesen Kampagnen nicht direkt tangiert. Eines Tages jedoch erhielt ich einen Brief von Mutter: «Kürzlich habe ich erfahren, dass Onkel Yue in finanziellen Schwierigkeiten steckt. Daraufhin ging ich ihn besuchen. Er war allein, nachdem er seine Frau und alle Kinder ja bereits vor der Revolution ins Ausland geschickt hatte, und sah sehr schlecht aus, war abgemagert und blass. Im Zuge der Fünf-Anti-Kampagne ist er als Kapitalist kritisiert worden und hat derart hohe Steuernachzahlungen zu leisten, dass er all sein Eigentum verkaufen musste, auch seine Musikinstrumente. Als ich bei ihm war, waren gerade noch drei Geigen übrig. Um ihm zu helfen, wollte ich ihm eine für dich abkaufen. Aber er lehnte strikt ab und sagte: ‹Für Yuqian? Ihm schenke ich eine.› Ich weiß zwar, dass er ein so genannter Kapitalist ist, aber er ist doch ein guter Mensch! Da ich jetzt in einer besseren Lage bin als er, ist es doch selbstverständlich, dass ich ihm helfe. Ich habe ihm also einfach einen Geldbetrag auf den Tisch gelegt. Ich weiß ja, dass du dir immer eine gute Geige gewünscht hast, also möchte ich sie dir zur Erinnerung schenken. Nie werde ich Onkel Yues Blick vergessen. Seine Augen waren ganz rot, als ich ging...»

Der Brief machte mich sehr betroffen. Um Genaueres über Onkel Yues Schicksal zu erfahren, machte ich mich noch am selben Abend auf den Weg zu einer Tante, von der ich wusste, dass sie mit Onkel Yues Familie in engem Kontakt stand. Diese Tante war eine einfache Hausfrau, die mit Politik wenig im Sinn hatte und immer offen aussprach, was sie dachte. «Vor kurzem war jemand aus Shanghai hier», erzählte sie mir. «Von dem weiß ich, dass Onkel Yue wochenlang von morgens bis abends von seinen Arbeitern beschimpft wurde. Sie ließen ihm keine Ruhe und haben ihn so lange gequält, bis er endlich zugab, Steuern hinterzogen zu haben. Das hatte er aber gar nicht. Er war so fertig, dass er seine Firma aufgeben wollte. Das haben sie ihm auch wieder nicht erlaubt. Jetzt gehört die Firma zwar noch ihm, aber er darf sie nicht mehr leiten. In Shanghai sollen die Kommunisten besonders hart vorgehen. Die Kommunistische Partei ist wirklich schlimm!»

Betroffen hatte ich ihren Worten gelauscht, doch der letzte Satz brachte mich gegen sie auf. Wie konnte sie unsere Partei, die uns aus der Armut gerettet, uns vom Kolonialismus und vom Bürgerkrieg befreit hatte, so verurteilen? Mao Zedong und die Partei waren doch unsere Retter! Na ja, dachte ich, sie ist eben nur eine Hausfrau und versteht es nicht besser.

Am nächsten Tag erreichte mich ein Brief von Lucy. Wie seltsam! Ich hatte lange nichts von ihr gehört. Ihr Brief war ganz kurz. Sie teilte mir darin nur mit, sie müsse mich dringend treffen. Gleich am nächsten Wochenende fuhr ich zu ihr. Als ich in ihr Wohnheim kam, war ein junger Mann bei ihr, und beide wirkten sehr vertraut miteinander. Vielleicht wollte sie mir nur mitteilen, dass sie jetzt einen festen Freund hatte?

Sie begrüßte mich herzlich, aber auch distanzierter als sonst. «Das ist der kleine Guan, von dem ich dir schon ein paarmal erzählt habe. Er ist für mich wie ein Bruder», stellte sie mich dem jungen Mann vor, der mir sofort freundlich die Hand reichte, als wären wir gute Bekannte. Ich streckte ihm auch die Hand hin, blieb aber kühl. Durch die Art, wie Lucy mich vorgestellt hatte, war schon alles klar. Ich brauchte mir keine Hoffnung mehr auf sie zu machen.

«Yuqian», sagte Lucy, die wohl merkte, was in mir vorging, «ich muss dir unbedingt etwas erzählen.»

Du brauchst gar nichts mehr zu sagen, ich weiß schon Bescheid!, dachte ich und fragte: «Worum geht es?»

«Bist du mit dem Fahrrad hier oder mit dem Bus?»

«Mit dem Bus.»

Da wandte sie sich an ihren Freund: «Kannst du ihm dein Fahrrad leihen? Ich möchte mit ihm zum Sommerpalast fahren.»

Ich war ein wenig erleichtert, aber auch überrascht: Wieso wollte Lucy mit mir zusammen, aber ohne den Freund wegfahren? Der Freund wirkte ein wenig befremdet und reichte ihr stumm den Fahrradschlüssel.

Es war windig und kalt an diesem Tag, und der Himmel war bedeckt. Das Wetter passte genau zu meiner Stimmung. Unterwegs redeten wir fast nichts, bis wir endlich im Sommerpalast ankamen und einen ruhigen Sitzplatz in einem Pavillon fanden. Lucy schwieg immer noch, und ich fragte: «Was ist es, das du mir sagen möchtest, Lucy?»

Sie brach in Tränen aus und lehnte ihren Kopf an meine Schulter. Ich erschrak. Was war nur los? War sie etwa schwanger von diesem Kerl? «Erzähl mal! Was ist denn passiert? Hat dir jemand etwas angetan?»

Sie schüttelte den Kopf, versuchte etwas zu sagen, brachte aber nur ein Schluchzen heraus. Jetzt wurde mir erst bewusst, wie sehr sie mich als wirklichen Freund betrachtete. So hätte sie vor anderen niemals geweint. Ich versuchte, sie zu beruhigen, und endlich brachte sie einen kurzen Satz hervor: «Oma ist tot.»

«Was? Deine Oma, mit der wir noch vor einem Jahr gefrühstückt haben? Sie sah doch ganz gesund aus.»

«Sie hat sich erhängt!» Ihre Stimme ging in verzweifeltem Schluchzen unter. Es dauerte eine ganze Weile, ehe sie zu einem zusammenhängenden Bericht in der Lage war. «Mein Onkel hat geschrieben, dass ihr die Arbeiter aus unserer Fabrik so zugesetzt haben, dass sie fast verrückt geworden ist. Als Ausbeuterin und Blutsaugerin hat man sie beschimpft. Dabei hat sie sich doch kaum um die Fabrik gekümmert. Die unterstand doch der Leitung meines Vaters, und der ist in Hongkong. Oma ist ihr ganzes Leben lang respektiert und verwöhnt worden. Diese Angriffe waren einfach zu viel für sie.»

Ich konnte es nicht fassen. «Wieso hat sie sich denn erhängt? Sie hätte doch Selbstkritik üben können, und nach einiger Zeit hätten sie sie bestimmt wieder in Ruhe gelassen!»

«Aber Oma war doch schon alt, deshalb glaubte sie ja auch, dass ihr nichts passieren würde. Sonst wäre sie ja auch nach Hongkong gegangen. – Ich hätte nie geglaubt, dass man sogar einer alten Frau so zusetzen würde! Ich habe doch selber an der Revolution teilgenommen. Wie kann sich die Revolution dann so gegen meine eigene Familie richten!»

Ich hielt ihr sofort meine Hand vor den Mund und sagte erschrocken: «Lucy, so etwas darfst du nicht sagen! Es ist allerdings seltsam, schließlich zählt deine Familie zu den nationalen Kapitalisten, die ja eigentlich auf unserer Seite stehen. Sie sollen doch durch Umerziehung zu unseren Freunden gemacht werden. Es tut mir wirklich Leid, was mit deiner Großmutter passiert ist. Aber sie hätte das nicht tun sollen. Wenigstens hatte sie insgesamt gesehen ein schönes Leben. Vielleicht kann dich dieser Gedanke ein wenig trösten.» Lucy beruhigte sich langsam.

«Hast du mit deinem Freund darüber gesprochen? Das war doch vorhin dein Freund, oder?»

Sie nickte: «Er ist ein Kommilitone aus meinem Fachbereich. Wir haben uns in der letzten Zeit häufiger gesehen. Er ist auch in der Partei, aber ich weiß noch nicht, ob ich ihm wirklich vertrauen kann. Er kennt mich nur als Revolutionärin, von meiner Seite als ‹gnädiges Fräulein› weiß er noch nichts.» Sie schaute mich dankbar an: «Du bist der Einzige, mit dem ich wage, solche Dinge zu besprechen. Ich bin wirklich froh, dich als Freund zu haben!»

Allmählich schien sie wieder etwas aufzuleben. «Was für einen Eindruck hast du eigentlich von ihm?»

«Nicht schlecht, aber so genau habe ich ihn mir nicht angesehen. Hast du dich schon für ihn entschieden?»

Nach Lucys Worten begriff ich endlich, dass ich mir keinerlei Hoffnungen mehr zu machen brauchte. Wir würden nie mehr als gute Freunde sein. Doch auf der anderen Seite fühlte ich mich nun frei. Wenn ich bisher anderen anziehenden Mädchen begegnet war, hatte Lucy in meinen Gedanken immer zwischen ihnen und mir gestanden. Jetzt herrschte endlich Klarheit.

Meizhen

Im Herbst 1952 kam Robby aus Korea zurück. Er war noch genauso fröhlich und lustig wie früher. Als er mich sah, drohte er mir grinsend mit dem Finger: «Du Scheißkerl hast mir vorgeschlagen, meine Gitarre nach Korea mitzunehmen. Und was war? Die amerikanischen Gefangenen haben mit mir getanzt und gesungen. Wir haben uns angefreundet, und sie haben mir neue Lieder beigebracht. Der Effekt war, dass ich jetzt vorzeitig zurückgeschickt worden bin.»

Für Robby waren die knapp zwei Jahre in Korea nicht verloren gewesen. Er sprach inzwischen hervorragend Englisch und gehörte mit einem Schlag zu den besten Studenten seiner Fakultät. Ich lud ihn zu einer Tanzveranstaltung in unseren Studentenklub ein, zu dessen stellvertretendem Leiter ich ernannt worden war. Meine Aufgabe bestand darin, die Studenten dazu zu bringen, in der Freizeit etwas zu entspannen. Der unbändige Lerneifer schien die Institutsleitung wohl zu beunruhigen. Von morgens bis abends wurde wie besessen gebüffelt. Dabei vernachlässigten viele ihre Gesundheit.

Leider waren gelegentliche Tanzpartys oder Ausflüge bislang auf wenig Resonanz gestoßen. Da hatte ich die Idee, einmal ein Kostümfest zu veranstalten. Dazu kam mir Robby mit seiner Gitarre gerade recht. Schließlich war es soweit. Als es abends um acht Uhr losgehen sollte, war die Aula jedoch noch gähnend leer. Ich wurde allmählich nervös und sandte die anderen Vorstandsmitglieder aus, die Kommilitonen herbeizutrommeln, legte Musik auf und stellte die Lautsprecher so laut, dass man es im ganzen Gebäude hören konnte. Gegen zehn Uhr füllte sich dann tatsächlich der Saal. Manche gingen als Tibeter, Mongolen oder Uiguren. Ich selbst hatte mich als Kosake zurechtgemacht: Das Hemd über die Hose, den Hemdkragen nach innen geknickt, einen Ledergürtel quer über die Schulter, einen zweiten um die Taille, und die Hosenbeine mit Bindfäden gerafft. Dazu trug ich Stiefel.

Die Musik war an diesem Abend ausgezeichnet. Russische, spanische und lateinamerikanische Tänze und Lieder dominierten. Unter den vielen Tanzenden fiel mir eine Studentin auf, die sich kaum verkleidet hatte und dennoch alle Blicke auf sich zog. Sie war wunderschön mit schulterlangen Haaren und bezaubernden großen Augen. Sie trug eine weiße Bluse zu einem hellblauen Rock. Ihre Bewegungen waren von natürlicher Eleganz. Man sah gleich, dass ihr das Tanzen lag. Ich hatte sie nie zuvor gesehen und fragte jemanden, wer sie sei. «Das ist Meizhen aus Shanghai, die jüngere Schwester von unserer Kommilitonin Xu Meijing», erhielt ich zur Antwort. «Sie hat gerade mit dem Studium angefangen.»

Xu Meijing ging in meine Parallelklasse. Ihre Schwester schien mich inzwischen auch entdeckt zu haben, denn sie schaute immer wieder zu mir herüber. Sie war bereits von mehreren Jungen umringt. Ich stellte mich dazu. Als wir uns zum ersten Mal in die Augen blickten, errötete sie leicht. Ich wartete eine passende Gelegenheit ab, fasste mir dann ein Herz und forderte sie auf: «Wollen wir tanzen?» Sie nickte, und ich entführte sie auf die Tanzfläche. Der erste Tanz war noch nicht mal um, da brach die Musik plötzlich ab, und ein kleiner Tanzwettbewerb wurde angekündigt. Eine Jury aus fünf Personen sollte das Tanzkönigs- und das Tanzprinzenpaar des Abends wählen.

«Ich möchte dich gern als Partnerin für den Wettbewerb», sagte ich kurz entschlossen. «Hast du Lust?»

Sie willigte ein. Ich war stolz, denn es gab eine ganze Reihe anderer Kommilitonen, die auch darauf aus waren, mit ihr am Wettbewerb teilzunehmen. Nun hatte ich ihnen Meizhen weggeschnappt.

Etwa zwanzig mutige Paare traten in die Mitte. Die Musik setzte ein: ein Wiener Walzer. Wir drehten linksherum und rechtsherum und bewegten uns durch den ganzen Saal. Es folgte ein Tango, mein Lieblingstanz. Zu meiner Überraschung konnte Meizhen mühelos folgen, als hätten wir schon viele Male zusammen geübt. Schließlich verkündete die Jury das Ergebnis. Sie hatten uns beide zum Prinzenpaar erkoren. Mitten im Applaus rief plötzlich Robby: «Yuqian, könnt ihr auch Jitterbug tanzen? Ich spiele einen auf der Gitarre!»

Ich schaute Meizhen an: «Kannst du Jitterbug tanzen?»

Sie konnte. Inzwischen standen nur noch wir zwei in der Mitte. Robbys berühmte spanische Gitarre erklang. Wir begannen zu tanzen, erst zurückhaltender, und dann machte ich alle möglichen Drehungen mit ihr. Sie verstand genau jeden Hinweis, den ich ihr gab. Nie hätte ich gedacht, dass jemand so perfekt mit mir zusammen Jitterbug tanzen könnte!

Den restlichen Abend wich ich nicht mehr von ihrer Seite. Sie war ein ganz anderer Typ als Lucy. Ihr Gesicht war makellos schön und rein und ihre Haut hell und klar wie weiße Jade. Sie war kleiner als Lucy. Während Lucys Bewegungen eher würdevoll waren, bewegte Meizhen sich leicht und fast schwebend. Mein erster Eindruck von ihr war, dass sie klug, flexibel und sogar ein bisschen pfiffig war. Im Laufe der weiteren Unterhaltung erfuhr ich, dass ihr Vater als einst wohlhabender Geschäftsmann noch vor der Revolution pleite gegangen war und die Familie wegen einer anderen Frau verlassen hatte. Sie hatte also Ähnliches erlebt wie ich. Das machte sie mir noch sympathischer.

Erzielte Anerkennung

Einige Tage später traf ich im Flur unseres Instituts Genossin Xu Ping. Sie begrüßte mich fröhlich und sagte: «Ich habe etwas Wichtiges mit dir zu besprechen. Komm doch am besten gleich mit in mein Büro.»

«Guan Yuqian», eröffnete sie das Gespräch, als wir Platz genommen hatten, «unser Parteikomitee ist der Meinung, dass dein Eintritt in die Jugendliga an der Zeit ist. Das Aufnahmekomitee wird in den nächsten Tagen wieder eine Vollversammlung abhalten und über dich entscheiden. Wir sind in letzter Zeit recht zufrieden mit dir. Du studierst fleißig und setzt dich aktiv für den Studentenklub ein. Allerdings hast du auch noch einige Unzulänglichkeiten. Daher muss ich dich ermahnen, bei der Versammlung nicht wieder aus der Haut zu fahren, wenn dich jemand kritisiert.»

Seit ich zum stellvertretenden Leiter des Klubs ernannt worden war, war ich, auch wegen meines Temperaments, inzwischen am ganzen Institut ziemlich bekannt. Vielleicht war die Aufnahmesitzung deswegen besonders gut besucht. Diesmal verlief die Diskussion über meine Person recht zügig. Ich wurde sogar von einigen gelobt. Als der Komiteeleiter um Abstimmung bat, schrie aber plötzlich Bi Mengling, ein Bauernsohn, dazwischen: «Ich bin nicht einverstanden damit, dass Guan in unsere Liga eintritt. Er hat doch noch immer diesen leichtsinnigen Shanghaier Stil an sich. Seht euch doch bloß an, wie komisch er beim Gehen wippt! Und seine Kleidung! Immer elegant und frisch gebügelt. Typisch kapitalistisch!»

Am liebsten wäre ich sofort wieder explodiert, riss mich jedoch zusammen. Aber da sprangen schon Kätzchen, Eule und die kleine Li auf, um mich zu verteidigen. Eule sagte: «Man darf doch jemanden nicht allein nach seinem Äußeren beurteilen! Ist es denn etwa revolutionär, wenn man wie du in schmutzigen Sachen herumläuft? Wir stammen hier alle aus verschiedenen Teilen Chinas, und jeder hat seine Eigenarten. Die Hauptsache ist doch, dass man sich für das Wohl des Vaterlandes einsetzt.» Nachdem die drei ihre Meinung geäußert hatten, stimmten bis auf Bi Mengling alle meinem Beitritt zu.

Am Ende der Versammlung erhob sich Genossin Xu Ping. «Da unser Land gegenwärtig viele Russischdolmetscher braucht, werden viele von euch ihr Studium vorzeitig abzuschließen haben. Ihr erhaltet daher in Kürze Bewerbungsformulare, auf denen jeder sechs Berufswünsche angeben kann. Gleichzeitig könnt ihr auch angeben, an welchem Ort ihr arbeiten möchtet, zum Beispiel in Peking, Shanghai, an eurem Heimatort oder an den Landesgrenzen. Wohin ihr schließlich geschickt werdet, wird aber auch vom Bedarf abhängen.» Die überraschende Mitteilung schlug wie eine Kanonenkugel ein. Normalerweise hätten wir vier Jahre studieren sollen. Da nun schon nach gut drei Jahren Schluss sein sollte, stellten sich plötzlich weit reichende Fragen zur Lebensplanung, über die so mancher noch gar nicht nachgedacht hatte. Am darauf folgenden Mittwochnachmittag, dem Termin für unsere politische Schulung, diskutierten wir diesmal unsere Berufswünsche. Jeder sagte seine Meinung, und der Tenor war: «Wir gehen dahin, wo das Volk uns braucht.» Viele – besonders die Jüngeren – sagten: «Ich bin bereit, dorthin zu gehen, wo es am schwersten ist.» Aber als die Formulare ausgefüllt waren, hatten ebendiese Studenten dann doch als Erstes Peking und an zweiter Stelle Shanghai als Einsatzort angegeben. Ich nannte als ersten Berufswunsch Diplomat, hatte ich mir doch schon von Kindheit an gewünscht, fremde Länder zu sehen. An zweiter Stelle schrieb ich: Dolmetscher. Auch dabei bestand die Aussicht, mal ins Ausland zu kommen. Auf weitere Alternativen verzichtete ich. Als Ortswunsch nannte ich, obwohl meine Mutter in Shanghai lebte, ebenfalls zuerst Peking, denn dort bestanden fraglos die besten Karrierechancen. An zweiter Stelle nannte ich meine Heimatstadt Shanghai.

Zwei, drei Monate später wurden die ersten von uns ins Büro des Parteikomitees zu einem Gespräch vorgeladen, das über das Schicksal des weiteren Lebens entscheiden würde. Merkwürdigerweise sollten die Ergebnisse vorerst geheim gehalten werden, aber es sprach sich dann doch schnell herum, wohin die Einzelnen kamen. Einige wurden dem Außenministerium oder anderen Ministerien zugeteilt, andere der Armee. Niemand ließ irgendwelchen Widerspruch verlauten. Eines Tages aber entdeckten wir in der Herrentoilette ein Gedicht an der Wand:

Die Zukunft unseres Vaterlands ist strahlend schön,
doch finster meine Zukunft, kein Licht zu sehn.
Die Industrie im Land strebt auf und wird erblühn,
doch ich soll in der Steppe Schafe hüten gehn.

Eines Abends kam ich dann an die Reihe, ins Büro des Parteikomitees zu gehen. «Guan Yuqian, du wirst dem Finanzministerium in Peking zugeteilt. Ist das für dich in Ordnung?», fragte mich der für Personalangelegenheiten verantwortliche Kader gleich nach dem Eintreten.

Ich war sehr erleichtert, in Peking bleiben zu können und nicht wie einige andere in die Innere Mongolei oder an die Grenze zur Sowjetunion gehen zu müssen. Nur dass ich ans Finanzministerium geschickt werden sollte, enttäuschte mich doch etwas.

«Natürlich bin ich einverstanden», antwortete ich, «aber ich weiß nicht, ob ich dafür geeignet bin. Von Mathematik und Zahlen verstehe ich nämlich nicht viel.»

Der Funktionär musste über meinen Einwand lachen: «Du sollst dort dolmetschen und nicht rechnen. Das Finanzministerium ist ein sehr wichtiges Organ und arbeitet mit geheimen Daten. Du bist eigens ausgewählt worden, weil die Organisation dir vertraut.»

Der Dolmetscher

(1953–1958)

Historischer Rahmen

Jan. 1953	Beginn des 1. Fünfjahresplans
5.3.1953	Tod Stalins
31.3.1954	Die KPCh beschließt den Parteiausschluss von Gao Gang (u.a. Leiter der Staatlichen Planungskommission und Vorsitzender des Verwaltungskomitees für Nordost-China) und Rao Shushi (u.a. Vorsitzender des Verwaltungskomitees für Ost-China in Shanghai). Ihnen wird vorgeworfen, die Partei spalten und unabhängige «Königreiche» errichten zu wollen. Gao Gang begeht daraufhin Selbstmord
15.-28.9.1954	Erste Sitzungsperiode des ersten Nationalen Volkskongresses
13.5.1955	Die Volkszeitung eröffnet die Kritikkampagne gegen den linken Schriftsteller Hu Feng, der die Freiheit des künstlerischen Ausdrucks verlangt hatte
25.2.1956	Auf dem 20. Parteitag der KPdSU rechnet Chruschtschow mit Stalin ab
6.4.1956	In Polen wird die Freilassung und Rehabilitierung des 1948 abgesetzten und 1951 inhaftierten früheren KP-Generalsekretärs Gomulka bekannt gegeben
2.5.1956	In einer internen Rede fordert Mao Zedong mit dem Slogan «Lasst hundert Blumen blühen, lasst hundert Schulen miteinander wetteifern» zu größerer Freiheit des Ausdrucks und zu Kritik an der Partei auf. Die von Mao intendierte Kampagne erstickt bis Jahresende im parteiinternen Widerstand
Okt. 1956	Antisowjetische Bewegung in Polen und Ungarn. In Polen wird Gomulka Mitglied des Zentralkomitees und Erster Sekretär der KP Polens, in Ungarn wird der Reformer Imre Nagy zum Premierminister gewählt. Dort breitet sich währenddessen ein antisowjetischer Volksaufstand aus
Nov. 1956	Sowjetische Truppen schlagen den Ungarnaufstand nieder; Imre Nagy wird verhaftet (22.11.)
27.2.1957	Vor der Obersten Staatskonferenz hält Mao eine interne Rede über «Die richtige Behandlung der Widersprüche im Volk»
Mai 1957	Höhepunkt der erneut propagierten Hundert-Blumen-Bewegung. Es kommt zu heftiger Kritik an der Politik der KPCh
8.6.1957	Ein Volkszeitungsartikel gegen «Rechtsabweichler», die angeblich die KPCh stürzen wollen, leitet die Anti-Rechts-Kampagne ein
19.6.1957	Die Volkszeitung veröffentlicht eine revidierte Fassung von Maos

	Rede über «Die richtige Behandlung der Widersprüche im Volk» vom 27.2.
2.-21.11.1957	Mao Zedong, Deng Xiaoping und andere hochrangige Vertreter Chinas nehmen in Moskau an den Feiern zum 40. Jahrestag der Oktoberrevolution teil

Das Finanzministerium befand sich bis 1958 auf dem Gelände einer schönen, alten Residenz am Platz vorm Tor des Himmelsfriedens. Einst hatten dort Mitglieder der kaiserlichen Familie gewohnt. Die Büros des Finanzministers, der Vizeminister und der russischen Experten, denen ich zugeteilt wurde, waren in einem aus rotem Backstein neu errichteten dreistöckigen Gebäude untergebracht, das wir meist nur das «Rote Haus» nannten. Als ich es an meinem ersten Arbeitstag betrat, bekam ich einen richtigen Schreck, denn die ruhige und etwas verstaubt wirkende Atmosphäre unterschied sich recht drastisch vom munteren Leben am Russischinstitut. Junge Hochschulabsolventen fielen hier gleich auf.

Außer mir waren noch zwei Kommilitonen frisch vom Russischinstitut gekommen: der brave Dong Xiafei, der gerade in die Partei eingetreten war, und die freundliche und hübsche Peng Xiangyun, die wie ich Mitglied der Jugendliga war. Ihre Eltern waren Grundherren gewesen. Sie legte sich daher in politischen Fragen stets Zurückhaltung auf. Beide waren wie ich knapp über zwanzig. Wir drei brachten etwas frischen Wind in das Rote Haus.

Das Ministerium verfügte über zwei Kantinen. Die eine war für die gehobenen Dienstgrade reserviert, in die andere gingen die Kader der unteren und mittleren Ebene, zu denen ich jetzt gehörte. Um zwölf Uhr gab es Essen. Jeder brachte seine eigene Schale und seine Essstäbchen mit, stellte sich an und bekam seine Portion zugeteilt. Die höheren Kader trugen ebenso einfache Kleidung wie die anderen. Manchmal mischten sie sich wie selbstverständlich unter die unteren Dienstgrade. An einem meiner ersten Tage stand ich mit den beiden ehemaligen Kommilitonen bei der Essensausgabe an, als drei Herren an uns vorbeigingen. Der eine schaute sich überrascht nach uns um. «Wer seid ihr ‹kleinen Teufel› denn?», fragte er kameradschaftlich.

«Wir kommen gerade frisch von der Hochschule», antwortete Dong, «und wer sind Sie?»

«Ich heiße Wang.»

«Oh», sagte ich, «Sie sind also der ‹große Teufel› Wang.»

Er stutzte für einen Moment, und seine beiden Begleiter krümmten sich vor Lachen. «Großer Teufel Wang! Genauso werden wir dich jetzt nennen.»

Auch Wang musste jetzt lachen. Er klopfte mir auf die Schulter und fragte: «Sag mal, wie heißt du, und in welcher Abteilung arbeitest du?» Ich schaute in seine lustigen Augen, die sich beim Lachen so verengten, dass sie kaum noch zu sehen waren. Seine Halbglatze ließ sein Gesicht rund erscheinen. Nur gut, dass er eine dunkelblaue Uniform trägt, dachte ich, sonst würde man ihn für einen kleinen Buddha halten.

«Ich heiße Guan Yuqian und arbeite als Dolmetscher im Büro für die russischen Experten», stellte ich mich vor.

«Ach», sagte einer der anderen zwei. «Dann arbeiten wir ja in demselben Gebäude.»

«Unsere neuen Dolmetscher», rief Wang. «Dann wird es hier jetzt wohl endlich ein bisschen lebhafter werden. Mein Büro ist im Erdgeschoss. Ihr könnt mich jederzeit aufsuchen. Lasst es mich wissen, wenn ihr irgendwelche Probleme habt!»

Als die drei fort waren, trat jemand aus unserem Büro an uns heran: «Wisst ihr überhaupt, wer die drei waren? Wie könnt ihr so respektlos mit ihnen reden?»

Wir schwiegen peinlich berührt, und er fuhr fort: «Genosse Wang ist der Staatssekretär an unserem Ministerium, und die anderen beiden sind Vizeminister.»

Die politische Lage hatte sich inzwischen beruhigt. Die Gegner des Regimes seien entlarvt, hieß es, eine ausländische Intervention und innere Unruhen nicht mehr zu befürchten. Endlich stand dem wirtschaftlichen Aufbau des Landes also nichts mehr im Wege. Weil es dafür der Kommunistischen Partei an Erfahrung fehlte, ordnete Mao Zedong an, in allen Bereichen von der Sowjetunion zu lernen. Das ganze Kulturleben wurde nun sowjetisch geprägt: Der Rundfunk brachte nur noch russische Musik, in den Buchläden lagen Bücher aus der Sowjetunion und über sie, wir sahen russische Theaterstücke und Filme und besuchten die Gastspiele namhafter russischer Orchester und Ballettensembles. Die Zeitungen berichteten unermüdlich über die Freundschaft zwischen China und der Sowjetunion und priesen das sowjetische System. Auf den Märkten und in den Warenhäusern tauchten immer mehr russische Waren auf, die begeistert gekauft wurden, obwohl die Qualität miserabel war. Bald schwelgte das gesamte geistige und gesellschaftliche Leben im Russlandfieber.

Damals arbeiteten in Peking knapp eintausend russische Experten, verteilt auf die verschiedenen Ministerien und Industriebetriebe. Die meisten von ihnen wohnten im Liuguo-Hotel, das im europäischen Stil gebaut worden und inzwischen ziemlich veraltet war. Südlich der Einkaufsstraße Wangfujing lag es jedoch sehr zentral.

Ich war gerade auf dem Höhepunkt dieser Entwicklung ans Finanzministerium gekommen und dort auf einer Position gelandet, um die mich nun jeder andere beneidete. Wir Russischdolmetscher für sowjetische Experten wurden zu hoch geschätzten Persönlichkeiten.

Junge, unverheiratete Leute wie ich wohnten in einem Wohnheim zu dritt in einem Zimmer, in dem es außer den Betten kein anderes Mobiliar gab. So blieben wir nach Dienstschluss, wenn die Verheirateten zu ihren Familien nach Hause gingen, meistens noch im Büro und beschäftigten uns dort. Für mich gab es genug zu tun: Da ich mich nie für Finanzen interessiert hatte, musste ich mich nun in eine völlig neuartige Materie einarbeiten.

Die Wochenenden, besonders die Samstagabende, waren für die unverheirateten Kader an unserem Ministerium immer ein Problem, denn die meisten langweilten sich und wussten nichts Rechtes anzufangen. Ich stellte eine große Ausnahme dar, denn pünktlich um sechs Uhr zum Büroschluss warteten Kätzchen, Eule, die kleine Li und der dicke Chen mit ihren Fahrrädern vor dem Tor des Ministeriums auf mich, und schon ging es los zum Kaffeetrinken, Essen, Tanzen oder zu irgendwelchen Veranstaltungen. Doch das füllte mich auf die Dauer nicht aus. Gerade weil ich in dem Ministerium mit sehr trockener bürokratischer Materie zu tun hatte, sehnte ich mich nach kulturellem Leben.

An einem Sonntagnachmittag ging ich allein zum Kulturpark der Werktätigen, der unweit des Ministeriums auf dem Gelände des einstigen kaiserlichen Ahnentempels lag. Als ich durch die Anlage schlenderte, drang auf einmal klassische westliche Musik an mein Ohr, ein Orchesterstück von Schubert. Ich traute meinen Ohren kaum, denn diese wunderbare Musik passte nicht in die revolutionäre Atmosphäre Chinas. Bald merkte ich, dass es wohl ein Orchester bei der Probe sein musste, denn das Stück wurde immer wieder unterbrochen. Neugierig folgte ich dem Klang durch verschiedene Gänge des mit Theatersälen, Kinos, einer Bibliothek und anderen Einrichtungen ausgestatteten Gebäudes, bis ich auf einen Saal stieß, in dem ein richtiges Sinfonieorchester probte. Wie angewurzelt blieb ich in der offenen Tür stehen. Ich weiß nicht, wie lange ich schon zugehört hatte, als die Musiker schließlich eine Pause einlegten. Der Dirigent ging auf die Tür zu, in der ich stand, und fragte mich offenbar in einer Laune des Augenblicks: «Wie hat es geklungen?»

«Es war wunderbar», sagte ich aus vollem Herzen. «Ist das ein Berufsorchester?»

«Nein», erwiderte er, «alle Musiker sind Werktätige aus Peking. Wir spielen nur in unserer Freizeit. Manchmal geben wir aber auch Konzerte.»

«Ist das wahr?» Es war schon immer mein Traum gewesen, einmal in einem Orchester zu spielen. «Könnte ich denn auch mitmachen?»

«Nichts spricht dagegen», antwortete er lachend. «Welches Instrument spielst du denn?»

«Geige. Ich besitze eine ziemlich gute Geige.»

«Du kommst wie gerufen. Wir brauchen nämlich noch Streicher. Wo arbeitest du?»

«Im Finanzministerium.»

«Oh, das ist ja ganz in der Nähe. Du kannst sofort bei uns anfangen.»

Ich war überglücklich. Allerdings wunderte es mich, dass ich nicht einmal vorzuspielen brauchte.

Die Pause ging zu Ende, und die Musiker kehrten auf ihre Plätze zurück.

«Ich habe eine gute Nachricht», kündete der Dirigent an. «Wir bekommen Verstärkung für die Geigen.» Ich wurde sofort mit einem Riesentusch begrüßt. Von nun erklang abends aus dem Roten Haus, wenn die anderen gegangen waren, oft der Klang einer Geige.

Meine Kollegen

In unserem Büro für russische Experten gab es zehn chinesische Mitarbeiter, die man nach ihrem Alter in drei Gruppen teilen konnte. Die drei Ältesten waren um die fünfzig Jahre alt und stammten aus dem mandschurischen Harbin. Dort hatten nach der Oktoberrevolution viele russische Emigranten Zuflucht gefunden, so dass Harbin zur größten russischen Stadt außerhalb Russlands wurde. Alle drei sprachen hervorragend Russisch, waren mit dem finanztechnischen Vokabular vertraut und verfügten über Erfahrungen in der Zusammenarbeit mit Russen. Allerdings hatten sie schon unter der alten Regierung gearbeitet, und keiner von ihnen war Parteimitglied, weshalb die Partei ihnen trotz ihrer fachlichen Kompetenz misstraute.

Der beste der drei älteren Mitarbeiter, Jiang Houyi, ein sehr gebildeter und tüchtiger Mann, war offiziell unser Vorgesetzter. Doch weil er als politisch unsicher eingestuft wurde, blieb er immer sehr vorsichtig und ging niemals ein Risiko ein. Alle politischen Entscheidungen überließ er grundsätzlich jenen Kollegen, die in der Partei waren.

Mehr zu tun hatte ich mit Chi Yifu. Mit ihm und der Kollegin Peng teilte ich einen Büroraum. Als Erfahrenster leitete er unsere Dreiergruppe, die bald nach meiner Ankunft gebildet wurde. Kollege Chi war ein freundlicher

Mensch, der jedoch immer eine gewisse Vorsicht und Distanz wahrte. Wir lernten viel von ihm. Zu jedem Dolmetschtermin nahm er mindestens einen von uns beiden Anfängern mit. Wann immer wir Zeit fanden, arbeiteten wir seine schriftlichen Übersetzungen durch, um uns mit den gängigen finanztechnischen Ausdrücken vertraut zu machen.

Zur zweiten Altersgruppe gehörten drei Kollegen, die in ihren Dreißigern waren. Sie hatten sich schon früh der revolutionären Bewegung angeschlossen und bildeten die politische Säule unseres Büros. Einer von ihnen, Lü Wang, war fachlich gesehen so schwach, dass man ihn für Übersetzungen kaum gebrauchen konnte. Da er als Erster unter den dreien der Revolution gefolgt und Parteimitglied war, genoss er großen Einfluss im Büro, obwohl er keine Führungsposition innehatte. Er konnte es sich leisten, grundsätzlich zu spät zur Arbeit und manchmal auch gar nicht zu kommen. Bei wichtigen Fragen entschied er oft eigenmächtig und unüberlegt, ohne die Vorgesetzten zu informieren. Am liebsten erzählte er von seiner glorreichen Vergangenheit: «Als ich mich damals, 1938, der Revolution angeschlossen habe...», begann er seine Reminiszenzen – für mich immer ein Signal, so schnell wie möglich das Weite zu suchen. Er wurde nie müde, die anderen politisch zu erziehen und ihnen zu sagen, was sie zu tun hätten.

Einmal wies er mit seinem nikotingelben Zeigefinger auf mich und sagte: «Guan, du spielst dich wohl in deiner Freizeit als Frauenheld auf. Ich habe genau beobachtet, dass du jeden Samstagabend von ein paar hübschen Mädchen abgeholt wirst. Das schadet deiner Arbeitsmoral. Nimm dir ein Beispiel an mir! Ich lebe ganz für den Aufbau des neuen China.» Ich sagte nichts dazu, denn ich wusste wie alle in der Abteilung, dass ihm sein Misserfolg bei Frauen zu schaffen machte. Er hatte schon mehrere Kollegen um die Vermittlung einer Braut gebeten.

Am liebsten beschimpfte er die drei Älteren, die sich nicht zu wehren wagten: «Die verdienen viel mehr als ich. Was haben denn die für die Revolution getan?» Wie für viele andere Revolutionäre war es ihm leicht gefallen, in den Kampf zu ziehen, doch mit dem Frieden kam er nicht zurecht. Egoismus bestimmte sein Denken und Verachtung seine Haltung gegenüber den Parteifreunden.

Die beiden anderen aus seiner Altersgruppe waren nicht nur wesentlich fähiger als er, sondern auch viel netter, besonders Li Jianying, der mein guter Freund werden sollte.

Dann waren da noch wir drei Jüngsten. Uns vertraute man, wir hatten schließlich die ideologische Umerziehung hinter uns, doch waren wir anfangs noch weit von der nötigen Fachkompetenz entfernt.

Außer diesen neun Mitarbeitern hatten wir noch Zhao Chengxin bei uns, einen alten Herrn, der früher nahe der russischen Grenze Bürgermeister eines kleinen Dorfes gewesen war. Er beherrschte die russische Umgangssprache, jedoch nicht die Schrift, und hatte als Einziger keine Hochschulbildung. Seine Aufgabe war, den russischen Experten zur Hand zu gehen, wann immer sie ihn brauchten. Er organisierte bei Bedarf Autos für sie, machte Kaffee und Tee oder kaufte Zigaretten. Er war ein feiner Kerl, ein netter und unkomplizierter Kollege.

Unter den Kollegen gab es einen, der mit mir so wenig anzufangen wusste wie ich mit ihm: Zhang Jinqian, ein unverheirateter, engstirniger Griesgram von Ende dreißig, groß, aber mit buckligem Rücken und borstigen Haaren. Er gehörte dem Parteikomitee an und war für die Jugendliga verantwortlich. Zhang stammte aus einem Dorf im kargen Nordwesten Chinas. Das Leben in der Großstadt war ihm fremd, das studentische Leben erst recht. Meinen Arbeitseifer beobachtete er mit Missmut. Nach Dienstschluss, wenn wir jungen Kollegen noch fröhlich zusammen saßen, machte er ständig Bemerkungen über mein Geige- und Akkordeonspiel, über mein «albernes» Lachen und mein Temperament. Sogar mein wippender Gang nötigte ihn zu abschätzigen Kommentaren.

Iwan Iwanowitsch

Schon bald nach unserer Ankunft wurden wir Dolmetscher den drei russischen Experten zugeteilt, je eine Dreiergruppe für jeden. Meine Gruppe mit Chi Yifu und der kleinen Peng arbeitete für den Spezialisten für Betriebswirtschaft, einen Ukrainer aus Kiew namens Iwan Iwanowitsch Winiokow. Er war von großer, kräftiger Statur und ungestümen Temperaments, ein ausgesprochen netter Kerl, der bei der Arbeit sowohl von uns Dolmetschern als auch von den chinesischen Finanzbeamten strenge Disziplin und höchste Genauigkeit verlangte. Er wollte den Chinesen am liebsten von heute auf morgen sein gesamtes Wissen vermitteln, und mit entsprechender Eile ging er vor. Winiokow prüfte die Finanzpläne aller Ministerien und auch die der Staatsbetriebe, die bei den Ministerien Gelder beantragt hatten. Eines Tages hörte ich ihn in seinem Zimmer aufschreien. Sofort lief ich hinüber. «Das Geld fällt doch nicht vom Himmel!», schrie er. «So geht das nicht. Ich muss sofort den Finanzminister sprechen.»

«Ich weiß nicht, ob es möglich ist, ihn sofort zu sprechen. Er ist selten hier.»

«Dann will ich den zuständigen Vizeminister sprechen – sofort!»

Ich machte mich umgehend auf den Weg ins Sekretariat von Vizeminister Fang Yi, der für unseren Bereich mit verantwortlich war. Sein Sekretär ließ mich sofort zu ihm. Fang Yi und ich kannten uns gut, denn er nahm seit meinem Eintritt ins Finanzministerium zweimal pro Woche bei mir Russischunterricht. Ich mochte ihn sehr, er war ein netter, sympathischer Mensch, der immer darum bemüht war, sein Wissen zu erweitern.

«Was ist denn los mit Winiokow? Warum will er mich sprechen?», fragte mich Fang Yi.

«Das hat er mir nicht gesagt. Er war gerade bei der Überprüfung irgendwelcher Unterlagen, als er ziemlich erregt nach einem Gespräch verlangte», erklärte ich.

Lachend sagte Vizeminister Fang Yi: «Dann bring ihn mal gleich her. Ich erwarte ihn.»

Normalerweise war es nicht so einfach, einen Vizeminister zu treffen, selbst für einen sowjetischen Experten. Man musste zuerst einen Termin abstimmen. Ein solches Blitztreffen hatte es bei uns noch nie gegeben. Zufrieden rannte ich wieder zurück zu Winiokow, doch der saß über seine Arbeit vertieft an seinem Schreibtisch und schaute überrascht auf, als wäre die ganze Aufregung bereits vergessen.

«Was willst du denn von mir?», fragte er.

«Vizeminister Fang Yi erwartet Sie.» Er lachte und erhob sich: «Yura, du bist ein Teufelskerl. Hast du es tatsächlich geschafft?»

Winiokow duzte mich, während ich ihn siezte, und er nannte mich Yura, abgeleitet von dem mittleren Teil meines chinesischen Namens «Yu».

Er klemmte sich einen Stapel Unterlagen unter den Arm und ging mit mir ein Stockwerk tiefer. Fang Yi empfing Winiokow mit ein paar russischen Worten, was diesen riesig freute. «Wo haben Sie denn Russisch gelernt?», fragte er begeistert.

Fang Yi zeigte auf mich. Da lachte Winiokow und sagte: «Nicht schlecht, Yura!»

Doch dann kam Winiokow auf den Grund seines Ärgers zu sprechen.

«Sehen Sie mal», sagte er und reichte Fang Yi eine Akte. «Aus den Unterlagen des Ministeriums für Schwerindustrie geht hervor, dass ein großer Teil des dort investierten Geldes verschwunden ist. Es taucht nirgends mehr auf. Ich frage mich, wo es geblieben ist. Eure Ministerien können doch nicht einfach staatliche Gelder verschleudern! Haben Ihre Leute vergessen, dass China noch ein armes Land ist? Ihr müsst sparen, sparen, sparen!»

Als wir wieder in unsere Abteilung zurückkehrten, sang Winiokow fröhlich vor sich hin. Er war wirklich ein lustiger Kerl.

Oft kam er zu uns ins Büro und erzählte ein paar russische Witze, die ich anfangs allerdings überhaupt nicht verstand. Nur unser alter Dolmetscher Chi Yifu lachte manchmal so sehr, dass ihm die Tränen kamen. «Was hat er erzählt?», fragte ich ihn dann oft, doch er erwiderte meist:

«Dafür bist du noch zu jung, und außerdem haben wir ein Mädchen hier. Solche Witze sind nichts für euch.»

Nur kurze Zeit nach meinem Diensteintritt im Finanzministerium, als ich mich in allgemeinen Gesprächen mit den russischen Experten schon gut halten konnte, die fachlichen Ausdrücke und Zusammenhänge jedoch noch sehr zu wünschen übrig ließen, sollte Winiokow eine Dienstreise nach Shenyang in den Nordosten Chinas unternehmen. Da Kollege Chi gerade erkrankt war, drohte eine Verschiebung der Reise, doch erhielten wir aus Shenyang die Auskunft, dort stehe ein hervorragender Finanzdolmetscher zur Verfügung. Also ging Winiokow mit mir und der Kollegin Peng als Begleitern auf die Reise. Wir waren beide sehr aufgeregt, denn wir fürchteten, dass wir vielleicht doch zum Dolmetschen der Fachgespräche herangezogen werden könnten.

Zunächst einmal genossen wir jedoch unsere erste Dienstreise. Wir fuhren Schlafwagen erster Klasse in nagelneuen, soeben aus der DDR importierten Waggons. Winiokow machte Witze mit uns, und wir freuten uns über die Gelegenheit, von morgens bis abends mit ihm Russisch sprechen zu können. Er erzählte uns von seiner Zeit als Soldat im Zweiten Weltkrieg und vom Kampf seines Vaterlandes gegen Nazideutschland. Er zeigte uns eine schwere Verletzung am Bein, die er sich damals zugezogen hatte, und wir brachten ihm fortan noch mehr Respekt entgegen. Wir empfanden ihn als einen echten sowjetischen Helden.

In Shenyang standen gleich am ersten Tag Verhandlungen in einem Stahlwerk auf dem Programm. Plötzlich hieß es, der Fachdolmetscher sei verhindert und die kleine Peng und ich müssten für ihn einspringen. Zunächst lief noch alles glatt, doch als dann die Fachgespräche begannen, gerieten wir zunehmend ins Schleudern. Zwar zeigten sich alle sehr geduldig, doch da wir die finanztechnischen Dinge als solche schon nicht verstanden und dann noch fehlerhaft übersetzten, entbrannten immer wieder lange Diskussionen darüber, was wohl gemeint sein konnte. Ich hatte ohnehin immer Schwierigkeiten mit Zahlen gehabt, und als mir der Kopf gerade wieder richtig dampfte, sagte Winiokow zu den chinesischen Gastgebern: «Ich möchte gern Ihre Bilanz sehen.»

Ich kannte das Wort «Bilanz» nur im Sinne von Balance und Ausgleich. «Er möchte gern einen Ausgleich sehen», übersetzte ich unsicher.

Sofort begann ein allgemeines Rätselraten darüber, was für einen Ausgleich er wohl meinen könnte. Vor Verlegenheit wäre ich am liebsten in den Boden versunken, der kleinen Peng standen Tränen in den Augen. Schließlich schlug jemand vor, in unserem Büro in Peking anzurufen und nach dem Wort zu fragen. Die Idee war zwar gut, doch schwierig auszuführen, denn aufgrund des rückständigen Telefonnetzes konnten Ferngespräche nur mit großem Zeitaufwand hergestellt werden. Durch etliche Zickzackverbindungen von einem Telegrafenamt zum anderen hatten wir nach einer Stunde endlich eine Leitung für die tausend Kilometer nach Peking, um dann in nur wenigen Sekunden die Antwort auf unser Problem, das chinesische Wort für Bilanz, zu bekommen. Als endlich klar war, worum es ging, begannen alle lauthals zu lachen. Fortan machte ich mir Aufzeichnungen von Winiokows Ausführungen, arbeitete sie abends noch einmal durch, um die Zusammenhänge besser zu verstehen, und bat ihn um Erklärungen, wenn ich etwas nicht verstand.

Am nächsten Tag fand sich endlich der örtliche Dolmetscher ein. Sein Russisch war zwar gut, doch die Art, wie er sich Winiokow gegenüber verhielt, anbiedernd und unterwürfig. Ich fand ihn vom ersten Moment an unsympathisch.

Nach einer Woche zusammen mit Winiokow, die wir von morgens bis abends mit ihm verbrachten, waren wir einander so vertraut, dass wir einen fast freundschaftlichen Umgang miteinander pflegten. Am Schluss hatten wir einen halben Tag frei, und wir nutzten die Zeit zu einem Besuch in dem Schwimmbad unseres Hotels. Winiokow schubste mich in seiner lustigen Art mehrmals vom Beckenrand ins Wasser, woraufhin auch ich ihn ein paarmal ins Becken schubste. Wir lachten und hatten viel Spaß miteinander.

Am selben Abend fand ein Bankett statt, das von der Finanzbehörde der Stadt Shenyang ausgerichtet wurde. Der Amtsleiter war ein sehr humorvoller Mann, ein Nordchinese mit breiten Schultern, der auch ein paar Brocken Russisch sprechen konnte. Er kam mit Winiokow auf die unterschiedlichen Sitten und Gebräuche in Russland und China zu sprechen, und in dem Zusammenhang auch auf den Brauch des Siezens und Duzens. In der Sowjetunion unterschied man streng zwischen «Sie» und «Du», in Nordchina ebenfalls, wenn auch nach anderen Normen. Die kleine Peng und ich, die wir am selben Tisch saßen, waren in Südchina aufgewachsen, und so gab ich zu bedenken: «Das ist aber nur in Nordchina so. Südlich des Jangtse, wie zum Beispiel in Shanghai, wo ich herkomme, duzen sich alle. Dort gibt es in den verschiedenen Dialekten überhaupt kein Sie.»

Der Amtsleiter nickte. «Das habe ich auch gehört. Ich selbst war leider noch nie im Süden.»

Nach dem Bankett klopfte er mir freundschaftlich auf die Schulter und fragte: «Na, hat das Essen geschmeckt?» Für Nordchinesen, die eine relativ einfache Küche gewöhnt sind, war das Bankett ausgezeichnet, für Shanghaier dagegen nichts Ungewöhnliches.

«Ja, es war ganz gut», bekannte ich kurz und ehrlich und sah, wie der örtliche Dolmetscher böse den Kopf schüttelte. Wahrscheinlich hätte ich es über alle Maßen loben müssen.

Gut eine Woche später, als wir wieder in Peking waren, trat Genosse Lü, unser inoffizieller Chef, in unser Büro und teilte uns mit: «Heute Nachmittag um vier Uhr findet für uns Übersetzer eine außerordentliche Vollversammlung statt. Ich erwarte euer pünktliches Erscheinen.»

Überrascht schauten wir auf. Auch der alte Chi war erstaunt, denn bisher hatte es nie dergleichen gegeben. Zur genannten Zeit trafen sich also alle Dolmetscher im Büro von Abteilungsleiter Jiang. Dieser zog einen Brief aus seiner Schublade und las folgenden Text vor:

«Genosse Abteilungsleiter Jiang!

Erst nach reiflicher Überlegung habe ich mich entschlossen, diesen Brief zu schreiben. Es geht um die Erziehung junger Menschen. Mehrere Tage lang hatte ich die Gelegenheit, den Experten Winiokow in Shenyang zu begleiten, und ich habe ihn als einen sehr ernsten und kompetenten Experten erlebt, vor dem ich großen Respekt habe. Ich möchte darauf hinweisen, dass wir uns bei Experten seines Formats besonders korrekt und aufmerksam verhalten müssen. Leider hat sich Ihr Dolmetscher Guan Yuqian aber ihm gegenüber sehr respektlos verhalten. Ich habe mit eigenen Augen mit angesehen, wie er den Experten während eines Besuches im Schwimmbad vom Beckenrand ins Wasser stieß. Nicht auszudenken, wenn diesem dabei etwas zugestoßen wäre!

Als sich der Leiter unserer Finanzbehörde während eines Banketts mit dem sowjetischen Experten unterhielt, übersetzte Ihr Dolmetscher nicht nur, sondern mischte sich auch in das Gespräch ein und widersprach der Meinung unseres Chefs. Als dieser nach dem Essen höflicherweise auch Guan Yuqian fragte, ob es ihm geschmeckt hätte, brachte er nur ein respektloses ‹Nicht schlecht› hervor. Guan Yuqian ist zwar klug und kann inzwischen einigermaßen Russisch sprechen, hat aber leider vergessen, welche Position er innehat. Um solche Fehler in Zukunft zu vermeiden, sehe ich mich gezwungen, Ihnen diesen Brief zu schicken.»

Kaum hatte unser Chef das Vorlesen beendet, ergriff Lü das Wort: «Das ist ein schwerwiegender Vorfall. So etwas können wir in unserem Büro nicht unbeachtet lassen. Genosse Winiokow ist auf Einladung der Regierung hier, und als Experte gebührt ihm aller Respekt. Wie können wir ihn einfach ins Wasser schubsen? Wenn ihm etwas passiert und sein Leben in Gefahr geraten wäre, wie hätten wir das der sowjetischen Regierung erklären sollen? Der kleine Guan ist noch nicht lange bei uns, nimmt sich aber alle möglichen Freiheiten heraus. Er hat sogar den Experten zum Vizeminister gebracht, ohne vorher unsere Einwilligung einzuholen. Solche Disziplinlosigkeit können wir nicht dulden. Wenn das so weitergeht, schadet das dem Ruf unseres Büros. Dann können wir so jemanden nicht weiter hier behalten.»

Alles schwieg zunächst betroffen. Offenbar hatte Lü Wangs Angriff auf mich auch die anderen überrascht. Ich schaute bedrückt zu Boden und wartete ab. Da erhob Kollege Li Jianying seine Stimme: «Ich kenne den Mann nicht, der diesen Brief geschrieben hat; aber wir alle kennen den kleinen Guan. Er kommt gut mit allen Leuten aus. Die sowjetischen Experten sind doch ganz normale Menschen wie wir. Wieso soll man dann nicht auch einen ganz normalen Kontakt mit ihnen pflegen können? Ich glaube nicht, dass Guan Yuqian Winiokow mit böser Absicht ins Wasser gestoßen hat.» Er wandte sich an die kleine Peng. «Du warst doch dabei, was sagst du dazu?»

Kollegin Peng schien über Li Jianyings Kommentar sehr erleichtert zu sein. «Winiokow hat Guan mehrmals ins Becken geschubst, mich auch», erklärte sie spontan. «Es war sehr lustig. Und dann haben Winiokow und Guan mich an Händen und Füßen gefasst und mich mit Schwung ins Wasser geworfen. Später hat Guan dann auch Winiokow ins Wasser geschubst, ich hab es auch getan. Beim Bankett war ich auch zugegen. Wir haben uns über die Sitten und Gebräuche in China unterhalten. Der Leiter der Finanzbehörde hat uns überhaupt nicht wie Untergebene behandelt, sondern uns ins Gespräch einbezogen. Und als Guan ein, zwei Sätze in die Unterhaltung eingeflochten hat, zeigte er sich sogar sehr zufrieden ...»

Lü Wang unterbrach die kleine Peng scharf: «Peng, du lässt dich zu stark von Guan beeinflussen. In unserer Gesellschaft unterscheiden wir klar zwischen den Ausländern und uns und zwischen Vorgesetzten und Untergebenen. Guan erlaubt sich Dinge, die Mao Zedong als unangemessenen Liberalismus kritisiert hat. Dieser Liberalismus ist einer der ärgsten Feinde.

Bevor wir handeln, müssen wir immer erst an die Interessen der Partei, die Interessen unseres Staates und die Interessen des Volkes denken.»

Nach dieser Äußerung herrschte Schweigen, und die Vollversammlung wurde beendet. Von nun an war es mit der normalerweise recht lockeren Atmosphäre in unserem Büro vorbei. Alle verhielten sich zurückhaltend, vor allem Winiokow gegenüber. Mit ihm wurde der Umgang richtig unnatürlich und verkrampft. Niemand ging mehr direkt und offen auf ihn ein, und wenn er Witze machte, mochte keiner mitlachen. Natürlich spürte er die Veränderung sofort und fragte: «Was ist bloß los mit euch?» Aber wir wagten es ihm nicht zu sagen.

Unter diesen Bedingungen hatte ich nur noch wenig Lust, Überstunden zu machen oder mich länger als nötig im Büro aufzuhalten. Da jeder merkte, dass es mit China bergauf ging, und glücklich darüber war, konnte ich nicht begreifen, weswegen man uns weiterhin politisch unter Anspannung hielt, zumal die eigentliche Arbeit darunter litt. Vielleicht hatte Lü Wang ja Recht, wenn er mich als liberal kritisierte, aber ich wollte frei denken, frei atmen.

Sergej Michailowitsch

Nach einiger Zeit wurde Winiokow zurückberufen und durch einen Experten namens Sergej Michailowitsch Riumin ersetzt, einen etwa vierzigjährigen Mann, der weniger Temperament als Winiokow besaß, dafür aber mehr Geduld und noch mehr Einfühlungsvermögen im Umgang mit uns Chinesen. In seiner ruhigen und geduldigen Art wurde er für Peng und mich im Laufe der Zeit fast zu einer Vaterfigur. Seine Frau war ebenfalls sehr sympathisch. Sie hatten zwei bildhübsche Töchter von sechzehn und vierzehn Jahren. Als später private Kontakte mit russischen Experten erlaubt wurden, lud er Peng und mich häufig in die enge Zwei-Zimmer-Suite ein, die er im Hotel mit seiner Familie bewohnte, und oft unternahmen wir alle zusammen kleine Ausflüge oder gingen schwimmen. Es machte mir viel Freude, mit dieser netten Familie zusammen zu sein.

Als Sergej Michailowitsch kam, hatten Peng Xiangyun und ich schon keine Schwierigkeiten mehr mit der finanztechnischen Terminologie, und so begleiteten wir ihn auf seinen vielen Vortragsreisen. Dabei gewannen wir viel Routine. Manchmal dolmetschten wir vor bis zu tausend Personen, ein Anblick, der anfangs meine Beine zittern ließ und mir den Schweiß aus den Poren trieb. Da sich aber die Vorträge stets sehr ähnelten, wusste ich mit der

Zeit ganze Passagen schon mehr oder weniger auswendig. Für die Provinzen war es eine große Sache, wenn ein sowjetischer Experte kam. Oft erschien die Belegschaft der Finanzbehörden dann geschlossen zu den Vorträgen.

Die fachliche Kompetenz unserer kleinen Dreiergruppe sprach sich bei einigen Verlegern herum, die uns mit der Übersetzung russischer Fachbücher zu Wirtschaft und Finanzen beauftragten. Wir verdienten auf diese Weise ein Hundertfaches unseres Gehalts. Es war so viel, dass wir nicht wagten, unseren Kollegen davon zu erzählen. Andererseits arbeiteten wir aber auch sehr hart dafür und saßen oft bis spät in die Nacht an Texten, manchmal bis ein oder zwei Uhr morgens. Ich übersetzte insgesamt neun Bücher, einige davon gemeinsam mit dem Kollegen Chi und der kleinen Peng. Alle waren schon kurz nach ihrem Erscheinen vergriffen. Später erhielt ich auch Aufträge für literarische Übersetzungen. Auf diese Weise verdiente ich viel Geld, das ich mit großem Vergnügen auch wieder ausgab.

Am Finanzministerium erhielten wir die Aufgabe, in Zusammenarbeit mit den russischen Finanzfachleuten ein neues Gehaltssystem auszuarbeiten. Dabei übernahmen wir praktisch hundertprozentig das sowjetische System, das als Einziges in Frage zu kommen schien. Es ersetzte das noch aus der Partisanenzeit stammende Versorgungssystem für die älteren Revolutionäre und galt als wichtige Stufe im Aufbau des neuen China, da es viel stärker leistungsorientiert war. Dennoch spielten politische Faktoren weiterhin eine Rolle, ein Grund, weswegen die Umstellung nicht ohne Auseinandersetzungen abging. Auch ich war nicht sehr zufrieden mit meiner neuen Einstufung. Die Gehaltstabellen für Übersetzer und Dolmetscher sahen insgesamt fünfzehn Stufen vor. Die älteren, parteilosen Dolmetscher wurden wegen ihres hohen Niveaus in der russischen Sprache mit der Stufe eins am besten bedacht, während die mittleren Gehaltsstufen den Dolmetschern und Übersetzern mittleren Alters zukamen. Wir drei Jüngsten, Dong, Peng und ich, erhielten, obwohl wir alle gemeinsam zur Uni gegangen, gleichzeitig unseren Abschluss gemacht und gleichzeitig in derselben Position zu arbeiten begonnen hatten, doch verschiedene Gehälter, und zwar wurde Dong einzig deswegen eine Stufe besser gestellt, weil er Parteimitglied war. Zunächst hielt ich deswegen den Mund. Dann aber lieferte unser inoffizieller Chef Lü Wang folgende Begründung: «Dong und Guan sind fachlich gesehen auf ähnlichem Niveau, und von ihrer Geschichte her gibt es auch keinen Unterschied zwischen den beiden. Aber Dong ist politisch reifer als Guan. Er ist ruhiger und macht nicht so viel Wind.»

Ich konnte mich nicht beherrschen und fuhr dazwischen: «Lü Wang, eigentlich wollte ich meine Meinung nicht äußern. Ich schäme mich auch dafür, mich um eine höhere Gehaltsstufe zu reißen. Aber wenn du über politische Reife oder Unreife sprichst, dann symbolisiert es also für dich Reife, wenn jemand ruhiger ist und weniger spricht. Damit bin ich nicht einverstanden. Das ist doch nur ein Unterschied im Temperament.»

Lü Wang mit seiner ewigen Zigarette in der Hand und den hervortretenden Augen sprang auf: «Hast du vergessen, was du in Shenyang angerichtet hast und was du dir sonst noch für Eigenmächtigkeiten geleistet hast? Das zeigt doch, wie politisch unreif du bist! Eine Gehaltsstufe Unterschied ist an sich noch zu wenig.»

Jetzt wurde ich richtig wütend: «Ich verstehe auch nicht, wieso du so eine hohe Stufe bekommen hast. Du bist zwar etwas früher als wir in die Revolution eingetreten, aber du bringst noch nicht einmal einen ganzen Satz auf Russisch zustande. Deine Übersetzungen sind den sowjetischen Experten unverständlich. Wieso kriegst du also mehr Gehalt als diejenigen Genossen, die gleichzeitig mit dir in die Revolution eingetreten sind?»

Die anderen versuchten, uns zu beschwichtigen, aber ohne Erfolg. Ich wusste in dem Moment schon, dass aus meinem Eintritt in die Partei nichts mehr werden würde, denn hierfür war Lü Wang die entscheidende Person. Aber inzwischen war mir das egal.

Der Frühling 1955 wurde für mich eine besonders glückliche Zeit, denn ich durfte mit Sergej Michailowitsch und Kollegin Peng in den Süden reisen: ins schöne Hangzhou, dann den Jangtse entlang über Wuhan nach Chongqing und schließlich noch nach Chengdu. Unsere erste Station war jedoch Shanghai. Hierauf freute ich mich natürlich besonders, weil ich dabei sicherlich auch Gelegenheit haben würde, Mutter wieder zu sehen. Vielleicht, so hoffte ich, könnte ich auch ein paar alte Freunde oder Schulkameraden treffen.

In Shanghai übernachteten wir im vornehmen Jinjiang-Hotel. Es war im vorrevolutionären Shanghai eine der teuersten Herbergen gewesen. Am dritten Abend nach unserer Ankunft wollten wir gegenüber vom Hotel im Internationalen Club – dem einstigen französischen Sportklub – an einer Tanzparty teilnehmen. Sergej Michailowitsch und Peng gingen vor, weil ich noch mit Mutter telefonieren wollte. Der französische Sportklub war früher immer ein großes Geheimnis für mich gewesen, denn obwohl wir beinah nebenan wohnten, hatten wir ja nie hineingehen dürfen. Als ich klein war, hatte ich nur durch einen Spalt in dem hohen Zaun hineinschauen und sehen können, wie die Ausländer darin Tennis spielten. Nach dem Gespräch mit Mutter eilte ich sofort hinüber, wurde dort aber von einem Türsteher aufgehalten, der barsch fragte: «Was willst du hier?»

«Ich möchte hinein.»

«Wer bist du? Meinst du, hier kann jeder rein?»

«Ich bin der Dolmetscher des sowjetischen Experten, der vor wenigen Minuten mit einer Kollegin zusammen angekommen ist.»

Der Türsteher musterte mich von oben bis unten und sagte dann: «Das kann jeder behaupten. Zeig mal deinen Ausweis!»

Da ich in Eile gewesen war, hatte ich meinen Arbeitsausweis nicht mitgebracht; zudem war ich relativ leger gekleidet. Ich sagte: «Ich habe meinen Ausweis nicht dabei. Außerdem gibt es gar keinen Ausweis für Dolmetscher.»

Da herrschte der Türsteher mich an: «Dann hau ab, du Spinner! Das ist hier nur für Funktionäre und ausländische Gäste. Leute wie du haben hier nichts verloren. Du träumst wohl!»

Ich war entsetzt: Vor der Revolution hatten wir nicht hineingedurft, und jetzt, nach der Befreiung, sollte es immer noch so sein? Ich versuchte, mich nun einfach an ihm vorbeizudrängen, aber er pfiff auf seiner Trillerpfeife, und sofort näherten sich zwei Polizisten. Eine Festnahme hätte natürlich erheblichen Ärger gemacht, so musste ich wohl oder übel klein beigeben. Aber was nun? Ratlos ging ich zum Hotel zurück. Dort begegnete ich unserem Chauffeur, dem ich sogleich empört erzählte, was gerade vorgefallen war. Er lachte: «Mach dir nichts draus! Ich fahre dich gleich mit dem Wagen hin, dann lassen sie dich ganz bestimmt rein.»

Das war eine gute Idee. Allerdings beschloss ich, mich sicherheitshalber noch besser anzuziehen. Fünf Minuten später stieg ein feiner, junger Herr mit Schlips und Kragen in ein vornehmes Auto. Der Chauffeur fuhr einmal um den Block und hielt genau vorm Portal des Klubs. Der Fahrer stieg aus, öffnete seinem Fahrgast den Schlag und sagte: «Genosse Guan, ich warte auf Sie.» Der andere nickte, warf dem Türsteher ein huldvolles Lächeln zu und kicherte leise, als er an dem ein wenig verblüfft dreinschauenden Mann vorbeieilte.

Bei der Suche nach Sergej Michailowitsch und Kollegin Peng machte ich eine Runde durch alle Räume. Alle waren imposant und sahen aus wie in den westlichen Filmen, die ich gesehen hatte. Die Wände und Säulen waren mit Mahagoni verkleidet. Auf der Rückseite des Gebäudes betrat man eine große Marmorterrasse, von der aus eine Freitreppe in die große Gartenanlage führte. Im Haus gab es einen großen Tanzsaal, eine Bibliothek, ein Restaurant, ein vornehmes Café, einen Billardraum und einen ziemlich großen Swimmingpool. Endlich fand ich Sergej Michailowitsch und Peng, die mit ein paar Funktionären zusammenstanden, unter denen sich der Chef der Finanzbehörde befand. Ich hatte ihn schon am Vorabend bei einer Essenseinladung kennen gelernt, und wir hatten uns gleich gut verstanden. Er war ein kleiner, rundlicher Typ mit Bauch und kein bisschen hochnäsig. Da er bereits wusste, wer mein Vater war, und da sich beide gut kannten, ging er recht zwanglos mit mir um.

«Guan», sagte er und nahm mich etwas beiseite, so dass die anderen es nicht hören konnten. «Ich habe gestern mit deinem Vater telefoniert. Er war ein bisschen traurig, dass du in Shanghai bist, ohne dich bei ihm zu melden. Über eure Familiengeschichte weiß ich nur wenig. Du darfst nicht vergessen, dass wir damals Krieg hatten. Wie viele Revolutionäre sind während der Revolution von ihren Familien getrennt worden und haben wieder geheiratet! Was bei euch passiert ist, ist also gar nicht so selten. Ruf ihn mal an, er wartet auf deinen Anruf. Ich gebe dir seine Telefonnummer.»

Die Sorge, die der Behördenchef sich um meinen Vater und mich machte, rührte mich. Ich sagte: «Na gut, ich werde ihn anrufen.»

Als ich zurück allein im Hotelzimmer war, fragte ich mich, warum ich eigentlich Vater wieder sehen sollte. Seit 1949 hatte ich ihn nicht gesehen, und nachdem er mich bei der Anmeldung für einen Studienplatz noch nicht einmal als seinen Sohn ausgegeben hatte, hatte ich ihn nahezu aus meinem Gedächtnis gestrichen. Worüber sollte ich jetzt nach so langer Zeit mit ihm reden? Ich rief ihn dann trotzdem an. Zufällig war er selbst am Apparat. Ich erkannte seine Stimme sofort. «Hier ist Yuqian», meldete ich mich.

«Oh, Yuqian! Hier ist Guan Yiwen.»

Er sagte nicht «Papa», sondern seinen vollen Namen. Das zeigte schon, wie fremd wir uns geworden waren.

Nachdem wir ein paar Worte gewechselt hatten, fragte er: «Wann hättest du Zeit, dass wir uns sehen können?»

«Zurzeit bin ich jeden Tag mit dem Experten unterwegs und muss dolmetschen. Manchmal haben wir sogar abends Termine.» Ich hoffte, das würde begründen, warum ich nicht früher angerufen hatte.

«Aber zu Abend essen müsst ihr doch in jedem Fall, oder? Dann lade ich dich eben mit dem sowjetischen Experten zusammen zum Abendessen ein.»

Ich war erleichtert über diesen Vorschlag, denn ich mochte Vater nicht gern unter vier Augen sehen. Das hätte uns wieder beide in Verlegenheit gebracht.

Tatsächlich speisten wir zwei Dolmetscher und Sergej Michailowitsch am nächsten Abend mit Vater. Sergej Michailowitsch und Peng äußerten sich anschließend ganz begeistert über die Begegnung mit ihm. Sergej Michailowitsch sagte: «Dein Vater hat eine große Ausstrahlung. Er ist eine richtige Persönlichkeit. Schade, dass wir nicht mehr Zeit hatten. Er weiß so viel; wir hätten noch stundenlang weiter diskutieren können. Er ist wirklich ein gebildeter Mann. Wieso hast du eigentlich bisher so gut wie nichts von ihm erzählt?»

«Stimmt», pflichtete Peng ihm bei, «wir kennen uns doch schon lange, aber deinen Vater erwähnst du kaum.»

Ich wusste nicht, wie ich antworten sollte, und lachte nur unbeholfen. Ich hätte gestehen müssen, dass das Verhältnis zwischen Sergej Michailowitsch und mir sogar noch enger war als die Beziehung zu meinem Vater.

Hu Feng

Im Mai 1955 brachte die Volkszeitung einen großen Artikel unter der Schlagzeile «Material über die parteifeindliche Hu-Feng-Clique». Hu Feng war ein berühmter linker Schriftsteller. Wieso war dieser nun plötzlich ein Feind der Partei und auch noch Anführer einer ganzen Clique? Aus dem Artikel erfuhren wir, dass Hu Feng einen dreihunderttausend Schriftzeichen langen Brief an Mao Zedong geschrieben hatte, in dem er kritisierte, es gebe in China keine Pressefreiheit und keine Gedankenfreiheit mehr und unter den Parteimitgliedern kursiere feudalistisches Gedankengut. Außerdem sei die große Mehrheit der Leser inzwischen so stark an Organisationen gebunden, dass ihnen die Luft zum Atmen knapp werde. Der Leitartikel kritisierte den Brief als Ausdruck einer konterrevolutionären Einstellung: Freiheit sei nicht für alle da, eine Freiheit für Konterrevolutionäre, ihre Ideen zu verbreiten, dürfe es nicht geben. Weiterhin hieß es in dem Artikel, dass sich die Hu-Feng-Anhänger als Revolutionäre tarnten. Diesen Satz fanden wir alle sehr beunruhigend. Wir vermuteten, dass dieser Leitartikel möglicherweise von Mao Zedong selbst verfasst worden war, denn der Stil darin entsprach genau seiner Art zu argumentieren.

In den darauf folgenden Tagen weitete sich diese Kritik zu einer regelrechten Kampagne aus. Täglich erschienen neue Artikel zu Hu Feng, doch nun wurden nicht mehr nur er und seine Anhänger und Freunde schwer angegriffen. Vielmehr wurde jeder aufgefordert, sich genau zu erinnern, ob er direkten oder indirekten Kontakt mit Hu Feng und seiner Literatur gehabt hatte.

Erneut sah sich unser inoffizieller Chef Lü Wang berufen, die Kritikbewegung im Büro umzusetzen: «Selbst wenn niemand von uns direkten oder indirekten Kontakt mit Hu Feng hatte, müssen wir untersuchen, ob wir nicht ähnlich gedacht haben wie er. Von heute an werden wir uns daher jeden Nachmittag zu Kritik und Selbstkritik versammeln. Es ist wichtig, dass wir heftige Kritik üben. Außerdem möchte die Partei von jedem einen detaillierten Lebenslauf bekommen. Ihr müsst nicht nur über eure direkten Verwandten schreiben, sondern auch über entfernte Verwandte, Freunde und alle Menschen, die euch direkt beeinflusst haben.»

Als dann alle Lebensläufe vorlagen, ging es Chi Yifu an den Kragen. Auf einer Vollversammlung unseres Büros griff Lü Wang ihn an: «Dein Lebenslauf ist sehr oberflächlich geschrieben. Erstens hast du viele Leute, die du kennst, überhaupt nicht darin erwähnt, und zweitens erkenne ich keinerlei Selbstkritik. Hast du denn wirklich keine solchen Gedanken wie Hu Feng? Bist du immer einverstanden mit der Politik der Kommunistischen Partei?»

Chi antwortete vorsichtig: «Ich stamme zwar aus der alten Gesellschaft, aber ich habe unter den Japanern so viel Schreckliches miterlebt, dass ich hundertprozentig hinter der Kommunistischen Partei stehe und sie rundum bewundere. Ich lese keine Literatur, und deshalb kann ich mit dem Namen Hu Feng und seinen Anhängern nicht viel anfangen. Ich mache mir auch nicht so viele Gedanken darüber.»

Lü Wang entgegnete: «Wenn er selbst keine Kritik an sich äußern will, müssen wir ihm dabei helfen. Guan und Peng, ihr beiden arbeitet mit ihm zusammen im selben Zimmer. Ihr müsst ihn kritisieren. Euch sind bestimmt irgendwelche Dinge aufgefallen.»

Was sollte uns schon aufgefallen sein? Chi Yifu war tüchtig und kam immer pünktlich zur Arbeit. Über sein Privatleben wussten wir so gut wie nichts. Außerdem war er ein freundlicher Mensch, der in seinen Äußerungen ziemlich vorsichtig war. Ich überlegte hin und her und wusste wirklich nicht, was ich antworten sollte. Lü Wang wandte sich nun an den Bürochef Jiang Houyi und forderte diesen zur Kritik auf. Lü Wangs rechter Mundwinkel zitterte immer beim Sprechen, und bei diesem ernsten Thema zitterte seine Lippe noch stärker als sonst. Ich hatte einmal gelesen, dass man sich mit Leuten, die einen beim Sprechen nicht anschauen können, besser nicht anfreunden sollte. So jemand war Lü Wang. Ich spürte, dass seine Kritik an anderen auch dazu herhalten musste, seine eigene Unsicherheit zu vertuschen.

Jiang dachte längere Zeit nach und sagte dann: «Dadurch, dass Chi und ich aus der alten Gesellschaft stammen, haben wir sicherlich einige alte Gewohnheiten und Gedanken beibehalten. Ich werde weiter darüber nachdenken und an meiner Selbstkritik arbeiten. Chi ist ein feiner Kerl, und er ist sehr fleißig. Aber manchmal fällt mir bei den Übersetzungen auf, dass er zu frei übersetzt, und das ist nicht gut, denn dadurch können vielleicht mal Fehler entstehen.»

Ich konnte Chi ansehen, wie erleichtert er nach dieser Kritik war. Er nickte eifrig und bekräftigte: «Ja, in Ordnung, ich werde mich bemühen, das zu korrigieren.»

Als alle anderen beharrlich schwiegen, fuhr Lü Wang fort: «Das war heute erst einmal ein Anfang. Ab morgen werden wir die Kritik und Selbstkritik noch ernsthafter fortführen. Wir können erst einmal bei Chi weitermachen und dann zu den anderen übergehen.»

Nach dem Abendessen kam Lü Wang zu Peng und mir herüber und sagte: «Ich habe etwas mit euch zu besprechen. Wie es aussieht, gibt es ein paar Probleme mit Chi. Seine Frau ist hier gewesen und hat sich über ihn beklagt. Ihr müsst euch gut auf morgen vorbereiten, damit ihr auch etwas beisteuern könnt. Ihr habt beide beantragt, in die Partei aufgenommen zu werden, das ist jetzt eine erste wichtige Prüfung für euch.»

Eine Prüfung für mich sollte das sein? Für den Parteieintritt dadurch Punkte zu sammeln, dass ich jemand anderen unsachlich kritisierte, widersprach völlig dem Prinzip, das Mutter mir beigebracht hatte. Immer wieder hatte sie einen berühmten Satz von Konfuzius zitiert, den es so ähnlich auch in anderen Sprachen gibt: «Was du nicht willst, das man dir tu, das füg auch keinem andern zu.» Wenn ich gern jemanden kritisiert hätte, dann höchstens Lü Wang. Aber das war undenkbar.

Chi saß von nun an nur mit gesenktem Kopf da, als hätte er etwas Böses verbrochen. Ich hätte ihn gern getröstet und ein wenig beruhigt, aber ich hatte selber auch Angst. Was wäre, wenn er tatsächlich etwas getan hatte? Wenn er tatsächlich ein Konterrevolutionär war? Wenn ich ihn tröstete, könnte ich als Mitschuldiger angeklagt werden. Die täglichen Sitzungen, die wir nun abhielten, waren unerträglich. Jeden Nachmittag saßen wir vier Stunden lang zusammen, und man konnte ja nicht die ganze Zeit schweigen. Außerdem wurde erwartet, dass jeder etwas sagte. Am Anfang wurde Chi Yifu nur für mehrere Kleinigkeiten kritisiert. Auch ich beteiligte mich ein wenig daran: «Du liest eigentlich zu selten Zeitung», fiel mir ein.

Er entgegnete darauf: «Ich habe einfach zu viel Arbeit und komme deshalb gar nicht dazu.»

Ich sagte: «Es wirkt aber so, als ob du dich nicht so sehr für die staatlichen Angelegenheiten interessierst.»

Jemand anders kritisierte: «Du bist zu wenig mit den Massen verbunden.»

Und ich sagte weiter: «Du rauchst zu viel. Das ist unverantwortlich der Revolution gegenüber, denn deine Gesundheit ist das Kapital unseres Landes.»

Immer mehr Kritikpunkte wurden aufgehäuft.

Plötzlich fragte Lü Wang: «Chi Yifu, wo warst du gestern Abend? Ich weiß, dass du abends öfters nicht zu Hause bist.»

Ich erschrak. Wie kam Lü zu dieser Frage? Es hatte ja den Anschein, als hätte er Chi nachspioniert und einen konkreten Verdacht gewonnen. Chi hob auf die Frage hin nur den Kopf und schaute Lü Wang mit furchtsamem Blick an.

Lü Wang wiederholte: «Wo warst du gestern Abend? Du bist nicht nach Hause gekommen.»

«Ich? – Ich bin spazieren gegangen.»

«Spazieren? Von abends acht Uhr bis Mitternacht? Du bist vier Stunden lang spazieren gegangen? Ich denke, du solltest ehrlich sagen, was du in der Zeit gemacht hast.»

«Ich ... ich habe überhaupt nichts gemacht», entgegnete Chi.

Auch die anderen begannen jetzt zu fragen: «Du musst doch irgendetwas gemacht haben, wenn du die ganze Zeit nicht zu Hause warst. Wo bist du denn gewesen?»

«Ich bin wirklich spazieren gewesen», beteuerte Chi.

«Vier Stunden lang? Wo bist du denn gelaufen? Einmal um ganz Peking?»

Chi weigerte sich, mehr zu sagen. Die Gruppe wurde allmählich ungeduldig. Auch in mir stiegen Zweifel auf. Alle redeten auf ihn ein und stellten Fragen, aber Chi Yifu schwieg eisern. Zum Schluss sagte Lü Wang: «Ich hoffe, dass Chi Yifu morgen alles offen legt und die Fragen beantwortet, die wir ihm gestellt haben. Wenn er nicht ehrlich ist und sich weigert zu antworten, wird es wirklich brenzlig.»

Nach dem Abendessen hörte ich plötzlich jemanden sagen: «Es hat sich draußen jemand in einem Baum erhängt.»

Ich erzitterte bis ins Innerste und sah sofort zu Peng hinüber. Sie schaute ebenfalls völlig verschreckt. Nur eine Frage stand unausgesprochen im Raum: War das Chi Yifu? Wir eilten sofort zu unserem Büro. Unterwegs trafen wir noch andere Kollegen und fragten sie: «Habt ihr schon gehört? Es soll sich jemand erhängt haben.»

Niemand wusste davon, und alle waren sehr erschrocken. Nur Lü Wang reagierte gelassen: «Das muss ein Gerücht sein. Ich werde erst einmal herausfinden, was Sache ist.» Damit verließ er das Büro. Als er bald darauf zurückkam, sagte er lächelnd: «Es war Bai Leming.»

Bai Leming kannte ich auch. Ich hatte oft mit ihm Tischtennis gespielt. Er war außerdem ein guter Freund unseres Kollegen Li Jianying. Ich sagte: «Bai Leming? Er ist doch ein altes Parteimitglied, oder nicht? Und er hat doch anscheinend auch schon sehr lange an der Revolution teilgenommen. Kann das richtig sein, wenn das so weitergeht?»

Lü Wang entgegnete ernst: «Klassenkampf ist immer brutal. Das gehört zu einer Revolution dazu. Die Klassenfeinde kämpfen mit allen Mitteln und schicken ihre Leute sogar in die Revolution, um sie von innen zu zerschlagen. Die Bewegung, die wir jetzt durchführen, soll dazu dienen, diese Feinde in den eigenen revolutionären Reihen zu finden und ans Licht zu bringen. Selbstmord macht nur, wer wirklich etwas gegen die Revolution getan hat und jetzt Angst bekommt. Solche Leute verdienen kein Mitleid.»

Am nächsten Tag meldete sich Chi Yifu gleich zu Beginn der Nachmittagssitzung: «Ich weiß, dass ich mich noch nicht genügend geändert habe. Ich bin ein Egoist und ein rückständiger Mensch. Ihr habt darüber gesprochen, dass ich abends oft nicht zu Hause bin. Es gibt einiges, worüber ich euch nicht offen berichtet habe, weil ich dachte, das sei meine Privatangelegenheit. Aber wenn ihr darauf besteht, dass ich darüber spreche, habe ich wohl keine andere Wahl. Meine Frau und ich haben nur eine Tochter. Unglücklicherweise ist sie seit ihrer Geburt schwer behindert. Das war immer eine große Belastung für uns. Wegen unserer Tochter haben wir sehr oft gestritten, und unser Verhältnis ist immer schlechter geworden. Um diesen Streit zu umgehen, gehe ich oft für einige Zeit zu einem Freund von mir.»

«Kannst du uns seine Adresse geben?», fragte Lü Wang.

«Ja.» Er schrieb sofort etwas auf einen Zettel und reichte ihn Lü Wang.

Lü Wang las den Zettel und fragte überrascht: «Ach, das ist ja eine Frau! Wer ist sie? Eine Freundin? Eine Verwandte? Deine Geliebte?»

Chi Yifu senkte den Kopf und sagte kein Wort. Alle begriffen, dass sie wohl seine Geliebte war. Wenn es eine rein freundschaftliche Beziehung gewesen wäre, hätte er es ja gleich erzählen können. Lü Wang allerdings genügte das schweigende Eingeständnis nicht. Er hakte sogleich nach: «Was für ein Verhältnis ist das zwischen euch beiden? Ist sie deine Geliebte?»

In dieser Hinsicht war China ein sehr konservatives Land. Es war tabu, über die Beziehung zwischen Mann und Frau zu reden. Eine Geliebte zu haben – und vor allem für Frauen, einen Geliebten zu haben, war, wenn es bekannt wurde, eine Riesenschande. Lü Wang bedrängte Chi Yifu so lange mit seinen Fragen, bis dieser es endlich zugab, und damit endete die Sitzung. Von da an blickten alle auf Chi Yifu herab. Sergej Michailowitsch, der nicht verstand, warum Chi Yifu neuerdings so niedergeschlagen war, fragte ein paarmal, was mit ihm los sei, aber wir wussten, dass wir über solch brisante Themen nicht mit den Ausländern sprechen durften.

Endlich ging diese zweite antikonterrevolutionäre Bewegung vorüber. Es hieß, in ganz China seien erneut viele Konterrevolutionäre entlarvt worden. Mao Zedong äußerte sich lobend: «Die Niederwerfung der Konterrevolutionäre stellt eine Fortsetzung des Sieges der Revolution und auch einen Sieg im Klassenkampf dar.»

Den Ausdruck «Klassenkampf» hatte ich nie richtig verstanden. Allmählich begriff ich, dass es einfach ein Kampf zwischen den Menschen war, der von oben verordnet wurde. Ich hörte außerdem, dass Mao Zedong auf einer Parteikonferenz gesagt habe: «In den kommenden fünfzig bis fünfundsiebzig Jahren werden bestimmt international wie auch in unserem Land selbst noch viele ernste Kämpfe stattfinden. Wir werden noch viele Schwierigkeiten durchzustehen haben.»

Als ich davon hörte, dachte ich: Ein Mensch lebt ja nur fünfzig bis siebzig Jahre lang. Wenn man nur ständig kämpfen soll, wofür lebt man dann überhaupt?

In diesen zwei, drei Jahren war das Wetter besonders günstig, und die landwirtschaftlichen Erträge stiegen an. In der Zeitung wurde berichtet, dass vor der Befreiung jedes Jahr durchschnittlich fünfzehn Millionen Kinder gestorben seien – verhungert, erfroren, gestorben bei Naturkatastrophen, im Krieg oder auf Grund mangelnder medizinischer Versorgung. Im Jahr 1955 wurde nach dem sowjetischen Modell eine kostenlose Krankenversorgung für Arbeiter und Angestellte eingerichtet. Durch die guten Ernten gab es genug zu essen für alle. Jeder konnte mit eigenen Augen sehen, wie sich der Lebensstandard besserte. Zweifel und unwohle Gefühle ließen sich angesichts dieser Erfolge schnell vergessen.

Liebe und andere Wellen

Um ein wenig zu entspannen, fuhr ich an den Sonntagen gelegentlich zum Russischinstitut, wo manche der früheren Kommilitonen, mit denen ich mich gut verstand, als Dozenten arbeiteten und sich freuten, wenn ich zu Besuch kam. An einem Sonntagmorgen, als ich wieder einmal per Fahrrad die Zwanzig-Minuten-Strecke zum Russischinstitut zurückgelegt hatte, hatte ich jedoch Pech: Kein einziges vertrautes Gesicht war zu sehen. Das Wohnheim wirkte fast wie ausgestorben. Nur im Obergeschoss stand eine Tür offen. Ich warf einen Blick ins Zimmer und sah Meizhen. Sie saß am Tisch und las. Seit ich damals mit ihr den zweiten Preis im Tanzwettbewerb gewonnen hatte, hatte ich sie nicht vergessen. Allerdings war die Erinnerung doch recht verblasst. Die Bekanntschaft mit ihr zu vertiefen, hatte sich beim Studium nicht machen lassen, gab es doch für uns Studenten praktisch kein Privatleben. Ich erkannte sie jedoch sofort. Das zarte Weiß ihres Gesichts bildete einen bezaubernden Kontrast zum glänzenden Schwarz ihrer Haare. Sie konzentrierte sich offenbar ganz auf ihr Buch und nahm nicht wahr, dass ich sie anblickte. Mein Herz pochte. Ich fasste Mut und klopfte leise an die Tür. Mit fast lasziver Langsamkeit hob sie den Kopf, sah mich mit großen Augen an und erkannte mich wohl ebenfalls sofort, denn sie errötete leicht.

«Komm rein, komm rein!» Sie stand auf und begrüßte mich fröhlich.

«Wie geht's dir? Wir haben uns lange nicht gesehen.»

«Oh, recht gut! Ich habe gehört, dass du am Finanzministerium ein großer Dolmetscher geworden bist.»

Ich war überrascht, das von ihr zu hören. Würde ich ihr nichts bedeuten, hätte sie nicht aufmerksam registriert, was andere von mir erzählten.

«Stimmt. Da hast du aber gut aufgepasst in den Pausengesprächen!», neckte ich.

«Guan, du bist uns allen doch ein Begriff. Seit du nicht mehr da bist, organisiert keiner mehr so tolle Tanzabende.»

Aha. An den Tanzwettbewerb dachte sie wohl genauso gern zurück wie ich, und dann hatte sie die Erinnerung daran auch noch geschickt mit einem dicken Kompliment verbunden. Das machte mich mutig: Ich könnte doch versuchen, mit ihr etwas zu unternehmen! Allerdings durfte ich nicht mit der Tür ins Haus fallen.

«Und was machst du?», fragte ich. «Unterrichtest du jetzt hier?»

«Gut geraten. Ich gebe russische Grammatik für Anfänger.»

«Offenbar hast du viel zu tun. Alle sind ausgeflogen, nur du sitzt noch hier.»

«Ich gehe selten aus. Meine Freundin, mit der ich das Zimmer hier teile, ist ein richtiger Bücherwurm. Momentan ist sie gerade auf Verwandtenbesuch, sonst säße sie bestimmt auch hier. Und allein habe ich keine Lust, etwas zu unternehmen.»

Demnach schien sie nicht fest befreundet zu sein.

«Eigentlich schade, an so einem schönen Sonntag drinnen zu sitzen und zu arbeiten, oder?»

«Ich habe leider einiges zu erledigen. Schade, aber...» Sie zuckte mit den Schultern.

Das klang ja so, als ob sie froh wäre, wenn sie mal jemand hier herausholte. Also wagte ich den entscheidenden Schritt: «Hättest du nicht trotzdem Lust, mit mir eine kleine Tour zu unternehmen?»

«Ich weiß nicht - wohin denn?» Ihre Augen glänzten.

Offenbar fuhr sie gleich auf meinen Vorschlag ab.

«Himmelsaltar, Erdaltar, Beihai-Park, Kaiserpalast - egal. Wohin du willst.»

Sie überlegte. Mädchen, die auf sich hielten, sagten mehrmals ab, bevor sie einmal einwilligten. In ihrem Gesicht war deutlich abzulesen, dass sie mit sich kämpfte. Ich musste ihr klarmachen, dass ich - wie es ja auch den Tatsachen entsprach - nicht ihretwegen hergekommen war, dass sich andererseits aber später womöglich so rasch keine zweite Gelegenheit zu einem Tête-à-tête ergeben würde, und fügte daher an:

«Ich bin eigentlich hergekommen, weil ich welche von meinen alten Klassenkameraden zu treffen hoffte. Aber niemand ist da. Nun habe ich dich entdeckt. Das ist doch eine prima Gelegenheit. Wir könnten ein bisschen bummeln, und du erzählst mir dabei, was es am Institut an Neuigkeiten gibt. Wer weiß, wann ich nächstes Mal wieder Zeit finde, hier vorbeizukommen.»

Meine Taktik zog. Sie zierte sich pro forma noch ein bisschen, sagte dann aber: «Na gut. Treffen wir uns in zwanzig Minuten unten am Tor.»

Meizhen schickt mich also weg, um sich noch ein bisschen zurechtzumachen, riet ich, und so war es. Als sie mit ihrem Fahrrad am Tor auftauchte, schmolz ich schon bei ihrem bloßen Anblick dahin. Wie sie jetzt mit ein wenig sehr dezent angebrachter Schminke noch ihre Schönheit unterstrich, war schon bewundernswert.

«Wir könnten doch im Beihai-Park rudern gehen», schlug sie vor. «Mit seinem großen See gefällt er mir unter den Pekinger Parks am besten. Es ist immer wieder erstaunlich zu sehen, wie viel die Menschen früher von Kunst und Architektur verstanden.»

«Für den Kaiser war eben das Beste gerade gut genug.» Der Park war bis 1915 kaiserlicher Lustgarten gewesen.

«Das merkt man auch, wenn man im Fangshan speist», ergänzte Meizhen treffend. Das Restaurant im Park servierte kaiserliche Küche.

«Vom Essen verstehst du also auch etwas», lachte ich. «Ja ja, die Shanghaier! Einverstanden, erst gehen wir rudern, und anschließend zum Mittagessen ins Fangshan.»

Meizhens Entscheidung für den Beihai-Park war ein klares Zeichen der Zuneigung. Der Park war bekanntermaßen ideal für Verliebte, vor allem weil es im Ruderboot keine Lauscher gab. Sehr romantisch war auch, an warmen Abenden im Mondschein am Seeufer zu sitzen.

Am Bootssteg herrschte großes Gedränge, und wir mussten fast eine Stunde lang anstehen. Meizhen wurde bald ungeduldig und verlor ihre gute Laune. Endlich bekamen wir ein sehr schönes, neues Boot, und ich ruderte schnell hinaus zur Mitte des Sees, um sie wieder aufzuheitern. Erfreut beobachtete ich, wie sie es genoss, über das Wasser zu gleiten und ab und zu ihre Hand in die Wellen zu tauchen. Sie wirkte dabei so zart und zerbrechlich, dass ich meinen Blick nicht von ihr abwenden konnte. Wie hinreißend sie aussah! Ich glaubte, nie zuvor ein schöneres Mädchen gesehen zu haben. Ihre großen Augen wichen ein wenig scheu meinem Blick aus, ihre gerade, ebenmäßige Nase sah aus wie geschnitzt, und ihr Mund mit den feinen Lippen zeigte, dass sie Charakter und Ehrgeiz besaß.

«Bist du hier schon häufiger Boot gefahren?», wollte ich wissen. Irgendwie schien es doch merkwürdig, dass sie sogleich den Beihai-Park vorgeschlagen hatte. Womöglich war sie häufiger mit Männern hier gewesen?

«Erst zweimal – mit meiner Schwester», erklärte sie schnell, als ahnte sie meine Gedanken.

«Wie viele Geschwister hast du eigentlich?»

«Wir sind drei Schwestern. Ich bin die Jüngste. Die mit dir zusammen im selben Semester studiert hat, ist die Älteste. Meine zweitälteste Schwester hat vor der Revolution einen Luftwaffenpiloten geheiratet und ist mit ihm nach Taiwan gegangen. Meine Eltern leben in Shanghai, aber sie haben sich getrennt. Mein Vater hat sich für seine Nebenfrau entschieden. Eigentlich war ich immer seine Lieblingstochter gewesen, aber seit der Trennung bin ich ihm böse und will nichts mehr mit ihm zu tun haben.»

Es gefiel mir, wie offen und ehrlich sie über ihre Familie sprach. Andere würden solche Dinge lieber verschweigen. Auch ich erzählte ihr von der Trennung meiner Eltern und berichtete nicht ohne Stolz, mit welcher Tapferkeit Mutter unser Leben gemeistert hatte. Unsere Offenheit schien uns ein Stück näher zu bringen.

Da Meizhen ein Essen im Fangshan angeregt hatte, lud ich sie dorthin ein. Das Essen war wirklich ausgezeichnet, aber auch teuer. Für Meizhen schien ein solches Essen nichts Besonderes zu sein; sie verstand etwas davon und genoss es sehr. Wahrscheinlich war sie einen ziemlich hohen Lebensstandard gewöhnt.

Um uns weiterhin ungezwungen unterhalten zu können, gingen wir dazu über, miteinander Russisch zu sprechen.

«Gefällt es dir am Finanzministerium?», wollte sie wissen.

«Ja, eigentlich schon, bis auf einige unerfreuliche Dinge.» Ich berichtete von den schrecklichen Kritikversammlungen. «Ich beneide dich, dass du am Institut bleiben konntest. Euer Leben dort ist viel einfacher als bei uns.»

«Das scheint nur so. Politisch gesehen ist es auch am Institut sehr kompliziert, aber ich versuche mich so weit irgend möglich herauszuhalten.»

Tatsächlich erwies sich Meizhen im Gegensatz zu Lucy als völlig unpolitisch. Sie zeigte keinerlei Interesse an der internationalen Lage und der aktuellen Politik. Anscheinend konzentrierte sie sich nur auf die Dinge, die unmittelbar mit ihr zu tun hatten. Sie schien ehrgeizig und fleißig zu sein, was ihren Beruf anging. Ich fand das völlig in Ordnung, es war vielleicht sogar besser, sich weniger in der Politik zu engagieren. Man konnte ja ohnehin nichts ändern.

Nach dem opulenten Mahl bummelten wir noch an den Lotosteichen entlang, als mir auf einmal einfiel, dass am Nachmittag um halb vier wie jeden Sonntag Orchesterprobe war. Ich schaute auf die Uhr. Es war bereits viertel nach zwei. Ich erzählte Meizhen von dem Orchester, und sie war überrascht, dass ich klassische Musik mochte und selber Geige und ein wenig Klavier spielte. «Ich dachte eigentlich, du wärst so ein windiger Typ, der immer nur Jazz hört und sich gern amüsiert», neckte sie mich. «Ich hätte nicht gedacht, dass du auch Klassik magst.»

«Kannst du auch ein Instrument spielen?»

Sie nickte: «Ja, früher habe ich viel Klavier gespielt, aber das ist schon Jahre her.»

Ich erinnerte mich, dass in einem Raum neben unserem Übungssaal ein Klavier stand. Mich jetzt Hals über Kopf von Meizhen zu verabschieden, ins Wohnheim zurückzuradeln und die Geige zu holen, um dann pünktlich zur Orchesterprobe zu erscheinen, kam jetzt natürlich nicht in Frage. Aber wenn ich gleich mit Meizhen zu unserem Übungssaal aufbräche, könnten wir einander noch etwas auf dem Klavier vorspielen. Meizhen war von der Idee begeistert, und sogleich eilten wir zum Parkausgang und schwangen uns wieder auf unsere Räder.

Die Türen des Übungssaals wie auch des Nebenraums mit dem Klavier waren unverschlossen. Zu gern hätte ich gewusst, wie gut Meizhen spielte, aber ich spürte, dass sie ablehnen würde, wenn ich sie darum bäte. Also setzte ich mich zunächst selbst ans Klavier und begann mit zwei Jazzstücken, die ich von Robby gelernt hatte: «In the mood» und «Boogie Woogie». Meizhen hörte nur kurze Zeit zu, dann lachte sie: «So etwas Unprofessionelles!», setzte sich zu mir und fiel in mein Spiel ein. Sogleich erkannte ich an ihrer Spielweise, wie geübt sie in Wirklichkeit war. Schließlich überließ ich ihr ganz den Platz. Sie hatte anscheinend schon länger auf eine solche Gelegenheit gewartet und schien geradezu hungrig aufs Klavierspielen zu sein. Sie spielte wunderschön, und ich war fasziniert, wie viele Stücke sie auswendig konnte. Schubert und Strauß leiteten den Reigen ein, dann ging sie zu Liszt und Chopin über. Sie hielt die Augen halb geschlossen und war so sehr ins Spielen vertieft, dass sie gar nicht merkte, wie allmählich immer mehr Leute hinzukamen und zuhörten. Einige waren Mitglieder aus meinem Orchester, andere nur zufällige Passanten. Als sie die anderen schließlich bemerkte, sprang sie erschreckt und errötend auf.

«Guan, wen hast du uns denn da mitgebracht?», fragte einer meiner Orchesterkollegen. Stolz stellte ich sie den anderen vor und bemerkte nicht ohne Genugtuung einige neidische Blicke. Mir wurde plötzlich bewusst, dass ich bereits bis über beide Ohren verliebt war.

«Ist das deine Freundin?», fragte ein vorlauter Bursche aus dem Orchester. Ich hätte ihn erwürgen können, erwiderte aber nichts. Meizhen senkte verlegen den Kopf und errötete erneut. Sie schaute mich an und fragte leise: «Wollen wir gehen?»

«Ja, sofort», sagte ich und entschuldigte mich bei unserem Dirigenten: «Es tut mir Leid, ich habe ganz vergessen, dass heute Sonntag ist, und deshalb auch meine Geige nicht mitgebracht.»

«Kaum hat er eine Freundin, da vergisst er alles», rief der vorlaute Kerl. Ich machte nur eine abwehrende Handbewegung und ging mit Meizhen lachend hinaus.

Durch diesen kleinen Zwischenfall waren wir einander plötzlich viel näher gekommen. Die Liebe zur Musik verband uns. Von ihrem Desinteresse an Politik abgesehen, war es schon erstaunlich, wie viele gemeinsame Gesprächsthemen wir hatten: Sprache, Literatur, Tanz, westliche und chinesische Kultur, jetzt auch noch Musik – es war ein breiteres Spektrum als bei der maßstabsetzenden Lucy.

Wir verabschiedeten uns schließlich am Tor des Russischinstituts, flüchtig, falls uns jemand beobachtete, aber doch nicht, ohne ein neues Treffen zu verabreden.

Drei Monate später kam Mutter zu Besuch. Wir trafen uns zunächst in

Tianjin bei Verwandten. Als ich dann zwei Tage später mit ihr im Zug nach Peking saß, fragte sie: «Hast du eigentlich schon eine Freundin?»

Ich hatte plötzlich das Gefühl, dass Meizhen Mutter vielleicht nicht gefallen würde. Bei Lucy war das ganz anders gewesen: Da wusste ich, dass sie sich gut verstehen würden. Aber Meizhen? War sie nicht manchmal etwas kapriziös? War sie überhaupt die Richtige für mich? Vor Unsicherheit traute ich mich nicht zuzugeben, dass ich eine Freundin hatte. Aber wie konnte ich die Wahrheit vor Mutter verbergen? Mein Schweigen schien ihr alles zu sagen.

«Also hast du schon eine Freundin, oder?»

«Ja, aber noch keine feste.»

«Woher kommt sie?»

«Aus Shanghai.»

«Studiert sie noch, oder arbeitet sie schon?»

«Sie unterrichtet am Russischinstitut.»

«Dann hat sie eine gute Ausbildung. Das ist gut. Kennt ihr euch schon lange?»

«Wir haben erst seit kurzem häufigeren Kontakt.»

«Ich würde sie gern einmal kennen lernen.»

Jetzt verstand ich, warum Mutter es auf einmal eingefallen war, uns in Peking zu besuchen. Wahrscheinlich hatte sie durch meinen Bruder oder meine Schwester von Meizhen erfahren, denn ich war einmal mit ihr zusammen bei ihnen gewesen. Nun hegte Mutter dieselbe Sorge, die alle chinesischen Mütter bewegt: eine gute Schwiegertochter zu bekommen. Vermutlich wollte sie sich auch vergewissern, dass mir nicht das gleiche Schicksal drohte, das ihr selbst widerfahren war. Sie hatte sich einen ebenbürtigen Ehepartner selber ausgesucht, und trotzdem war die Ehe nicht glücklich gewesen.

Minqian arbeitete inzwischen beim Gesamtchinesischen Gewerkschaftsbund und lebte mit ihrem Mann in einer gemütlichen Zweieinhalbzimmerwohnung, damals ein Luxus für jungverheiratete Paare. Da sie hervorragend Englisch sprach, begleitete sie häufig Delegationen hochrangiger Gewerkschaftsvertreter ins Ausland. Für meinen Bruder und mich war das ein Traum, und wir blickten voller Stolz zu ihr empor. Uns störte auch nicht, dass ihr Erfolg sie manchmal ein wenig arrogant werden ließ. Nur unser Schwager, der in derselben Gewerkschaft arbeitete wie sie, hatte Probleme damit. Kam sie von einer Auslandsreise aus Moskau, Prag, Warschau, Jakarta oder Neu-Delhi zurück und berichtete von ihren Reiseerlebnissen, fiel mir manchmal auf, dass ihr Mann still in der Ecke saß und kommentarlos zuhörte. Mein Schwager war wie sie Untergrundrevolutionär gewesen, doch sein Familienhintergrund blockierte seine Karriere, denn sein Vater hatte als Grundherr und Kaufmann Kontakte zur Nationalpartei unterhalten. Die Bewegung gegen die Konterrevolutionäre hatte ihm daher furchtbar zugesetzt. Jedes Detail seiner Familiengeschichte war bis zur Peinlichkeit zerpflückt und analysiert worden.

Mein Bruder Diqian und ich hingen immer noch sehr aneinander, obwohl wir uns beide in Mentalität und Charakter stark unterschieden. Er war still und zurückhaltend, überaus ehrlich und manchmal ein wenig langsam. Am liebsten vertiefte er sich in Bücher und studierte die großen Fragen dieser Welt. In meinen Augen war er ein richtiger Philosoph und Denker.

Während seines Journalistikstudiums hatte er sich zwar im Untergrund der Revolution angeschlossen, war aber nicht in die Kommunistische Partei eingetreten. Nach der Befreiung teilte man ihn einem Baukomitee in Peking zu, obwohl er bis dahin nie etwas mit dem Bau zu tun gehabt hatte. Mit großem Einsatz machte er sich mit Fragen der Architektur vertraut und arbeitete täglich mit den Bauarbeitern zusammen. Obwohl er eigentlich nur die Aufsicht führen sollte, packte er mit an, schleppte Steine und Zementsäcke. Ich fragte mich manchmal, wozu er eigentlich Journalistik studiert hatte. Immer noch fühlte er sich in einfachster Arbeiterkleidung am wohlsten und wirkte meist ein wenig ungepflegt. Ich dagegen trug meine adrette Berufskleidung: gebügelte Anzüge im Sun-Yatsen-Stil, saubere weiße Hemden und geputzte Lederschuhe. Mein Bruder machte sich deshalb häufig lustig über mich, aber das machte mir nichts aus. Ich respektierte ihn wie kaum einen anderen.

Obwohl wir beide längst erwachsen waren, machte er sich immer Sorgen um mich, wahrscheinlich weil er nicht vergessen konnte, welch ein Schlingel ich als Kind gewesen war und wie gern ich Sachen ausgeheckt hatte. Wenn er anrief und fragte, wie es mir ging, rief ich meistens: «Ausgezeichnet!», woraufhin er gerade dann immer fürchtete, dass bestimmt bald wieder etwas schief ginge.

Bei unserem Familientreffen hoffte ich, die anderen würden nicht auf Meizhen zu sprechen kommen. Prompt schnitt mein Schwager das Thema an: «Mutter, weißt du eigentlich schon, dass Yuqian eine Freundin hat?»

Mutter nickte: «Yuqian hat mir schon ein wenig von ihr erzählt. Wie gefällt sie dir?»

«Recht gut. Sie ist klug, gebildet und sehr attraktiv. Aber ob die beiden gut zusammen passen, muss Yuqian selber entscheiden.» Dann fügte er aber augenzwinkernd hinzu: «Ich finde, dass sie vielleicht sogar zu gut für Yuqian ist.»

«Ihr Männer habt wohl noch gar nicht gemerkt, dass die Revolution die Frauen befreit hat», fuhr meine Schwester scharf dazwischen. «In unserer neuen Gesellschaft sind wir keine Objekte mehr, sondern gleichberechtigte freie Menschen, die ihr eigenes Geld verdienen. Ich finde ihr solltet in dieser Hinsicht sehr aufpassen.»

«Was redet ihr denn da!», protestierte ich. «Ich bin doch der Jüngste und möchte noch gar nicht heiraten. Zuerst ist Diqian an der Reihe.»

In jener Woche gelangte ich zum ersten Mal gewissermaßen in das Herz der obersten Staats- und Parteiführung. Aus unserem Büro wurden die Parteimitglieder, unser parteiloser Bürochef, die kleine Peng und ich eines Nachmittags nach Zhongnanhai gefahren, jenem Areal neben dem Kaiserpalast, in dem Mao Zedong, Staatspräsident Liu Shaoqi, Ministerpräsident Zhou Enlai und andere der höchsten Repräsentanten Chinas lebten und arbeiteten. Der Grund für diesen Besuch im «Allerheiligsten» war eine Rede Zhou Enlais zu Fragen des Aufbaus. Es war das zweite Mal nach jenem denkwürdigen Tanzabend, dass ich in seine Nähe kam. Mit seiner unglaublichen Ausstrahlung verstand Zhou es, die Aufmerksamkeit des Publikums zu fesseln. Gespannt hörte ich ihm zu und betrachtete unverwandt sein faszinierendes Gesicht mit den markanten, schwarzen Augenbrauen und seinen lebendigen, leuchtenden Augen. Er sprach über die Aufbaupläne und betonte, wie wichtig die Hilfe der Sowjetunion sei. Die genauen Zahlen über die laufende Produktion in den verschiedenen Wirtschaftszweigen schien er alle im Kopf zu haben, denn er hielt seine Rede frei, ohne auf ein Manuskript zu schauen.

«Wir brauchen Experten. Wir brauchen Wirtschaftsspezialisten. Ihr», rief er und zeigte mit einer weit ausladenden Armbewegung auf die Zuhörer, «ihr alle müsst zu Experten werden. Hier vorn in den ersten Reihen sitzen so viele hervorragende sowjetische Fachleute. Ich möchte unseren sowjetischen Experten an dieser Stelle im Namen von euch allen sehr herzlich dafür danken, dass sie uns in so selbstloser Weise helfen.»

Begeisterter Applaus brandete auf, alle erhoben sich zu stehenden Ovationen. Die russischen Experten klatschten mit und bedankten sich. Zhou Enlai schloss mit den Worten: «In Zukunft brauchen wir aber auch unsere eigenen Professoren und Doktoren. Bemüht euch, zu Experten zu werden. Unser Vaterland ist sehr arm, es braucht jeden einzelnen von euch!»

Es war, als hätte Zhou Enlai in meinem Herzen ein loderndes Feuer entfacht. Immer wieder ging mir sein letzter Satz durch den Kopf: Unser Vaterland ist sehr arm, es braucht jeden einzelnen von euch! Zhou Enlai hatte uns einen Blick in die Zukunft aufgetan, doch nicht verschwiegen, dass der Weg dorthin lang und beschwerlich werden würde. An diesem Abend stellte ich meinen Antrag auf Aufnahme in die Partei, denn ich hatte das Gefühl, dass man nur als Parteimitglied wirklich etwas für Volk und Vaterland ausrichten konnte.

Am Wochenende nach Zhou Enlais Rede trafen Mutter, mein Bruder und ich uns wieder bei meiner Schwester. Diesmal war auch Meizhen dabei, die ich erstmals Mutter vorstellte. Ich stand noch immer ganz unter dem Eindruck von Zhou Enlais Vortrag und berichtete davon.

«Ich werde weiter an mir arbeiten», formulierte ich als mein persönliches Fazit und verkündete fast ein wenig feierlich: «Ich habe mich entschlossen, in Zukunft eine akademische Laufbahn einzuschlagen. Ich möchte promovieren und später wie Vater Professor werden.»

Mutter und meine Geschwister waren begeistert meiner Erzählung gefolgt. Meizhen dagegen schien von Zhou Enlais Rede unbeeindruckt, nur als ich die Idee verkündete, Professor zu werden, hellte sich ihr Gesicht ein wenig auf. Als Mutter anbot, sie wolle uns alle zum Abendessen in ein Restaurant einladen, mochte Meizhen nicht mitkommen. Sie fühle sich nicht so wohl, sagte sie. Ich war ein wenig enttäuscht und spürte, dass sie sich vor allem in Gesellschaft meiner Mutter nicht wohl fühlte.

Dennoch wurde meine Beziehung zu Meizhen immer enger. Wenn ich mit ihr irgendwo erschien, sah ich mit Stolz, wie mich alle um sie beneideten. Stets verstand sie, sich hübsch zu kleiden, und selbst in dieser revolutionären Zeit, in der nur schlichte Uniformen getragen wurden, achtete sie auf harmonische Farbkombinationen. Ich hatte das Gefühl, meine Traumfrau gefunden zu haben. Zudem war sie häuslich und konnte gut kochen. Was konnte ich mir mehr wünschen? Seit ich mit ihr befreundet war, traf ich mich nur noch selten mit anderen Freunden. Auch Meizhen wollte am liebsten nur mit mir allein sein.

Leider kam es immer wieder zu Spannungen. Manchmal verlangte sie, dass ich mich bei ihr entschuldigte, auch wenn ganz eindeutig sie im Unrecht war, und hatte ich wirklich einmal einen Fehler gemacht, musste ich tage- und wochenlang dafür um Verzeihung bitten. Einmal hatten wir uns an einem Samstagabend für 19 Uhr am Xidan-Markt verabredet. Bei mir kam jedoch eine außerplanmäßige Sitzung mit dem Vizeminister und Sergej Michailowitsch dazwischen, und als ich mit einer Dreiviertelstunde Verspätung am Xidan-Markt eintraf, war Meizhen längst weg. Ich ging zu ihrem Institut, um sie in ihrem Wohnheim zu suchen, und sah gerade noch, wie sie ins Tor einbog. Als sie mich erblickte, war sie so wütend, dass sie mir sofort die Freundschaft aufkündigte. Ich versuchte mehrfach zu erklären, wie es zu der Verspätung gekommen war, doch sie wollte nichts davon hören. Tagelang bemühte ich mich vergebens darum, mit ihr zu sprechen. Schließlich wusste ich mir keinen Rat mehr und rief ihre beste Freundin an, der ich alles erklärte. Dieser gelang es schließlich, Meizhen zu überreden, mich anzuhören. Als wir uns dann wieder trafen, herrschte eine getrübte Atmosphäre.

Ein andermal traf ich sie gemeinsam mit ihrer Schwester Meijing, die genauso impulsiv war wie Meizhen. Da kam es zwischen beiden auf der Straße wie aus dem Nichts zu einem Streit, dessen Grund mir rätselhaft war. Es war kaum auszuhalten, wie die zwei sich zankten. Meijing schimpfte fürchterlich auf Meizhen, und ich versuchte, diese zu verteidigen. Als Meizhen dann zu einer Dreiradrikscha lief, eilte ich ihr nach, um sie zu beruhigen, aber sie war so außer sich, dass sie auch mich so behandelte, als hätte ich ihr größtes Unrecht zugefügt. Als sie in die Rikscha stieg, herrschte sie mich an: «Auf welcher Seite stehst du eigentlich? Auf meiner Seite oder auf der meiner Schwester?»

Der Moment, den ich brauchte, um nach einem vermittelnden Wort zu suchen, war ihr schon zu lang, und sie rief wütend: «Wenn du in Zukunft noch Kontakt mit meiner Schwester hältst, will ich nichts mehr mit dir zu tun haben!» Damit befahl sie dem Rikschafahrer loszufahren. Ich ging zurück zu Meijing, um herauszufinden, worum es eigentlich ging.

«Meizhen ist das verwöhnteste Kind in unserer Familie», schimpfte sie. «Besonders unser Vater hat sie immer verwöhnt. Als sie aus Taiwan zurückkam, habe ich ihr geholfen, an unserem Institut aufgenommen zu werden ...»

Überrascht unterbrach ich Meijing: «Was? Meizhen ist in Taiwan gewesen?»

«Das weißt du nicht?» Jetzt war auch Meijing überrascht. «Hat sie dir das denn nicht erzählt?»

«Nein. Wieso war sie denn dort?»

Meijing musterte mich skeptisch. Dann erklärte sie: «Unsere and[...] Schwester hat doch einen Piloten von der Luftwaffe geheiratet, der bei de[...] Nationalpartei war. Er ist vor der Befreiung nach Taiwan versetzt worden. Deshalb zogen die beiden dorthin und nahmen Meizhen mit. Kurz danach kam der Sieg der Revolution. Unsere Schwester und ihr Mann blieben in Taiwan, doch Meizhen hatte Heimweh und kehrte zurück.» Sie hielt kurz inne und winkte dann ab: «Keine Sorge, sie hatte dort überhaupt nichts mit

Politik zu tun. Ich verstehe bloß nicht, warum sie dir nichts davon erzählt hat.»

Das verstand ich auch nicht. Als ich in mein Wohnheim zurückkam, war ich ziemlich beunruhigt und fühlte mich verletzt. Taiwan war ein heißes Eisen. In den Zeitungen wurde häufig berichtet, dass die taiwanische Regierung chinesische Spione aufs Festland schicke. In unserer Einheit wusste jeder, dass Meizhen und ich miteinander befreundet waren. Es war noch gar nicht lange her, dass unser Parteikomitee von uns verlangt hatte, sämtliche Kontakte, die man hatte, aufzulisten. Dabei hatte ich natürlich auch Meizhen genannt. Wenn sie jetzt dieses heikle biografische Detail meiner Freundin herausfanden, würden sie mich vermutlich beschuldigen, ich hätte es absichtlich verschwiegen. Immerhin hatten wir im Finanzministerium Umgang mit geheimem Material.

Sicherlich war Meizhen keine Spionin. Dennoch hätte sie mir von dem Taiwan-Aufenthalt erzählen müssen. Ich war enttäuscht von ihr und unglücklich über die vielen Dinge, die in der letzten Zeit mit ihr schief gelaufen waren. Womöglich passten wir wirklich nicht zueinander. Schon Mutter hatte das angedeutet, nachdem sie Meizhen in Peking kennen gelernt hatte: «Sie scheint eine Frau zu sein, die genau weiß, was sie will. Ihr Charakter passt gut zu einem Mann, der einen eher schwachen Willen hat. Ihr zwei habt jedoch beide einen sehr ausgeprägten Willen. Ich weiß nicht, ob ihr zusammen glücklich werdet.»

Jetzt begriff ich allmählich, dass Mutter Recht hatte. Ich beschloss kurzerhand, mit Meizhen Schluss zu machen. Sie war ja ohnehin gerade sehr wütend auf mich, auch wenn ich wusste, dass sie insgeheim doch auf meinen Anruf wartete. Ich würde nur hart bleiben müssen. Wenn sie jedoch anrief und vielleicht sogar weinte? Dann würde ich sicher weich werden. Doch Meizhen war stolz. Wenn ich sie nicht anrief, würde sie bestimmt nicht anrufen.

Als ich am nächsten Tag Lü Wang im Büro traf, entschloss ich mich, sicherheitshalber doch Meizhens Taiwan-Aufenthalt anzusprechen. «Lü Wang, da ist etwas Wichtiges, worüber ich mit dir sprechen möchte.»

«Was gibt es denn?», fragte er mit konspirativ gedämpfter Stimme, als agiere die Kommunistische Partei noch immer im Untergrund.

Ich erzählte ihm, was ich über Meizhen erfahren hatte. Sein Gesichtsausdruck wurde immer ernster. Schließlich fragte er: «Wie eng ist eure Freundschaft eigentlich?»

«Wir verstehen uns gut. Ich mag sie gern. Aber ich möchte mich jetzt doch etwas von ihr zurückziehen.»

«Es ist sicher nicht falsch, zunächst etwas Abstand zu wahren. Ich werde derweil Nachforschungen zu ihrer Vergangenheit anstellen.»

Nachforschungen? Das gefiel mir nicht. Bei seinen Nachforschungen müsste er mit Meizhens Einheit Kontakt aufnehmen. Hatte sie den Taiwan-Aufenthalt in ihrem Lebenslauf nicht erwähnt, würde sie bestimmt Schwierigkeiten bekommen. «Nicht nötig», sagte ich zu Lü Wang. «Ich möchte sowieso Schluss mit ihr machen.»

Die nächsten Wochen waren für mich eine schwere Zeit. Im Büro herrschte gedrückte Stimmung. Chi Yifu war seit der Hu-Feng-Kampagne tief deprimiert und gab kaum noch ein Wort von sich. Nun kam für mich auch noch diese Sache mit Meizhen dazu. Ich hatte ständig ihr Bild vor meinen Augen. Sie war so zart und hübsch und oft ja auch sehr lieb zu mir. Gewiss: sie konnte kalt und egozentrisch sein. Der Streit mit ihrer Schwester war ein erschreckendes Beispiel gewesen. Ich war sehr mit mir im Widerspruch.

Sergej Michailowitsch bemerkte meinen Kummer, und einmal sagte er in ernstem Ton zu mir: «Guan, komm mal mit in mein Büro.»

Kaum saß ich bei ihm, forderte er mich auf: «Jetzt lass uns mal von Mann zu Mann reden und erzähl mir, was mit euch los ist!»

Einem ausländischen Experten durfte ich gemäß den geltenden Regeln nichts von unseren politischen Problemen erzählen. Andererseits war mir Sergej Michailowitsch sehr vertraut; ihm eine ehrliche Antwort zu verweigern, kam auch nicht in Frage. Jedenfalls sprach nichts dagegen, ihm meine privaten Probleme anzuvertrauen, zumal er Meizhen auch inzwischen kennen gelernt hatte. Ich erzählte ihm von meinen zwiespältigen Gefühlen.

Daraufhin bemerkte er vorsichtig: «Ich finde, dass Meizhen ein reizendes Mädchen ist. Aber bei solchem Liebeskummer kann dir niemand die Entscheidung abnehmen. – Und was ist eigentlich mit Chi los? Er scheint auch nicht gerade glücklich zu sein. Hoffentlich hat er nicht auch Liebeskummer.»

Über Chi Yifus Niedergeschlagenheit hatte er sich schon häufig gewundert, aber keiner hatte ihm den Grund nennen dürfen. Nun allerdings hatte Sergej Michailowitsch mir ein willkommenes Stichwort gegeben, und ich sagte: «Doch, genau das ist bei ihm auch der Grund.»

«Er ist doch aber verheiratet, oder?»

«Eben deswegen. Es gibt anscheinend Probleme zwischen ihm und seiner Frau.»

Ich war erleichtert, als ich sein Zimmer wieder verließ. Als Sergej Michailowitsch später wieder in unseren Raum kam, versuchte er uns aufzumuntern und machte ein paar Scherze. Für Chi hielt er eigens einen erotischen Witz parat, von dem Peng und ich wieder einmal nichts verstanden. Zum ersten Mal seit Wochen lachte Chi wieder, und zwar so sehr, dass ihm die Tränen übers Gesicht liefen. Ich bat Chi, den Witz ins Chinesische zu übersetzen. Auch Peng drängelte neugierig. Aber er hob abwehrend den Zeigefinger und sagte fröhlich: «Ihr beiden seid zu jung. Das ist nichts für euch.»

Besuch bei Eheleuten

Mehr als drei Monate lang hörte ich nichts mehr von Meizhen. An einem Sonntag, als das Wetter sehr schön war, fuhr ich zur Fremdsprachenhochschule, um Lucy zu besuchen, die seit ihrem Abschluss dort als Dozentin arbeitete. Doch in ihrem Zimmer wohnten jetzt andere. Als Lucys neue Adresse wurde mir ein nahe gelegenes Wohnheim für Familien genannt. Ich verstand nicht recht. «Sie hat geheiratet», erhielt ich als knappe Erklärung. Betroffen machte ich mich auf den Weg dorthin. Dass sie heiratete, ohne mir etwas davon zu sagen, verstand ich nicht. Auch wenn wir uns schon lange nicht gesehen hatten, hatte sie mich doch immer als ihren vertrauten Freund angesehen.

Der Wohnheimeingang führte in einen düsteren Korridor mit Zementfußboden. Überall war es schmutzig. Lucy wohnte im dritten Stock. Ich stieg langsam die Treppen hinauf. Vor jedem Zimmer stand im Flur ein Kohleöfchen zum Kochen. Es ging auf Mittag zu, an mehreren Öfen wurde gewirtschaftet, und dichte Essensdünste hingen in der Luft. Bei der Suche nach der richtigen Zimmernummer erblickte ich plötzlich Lucy, wie sie an einem dieser Öfen herumhantierte. Sie trug eine einfache, ein wenig zerschlissene Bluse und eine dunkle lange Hose.

«Lucy!»

Sie schaute mich überrascht an und erkannte mich offenbar nicht sogleich. Es war ein gutes Jahr her, seit wir uns zuletzt gesehen hatten.

«Oh, Yuqian!» Sie lachte, als sie endlich begriff, wen sie vor sich hatte, mochte mir mit ihren fettigen Händen aber nicht die Hand schütteln. Sie führte mich in ein einfach ausgestattetes Zimmer von ungefähr zwölf Quadratmetern, in dem ein großes Holzbett mehr als ein Drittel des Raumes einnahm. Daneben stand vor dem Fenster ein Schreibtisch mit zwei Schubladen. In einer anderen Ecke stand ein kleiner, runder Tisch mit zwei Hockern davor. An den Wänden hingen Regale, die weniger mit Büchern als vielmehr mit Küchengeschirr und Essensvorräten gefüllt waren. Lucy mit ihren fettigen Händen, und dann dieses Zimmer! Ich schüttelte unwillkürlich den Kopf. Was war aus dem vornehmen Fräulein geworden? Doch dann musste ich wieder an die große Neuigkeit denken.

«Du hast geheiratet, ohne mir ein Wort davon zu sagen!» Ich war wirklich beleidigt. Für einen Moment fand sie keine Worte und lächelte nur entschuldigend. Um ihre Augen herum entdeckte ich zarte Fältchen. Die letzte Zeit war für sie wohl auch nicht so einfach gewesen.

«Wo ist dein Mann?»

«Er ist einkaufen gegangen und kommt gleich wieder.»

«Kenne ich ihn?»

«Du hast ihn schon einmal gesehen – damals, als wir zum Sommerpalast gefahren sind.»

«Ach, der ist das? – Wann habt ihr geheiratet?»

«Es ist noch nicht lange her. Zurzeit ist die Lage bei uns an der Universität wieder ziemlich angespannt. Niemand hat Zeit, außerdem hatten wir keinen Platz für eine richtige Feier. Wir haben deshalb nur ein paar Kollegen eingeladen.» Dann schaute sie mich mit einem verschmitzten Lächeln an: «Wie geht es dir? Ich habe gehört, dass du eine Freundin hast.»

«Wer hat dir das denn erzählt?»

«Ach, das habe ich nur so gehört. Du bist ja nicht unbekannt hier an der Hochschule. Wie versteht ihr euch?»

«Nicht besonders», antwortete ich wahrheitsgemäß. «Ich habe sie schon seit Monaten nicht mehr getroffen.» Ich erzählte ihr, was alles vorgefallen war.

Überraschend stellte sich Lucy auf Meizhens Seite: «Ihr Männer seid doch alle gleich! Immer wollt ihr eine perfekte Frau haben. Sie kann doch nichts dafür, dass sie in Taiwan war. Und was ist schon dabei, dass sie zu Hause verwöhnt wurde. Na und? Ich wurde auch verwöhnt. Man muss ihr ein bisschen Zeit lassen, dann ändert sie sich.»

Ich ließ meinen Blick noch einmal durch das Zimmer wandern. «Ja, stimmt», sagte ich. «Für dich muss die Umstellung unglaublich groß gewesen sein. Ich bewundere dich ehrlich, Lucy.»

«Ich fühle mich hier viel wohler als in meinem luxuriösen Elternhaus», sagte sie mit Nachdruck. «Das hier ist jetzt mein wahres Zuhause.»

Ich dachte an den verrußten Flur. So ganz nahm ich es ihr nicht ab.

Lucys Mann kehrte zurück, in einem Netz ein wenig grünes Gemüse.

«Bleib doch zu Mittag bei uns», bat er. Er hieß Bao und sah ziemlich jung aus, war aber einige Jahre älter als wir beide. Er war Dolmetscher für Spanisch und wurde häufig bei Staatsbesuchen angefordert. Seine Art zu sprechen und sein freundliches Verhalten machten ihn mir sehr sympathisch. Ich genoss die Stunden mit ihnen sehr. Als ich wieder nach Hause fuhr, dachte ich unterwegs an Lucys Vorwurf: «Ihr Männer...» Ich hatte wohl doch zu viel von Meizhen verlangt. Wer war schon ganz ohne Fehler? Ich hatte ja selber auch ein paar Macken. Ob ich mich doch wieder einmal bei Meizhen melden sollte?

Heirat

Ein paar Tage später trat Lü Wang an mich heran: «Komm mal mit, ich habe etwas mit dir zu besprechen.» Er wartete es gar nicht ab, bis ich mich in seinem Büro gesetzt hatte, sondern erklärte sofort: «Was Meizhens Aufenthalt in Taiwan angeht, wissen wir jetzt Bescheid. Es ist alles in Ordnung. Sie hat in ihrem Lebenslauf detailliert darüber geschrieben. Ein nettes Mädchen! Viele Leute beneiden dich. Unser Parteikomitee hat deshalb beschlossen, dass ihr jetzt heiraten könnt.»

«Was?», entfuhr es mir. «Du machst wohl Witze! Ich habe seit drei Monaten keinen Kontakt mehr zu ihr. Ich weiß auch gar nicht, wie sie darüber denkt. Heiraten? Dazu ist es noch zu früh.»

«Was zögerst du noch? Ihr erfüllt alle Bedingungen. Ich habe mit ihrer Parteiorganisation bereits darüber gesprochen, und die sind auch einverstanden.»

Als ich auf den Flur trat, konnte ich kaum noch klar denken. Heiratete eigentlich ich, oder heiratete die Partei? Wieso konnte die Partei meine Heirat beschließen? Ihre Macht war offenbar unbeschränkt. Lebten die Eltern in einer anderen Stadt und wollte man sie besuchen, musste man zuerst die Partei fragen. Wollte man ein Kind zum Kindergarten anmelden, musste man die Partei fragen. Benötigte man ein Zimmer, wollte zur Abendschule gehen oder an einem Tanzkurs teilnehmen, musste man die Partei fragen. Jetzt bestimmte die Partei sogar, dass ich heiraten sollte. War das ein Befehl? An diesem Abend fuhr ich mit meinem Fahrrad zum Russischinstitut. In meinem Kopf gab es nur noch den einen Gedanken: «Heiraten! Heiraten! Du musst sie heiraten!»

Von draußen sah ich Licht in Meizhens Zimmer. Mein Herz begann wild zu klopfen. Ich blieb mindestens fünf Minuten lang unschlüssig vor ihrer Tür stehen. Was sollte ich ihr überhaupt sagen? Da trat aus dem Nachbarzimmer eine Kollegin von Meizhen heraus, die ich ebenfalls vom Studium her kannte. Sie rief mit heller Stimme: «Hallo, Guan Yuqian!»

Ich zuckte zusammen. Wieso schrie sie so! Meizhen hatte es bestimmt gehört! Nun blieb mir gar nichts anderes übrig, als hineinzugehen. Ich klopfte an, einmal, zweimal, dreimal, es kam keine Antwort. Aber es brannte doch Licht! Dann musste auch jemand im Zimmer sein. Bestimmt hatte sie gehört, wie die Nachbarin meinen Namen gerufen hatte. Ich erwartete ohnehin eine Szene, deshalb öffnete ich vorsichtig die Tür und spähte hinein. Meizhen lag angekleidet auf dem Bett und hatte sogar noch ihre Schuhe an. Das Gesicht war der Wand zugewandt. Das Theater würde wohl noch größer werden als befürchtet. «Meizhen», rief ich. Keine Antwort. Sie lag da wie tot. Leise trat ich an ihr Bett, setzte mich auf die Bettkante und streichelte ihr sanft den Arm. Sofort schlug sie nach mir, ohne sich umzudrehen. «Es tut mir Leid, Meizhen. Ich möchte mit dir reden.»

Sie blieb reglos liegen, ohne ein Wort zu sagen.

«Es tut mir wirklich Leid, Meizhen. Komm, lass uns miteinander reden. Ich möchte dir etwas sagen.» Ich zog sie an der Schulter zu mir. Da drehte sie sich ganz zu mir, begann wie wild mit ihren Fäusten auf mich einzuhämmern und fing laut an zu weinen. «Es tut mir Leid, Meizhen. Lass uns reden.»

«Es gibt nichts zu reden», stieß sie hervor. «Ich will nichts hören!» Aber sie stieß mich nicht mehr weg, sondern legte den Kopf auf meinen Schoß und weinte bitterlich. Es war das erste Mal, dass ich sie so erlebte.

Ich zog ein Taschentuch aus der Tasche und versuchte, ihre Tränen zu trocknen. Sie riss es mir aus der Hand und wischte sich damit übers Gesicht. Dann schaute sie mich finster an und fragte drohend: «Was willst du hier?»

Ich schwieg eine Weile. Dann fragte ich: «Wollen wir nicht etwas essen gehen? Du hast bestimmt auch noch nichts gegessen, oder?»

Sie nickte, und ich verstand nicht, was sie meinte: ob sie einverstanden war oder ob sie bereits gegessen hatte. «Komm, ich habe wirklich Wichtiges mit dir zu bereden», bat ich.

«Dann muss ich mich aber erst umziehen.»

Ich war glücklich, plötzlich einen wohl artikulierten ganzen Satz von ihr zu hören, und wandte mich zur Tür. «Ich warte draußen auf dich.»

«Nein, nicht nötig. Ich ziehe nur etwas anderes über.»

Auch das würde wohl fünf bis zehn Minuten dauern, wie ich aus Erfahrung wusste. Also setzte ich mich an ihren Schreibtisch und wartete. Es lief doch besser als gedacht. Drei Monate lang hatte ich sie weder angerufen noch ihr geschrieben, und ich hatte damit gerechnet, dass sie mich gleich hinauswerfen oder mindestens mit einigen Wörterbüchern bombardieren würde. Nun erwies sie sich als überraschend umgänglich. Vielleicht waren diese drei Monate der Trennung doch ganz hilfreich gewesen. Womöglich war ihr selbst klar geworden, dass sie mit ihren Kaprizen zu weit gegangen war.

«Ich bin fertig», rief sie. Ich drehte mich um. Eine moderne Märchenprinzessin stand vor mir. Ich schmolz dahin. Anscheinend hatte sie auch ihre Lippen ein wenig geschminkt. Ich schloss sie fest in meine Arme, und sie ließ ihren Kopf an meine Schulter sinken. Ich fühlte, dass sie mich immer noch gern hatte. Wir verließen das Wohnheim, und wie früher schon so oft, nahm ich sie auf dem Gepäckträger meines Fahrrades mit, was eigentlich verboten war. Aber in den dunklen Gassen traf man kaum Polizei. In knapp zehn Minuten waren wir an der Xidan, wo es viele kleine Läden und Speiselokale gab. Es war sieben Uhr abends, überall wimmelte es von Menschen, die froh gelaunt nach Hause, zum Einkaufen, in ein Restaurant oder sonst wohin gingen.

In diesem Jahr waren allen Arbeitern, Angestellten und Beamten zum ersten Mal reguläre Gehälter gezahlt worden. Der Wohlstand wuchs sichtlich, und die Hauptstädter nutzten jede Gelegenheit, das Leben zu genießen. Mit einiger Mühe fanden wir ein einfaches, ruhiges Speiselokal, wo man sich gut unterhalten konnte. Wir bestellten und sprachen über ein paar alltägliche Dinge. Sie vermied es genau wie ich, auf unsere Beziehung zu sprechen zu kommen. Schließlich ließ ich etwas Schnaps bringen, obwohl wir beide Alkohol nicht gewohnt waren. Nach einigen Schlucken fand ich endlich den Mut, das Thema anzuschneiden, dessentwegen ich sie aufgesucht hatte.

«Meizhen, es tut mir Leid, dass ich so lange Zeit nichts von mir habe hören lassen. Ich hatte sehr viel für Sergej Michailowitsch zu tun und musste sogar sonntags arbeiten. Ich brauchte allerdings auch etwas Zeit, um über unsere Zukunft nachzudenken.»

«Und was denkst du über unsere Zukunft?»

Ich zögerte mit meiner Antwort, sagte dann aber mit fester Stimme: «Mein Schicksal hat anscheinend entschieden, dass ich dich heiraten soll. Bist du einverstanden?»

Mein Antrag traf sie völlig unvorbereitet. Sie errötete und schien nicht zu wissen, was sie antworten sollte. Ich wartete gespannt, bis sie endlich sagte: «Eigentlich hatte ich gedacht, dass du heute mit mir Schluss machen wolltest. Über eine Heirat habe ich überhaupt noch nicht nachgedacht.» Für einen Moment hielt sie inne, dann fragte sie: «Du hast gesagt, dein ‹Schicksal› habe entschieden ... Warst du bei einem Wahrsager?»

«Nein, das nicht. Ich habe das Gefühl, dass ich mit dir zusammen sein sollte.»

«Und woher weißt du, ob ich auch mit dir zusammen sein möchte?»

Sollte sich etwa schon ein anderer um sie bemühen? An diese Möglichkeit hatte ich nicht ernsthaft gedacht. «Das weiß ich natürlich nicht», entgegnete ich, «aber so jemanden wie mich findest du bestimmt nicht so leicht wieder. Ich kann Geld verdienen, singen und tanzen.»

«Jaja, und spinnen auch, und mit anderen Mädchen flirten», ergänzte sie patzig, und dann mussten wir beide lachen. Nach einer Weile wurde sie nachdenklich und meinte:

«Weißt du, Yuqian, ich habe in der letzten Zeit viel über uns nachgedacht. Vor allem habe ich über mich selbst nachgedacht. Ich bin vielleicht keine ideale Frau für dich. Ich bin zu Hause ziemlich verwöhnt worden. Es fällt mir schwer, die Meinung anderer zu akzeptieren. Ich rede normalerweise zwar nicht viel, aber wenn ich einmal explodiere, kann mich niemand bremsen. Ich habe den Streit damals mit meiner Schwester später sehr bereut. An deiner Stelle wäre ich auch böse gewesen, und wahrscheinlich hätte ich die Freundschaft abgebrochen.»

Sie lächelte. Solche selbstkritischen Sätze waren wirklich etwas Neues von ihr. Also fragte ich erneut: «Möchtest du mich heiraten?»

«Ich weiß nicht – außerdem weiß ich auch gar nicht, ob deine Eltern damit einverstanden wären. Und außerdem hat doch bestimmt auch die Parteiorganisation etwas dazu zu sagen.»

«Die habe ich schon gefragt. Sie ist einverstanden.»

«Wie bitte?» Ihr schien plötzlich klar zu werden, dass ich es wirklich ernst meinte.

Als wir das Restaurant verließen, hakte sie sich zum ersten Mal in der Öffentlichkeit bei mir unter. Das bedeutete damals, dass man fest liiert war, und schien bereits eine Antwort auf meine Frage zu sein. Wie gern ich sie doch hatte! Ich war sehr glücklich, als ich nach Hause fuhr.

«Yuqian und Meizhen heiraten!» Das war eine große Nachricht im Finanzministerium und an ihrem Institut. Meizhen beantragte bei sich am Institut ein Zimmer für uns, und tatsächlich erhielten wir einen Raum, der für damalige Verhältnisse recht groß war – keine Selbstverständlichkeit, denn bei wachsendem Wohlstand nahm gleichzeitig die Wohnungsnot zu. Da die Bevölkerung sich rasch vermehrte, wurden ehemalige Einfamilienhäuser und Wohnungen unter mehreren Familien aufgeteilt. Glücklich konnten sich Eheleute schätzen, wenn sie wenigstens ein eigenes Zimmer für sich hatten und nicht getrennt leben mussten.

Nach alter Sitte wäre nun eine Hochzeit mit einem großen Bankett fällig gewesen, doch diese Zeiten waren vorbei, und die Gratulanten bekamen nur noch Bonbons angeboten. Jetzt verstand ich, warum Lucy mich nicht zu ihrer Hochzeit eingeladen hatte. Auch ich lud sie nicht ein.

Wir hatten unser neues Zimmer gemütlich zurechtgemacht. Der Raum war einfach ausgestattet mit einem Bett, zwei Schreibtischen, zwei Stühlen und zwei Regalen. Unsere Kleidung lag in Koffern unter dem Bett verstaut. Wir hatten Bettdecken, Gardinen und eine Tischdecke aus sehr gutem Material gekauft und zwei Bilder an die Wand gehängt. Obwohl es immer noch sehr einfach war, sagte einer unserer Gäste, als er das Zimmer betrat: «Das ist ja richtig kapitalistisch hier!» Auf den Schreibtischen standen Süßigkeiten und Tee. Das Zimmer war viel zu klein, um allen Gästen gleichzeitig Platz zu bieten. Die meisten blieben deshalb nur kurz und verabschiedeten sich wieder, wenn Neuankommende hereindrängten. So fand sich kaum Gelegenheit, richtig miteinander zu plaudern.

Der Tag unserer Hochzeit verging wie im Fluge. Als alle gegangen waren, fühlte ich mich leer und enttäuscht. Eine Feier ohne die geringste Festtagsatmosphäre, ohne Essen, Trinken, Musik und Tanz war ja gar keine richtige Feier. Auch unsere Mütter waren nicht dabei gewesen. Ihre aufwendige Anreise aus Shanghai hätte in keinem Verhältnis zur Belanglosigkeit der Hochzeit gestanden. Diese obligate revolutionäre Genügsamkeit war überhaupt nicht mein Fall. Ich hatte das Gefühl, dass die Partei nur in ihrem eigenen Interesse, im Interesse des Landes und der Revolution sprach und dass dabei das Privatleben der Menschen zu kurz kam. Schließlich war eine Heirat doch ein großes Ereignis im Leben eines Menschen!

Normalerweise verbindet jeder mit der Hochzeitsnacht eine romantische Vorstellung, aber ich muss gestehen, dass bei uns schon durch die Nüchternheit der Umstände keine Leidenschaft aufflammte. Sexualität war für uns junge Chinesen damals ohnehin ein Tabuthema. Die Romane aus dem alten China, in denen Liebe und Erotik freizügig geschildert werden, waren verpönt. Liebe und Leidenschaft passten nicht zur asketischen Lebensweise, wie sie uns jungen Leuten anerzogen wurde. Ich kann mich deshalb kaum erinnern, was in unserer ersten Nacht überhaupt passierte. Der nächste Tag war ein normaler Werktag. Wir mussten beide früh aufstehen. Abends verabredeten wir uns zu einem Hochzeitsessen nur für uns beide. Das einzige Restaurant, das noch ein wenig Luxus bot, befand sich im Peking-Hotel, damals das beste der Stadt. Wir genossen die Atmosphäre mit den weißen Tischdecken und fühlten uns richtig glücklich. Wir waren jung, hatten beide eine interessante Arbeit und verdienten gut. Wenn es so weiterging, hatten wir eine strahlende Zukunft vor uns. Ideal war auch der Umstand, dass wir beide Experten für das Russische waren. So konnten wir uns in vielerlei Hinsicht ergänzen. Wir unterhielten uns über unsere Zukunft und überlegten, ob und wie viele Kinder wir nach Zuweisung einer akzeptablen Wohnung haben wollten.

«Wer soll sich um die Kinder kümmern?», fragte ich. «Du arbeitest und ich auch. Ich fürchte, wir haben gar keine Zeit für Kinder. Meinst du, deine Mutter könnte uns helfen?»

«Wieso meine Mutter? Warum denn nicht deine?» Die Gegenfrage klang giftig.

Ich war überrascht über ihre empfindliche Reaktion. «Natürlich kann ich meine Mutter fragen. Sie arbeitet allerdings noch. Doch sobald sie pensioniert ist, würde ich sie gern zu uns nach Peking holen.»

«Was? Du willst deine Mutter zu uns nach Peking holen? Auf gar keinen Fall!» Ihr Gesicht war wie versteinert.

«Aber Meizhen, du hast doch gerade selbst gefragt, ob sie sich nicht um unsere Kinder kümmern könnte!», gab ich zurück. «Außerdem weißt du, wie viel meine Mutter in ihrem Leben durchgemacht hat. Meine Geschwister leben ja auch hier in Peking. Es wäre doch schön, wenn sie im Alter mit uns allen zusammen sein könnte.»

«Ich habe ja nichts dagegen, wenn sie nach Peking kommt. Sie kann aber bei deiner Schwester oder bei deinem Bruder wohnen, jedenfalls nicht bei uns.»

Ich versuchte meine Enttäuschung zu verbergen und ruhig zu bleiben. Es war allgemein üblich, dass die Eltern bei den erwachsenen Kindern lebten. Wieso sollte es bei meiner Mutter nicht ebenso sein?

«Aber Meizhen, das ist doch nicht nur dein, sondern auch mein Zuhause!»

«Dann musst du dich eben entscheiden», rief sie zornig. «Willst du deine Mutter haben, oder willst du mich? Ich gebe dir drei Tage Zeit für eine Antwort!» Damit sprang sie auf und ging. Sie ließ mich einfach allein sitzen. Die Leute an den Nachbartischen schauten mit gehobenen Augenbrauen herüber – eine peinliche Situation. Ich war drauf und dran, hinter Meizhen herzulaufen, blieb dann aber doch sitzen. So erzürnt, wie sie war, würde jedes weitere Wort bei ihr auf taube Ohren stoßen. Ich war furchtbar wütend und bereute schon wieder, dass ich sie geheiratet hatte. Es gab wohl gar keine echte Liebe zwischen uns, zumindest mangelte es an gegenseitigem Verständnis. Wir waren immer nur ins Kino, in Konzerte oder zusammen bummeln gegangen. Unsere Lebensplanung hatten wir nie diskutiert.

Traurig und enttäuscht lief ich noch ziemlich lange allein durch die Straßen und kehrte absichtlich erst spät ins Wohnheim zurück. Meizhen lag bereits im Bett. Ich schaltete nicht einmal mehr Licht ein und legte mich gleich schlafen, ohne ein Wort zu sagen.

Als ich am nächsten Abend von der Arbeit nach Hause kam, war sie plötzlich sehr freundlich zu mir. Sie sagte: «Du bist bestimmt müde. Bleib im Zimmer und ruh dich ein bisschen aus. Heute koche ich für dich. Aber du darfst nicht in die Küche kommen!»

Ich war froh, dass sie kochen wollte, zumal ich sowieso nicht gewusst hätte, was ich mit ihr reden sollte.

Eine Weile später brachte Meizhen auf einem großen Teller einen gebratenen Fisch herein, dazu Gemüse und Doufu. Sie erklärte: «Bei uns zu Haus ist es Tradition, dass die Schwiegertochter am dritten Tag ihrer Ehe einen Fisch brät. Das gilt als Herausforderung, weil die Haut kaputt gehen und er leicht anbrennen kann. Mit dem Zubereiten eines Fischgerichts werden also die Kochkünste der neuen Schwiegertochter auf die Probe gestellt.»

Vielleicht bereut sie jetzt ihr Verhalten, dachte ich. Aber ich mochte nicht auf den Vorfall zu sprechen kommen. Meizhen vermied es ebenfalls, Mutter zu erwähnen. Den ganzen Abend umgingen wir das Thema und waren bemüht, nett zueinander zu sein. Vielleicht würden wir uns doch mit der Zeit besser verstehen lernen, hoffte ich.

Bald nach unserer Hochzeit musste ich sehr kurzfristig auf Dienstreise nach Shanghai. Bürochef Jiang, der mir frisch gebackenem Ehemann die Reise lieber erspart hätte, war es peinlich, keinen anderen zur Verfügung zu haben, doch ich selbst war eher erleichtert, für einige Zeit Peking verlassen und so ein wenig Abstand von Meizhen gewinnen zu können.

Kurz nach unserer Ankunft in Shanghai besuchte ich zuerst Meizhens Mutter. Sie war eine einfache, nette Hausfrau, die wie die meisten anderen Frauen ihrer Generation kaum eine Ausbildung genossen hatte und deshalb auch nur wenig lesen konnte. Da sie zwar drei Töchter, aber keinen Sohn hatte, empfing sie mich mit den herzlichen Worten: «Endlich habe ich wenigstens einen netten Schwiegersohn!»

«Wieso?», fragte ich. «Deine zweite Tochter ist doch auch schon verheiratet.»

«Ihr Mann ist doch bei der Luftwaffe, und jetzt leben sie sowieso in Taiwan. Die haben nie mit mir zusammen gewohnt. Kommst du oft nach Shanghai?»

«Eher selten.»

Sie hatte sogar ein schönes Essen für mich vorbereitet und Schnaps gekauft. Während wir aßen, begann sie, von Meizhens Kindheit zu erzählen, und betonte stolz, wie fleißig sie gelernt habe. «Aber sie hat immer ihren eigenen Willen gehabt, den sie auch immer durchsetzen musste. Ich bin nur Hausfrau und kam gegen meine drei Töchter nicht an. Ständig haben sie sich gestritten. Jetzt habe ich endlich Ruhe, aber manchmal ist es doch ein bisschen langweilig. Wenn ihr ein Kind bekommt, kann ich euch gerne helfen.»

«Würdest du dann nach Peking kommen?», fragte ich.

«Nein, das Kind würde dann hier in Shanghai bleiben.»

Wozu sollte man ein Kind haben, wenn man es kaum zu sehen bekam, fragte ich mich.

Ich verließ meine Schwiegermutter mit einem sehr guten Eindruck. Mir hatte ihre unkomplizierte, offene und herzliche Art gefallen.

Das Wiedersehen mit meiner Mutter war wie stets eine große Freude. Sie nahm es mir nicht übel, dass ich sie zur Hochzeit nicht nach Peking geholt hatte. Ich erzählte ihr, wie wenig feierlich dieser Tag verlaufen war. Sie fragte nicht viel nach unserem Privatleben. Plötzlich sagte sie wie aus heiterem Himmel: «Ich weiß nicht, ob ich nach Peking komme, wenn ich pensioniert bin. Shanghai ist mir einfach viel vertrauter.»

Ich wunderte mich: «Wieso hast du deine Meinung geändert? Du hattest dich doch schon entschieden, nach deiner Pensionierung nach Peking zu ziehen.»

«Nein, nein. Ihr habt jeder eure eigene kleine Familie. Alte Menschen denken in vielen Dingen anders als junge. Deshalb finde ich es nicht so ratsam, in einer eurer Familien zu leben.»

Normalerweise hätte ich auf so eine Bemerkung hin protestiert, doch nun blieb ich stumm und fragte mich betroffen, ob sie wohl spürte, dass sie bei Meizhen nicht willkommen wäre.

Das Radio, Stalin und Chruschtschow

In jenen Jahren war im chinesischen Rundfunk kaum etwas anderes zu hören als revolutionäre chinesische Musik und russische Musik. Nach der Asien-Afrika-Konferenz neunundzwanzig junger Drittweltstaaten im indonesischen Bandung im April 1955 kam die indonesische Musik hinzu, die damals eigens für diese Konferenz geschrieben worden war. «Hallo Bandung!» verbreitete sich rasch in ganz China und wurde überall gesungen. Als es vor unserer Hochzeit an die Ausstattung des gemeinsamen Zimmers ging, schlug ich Meizhen vor, dass wir ein gutes Radio kaufen sollten, um so vielleicht über Kurzwelle auch mal westliche Musik empfangen zu können. Meizhen war von der Idee sofort begeistert. Tatsächlich fanden wir einen zwar teuren, aber auch guten Apparat, der eine anständige Empfangs- und Wiedergabequalität besaß.

Kaum stand er zu Haus, musste ich ihn natürlich ausprobieren. Fantastisch, was man da alles empfangen konnte! Mehr als die Musik faszinierten mich bald die ausländischen Nachrichten. Schon früher, in Shanghai, hatte ich gelegentlich ausländische Sender gehört. Besonders war mir «Voice of America» in Erinnerung geblieben. Nach einigem Drehen am Frequenzknopf fand ich den Weltsender wieder. Die Art der Berichterstattung unterschied sich stark von dem, was ich von chinesischen Medien gewohnt war: Von ihnen erfuhr man nur, wer verstorben oder in eine neue Position berufen worden war. Demgegenüber berichteten «Voice of America» und andere ausländische Sender viel mehr Fakten und lieferten dazu noch richtige politische Analysen. Allerdings war ich im Zweifel, wie weit ich den amerikanischen Nachrichten eigentlich trauen konnte. Wir waren schon auf den politischen Schulungen gewarnt worden, uns auf ausländische Medien zu verlassen: Sie verbreiteten angeblich nur Gerüchte und Propaganda. Dennoch war der Reiz, nun regelmäßig ausländische Nachrichten zu hören, so groß, dass der Musikgenuss oft in den Hintergrund trat.

Mich interessierte damals vor allem, was es mit Chruschtschows Kritik an Stalin auf sich hatte. Die sowjetischen Experten waren einmal in höchste Aufregung geraten, ohne dass wir dahinter kamen, weswegen. Meine Neugierde hatte mir jedoch keine Ruhe gelassen, und ich hatte Sergej Michailowitsch dazu bewegen können, mir ein wenig dazu mitzuteilen, obwohl es den sowjetischen Experten verboten war, darüber zu sprechen. Was ich dann Monate später von «Voice of America» über diese Geschichte erfuhr, deckte sich mit dem, was mir Sergej Michailowitsch berichtet hatte. Demnach schien «Voice of America» doch glaubwürdiger zu sein als angenommen. Die chinesischen Medien hatten nichts über die Kritik an Stalin gebracht. Da wir kaum an westliche Zeitungen herankamen, wurden die ausländischen Sender nun unsere wichtigste Informationsquelle.

Die Kritik an Stalin blieb mir allerdings zunächst unverständlich. Nach seinem Tod hatte in Peking auf dem Tian'anmen-Platz eine große Trauerfeier stattgefunden, an der eine halbe Million Menschen teilnahmen. Alle hatten Trauerflor am Ärmel getragen, viele weinten. Wir hatten Stalin als den besten Freund Chinas betrachtet. Er war ein Held! Ihn dann wegen irgendwelcher Dinge zu kritisieren, schien mir etwas kleinlich.

Auf einer Dienstreise nach Shanghai fand sich Gelegenheit, einen alten Freund wieder zu treffen, der am Forschungsinstitut für Internationale Angelegenheiten arbeitete. Er nahm mich mit in sein Büro, und als seine Kollegen hörten, dass ich in Peking für russische Experten arbeitete, fragten sie mich gleich nach meiner Einschätzung der internationalen Lage. «Von dir können wir doch sicher einige Fakten aus erster Hand erfahren», hoffte einer von ihnen.

«Ich bin bloß Dolmetscher im Finanzministerium. Zu internationalen Angelegenheiten müsste ich euch fragen und nicht umgekehrt», wehrte ich ab.

«Du bist aber immerhin bei der Zentralregierung. Da sitzt du näher an der Quelle als wir. Wir haben gehört, dass Chruschtschow auf dem zwanzigsten Parteikongress Stalin kritisiert hat. Kannst du uns mehr darüber sagen?»

«Ich kann die Meldung zur Kritik an Stalin bestätigen. Die russischen Experten haben sie beiläufig erwähnt. Doch was sie genau beinhaltet, weiß ich auch nicht.»

«Dann stimmt sicher auch, was ‹Voice of America› über Polen berichtet hat», rief mein Freund.

«Was denn?», fragte ich erstaunt. War mir da etwas Wichtiges entgangen?

«Laut ‹Voice of America› kam es im Juni 1956 in Posen zu einem Generalstreik, der von der polnischen Armee niedergeschlagen wurde. Dabei sollen über zweihundert Menschen getötet und verletzt worden sein. Man spricht von dem so genannten Posen-Zwischenfall.»

Jemand ergänzte: «Ja, und dann ist im Oktober 1956 in der Volkszeitung ein neuer Name aufgetaucht – Gomulka. Weißt du mehr über ihn, Guan?»

Ich nickte: «Wie ich durch westliche Agenturen erfahren habe, wurde Gomulka 1948 wegen Meinungsverschiedenheiten mit Stalin von der polnischen KP abgesetzt. 1951 nahm man ihn fest und warf ihn ins Gefängnis, weil er sich weigerte, Stalin zu gehorchen.»

Jetzt überstürzten sich die Wortbeiträge, einer wusste mehr als der andere. Ich traute meinen Ohren kaum.

«Anfang 1955 wurde Gomulka rehabilitiert», erklärte einer.

«Habt ihr von Gomulkas Rede auf dem achten Parteiplenum gehört?», rief ein junger Mann, der mir schon durch seinen blitzwachen Gesichtsausdruck aufgefallen war. «Er soll drei wichtige Punkte angesprochen haben: Erstens müsse der Posen-Zwischenfall neu eingeschätzt werden, zweitens müsse die stalinistische Kollektivierungspolitik beendet werden, und drittens sei eine Wirtschaftsreform durchzuführen. Damit hat er sich gegen die sowjetische Linie gewandt. Die westlichen Agenturen haben berichtet, dass Chruschtschow daraufhin nach Warschau kommen wollte, um Gomulka wieder auf Linie zu bringen. Aber Gomulka soll höflich abgelehnt und gesagt haben, es passe terminlich schlecht. Chruschtschow habe dies als Affront empfunden und sei trotzdem nach Warschau geflogen, und zwar in Begleitung des Oberbefehlshabers vom Warschauer Pakt. Er soll sogar ein Militärmanöver in Polen befohlen haben, um unter diesem Vorwand sowjetische Truppen nach Warschau zu schicken.»

«Chruschtschow ist wirklich ein neuer Diktator!», rief jemand dazwischen.

«‹Voice of America› hat auch berichtet, dass Gomulka, als er von Chruschtschows Interventionsplan erfuhr, gleich die Arbeiter mobilisiert hat und Waffen verteilen ließ», wusste ich dank meines Radios zu ergänzen.

«Hast du etwas über Ungarn gehört?», fragte mich plötzlich jemand.

«Ja», sagte ich. «Ein Freund am Pekinger Fremdspracheninstitut hat von einem ungarischen Professor gehört, dass Tausende von Studenten in Budapest gegen die Sowjetunion und für Gomulka demonstriert haben.– Habt ihr schon mal den Namen Nagy gehört?»

«Ja», sagte einer, «Ungarn ist mein Forschungsgebiet. Nagy gehört zu den frühen Kommunisten Ungarns. Er wurde gestürzt, weil er die sowjetische Kontrolle abschütteln wollte. In unseren Zeitungen stand von alldem nur, dass Zhou Enlai nach Moskau fuhr, um Chruschtschow zu überreden, Truppen nach Budapest zu schicken. Weißt du darüber mehr, Guan?»

Stolz berichtete ich weitere Einzelheiten.

«Das ist doch eine Intervention, wenn die sowjetische Regierung einfach ihre Truppen in fremde Länder entsendet!», rief jemand.

«Aber unsere eigene Kommunistische Partei war damit einverstanden», entgegnete ich.

Als ich das Forschungsinstitut verließ, überkam mich ein wenig Angst. Hatten wir alle nicht viel zu viel gesagt? Wenn irgendwann wieder eine Bewegung kommt und unter uns ein Verräter war, sind wir alle dran.

Lasst hundert Blumen blühen!

Im April 1957 war ich erneut mit Sergej Michailowitsch auf Dienstreise in Shanghai. Da las ich eines Morgens in der Zeitung einen Artikel, in dem es hieß: «Die Partei ist von einer Mauer umgeben, und um diese Mauer gibt es noch einen Graben.» Der Verfasser kritisierte die Kommunistische Partei: unser System werde immer bürokratischer, und seit die Kommunisten nicht mehr auf dem Land lebten, entfernten sie sich immer weiter von den Massen. Ich war erstaunt. Wie konnte die Zeitung es wagen, die Partei öffentlich derart zu rügen, und das auch noch in großen Lettern auf der ersten Seite! Da Sergej Michailowitsch wieder mit dem Chef der Shanghaier Finanzbehörde zusammentraf, den ich von früher kannte und schätzte, nutzte ich die Gelegenheit, diesen nach seiner Meinung zu dem Artikel zu fragen.

«Das geht auf einen Appell von Mao Zedong zurück», lautete die Antwort. «Mao Zedong ist vor ein paar Tagen nach Shanghai gekommen und hat hier vor Shanghaier Intellektuellen und Mitgliedern der demokratischen Parteien eine Rede gehalten.» Die erwähnten «demokratischen Parteien» waren machtlose Organisationen, die die Kommunistische Partei nur der demokratischen Optik wegen noch neben sich duldete. «‹Ich komme nach Shanghai, um Feuer anzuzünden›, hat Mao gesagt. ‹Unsere Kommunistische Partei führt seit acht Jahren die Regierung, und sie weist etliche interne Mängel auf. Wir müssen die Menschen mobilisieren, uns zu helfen und zu kritisieren. Unsere Partei braucht eine Ausrichtungsbewegung und wünscht, dass das Volk uns dabei behilflich sei.› Außerdem hat er gesagt: ‹Ihr braucht keine Angst zu haben, im Gegenteil. Je schärfer ihr kritisiert, desto besser.›»

«Lasst hundert Blumen blühen und hundert Schulen miteinander wetteifern!», lautete der Slogan. Der war zwar schon im letzten Jahr ausgegeben worden, aber jetzt schien man damit wirklich ernst machen zu wollen. Mao Zedong war wirklich ein großartiger Mann! Niemand außer ihm hätte es wohl gewagt, sich von der einfachen Bevölkerung kritisieren zu lassen. Wenn die Parteichefs in Polen und Ungarn genauso gedacht hätten, wäre es dort gewiss nicht zu solchen Unruhen gekommen, dachte ich.

Ich nahm mir vor, auch etwas zu dieser Kritik beizutragen. Allerdings war ich im Großen und Ganzen recht zufrieden mit dem, was die Partei in diesen Jahren geschafft hatte. Natürlich hatte ich die politischen Bewegungen teilweise als etwas übertrieben empfunden, aber das war wohl unvermeidlich. Man konnte ja nicht jedem Einzelnen gerecht werden. Im Vergleich zu den schrecklichen Zeiten vor 1949 war unser China jetzt wirklich der Himmel.

Als ich nach Peking zurückkam, spürte ich sogleich, dass sich unterdessen die Atmosphäre verändert hatte. Wie schon bei den Kampagnen gegen Konterrevolutionäre verlangte die Parteiorganisation diesmal, dass wir täglich politische Dokumente studieren sollten und dass jeder Kritik und Selbstkritik üben müsse. Anders als früher aber war ausdrücklich Kritik an Parteimitgliedern, an der Parteiorganisation und an der Parteiführung erwünscht. Auch sollten wir unsere Kritik als Wandzeitungen veröffentlichen. Lü Wangs Einstellung hatte sich um hundertachtzig Grad gedreht. Er war plötzlich freundlich, lächelte ständig und kam sogar in unser Zimmer. Er bot Chi und mir Zigaretten an und sagte in vertraulichem Ton: «Sagt heute Nachmittag auf der Versammlung ruhig offen eure Meinung über mich und über die Partei.» Ich hatte ihn längst durchschaut und wusste, dass er nur schauspielerte.

Mit der neuen Kampagne wurde auch die Jugendliga im Finanzministerium wieder aktiver. Nach dem Abendessen gab es nun oft Versammlungen, in denen uns der Sekretär der Liga, Zhang Jinqian, unermüdlich aufforderte, die Ausrichtungsbewegung der Partei zu unterstützen. Doch wie sehr uns Zhang und Lü auch ermunterten, unsere Meinung zu äußern, fiel uns doch nichts ein, was wir zur Ausrichtung der Partei beitragen könnten. Auch die Zeitungen ließen uns nicht in Ruhe. Die Volkszeitung, das Sprachrohr der Kommunistischen Partei, berichtete täglich über den guten Fortgang der Kampagne und zitierte aus Regionalzeitungen Meldungen über Missstände, die verschiedenenorts zur Sprache gekommen waren.

Allmählich gewannen immer mehr Professoren, Ärzte, Journalisten, Künstler und Schriftsteller den Eindruck, dass die Partei wirklich ihre Meinung hören wolle. Eines Abends saß ich noch im Büro und überlegte, wie ich dem Aufruf folgen und mit meiner Kritik die Partei unterstützen könnte, als plötzlich Lü Wang den Raum betrat und sagte: «Guan Yuqian, du wohnst doch im Russischinstitut. Ich habe gehört, dass dort viele Wandzeitungen aushängen, die nicht nur von Institutsangehörigen selbst verfasst worden sind, sondern auch von Institutsfremden. Sie sollen teilweise sehr scharf und gut Kritik an der Kommunistischen Partei geübt haben. Kannst du die Wandzeitungen nicht für uns abschreiben?»

«Das kann ich machen», willigte ich ein.

Im Institut herrschte tatsächlich eine völlig andere Atmosphäre als am Finanzministerium. Überall auf dem Campus klebten Wandzeitungen, die verschiedene Missstände anprangerten. Einige wetterten gegen die Bürokratie am Institut. Man sah sofort, dass die Studenten wesentlich aktiver waren als wir Regierungsangestellten. Sie schienen auch mit Studierenden anderer Universitäten Kontakt aufgenommen zu haben, denn sie führten Beispiele aus anderen Lehranstalten an. Manche Kritik bezog sich auf Punkte, die außerhalb des Universitätsbereichs lagen. «Warum müssen die

Regierungsmitglieder unbedingt Parteimitglieder sein? Warum können nicht auch Parteilose Regierungsverantwortung übernehmen?», hieß es an einer Stelle. Es gab aber auch viele Wandzeitungen, die mit Politik nichts zu tun hatten. «Die Toilettenspülung funktioniert seit langem nicht richtig», beschwerte sich jemand ausgiebig.

Von nun an stand ich jeden Morgen früher auf, um die interessantesten Beiträge für Lü Wang abzuschreiben. Wenn ich dann ins Büro kam, las ich ihm und den übrigen Kollegen aus meinen hastigen und für sie unleserlichen Kopien vor oder fasste das Wichtigste in eigenen Worten für sie zusammen. Da die Wandzeitungen viele neue Gedanken enthielten, darunter so manches, das mich zum Nachdenken anregte oder spontan überzeugte, fügte ich gelegentlich eigene Kommentare an. Dies betraf beispielsweise die Frage, ob Regierungsmitglieder unbedingt auch Parteimitglieder sein müssten. «Entscheidend ist doch, ob jemand von einem Bereich wirklich etwas versteht. Dann kann er für das Volk und für China am meisten leisten. Die Partei kann seine Arbeit ja jederzeit kontrollieren», erklärte ich. Ein anderes Mal wurde in einer Wandzeitung die Durchführung vergangener Kampagnen kritisiert. Auch hierzu äußerte ich spontan meine Zustimmung, vor allem sei es nicht gut, jemanden in den Freitod zu treiben, ergänzte ich und erwähnte Bai Lemings Selbstmord in der Kritikkampagne an Hu Feng. Lü Wang lächelte zu allem und zeigte sich über meinen Eifer sehr zufrieden. Endlich machte ich ihm einmal etwas recht.

Mao schlägt zurück

Im Mai 1957 strebte die Kritikbewegung ihrem Höhepunkt zu. Als ich am 8. Juni ins Büro kam, hatte Zhao jedem von uns die Volkszeitung auf den Schreibtisch gelegt. Der Titel des Leitartikels lautete: «Wozu das Ganze? – Eine Stellungnahme der Arbeiterklasse.» Darin hieß es: «Unter dem Vorwand, der Kommunistischen Partei bei ihrer Neuausrichtung zu helfen, haben einige Rechtsabweichler die Führung der Kommunistischen Partei und der Arbeiterklasse öffentlich dazu aufgefordert, von der Bühne abzutreten. Sie wollen die Gelegenheit nutzen, die Kommunistische Partei und die große Sache des Sozialismus zu stürzen. Die überwiegende Mehrheit der Bevölkerung wird das nicht zulassen.»

Mir stockte der Atem. Wer mochten die erwähnten Rechtsabweichler sein? Wollte der Artikel vielleicht nur darauf hinweisen, dass die Kampagne jetzt abgebrochen wird? Gewiss waren einige Kritiker wohl ziemlich weit gegangen. Aber bei uns hier im Finanzministerium war ja alles ziemlich still geblieben, kein Vergleich zu dem, was von anderswo berichtet wurde oder was ich am Russischinstitut gesehen hatte. Ich blickte zu Chi Yifu hinüber, der den Artikel ebenfalls sehr sorgfältig gelesen hatte und die Zeitung jetzt lächelnd beiseite legte. Wie auch die beiden anderen älteren Kollegen hatte er während der ganzen Kampagne den Mund gehalten. Ich ahnte, was er dachte, und verstand sein Lächeln. Ihm konnte es ziemlich gleich sein, was jetzt passierte. Und ich? Konnte ich aufgrund meines Verhaltens in Schwierigkeiten geraten? Das konnte ich mir eigentlich nicht vorstellen. Allerdings hatte ich mich mit den Wandzeitungen stärker auseinander gesetzt und ihnen häufiger zugestimmt als die anderen. Durch meine Erfahrungen während des Studiums hätte ich wissen müssen, dass solch eine Bewegung auch ins Gegenteil umschlagen kann.

Als ich abends nach Hause kam, hingen die Wandzeitungen noch alle da, aber die vielen Menschen, die sich sonst gewöhnlich davor scharten, waren verschwunden. Von nun an wurden diejenigen, die sich mit Kritik an der Partei hervorgewagt hatten, jeden Tag von den Zeitungen unter Feuer genommen. Bald richteten sich diese Angriffe gegen ganze Gruppen, so gegen die Redaktionen der Tageszeitungen Guangming Ribao in Peking und die Wenhuibao in Shanghai, die nicht von Parteimitgliedern geführt wurden und die Hundert-Blumen-Kampagne eifrig unterstützt hatten. Jetzt hieß es, sie hätten mit bösartiger Kritik die Partei schädigen wollen.

Ich war verwirrt. Hatte nicht Mao selber in Shanghai verkündet, er wolle ‹Feuer anzünden›? Die Partei hatte doch beschlossen, ihre Ausrichtungsbewegung öffentlich auszutragen! Wieso wunderte sie sich jetzt über die Folgen? Eine tiefe Unruhe erfasste mich. Da fiel mir Vater ein. Als altes Parteimitglied musste er doch wissen, was eigentlich los war! Vor einem halben Jahr war er von Shanghai nach Peking versetzt worden und arbeitete jetzt als Berater des Staatsrates.

Bei nächster Gelegenheit machte ich mich auf den Weg zu ihm. Er wohnte im Westteil der Stadt in einem neuen Wohnviertel, das eigens für höhere Funktionäre des Staatsrats angelegt worden war. Bei meinem ersten Besuch kurz nach seiner Ankunft hatte ich über sein luxuriöses Fünf-Zimmer-Apartment nur staunen können. Es befand sich im Erdgeschoss eines Wohnblocks, war über 100 Quadratmeter groß und hatte einen Holzfußboden, während woanders nackte Zementböden die Regel waren. Vom Wohnzimmer führte eine Terrassentür in den Garten. Die geräumige Küche und das Bad verfügten über fließend heißes und kaltes Wasser, ein ausgesprochener Luxus.

Ich kam unangemeldet und platzte in eine kleine Gesellschaft hinein. Vater zeigte sich nicht gerade erbaut, als er mich sah, doch stellte er mich seinen Gästen vor. Es waren hohe Beamte. Ich spürte, dass meine Anwesenheit sie störte, und zog mich in ein Nebenzimmer zurück, wo mich meine kleine Halbschwester begeistert begrüßte. Neben ihr saß ein kleiner Junge, mein Halbbruder Bao'er. Schon bei meinem ersten Besuch hatte ich mich mit den beiden angefreundet. Besonders Halbschwester Yiqian war glücklich gewesen, einen großen Bruder zu haben. Sie war ein außergewöhnlich hübsches Kind. Ich hatte sie schnell ins Herz geschlossen.

Nebenan setzten die Gäste ihr Gespräch fort, das ich durch die angelehnte Tür verfolgen konnte.

«Diese Rechtsabweichler sind wirklich zu weit gegangen!», rief einer. «Wie konnten sie die Partei so heftig kritisieren? Wir Kommunisten sind für die Revolution durchs Feuer gegangen, haben auf Leben und Tod gekämpft, um schließlich die Macht zu übernehmen. Und jetzt möchten ein paar Leute, die überhaupt nichts für die Revolution getan haben, die Macht an sich reißen!»

«Darum hat sich ja auch die Arbeiterklasse in die Diskussion eingemischt», wandte ein anderer ein. «Mao Zedong ist wirklich ein kluger Kopf! Woher wusste er bloß, dass wir so viele Gegner haben?»

Der Erste ergriff wieder das Wort: «Vorsitzender Mao hat aus den ungarischen Erfahrungen seine Schlüsse gezogen. Schließlich hat er schon im Januar gesagt: ‹Wir müssen die Ameisen aus ihren Löchern herauslocken.›»

«Wirklich? Hat er das gesagt?», hörte ich Vater fragen.

«Ja, das hat er auf einer Sitzung der örtlichen und der Provinzparteiführer gesagt.»

Vater hakte noch einmal nach: «Das heißt also, dass Mao Zedong schon vorher gewusst hat, dass es Kritiker an unserer Partei gibt?»

«Als er sagte ‹Lasst hundert Blumen blühen!›, wies er zugleich darauf hin, dass sich unter den Blumen auch Giftpflanzen befinden können. Im Mai äußerte er sich dann über die übertriebene Kritik einiger Leute. Er sagte: ‹Es ist gut so. Lasst sie kritisieren und sich selbst entlarven. Es soll alles in den Zeitungen veröffentlicht werden, unverändert und ungekürzt.› Außerdem soll er hinzugefügt haben: ‹Lasst uns ein paar Wochen warten, dann gehen wir zum Angriff über.›»

Jemand lachte: «Ganz nach dem Sprichwort ‹Die Schlangen aus der Höhle locken›. Jetzt, wo sie alle hervorgekrochen sind, wird es viel einfacher, sie zu packen.»

Bei den letzten Worten wurde mir fast übel. Wen wollten sie packen?

Diejenigen, die Kritik geäußert hatten? Dann war die ganze Kampagne ja eine hinterhältige Aktion gewesen! Ich wollte nicht länger warten. Ich hatte ohnehin mehr erfahren, als ich überhaupt erhofft hatte. Es drängte mich nach Hause, und so entschuldigte ich mich bei Vater und fuhr zurück ins Institut.

Prominente Professoren, Schriftsteller, Schauspieler und sogar Politiker aus den demokratischen Parteien, die früher mit der KP zusammengearbeitet hatten, wurden in den Zeitungen nun immer schärfer angegriffen. Manche Leitartikel schienen von Mao Zedong selbst verfasst worden zu sein. Dreißig Jahre später sollte dies offiziell bestätigt werden.

Die Rechtsabweichlerin

An einem Samstag rief mich überraschend Lucy im Büro an. Sie hatte das noch nie getan. Außerdem hatten wir schon lange keinen Kontakt mehr gehabt.

«Yuqian, ich muss dich unbedingt sehen», rief sie ins Telefon, und ihre Stimme zitterte dabei so sehr, dass ich es mit der Angst zu tun bekam.

«Was ist los?», fragte ich. «Bist du krank?»

«Nein», sagte sie. «Es ist etwas Schreckliches passiert. Ich kann jetzt nicht darüber reden. Wann können wir uns treffen? Geht es noch heute?»

Der Samstagabend war Meizhen und mir stets sehr wichtig. Es war der einzige Abend in der Woche, an dem wir etwas unternehmen und auch später ins Bett gehen konnten. An den übrigen Wochentagen hatten wir kaum Zeit füreinander. Da jede Einheit ihre eigene Kantine hatte, aßen wir auch nicht zusammen.

Meizhen wartete sicher schon zu Hause auf mich. Aber Lucy brauchte meine Hilfe! Ihre Stimme klang so unglücklich, wie ich sie noch nie gehört hatte. Ohne zu zögern, sagte ich deshalb: «In Ordnung. Ich habe um sechs Uhr Feierabend. Wo sollen wir uns treffen?»

«Wir können uns im Sun-Yatsen-Park treffen. Ich warte dort am Teehaus auf dich.»

Kurz nach sechs Uhr abends bog ich mit dem Fahrrad in den nahe gelegenen Park ein. Schon von ferne sah ich im Licht der sinkenden Sonne eine hagere Frauengestalt gesenkten Hauptes vor dem Teehaus auf und ab gehen. Sie wirkte so schwach und zerbrechlich, als genügte ein Windhauch, sie umzublasen. Es war Lucy. Sie war kaum wieder zu erkennen. Als sie mich erblickte, spielte ein flüchtiges Lächeln um ihren Mund, dabei erschienen tiefe Falten neben den Mundwinkeln, die ihre Grübchen, die früher immer so hübsch ausgesehen hatten, verschwinden ließen. Ihre Augen waren umrändert, der Blick fahl.

«Lucy, was ist los?», fragte ich besorgt, doch sie schaute auf die wenigen Passanten, die an uns vorbeigingen, und zog mich am Ärmel mit sich fort. «Lass uns eine Stelle suchen, wo es ruhiger ist.» Wir setzten uns in eine abgelegene Ecke des Parks.

«Nun sag schon, was los ist!», drängte ich. Doch statt einer Antwort brach sie in Tränen aus. Sie presste ihre Hände vor das Gesicht. Der ganze Körper zitterte. Entsetzt nahm ich sie in die Arme, drückte ihren Kopf an meine Schulter und versuchte, sie zu beruhigen. Ich klopfte ihren Rücken, wie man es bei einem kleinen Kind macht, streichelte ihren Kopf.

Nach einigen Minuten, die mir wie eine Ewigkeit vorkamen, beruhigte sie sich ein wenig.

«Yuqian, ich bin zur Konterrevolutionärin erklärt worden!» Wieder packte sie ein heftiger Weinkrampf, und mir lief ein eiskalter Schauer über den Rücken. Lucy – eine Konterrevolutionärin? Sie, die damals im Shanghaier Jessfield-Park im strömenden Regen vor den Regierungsspitzeln kommunistisches Propagandamaterial in Sicherheit gebracht und dabei ihr Leben riskiert hatte?

«Was für ein Unsinn!», rief ich entrüstet. «Wenn du eine Konterrevolutionärin bist, gibt es in ganz China keinen einzigen Revolutionär!»

Inzwischen hatte sich Lucy soweit beruhigt, dass sie alles im Zusammenhang erzählen konnte: «An der Fremdsprachenhochschule gibt es einen Parteisekretär, den ich von Anfang an nicht leiden konnte. Er stammt aus einem ehemaligen Befreiten Gebiet in Jiangxi, spricht einen kaum verständlichen Dialekt und stinkt nach Knoblauch. Bei den Versammlungen tönt er mit einer Arroganz, als hätte er die Revolution allein durchgeführt. Anfangs hat er sich mir gegenüber immer nett und besorgt gezeigt, mir bei der politischen Schulung mit ausführlichen Erklärungen geholfen. Aber dann bat er mich einmal abends in sein Büro unter dem Vorwand, mir etwas erklären zu müssen. Zuerst war er noch ganz freundlich und sprach über unser Studium der marxistischen und leninistischen Schriften, doch dann sagte er plötzlich, er würde alles für mich tun, was ich von ihm verlange. Am liebsten wäre ich sofort gegangen, doch da er mein Vorgesetzter ist und einige Macht hat, wollte ich ihn nicht verärgern. Dann aber versuchte er, mich zu küssen, und da habe ich ihm eine Ohrfeige verpasst. Das hat ihn wohl erst recht ermutigt, denn er wollte sich auf mich stürzen. ‹Komm mir nicht zu nahe!›, habe ich ihn gewarnt, ‹sonst schreie ich um Hilfe.› Ihm blieb nichts anderes übrig, als mich gehen zu lassen, denn überall in den Nachbarräumen waren Leute. Mir war sofort klar, dass er mich deswegen hassen würde.» Sie hielt einen Moment inne, wischte sich die Tränen aus dem Gesicht und fuhr fort: «An der Hochschule gab es bis vor kurzem nicht viele Parteimitglieder. Deswegen haben sie mich zur Sekretärin der Jugendliga gewählt. Eigentlich wollte ich das gar nicht werden, denn es ist sehr zeitaufwendig. Außerdem ist das Jugendligakomitee dem Parteikomitee unterstellt, so dass ich zu weiterem Kontakt mit diesem Kerl gezwungen war. Als Mao Zedong zur Ausrichtungskampagne der Partei aufrief, hatte niemand bei uns Interesse an der Bewegung. Aber der Parteisekretär hat immer wieder Mao Zedongs Worte wiederholt und gesagt: ‹Es wird dem Sprecher nicht zum Tadel gereichen, und den Zuhörern wird es eine Lehre sein, wenn ihr Kritik äußert.› Ich dachte, dass ich als Leiterin unserer Jugendligazelle mit gutem Beispiel vorangehen müsse, und habe dann gesagt, dass in der Drei-Anti- und der Fünf-Anti-Kampagne einige örtliche Funktionäre vielleicht ein wenig übertrieben hätten. Sie hätten an einigen Menschen, die die Revolution unterstützten und ihr Vaterland sehr liebten, zu heftig Kritik geäußert. Und ich habe gesagt, dass man diese dadurch den wirklichen Feinden in die Arme getrieben habe. Diese Bemerkung sollte zum schwersten Anklagepunkt gegen mich werden. Inzwischen ist bei uns an der Hochschule eine Selbstkritikbewegung angelaufen. Einige sind schon als Rechtsabweichler festgenommen worden. Unser Parteisekretär behauptet jetzt, ich sei mit den Rechtsabweichlern verbündet, habe in boshafter Absicht gegen die Politik der Partei opponiert und mich gegen die von Mao Zedong propagierte Drei-Anti- und Fünf-Anti-Kampagne gestellt. Ich sympathisiere nicht nur mit den Kapitalisten, sondern sei aufgrund meiner Abstammung eine Vertreterin der Kapitalisten. Ich versteckte mich angeblich hinter der Maske des Progressiven, sei in Wahrheit aber konterrevolutionär. Und dann hat er noch gesagt, ich hätte mich seinen Anweisungen widersetzt. Viele Studenten haben ihm geglaubt und sofort angefangen, mich ebenfalls zu kritisieren, ich sei eine aktive Konterrevolutionärin und eine Anhängerin des Imperialismus und Kapitalismus.»

Lucy fing wieder an zu weinen. Ich konnte es einfach nicht glauben. Es war doch allen bekannt gewesen, dass sie schon im Untergrund für die Revolution gekämpft hatte. Wie konnte man jetzt einfach das Gegenteil behaupten! Es gab doch Zeugen! Ich war ein Zeuge! Am liebsten wäre ich sofort mit ihr gegangen und hätte sie vor allen Studenten und Dozenten verteidigt.

«Was ist mit deinem Mann? Wie hat Bao reagiert?»

«Bao ist ein Feigling. Er hat mich nicht in Schutz genommen, im Gegenteil. Als sie über mich Erkundigungen eingezogen haben, gab er an, dass ich von Anfang an nicht mit der Drei-Anti- und der Fünf-Anti-Kampagne einverstanden war. Dadurch habe ich noch mehr Schwierigkeiten bekommen.»

«Wieso macht er so etwas?», fragte ich bestürzt.

«Er hat Angst, dass er auch mit hineingezogen wird. So ein Egoist! Wir haben uns vor einer Woche getrennt.»

Ich war entsetzt, versuchte aber, sie zu trösten: «Es wird sich sicherlich ein Weg finden, wie du aus dieser Sache wieder herauskommst. Aus deinen Akten ist doch klar ersichtlich, dass du ein zuverlässiges Parteimitglied bist.»

«Vielleicht hast du Recht.» Sie nickte hoffnungsvoll. «Die Wahrheit muss sich durchsetzen.»

Ich beschloss spontan, sie zum Essen ins Restaurant Moskau einzuladen, das nicht weit von ihrer Hochschule entfernt im damals noch sehr neuen Ausstellungszentrum lag. Mit seiner gepflegten Atmosphäre war es immer wieder eine Freude. Lucy kannte es noch nicht.

«Es ist gut, dass ich mich bei dir einmal ausweinen konnte. Ich fühle mich jetzt schon besser», sagte sie während des Essens. «An der Universität kann ich mit niemandem darüber sprechen.» Kurz darauf fragte sie mich unvermittelt: «Wie geht es eigentlich deiner Freundin?»

Ich merkte, dass ich errötete, und hatte ein schlechtes Gewissen, weil ich Lucy nichts von meiner Heirat mitgeteilt hatte. Sie bemerkte meine Verlegenheit, denn sie fragte gleich weiter: «Oder bist du schon verheiratet?»

«Na ja ... Ja, ich bin verheiratet.»

«Warum machst du denn solch ein Geheimnis daraus?»

«Du hattest mir von deiner Hochzeit ja auch nichts gesagt», gab ich zurück.

«Es gab doch damals Probleme zwischen euch.»

«Ja, und die bestehen immer noch.»

Ich erzählte Lucy davon, was zwischen Meizhen und mir vorgefallen war. «Hättest du auch so negativ auf meine Mutter reagiert, wenn wir zwei geheiratet hätten?»

«Sicherlich nicht!», meinte sie prompt. «Aber ehrlich gesagt – ich möchte auch nicht immer mit der Schwiegermutter zusammenleben.»

Seltsam – wenn sie so etwas sagte, konnte ich es akzeptieren. Sie hatte Recht. Ich hatte mich Meizhen gegenüber falsch verhalten.

Ich begleitete Lucy zurück in ihr Wohnheim. Mittlerweile war es schon sehr spät, und ich hatte ein schlechtes Gewissen gegenüber Meizhen, die den Grund meines Fernbleibens ja nicht ahnen konnte. Ich war mir sicher, dass sie eifersüchtig geworden wäre, wenn ich ihr vorher von dem Treffen mit Lucy erzählt hätte. Wahrscheinlich hätte sie es zu verhindern versucht.

Im Zimmer brannte noch Licht. Bestimmt würde gleich ein Donnerwetter über mich hereinbrechen. Als ich eintrat, saß Meizhen am Tisch. Ihre Augen waren vom Weinen verquollen. Sie blickte auf und lächelte kurz, verzog dann aber ihr Gesicht. «Wo warst du denn bloß? Ich habe mir solche Sorgen gemacht! Ich hatte schon Angst, dir wäre etwas passiert.» Sie fing wieder an zu weinen.

Eine solche Reaktion hatte ich nicht erwartet. Sie schien wirklich besorgt um mich. Wahrscheinlich liebte sie mich doch. Ich hätte ihr wirklich Bescheid geben müssen.

«Es tut mir furchtbar Leid», sagte ich und schloss sie in meine Arme. «Aber ich kann dir alles erklären.»

Als ich Lucys Namen erwähnte, veränderte sich sofort ihr Gesichtsausdruck. Wütend riss sie den Mund auf, doch ich redete einfach weiter und ließ sie nicht zu Wort kommen. Sie beruhigte sich und folgte schließlich nachdenklich meiner Erzählung. «Und was nun?», fragte sie zum Schluss. «Kannst du ihr denn helfen?»

«Ich würde gern, aber ich weiß nicht wie.»

«Dann ist sie also umsonst zu dir gekommen.»

Die Bemerkung irritierte mich. Wieso umsonst? Um konkrete Hilfe hatte sie mich ja nicht gebeten. «Immerhin konnte sie sich einmal richtig aussprechen», sagte ich.

«Was ist mit ihrem Mann? Du hast doch gesagt, dass sie verheiratet ist?»

«Ihr Mann war zu feige, um zu ihr zu halten. Er hat sie sogar noch zusätzlich denunziert. Sie haben sich getrennt.»

«Aha, deswegen ist sie also zu dir gekommen!», stieß Meizhen hervor, doch schon im nächsten Moment schien sie zu merken, dass diese Bemerkung fehl am Platze war. Entschuldigend fügte sie hinzu: «Wie gemein von ihrem Mann! Ich würde zu dir halten, wenn etwas Derartiges passierte.»

Ich schaute in ihr Gesicht, sie schien es ernst zu meinen, was mich sehr glücklich machte.

Die ganze Nacht hindurch bekam ich kaum ein Auge zu. Ich hatte Angst. Immer wieder fragte ich mich: Warum das alles? Überall werden Leute kritisiert und fertig gemacht. Unfasslich, dass eine Frau, die alles für die Revolution getan hat, zur Konterrevolutionärin erklärt wird! Hatte nicht das Vaterland endlich eine Phase der Ruhe und des Friedens erreicht? Täglich las man in den Zeitungen, dass sich Industrie und Landwirtschaft erfolgreich entwickelten. Jahr für Jahr wurden gute Ernten vermeldet. China stellte schon eigene Traktoren, Fracht- und Passagierschiffe her. In Wuhan wurde eine Brücke über den Jangtse gebaut, in der Provinz Qinghai erstes Öl gefördert. Sogar Atomforschung wurde betrieben. Alle waren zufrieden, arbeiteten begeistert am Aufbau mit. Konterrevolutionäre hätten doch jetzt gar keine Chance mehr, Unterstützung zu finden. Mao hatte sicher Recht, aber verstehen konnte ich ihn nicht.

In der Falle

«Guan Yuqian», rief Lü Wang zu Beginn unserer nächsten politischen Sitzung, «ist dir eigentlich klar, dass du während der Ausrichtungskampagne der Partei unhaltbare Dinge vorgeworfen hast? Oder siehst du das etwa anders?»

Ich fühlte mich wie vom Blitz getroffen. «Wie meinst du das?»

«Das weißt du ganz genau. Wir sind in den letzten Tagen viel Material durchgegangen und haben ausführlich über die Rechtsabweichler diskutiert. Jetzt müssen wir unsere eigenen Reihen überprüfen. Du hast aus dem Institut, in dem du wohnst, eine Menge Material von Rechtsabweichlern mitgebracht und damit viel Gift in unserem Büro versprüht.»

«Aber du warst es doch, der mich darum gebeten hat! Die Wandzeitungen habe ich auf deine Anordnung hin abgeschrieben.»

«Aber habe ich dich auch gebeten, derartiges Gift mitzubringen?», rief Lü Wang empört und zischte dabei durch die Zähne, dass seine Lippen zitterten. «Du warst es doch, der die Texte ausgewählt hat! Wenn du mit jenen Rechtsabweichlern nicht einer Meinung wärst, hättest du dir nicht die Mühe gemacht, ihre Hetzartikel abzuschreiben.» Seine Augen glühten wie die eines Teufels. Nie zuvor hatte ich so viel Boshaftigkeit erlebt. Er war gar kein richtiger Kommunist. Er war ein Betrüger, ein Widerling! Ich schaute zu den anderen. Alle schwiegen. Niemand mochte Lü Wang beipflichten. Ich ahnte schon, was mit mir passieren würde, und die anderen schienen es wohl auch zu wissen. Wenn Lü Wang es wagte, mich derart anzugreifen, lag bestimmt ein Beschluss der Parteizelle vor. In einem Artikel der Volkszeitung hatte ich gelesen: «Überall gibt es konterrevolutionäre Rechtsabweichler – bei der Presse, an den Universitäten, in der Verwaltung, in der Armee, unter den Künstlern, in jeder Einheit sind es etwa ein, zwei oder drei Prozent. Wir müssen diese Leute herauslocken und festnehmen.» Ich war der Einzige gewesen, der sich durch das Mitbringen des brisanten Materials und ein paar Kommentare dazu hervorgetan hatte. Jetzt gehörte ich wohl zu jenen ein bis drei Prozent Rechtsabweichlern, die sich in jeder Einheit versteckten. Plötzlich bekam ich wahnsinnige Kopfschmerzen, als ob jemand mit dem Messer in meinem Gehirn bohrte.

«Du kannst schon mal anfangen, deine Selbstkritik zu schreiben, Guan Yuqian», schrie Lü Wang gehässig. Empört lief ich aus dem Zimmer. Als ich an meinem Schreibtisch ankam, merkte ich, dass mein Herz raste. Mir war schwindelig, und ich ließ mich auf den Tisch sinken.

Nach ein paar Minuten kamen auch Peng und Chi herein. Sie erschraken, als sie mich auf dem Tisch liegen sahen. Peng fühlte meinen Puls. «Sein Puls ist nicht in Ordnung», sagte sie aufgeregt zu Chi. «Er rast und ist unregelmäßig.» Sie rannte auf den Korridor hinaus. «Kommt schnell!», hörte ich sie rufen. «Guan Yuqian ist ohnmächtig geworden!» Trotz allem war ich allerdings bei Bewusstsein.

Nun kamen mehrere Personen ins Zimmer gestürzt, darunter Zhao und unser Chef Jiang. Jiang fühlte ebenfalls meinen Puls und rief: «Schnell, holt den Arzt!»

In dem Moment trat auch Lü Wang ein. Als er mich auf dem Tisch liegen sah, sagte er: «Lasst ihn, der markiert doch bloß!» Damit ging er wieder hinaus.

Wir hatten einen Arzt am Ministerium, einen Herrn Guo, den ich gut kannte. Er war sofort zur Stelle und gab mir eine Spritze, so dass sich mein Herzschlag wieder normalisierte. Auch der furchtbare Druck in meinem Kopf ließ etwas nach.

Am darauf folgenden Tag war Sitzung wie immer. Gleich zu Beginn fragte Lü Wang: «Guan Yuqian, hast du deine Selbstkritik fertig?»

«Nein», sagte ich. «Mir ging es gestern nicht gut.»

«Dann kannst du ja jetzt ins Büro gehen und dort schreiben. Wir bleiben hier und lesen politische Schriften.»

Oh Gott, dachte ich, hilf mir! Es war wohl das erste Mal seit 1949, dass ich hoffte, es möge doch einen Gott geben, der mir zur Seite steht. Wie hatte sich Lü Wang doch über die Abschriften der Wandzeitungen gefreut! Es war einfach lächerlich! Vor mir auf dem Schreibtisch lag ein Blatt Papier, aber ich konnte keinen einzigen Satz schreiben. So stand ich auf und ging nach Hause. Zufällig war Meizhen auch schon da. Sie war überrascht, dass ich so früh kam. «Hast du schon in der Kantine gegessen?», fragte sie.

«Nein. Mir ist schlecht», antwortete ich und setzte mich. Eine so traurige Figur wie heute hatte ich Meizhen gegenüber noch nie abgegeben. Sie mochte ihren Augen nicht trauen.

«Was ist los mit dir?», fragte sie besorgt. «Erzähl mal!»

«Es ist nichts», wehrte ich ab. Sie fragte erneut, aber je mehr ich darauf beharrte, es sei nichts, desto ernster wurde sie.

«Dieses Schwein Lü Wang!», platzte es aus mir heraus. «Der will mich fertig machen!»

«Ehe du mir alles erzählst, musst du etwas essen. Die Kantine hat leider schon zu. Ich gehe schnell etwas kaufen.»

«Ich komme mit», sagte ich, «ich möchte einen Schnaps trinken.»

«Einen Schnaps trinken?», fragte Meizhen erstaunt. «Na gut, wenn wir schon mal beide frei haben, dann lass uns doch ruhig zusammen etwas unternehmen. Ich habe heute Abend auch nur ganz wenig gegessen.»

Wir waren schon sehr lange nicht mehr zusammen weg gewesen. «Gute Idee!», rief ich und sprang auf. «Lass uns ins Sichuan-Restaurant gehen, ja?»

Das noch ziemlich neue Sichuan-Restaurant war das wohl stimmungsvollste in ganz Peking. Es war in einem typischen Altpekinger Wohnhof untergebracht und bestand aus mehreren eingeschossigen Gebäuden, die einen quadratischen Hof umschlossen und durch Wandelgänge miteinander verbunden waren. Einst hatte dort eine reiche Familie gewohnt. Meizhen aß wohl zum ersten Mal scharfe Sichuan-Gerichte. Immer wieder riss sie den Mund auf und schnappte nach Luft. Dabei liefen ihr die Tränen übers Gesicht. Ich konnte mich vor Lachen kaum beherrschen und vergaß dabei meinen ganzen Kummer. Doch sie erinnerte mich schnell wieder daran. Ich berichtete ihr, was passiert war.

«Ach Yuqian, du bist manchmal wirklich zu naiv», seufzte sie. «Du denkst zu positiv von den Menschen und merkst gar nicht, wenn sie dich ausnutzen. Kein Wunder, dass du auf die Nase fällst. Jetzt sollst du also eine Selbstkritik schreiben. Aber wenn du meinst, dass du kein schlechtes Gewissen zu haben brauchst, wieso musst du dann Selbstkritik üben? Müssen denn die anderen auch alle eine schreiben? Du musst aufpassen, dass du nicht in eine Falle tappst. Ich habe das Gefühl, dass die ganze Ausrichtungsbewegung so eine Falle war.»

Obwohl sie sich sonst nicht für Politik interessierte, traf diese Bemerkung genau zu.

Meizhen war an diesem Abend besonders nett zu mir. Als wir fast mit dem Essen fertig waren, sagte sie: «Ich möchte dir ein Geheimnis anvertrauen.»

Ich schaute sie an und sah in zwei glückliche Augen.

«Ich erwarte ein Baby.»

Vor Überraschung brachte ich kein Wort heraus. Ich merkte, wie eine unglaubliche Begeisterung in mir hochstieg. Ich würde Vater werden, eine richtige Familie gründen! Unser Leben würde sich von Grund auf ändern. Wir würden umziehen, eine schöne Wohnung bekommen! Doch schon dachte ich wieder an Lü Wang. Sicher würde man mir keine Wohnung zuteilen, wenn er es auf mich abgesehen hatte. Plötzlich war ich mir gar nicht mehr so sicher, ob ich mich auf den Nachwuchs freuen sollte. Die Welt war so furchtbar durcheinander. Würde dieser kleine Mensch in unserer komplizierten Welt überhaupt glücklich sein können?

«Du freust dich ja überhaupt nicht!», sagte Meizhen enttäuscht. «Ich sehe es dir an.»

«Nein, im Gegenteil», widersprach ich. «Aber das ist eine große Überraschung für mich. Ich habe einfach nicht so schnell mit einem Kind gerechnet.»

Ich rückte mit dem Stuhl zu ihr hinüber und legte meinen Arm um ihre Schultern. «Seit wann weißt du es? Wie lange bist du schon schwanger?»

«Ich habe seit drei Monaten keine Periode mehr, und deshalb bin ich vor ein paar Tagen zum Arzt gegangen und habe mich untersuchen lassen.» Sie lehnte ihren Kopf an meine Schulter. Mir schien, als hätte ich sie nie so glücklich gesehen. Ich ließ meinen Blick auf ihrem Gesicht ruhen. Es war rosig und leuchtete vor Zufriedenheit.

«Mach dir nicht so viele Gedanken um Lü Wang und die ganze Sache. Denk lieber an unsere kleine Familie und wie glücklich wir sind.»

Am nächsten Nachmittag ging es richtig los. Als Lü Wang erfuhr, dass ich immer noch nichts an Selbstkritik zu Papier gebracht hatte, fuhr er beinah aus der Haut: «Guan Yuqian, du bist ein unverbesserlicher Starrkopf! Du machst dir wohl nicht klar, wie ernst es um dich steht. Du bist im kapitalistischen Shanghai aufgewachsen, diesem Hort kapitalistischer Ideen! Und du pflegst sie auch noch! Nur eine Umerziehung von Grund auf kann aus dir einen neuen Menschen machen. Ohne unsere Hilfe wirst du dieses üble Erbe niemals los.»

Mit gewichtigem Ton wandte er sich an die anderen: «Ihr könnt Guan Yuqian helfen und mit ihm zusammen überlegen, was er falsch gemacht hat. Ich werde damit anfangen. Erstens: Seit Guan an unser Ministerium gekommen ist, hat er zwar gewissenhaft gearbeitet und schnell Fachkenntnisse erworben, aber er hat nie versucht, sich zu ändern. Er bemüht sich nicht, sein politisches Bewusstsein zu schärfen. Am Wochenende verschwindet er immer gleich und ist nur selten mit uns zusammen. Zweitens: Er hält keinen klaren Abstand zu den sowjetischen Experten. Die Kritik aus der Mandschurei, die damals kam, hat nichts bei ihm gefruchtet. Drittens: Er hat keinen klaren politischen Standpunkt. Er zeigte Sympathie für den Konterrevolutionär Bai Leming, nachdem sich dieser durch Selbstmord seiner Bestrafung entzogen hat. Er hat ihn sogar in Schutz genommen.»

«Wann soll ich ihn in Schutz genommen haben?», unterbrach ich ihn.

«Natürlich hast du ihn in Schutz genommen, sogar vor allen anderen! – Hast du es nicht auch gehört?», fragte er meinen Kollegen Dong.

«Ja, Guan Yuqian hat damals gefragt, ob die Methode, mit der die Partei gegen Bai Leming vorgegangen ist, nicht ein bisschen übertrieben war», bestätigte dieser.

Ich hatte Dong immer als Freund betrachtet. Als Parteimitglied wusste er natürlich oft im Voraus, woher der Wind wehte. Jetzt wurde mir klar, dass unsere Freundschaft keinen Wert mehr hatte.

«Viertens», fuhr Lü Wang triumphierend fort, «zeigt deine ganze Erscheinung, wie tief die kapitalistischen und bourgeoisen Gedanken in dir stecken. Schon dein wippender Gang zeugt von Leichtsinn und Übermut. Niemand achtet hier so auf sein Äußeres und kleidet sich so elegant wie du. Niemand geht so oft aus und liebt das leichte Leben wie du.» Er wandte sich wieder den anderen zu: «Wir sollten mit der Kritik erst einmal bei seinem allgemeinen Verhalten beginnen.» Er holte tief Luft und fuhr mich an: «Du brauchst dir nichts auf deine Russischkenntnisse einzubilden. Was nützt es, wenn du fachlich gut bist, aber politisch nicht in Ordnung? Du befolgst nicht die Weisungen der Partei! Wie soll die Kommunistische Partei dir vertrauen? Ich habe dich schon vor drei Tagen aufgefordert, deine Selbstkritik zu schreiben, aber du hast dich bis jetzt geweigert. Nennst du das Gehorsam? Ich fordere euch jetzt alle auf, Guan Yuqian zu helfen. Kritik und Selbstkritik sind eine ausgezeichnete Waffe im Kampf gegen bourgeoise Ideen. Ich bitte jetzt um eure Beiträge.»

Zuerst herrschte Schweigen, doch dann kamen einzelne Wortmeldungen: «Guan arbeitet manchmal nicht konzentriert, weil er vielleicht an seine privaten Angelegenheiten denkt.» – «Guan kommt manchmal zu spät zur Arbeit.» – «Guan verschwindet nach Dienstschluss, und keiner weiß, was er macht.» – «Guan unterhält enge Beziehungen zu den sowjetischen Experten und hat sie mehrfach zu Haus besucht. Er erzählt uns nie von diesen Treffen.»

Auch an diesem Abend ging ich gleich nach Hause, ohne in der Kantine zu Abend zu essen. Wieder hämmerte in meinem Kopf ein wilder Schmerz, und kaum war ich zu Hause, begannen wieder das Herzrasen und Rhythmusstörungen. So ging es auch die folgenden Tage, denn ich war zur Hauptzielscheibe der Kritik bestimmt worden und wurde als Musterfall des von Mao kritisierten Liberalismus enttarnt. Ein Gutes immerhin zeitigte diese Kampagne: Meizhen und ich waren viel häufiger einer Meinung und stritten uns nur noch selten.

In der darauf folgenden Woche erhielt ich eine Mitteilung von der Jugendligazelle: «Wir von der Jugendliga wollen uns auch an der Rechtsabweichlerbewegung beteiligen. Bitte findet euch alle am Montagabend zu einer Vollversammlung ein.»

Ich überlegte, ob ich auch dort als Zielscheibe der Kritik herzuhalten hätte. Allerdings kamen die Jugendligamitglieder ja aus verschiedenen Büros und hatten wenig Kontakt untereinander. Wie sollten sie mich also kritisieren, wenn sie nichts über mich wussten?

Als Sekretär der Jugendliga eröffnete Zhang Jinqian die Sitzung. Auch Lü Wang war zugegen. Zunächst hob Zhang die Bedeutung der neuen Kampagne hervor. Er wirkte verkrampft, während er sprach; seine Worte klangen scharf und aggressiv. Meist schaute er beim Reden an die Decke oder schief zur Seite. «Von heute an werden wir jeden Tag nach dem Abendessen eine Versammlung abhalten. Wir werden die Rechtsabweichlerkampagne zur Selbsterziehung nutzen», kündigte er an.

Bald hatte es sich unter den Jugendligamitgliedern herumgesprochen, dass ich bereits angegriffen worden war. Das bedeutete, dass sich jeder gefahrlos profilieren konnte, indem er auf mich einhieb, und Zhang Jinqian schürte das Feuer noch nach Kräften. Schon auf der nächsten Sitzung geriet ich unter Beschuss. Da unsere Jugendligazelle zur Verwaltungsabteilung des Ministeriums gehörte, waren die Mitglieder Buchhalter, Sekretäre, Schreibkräfte, Pförtner, Fahrer, Archivpersonal und dergleichen. Außer mir zählte nur noch ein Kollege zu den Intellektuellen, gegen die sich die Kampagne in erster Linie richtete. Außerdem waren sie alle wesentlich jünger als ich und sehr lebhaft und impulsiv. Einige wollten anscheinend beweisen, wie parteitreu und progressiv sie waren. Darum wurde das Schießpulver, das sie von Lü Wang und Zhang Jinqian erhielten, begeistert aufgenommen und damit wild drauflosgefeuert. Sämtliche Texte, die ich damals für Lü Wang am Institut von den Wandzeitungen abgeschrieben hatte, wurden jetzt zu Munitionsvorräten.

Zhang Jinqian behauptete, ich habe einmal gesagt: «Unser Jugendligachef entfernt sich immer mehr von den eigenen Mitgliedern.»

«Das ist überhaupt nicht wahr», rief ich, doch Zhang Jinqian fuhr fort: «Man muss bei der Wahrheit bleiben. Und wenn man ein Parteimitglied kritisiert, muss man sich über die Konsequenzen im Klaren sein. Ich vertrete als Parteimitglied die Meinung der Partei. Wenn du gegen mich bist, bist du also auch gegen die Partei. Wenn du gegen die Partei bist, bist du auch gegen die Parteiführung. Und wenn du gegen die Parteiführung bist, dann bist du auch gegen Mao Zedong. Aber wenn du sogar gegen Mao Zedong bist, bist du natürlich gegen die sozialistische Revolution.»

Die Kritiksitzungen, die ich über mich ergehen lassen musste, zogen sich über fast vier Monate hin. Die Vorgehensweise war immer dieselbe: Erst wurden aktuelle politische Texte gelesen. Damit sollten sich alle für die Sitzungen wappnen und auf das Argumentieren und Kritisieren vorbereiten. Danach musste ich als Angeklagter meine Selbstkritik vortragen und die anderen Teilnehmer um ihre «Hilfe» bitten. Einige junge Leute schienen die Kritik als regelrechten Wettbewerb aufzufassen und überboten einander in ihrer Dreistigkeit. Daraufhin suchten die beiden politischen Chefs Lü Wang und Zhang Jinqian das private Gespräch mit mir und sagten lächelnd: «Guan Yuqian, du darfst es den anderen nicht übel nehmen, wenn sie etwas mehr von dir verlangen. Sie wollen doch nur dein Bestes. Je mehr du dich selbst kritisierst, umso mehr zeigst du, dass du deine Fehler einsiehst und bereit bist zur Umerziehung. Je schärfer du dich selbst kritisierst und je höher du die Auswirkung deiner Fehler einschätzt, umso besser. Du sprichst zum Beispiel immer von Fehlern, die du begangen hast. Das waren aber keine Fehler, sondern es waren Verbrechen gegenüber der Partei.»

«Aber ich habe doch überhaupt nichts gegen die Partei!», rief ich empört. «Ich bin für die Partei, und ich bin sogar bereit, mich für die Partei aufzuopfern!»

«Ja, ja», sagte Zhang Jinqian, «wir meinen ja auch nicht, dass du gegen die Partei bist. Aber deine Gedanken sind gefährlich. Sie haben eine gewisse Tendenz gegen die Partei. Du musst aufpassen!»

«Das leuchtet mir einfach nicht ein», widersprach ich.

Zhang Jinqian verzog böse sein Gesicht und sagte: «Wir haben viel Zeit. Wir werden dir helfen, damit es dir einleuchtet. Wenn es dir diese Woche nicht einleuchtet, dann vielleicht nächste Woche. Und wenn nicht nächste Woche, dann vielleicht übernächste Woche. Auf jeden Fall werden wir es dann beenden, wenn es dir einleuchtet.»

Vormittags wurde wie immer weiter gearbeitet, nachmittags musste ich Selbstkritik üben und mir die Kritik der anderen anhören, und abends ging es mit den Kritiksitzungen in der Jugendliga weiter. Ich hatte jetzt ständig Kopfschmerzen, immer wieder Herzrhythmusstörungen, und nachdem das einige Wochen so gelaufen war, stellte sich ein Magengeschwür ein. Ich litt unter Schlaflosigkeit und ständiger Angst, verlor an Gewicht, und mein Gesicht wurde blass und schmal.

Von Meizhen konnte ich keine geistige Unterstützung mehr erwarten, denn die Kampagne hatte inzwischen auch sie erfasst. Während der Versammlungen hatte sie sich zwar nie geäußert, doch hatte sie im vertraulichen Gespräch mit einer engen Freundin das Vorgehen der Partei kritisiert. Als diese Freundin zur Rechtsabweichlerin erklärt wurde, forderten einige Parteimitglieder Meizhen auf, sie zu kritisieren, was Meizhen jedoch ablehnte. Schließlich erzählte die Freundin von sich aus, worüber die beiden privat gesprochen hatten, und so wurde Meizhen ebenfalls zur Zielscheibe. Ich riet ihr, ihre Schwangerschaft zu nutzen und um Sonderurlaub zu bitten. Er wurde genehmigt. Sie fuhr sofort zu ihrer Mutter nach Shanghai und entging dadurch weiterer Bedrängnis.

Ich wurde allmählich immer mehr in die Enge getrieben, die Mitglieder der Jugendliga dagegen immer «tapferer» und revolutionärer. Ihnen schwoll der Kamm, wenn sie mir ihre Hasstiraden entgegenschrien. Zhang Jinqian zeigte immer häufiger sein merkwürdiges Lächeln und wirkte immer zufriedener. Er sprach kaum noch, sondern saß nur oben auf seinem erhöhten Platz und verfolgte das Geschehen wie eine Tierhatz in der Arena. Einmal musste ich mich während einer Sitzung, in der ich kritisiert wurde, übergeben und fiel ohnmächtig zu Boden. Kollegen aus meinem Büro brachten mich sofort in ein Krankenhaus. Der behandelnde Arzt stellte bei der Blutsenkung beängstigende Werte fest und behielt mich für weitere Untersuchungen im Krankenhaus, worüber ich ausgesprochen erleichtert war. Zwei Wochen lang konnte ich dort ausruhen. Ich wurde eingehend untersucht, bekam bestes Essen und fühlte mich bald wieder wohl. Was für ein Leben! Abends spielte ich mit den Krankenschwestern Karten, manchmal spielte ich auch Akkordeon oder Geige, und die Schwestern sangen dazu. Zwischendurch konnte ich mich immer wieder über Besuch von Kollegen und Mitgliedern der Jugendliga freuen. Sie kamen einzeln und zeigten sich voller Mitgefühl, also völlig anders als bei den Sitzungen. Einige sagten sogar: «Bleib ruhig noch ein bisschen länger im Krankenhaus, das ist am besten für dich!» Lü Wang und Zhang Jinqian waren natürlich nicht unter den Besuchern. Tatsächlich hätte ich den Krankenhausaufenthalt gern noch verlängert. Dann allerdings stellte ein Arzt fest: «Es ist überhaupt nichts zu finden. Bei der Blutsenkung muss ein Fehler passiert sein.» Später erfuhr ich, dass jemand aus Mitleid mit mir falsche Werte in das Untersuchungsergebnis eingetragen hatte.

Kaum war ich aus dem Krankenhaus zurück, ging es mit den Kritiksitzungen weiter. Jetzt merkte ich, dass ich trotz der Verschnaufpause keine Kraft mehr hatte, den Kampf länger durchzustehen. Schließlich tat ich alles, was Lü Wang und Zhang Jinqian von mir verlangten. Wenn sie ihre Anklagen wiederholten, schrieb ich ihre Worte nur noch gehorsam auf, ohne weiter darüber nachzudenken. Ich wollte die Sache nur noch so schnell wie möglich hinter mich bringen. Wenn Zhang Jinqian diktierte: «Deine Gedanken wenden sich gegen Mao Zedong», schrieb ich: «Meine Gedanken wenden sich gegen Mao Zedong», wenn er sagte: «Du hast in Wort und Tat gegen den Kommunismus verstoßen», schrieb ich: «Ich habe in Wort und Tat gegen den Kommunismus verstoßen.»

Nach vier qualvollen Monaten war endlich alles gesagt, und folgende Zusammenfassung wurde verlesen: «Guan Yuqian ist nicht nur in politischer, wirtschaftlicher und ideologischer Hinsicht gegen die Partei, gegen den Sozialismus und gegen die Mao-Zedong-Ideen, sondern er verstößt auch in kultureller und pädagogischer Hinsicht gegen sie.» Natürlich konnte ich gar nicht in wirtschaftlicher oder pädagogischer Hinsicht gegen etwas verstoßen haben, schließlich war ich in diesen Bereichen gar nicht tätig. Aber solche Feinheiten spielten keine Rolle mehr. Es war einfach eine Generalformel für alle schlimmen Rechtsabweichler angewandt worden. Sie sparte mir Zeit und Kraft, und so unterschrieb ich als Geständnis: «Ich habe in politischer, wirtschaftlicher, ideologischer, kultureller und pädagogischer Hinsicht gegen die Partei, gegen den Sozialismus und gegen die Mao-Zedong-Ideen verstoßen.»

Viel radikaler konnte eine Selbstkritik nicht mehr ausfallen. Für Zhang Jinqian und Lü Wang war sie ein großer Sieg nach schwerer Schlacht. Die Aufgabe, die die Partei ihnen gestellt hatte, war damit erledigt. Lächelnd konnten sie verkünden: «Guan Yuqian hat sich in sämtlichen Anklagepunkten schuldig erklärt. Die Kritik an ihm ist damit abgeschlossen. Jetzt bitten wir euch, noch mal mit der richtigen Haltung die Partei zu kritisieren.»

Das schöne Gefühl der Erleichterung, das sich mit dem Ende der Kritiksitzungsserie einstellte und das ich so herbeigesehnt hatte, hielt jedoch nicht lange an. Ich zweifelte mittlerweile an mir selbst. War ich nicht vielleicht wirklich ein unverbesserlicher Taugenichts, verdorben durch die Jahre im kapitalistischen Shanghai? Vielleicht würde ich deswegen nie richtig umerzogen werden können?

Kurz nachdem ich unterschrieben hatte, gab das Parteikomitee bekannt, wie mit den Rechtsabweichlern weiter verfahren werden sollte. Mao Zedong war der Meinung, dass es in der chinesischen Gesellschaft gute und schlechte Menschen gab. Über neunzig Prozent seien gut. Die anderen aber, gewöhnlich zwei Prozent, unter Professoren bis zu zehn Prozent, seien Rechtsabweichler und Konterrevolutionäre. Sie dürften nicht mit Güte behandelt, sondern müssten bestraft werden, wenn auch nicht mit Gefängnis. Vielmehr sollte man sie aufs Land schicken, damit sie dort von der Gesellschaft kontrolliert und erzogen würden.

Allerdings wurde unter den Rechtsabweichlern ziemlich stark differenziert. Die Gefährlichsten seien die Ultrarechten, die die Partei böswillig angriffen und sie stürzen wollten. Ein weniger bedrohlicher Typ von Rechtsabweichler stehe zwar völlig auf der Seite der Kapitalisten, hieß es, wolle aber nur die Richtung der Partei ändern. Diese seien zwar Volksfeinde, aber den Versuch einer Umerziehung wert. Ein weiterer Teil der Rechtsabweichler lasse einen klaren Standpunkt vermissen. Ihre Kritik an der Partei erfolge nicht aus böser Absicht. Diese Gruppe sei als halbe Rechtsabweichler zu bezeichnen. Sie galten nicht als Volksfeinde, sondern als besser zu integrierender Teil des Volks.

Ich war gespannt, welcher Gruppe von Rechtsabweichlern ich zugerechnet würde. Darüber entscheiden würde kein Gericht, sondern die Partei, die mit ihren Unterorganisationen zu einem eigenen Rechtsorgan geworden war, das eigenmächtig das Schicksal der Menschen bestimmte. Zhang Jinqian und einige Mitglieder der Jugendliga wollten mich den Ultrarechten zuordnen. Mir wurde nun klar, dass es ein riesiger Unterschied war, ob man als Ultrarechter oder als halber Rechtsabweichler eingestuft wurde. Ich hatte in meiner Selbstkritik allerdings typische Übeltaten der Ultrarechten zugegeben und dieses falsche Geständnis auch noch unterzeichnet. Mein Vorgehen erwies sich als größte Dummheit. Beispielsweise würde ich als Ultrarechter Schande über meine revolutionäre Familie bringen. Vielleicht würde sie sogar in Mitleidenschaft gezogen werden. Meizhen und Mutter waren in Shanghai zwar relativ sicher, doch die anderen waren ja hier in Peking. Ich musste sie alle sofort informieren, denn bis jetzt hatte ich aus Scham nichts von der Kampagne gegen mich erzählt. Als Erstes ging ich zu Vater.

Schon seit einigen Monaten hatte ich ihn nicht mehr gesehen. Als ich ihm gegenübertrat, hielt er für einen Moment die Luft an. «Bist du krank?», fragte er erschrocken. «Du siehst ja furchtbar aus! Was ist los?»

«Ich bin zum Rechtsabweichler gestempelt worden, der in politischer, wirtschaftlicher, ideologischer, kultureller und pädagogischer Hinsicht gegen die Partei, den Sozialismus und die Mao-Zedong-Ideen verstoßen hat.»

«Wie bitte?» So schnell konnte er gar nicht folgen, und ich musste den Vorwurf noch einmal wiederholen.

«Soll das ein Scherz sein?»

«Zum Scherzen ist mir nicht zumute», sagte ich und erzählte, was mir in den letzten Monaten widerfahren war.

Vater erkannte sofort den Ernst der Lage. «Ich frage Hu Lijiao», rief er und griff zum Telefonhörer. Hu Lijiao hatte früher als Partisan mit Vater zusammen gekämpft. Er war inzwischen Vizefinanzminister und am Ministerium verantwortlich für Personalfragen. Wir kannten uns gut, denn ich spielte manchmal mit ihm Tischtennis.

«Weißt du davon, dass mein Sohn Yuqian bei euch zum Rechtsabweichler erklärt worden ist?», rief Vater ins Telefon.

Vater erzählte ihm, was vorgefallen war. Dann hellte sich seine Miene auf. «Du stehst bei Hu Lijiao nicht auf der Liste der Rechtsabweichler», sagte er, als er aufgelegt hatte. «Er wird sich sofort um deinen Fall kümmern und herausfinden, was es damit auf sich hat.»

Ich war erleichtert. Vizeminister Hu Lijiao war die entscheidende Person, die über das Schicksal der Kader vom Finanzministerium zu entscheiden hatte.

Wenig später erfuhr ich, dass ich als «halber Rechtsabweichler» tatsächlich glimpflich davonkam – zur großen Enttäuschung von Zhang Jinqian. «Wir haben uns monatelang so viel Mühe gegeben», klagte er, «und jetzt soll überhaupt nichts mit ihm passieren?» Zhang beantragte erneut, mich als Ultrarechten einzustufen, drang damit aber an höherer Stelle nicht durch.

Für China waren die gesellschaftlichen und politischen Folgen der Kampagne verheerend. In fast jedem Büro hatte man Rechtsabweichler entlarvt. Wo sich niemand auffällig verhalten hatte, suchte man so lange nach geeigneten Opfern, bis die von Mao genannte Quote endlich erreicht war, so dass völlig harmlose Menschen politisch abgestempelt wurden. Viele andere hatten die Partei in der ehrlichen Absicht kritisiert, dem Vaterland zu helfen. Am Ende sahen sich fünfhunderttausend Intellektuelle als Rechtsabweichler stigmatisiert – zehn Prozent aller damaligen Intellektuellen. Die meisten von ihnen wurden als Konterrevolutionäre aufs Land oder in die Verbannung geschickt. Von den übrigen neunzig Prozent hielten von nun an die meisten den Mund. China schadete sich auf diese Weise selbst. Die ehrgeizigen Aufbauziele – Industrialisierung, Verbesserung der Infrastruktur, Erhöhung der landwirtschaftlichen Produktion – verlangten nach einer wachsenden Zahl engagiert arbeitender Fachkräfte. China hatte ohnehin viel zu wenig davon. Dass man davon jetzt auch noch ein Zehntel zu fachfremden Arbeiten abkommandierte und unter den Übrigen Misstrauen säte und ihnen die Lust am Wirken für das Vaterland nahm, sollte sich schon bald bitter rächen. Besonders in den Dörfern konnten sich die Funktionäre nun ungehemmt als kleine Könige gebärden. So wiederholten sich genau die Dinge, die die Kommunisten ursprünglich bekämpft hatten.

Sergej Michailowitsch, für den ich so lange gearbeitet hatte, war mittlerweile mit seiner Familie in die Sowjetunion zurückgekehrt. Ich war traurig, denn ich hatte mit ihm einen wichtigen Freund verloren. Doch vielleicht war es gut so, denn auf diese Weise hatte er den schlimmsten Teil der Kampagne gegen mich nicht miterlebt.

Da Sergej Michailowitsch fort war, hatte ich keinen festen Aufgabenbereich mehr. Ich wurde gewissermaßen arbeitslos und erhielt nur noch Texte zur schriftlichen Übersetzung. Oft aber hatte ich tagelang nichts zu tun. Ich merkte, dass ich nicht mehr als Vertrauensperson galt, ebenso wenig wie Chi Yifu und inzwischen auch Peng. Sie hatte einen Elektroingenieur geheiratet, der als Ultrarechter und Konterrevolutionär verurteilt worden war. Das machte ihr schwer zu schaffen, denn sie wusste, dass sie aufgrund der vielen geheimen Daten, mit denen unser Büro zu tun hatte, nicht mehr länger bei uns würde arbeiten können.

Meizhen war noch immer in Shanghai, deshalb blieb ich häufig im Büro und schlief dort auf dem Fußboden. Als ich einmal wieder ins Wohnheim zurückkam, begegnete mir eine ehemalige Kommilitonin von Meizhen. Sie bat mich in ihr Zimmer und fragte ganz aufgeregt: «Weißt du überhaupt schon Bescheid? Meizhen ist nachträglich zur Rechtsabweichlerin erklärt worden.» Ich war entsetzt. Dass sich Meizhen nach Shanghai zurückgezogen hatte, hatte ihr demnach zwar die üblen Kritiksitzungen, nicht aber das abschließende Verdikt erspart. Wie die Kommilitonin erklärte, hatte man Meizhen noch für die «Quote» gebraucht, also um die Zahl der Rechtsabweichler voll zu machen, die es nach Maos Prozentrechnung am Russischinstitut zu geben hatte.

Ausgemustert

Einige Wochen später erhielt ich einen Brief aus Shanghai, in dem es hieß, Meizhen habe Blut verloren, und das Baby sei in Gefahr. Ich solle doch möglichst schnell nach Shanghai kommen. Da ich ohnehin nichts zu tun hatte, erhielt ich Sonderurlaub.

Als ich in Shanghai eintraf, war das Baby schon zur Welt gekommen. Ich war Vater geworden! Ein strammer, gesunder Junge krähte mir entgegen, als ich ihn auf den Arm nahm. Und welche Freude, endlich auch Meizhen und Mutter wieder zu sehen!

Diesmal allerdings war der Aufenthalt für mich von der Angst vor den Folgen unserer Einstufung als Rechtsabweichler überschattet. Weder Meizhen noch Mutter erzählte ich davon. Aber gerade weil ich nicht darüber sprechen wollte, lagen mir die Fragen nach unserer Zukunft die ganze Zeit wie eine riesige Last auf dem Herzen. Das größte Problem war jetzt: Wo bliebe unser Kind? Für Meizhen, die nicht wie ich bloß als «halber Rechtsabweichler» galt, befürchtete ich, dass man sie in die Verbannung schicken könnte. Doch noch bevor ich mit ihr darüber sprechen konnte, sagte sie: «Meine Mutter wäre bereit, sich um unser Kind zu kümmern. Sie ist einverstanden, wenn das Kind vorübergehend bei ihr in Shanghai bleibt.»

Einerseits war ich erleichtert, aber andererseits fand ich es nicht so gut für das Kind, wenn es nicht bei seinen Eltern aufwuchs. Allerdings war es gang und gäbe, Kleinkinder bei einer der Omas zu lassen, denn besonders Akademikerinnen waren stets berufstätig.

Für seinen neuen Enkel hatte mein Vater einen Namen ausgewählt, der eine Anspielung auf den Ausdruck «neuer Wendepunkt» war, also den Kleinen gleich in den politischen Kontext stellte. Meizhen und ich empfanden diesen Namen als ziemlichen Fehlgriff und änderten ihn etwas ab, so dass daraus «Xin», der – oder das – Neue, wurde.

Wie gut es war, dass wir das Baby in Shanghai ließen, erwies sich rund ein halbes Jahr später. Nacheinander waren erst ich und dann Meizhen nach Peking zurückgekehrt. Während für Meizhen nach den Neujahrsferien wieder die reguläre Lehrtätigkeit begann, ging ich nach wie vor mehr pro forma ins Büro und nutzte die Zeit, um in Eigeninitiative literarische Übersetzungen anzufertigen. Vor allem die Werke von Ilja Ehrenburg hatten es mir angetan. Es waren glückliche Monate, die wir verlebten – die letzten, in denen wir uns verstanden, für mich eine Zeit freier schöpferischer Entfaltung.

Umso tiefer war der Sturz. Mitte Juli fiel mir eines Morgens auf, dass meine Kollegen nicht mehr mit mir sprachen. Schon nach wenigen Minuten rief mich der Bürochef Jiang Houyi zu sich. «Einer unserer sowjetischen Experten ist bereits gegangen, und auch die anderen werden uns bald verlassen und in ihre Heimat zurückkehren», erklärte er langsam. «Da es hier dann für so viele Mitarbeiter nicht mehr genügend Arbeit gibt und wir den Verwaltungsapparat ohnehin verkleinern sollen, hat die Partei beschlossen, dich nach Qinghai zu versetzen.»

Qinghai! Schon bei diesem Wort bekam ich eine Gänsehaut, obwohl gerade Hochsommer war. Alles, was ich mit dieser fernen Provinz im Norden der tibetischen Hochebene verband, waren Armut, Kälte, Wildnis und endlose Steppe. Das Leben dort galt als extrem entbehrungsreich, die durchschnittliche Lebenserwartung war wesentlich niedriger als in den übrigen Landesteilen. Qinghai war Chinas Sibirien. Dorthin waren in der Vergangenheit immer die Schwerverbrecher verbannt worden. Auch nach Gründung der Volksrepublik entstanden dort die beiden bekanntesten Arbeitslager, in die langjährig verurteilte Verbrecher, aber auch viele politische Gefangene geschickt wurden. Kein Wunder also, dass meine Kollegen heute Morgen alle so zurückhaltend waren! Sie wussten offenbar, was mir bevorstand.

«Was habe ich denn für ein Verbrechen begangen, dass ich dorthin verbannt werde?», fragte ich langsam.

«Das ist keine Verbannung. Der Staat braucht dich! Die Zentralregierung hat eine neue Politik beschlossen, der zufolge die Zentralorgane durch Versendung ihrer Mitarbeiter die lokalen Einheiten in den entlegenen Provinzen unterstützen», entgegnete Jiang. «Qinghai braucht junge Leute wie dich, die kräftig und gebildet sind. Du wirst dort weiter als Kader arbeiten. Mit dir zusammen werden noch einige andere vom Finanzministerium dorthin gehen. Daher läuft auch dein bisheriges Gehalt ohne Abschläge weiter, es erhöht sich für Qinghai sogar noch um eine Erschwerniszulage.»

Ich wusste, dass die Versetzung nicht Jiangs eigene Entscheidung war. Dazu hätte er keine Macht gehabt. Er gab diese Entscheidung nur weiter. Trotzdem fragte ich: «Braucht man in Qinghai denn Russisch- und Englischdolmetscher? Ich bin dort doch fehl am Platze. Welche Aufgaben könnte ich dort schon übernehmen?»

«Ich denke, in erster Linie schickt dich die Organisation nach Qinghai, damit du durch den engen Kontakt zur einfachen Bevölkerung und die körperliche Arbeit deine Umerziehung vervollkommnen kannst.»

«Für wie lange soll ich dorthin?»

«Das weiß ich nicht. Aber ich denke, nicht allzu lange, vielleicht zwei, drei Jahre», antwortete er vage und fügte hinzu: «Wenn es irgendwelche Probleme oder Schwierigkeiten gibt, wende dich an unser Parteikomitee.»

«Gehe ich allein dorthin oder mit meiner Familie?», fragte ich weiter. «Was soll mit meinem Sohn werden, der gerade erst geboren ist?»

«Ich werde diese Frage an das Parteiorgan weiterleiten. Ab morgen brauchst du nicht mehr ins Büro zu kommen. Wir benachrichtigen dich, wenn es soweit ist mit der Abreise.»

Ich ging zurück an meinen Schreibtisch, öffnete die Schublade und räumte schweigend meine Sachen zusammen. Peng und Chi Yifu hielten die Köpfe gesenkt und taten, als wären sie ganz in ihre Arbeit vertieft. Als ich fertig war, reichte ich Peng die Schlüssel für die Schreibtischschublade und fürs Büro. Nun stürzten ihr die Tränen aus den Augen. Sie stand auf und umarmte mich. «Guan Yuqian, wir werden alle weggeschickt. Bei dir bin ich wenigstens sicher, dass du zurückkommen wirst. Aber wenn ich gehe, wird es für immer sein.»

Auch Chi Yifu erhob sich. Seine Augen glänzten feucht. Er sagte: «Ich bin ja nicht mehr der Jüngste, wahrscheinlich werde ich demnächst in Rente gehen. Ich wünsche mir, dass du deinen Charakter nicht änderst, auch wenn er dir immer wieder Ärger einbringt. Aber er wird dir auch wirkliche Freunde schenken. Das ist viel wertvoller.»

Auch Chi Yifu umarmte mich, dann begleiteten mich beide den langen Korridor entlang. Ich wollte kein Aufsehen erregen und mich nicht von den anderen Kollegen verabschieden. Aber in diesem Moment gingen überall die Türen auf. Sie wussten alle, dass ich jetzt gehen würde, und kamen heraus, um sich zu verabschieden. Besonders nett war der alte Zhao, der mein Großvater hätte sein können und der das ganze Büro in diesen Jahren so treu umsorgt hatte. Er begleitete mich bis zum Tor und sagte zum Trost: «Guan Yuqian, ich weiß, dass dir Unrecht geschieht. Aber in so einer großen politischen Kampagne kann dir einfach niemand helfen. Bleib, wie du bist! Du kannst immer noch eine große Zukunft vor dir haben.»

Wenn man mich für die Revolution in den Kampf geschickt hätte, wäre es mir eine Ehre gewesen. Stattdessen ging es nun ab ins chinesische Sibirien. Auch wenn es hieß: «Der Staat braucht dich» – für mich war und blieb es eine Demütigung.

Ins Wohnheim zurückgekehrt, setzte ich mich mit Meizhen an unseren kleinen Tisch und versuchte, ihr so schonend wie möglich die Nachricht beizubringen. Sie bekam einen derartigen Weinkrampf, dass sie fast ohnmächtig wurde. In ihre Verzweiflung mischte sich allmählich Wut. Und schließlich beklagte sie bitterlich ihr Schicksal. Sie bereue es, mich geheiratet zu haben. Sie bereue es, aus Taiwan zurückgekehrt zu sein. Sie hasse ihre Eltern dafür, dass sie sie in die Welt gesetzt hatten: «Wenn man geboren ist, dann gibt es nichts als Leiden! Warum muss man überhaupt leben?» Als sie sich ein wenig gefangen hatte, sagte sie: «Ich gehe mit dir zusammen nach Qinghai», doch schon im nächsten Augenblick rief sie: «Das halte ich nicht aus, in diese entsetzliche Gegend zu gehen!» Sie überlegte: «Wenn ich nicht mitgehe, besteht vielleicht für dich die Chance, irgendwann zurückzukommen. Wenn wir zusammen dorthin gehen, kommen wir vielleicht nie mehr zurück.»

Noch nie waren wir so harmonisch und liebevoll miteinander umgegangen wie in den nächsten beiden Wochen. Dann kam die Mitteilung, wann und wo ich mich zur Abreise einzufinden hätte. Dabei stand: «Es ist eine Bettdecke und Kleidung mitzunehmen und alles, was man zum Leben braucht. Aber je weniger, desto besser.» Was brauchte man zum Leben in Qinghai? Wie kalt wurde es dort überhaupt? Niemand hielt es für nötig, mich genauer zu informieren. Ich packte einen großen Koffer und verstaute in einem Bettzeugbündel einige Bücher, die mir lieb und teuer waren. Meizhen wollte mich zum Sammelpunkt begleiten, aber das lehnte ich strikt ab. Ich würde es nicht ertragen, wenn sie vor allen Leuten weinte. Der Enthusiasmus, mit dem ich neun Jahre zuvor nach Peking gekommen war, war einem Fatalismus gewichen. Die Revolution hatte mich abgeschoben. Ich schämte mich und hatte nicht einmal den Mut, mich von meinen Geschwistern und von meinem Vater zu verabschieden. Als ich dann den Campus verließ, eine Fahrradrikscha bestieg und davonfuhr, sah ich noch, wie Meizhen fast zusammenzubrechen drohte. Ihr Anblick gab mir das Gefühl, als könnte es ein Abschied für immer sein.

In der Verbannung

(1958–1962)

Historischer Rahmen

Jan. 1958	Beginn des 2. Fünfjahresplans, der die sozialistische Umgestaltung der Landwirtschaft vorsieht («Großer Sprung nach vorn»)
29.4.1958	Gründung der ersten Volkskommune; bis zum Herbst wird die gesamte Landwirtschaft in Volkskommunen organisiert
März 1959	Die Volksbefreiungsarmee schlägt einen bewaffneten Aufstand in Tibet nieder; der Dalai-Lama flieht nach Indien
2.-16.8.1959	Konferenz des Zentralkomitees auf dem Lushan: Sturz von Verteidigungsminister Peng Dehuai, der Mao wegen der Politik des «Großen Sprungs» direkt angegriffen hatte
2.10.1959	Die Bahnstrecke nach Xining, der Hauptstadt von Qinghai, geht in Betrieb
1959-1962	Die «drei bitteren Jahre» mit rund 20 Millionen Hungertoten
Juli/Aug. 1960	Die Sowjetunion zieht alle verbliebenen Berater und technischen Experten aus China ab und besiegelt damit den Bruch mit China

Wir waren etwa zwanzig Männer, die auf den Zug nach Qinghai warteten. Ich schien der Jüngste zu sein. Alle fuhren allein, keiner nahm Frau oder Kinder mit. Herzergreifende Szenen spielten sich auf dem Bahnsteig ab. Niemand wusste, ob man sich je wieder sehen würde.

Auch die anderen kamen aus der zentralen Finanzverwaltung und hatten sich wie ich durch kritische Bemerkungen oder sonstige «Fehler» bei ihren Vorgesetzten unbeliebt gemacht. Zwar hieß es großartig, die Zentrale schicke Kader aus, um die lokalen Einheiten zu unterstützen, doch jeder von uns wusste, dass es sich gleichzeitig um eine politische Disziplinierungsmaßnahme handelte, noch dazu um eine unbefristete.

Der Anblick des weiten Landes, durch das wir fuhren, weckte nach einiger Zeit freundlichere Gedanken. Ich versuchte mir klarzumachen, dass mein kapitalistisches Denken in proletarisches umerzogen werden sollte. Vielleicht sollte ich die Versetzung nach Qinghai als Chance verstehen. Ich beschloss, auf jeden Fall an mir zu arbeiten. Auch unter den schwersten Bedingungen würde ich mein Wissen und meine Fähigkeiten nutzen, um dem Volke zu dienen.

Derzeit, im August des Jahres 1958, erfasste gerade eine neue Welle des sozialistischen Aufbruchs das Land. Überall wurden die landwirtschaftlichen Genossenschaften zu Volkskommunen zusammengeführt. Mao hoffte, auf diese Weise völlig neue Ressourcen mobilisieren zu können. Auf dem Land sollte eine Kleinindustrie für den ländlichen Bedarf an Werkzeugen, Maschinen und Dünger aufgebaut werden, um so gleichzeitig das technische Niveau in den Dörfern zu erhöhen, die landwirtschaftlichen Erträge zu steigern und die bisherige einseitige Ausrichtung auf den Aufbau der Schwerindustrie zu mildern. Die Aufbauerfolge des ersten Fünfjahresplans, der bis Ende 1957 ging, waren in den Städten unübersehbar, hatten den Dörfern aber nur wenig gebracht. Das Jahreseinkommen eines Bauern lag auf der Höhe eines Monatsgehalts in der Stadt. Nun sollte ein radikaler Wandel auf dem Land eine dramatisch beschleunigte Entwicklung bewirken. Die «Politik des Großen Sprungs» hatte begonnen, und die sehr gute Ernte, die gerade eingefahren wurde, schien Maos Politik eindrucksvoll zu bestätigen. Mao Zedong hatte Anfang des Jahres geäußert: «In fünfzehn Jahren werden wir England einholen.» Als dann die Bewegung des Großen Sprungs im April richtig angelaufen war, hielt Mao es für möglich, dass China es «bis zum Gleichziehen mit den großen kapitalistischen Staaten auf den Gebieten der industriellen und landwirtschaftlichen Produktion» sogar noch schneller schafft. So gesehen, durfte ich den radikalen Einschnitt in meinem Leben wirklich als positive Herausforderung begreifen.

Zwei Tage und zwei Nächte dauerte die Fahrt. Immer wieder erblickten wir aus Lehm oder Ziegelsteinen gemauerte Brennöfen, die «Hinterhofhochöfen», die im Zuge der Politik des Großen Sprungs gerade überall im Lande in Betrieb gingen. Damit sollten die Volkskommunen herstellen können, was sie an Gerätschaften zur Verbesserung der landwirtschaftlichen Produktion benötigten. Mao hatte erklärt: «Wir haben zwar zu wenig Stahl, aber die Massen können selbst welchen herstellen.» Also wollten jetzt alle Stahl produzieren. Vom Zug aus boten die Dorfhochöfen bei Nacht ein faszinierendes Bild mit ihren lodernden Flammen und den in ihrem Schein hantierenden Menschen. Am Tage allerdings erkannte man auch die Schattenseiten der Aktion: Die Berge waren abgeholzt, neben den Öfen lag stapelweise frisch geschlagenes Holz, daneben türmte sich Schlacke. Kaum jemand arbeitete auf den Feldern.

Endlich erreichten wir Lanzhou, die Hauptstadt der Provinz Gansu. Wir verbrachten die Nacht in einem Hotel. Aus den Wasserhähnen quoll gelbes Wasser. Tauchte man ein weißes Handtuch ein, zog man es gelb wieder heraus. Das Herz wurde mir schwer. Ich hatte mich zwar schon geistig auf die Steppen des fernen Westens eingestellt, aber dass das Wasser hier gelb sein würde, hatte ich nicht erwartet. Am nächsten Morgen wurden wir auf einen offenen Lastwagen verfrachtet und fuhren weiter Richtung Westen. Jeder saß auf seinem Gepäck. Kein grünes Fleckchen war mehr zu sehen. Die Berge waren gelb, die Straße war gelb, die Sandwüste war gelb, und selbst die Häuser waren aus gelben Ziegelsteinen gemauert. Die gelbe Staubfahne, die der Lkw aufwirbelte, setzte sich auf unseren Körpern ab. Als wir mittags rasteten und uns gegenseitig anschauten, mussten wir lachen: Alle waren wir zu gelben Lehmaffen geworden. Je mehr wir uns Qinghai näherten, desto schwerer wurde mir das Herz.

Es war bereits tiefe Nacht, als wir endlich die Provinzhauptstadt Xining erreichten, damals ein armseliges Nest ohne jedes städtische Leben. Qinghai zählte zu Chinas flächengrößten Provinzen, mit unter zwei Millionen Einwohnern aber gleichzeitig zu den unbedeutendsten. Zum allergrößten Teil bestand sie aus unwirtlichem Hochland.

Der Wagen hielt vor der Finanzbehörde, die uns zu betreuen hatte. Über dem Eingangstor hing ein Spruchband, das offenbar zu unserer Begrüßung gedacht war: «Lasst uns hier frohen Herzens Wurzeln schlagen und Qinghai zu einem sozialistischen Paradies aufbauen!»

Dass wir hier Wurzeln schlagen sollten, waren ja heitere Aussichten!

Einige Kader der Finanzbehörde warteten schon auf uns. Sie hatten uns mehrere Büroräume im ersten Stock als Unterkunft freigeräumt. Nach einem Tag Lastwagenfahrt über die holprige Piste waren wir total erschöpft und freuten uns vor allem aufs Abendessen. Drei runde Tische waren besetzt mit Gastgebern und Gästen. Es wurden aufgetragen: eine große Schale Lammfleischsuppe, eine Platte mit gebratenem Hammelfleisch und Zwiebeln, Ei mit Porree, eingelegte Gurken und Bratkartoffeln. Begeistert griffen wir zu, doch nach dem ersten Bissen bekam ich kaum noch etwas hinunter, denn alles schmeckte unangenehm streng nach Hammel. Meinen Leidensgenossen ging es ähnlich. Nur unsere Gastgeber langten kräftig zu. Egal, dachte ich: Wenn nachher Reis und Mantous, die üblichen weißen Dampfbrötchen aus Weizenmehl, kommen, kann ich mich ja noch daran satt essen. Was der Koch dann allerdings servierte, hatte zwar die Form von Mantous, war aber grauschwarz. «Eine Spezialität unserer Provinz», verkündete er stolz, «Qingke-Momos, Dampfbrötchen aus Gerste, wie sie einzig auf den Hochebenen von Qinghai und Xinjiang gedeiht! Am Anfang ist das wahrscheinlich ungewohnt für Sie, aber bald werden Sie auf den Geschmack kommen. Sie sind jedenfalls sehr gesund und gut für den Magen.» Ich griff mir einen dieser Momos. Er war sehr schwer, und als ich hineinbiss, erwies sich das Gebäck als grob, hart und bitter. Fast war mir, als kaute ich auf Sand. Auch die anderen zogen enttäuschte Gesichter. So viel war klar: An diese Ernährung würden wir uns gewöhnen müssen.

Am nächsten Tag erschienen hohe Funktionäre der Provinzfinanzbehörde, um uns offiziell zu begrüßen. Ihren Worten entnahmen wir, dass wir tatsächlich auf Dauer hierher versetzt worden waren und nicht mehr das Recht besaßen, uns außerhalb von Qinghai niederzulassen. Auch unsere Personalakten waren schon nach Qinghai gesandt worden. Damit war eine Rückkehr nach Peking praktisch ausgeschlossen. Ich fühlte mich schamlos betrogen. Mein Wille, die Zeit hier zu nutzen, wich mit einem Schlag Wut und Enttäuschung.

«Was werden wir hier machen?», fragte einer meiner Leidensgenossen.

«Sie sind vom Finanzministerium zu uns geschickt worden, weil wir dringend solche Kader wie Sie für den Aufbau des Sozialismus in Qinghai brauchen. Natürlich müssen wir erst einmal Ihre Akten durchsehen. Danach können wir Sie entsprechend Ihrer Qualifikation auf die verschiedenen Arbeitsgebiete verteilen. Haben Sie daher bitte ein wenig Geduld.»

Innerhalb einer Woche hatten fast alle eine neue Arbeit zugeteilt bekommen. Als Experten in Finanz-, Bank- und Steuerfragen hatte man sie schnell in verschiedenen Einheiten unterbringen können. Es blieben nur zwei zurück. Einer davon war ich.

«Genosse Guan, wir haben uns Ihre Akte angesehen. Sagen Sie, was können Sie noch außer Russisch und Englisch?», fragte mich der für die Stellenverteilung zuständige Funktionär.

«Ich weiß nicht», antwortete ich ratlos.

«Wir brauchen hier keine Fremdsprachen, höchstens Übersetzer für Tibetisch und Mongolisch. Aber das können Sie ja wohl nicht.» Er hielt inne. «Können Sie denn nicht sonst noch irgendetwas? Wir wissen nämlich nicht recht, was wir mit Ihnen anfangen sollen.»

Also hatten sie mich im Finanzministerium einfach nur loswerden wollen, um ihre Quote zu erfüllen, einerlei, ob mich Qinghai brauchen würde oder nicht. Ich überlegte, was ich sonst noch konnte. Tischtennisspielen, Schwimmen, Singen, Tanzen, Fotografieren. Fotografieren! Ich hatte von Robby Fotografieren gelernt. Er war Fotojournalist bei der Nachrichtenagentur Xinhua geworden, und ich hatte manche Stunde mit ihm im Labor zugebracht. «Ich kann fotografieren und Filme entwickeln», sagte ich.

Es folgte tagelanges, zermürbendes Warten. In der Unterkunft hielt ich es tagsüber nicht aus. Lieber ging ich draußen auf Entdeckungstour. Allerdings: Viel zu entdecken war da nicht. Die zwei Kilometer lange Hauptstraße war ohne Läden und sonstiges Leben, mit Eselsäpfeln dekoriert und gesäumt von einigen einfachen, dreigeschossigen Gebäuden. Erst zwei Jahre zuvor sei sie fertig gestellt worden, erfuhr ich, und sie war der Stolz der Provinzhauptstadt. Bei meinen Spaziergängen zog ich immer weitere Kreise, und so gelangte ich eines Tages außerhalb der Stadt zu einem flachen, lang gestreckten Lehmbau, neben dem mehrere Lastkraftwagen parkten – offenbar eine Transportbrigade. Die Ausfallstraße ging hier in eine unbefestigte, breite Lehmpiste über, die in endlose Ferne zu führen schien. Ein Fahrer war gerade aus dem Haus gekommen und stieg in einen Lkw.

«Guten Tag, Genosse», grüßte ich ihn. «Wohin geht denn die Fahrt?»

«Wir sind schon voll.»

Da es in Qinghai kaum öffentliche Verkehrsmittel gab, war das Mitfahren auf Lastwagen oft die einzige Chance, irgendwo hinzukommen. Fernfahrer waren daher stets sehr umworben.

«Ich will ja gar nicht mit. Ich wollte nur wissen, wohin Sie so fahren.»

«Oh, du kommst aus Peking», stellte er plötzlich erfreut fest. Mein klares Hochchinesisch war hier eine Seltenheit. «Ich bin aus Hebei. Dann sind wir ja beinahe Landsmänner. Was machst du hier? Bist du zu Besuch oder arbeitest du hier?»

«Ich bin Funktionär und erst letzte Woche eingetroffen. Wir sollen hier beim Aufbau des Sozialismus helfen.»

«Dann warst du wohl politisch nicht auf Linie, was? Merkwürdig, wie viel gute Leute es dieses Jahr erwischt hat.»

«Wie lange sind Sie denn schon hier?»

«Sieben Jahre.»

«So lange? Haben Sie sich an das Leben hier gewöhnt?»

«Gewöhnt? Man muss es nehmen, wie es ist», meinte er achselzuckend.

«Als Fahrer sind Sie ja auch meist unterwegs. Wohin fahren Sie denn so?», fragte ich, um auf den Anfang zurückzukommen.

«Nach Tibet.»

«Ach ja? Wirklich nach Tibet?» Wenn man in Peking von Tibet sprach, war es fast, als meinte man das Ende der Welt.

«Das hier ist die Qinghai-Tibet-Straße», sagte er und zeigte auf die fern im gelben Dunst verschwindende Staubpiste, an der wir standen, «du stehst genau an ihrem Ausgangspunkt.»

«Tatsächlich? Wie aufregend!» Ich war begeistert, und der Fahrer grinste amüsiert über meine Reaktion. Diese erst Ende 1954 eröffnete Fernstraße war in China ein Begriff. Sie war gefürchtet aufgrund ihrer Länge und der Gefahren, die dort lauerten.

«Was ist denn daran so aufregend?», rief der Fahrer und lachte.

«Sind Sie von hier also schon bis nach Lhasa gefahren?» Ich konnte es noch gar nicht fassen.

«Die Tour mache ich regelmäßig, ziemlich anstrengend.»

«Wie lange sind Sie denn da unterwegs?»

«Wenn es gut geht, pro Strecke gut zwei Wochen, bei schlechtem Wetter, bei Schlamm- und Steinlawinen kann man froh sein, wenn man es in einem Monat schafft. «

«Das hört sich wirklich nach Strapaze an», stellte ich fest und schaute in sein wettergegerbtes Gesicht.

«Landsmann, ich muss los. Nett, dich kennen gelernt zu haben. Ich heiße Tang und gehöre zur Lkw-Brigade hier. Oft bin ich für ein, zwei Monate weg. Aber wenn du hier nach Meister Tang fragst, weiß jeder, wo ich bin.»

Tang wurde mein erster Freund in Qinghai.

Die Rekordernte

Wenige Tage später rief mich der für mich zuständige Funktionär wieder in sein Büro. «Der Qinghai-Volksverlag will dich haben. Die suchen dort dringend Redakteure und Journalisten, weil sie eine neue Monatszeitschrift gegründet haben: die ‹Qinghai im Bild›.»

Als Journalist arbeiten – das traf ja eine geheime Leidenschaft von mir! Ich schrieb gern, fotografierte gern und war gern unterwegs. Ich hätte nicht gedacht, dass ich Nichtsnutz durch mein Hobby eine Arbeit finden würde, von der ich in Peking nie zu träumen gewagt hätte.

Mit mir bestand die Redaktion der «Qinghai im Bild» anfangs nur aus vier Mitarbeitern. Mein Vorgesetzter, Shao Hua, hatte einen niederen Dienstgrad in der Kulturabteilung der Armee bekleidet, bevor er hierher versetzt worden war. Er hatte nicht studiert, war aber recht gescheit und konnte ganz leidlich zeichnen und schreiben.

Mit so wenigen Leuten eine neue Zeitschrift zu produzieren, war harte Arbeit; ich musste abends zudem noch in der Dunkelkammer Filme entwickeln. Leider stand nur eine betagte Presse zur Verfügung, die eine miserable Druckqualität lieferte – umso bedauerlicher, als die Redaktion über mehrere hochwertige Kameras verfügte, darunter eine Rolleiflex und eine Leica. Einen der Apparate samt einem wieder aufladbaren Blitzlichtgerät deutschen Fabrikats bekam nun ich – ein tolles Gefühl.

Ein, zwei Wochen später erhielt ich meinen ersten Auftrag außerhalb von Xining. Es war Erntezeit, und schon seit Wochen wurden überall aus China neue Rekordernten gemeldet. Es schien, als hätte Maos Volkskommunenpolitik die Fruchtbarkeit der Böden explodieren lassen. Das Provinzparteikomitee lud Vertreter aller großen und vieler lokalen Zeitungen aus Peking und etlichen anderen Gegenden in ein Dorf unweit von Xining ein, um über die dortige Weizenernte zu berichten. Allein wir Journalisten aus Qinghai füllten drei Lastwagen. Als wir mit unseren Kameras eintrafen, sahen wir einige Weizenfelder, die noch nicht abgeerntet waren. Das Korn stand schön dicht, war aber noch nicht ganz reif. Über dem Getreide brannten am helllichten Tage viele Lampen, und das, obwohl doch in Qinghai immer Strommangel herrschte. Sollten sie für zusätzliche Wärme sorgen? Während wir noch über den Sinn der Beleuchtungsaktion rätselten, trafen mehrere Wagen ein, denen der Stellvertretende Provinzvorsitzende und einige andere Funktionäre entstiegen.

«Heute erwartet euch eine große Überraschung: Wir hoffen nämlich, den bisherigen Ernterekord schlagen zu können», rief der Vizeprovinzchef und wandte sich dann an eine Gruppe von Bauern: «Jetzt kann es losgehen!»

Die Bauern zogen mit ihren Sicheln aufs Feld und begannen, den Weizen zu schneiden, während wir Journalisten fleißig fotografierten. Nach einer Weile war die Fläche abgeerntet, und die Ähren wurden zum Dreschen in eine nahe gelegene Scheune getragen, deren Tore man von innen verschloss, während wir Journalisten und die Ehrengäste draußen blieben und warteten. Eine Stunde verging, und allmählich schwand bei einigen die Geduld. Einer fragte: «Was machen die so lange da drin?», und ein anderer scherzte: «Wahrscheinlich zaubern sie.» Alle lachten. Ein Dritter wandte ein: «Sie müssen das Korn doch erst dreschen und dann wiegen!» «Das können sie doch auch hier draußen machen», meldete sich der Erste wieder zu Wort. «Wieso geschieht das hinter verschlossenen Türen?» Endlich ging das Scheunentor wieder auf, und der Stellvertretende Provinzvorsitzende erklärte mit sonorer Stimme: «Eine gute Nachricht für euch! Wir haben den chinesischen Rekord in der Weizenernte gebrochen. Sie sind alle Zeugen und haben es mit eigenen Augen gesehen, was wir von diesem ein Mu großen Feld an Weizen geerntet haben. Das Ergebnis ist: achttausendfünfhundertfünfundachtzig Pfund!»

Alle applaudierten. Während wir Journalisten eifrig Fotos schossen, hielt der Provinzvize seine Hand in Siegerpose hoch erhoben. Dann fuhr er fort: «Um den Rekord gebührend zu feiern, seid ihr alle zum Essen eingeladen.»

Wieder klatschten alle begeistert Beifall. Das Essen ist eben immer das Wichtigste. Und wenn man solch eine Einladung bekam, stimmte auch die Rekordzahl. Es wurde die beste Mahlzeit, die ich in Qinghai je vorgesetzt bekam.

«Ob wir dieses schöne Essen auch bekommen hätten, wenn der Rekord nicht gebrochen worden wäre?», fragte jemand auf der Rückfahrt treuherzig.

«Dummkopf!», fuhr ihn sein Nachbar an. «Das war doch alles ein gut vorbereiteter Schwindel. Oder hast du als Einziger neben der Waage stehen dürfen?»

In der «Qinghai im Bild» feierten wir den Produktionsrekord in der nächsten Ausgabe ausgiebig in Wort und Bild. Zum Glück musste nicht ich den Text zu dieser Lügengeschichte verfassen; schon dass mein Name als Fotograf genannt wurde, war mir peinlich genug.

Nach einiger Zeit erhielt unser Redaktionsteam Zuwachs. Ich fand unter ihnen einige sehr gute Freunde. Einer von ihnen war Huang. Er war mehr als zehn Jahre älter als ich und hatte sich schon in den dreißiger Jahren der Partei und der Revolution angeschlossen. Nach der Befreiung wurde er in Peking Chefredakteur der Zeitschrift «Nationale Minderheiten im Bild». Er war ein aufrechter, freundlicher Mann. Einmal hatte er wohlwollende Kritik an der Minderheitenpolitik der Partei geübt und war bei der Anti-Rechts-Kampagne von seinem ärgsten Konkurrenten denunziert worden. Als Rechtsabweichler wurde Huang daraufhin aus der Partei ausgeschlossen und nach Qinghai verbannt. Jetzt war er bei uns für das Layout zuständig.

Auch mit Ding Jianrui und Gao Ji freundete ich mich an. Beide kamen aus der Armee. Ding Jianrui war ein aufrechter Charakter, direkt und äußerst prinzipientreu. Er übernahm die Dunkelkammer. Selbst Shao Hua versuchte, ihm zu schmeicheln, wenn auch ohne Erfolg. Gao Ji war da anders. Er ging Konflikten möglichst aus dem Weg. Was ihm von oben aufgetragen wurde, erledigte er, ohne zu murren. Mit Ding teilte ich mein Zimmer. Gao Ji war nicht allein gekommen, sondern hatte seine Frau mitgebracht – eine seltene Ausnahme bei den nach Qinghai Versetzten.

Kurz nachdem das Heft mit dem Bericht über den Nationalrekord bei der Weizenernte herausgekommen war, kam Kollege Gao Ji noch einmal darauf zu sprechen, als wir mit Huang und Ding abends in der Kantine beisammensaßen: «Guan, die Bilder, die du da geschossen hast, sind wirklich nicht schlecht. Shao Hua ist sicher sehr zufrieden mit dir.»

«Ach, hör bloß auf damit!», sagte ich und winkte ab. «Ich bin überhaupt nicht zufrieden. Das Ganze war doch ein riesiger Schwindel.»

Ich erzählte ihnen, wie es bei der Ernte zugegangen war.

«Du hättest es ablehnen müssen, an solch einem Artikel mitzuwirken», warf Huang ein. «Früher war die Partei anders. Da haben wir nur gemacht, was wir für richtig hielten, da war Ehrlichkeit gefragt. Aber jetzt? Wenn die Propaganda sagt, wir müssen den Kommunismus im Laufschritt verwirklichen, dann werden eben in nur einem Monat überall Volkskommunen gegründet. In Shanxi hat man den Bauern gesagt, alles gehöre der Volkskommune – die Tiere, die Werkzeuge, das Land, der Wald, die Häuser. Am nächsten Tag gingen sie nicht mehr auf die Felder, sondern schlachteten zu Hause ihre Tiere, um sie zu pökeln und Vorräte anzulegen. Danach holzten sie ihre Wälder ab. ‹Morgen gehört uns ja nichts mehr›, sagten sie. Und in Yangzhou, wo viele Bauern privat Heilkräuter anbauten und einige Familien über jahrhundertelange Erfahrungen auf dem Gebiet verfügen, wurden auf Befehl des Parteisekretärs innerhalb einer Nacht alle Kräutergärten planiert. Ist das Kommunismus?»

So empört hatte ich Huang noch nie erlebt.

«Große Worte, Lüge und Wahrheit sind heute so eng miteinander verquickt, dass man nicht mehr weiß, was wahr und was unwahr ist», sagte Gao Ji nachdenklich.

«Ach was, es wird nur noch gelogen!», rief Huang. «Diese Ernterekorde sind das beste Beispiel. Mit den Spitzenerträgen beim Reis ging es los. Erst gab eine Region einen Ertrag von achthundert Pfund pro Mu an, dann kamen welche, die meldeten tausend Pfund, und nicht lange, da war man bei fünftausend Pfund. Schließlich sollen in einer Volkskommune zehntausend Pfund pro Mu geerntet worden sein. Alle sagen, das sei dank der Mao-Zedong-Ideen möglich geworden. Da kann doch was nicht stimmen. Habt ihr letzte Woche Zeitung gelesen? Da stand ein Artikel mit der Überschrift drin: ‹Ein Wunder in der Provinz Guangdong – sechzigtausend Pfund Reis pro Mu›. Aber wisst ihr was? Wenn man sechzigtausend Pfund Reis auf ein Mu verstreut, liegt er mindestens drei bis vier Zentimeter dick. Kein Halm kann derart schwere Ähren tragen. Solche Übertreibungen werden sich noch bitter rächen. Von der Ernte geht ja ein fester Prozentsatz an den Staat. Wenn eine Volkskommune mit Fantasiezahlen prahlt, bleibt ihr nach Abzug des Steuergetreides am Ende nichts mehr übrig.»

Minderheitenhatz

Unser dreistöckiges Wohnheim, das der Provinzregierung gehörte, besaß einen großen Innenhof. Eines Tages im Frühjahr 1959 sah ich vom ersten Stock aus, wie unzählige tibetische Mönche in den Hof strömten. Sie kamen vermutlich aus dem außerhalb von Xining gelegenen Kumbum-Kloster, einem der größten und bedeutendsten tibetischen Klöster überhaupt, und standen nur da und warteten. Neugierig ging ich zu einem der örtlichen Journalisten und fragte:

«Weißt du, was die vielen Mönche da unten wollen?»

«Heute findet eine große Versammlung statt. Die nationalen Minderheiten sollen zu einer sozialistischen Erziehungsbewegung mobilisiert werden. Mit deinem Journalistenausweis kannst du heute Nachmittag auch hingehen.» Und dann setzte er leise hinzu: «Weißt du schon, was in Tibet passiert ist?»

«Nein, was denn?»

«Der Dalai-Lama soll in Tibet einen Aufstand gemacht haben und nach Indien geflüchtet sein. Mao Zedong und die Zentralregierung sollen sehr aufgebracht sein. Darum haben sie entschieden, bei allen Minderheiten eine sozialistische Erziehungsbewegung durchzuführen.»

Eines Tages wurde ich von Shao Hua zur Moschee geschickt, auf deren Vorplatz eine Kampfversammlung der Xininger Moslemgemeinde durchgeführt wurde. Vor der Moschee war eine provisorische Plattform errichtet worden, auf der ein älterer Mullah stand. Gesenkten Kopfes hielt er ein rohes Stück Lammfleisch zwischen seinen Zähnen. Offenbar wollte man ihn damit lächerlich machen. Hinter ihm standen zwei Uniformierte. Als Anklägerinnen fungierten zwei Frauen, die sich zu beiden Seiten des Mullahs postiert hatten. Die eine schrie gerade: «Dieser Mullah ist kein Mensch, das ist ein Teufel, ein Ausbeuter! Wer heiraten will, muss ihm bis zu fünfzig Lämmer schenken, damit er seine Einwilligung gibt, und dann beansprucht er auch noch die erste Nacht mit der Braut für sich!»

Dann kam die andere dran: «Einmal hat er mich vergewaltigt. Da ist zufällig mein Mann zurückgekommen, und er hat zu meinem Mann gesagt, dass ich das gewollt hätte. Mein Mann war so wütend, dass er das Haus verlassen hat und drei Jahre lang nicht zurückgekommen ist. Vor kurzem haben ihn Bären zerfleischt. Dieser Mann ist ein Mörder, ein Verbrecher!» Sie brach in heftiges Schluchzen aus. Da schrie einer aus der Menge wütend eine Losung, und die etwa tausend Zuschauer fielen ebenso wütend ein. Manche in der Menge allerdings saßen ganz ruhig dazwischen und reagierten gar nicht.

«Ist dieser Mullah wirklich so schlimm?», fragte ich einen Mann, der mir durch seinen verächtlichen Gesichtsausdruck auffiel.

«Nein, im Gegenteil», sagte er, «er ist unser höchster Geistlicher. Jeden Freitag spricht er für uns die Gebete in der Moschee. Er hat nichts von dem getan, dessen man ihn beschuldigt. Die Frauen da haben es allerdings nötig, sich hier aufzuspielen. Die eine jedenfalls kenn ich, die geht mit jedem ins Bett. Ihr Mann hat sich deswegen schon totgeärgert.»

Auch wenn ich nicht wusste, wer hier die Wahrheit sagte, mochte ich den Massenbewegungen immer weniger trauen. Es hieß immer, sie seien Mao Zedongs Wundermittel, aber wenn die Partei die nichtchinesischen Bevölkerungsgruppen derart aufhetzte, konnte sie leicht ihre Autorität verspielen.

Der Titelheld

Etwa einen Monat später rief mich Shao Hua zu sich. «Guan, überall im Land stellt man jetzt Helden der Arbeit heraus. Da wollen wir in Qinghai nicht zurückstehen. In der Volkskommune Baren im Kreis Xunhua gibt es einen hervorragenden Parteisekretär namens Shen Chengming. Er soll ein

Ass in Sachen Landwirtschaft sein. Der Provinzparteisekretär persönlich hat uns auf ihn aufmerksam gemacht. Der Verlagsleiter möchte dich nach Xunhua schicken, damit du uns eine Fotoreportage über diesen Mann lieferst. Der Bericht ist als Aufmacher für die nächste Ausgabe vorgesehen.»

Xunhua lag in südöstlicher Richtung ziemlich weit von Xining entfernt. Mich reizte es natürlich sehr, dort hinzufahren, aber ich wollte vermeiden, dass Shao Hua auf mich neidisch würde, denn er mochte mich wegen meiner offenen Art ohnehin nicht leiden.

«Ist es nicht besser, wenn du das übernimmst?»

«Nein, der Verlagsleiter hat dich bestimmt.»

«Wie soll ich dorthin kommen?»

«Da musst du selbst zusehen», erwiderte er knapp.

Mir fiel sofort Meister Tang ein. Also ging ich als Erstes zu seiner Lkw-Brigade und traf ihn dort tatsächlich an. Er war gerade aus Tibet zurückgekommen.

«Hallo Landsmann», rief er erfreut. «Na, wie läuft's bei der Finanzbehörde?»

«Ich habe eine neue Arbeit als Fotojournalist.»

«Gratuliere! Da bist du ein Kaiser ohne Krone. Journalisten gehören hier in Qinghai neben den Funktionären zu den Menschen, die man fürchtet. Wenn du sie beleidigst und sie in der Zeitung mit dir abrechnen, dann bist du dran. Schmeichelst du ihnen und sie schreiben etwas Positives über dich, wirst du ruck, zuck ein Held der Arbeit.» Er lachte und legte beschwörend die Hand aufs Herz: «Wohin du auch mitfahren möchtest, ich werde dir immer die weiche Klasse anbieten.»

«Die weiche Klasse?» Das gab's ja eigentlich nur bei der Eisenbahn.

«Der Platz neben dem Fahrer ist die weiche Klasse, und der hinten auf der Pritsche, wo du dich nachts halb zu Tode frierst, ist die harte Klasse. Wer uns sympathisch ist, darf in die weiche Klasse, wer nicht, muss hinten auf die Pritsche.» Er schaute mich triumphierend an. «Na, lieber Landsmann, jetzt hast du wieder was gelernt, was?»

«Also, demnach gibt es in Qinghai wohl drei Sorten von Menschen, die man fürchten sollte: Funktionäre, Journalisten und euch Lastwagenfahrer!»

Tang wollte sich ausschütten vor Lachen.

«Meister Tang, ich muss nach Xunhua fahren. Kannst du mich mitnehmen?»

Er schaute mich bedauernd an. «Xunhua liegt nicht auf meiner Strecke. Aber ich weiß jemanden für dich.»

Er stellte mir einen jungen Kollegen namens Ah-Deng vor. Er war Angehöriger der Sala-Volksgruppe, die im Kreis Xunhua lebte, ein lebhafter, fröhlicher Junge, groß, kräftig gebaut und mit buschigen Augenbrauen. Ah-Deng hatte Platz für mich.

«Morgen früh um sechs Uhr geht's los», erklärte er.

«So früh?»

«Wir müssen durch einen Fluss; die Brücke ist eingestürzt. Ab mittags steigt der Wasserstand. Da kommt man dann nicht mehr rüber.»

«Kennst du vielleicht auch die Volkskommune Baren?»

«Klar. Da habe ich ein paar Freundinnen. Wir kommen dran vorbei.»

Außer meiner Fotoausrüstung hatte ich nicht viel vorzubereiten. Nach Material über den Kreis Xunhua suchte ich vergebens. Gao Ji, der schon mal in Xunhua gewesen war, riet mir noch augenzwinkernd: «Pass auf die Frauen auf!»

«Wieso?»

«Dort geht es viel lockerer zu als bei uns Chinesen.»

Am nächsten Morgen brachen wir pünktlich auf. Ah-Deng schmetterte ein Lied nach dem anderen. Ich saß zufrieden neben ihm in der «weichen Klasse» und sang mit, wenn er etwas mir Bekanntes anstimmte. Wir fuhren der aufgehenden Sonne entgegen durch ein fruchtbares Gebiet, wo – selten genug in Qinghai – Viehzucht und Landwirtschaft betrieben werden konnten. Endlos zogen sich grüne Wiesen hin mit friedlich grasenden Schafen darauf. Darüber wölbte sich ein strahlend blauer Himmel. Ganz tief atmete ich durch das offene Fenster die herrlich frische Landluft ein. Ich fühlte mich richtig wohl.

Zwischen den Liedern gab Ah-Deng immer mal wieder Geschichten von seinen offenbar recht zahlreichen Liebesabenteuern zum Besten, wobei er nicht mit intimen Details sparte. Für mich war eine solche Offenheit ganz ungewohnt, und während er unbekümmert drauflosplauderte, trieben mir die erotischen Passagen peinliche Schamröte ins Gesicht.

Es war noch nicht Mittag, da erreichten wir den Fluss. Ah-Deng richtete sich auf, umklammerte das Lenkrad und schaltete in den zweiten Gang. Dann holte er tief Luft, trat aufs Gaspedal und lenkte mit Karacho den Lastwagen in den Fluss hinein. Ich hielt den Atem an. Hoffentlich soff der Motor nicht ab! Aber alles ging glatt. Kaum hatten wir das andere Ufer erreicht, stimmte Ah-Deng ein neues Lied an. Mir gefiel es so sehr, dass ich es lernen wollte. Das fand er komisch. «Warum willst du es lernen?»

«Darf man eure Lieder nicht lernen?»

«Nein, du missverstehst mich. Bei uns in Xunhua gibt es viele Han-chinesische Kader. Die wollen immer nur, dass wir von ihnen lernen, aber nie umgekehrt. Du bist der Erste, der von uns Sala etwas lernen möchte. Gut, ich bringe dir das Lied bei.»

Ein Gesicht so rund, dass die Kappe dazu passt,
eine Taille so schlank, dass die Schärpe dazu passt,
die Beine so lang, dass die Bänder dazu passen,
du schöner Jüngling, willst das Mädchen etwa lassen?

Ich lernte das Lied schneller, als Ah-Deng erwartet hatte. Zufrieden klopfte er mir auf die Schulter und sagte: «Von jetzt an bist du mein Bruder.»

«Sag mal», fragte Ah-Deng plötzlich, «was hast du eigentlich in Xunhua vor?»

«Ich soll dort einen Bericht über einen vorbildlichen Parteisekretär und Helden der Arbeit schreiben. Er soll sich vor allem um die Landwirtschaft verdient gemacht haben.»

«Seltsam. Ich kenne die Volkskommune Baren doch sehr gut. Aber von solch einem Parteisekretär habe ich noch nie gehört. Wie soll der denn heißen?»

«Shen Chengming.»

«Du spinnst wohl! Ausgerechnet dieser Schnorrer?»

«Moment mal», unterbrach ich Ah-Deng. «Kennst du ihn denn persönlich?»

«Allerdings. Ich habe ihn mehrmals mitgenommen. Der hat weder von Landwirtschaft eine Ahnung, noch beteiligt er sich an der Landarbeit. Der hört nur auf die Befehle von oben. Wieso der ausgerechnet nach Xunhua gekommen ist, möchte ich auch mal wissen.»

«Ist er denn kein Sala?»

«Nein, der gehört zu den Hui.»

«Ach so? Aber das sind ja auch Moslems.»

«Aber die haben doch ganz andere Sitten und Gewohnheiten als wir.»

«Auf jeden Fall habe ich gehört, dass Shen Chengming gute Kontakte zu den Massen hält und viel von ihren Schwierigkeiten und Sorgen versteht.»

«Das kann man wohl sagen», bestätigte Ah-Deng mit Nachdruck. «Er besucht oft die Volkskommunemitglieder zu Hause, nur dass er sich weniger für deren Meinung interessiert als für gutes Essen. Er zieht von einer Familie zur anderen und futtert sich überall durch. Wer würde auch schon zu knausern wagen, wenn der Genosse Parteisekretär zu Besuch kommt? Manchmal amüsiert er sich auch mit den Frauen.»

«Ist er denn nicht verheiratet?»

«Doch, aber seine Familie lebt in der Kreisstadt.»

«Weiß seine Frau von den Eskapaden?»

«Keine Ahnung, aber wir wissen es alle. Besonders ich...»

«Wieso gerade du? Du bist doch ständig auf Achse!»

«Eben deswegen. Die Bauern fahren oft mit mir mit. Die erzählen mir alles. Ich weiß über jede ‹Pfirsichblütengeschichte› auf meiner Strecke bestens Bescheid. Parteisekretär Shen soll der Schwippschwager des Provinzparteisekretärs sein. Ohne diese Beziehung hätte er den Posten gar nicht bekommen.»

Wenn das stimmte, was Ah-Deng da erzählte, geriet ich mit meiner Reportage ja gleich prächtig in die Bredouille. Dann konnte ich Shen Chengming höchstens als abschreckendes Beispiel beschreiben. Aber ich sollte den Lesern doch einen Helden der Arbeit präsentieren!

Ah-Deng brachte mich bis vor das Gebäude des Kreisparteikomitees. Als der Vizeparteisekretär des Kreises erfuhr, dass ich auf Geheiß des Provinzparteisekretärs einen Bericht über Shen Chengming liefern sollte, lud er mich sofort zum Abendessen ein. Es gab Fisch, Schweinefleisch und Lammfleisch, an dessen Geschmack ich mich inzwischen gewöhnt hatte, dazu schneeweiße Dampfbrötchen. Wie vorteilhaft es doch war, Kaiser ohne Krone zu sein!

Am Vormittag des nächsten Tages brachte mich ein Jeep zur Volkskommune Baren. Bei der ersten Gruppe von Bauern, die ich auf dem Feld Unkraut jäten sah, ließ ich halten, ging zu ihnen hin und packte mit an. So kam man mit Bauern immer am leichtesten ins Gespräch. Dass sich ein Fremder einfach dazugesellte, um mit zu arbeiten, war natürlich sehr ungewöhnlich, so legten sie ihre Hacken hin und umringten mich.

«Genosse, wer bist du? Wo kommst du her?», fragte mich ein älterer Mann.

«Ich bin Fotojournalist. Ich bin hergekommen, um über euch zu berichten.»

«Über uns berichten?», kicherten zwei junge Mädchen.

«Ja, und außerdem möchte ich euch bei der Arbeit und im täglichen Leben fotografieren.»

Die Sala waren viel hübscher als wir Han-Chinesen. Ihre Augen waren größer, die Nasen nicht so flach. Ihre Haut war von einer gesunden Bräune und die Zähne strahlend weiß. Die Frauen hatten sich dunkelblaue Baumwolltücher kunstvoll um den Kopf gewunden. Alle waren fröhlich und lachten die ganze Zeit. Vor allem die Mädchen kicherten ständig über alles, was ich sagte. Ich stellte ihnen eine Reihe belangloser Fragen und erwähnte dann beiläufig Parteisekretär Shen. Ich hatte noch nicht ausgeredet, da lachten alle.

«Wieso lacht ihr, kennt ihr ihn alle?»

Wieder lachten alle.

Eine Frau sagte: «Natürlich kennen wir ihn alle.»

«Anscheinend steht ihr gut mit ihm.»

«Was heißt gut? Er kommt sowieso ganz selten mal auf die Felder heraus. Wenn man etwas von ihm will, sucht man am besten im Lebensmittelladen der Kommune oder in der Kantine nach ihm», sagte der Ältere.

«Oder im Bett», warf eine Frau mittleren Alters ein und erntete schallendes Gelächter.

«Wieso im Bett?», fragte ich. «Ist er denn häufig krank?»

«Nein, genau im Gegenteil», rief die Frau. «Er hat zu viel Kraft und muss sie bei Gelegenheit ablassen.» Erneut bogen sie sich alle vor Lachen. Nur ein paar jüngere Frauen schauten etwas betreten zu Boden.

Im Verlauf des weiteren Gesprächs wurde immer deutlicher, dass Parteisekretär Shen tatsächlich keine Ahnung von Landwirtschaft hatte. Auch Menschenführung zählte offenbar nicht zu seinen Stärken. Die Kommunemitglieder sahen ihn mehr als Witzfigur. Er war wohl kein böser Mensch, sondern einfach nur unfähig. Dass er seinen Posten nur durch Beziehungen erhalten hatte, hatte sich ja schon am Vortag angedeutet.

Nachdem ich mich von den Bauern verabschiedet hatte, setzte ich mich als Erstes telefonisch mit dem Verlag in Verbindung und gab Shao Hua all die Informationen weiter, die ich von den Bauern bekommen hatte. «Dieser Shen Chengming scheint mir eher ein schlechtes Vorbild zu sein – ‹tüchtig im Essen, aber zurückhaltend in der Arbeit›. Wie es aussieht, wird es schwer sein, einen positiven Bericht über ihn zu schreiben.»

«Das muss ich mit dem Verlagsleiter besprechen. Ruf in zwei Stunden noch mal an», rief Shao Hua unwirsch. Beim nächsten Telefonat teilte er mir in ebenso unleidlichem Ton mit: «Shen Chengming ist von unserem Provinzparteisekretär zum Helden der Arbeit vorgeschlagen worden, und wohl kaum ohne Grund. Lass dich nicht von diesen rückständigen Massen beeinflussen! Sieh zu, dass du Parteisekretär Shen als Vorbild herausstellst.»

Es war also beschlossene Sache: Ich sollte für einen Betrug am Leser sorgen. Da ich zur Umerziehung hier war, blieb mir wohl nichts anderes, als eine Lobeshymne zu erdichten. Als Erstes entwarf ich einen Plan für die Fotomotive:

1. Parteisekretär Shen umringt von applaudierenden Mitgliedern der Volkskommune.
2. Parteisekretär Shen bei der Feldarbeit mit den Kommunemitgliedern.
3. Parteisekretär Shen berät mit den Brigadeleitern Investitionspläne der Volkskommune.
4. Parteisekretär Shen besichtigt die in Bau befindlichen Bewässerungsanlagen.
5. Parteisekretär Shen sorgt sich um das Wohl der Familien: Besuch im Kindergarten.
6. Parteisekretär Shen hält ein Kind auf seinem Schoß.
7. Parteisekretär Shen beim Essen in einer Bauernfamilie.

Da Parteisekretär Shen ein Schürzenjäger war, könnte ich ihn immer wieder mit Frauen ablichten, überlegte ich mir, und so einen versteckten Hinweis auf seine Schwäche geben. Da die Trachten der Sala-Frauen sehr farbenprächtig sind, bot es sich ohnehin an, ihn mit jungen Frauen zu fotografieren. Wenn man eine Abendveranstaltung organisieren könnte, bei der Parteisekretär Shen mit hübschen Mädchen tanzt, wäre der Bericht perfekt:

8. Panoramabild: Parteisekretär Shen feiert mit der Sala-Minderheit ein Fest.

Mit diesem Entwurf ging ich zu Parteisekretär Shen. Der zog zunächst einmal ein langes Gesicht, als er mich sah.

«Ich habe schon die ganze Zeit auf Sie gewartet. Aber Sie haben erst einmal mit den Kommunemitgliedern gesprochen und dann sogar in Xining angerufen, nur mich wollten Sie nicht sehen.»

Ich erschrak: Hoffentlich hatte er nichts von dem Inhalt meines Telefonats mitbekommen! Jedenfalls durfte ich mir nichts anmerken lassen: «Ihre Volkskommune ist ziemlich groß. Schon die Suche nach Ihrem Büro hat mich einige Zeit gekostet. Und dann habe ich Ihre Mitarbeiter gebeten, mir ein Zimmer zu besorgen. Ich wollte Sie nicht mit derartigen Lappalien belästigen. Und mit Xining habe ich telefoniert, um meinen Fotoplan genehmigen zu lassen.»

«Sie haben ja noch nicht einmal mit mir gesprochen. Wie können Sie da schon einen konkreten Plan fertig haben?», fragte er ziemlich ungnädig.

«Wenn ich über die Volkskommune berichten sollte, würde ich natürlich zuerst mit Ihnen darüber sprechen. Aber da ich über Sie berichten soll und

Sie doch als bescheidener Mensch bekannt sind, hätten Sie meinen Entwurf vermutlich abgelehnt. Deshalb habe ich ihn mir lieber erst von Xining genehmigen lassen.»

Sein Gesicht hellte sich auf. «Darf ich den Entwurf sehen?»

«Natürlich.»

Nachdem er ihn überflogen hatte, gab er sich bescheiden: «Stellen Sie mich doch nicht so sehr heraus. Ich bin im Vergleich zu den Kommunemitgliedern doch ganz unbedeutend.»

«Nein, die Führung in Xining hat den Plan schon genehmigt. Wie finden Sie den letzten Punkt? Ein Fest ist sicherlich schwierig zu organisieren, oder?»

«Kein Problem. Die Kommunemitglieder sind immer dankbar, wenn es etwas zu feiern gibt und sie ihre schönsten Kleider anziehen können. Wir veranstalten morgen Abend einfach ein Fackelfest.»

Am nächsten Abend zogen die Bauersfamilien mit ihren Fackeln in den weiten Innenhof der Kommunezentrale. Männer wie Frauen trugen ihre farbenprächtige Tracht, sangen mal gemeinsam, mal allein, mal im Wechsel und tanzten dazu. Zuerst saß ich als Zuschauer zwischen Parteisekretär Shen und dem Vizeparteisekretär, einem schmucken jungen Mann namens Ah-Li, der in diesem Gebiet als Sala geboren wurde, aber an der Hochschule für nationale Minderheiten in Lanzhou studiert hatte. Als er erfuhr, dass ich ursprünglich aus Peking kam, erzählte er allen begeistert, ich sei aus demselben Dorf wie Mao Zedong.

Ah-Li zog mich mit sich in den Hof zum Tanzen, und sofort wurde ich fröhlich von allen umringt. Aber ich war ja zum Arbeiten hier! Ich lief zu meiner Tasche, holte die Kamera und ließ Parteisekretär Shen und Ah-Li in der Mitte weitertanzen. Als der erste Blitz aufleuchtete, geriet die Feier vorübergehend ins Stocken. So etwas hatten sie noch nie erlebt. Schließlich allerdings wurde das Blitzen zur Sensation des Abends. Mit jedem Blitz wurde die Stimmung ausgelassener und fröhlicher. Auch Parteisekretär Shen flirtete und tanzte begeistert, und die Frauen schienen nichts gegen ihn zu haben. Einen so ungezwungenen Umgang zwischen den Geschlechtern hatte ich noch nie erlebt.

Noch am nächsten Tag schien die Feststimmung fortzudauern. Wo ich auch mit dem Parteisekretär auftauchte, begegneten uns die Kommunemitglieder mit fröhlichen Gesichtern. Sie waren unglaublich kooperativ und befolgten alle meine Regieanweisungen: Parteisekretär Shen im Vordergrund, die Massen im Hintergrund, Parteisekretär Shen vorn, spielende Kinder im Hintergrund, Parteisekretär Shen vorn, Landschaft im Hintergrund. Diese Art von Fotografie war sehr unbefriedigend für mich, aber die anderen fanden es völlig in Ordnung. Die drei Tage vergingen wie im Fluge, und ich musste mir eingestehen, dass es mir sehr gut gefallen hatte. Auch wenn Parteisekretär Shen auf seinem Posten sicherlich eine Fehlbesetzung war und alles andere als ein Vorbild, so hatte er doch auch seine angenehmen Seiten. Jeder konnte mit ihm nach Lust und Laune scherzen.

Shao Hua war sehr unzufrieden mit mir, als ich mich zurückmeldete: Ich hatte es gewagt, ein Urteil des Provinzparteisekretärs in Frage zu stellen, und deswegen auch noch überflüssige Telefonate geführt! Wie sich herausstellte, hatte er die Bedenken, die ich ihm telefonisch vorgetragen hatte, mit niemandem besprochen. «Wozu soll man da noch oben nachfragen», zischte er verärgert. «Oder willst du dir unbedingt Ärger einhandeln?»

Mit großer Mühe verfasste ich meinen Artikel. Ich stellte die schöne Landschaft und die freundlichen Menschen der Sala-Minderheit in den Vordergrund, um weniger über Shen Chengming lügen zu müssen. Einige Tage nach Erscheinen der Zeitschrift erreichte uns eine Nachricht vom Provinzparteichef. Er lobte das «hohe Niveau» meines Berichtes. Es sei keine Schmeichelei drin enthalten, von der man eine Gänsehaut bekäme. Auf dieses Lob hätte ich gern verzichtet.

Ein Parteisekretär übt Selbstkritik

Eines Tages hieß es, in Peking habe eine neue politische Kampagne begonnen. Im Klartext bedeutete dies, dass Mao Zedong wieder irgendwen politisch abservieren wollte. Selbst wir Intellektuellen im fernen Qinghai gerieten gleich in Aufregung. Wenn oben in der Zentrale jemand hustete, erbebte das ganze Land.

Später erfuhren wir, dass im Hintergrund dieser neuerlichen Kampagne eine Parteikonferenz stand, die im August 1959 auf dem für seine landschaftlichen Reize und sein liebliches Klima berühmten Berg Lushan in der Provinz Jiangxi stattgefunden hatte. Ursprünglich soll das Zentralkomitee der Partei geplant haben, die extrem linke Politik des Großen Sprungs nach vorn und der Volkskommunen zu ändern, denn sie hatte zu großem Chaos geführt. Verteidigungsminister Peng Dehuai hatte in einem Brief an Mao Zedong diesen für die Misere verantwortlich gemacht. Mao war darüber so wütend, dass er Peng Dehuai vorwarf, ein Konterrevolutionär zu sein, und das Zentralkomitee zwang, eine «Kampagne gegen den Rechtsopportunismus» auszurufen.

Aus angeblich aktuellem Anlass berief das Parteikomitee unseres Verlags eine außerordentliche Vollversammlung ein. Wir wussten, dass unser Parteisekretär gerne Reden hielt, aber eine außergewöhnliche Vollversammlung schien etwas Besonderes zu signalisieren. Jetzt ging es also schon wieder los! Und Leute wie ich, die politische Fehler begangen hatten, waren wahrscheinlich wieder als Erste dran. Die örtlichen Funktionäre warteten wahrscheinlich schon auf eine Chance, den ungeliebten Kadern aus der Hauptstadt eins auszuwischen.

Parteisekretär Bai Riming schilderte zunächst, wie prächtig sich das Land entwickelt habe, dann erklärte er, es gebe jedoch politische Probleme. Scharf kritisierte er Verteidigungsminister Peng Dehuai und berichtete von der Lushan-Konferenz, als sei er selbst dabei gewesen. Dann schaltete er auf scheinbare Selbstkritik um: «Ich muss selbst auch überlegen, ob ich nicht rechte opportunistische Gedanken habe. Zum Beispiel haben wir in unserem Verlag einige Rechtsabweichler, die ich bisher genauso habe arbeiten lassen wie die politisch Zuverlässigen unter euch. Das kann jedoch gefährlich werden. Ich gebe euch ein konkretes Beispiel:

Vorgestern habe ich mir mal die Personalakte von Guan Yuqian angesehen. Da stand doch tatsächlich eine Anmerkung des Jugendligakomitees seiner Pekinger Einheit, dass er sich während der Ausrichtungskampagne als Gegner der Partei, des Volkes, des Sozialismus und der Mao-Zedong-Ideen entpuppt hat. Und ich lasse ihn hier als Redakteur und als Journalist arbeiten! Ist das nicht auch rechtsopportunistisch von mir?» Im Folgenden kokettierte er noch mit weiteren Beispielen seiner angeblich rechtsopportunistischen Gedanken. Ich war freilich zu aufgewühlt, um ihm weiter folgen zu können. Parteisekretär Bai hatte mich vor allen Kollegen als extremen Rechtsabweichler, als Konterrevolutionär und Klassenfeind hingestellt, und ich konnte mich nicht dagegen wehren. Offenbar hatte sich Zhang Jinqian mit einem in die Personalakte geschmuggelten Kommentar dafür gerächt, dass die Partei mich gegen seinen Willen als halben Rechtsabweichler hatte durchgehen lassen. Bai Riming wusste, dass ich nicht als extremer Rechtsabweichler galt. Warum sagte er das nicht? Da er bedauerte, mich als Journalist eingesetzt zu haben, musste ich damit rechnen, irgendwohin versetzt zu werden, wo die Lebensbedingungen noch schlimmer waren als in Xining. Shao Hua saß ganz in meiner Nähe. Ein merkwürdig zufriedenes Lächeln umspielte seinen Mund, als er mich ansah.

Je mehr ich über diesen Affront nachdachte, desto zorniger wurde ich. Nach Dienstschluss rannte ich in mein Zimmer, holte ein scharfes Messer aus meinem Gepäck, steckte es mir in die Tasche und ging damit zu Bais

Wohnung. Er war zu Hause und allein. Als er mein Gesicht sah, erschrak er. Es schien ihm Angst einzuflößen. «Was wollen Sie von mir, Genosse Guan? Nehmen Sie doch bitte Platz!», sagte er plötzlich ganz freundlich und nahm mir damit ein wenig den Wind aus den Segeln.

«Parteisekretär Bai, ich verstehe nicht, wie Sie das heute Nachmittag gemeint haben. Wollen Sie etwa die Entscheidung der Pekinger Parteizelle umstoßen und mich zu einem Konterrevolutionär degradieren?»

«Nein, nein. So habe ich das doch gar nicht gemeint!», beteuerte er.

«Aber warum haben Sie mich dann öffentlich als extremen Rechtsabweichler hingestellt?»

«Aber Sie müssen doch selbst zugeben, dass die Dinge, die Sie während der Ausrichtungskampagne gesagt haben, äußerst gefährlich sind. So etwas kann man nicht auf die leichte Schulter nehmen. Deswegen will sich ja schließlich auch Ihre Frau von Ihnen scheiden lassen.»

«Wie bitte?» Ich traute meinen Ohren nicht.

«Ja. Die Einheit Ihrer Frau hat uns einen Brief geschrieben und uns mitgeteilt, dass Ihre Frau sich scheiden lassen will. Hier ist der Brief...» Er begann zu suchen, konnte ihn aber nicht finden. Ich fühlte mich wie betäubt und stürzte hinaus.

Ich hatte schon irgendwie geahnt, dass mit Meizhen etwas nicht stimmte, denn in der letzten Zeit schrieb sie mir kaum noch. Anfangs hatte sie mir mindestens einmal pro Woche geschrieben und ich ihr noch häufiger, weil ich mich hier so unwohl fühlte. Wieso wollte sie sich jetzt von mir scheiden lassen? Sie hatte sogar immer wieder beteuert, sie würde mir überallhin folgen, wohin ich auch ginge. Vielleicht hatte ich einen großen Fehler gemacht, als ich ihr in einem meiner letzten Briefe schrieb, ich habe alle Hoffnung aufgegeben, jemals wieder nach Peking zurückversetzt zu werden. Sie solle doch stattdessen zu mir nach Qinghai kommen. Ich hatte sogar den Parteisekretär gebeten, ihre Versetzung hierher zu beantragen. Der hatte dann wohl meine Bitte an die Parteizelle ihrer Einheit weitergeleitet. Um dem Leben in Qinghai zu entgehen, hatte sie dann vielleicht lieber die Scheidung eingereicht. Tatsächlich erhielt ich seitdem nur noch selten Post von ihr.

Ich hatte längst die Hauptstraße hinter mir gelassen und lief die staubige Sandpiste entlang, auf die Berge zu, wo niemand mehr war, und ich schrie den ganzen Schmerz aus meinem Herzen heraus: «Himmel, wo bist du? Hast du denn gar kein Mitleid?» Ich begann zu weinen und dann laut zu lachen. Du bist ein Idiot! Jetzt bist du frei – endlich frei! Warum haust du nicht ab? Hier geht es doch nach Westen! Du könntest durch Tibet oder durch Xinjiang in den Westen fliehen. Ich erschrak. Was waren das für Gedanken? Wenn du das tust, bist du wirklich ein Konterrevolutionär. Dann war alles, was du früher für die Revolution getan hast, umsonst gewesen, und deine Familie, deine Freunde und deine Kollegen würden es dir nie verzeihen.

Erschöpft und müde schleppte ich mich zurück. Zwei, drei Tage vergingen, ich ging wie immer zur Arbeit. Shao Hua zeigte sich hochnäsig, dagegen behandelten mich die Freunde unter meinen Kollegen noch netter als sonst. Huang riet mir, mich nicht um Bai Riming zu kümmern: «Ich bin doch auch Rechtsabweichler. Na und? Hast du jemals gesehen, dass ich vor denen den Kopf gesenkt hätte? Nein. Ich bleibe mir treu. Hauptsache, du hast vor dir selbst ein reines Gewissen!»

Glückes Schmerz

Wenige Tage später, ich war gerade aufgestanden, kam Huang zu mir ins Zimmer und sagte: «Da ist Besuch für dich – von einer hübschen Dame.» Er zwinkerte mir bedeutungsvoll zu und lachte.

Ich erwartete keinen Damenbesuch. Aber tatsächlich, hinter ihm trat eine Frau in glatt gebügeltem dunkelblauen Mao-Anzug ein. Ich traute meinen Augen kaum. Das war doch – «Lucy!», rief ich überrascht aus.

Sie stürzte auf mich zu, umarmte mich und drückte mir rechts und links ein paar Küsse auf die Wange. Sie weinte vor Freude, ich hielt sie an den Schultern und schaute ihr ins Gesicht, da ging ihr Weinen in verzweifeltes Schluchzen über. Ich drückte sie an mich und strich ihr sachte über das Haar. Huang verließ leise den Raum.

«Wo kommst du denn her? Wie hast du mich gefunden?», fragte ich, nachdem sie sich beruhigt hatte.

«Das ist eine lange Geschichte.» Sie schaute mich aus tränenvollen Augen an.

«Komm, setz dich», sagte ich und führte sie zu einem Stuhl. «Ruh dich ein wenig aus!»

Sie war in schlechter Verfassung, abgemagert und erschöpft. Wieder fielen mir die niedlichen Grübchen in ihren Wangen auf, und ich glaubte jetzt, dass ich mich seinerzeit in Shanghai zuallererst wohl dieser Grübchen wegen in sie verliebt hatte. Ich setzte mich neben sie auf den zweiten Stuhl – mehr Sitzmöbel gab es in unserem Zimmer nicht.

Sie betrachtete mich eine Weile: «Yuqian, du bist ein richtiger Mann geworden.»

«Was? Das merkst du erst jetzt?», erwiderte ich in freundlichem Tadel. Doch dann schwiegen wir und schauten uns nur lange an. Endlich fielen wir uns wieder in die Arme und küssten uns so heftig und leidenschaftlich, wie wir es früher nie getan hatten.

«Lass uns ein bisschen rausgehen», sagte sie schließlich. «Am besten suchen wir uns einen Platz, wo wir ungestört reden können.»

«Heute ist Samstag, ich muss eigentlich sofort zur Arbeit. – Aber warte mal, vielleicht kann ich auch einen Tag frei bekommen.»

Ich ließ Lucy allein im Zimmer und ging zu Huang, der in der Kantine beim Frühstück saß. «Wer ist denn das? Deine Frau?», fragte er.

«Nein», sagte ich, «sie ist meine Schwester.»

«Ach, deine Schwester! Ist sie auch hierher versetzt worden?»

«Nein, sie ist nur zu Besuch gekommen. Könntest du nicht Shao Hua Bescheid sagen, dass ich Besuch habe und heute nicht zur Arbeit kommen kann? Mir stellt er sonst erst wieder unangenehme Fragen.»

«Kein Problem, das erledige ich.»

Es war ein sonniger Tag. Wir beschlossen, weit hinauszugehen in die Natur. Niemand sollte unser Gespräch mit anhören können.

«Ich weiß einen Ort, wo uns nur noch der Himmel hören kann», sagte ich. Xining war ja klein, und schon nach einem nicht allzu langen Weg gelangten wir an den Fuß eines völlig kahlen Berges. Nicht einmal Gras wuchs dort.

«Wollen wir dort hinauf?», fragte ich Lucy. «Ich denke, der Aufstieg wird nicht länger als eine Stunde dauern.»

«Ich folge dir überall hin.»

Hand in Hand stiegen wir hinauf, langsam und mit kleinen Unterbrechungen, so dass es Lucy nicht zu sehr anstrengte. Endlich erreichten wir die Spitze, einen friedlichen Ort, der warm und sauber im Sonnenschein auf uns zu warten schien. Wir schauten auf die umliegenden Berge und auf Xining hinunter – ein paar aus Ziegelsteinen gebaute Regierungsgebäude und unzählige Lehmhäuser. Dann setzten wir uns auf den blanken Boden, die Wärme kam nicht nur von oben, sondern sie strahlte auch von der aufgeheizten Erde zurück.

«Nun erzähl doch mal, wie bist du eigentlich hierher gekommen?», fragte ich.

Für einen Moment schwieg sie, schien nachzudenken, doch dann brach es aus ihr heraus: «Ich hasse Mao Zedong! Ich hasse die Partei! Was kann ich dafür, dass ich aus einer kapitalistischen Familie stamme! Das kann man sich doch nicht aussuchen! Natürlich hat mein Elternhaus mich in mancherlei Hinsicht beeinflusst. Doch schon als Schülerin habe ich im Untergrund für die Revolution gekämpft und bin in die Partei eingetreten. Zählt das alles nicht? Nach 1949 habe ich mich von zu Hause losgesagt, in Peking so bescheiden gelebt wie alle anderen und unentwegt an mir gearbeitet. Du weißt das alles. Aber sonst interessiert es niemanden mehr.» Sie hob resignierend die Schultern und fuhr fort: «Mein Einsatz für die Revolution gilt keinen Pfifferling mehr. Man hat mir vorgeworfen, ich hätte versucht, meine kapitalistische Familie zu verteidigen, ich hätte Mitleid mit Konterrevolutionären wie meiner Großmutter und Sympathien für die Rechtsabweichler.»

«Oh Lucy! Wenigstens finden wir doch immer wieder zusammen. Aber wie bist du denn jetzt nach Qinghai gekommen? Und woher wusstest du, dass ich hier arbeite?»

«Ja, das ist eine lange Geschichte. Nachdem sie mir den ‹Hut› des Rechtsabweichlers aufgesetzt hatten, haben sie mich strafversetzt zu einem Verlag in Hebei. Ich habe dann im Finanzministerium angerufen, weil ich mich von dir verabschieden wollte. Da habe ich erst erfahren, dass du nach Qinghai versetzt worden bist, und dachte mir mein Teil. Nach ein paar Monaten bei dem neuen Verlag hieß es auf einmal, sie könnten mich nicht mehr gebrauchen und ich sollte unter drei weiteren Einsatzorten wählen, Qinghai, Nordostchina oder die Mongolei. Einsatzorte! Ich musste lachen, als sie das sagten. Verbannung! Das wäre das richtige Wort gewesen. Da habe ich mich dann für Qinghai entschieden, weil ich wusste, dass du hier bist.»

«Und wer hat dir gesagt, dass ich bei der ‹Qinghai im Bild› arbeite?»

«Niemand. Als ich in Qinghai ankam ...»

«Wie lange bist du denn schon hier?», unterbrach ich.

«Schon über zwei Monate.»

«Was? So lange schon?» Es war schon ein Wunder, dass wir uns in diesem Nest nie über den Weg gelaufen waren.

«Als ich also hier ankam, wurde mir erst klar, wie schwierig es ist, jemanden in so einem rückständigen Ort zu finden. Im Finanzministerium hatte man mir nicht sagen können, wo du in Qinghai untergekommen bist. Womöglich warst du ja gar nicht in Xining. Ich hatte es schließlich schon fast aufgegeben, dich zu finden, bis mir gestern jemand eine Ausgabe der ‹Qinghai im Bild› zeigte mit deinem Fotobericht aus dem Sala-Dorf. ‹Text und Fotos: Guan Yuqian›. Am liebsten wäre ich gleich gestern Abend zu dir gekommen, aber ich wusste nicht, wo du wohnst. Ich habe vor Aufregung die ganze Nacht nicht geschlafen. Nun habe ich dich endlich gefunden, den einzigen Menschen, dem ich ganz und gar vertrauen kann.» Sie schlang die Arme um meinen Hals und küsste mich mit heftigem Verlangen.

«Oh, Lucy, Lucy, ist das denn alles ein Traum? Ich kann überhaupt nicht glauben, dass das alles wahr ist.» Meine Worte erstickten in ihren Küssen. Sie drückte mich zu Boden, strich über meinen Körper, auch ich umschlang sie. Unser Verlangen zueinander wuchs. Sie knöpfte ihr Jackett und ihre Bluse auf und begann auch mein Hemd aufzuknöpfen. Mein Körper begann zu glühen, als ich ihre Haut spürte – so weich und kühl wie Jade. Ein nie gekanntes Glücksgefühl erfasste mich. Mal sah ich den Himmel über mir, dann wieder die Erde unter mir, und ich fühlte: In diesem Moment gab es nur zwei Menschen auf dieser Welt, Lucy und mich.

Schließlich lagen wir ermattet und glücklich fest aneinander geschmiegt, lauschten unserem Atem, spürten unseren Herzschlag. «Lass uns für alle Ewigkeit hier oben auf diesem Berg bleiben», flüsterte Lucy. Ich strich ihr über das Gesicht, küsste ihre Augen, ihre Nase, ihren Mund.

«Lucy! Unser Gott liebt uns nicht. Wir leben zu einer falschen Zeit an einem falschen Ort.»

«Was hast du inzwischen alles durchgemacht? Wieso bist du zum Rechtsabweichler erklärt worden?»

Ich erzählte ihr meine Geschichte und auch von dem neuen Unheil, das sich über meinem Kopf zusammenzubrauen schien.

«Aber auf jeden Fall hast du jetzt als Fotojournalist eine interessante Arbeit», sagte sie, als ich geendet hatte. «Mein Fachgebiet ist ja Englisch, deshalb können sie mit mir hier auch nichts anfangen. Ich warte schon die ganze Zeit auf eine Stelle. Was soll ich denn hier, wenn mich niemand braucht? Yuqian!» Ihr Gesicht nahm wieder einen verzweifelten Ausdruck an. «Ich verstehe nicht, wie diese Leute so mit unserem Leben herumspielen können. Unser Schicksal liegt ganz in den Händen irgendwelcher Parteiorgane, die sich einen Dreck darum scheren, was aus einem wird. Der Parteisekretär hat die absolute Macht, und was er sagt, ist Gesetz. Wie glücklich war ich, als damals die Revolution gesiegt hat! Ich bin wirklich ein naiver Idealist gewesen. Der Sieg hat unser Volk nicht befreit. Die siegreiche Kommunistische Partei hat die Hände des Volkes wieder in Ketten gelegt. Ich bin furchtbar enttäuscht.»

Ein kühler Wind kam auf, die Sonne stand schon im Westen.

«Lass uns gehen, Lucy. Wenn es dunkel wird, ist es hier wegen der wilden Tiere nicht ganz ungefährlich.»

Wir standen auf und kehrten in die Stadt zurück. Doch wohin sollten wir gehen, wenn wir noch weiter zusammenbleiben wollten? Zu mir ging nicht, ich teilte das Zimmer ja mit Ding. Ein Hotelzimmer zu nehmen, war praktisch unmöglich, man musste dazu ein Empfehlungsschreiben von der Arbeitseinheit und als Paar auch noch die Heiratsurkunde vorlegen.

«Lass uns doch zu dir gehen», bat ich. «Ich würde gern deine Wohnung sehen.»

«Aber ich lebe nicht in einer Wohnung, sondern in einem Schweinestall.»

«Auch den würde ich gern sehen.»

«Na gut, du kannst ja mitkommen und gucken. Gib dich als mein Bruder aus, falls uns jemand fragt.»

Ich traute meinen Augen kaum. Lucy hauste in einer fensterlosen Hütte, der Fußboden und die Wände waren aus blankem Lehm. Es war feucht und kalt. Oben in der Tür befand sich eine Öffnung, die mit weißem Papier verklebt war, so dass ein wenig Licht hereinfiel. Neben dem Holzbett stand ein kleines Tischchen ohne Schublade, darauf eine Thermoskanne. Einziges Sitzmöbel war ein Hocker. Für mehr war kein Platz. Selbst die zwei Koffer standen schon im Wege, so dass man sich kaum drehen konnte. Ich konnte es nicht fassen. Ich hatte an einen Scherz geglaubt, als sie von einem «Schweinestall» gesprochen hatte. Ihre Anpassungsfähigkeit an primitivste Lebensumstände erstaunte mich wieder aufs Neue. Was hatte sie nur getan, dass man sie derart leiden ließ!

«Komm, Lucy, komm mit zu mir», sagte ich entschlossen. «Ich werde mit meinem Zimmergenossen eine Regelung finden. Du kannst erst einmal bei mir bleiben.»

«Nein», wehrte sie erschrocken ab, «bloß nicht. Wenn das jemand merkt, bekommst du noch mehr Ärger.» Sie hatte Recht. Ich überlegte hin und her, da fiel mir Meister Tang ein. Er kannte doch alle Leute hier. Vielleicht konnte er Lucy weiterhelfen und ihr für ein paar Tage eine passablere Unterkunft besorgen. Ich ging zu ihm nach Hause und nahm Lucy gleich mit. Meister Tang war wirklich mein Glücksengel.

«Ihr seht euch aber wirklich ähnlich», fand er, als ich ihm Lucy als meine Schwester vorstellte, die für ein paar Tage aus Peking zu Besuch gekommen sei. «Mein Schwager arbeitet als Chauffeur in einem Gästehaus für hohe Kader. Ich fahre euch hin. Er kann euch bestimmt das beste Zimmer im Haus mit Bad und heißem Wasser besorgen.»

Zu unserer Überraschung bekamen wir wirklich ein gemütliches Zimmer. Tangs Schwager behandelte uns sehr nett. «Seine Freunde», sagte er und wies auf Tang, «sind auch meine Freunde. Ihr könnt eine ganze Woche hier bleiben, wenn ihr wollt. Der Chef des Gästehauses ist mein bester Freund. Möchtest du für dich selbst denn auch ein Zimmer?»

«Nein», antwortete Lucy für mich. «Ein Zimmer genügt. Er wohnt ja sowieso in Xining. Und zum Erzählen können wir in einem Zimmer bleiben.»

Das Gästehaus war fast leer. Kaum jemand kam freiwillig nach Qinghai. Die beiden Mädchen, die für Zimmerservice und Küche zuständig waren, hatten nichts weiter zu tun und verwöhnten uns richtig, brachten sofort heißes Wasser in einer Thermoskanne, damit wir uns Tee machen konnten, und kochten ein Abendessen für uns. Wie gemütlich es in diesem Zimmer war und wie angenehm warm!

«Was hast du vor, Lucy? Willst du weiter auf eine Stelle warten?»

«Nein, Yuqian. Ich möchte nicht länger in diesem Land bleiben, deshalb habe ich schon an meine Eltern geschrieben. Ich werde zu ihnen nach Hongkong gehen.»

«Aber im Moment gibt es doch gar keine Reisegenehmigungen fürs Ausland!»

«Ich weiß. Aber ich bin sicher, dass mein Vater einen Weg findet. In Shanghai gibt es genug Leute, die zwischen Shanghai und Hongkong hin- und herreisen. Wenn man Beziehungen hat, kann man alles schaffen. – Aber wie sieht es bei dir aus? Möchtest du denn für immer hier in Qinghai bleiben?»

Ich zuckte ratlos die Achseln und erzählte ihr etwas über die aktuelle Situation mit Meizhen. «Leider habe ich keine Verwandten in Hongkong. Mir wird also gar nichts anderes übrig bleiben, als es hier auszuhalten. Es ist wirklich lächerlich! In China gibt es ohnehin so wenig gut ausgebildete Leute, und jetzt hat man einen Teil auch noch als Rechtsabweichler aufs Land geschickt. Wie will die Partei dieses große Land überhaupt aufbauen ohne diese Leute? Mir ist das ein Rätsel.»

«Ach, vergessen wir das! Ich möchte ein Bad nehmen. Ich weiß überhaupt nicht mehr, wann ich das letzte Mal gebadet habe.»

Ich badete nach ihr. In unserem Kaderwohnheim gab es nur Duschen. Was für ein Genuss, endlich mal wieder in einer Badewanne zu sitzen! Als ich fertig war, legte ich mich zu ihr ins Bett. Wie unwiderstehlich sie war! Erst spät in der Nacht kehrte ich ins Wohnheim zurück.

Gleich am nächsten Morgen nahm ich meinen Fotoapparat und sagte Ding und allen anderen, die mir über den Weg liefen, ich wolle alleine ein bisschen in der Natur fotografieren. Es war sowieso Sonntag, und niemand kümmerte sich um mich. Dann holte ich Lucy ab, und wir gingen zusammen wieder auf unseren Berg und machten viele Fotos.

«Wie schön das Leben doch war, als wir noch auf die Mittelschule gingen», sagte ich.

«Hier ist es noch schöner», fand Lucy. «Nur wir beide unter dem hohen Himmel. Ich würde es nicht bereuen, wenn wir hier zusammen sterben.»

«Ich habe dich immer sehr geliebt, Lucy, aber nie gewagt, es dir zu sagen. Warum bleiben wir nicht für immer zusammen? Du bist frei, und Meizhen möchte sich ja scheiden lassen.»

«Ich würde gern mit dir zusammenleben, Yuqian. Aber heiraten möchte ich nie wieder. Die Ehe ändert die Gefühle der Menschen. Unsere Freundschaft ist so aufrichtig, und unsere Liebe ist so rein, unser Vertrauen so tief – das möchte ich nicht durch eine Heirat aufs Spiel setzen. Ich möchte dich für immer so in meinen Gedanken bewahren.»

Am nächsten Tag zitierte mich Parteisekretär Bai Riming in die Personalabteilung.

«Genosse Guan, wir haben beschlossen, dass Sie für eine noch bessere Umerziehung aufs Land geschickt werden sollen zu körperlicher Arbeit.»

Ich hatte es ja geahnt. «Für wie lange?», fragte ich.

«Für ein Jahr. Sie werden trotzdem weiter hier beim Verlag geführt und erhalten Ihr übliches Gehalt. Sind Sie einverstanden?»

«Wie viele aus unserem Verlag gehen noch dorthin?»

«Niemand, Sie sind der Einzige. Aber Sie werden einer Gruppe aus dem Kulturbereich angehören, mit der Sie zusammen dorthin gehen werden.»

«Wohin?», fragte ich.

«Das weiß ich noch nicht.»

«Und wann soll es losgehen?»

«Morgen früh.»

«Wieso schon so schnell? Ich habe noch ein paar Sachen zu erledigen.»

«Was haben Sie denn zu erledigen? Sie sind doch allein hier. Morgen früh um acht ist Abreise. Sie werden abgeholt.»

Alles war offenbar längst beschlossen gewesen. Er und Shao Hua wollten mich bloß loswerden. Für ein Jahr! Ich glaubte inzwischen nicht mehr an solche Versprechungen.

Als ich Gao Ji, Ding und Huang die Neuigkeit überbrachte, waren sie sprachlos. Anschließend fuhr ich mit einem Fahrrad zum Gästehaus. Lucy war nicht da. Auf dem Weg zu ihrem «Schweinestall» traf ich sie unterwegs auf der Straße. Sie wirkte unendlich traurig.

«Wieso bist du nicht im Gästehaus geblieben?», fragte ich.

«Ich muss fort», sagte sie.

«Was ist denn los mit dir?»

Plötzlich begann sie wieder zu weinen. «Komm», sagte ich und nahm sie auf den Gepäckträger. Schweigend fuhren wir zu ihrer Hütte.

«Yuqian, wir dürfen nicht zusammenbleiben. In Shanghai hat mir ein Wahrsager gesagt, mein Leben würde sehr hart verlaufen. Es sei denn, ich verließe meine Heimat. Das sei mein einziger Ausweg. Bis jetzt hat er in allem Recht behalten. Ich sollte wirklich nach Hongkong gehen, doch nach diesen letzten beiden Tagen würde ich am liebsten bei dir bleiben. Wenn du mich noch einmal fragst, ändere ich vielleicht doch meinen Plan und bleibe mit dir zusammen hier. Aber es würde nicht gut gehen. Mein eigenes Unglück ist schon schlimm genug, und deines könnte ich nicht lindern. Als du heute früh in dein Wohnheim zurückgegangen bist, habe ich beschlossen, noch heute Xining zu verlassen, ohne dir Bescheid zu sagen. Aber du bist mir zuvorgekommen.»

«Lucy!» Ich umarmte sie und wusste nicht, was ich sagen sollte. «Ach Lucy! Du gehst, und ich muss auch gehen. Schon morgen früh werde ich mit einer Gruppe zu einem einjährigen Arbeitseinsatz fortgeschickt. Wohin, weiß ich nicht.»

«Was?» Entsetzt sah sie mich an.

Ich erzählte ihr von dem kurzen Gespräch mit Bai Riming.

Sie war fassungslos: «Wir sind wirklich nichts anderes als Spielzeug der Partei.»

Ich weiß nicht, wie ich es endlich schaffte, mich von ihr zu verabschieden. Es zerriss mir das Herz. Sie war der Ansicht, es wäre ein Abschied auf immer, aber ich glaubte das nicht. Sie vermochte ihre Trauer und ihren Schmerz kaum im Zaum zu halten und brach beinahe zusammen. Zweimal, dreimal ließ sie mich los und hielt mich dann doch weinend zurück. Ich fürchtete, sie würde sich noch etwas antun.

Schließlich drehte ich mich um und fuhr zurück ins Wohnheim. Jetzt begann auch ich zu weinen. War es der Abschied von Lucy, mein eigenes Schicksal, die ungerechte Behandlung, die Hoffnungslosigkeit – es war mehr, als ich ertragen konnte.

Als ich am nächsten Morgen in einen ähnlichen Lastwagen stieg wie den, mit dem ich ein Jahr zuvor nach Xining gekommen war, konnte ich überhaupt nicht mehr denken. Die ganze Nacht hatte ich wach gelegen, weil mir der Gedanke an eine Flucht nicht mehr aus dem Sinn ging. Ich wollte auch nach Hongkong oder ins Ausland! Vielleicht konnte man nur dort ein glückliches Leben finden, wie es der Wahrsager Lucy vorausgesagt hatte.

Wir zählten siebzehn Männer auf dem Lastwagen, unter denen ich der älteste war. Die Stimmung war ziemlich lebendig, das munterte mich ein wenig auf. Als der Lastwagen uns aus Xining hinaustrug, erspähte ich in der Ferne Lucys «Schweinestall». Mir war sogar so, als ob Lucy vor der Tür stünde und winkte. Da sprang ich auf und wirbelte meine Jacke durch die Luft. Ich glaube, sie bemerkte mich, denn sie winkte plötzlich wie verrückt mit beiden Händen.

Die Hungerbrigade

Der Lastwagen fuhr an einem Nebenfluss des Gelben Flusses entlang durch eine beeindruckend schöne Landschaft. Rechts von uns war die Straße von Pappeln gesäumt, links, jenseits des Flusses, ragten Felsen empor. Erst während der Fahrt erfuhr ich, dass wir zur Volkskommune Riyueshan, «Sonne-Mond-Berg», gebracht wurden. Über den Sonne-Mond-Berg soll im siebten Jahrhundert jene berühmte Prinzessin Wencheng gekommen sein, als sie nach Tibet verheiratet wurde. «Sobald du diesen Berg überquerst, werden deine Tränen nicht mehr versiegen», soll ihr gesagt worden sein, wie der Volksmund wusste. Je weiter der Lastwagen die Hänge hinauf Richtung Westen fuhr, umso kälter wurde es in meinem Herzen. Man sah keine Menschen und kaum Tiere. Dieses Schauspiel einen Tag lang zu genießen, hätte vollauf genügt, aber dort zu leben ...

Nach sechs, sieben Stunden Fahrt erreichten wir unser Ziel. Ich wurde mit drei anderen aus unserer Gruppe einer Brigade zugeteilt, die am Nordostpass des Berges in ziemlich großer Höhe lag.

Die Brigade war sehr arm. Es gab keine Backsteinhäuser, sondern nur Lehmhütten, deren einziges «Möbelstück» ein aus Lehm geformtes Ofenbett war. Im Winter, wenn die Temperatur bis unter minus zwanzig Grad fiel, beheizte man dieses Bett von außen mit Schafsmist. Da es schwierig war, Wasser zu beschaffen, musste man sehr sparsam damit umgehen und konnte sich nie richtig waschen; an Duschen oder Baden war ebenso wenig zu denken wie an die Möglichkeit, Wäsche zu waschen.

Wir vier erhielten eine dieser Lehmhütten als Bleibe zugewiesen. Zwei der drei anderen, Ma und Sun, stammten aus Xining, der dritte, Du, aus Sichuan. Ihm war das Leben hier ebenso fremd wie mir.

Wie dramatisch Mao Zedongs Politik der Volkskommunen und des Großen Sprungs die Ernährungslage unterdessen verschlechtert hatte, wurde an diesem abgelegenen Ort besonders deutlich. Was hätte ich darum gegeben, solche Gersten-Momo zu bekommen, wie ich sie in Xining nicht hatte anrühren mögen! So etwas Gutes erhielten hier nur diejenigen, die harte körperliche Arbeit verrichteten. Wir anderen bekamen nur Gerstenbrei mit Salz und Wildgras. Das Schlimmste aber war die Politik der kollektiven Verpflegung in Kantinen.

Unsere Kantine war ein düsterer Lehmbau. Er bestand aus nur einem Raum, dessen Mitte ein aus Lehmziegeln gemauerter Ofen einnahm, in den ein riesengroßer Topf eingelassen war, der so groß und tief war, dass ein ganzes Schwein darin Platz gehabt hätte. Der Ofen war gleichzeitig als Tisch gedacht, doch aus Mangel an Stühlen hockte alles auf dem Boden. Als wir am ersten Tag dort ankamen, schauten die Bauern von ihren Schalen neugierig zu uns auf. Wir vier Fremden in unseren Mao-Anzügen müssen auf sie einen merkwürdigen Eindruck gemacht haben. Der Brigadechef stellte uns vor: «Diese vier Genossen kommen von der Provinzregierung. Sie sind hergeschickt worden, um mit uns zusammen zu arbeiten und Ackerbau zu lernen. Das ist eine neue Politik unserer Partei: die Kader werden zum Lernen aufs Land geschickt. Wir haben vier Produktionsgruppen, also kriegt jede einen von ihnen. – Genosse Guan, du gehst in Gruppe eins. – Wer aus Gruppe eins betreut den Genossen Guan?»

Ein auffallend kleiner Mann mit einem dünnen Schnurrbart hob seinen Arm und sagte ein wenig schüchtern: «Ich kümmere mich um ihn.» Er hieß im örtlichen Dialekt Ga Zhou, der ‹kleine Zhou›. Er mochte um die fünfzig sein, mit kurzen Haaren, einem Vollmondgesicht und kleinen Augen. Er trug einen Lammfellmantel tibetischer Art – mit dem Fell nach innen – und besaß eine Armbanduhr. Selbst in Peking war das kein selbstverständliches Utensil. Hier fiel er richtig damit auf. Ich beobachtete Ga Zhou eine Weile, wie er mit den anderen beim Essen lachte und scherzte. Ich mochte ihn sofort. Überhaupt schienen mir diese Bergbauern ein ganz fröhliches Volk zu sein. Für mich war es das erste Mal, dass ich in ein Dorf kam, um mit Bauern zusammen zu leben. Ob sie Vorurteile gegen Städter hatten? Ich hielt mich erst einmal zurück und versuchte, mich in ihren Dialekt hineinzuhören, der, wenn er langsam gesprochen wurde, einigermaßen zu verstehen war.

Dann kam Ga Zhou zu mir herüber. Er stellte mir eine Frage, die ich nicht verstand. Zwei-, dreimal wiederholte er sie, bis ich endlich begriff, dass er wissen wollte, ob ich reiten könne. Ich schüttelte den Kopf. «Ich würde es aber gern lernen.»

«Das ist ganz einfach zu lernen», erklärte er und lachte. «Ich suche morgen ein braves Pferd für dich aus. Dann zeige ich dir unser Brigadegebiet. – Wo wohnst du jetzt?»

«In einem kleinen Haus direkt neben der Schule.»

«Ach, da! Ich hole dich morgen früh um sieben Uhr ab.»

Tatsächlich erschien Ga Zhou am nächsten Morgen mit zwei Pferden. Ich zitterte vor Aufregung, als er mir in den Sattel half. Der Gaul war wirklich sehr gutartig und trottete nur immer brav hinter Ga Zhous Pferd her.

Nach einer Weile gewöhnte ich mich an den Rhythmus, und die Angst verflog. Nach und nach begriff ich, wie groß die Produktionsbrigade war. Wir ritten den ganzen Vormittag und hatten bis zum Mittagessen noch nicht einmal die Hälfte gesehen. Da erblickte ich plötzlich einige Bauern, die alle in dieselbe Richtung strebten, einige sogar mit kleinen Kindern auf dem Arm.

Ich fragte Ga Zhou: «Wohin gehen die alle?»

«Zur Kantine, Mittag essen.»

«Aber die Kantine ist doch ganz weit weg von hier! Oder gibt es hier noch eine Kantine?»

«Nein, sie essen in derselben Kantine wie wir gestern.»

«Aber da sind sie ja ewig unterwegs!»

«Ja, ich weiß. Es dauert nicht nur lange, sie sind auch gleich wieder hungrig, wenn sie zurück sind.»

«Aber wieso macht ihr das dann so?», fragte ich.

«Das ist ein Befehl von oben. Die haben gesagt, der Vorsitzende Mao hat das so verlangt: ‹Die Kantinen sind der richtige Weg!› Seitdem essen wir alle in der Kantine.»

Mao hatte gesagt, in der Kantine zu essen spare Zeit, dann bräuchten die Bauern nicht mehr selber zu Hause zu kochen. In Südchina, wo die Brigaden sehr klein waren und auf engstem Raum zusammenlagen, war das vielleicht sinnvoll, aber hier, wo die Menschen so verstreut lebten und arbeiteten, erschien diese Politik absurd. Manche Bauern lebten mehrere Kilometer vom Brigadezentrum entfernt. Für den Weg mittags und abends in die Kantine und zurück brauchten sie wesentlich länger, als es gedauert hätte, um selber zu kochen.

«Ga Zhou, das heißt, ihr esst überhaupt nicht mehr zu Hause, sondern geht dreimal täglich in die Kantine?»

«Ja, genau. Wir können auch nicht mehr zu Hause kochen. Wir haben ja kein Kochgeschirr mehr.»

«Wieso denn das? Ihr habt doch früher auch welches gehabt, oder nicht?»

«Na sicher, jede Familie hatte mindestens einen Topf. Aber nachdem die Volkskommunen gegründet und die Kantinen eingerichtet wurden, hat man unsere Eisengerätschaften alle abgeholt, um Stahl daraus zu gewinnen.»

«Und wie ist der Stahl geworden?»

«Genosse Guan, vor der Revolution war das Leben hier sehr arm. Die Grundherren haben uns wie Sklaven behandelt. Deshalb lieben wir Mao

Zedong wirklich von ganzem Herzen. Am Anfang hat jede Familie eigenes Land zugeteilt bekommen, und später haben wir dann nach Anweisungen des Vorsitzenden Mao Genossenschaften gegründet. Ich habe das selber mit organisiert. Das lief ganz gut. Aber als er dann sagte: ‹Die Volkskommunen sind der richtige Weg!› – na ja, ich verstehe das alles nicht so ganz. Wir haben kein eigenes Land mehr, wir essen alle zusammen in der Kantine, wir haben die Bäume abgeholzt, um die Hochöfen zu befeuern, und alle privaten Eisengeräte eingesammelt, um daraus Stahl zu gewinnen. Wir haben sogar zwei Experten für Stahlproduktion aus der Provinzhauptstadt eingeladen. Allein in unserer Brigade haben wir zehn große Öfen gebaut, die wir Tag und Nacht am Brennen hielten.»

«Und – was ist dabei herausgekommen?»

«Gar nichts», bedauerte Ga Zhou. «Die Eisengegenstände sind einfach nur geschmolzen und nicht mehr zu gebrauchen. Von Stahl keine Spur.»

«Wollen wir auch zurückreiten in die Kantine?», fragte ich, denn ich war ziemlich hungrig.

Ga Zhou schüttelte den Kopf und zog verstohlen ein zusammengeschnürtes, schmutziges Tuch aus seiner Brusttasche, aus dem er zwei große Momos wickelte. Er reichte mir eins davon und sagte feierlich: «Mit der Genehmigung des Brigadechefs.»

Ich machte mir keine Gedanken darüber, ob Tuch und Momo sauber waren. Hauptsache, ich wurde satt. Hier in diesem abgelegenen Dorf würde ich Intellektueller ganz im Sinne von Maos Umerziehungspolitik wohl ganz schnell zu einem Bauern werden.

Ga Zhou wurde ein guter Freund. Egal, wohin er ging, ich war immer als sein Anhängsel dabei.

Eines Tages beschloss die Kommuneleitung, einen langen Kanal zu graben, denn Mao Zedong hatte allgemein zum Bau von Bewässerungsanlagen aufgerufen. Hier allerdings gab es nirgends Wasser, das sich hätte auf die Felder leiten lassen. Von oben war angeordnet worden, es müsse ein Kanal gebaut werden, also wurde er gebaut. Ich ging schließlich zum Brigadechef und gab ihm zu bedenken: «Einen Kanal müsste man doch an eine Wasserquelle anschließen, sonst hätte er doch gar keinen Sinn!»

Er antwortete mit einem ganz logischen Argument: «Das macht nichts, wir werden später weiter oben am Berg noch ein Reservoir anlegen. Jetzt fangen wir hier unten erst mal mit dem Kanal an.»

«In Peking habe ich 1953 beim Bau des Ming-Gräber-Stausees mitgeholfen», erzählte ich ihm. «Dazu wurden ungefähr hunderttausend Menschen eingesetzt. Aber unsere Brigade hat ja nicht einmal fünftausend Mitglieder!

Reicht denn das, um ein solches Reservoir anzulegen? Und ist es nicht ein wenig voreilig, schon mit den Arbeiten am Kanal zu beginnen, wenn noch offen ist, ob sich das Reservoir überhaupt realisieren lässt?»

«Na ja, wir müssen das eben tun. Falls jemand von oben nachfragt, ob wir uns denn auch an die Anweisungen von Mao Zedong halten, können wir guten Gewissens sagen: Ja.»

Die Vernachlässigung der Landwirtschaft zugunsten sinnloser Großinvestitionen, die einen massenhaften Einsatz von Arbeitskräften erforderten, sowie die minderwertige Kantineverpflegung forderten im Herbst 1959 immer deutlicher ihren Zoll. Überall in China brach damals Hunger aus; später sollte 1959 als das erste der «drei bitteren Jahre» gelten. Im Sommer hatte in weiten Teilen Chinas Dürre geherrscht, im Süden hatte es Überschwemmungen gegeben. Zu dramatischen Folgen führten diese Naturkatastrophen jedoch allein aufgrund der maoistischen Agrarpolitik. Selbst im alten China hatte der Staat Vorratswirtschaft betrieben und große Getreidespeicher unterhalten, um für den Fall von Missernten gerüstet zu sein. In der grenzenlosen Aufbaueuphorie des Jahres 1958 war für solche Vorsichtsmaßnahmen kein Platz. Die Rekordernten vom Herbst 1958, die ja oft bloß auf dem Papier standen, hatten die Erwartung geweckt, es ginge immer so weiter, vor allem wenn die ländlichen Großprojekte – Düngemittelfabriken, Bewässerungssysteme – erst einmal anliefen. Dabei hatte Mao die Einstellung der Bauern, die er angeblich so gut kannte, völlig falsch eingeschätzt. Mao hielt die Bauern für revolutionär, doch in Wahrheit waren die Familien zufrieden, wenn sie ihr eigenes Land hatten. Die totale Kollektivierung untergrub ihre Arbeitsmoral, und die Masseneinsätze für die neuen Bewässerungs- und andere Projekte erschöpften ihre Leistungsfähigkeit. Heraus kam eine Hungerkatastrophe ungeahnten Ausmaßes.

Die Partei geriet in Panik und versuchte gegenzusteuern. Eines Tages mussten wir uns zu einer Brigadeversammlung einfinden. Der Brigadeleiter verkündete: «Unser Kreisparteivorsitzender hat uns Brigadeleitern gestern auf einer Versammlung in der Kreisstadt die neue Parteipolitik bekannt gegeben. Wir sollen ab sofort noch fleißiger arbeiten, damit wir den Kommunismus noch schneller verwirklichen können. Der Vorsitzende Mao hat gesagt, wir müssen mit der Zeit um die Wette laufen. Wenn wir unser sozialistisches Qinghai aufbauen wollen, müssen wir daher auch unterm Sternenzelt arbeiten. Ab morgen werden wir in der Morgendämmerung aufstehen und arbeiten, bis der Mond am Himmel steht.»

Wir sollten von frühmorgens um fünf bis abends um zehn durcharbeiten. Ich war entsetzt. Nicht nur ich hatte Schwierigkeiten mit dieser langen Arbeitszeit; nach einiger Zeit hielten das selbst die tüchtigsten und kräftigsten Bauern nicht mehr aus. Gleichzeitig wurde die Versorgung immer schlechter und der Gerstenbrei immer dünner. Mit Wehmut dachten die Bauern an die Zeit zurück, als sie wenigstens noch kleine Eckchen Land besaßen, auf denen sie etwas Gemüse anpflanzen konnten, aber jetzt war auch dieser «kapitalistische Schwanz» abgeschnitten worden. Die Kühe gaben kaum noch Milch. Sie bekamen zu wenig zu fressen, denn das Gras aßen jetzt die Menschen selbst. Immer mehr Menschen litten an den Folgen der Mangelernährung. Drei kräftige Bauern starben vor meinen Augen.

Auch ich wurde krank, bekam Fieber und starke Kopfschmerzen. Monatelang hatte ich kein Öl, kein Fleisch, keinen Zucker, kein Getreide außer Gerste und kein Gemüse bekommen. Vor Schwäche kam ich nicht mehr aus dem Bett. Einen Arzt hatte die Brigade nicht. Um sich untersuchen zu lassen, musste man sieben, acht Kilometer zu Fuß zur Kommunezentrale laufen. Der Brigadeleiter kam zu mir und sagte: «Genosse Guan, wie ich gehört habe, kann man ein Pfund Reis bekommen, wenn man krank ist. Dafür brauchst du aber ein Attest des Kommunearztes.»

Reis! Allein das Wort machte mich wieder munter. Nichts hielt mich mehr im Bett. Gleich am nächsten Morgen machte ich mich allein zu Fuß auf den Weg zur Zentrale, um mir diesen Reis zu besorgen. Ich war halb tot, als ich endlich dort ankam. Da nahm ich plötzlich einen vertrauten Geruch wahr: Rührei! Gierig wie ein wilder Hund taumelte ich dem Geruch nach. Es war eine Fernfahrerkantine. Eine Frau stand am Herd.

Ich ging zu ihr hin und fragte: «Dürfte ich wohl auch so ein Ei haben?»

Die Frau musterte mich verächtlich von oben bis unten. «Wer bist du? Hau ab, du Bettler!»

Ich erschrak. Erst jetzt wurde mir bewusst, dass ich vermutlich wie ein Landstreicher aussah. Am Haus stand eine Wassertonne. Ich ging hin und betrachtete mein Spiegelbild. Kein Mensch blickte mir aus dem Wasser entgegen, sondern ein Gespenst mit verklebten, langen Haarzotteln, einem schmutzigen, ausgemergelten Gesicht mit Bart, gekleidet in einen speckigen Ledermantel mit einem verdreckten Mao-Anzug darunter. Nur gut, dass ich Geld mitgebracht hatte! Vielleicht könnte ich der Frau ein Ei abkaufen. Plötzlich hörte ich sie rufen: «Meister Tang, das Rührei ist fertig!»

Meister Tang? War das etwa mein Freund aus Xining? Ich sah einen Mann herüberkommen und zu der Frau hingehen. Er war es tatsächlich!

Ich trat auf ihn zu und wollte ihm gerade etwas zurufen, da schwanden mir vor Freude die Sinne.

«Genosse Guan! Genosse Guan! Aufwachen! Aufwachen!»

Zunächst nahm ich nichts wahr, als dass mir der ganze Körper weh tat und mich ein rasender Kopfschmerz peinigte. Würde ich jetzt sterben? «Wasser! Wasser!», flüsterte ich.

Ich hörte jemanden sagen: «Herr Doktor, Genosse Guan ist wach! Er ist wieder wach!»

Ich schlug die Augen auf. Seltsam: Ich lag in einem hellen, weißen Zimmer auf einem Bett. Und auf dem Stuhl neben dem Bett saß Meister Tang. Er lächelte mich an.

«Wo bin ich hier?», fragte ich.

«Im Kreiskrankenhaus von Huangyuan. Zum Glück habe ich dich erkannt. Ich habe dich sofort zum Lastwagen getragen und hierher gefahren. Du hattest wohl einen Kreislaufkollaps.»

Jetzt kamen auch ein Arzt und eine Krankenschwester. Sie brachte mir einen Becher warme Milch. Als ich sie getrunken hatte, fühlte ich mich gleich viel besser.

Meister Tang fragte den Arzt: «Was hat denn der Genosse Guan? Ist es etwas Ernstes?»

«Wie man's nimmt», sagte der Arzt. «Er hat Hunger. Wenn Sie ihn nicht gefunden hätten, wäre er wahrscheinlich verhungert.»

«Ich möchte noch ein Glas Milch haben», bat ich.

«Schwester, Schwester! Er möchte noch ein Glas Milch!», rief Meister Tang glücklich.

«Wie lange bin ich denn schon hier?»

«Schon seit ein paar Stunden», sagte Meister Tang. «Was ist bloß mit dir passiert? Wo lebst du jetzt eigentlich? Ich habe überall nach dir gesucht.»

Ich erzählte ihm, wo ich jetzt arbeitete.

«Guan, als deine Schwester abgereist ist, hat sie in dem Gästehaus einen Brief zurückgelassen, der an mich gerichtet war. Als ich ihn aufmachte, steckte da noch ein Briefumschlag drin. Der war für dich.»

«Hast du gelesen, was drin steht?»

«Nein, natürlich nicht. Aber jetzt weiß ich ja, wo du steckst. Ich werde ihn dir zuschicken.»

Lucy hatte mir geschrieben! Ob sie Qinghai wirklich verlassen hatte? Ob sie Sehnsucht nach mir hatte?

Tang stand auf. «Guan, ich muss jetzt leider dringend gehen.»

«Wann sehen wir uns wieder?»

«Wir werden uns ganz bestimmt irgendwann wieder sehen. Diese Ortschaften hier liegen ja alle auf meiner Route. Pass gut auf dich auf und bleib ruhig ein paar Tage hier.»

Natürlich war das Leben im Krankenhaus viel angenehmer als in der Brigade. Monatelang hatte ich nicht mehr richtig gegessen. Als die Krankenschwester mir zum ersten Mal ein Mantou – ein gedämpftes Weizenbrötchen – brachte, war mir, als wäre ich zu einem Bankett geladen. Ich erholte mich schnell, und zwei Tage später sollte ich entlassen werden. Der Arzt kam, um mich noch einmal zu untersuchen. Er hieß Zhang und war ein gut aussehender, hoch gewachsener, etwa vierzigjähriger Mann.

«Woher kommen Sie?», fragte ich ihn.

«Aus Peking.»

«Oh, ich komme auch aus Peking. Haben Sie in Peking auch an einem Krankenhaus gearbeitet?»

«Ja, im Xiehe-Hospital. Und wo waren Sie tätig?»

«Am Finanzministerium. Ich habe übrigens einen Verwandten, der auch im Xiehe-Hospital arbeitet», sagte ich. «Vielleicht kennen Sie ihn ja. Er heißt Yue Tong.»

Yue Tong war der älteste Sohn von Onkel Yue – der einzige seiner Söhne, der in China geblieben war.

«Ach, Dr. Yue! Das ist doch der Direktor der Orthopädie. Wir kennen uns gut. Ich habe gehört, dass er auch nach Qinghai versetzt wurde.»

«Was? Er ist auch in Qinghai? Haben Sie seine Adresse?»

«Nein, leider nicht. Er ist erst nach mir aufs Land verschickt worden.»

Während ich noch über seine Worte nachdachte, hörte ich plötzlich über Lautsprecher eine schöne Frauenstimme, die in korrektem Hochchinesisch sagte:

«Hier ist der Radiosender des Kreises Huangyuan. Wir stellen Ihnen jetzt die Produktionslage in der Landwirtschaft vor.»

Die Stimme sprach langsam, war dabei ausgesprochen markant und schien mir merkwürdig vertraut.

«Ist diese Radiostation hier im Ort?», fragte ich Zhang.

«Ja, sie liegt ganz in der Nähe.»

«Die Sprecherin kommt aber nicht von hier, oder? Sie spricht ja so ein klares Hochchinesisch!»

«Stimmt, sie ist nicht von hier. Sie kommt aus Shanghai, aber ihre Familie stammt ursprünglich aus Peking.»

Wirklich seltsam. Die Stimme hatte eine frappierende Ähnlichkeit mit der einer entfernten Kusine von mir. Sie wohnte auch in Shanghai und stammte aus Peking. Nach der Befreiung hatten wir den Kontakt zueinander verloren.

«Ich kenne die Sprecherin», sagte Zhang. «Ihr Mann ist Chef des Kreisfinanzamts. Er heißt Yuan. Und seine Frau – den Vornamen weiß ich nicht, aber der Familienname ist Bai...»

«Heißt sie etwa Bai Yiwen?»

«Ich glaube ja.»

«Sie ist nicht besonders groß, hat eine ganz helle Haut, ein klassisches ovales Gesicht, und besonders auffällig sind die schmalen Augenbrauen.»

«Genau so sieht sie aus.»

Ich konnte es kaum glauben. Dann hatte ich ja eine Verwandte in Qinghai! Am liebsten wollte ich sogleich aus dem Bett springen, aber Zhang hielt mich zurück: «Langsam, langsam! Noch ist sie ja auf Sendung, da darf sie niemand stören. Um sechs habe ich Feierabend. Dann kann ich Sie zu ihr bringen.»

Wie klein die Welt doch ist! Plötzlich tauchten wie aus dem Nichts Leute auf, die ich kannte. Yue Tong war ein hervorragender Arzt. Ich hatte mehrmals russische Experten als Patienten zu ihm gebracht. Das Xiehe-Hospital galt als bestes Krankenhaus in ganz Peking.

Und dann meine Kusine! Eigentlich war sie die Tochter der Kusine einer Tante, also keine nahe Verwandte. Aber dadurch, dass wir alle aus Peking stammten und in Shanghai lebten, hatten wir früher viel Kontakt gehabt. Mit ihrem Bruder war ich sogar zusammen zur Schule gegangen.

Die zwei Stunden, die ich noch ausharren musste, wurden mir endlos lang. Als Zhang endlich wiederkam und mir aus dem Bett half, merkte ich erst, wie schwach ich noch war. Langsam kleidete ich mich an und folgte ihm mit unsicheren Schritten. Es war tatsächlich gar nicht weit. Wir liefen durch ein paar winkelige Gassen. Der Radiosender befand sich in einem hübschen, ziegelgedeckten Häuschen im traditionellen Stil, das in einer Sackgasse lag. Wir hatten die Eingangstür noch nicht erreicht, da kam eine Frau heraus. Als sie Zhang sah, begrüßte sie ihn: «Oh, Doktor Zhang! Welcher Wind hat Sie denn hierher geweht?»

Tatsächlich, das war meine Kusine! Ich ging auf sie zu: «Schwester Drei», rief ich, «kennst du mich noch?» Ich nannte sie, wie ihr Bruder, mein Schulkamerad, sie angeredet hatte, als die dritte seiner älteren Schwestern.

Sie schaute mich überrascht an. Die Anrede ‹Schwester Drei› grenzte natürlich den Bereich, aus dem ich kommen musste, ganz eng ein. Sie erinnerte sich sehr schnell. «Yuqian!», rief sie, griff nach meinen Händen und schüttelte sie wild. «Wie kommst du denn hierher? Komm, komm zu mir nach Hause!» Dabei zog sie mich zu einem Haus gleich gegenüber vom Radiosender und hatte den Arzt ganz vergessen. Ich drehte mich nach ihm um und rief: «Kommen Sie doch mit, Herr Zhang!»

«Nächstes Mal», wehrte er ab. «Sie haben sich bestimmt viel zu erzählen.»

Schwester Drei wohnte in einem kleinen Reihenhaus mit winzigem Garten, in dem etwas Gemüse gedieh. Man konnte sofort erkennen, dass der Hausherr ein Intellektueller war: An den Wänden standen Bücherregale mit vorwiegend klassischen Werken und ein paar marxistischen und leninistischen Büchern. Er war ein sehr humorvoller Mann – ich nannte ihn Schwager Drei –, hatte aber die Unsitte, andere nicht zu Wort kommen zu lassen. Er redete ohne Pause, während Schwester Drei gleich in die Küche ging, um das Essen vorzubereiten. Die beiden hatten ein süßes, drei Jahre altes Töchterchen. Sie wollte immer zu mir auf den Arm. Was für eine glückliche Familie! Der Vergleich mit meiner Familie gab mir einen Stich ins Herz. Schwager Drei war vor drei Jahren hierher geschickt worden, aber nicht zur Umerziehung, sondern zum Aufbau der Grenzgebiete. Dadurch war seine Position auch eine ganz andere als meine. Wie sehr sich doch das Leben eines Beamten in der Kreisstadt von dem in einer dörflichen Produktionsbrigade unterschied! An diesem Abend gab es viele herrliche Sachen zu essen, Schweinefleisch, Eier, Huhn, Kartoffeln und allerlei Gemüse – Schwester Drei fuhr alles auf, was sie hatte.

«Du kannst gern bei uns übernachten», schlug Schwester Drei vor, als wir uns satt zurücklehnten. «Morgen kaufe ich dir einen neuen Anzug.»

«Nicht nötig. Geld habe ich selbst genug.» Um sie zu überzeugen, zog ich ein dickes Bündel aus meiner Hosentasche.

Ich sah inzwischen schon wieder etwas ordentlicher aus, denn im Krankenhaus hatte ich ein Bad genommen und die Haare gewaschen. Aber mein Bart und die langen Haare störten mich noch. Erstaunlich, dass Schwester Drei mich überhaupt erkannt hatte!

«Welche Gehaltsstufe kriegst du denn?», fragte Schwager Drei.

«Die Pekinger Dolmetscherstufe. Das hat sich nicht verändert. Bei den Beamten entspricht das ungefähr der Stufe siebzehn oder achtzehn.»

«Was – so hoch? Das ist ja mehr, als unser Kreischef bekommt! Jetzt verstehe ich auch, warum sie dich aus deiner Einheit aufs Land geschickt haben – weil du zu viel verdienst! Die sind neidisch auf dich und wollen dich ordentlich bluten lassen. Wenn sie dich hierher nach Huangyuan geschickt hätten, wäre sogar der Kreischef neidisch geworden.»

Am nächsten Tag rasierte ich mir den Bart, ließ mir die Haare schneiden und besorgte mir neue Kleidung, dann kümmerte ich mich um die kleine Nichte Jiajia. Welch ein Genuss, mal wieder in einer richtigen Familie zu leben!

Am dritten Tag erschien plötzlich Meister Tang bei uns. Ich machte ihn mit Schwester Drei bekannt.

«Bist du eigens von Xining hergekommen, um mich zu besuchen?», fragte ich.

«Nein, nein, ich bin wieder auf dem Weg zum Qinghai-See, da musste ich sowieso hier vorbei. Ich wollte sehen, wie es dir geht, und dir auch den Brief deiner Schwester bringen.» Damit zog er einen sorgfältig versiegelten kleinen Briefumschlag aus der Jackentasche und überreichte ihn mir. Ich erkannte sofort Lucys Handschrift.

«Meister Tang, bleiben Sie doch zum Mittagessen hier!», rief die gastfreundliche Schwester Drei. In den drei Tagen hatte sie mich mit den schönsten Speisen verwöhnt. Ich wusste, dass es Zeit war, in die Brigade zurückzukehren, da ich mich dort nicht abgemeldet hatte und niemand wusste, wo ich steckte. Zuvor aber wollte ich Schwester Drei noch ein paar Lebensmittel besorgen, denn ich hatte bemerkt, dass ihre Reserven aufgebraucht waren.

Ich fragte Meister Tang, wo ich Lebensmittel kaufen könnte. «Ich denke, ich fahre nach dem Mittagessen mit dir zurück in die Brigade. Aber ich möchte meine Kusine etwas entschädigen.»

«Ich kenne den Chef vom Lebensmittellager hier, ich kann dich mit ihm bekannt machen. Dann kannst du kaufen, was du willst. Hast du Geld? Sonst kann ich dir auch welches leihen.»

Anderthalb Stunden später kamen wir mit einem großen Sack zurück zu Schwester Drei. Ich hatte Tee, Kartoffeln, Tomaten, Eier und sogar Fleisch, Reis, Weizenmehl, Zucker, Salz und Pfeffer erstehen können.

«Meister Tang fährt heute noch direkt an meiner Brigade vorbei. Ich denke, ich sollte mitfahren», sagte ich zu Schwester Drei.

Sie wollte mich nicht ziehen lassen, doch blieb ich bei meinem Entschluss.

Nach dem Mittagessen kam es zum Streit. Ich wollte mindestens die Hälfte der gekauften Lebensmittel bei Schwester Drei lassen, aber sie und ihr Mann lehnten kategorisch ab, etwas zu nehmen. Sie kämen leichter an Lebensmittel heran als ich.

Schließlich ergriff Meister Tang das Wort: «Guan, deine Verwandten haben Recht. Du nimmst die Sachen alle mit. Ich habe ja jetzt wieder neue

Freunde gewonnen und fahre sowieso häufig auf dieser Strecke. Dann kann ich ab und zu mal ein paar Lebensmittel vorbeibringen und sogar bei Schwester und Schwager Drei übernachten.»

«Du bist immer willkommen», rief Schwester Drei. «Du hast meinem Vetter das Leben gerettet, also gehörst du zur Familie.»

Als wir im Laster saßen, sagte Tang nachdenklich: «Sag mal, du hast ja den Brief noch gar nicht gelesen, den ich dir mitgebracht habe!»

«Ich möchte ihn gern ganz in Ruhe lesen», erwiderte ich.

«Ich lasse dich in Ruhe, ich muss ja sowieso fahren. Lies ihn mal.»

Ich öffnete den Umschlag. Es war nur ein Blatt.

«Lieber Yuqian,

ich weiß noch nicht, wo ich sein werde, wenn du diesen Brief liest. Und ich weiß auch nicht, ob es ein Fehler gewesen ist, dich gehen zu lassen. Ich bin sicher, ich wäre sehr glücklich, wenn ich mit dir zusammen sein könnte. Aber du wärst bestimmt nicht glücklich mit mir. Ich habe mich in diesen letzten Jahren sehr verändert. All mein Optimismus ist dahin. Ich sehe keine Hoffnung mehr und würde am liebsten sterben.

An dem Tag, an dem du gefahren bist, habe ich schon frühmorgens vor meiner Tür gestanden, denn ich hoffte, der Wagen würde dort vorbeifahren. Am liebsten hätte ich euch den Weg verstellt und wäre eingestiegen. Schließlich habe ich dich tatsächlich gesehen. Ich glaube, du hast mir sogar zugewunken. Nachdem du weg warst, bin ich zu unserem Berg gelaufen, bin hinaufgeklettert und habe die Stelle umarmt, auf der wir so glücklich waren. Ich blieb bis zum Abend, bis ich die Wölfe heulen hörte. Sollten sie mich doch zerreißen! Doch dann kam mir der Gedanke, dass du vielleicht irgendwann nach mir suchen würdest. So kehrte ich schließlich doch in meine Hütte zurück und schrieb dir diesen Abschiedsbrief. Morgen werde ich heimlich aus Qinghai verschwinden. Aber wohin ich gehen werde, weiß ich nicht. Ich bitte dich, mich zu vergessen. Du brauchst mich nicht zu suchen. Du würdest mich ohnehin nicht finden. Ich habe es nicht bereut, dass ich auf diese Welt gekommen bin, weil ich doch einen echten Freund gehabt habe. Leb wohl, für immer! Lucy.»

Als Datum war der 15. September 1959 angegeben. Ich hatte kaum drei, vier Sätze gelesen, da konnte ich meine Tränen nicht zurückhalten. Meister Tang registrierte, was mit mir vorging, und fragte, als ich den Brief schließlich in den Schoß sinken ließ: «Wie geht es deiner Schwester? Ist mit ihr etwas passiert?»

«Nein. Sie ist fort. Es ist ein Abschiedsbrief.»

«Ist sie denn deine richtige Schwester?», fragte er skeptisch.

Ich überlegte. Tang war wirklich mein Freund, und einem Freund musste man die Wahrheit sagen.

«Nein», gestand ich. «Aber sie gehört zu den liebsten Menschen, die ich auf dieser Welt habe.»

«Ich bin zwar kein besonders gebildeter Mensch, aber in der Liebe kenne ich mich aus. Ich habe gleich gesehen, dass ihr keine Geschwister, sondern ein Liebespaar seid. Darum habe ich euch auch zu dem Gästehaus gebracht. – Und warum ist sie jetzt fort? Will sie dich nicht mehr, weil du jetzt so viele Schwierigkeiten hast? Die Frauen sind sowieso gefährlich. Heute mögen sie dich und fressen dich fast auf, und morgen bringen sie es fertig und lassen dich einfach im Stich. Oder?» Ich begann ihm alles zu erzählen, was zwischen Lucy und mir gewesen war.

Die Landstraße schlängelte sich endlos an der Flanke eines steilen Berges hinauf. Als sich unser Laster der Passhöhe näherte, schien es, als würden wir in den Himmel hinauffahren. Ich erzählte ihm mit all meinen Gefühlen und voller Liebe von Lucy und den vielen Erinnerungen, so dass ich zum Schluss das Gefühl hatte, er müsste fast mitweinen. Aber als ich fertig war, sagte er nur ganz nüchtern: «Das war's schon? War das wirklich alles? Ihr Intellektuellen seid aber wirklich zu kompliziert. Bei euch zieht die Liebe hin und zieht her, und zieht hin und zieht her ... Bei uns Fahrern ist das anders. Wenn wir eine sehen, die uns gefällt, dann laden wir sie zum Essen ein, trinken was zusammen, tragen sie ins Bett und schlafen mit ihr. Wieso so umständlich?» Ich musste herzlich lachen.

Es war bereits dunkel, als wir von der Piste abbogen und ins Brigadedorf fuhren. Meister Tang brachte den Lastwagen genau vor unserer Herberge zum Halten. Lastwagen waren hier eine absolute Sensation, allenfalls Pferdewagen oder von Yaks gezogene Ochsenkarren hinterließen hier sonst Wagenspuren. Das Motorgetucker ließ gleich alle Nachbarn neugierig zusammenlaufen.

«Genosse Guan ist zurück!» Die Nachricht von meinem Zusammenbruch hatte sich anscheinend im ganzen Dorf verbreitet. Alle wirkten beeindruckt, dass ich nun mit so einem großen Lastwagen gebracht wurde und der Fahrer mich sogar bis vor die Tür fuhr. Am meisten freuten sich natürlich meine drei Mitbewohner, mich zu sehen.

Auch Ga Zhou kam angerannt: «Genosse Guan! Mensch, wie bin ich erleichtert, dich wieder zu sehen! Weißt du überhaupt, dass es hier in der Gegend noch Wölfe und Bären gibt? Ich hatte gar keine Ahnung, dass du zu Fuß und ganz allein zur Kommunezentrale gegangen bist. Sonst hätte ich dich mit dem Pferd hingebracht! Ich habe den Brigadeleiter richtig ausgeschimpft deswegen. Dass er dich einfach zu Fuß gehen ließ – nein, wirklich!»

«Aber ich hatte ihm gar nicht Bescheid gesagt.»

«So, ich fahre», rief Tang dazwischen. Er hatte schon meinen Sack ins Haus getragen, stieg nun ein und ließ den Motor an. «Ich hab noch ein paar hundert Kilometer vor mir.»

«Du kannst doch hier übernachten», schlug ich vor.

«Nein, nein. Nächstes Mal vielleicht.»

Ich schüttelte ihm noch einmal fest die Hand. «Ich weiß nicht, wie ich dir für alles danken soll. Ich glaube, es war eine himmlische Fügung, dass ich dich kennen lernen durfte.»

Er zwinkerte mir zu und antwortete lachend: «Wenn wir uns nicht kennen gelernt hätten, hätte dir der Himmel einen anderen geschickt.»

Langsam legte sich nun die ganze Aufregung, und wir kehrten in unsere Häuser zurück. Meine drei Mitbewohner waren unglaublich erleichtert, dass ich wieder zurück war. Zwar hatten wir früher wenig Kontakt gehabt, denn wenn wir von der Arbeit heimkehrten, fielen wir meist gleich hundemüde ins Bett und kamen kaum dazu, viel miteinander zu reden. Dennoch war zwischen uns eine nette Freundschaft entstanden. Als sie nun sahen, was ich alles aus meinem Sack hervorzauberte, gerieten sie völlig aus dem Häuschen. In diesen schweren Zeiten waren diese Lebensmittelschätze schlichtweg sensationell.

Allerdings stellten uns die reichen Gaben vor ein großes Problem: Wir hatten keinen Herd. Das Fleisch musste bald verarbeitet werden, sonst würde es schlecht werden. Wir gerieten in eine heiße Diskussion darüber. Je heimlicher wir vorgingen, umso problematischer würde es.

Ma als unser Gruppenleiter sagte: «Ich fürchte, wir müssen den Brigadeleiter mit einladen. Dann ist es offiziell, und man kann uns nichts anhaben.»

«Dann muss ich aber auch Ga Zhou mit seiner Familie einladen», sagte ich. «Aber trotzdem – wo sollen wir kochen?»

«Die einzige Möglichkeit, die ich sehe, ist in der Kantine», sagte Du aus Sichuan. «Ich kann eigentlich ganz gut kochen.»

«Aber das geht nicht», warf ich ein. «Du kannst ja nicht einfach die Küche benutzen, ohne die Köche einzuweihen.»

«Wir können ja die Köche mit einladen», schlug Ma vor.

«Dann weiß aber gleich die ganze Brigade davon», gab ich zu bedenken. «Und dann heißt es, wir seien Egoisten, weil wir alles allein essen.»

«Wir haben Hunger, und die anderen haben auch Hunger», zog Du die

Konsequenz aus der Debatte. «Vielleicht veranstalten wir einfach ein Fest für alle, tun alles zusammen, was da ist, und kochen einen großen Eintopf. Dann bekommt jeder etwas ab.»

Mit diesem Vorschlag waren schließlich alle zufrieden. Und obwohl wir noch keinen Bissen genossen hatten, gerieten wir über dieser Idee schon in eine richtige Feststimmung.

Der Brigadeleiter war ganz gerührt von unserer Eintopfidee und gab sofort sein Plazet. Er spendierte sogar noch Weizenmehl, so dass auch Mantous gedämpft werden konnten. «Wisst ihr, unser Dorf hat noch nie so gehungert wie jetzt. Das Fest wird ein Lichtblick für alle sein.»

Das Fest wurde tatsächlich ein großes Ereignis. Der Kartoffel-Tomaten-Fleisch-Eintopf schmeckte trotz der etwas spärlichen Fleischmenge geradezu grandios.

Heiligabend

Als der Winter hereinbrach, kam zum Hunger die Kälte. Alle waren deprimiert, mutlos und entkräftet. Man sprach kaum noch miteinander. Da es wegen des Frostes draußen kaum etwas zu arbeiten gab, blieben wir vorwiegend in unserem kleinen Raum, in dem es jedoch kaum wärmer war als draußen. Die einzige Möglichkeit, es sich etwas angenehmer zu machen, bestand darin, den Kang, das nordchinesische Ofenbett, zu beheizen. Ein Problem dabei war, die Menge des Schafsmistes, den man verfeuerte, richtig zu dosieren. Meistens waren wir zu sparsam, und es wurde nicht richtig warm. Eines Abends übernahm Ma das Heizen. Er hatte diesmal mehr Mist genommen, so dass es bald wohlig warm wurde, und wir schliefen zufrieden ein. Doch mitten in der Nacht wachte ich auf und bemerkte, dass es merkwürdig verbrannt roch. Da schrie Ma auch schon neben mir auf und sprang vom Kang. Seine baumwollene Unterlage war angeschmort und glimmte an manchen Stellen richtig rot. Ich griff sie und warf sie aus dem Haus, wo sie vollkommen verbrannte. Inzwischen waren auch die anderen beiden wach, und gemeinsam begutachteten wir den Schaden. Zum Glück hatte das Feuer nicht auf die Decken und die anderen Matten übergegriffen.

Erst nach einer guten Stunde hatte sich unsere Aufregung soweit gelegt, dass wir wieder ans Schlafen denken konnten. Ma kam mit auf meine Matte. Ich bekam zunächst kein Auge mehr zu, denn erst jetzt wurde mir bewusst, in welcher Gefahr wir uns befunden hatten. Plötzlich dachte ich an Gott. War es Gott gewesen, der uns beschützt hatte? Ich erinnerte mich daran, wie ich früher in Shanghai die Gottesdienste besucht hatte. Pastor Bi hatte einmal gesagt: «Der liebe Gott ist überall. Auch wenn ihr Gott manchmal vergesst – er vergisst euch nie.» Tatsächlich, ich hatte ihn schon so viele Jahre vergessen, und jetzt, wo ich in dieser Armut und diesem Elend lebte, dachte ich wieder an ihn. Ach, lieber Gott, kannst du mich nicht aus dieser Hölle herausholen? Plötzlich fiel mir ein, dass bald Weihnachten sein müsste.

«Schläfst du schon?», fragte ich Ma.

«Nein.» Anscheinend wirkte auch bei ihm die Aufregung noch nach.

«Welches Datum haben wir eigentlich?»

«Den 23. Dezember.»

Dann war ja morgen Heiligabend! Erinnerungen an Shanghai stiegen auf. Wie schön dort Weihnachten gewesen war! Immer hatten wir mit Mutter und den Geschwistern zusammen gefeiert, meine Schwester hatte Klavier gespielt, und wir anderen hatten dazu Weihnachtslieder gesungen. Die herrlichen Melodien kamen mir nun wieder in den Sinn. Mit dem Chor der Students' Church waren wir so manches Mal in der Weihnachtszeit vor die Türen der christlichen Familien gezogen und hatten Weihnachtslieder gesungen.

Wenn ich doch jetzt mein Kurzwellenradio hier hätte! Plötzlich erfasste mich eine derart tiefe Sehnsucht nach Weihnachtsliedern, dass ich nur noch einen Gedanken hatte: Wo ließe sich ein Radio auftreiben? Dass es in unserer Brigade keins gab, war klar. Es gab ja nicht einmal Strom. Unser einziges künstliches Licht war eine Petroleumlampe. In der Kommunezentrale gab es wahrscheinlich Strom, aber ich kannte niemanden dort. Meine Gedanken landeten schließlich in der Kreisstadt Huangyuan. Ja! Im Radiosender von Schwester Drei hatte ich mehrere Radioapparate gesehen. Das hieß also: Ich würde morgen nach Huangyuan fahren, egal, was passierte! Ich würde sogar zu Fuß hingehen. Ich war entschlossen, alles zu tun, um meine Idee wahr zu machen. Um mich von der Brigade zu entfernen, brauchte ich allerdings eine Genehmigung. Wenn ich sagte, ich wolle nach Huangyuan, um Weihnachtslieder zu hören, würden sie mich für verrückt erklären. Da fiel mir Mas verbrannte Matte ein. Welch günstiger Zufall! Ich konnte meinen Ausflug nach Huangyuan damit begründen, dass ich ihm eine neue Bettunterlage kaufen gehen wollte.

«Ma, bist du immer noch wach?», fragte ich leise.

«Ja. Dieser Brand hat mich doch ganz schön schockiert.»

«Ma, weißt du was? Morgen früh möchte ich nach Huangyuan fahren und dir eine neue Matte besorgen. Zu zweit auf einer Matte ist auf die Dauer zu unbequem. Und wenn du direkt auf dem Kang schläfst, verkohlst du dir nächstes Mal den Hintern.»

«Quatsch! Bist du verrückt, bloß deswegen nach Huangyuan zu fahren? Vielleicht kann ich hier von irgendeiner Bauernfamilie eine Unterlage bekommen.»

«Aber die sind doch selbst so arm, wer weiß, ob die überhaupt eine übrig haben. Außerdem ist ja bald Neujahr, da möchte ich auch gern ein paar Sachen für uns vier besorgen.»

Dieser Satz zeigte Wirkung. Er schwieg eine Weile und sagte dann: «Wie letztes Mal?»

«Diesmal möchte ich nur etwas für uns besorgen. Ich fühle mich schon wieder sehr schwach. Wenn das so weitergeht, werden wir noch alle krank.»

«Aber ich kann dir keine Genehmigung geben, sonst kriege ich Ärger», wandte Ma ein. Als unser Gruppenleiter musste er meinen Ausflug genehmigen. «Vielleicht kannst du zum Brigadeleiter gehen.»

«Aber wenn ich ihm die Geschichte mit der Matte erzähle, gibt er dir wahrscheinlich eine aus seiner eigenen Familie. Dann haben sie selber eine zu wenig. Du weißt doch, wie er ist.»

Ma schwieg wieder. Er dachte offenbar angestrengt nach. Schließlich sagte er: «Angenommen, ich stimme zu: Wie willst du überhaupt nach Huangyuan kommen?»

«Ich werde die Straße entlanggehen und warten, bis ein Lastwagen vorbeikommt und mich mitnimmt. Ich habe doch meinen Journalistenausweis. Ich denke, ich kriege das schon hin.»

«Gut. Aber damit wir keinen Ärger kriegen, sag nicht, dass ich einverstanden bin! Wenn du zurückkommst und sagen kannst, du bist meinetwegen hingefahren, werden sie es dir bestimmt verzeihen, weil du es aus Freundschaft zu mir getan hast.»

Am nächsten Morgen brach ich gleich nach dem Frühstück auf. Die Luft war beißend kalt. Ich hatte alles angezogen, was ich an Kleidung besaß: eine lange, schwarze, mit Schafpelz gefütterte Lederjacke, die ich aus Peking mitgebracht hatte, eine gefütterte Mütze im russischen Stil mit Ohrenklappen und dazu halbhohe Stiefel aus Xining. Die Kombination wirkte sogar ziemlich elegant.

Von unserem Haus bis zur Qinghai-Tibet-Straße brauchte ich zu Fuß über eine Stunde. Wegen des schlechten Wetters waren noch weniger Lastwagen unterwegs als sonst. Zwei, drei Wagen hupten nur, als ich winkte, und rauschten an mir vorbei. Sie kamen die Passstraße herunter und hatten so viel Fahrt drauf, dass sie wahrscheinlich nicht anhalten wollten, vermutete ich. Ich musste mir eine andere Stelle suchen. Am besten stiefelte ich bis zum Pass hinauf, wo sie vielleicht eher anhielten. Nach einer Stunde war ich oben, aber weit und breit war kein Wagen zu sehen. Der Wind pfiff mit einer solchen Schärfe, dass es kaum auszuhalten war, und nun begann es auch noch zu schneien. Wenn ich dort noch länger warten müsste, würde ich erfrieren.

Endlich kam wieder ein Laster. Aber als der Fahrer mich winken sah, gab er noch mehr Gas. Ich musste ihn unbedingt dazu bringen anzuhalten. Meinen Journalistenausweis schwenkend trat ich mitten auf die Straße und versperrte ihm den Weg. Der Fahrer hupte und behielt das Tempo bei. Jetzt ging es um Leben und Tod! Entweder hält er, oder er überfährt mich.

Im letzten Moment bremste der Wagen ab und kam vor mir zum Stehen. Der Fahrer öffnete seine Tür und übergoss mich mit Flüchen.

«Es tut mir wirklich Leid», sagte ich, «aber ich bin Journalist und muss dringend nach Huangyuan. Ich hoffe, Sie können mich mitnehmen?»

Nun beruhigte er sich und wurde sogar etwas freundlich: «Was treibst du denn in dieser Einöde! In zwei Stunden ist es dunkel, dann kommen die Bären und Wölfe. Los, steig ein!»

Ich spürte sofort, dass er ein netter Kerl war. Erleichtert kletterte ich auf den Beifahrersitz. Ich erfuhr von ihm, dass die Fahrer nicht mehr gern anhielten und Fremde mitnahmen. Die Strecke Qinghai-Tibet sei gefährlich geworden.

«Ist sie denn gefährlicher als früher?», fragte ich.

«Die Tibeter schießen unterwegs auf uns. Deshalb fahren wir jetzt nicht mehr gern einzeln, sondern meistens im Konvoi.»

«Warum schießen die Tibeter? Das war doch früher nicht so.»

«Damit haben sie erst in der letzten Zeit angefangen. Die Lage in Tibet war sowieso schon sehr angespannt, nachdem der Dalai-Lama geflüchtet ist. Aber seit der sozialistischen Erziehungsbewegung ist es noch schlimmer geworden. Überall gibt es Unruhen, nicht nur in Tibet, sondern auch unter den Tibetern in Qinghai. Darum halten wir normalerweise nicht mehr an.»

Ich musste an Meister Tang denken. Er fuhr ja auch auf dieser Strecke.

«Kennst du Meister Tang? Er ist ein Freund von mir.»

«Meister Tang? Klar, den kennen wir alle. Der hat vor einiger Zeit Pech gehabt.»

«Pech gehabt?»

«Ja. Er war in Tibet allein mit seinem Laster unterwegs, und als er über den Tanggula kam, das ist der höchste Pass auf dieser Straße, haben ihn drei Tibeter überfallen. Sie wollten den Lastwagen ausrauben. Aber Tang, dieser Teufelskerl, hat doch tatsächlich mit seinem Wagen fliehen können. Aber er ist verletzt worden. Sie haben ihn angeschossen.»

«Was? War es schlimm?», fragte ich entsetzt.

«Es ging. Er bestand jedoch darauf, in Zukunft eine andere Strecke zu fahren. Seine Einheit stellte sich quer. Da hat er gekündigt und ist in seine Heimat zurückgekehrt.»

Als wir Huangyuan erreichten, war es bereits dunkel. Ich bedankte mich bei dem Fahrer und ging zu Schwester Drei. «Yuqian», sagte sie bedauernd. «Wir haben hier nur ein Zimmer geheizt, um Kohle zu sparen. Diesmal schläfst du besser drüben im Sender. Dort ist es warm.»

Etwas Besseres hätte sie mir gar nicht anbieten können. So konnte ich tatsächlich ungestört Musik hören.

Ich folgte Schwester Drei ins Studio. «Kann ich hier heute Nacht ein bisschen Radio hören?», fragte ich.

«Ja, das kannst du machen.»

«Auch Kurzwelle?»

«Kurzwelle empfangen wir auch, aber die höre ich nie.» Sie zeigte auf eines der Geräte. «Aber stell es nicht zu laut, wenn du ausländische Sender hören möchtest. Und diesen Knopf hier bitte nicht drücken.» Sie zeigte auf einen Knopf und richtete dann einen einfachen Schlafplatz für mich her.

Als sie gegangen war, setzte ich mich glücklich ans Radio und suchte auf Kurzwelle nach Voice of America und BBC. Ich fand Radio Neu-Delhi, Radio Moskau, Radio Peking – nur keinen Sender mit Weihnachtsliedern. Die Störungen und Nebengeräusche waren unangenehm, darum schaltete ich zwischendurch manchmal wieder aus. Nach zwei Stunden hatte ich endlich einen Sender mit Weihnachtsliedern gefunden: BBC. Da brachten sie alles, was mein Herz wünschte: Stille Nacht. Oh come all ye faithful. Oh Tannenbaum! Welch eine Freude! Nur leider waren die Störungen so laut, dass ich es nach einer Weile nicht mehr ertragen konnte und ausschalten wollte. Aber ich war so müde, dass ich nicht richtig hinschaute und aus Versehen den Knopf traf, den ich nicht drücken sollte. Erst nach einigen Minuten bemerkte ich den Fehler, denn das Radio spielte noch immer. Plötzlich wurde ich hellwach. Um Himmels willen, was für ein Knopf war das bloß? Sofort drückte ich ihn noch einmal und stellte auch das Radio ab. In dem Moment flog die Tür auf, und meine Kusine stürzte herein. Sie war noch gar nicht richtig angezogen, ihre Haare waren zerzaust und das Gesicht rot: «Yuqian! Was machst du?», rief sie böse. «Ich habe dir doch gesagt, dass du

Studenten aus Tianjin, die während der patriotischen Studentenproteste in Peking verhaftet und für einen Monat inhaftiert wurden, lassen sich nach ihrer Freilassung im Pekinger Zhongshan-Park fotografieren (Oktober 1919, Vater Guan Xibin mit Sonnenbrille ganz links)

Vater Guan Xibin als Student an der Yale-Universität in den USA

Kanton, Lingnan-Universität, 1930:
Hintere Reihe von links nach rechts: Vater, Mutter, jüngste Schwester des Vaters, Tante Dreizehn.
Vordere Reihe von links nach rechts: Schwester Minqian, Bruder Diqian, Kusine Shanshan

Shanghai 1938:
hintere Reihe, v.l.n.r.: Bruder Diqian, Guan Yuqian, Schwester Minqian, Vetter Shenqian
vordere Reihe, v.l.n.r.: die Vettern Chongqian und Jingqian, Kusine Shanshan

Drei Geschwister in Shanghai:
v.l.n.r.: Guan Yuqian, Schwester
Minqian und Bruder Diqian

Abiturfoto 1949

Onkel Zehn mit Tochter Zhiqian, den Söhnen Shenqian und Chongqian sowie seinem Neffen Guan Yuqian (oben rechts)

Mitarbeiter des Büros für russische Experten am Chinesischen Finanzministerium: vordere Reihe 2. v. rechts: Winiokow, dahinter mit Schal Guan Yuqian (Peking, 1954)

Qinghai, außerhalb von Xining, 1961: Guan Yuqian mit einem einheimischen Journalisten

Qinghai, Xining, 1961: Guan Yuqian mit seinem Freund und Kollegen Ding Jianrui

Abiturientenjahrgang 1949 der Shanghai
Western Public School.
Guan Yuqian hintere Reihe 8. von links

Vater Guan Xibin mit seinem
Bruder Guan Shuhe (Onkel Zehn)

Neue Einheitskleidung für die Shanghaier Studenten der Fremdsprachenhochschule in Peking: hintere Reihe links Guan Yuqian, Mitte «große Schwester Yang» (Peking, 1949)

18.8.1966: Über eine Million Rotgardisten warten auf dem Tian'anmen-Platz auf den Beginn der Parade, die von Mao Zedong, Zhou Enlai und einigen anderen der obersten Staats- und Parteiführung abgenommen werden soll.
Guan Yuqian auf der Tribüne am Tor des Himmelsfriedens

Guan Yuqian mit seinem Sohn Xin
(Shanghai, 1961)

Guan Yuqians Mutter, Anfang der Sechziger Jahre

جمال عبد الناصر

Guan Yuqian als Thema in der größten Zeitung der arabischen Welt, Al Ahram (Kairo, 1968)

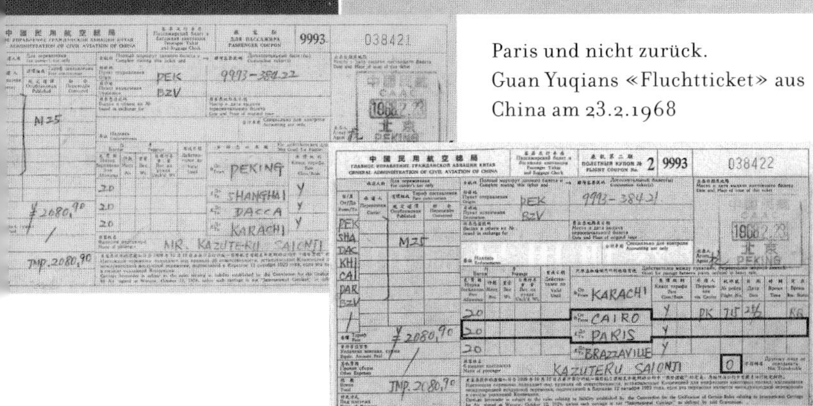

Paris und nicht zurück.
Guan Yuqians «Fluchtticket» aus China am 23.2.1968

Guan Yuqian beim Besuch der Pyramiden kurz vor seinem Abflug nach Frankfurt (Kairo, 1969)

Guan Yuqian, mit einer dicken Lederjacke aus Qinghai, macht Bekanntschaft mit dem wechselhaften deutschen Wetter: «April, April, macht was er will!» (Münster, 1969)

Erste Unterkunft in Hamburg in der Pension «Adina»

Guan Yuqian am Elbufer in Hamburg, 1972

Guan Yuqian und Petra Häring im Standesamt von Hongkong, 1977

Ausflug in die Sommerfrische: Guan Yuqian mit Studentinnen des Chinesischen Seminars

Guan Yuqian während einer Studentenparty

Vordere Reihe: Schwester Minqian mit Sohn Feng und Schwiegertochter Bing, hintere Reihe: Guan Yuqians Sohn Xin (kurz vor seiner Abreise in die USA) und Minqians Tochter Lei (Peking 1980)

Guan Yuqians Bruder Diqian

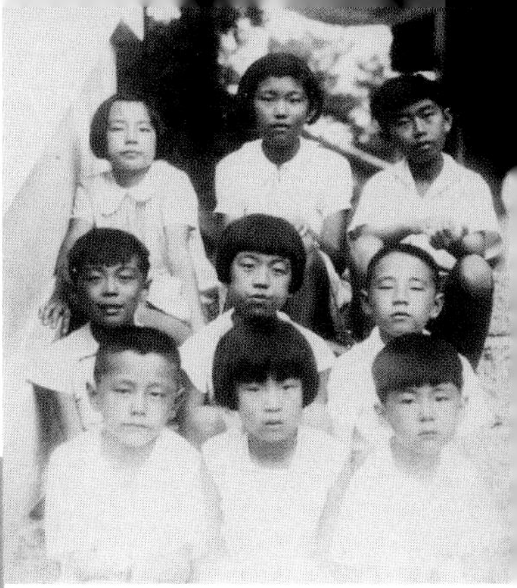

Die Qian-Generation:
vordere Reihe v.l.n.r.:
Yuqian, Zhiqian, Chongqian,
mittlere Reihe v.l.n.r.:
Shenqian, Shanshan, Diqian,
hintere Reihe v.l.n.r.:
Minqian, Yinqian, Jingqian,
(Shanghai, 1937)

Vater Guan Xibin
im Alter von
95 Jahren

Guan Yuqian zu Besuch bei
seinem Vater in Peking

Guan Yuqian und Professor
Liu Mautsai in einem
Unterrichtsraum des
Chinesischen Seminars
(Hamburg, 1974)

Guan Yuqian mit Petra bei seinem Sohn Xin in San Francisco, USA, 1987

Interview mit Lech Walesa für die Tageszeitung Hongkong Economic Journal, Danzig, 1990

22. April 1992 mit Helmut Schmidt in dessen Büro in der «ZEIT»

Guan Yuqian mit den Professoren Liu Mautsai und Bernd Eberstein, Hamburg, 1996

Guan Yuqian und Petra im Alsterpark, Hamburg, 1999

Guan Yuqian mit dem chinesischen Minister-präsidenten Zhu Rongji und dem Ersten Bürgermeister der Hansestadt Hamburg Ortwin Runde, Hamburg, 2000

diesen Knopf nicht drücken darfst! Weißt du, was passiert ist? Dein Sender war im ganzen Kreis zu hören!»

«Wie bitte?»

«Das ist der Knopf für die Lautsprecherübertragung im ganzen Kreis. Wenn ich Nachrichten sende, dann indem ich diesen Knopf drücke.»

«Ach du Schreck! Was war denn zu hören?»

«Zum Glück nur ein starkes Rauschen.»

Nicht auszudenken, wenn überall BBC zu hören gewesen wäre! Dann hätte ich als Spion gegolten und Schwester Drei gleich mit.

Als ich am nächsten Morgen ankündigte, zur Volkskommune zurückkehren zu wollen, baten die Kusine und ihr Mann mich nicht, länger zu bleiben. Bestimmt waren sie wegen des nächtlichen Vorfalls ziemlich in Angst. Wenn sie jemand darauf anspräche, gerieten sie womöglich in Erklärungsnot. Verschwand ich gleich, konnten sie immerhin behaupten, sie hätten aus Versehen selbst auf den Knopf gedrückt. Zunächst aber ging ich zu dem Lager, in dem ich das letzte Mal eingekauft hatte. Aber obwohl mein letzter Besuch nur fünf Wochen her war, hatte sich die Situation mittlerweile völlig verändert. Man bekam überhaupt nichts mehr zu kaufen. Danach versuchte ich, für Ma eine Bettunterlage zu organisieren. Aber auch so etwas war nirgends zu finden. Ich konnte doch nicht mit leeren Händen zurückkommen! Während ich ratlos durch die Straßen streifte, sah ich auf einmal durch eine geöffnete Haustür in einem Zimmer einen Teppich liegen. So etwas wäre nicht schlecht. Ich klopfte gegen den Türrahmen. Drinnen sah es ziemlich ärmlich aus.

Ein älterer Mann kam und schaute mich erstaunt an.

«Genosse, wo hast du den Teppich gekauft?», fragte ich. Statt einer Antwort erntete ich nur einen ängstlichen Blick.

«Ich würde gern so einen Teppich kaufen, und ich wüsste gern, wo ich so etwas bekomme.»

«Den habe ich in Xining gekauft», antwortete er, «hier kriegst du so etwas gar nicht.»

«Brauchst du ihn denn, oder würdest du ihn mir verkaufen?», fragte ich.

«Verkaufen? Ich brauche ihn ja selbst.»

«Ich werde dir natürlich Geld dafür geben, dann kannst du dir bei Gelegenheit wieder einen kaufen.»

Er schaute mich lange an. Offenbar fand er das alles ziemlich merkwürdig. «Du willst wirklich diesen Teppich kaufen?»

«Ja. Wie viel möchtest du dafür?»

Er hob die Hand und spreizte alle fünf Finger.

Aha, also fünfzig Yuan. Ich holte das Geld aus der Tasche und gab es ihm, bevor er es sich anders überlegen konnte.

An seiner verblüfften Reaktion merkte ich, dass ich die fünf Finger vielleicht falsch gedeutet hatte. Verdienten die Bauern hier nicht weniger als fünfzig Yuan pro Jahr? Aber ich bereute es kein bisschen, ihm so viel gegeben zu haben. Ich war hier mit meinem Pekinger Gehalt ein richtiger Krösus und hatte ohnehin kaum Gelegenheit, etwas auszugeben.

Rasch fand ich einen Lastwagen, der mich mitnahm. Als ich am späten Nachmittag wieder in der Brigade eintraf, hatte außer meinen drei Zimmergenossen niemand gemerkt, dass ich weggewesen war. Ma freute sich über die neue Unterlage.

«Genauso sehen die typischen Teppiche für den Kang aus. Zu Haus habe ich auch so einen. Wie viel hast du dafür ausgegeben?»

Ich hob die Hand und zeigte ihm fünf Finger.

«Fünf Yuan? Das ist eigentlich ein bisschen viel. In Xining kriegt man sie für vier.»

Auf Bergwerksreportage

Im Mai 1960 kam ein Anruf von der Redaktion: Ich solle sofort nach Xining zurückkommen. Ein Grund wurde mir nicht mitgeteilt. Der Verlag schickte sogar eigens einen Jeep, um mich abzuholen.

Wir kamen im Dunkeln an, und von weiter Ferne waren schon die Lichter der Stadt zu sehen. Mir war, als kehrte ich in ein Paradies zurück. Hier gab es immerhin Strom und warme Bäder. Der Fahrer berichtete mir, dass unsere Illustrierte inzwischen dem Verlag der Qinghai-Zeitung zugeordnet worden und die Redaktion dorthin umgezogen war. Wir hielten vor einem neuen dreistöckigen Gebäude. «Das ist Ihr neues Wohnheim», sagte der Fahrer.

Meine Kollegen wussten, dass ich kommen würde, und überraschten mich mit einem Abendessen, das sie auf einem kleinen Elektrokocher zubereitet hatten – das nützliche Gerät russischer Provenienz hatte ich seinerzeit aus Peking mitgebracht. Ein warmes Gefühl der Freundschaft durchströmte mich. Ding zeigte mir unser neues Zimmer, das ich wie früher mit ihm teilen würde; es war ein heller Raum mit großen Fenstern und weiß gestrichenen Wänden. Auf dem frisch bezogenen Bett lag eine rosa Decke. Es gab sogar Zentralheizung.

Ich war derart verdreckt und heruntergekommen, dass ich fürs Duschen, Umkleiden und Rasieren fast eine Stunde brauchte, obwohl ich mich sehr beeilte. Dann zog ich ein weißes Hemd, einen schönen Pullover und eine neue Hose an und fühlte mich wie neu geboren, als ich mich endlich zu den anderen gesellte.

Erstes Gesprächsthema waren die derzeitigen Lebensbedingungen. Alle klagten, es gebe kaum noch etwas zu kaufen, nur Salz sei jederzeit reichlich zu haben. Trotzdem war das Essen, das sie mir vorsetzten, verglichen mit dem der Brigadenkantine ein Festschmaus. An diesem Abend wollten eigentlich alle fröhlich sein und nicht nur über die miserable Versorgungslage klagen. Deshalb sollte ich von meinen Erlebnissen in der Volkskommune erzählen. Aber was gab es da schon an Erfreulichem zu berichten? Zum ersten Mal erfuhren die anderen, dass auf dem Land Menschen sogar Hungers starben.

Am nächsten Morgen brachte Ding mich in unser neues Büro. Es befand sich im vierten Stock eines erst kürzlich fertig gestellten riesigen Neubaus, in dem das Provinzparteikomitee seinen Sitz hatte. Es war das größte und höchste Gebäude in der ganzen Provinz. Shao Hua begrüßte mich mit einem freundlichen Lächeln, aber ich traute ihm nicht. «Gut, dass du zurück bist. Es war bestimmt anstrengend für dich dort im Bergdorf», sagte er und schaute mich prüfend an. «Ich habe gehört, dass du dich sehr gut geführt hast. – Du kannst dich erst einmal zwei, drei Tage erholen. Wir haben dann eine wichtige Aufgabe für dich. Du weißt ja: Wir haben hier ein paar Leute, die schreiben, und ein paar, die fotografieren können, aber wir brauchen jetzt jemanden, der beides kann und zum Kohlebergwerk im Kreis Datong fährt. Das ist leider kaum bekannt, und wir wollen es jetzt landesweit ins Gespräch bringen. Wir erwarten von dir einen positiven Fotobericht, der das Bergwerk als progressive Einheit vorstellt.»

Diese Aufgabe gefiel mir. Ich würde schreiben und fotografieren, und ich wäre unterwegs, das lag mir, da ich ohnehin kein Sitzfleisch hatte.

Drei Tage später war ich schon wieder unterwegs – mit einem großen neuen Blitzgerät, zwei deutschen Fotoapparaten und mehreren Agfa-Filmen. Als ich am späten Nachmittag am Bergwerk ankam, hatte der Bergwerksdirektor schon Feierabend. So brachte man mich gleich in ein gemütliches Gästehaus. Das Zimmer war angenehm geheizt. Auf dem Tisch lagen eine Schachtel Zigaretten und eine Dose mit Tee, und sie hatten sogar ein schönes Essen für mich zubereitet. Ich konnte mich schon gar nicht mehr erinnern, wann ich dienstlich zuletzt so üppig verpflegt worden war. Fleisch, Gemüse, Suppe, Reis, gedämpfte Mantou – das war ein Genuss!

Nach dem reichen Mahl war ein Verdauungsspaziergang fällig. Dabei entdeckte ich nahebei ein flaches Häuschen mit der Aufschrift «Genossenschaftsladen». Es steckte zur Hälfte in der Erde, so dass die Fenstersimse in Bodenhöhe saßen. Diese Bauweise wurde vor allem in Nordwestchina zur Wärmeisolierung verwendet. Da ich fand, ein Schnaps käme mir zur Abrundung des Wohllebens jetzt gerade recht, trat ich näher. Vielleicht konnte ich hier ein Fläschchen erstehen. Ein schwaches Licht, das durchs Fenster schimmerte, deutete an, dass in dem Laden noch jemand war. Ich tappte die Stufen zur Tür hinab und öffnete. Das Innere wirkte trotz eines trüben Gaslichts finster wie eine Höhle. «Wer ist da?», fragte die schwache Stimme eines alten Mannes, den ich selbst nicht sehen konnte.

«Ein Kunde. Ich würde gern etwas Schnaps kaufen», erklärte ich. Von hinten vernahm ich, wie der Mann anscheinend von seinem Bett aufstand. Er hustete. Es war mir unangenehm, ihn so spät noch zu stören, zumal ich nichts Dringendes brauchte, und ich rief: «Lassen Sie nur, ich kann morgen wiederkommen.»

«Nein, das macht nichts, ich habe noch nicht geschlafen.» Er hustete wieder. Seltsam – die Stimme klang mir eigenartig vertraut. Er kam bestimmt nicht aus dieser Gegend, dem Akzent nach eher aus der Mandschurei. Der Mann zog sich einen Mantel über die Schultern und schlurfte langsam herüber.

«Was soll es denn sein? Es gibt ja nichts zu kaufen, höchstens Streichhölzer.»

Im matten Schein der Lampe konnte ich graue Haare erkennen, ein faltiges Gesicht, einen langen, weißgrauen Bart. Ich schaute näher hin – war das nicht der alte Zhao aus dem Finanzministerium? «Zhao!», rief ich. «Bist du es wirklich?»

Er schaute mich an. «Guan Yuqian?»

Ich packte ihn an den Schultern und umarmte ihn.

«Alter Zhao, was machst du denn hier?»

Jetzt strömten Tränen über sein Gesicht. «Ach, kleiner Guan ...» Er konnte sich kaum auf den Beinen halten. Ich stützte ihn und schaute mich vergebens nach einer Sitzgelegenheit um.

«Kleiner Guan, das Schicksal meint es nicht gut mit mir.»

«Komm, alter Zhao, lass uns zu mir gehen und ausführlich reden.» Ich war ganz erschrocken über seinen Zustand. Er konnte noch keine sechzig sein und wirkte schon wie ein Greis.

«Wo wohnst du denn?»

«Drüben im Gästehaus.»

«Geh schon mal vor, ich mache den Laden zu und komme in fünf Minuten nach.»

Erschüttert kehrte ich ins Gästehaus zurück. Wie konnte man solch einen Mann, der sein ganzes Leben der Partei treu gedient hatte, in diese unwirtliche Gegend schicken? Ich fragte die Mitarbeiterin im Gästehaus, ob sie den alten Zhao kenne, aber sie verneinte. «Ich meine den Verkäufer vom Genossenschaftsladen», hakte ich nach.

«Ach den. Ja, den kenne ich. Ein netter alter Mann.»

«Er ist ein lieber alter Kollege von mir aus Peking», erklärte ich. «Er kommt mich gleich besuchen. Könnten Sie mir einen großen Gefallen tun und etwas Schönes für ihn kochen?»

«Ja, ich habe noch etwas übrig. Aber sagen Sie es nicht weiter, sonst kriege ich Ärger.»

Der alte Zhao brachte eine Flasche Schnaps mit. «Kleiner Guan, ich hätte nie gedacht, dass ich dich in diesem Leben noch einmal wieder sehen würde – und dann noch hier in Qinghai. Es hat mir so Leid getan, wie dich unsere Leute in Peking damals gequält haben. Ich war damit nicht einverstanden, und ein paar andere waren auch dagegen.»

«Sag mir lieber, wie du hier eigentlich hergekommen bist!»

«Nachdem du weg warst, haben sich doch die Beziehungen zwischen der Sowjetunion und China weiter verschlechtert. Daher sind die russischen Experten alle heimgekehrt. Peng Xiangyu ist versetzt und Chi Yifu ist pensioniert worden. Sie wussten nicht, was sie mit mir anfangen sollten, und haben mich schließlich auch nach Qinghai geschickt.»

«Bist du denn auch kritisiert worden?»

«Nein, das nicht. Sie haben mich einfach nicht mehr gebraucht und hierher abgeschoben.»

«Und was ist mit deiner Familie, deiner Frau und den Kindern?»

«Die sind in Peking geblieben.»

«Sind denn noch mehr Leute vom Finanzministerium nach Qinghai geschickt worden?»

«Ja, wir waren ein ganzes Dutzend. Pan, der aus der Jugendligagruppe, der dich so heftig kritisiert hat, musste auch mitkommen. Er arbeitet jetzt an der Finanzfachschule in Xining. Die anderen sind alle je nach Eignung entsprechend untergekommen. Mit mir war das etwas anderes. Ich habe ja gar keine besondere Ausbildung. Da haben sie mich als Pförtner in der Finanzbehörde eingesetzt. Da hatte ich aber nichts zu tun. Später hieß es dann plötzlich, ich solle hier den Laden übernehmen.» Er seufzte und schüttelte den Kopf: «Ach, kleiner Guan, mir ist klar geworden, dass uns die Partei nicht als Menschen ansieht. Es ist, wie Stalin gesagt hat: Wir sind bloß Schräubchen in einer Maschine. Wenn sie dich brauchen, dann drehen sie dich so fest hinein, dass du dich nicht bewegen kannst, und wenn sie dich nicht mehr brauchen, dann schmeißen sie dich einfach weg. Ich habe das Gefühl, dass ich nur ein Dreck bin in dieser Welt und irgendwann sterbe, ohne dass es jemand merkt.»

In all den Jahren am Finanzministerium hatte ich ihn nie so lange reden hören.

«Aber sag mal, was machst du hier in Datong?», fragte er.

«Ich bin jetzt Journalist für die ‹Qinghai im Bild›. Ich soll hier einen Artikel über das Kohlebergwerk als progressive Einheit schreiben.»

«Progressive Einheit?» Zhao staunte, und ein resigniertes Lächeln spielte um seinen Mund. «Die hiesigen Arbeiter haben entweder keine Lust zum Arbeiten, oder sie streiken sogar. Die Arbeitsbedingungen sind miserabel, Sicherheitsvorkehrungen so gut wie gar nicht vorhanden. Ich könnte mir vorstellen, dass das hier das rückständigste Bergwerk im ganzen Land ist.»

Noch nie hatte ich den alten Zhao so viel Schnaps trinken sehen. Als er aufbrach, konnte er kaum mehr stehen. Ich musste ihn zurückbegleiten.

Was sollte ich morgen machen mit dieser so genannten progressiven Einheit? Inzwischen war ich klüger geworden. Ich stellte mir die Leute so zurecht, wie ich sie fürs Foto brauchte: Kumpel im Arbeitsanzug und mit Helm auf dem Kopf bei der Arbeit; der Bergwerkschef händeschüttelnd und lachend zwischen den Kumpeln; der Chef und seine Ingenieure beraten über die Pläne der künftigen Entwicklung. Der schriftliche Bericht würde auch nicht schwer werden; ich würde einfach aufschreiben, was der Chef gesagt hat. Ob die Daten richtig waren, die er nannte, konnte mir egal sein, das lag ja in seiner Verantwortung. Früher hatte ich bei solch einem unwahren Bericht noch ein schlechtes Gewissen gehabt. Jetzt belastete es mich nicht mehr. Es wurde sowieso von oben bis unten gelogen, und alle wussten es.

Himmel und Hölle

Zwei Tage nachdem ich meine Recherche für die Bergwerksreportage «erfolgreich» abgeschlossen hatte, erreichte mich im Gästehaus ein Telefonanruf von der Redaktion: Ich solle die tibetische Modellarbeiterin Anzhuo Marji interviewen, die ebenfalls in diesem Kreis lebte. Shao Hua gab mir nur den Namen des Dorfes, Bingyu, und den der Volkskommune durch. Angeblich hatte sie einen Rekord aufgestellt, Genaueres wusste er auch nicht.

Am nächsten Tag saß ich also schon wieder auf einem Lastwagen. In der Kommuneverwaltung hieß es, ich müsse zuerst Richtung Westen zu einer bestimmten Brigade gehen und von dort aus auf einen Berg steigen, wo sich das Dorf befinde, in dem die Gesuchte wohne. Ich brach sofort auf. Eine Stunde marschierte ich durch endlose Felder, ohne einem Menschen zu begegnen, schließlich stieß ich auf zwei Wohnhäuser, vor denen zwei Tibeterinnen standen. Zum Glück hatte ich am Sonne-Mond-Berg ein wenig Tibetisch gelernt, so dass ich fragen konnte, wo sich das Dorf Bingyu befand. Die beiden Frauen schauten mich an und lachten. Dann zeigten sie in Richtung Westen zu einem Berg und sagten: «Oooh.»

Nach meiner Erfahrung besagte ein lang gezogenes «Oh» bei der Frage nach einem Weg, dass er sehr weit war. Je weiter der Weg, umso länger zog man das Oh. Der Antwort der beiden Frauen – sie hatten das Oh nicht sehr lang gezogen – entnahm ich, dass der Weg relativ kurz sein müsste. Ich sah den Berg ja auch direkt vor mir liegen. Ich schaute auf die Uhr: halb vier. Ich konnte also damit rechnen, das Dorf noch vor Sonnenuntergang zu erreichen.

Über der einen Schulter hatte ich die Fotoausrüstung hängen, über der anderen eine Tasche mit den Sachen, die ich zum Übernachten brauchte. Da die Temperaturen in Qinghai stark schwankten und nachts selbst jetzt im Mai bis unter Null sinken konnten, trug ich einen gefütterten Ledermantel. In gleichmäßigem Trott wanderte ich in die angegebene Richtung. Eine alte Redewendung fiel mir ein: «Der Berg scheint so nahe, aber das Pferd läuft sich zu Tode.» Ich lief und lief und bekam ein immer mulmigeres Gefühl. Wieso waren gar keine Häuser zu sehen? Ich verspürte allmählich Hunger. Dummerweise hatte ich mir keinen Proviant eingesteckt. Die Sonne sank immer tiefer, und meine Angst wuchs. Sollte ich umkehren? Ich schaute auf die Uhr. Ich war schon zweieinhalb Stunden unterwegs. Es konnte doch nicht mehr so weit sein! Ich lief weiter. Als ich endlich den Fuß des Berges erreichte, begann es schon zu dämmern, aber immer noch war kein Dorf in Sicht. Ein recht gut zu erkennender Pfad führte ziemlich steil bergauf. Tapfer begann ich den anstrengenden Aufstieg vorbei an Büschen, Bäumen und Gestrüpp. Zum Umkehren war es mittlerweile zu spät. Die einzige Hoffnung war, möglichst rasch ans Ziel zu kommen. Ich kletterte und kletterte, während die Sonne versank. Rasch wurde es nun dunkel um mich herum. Wenig später – noch hielt sich ein letzter Dämmerschein am Horizont – erblickte ich zwei Lichter in der Ferne. Jetzt habe ich es bald geschafft!, dachte ich erleichtert. Neuer Mut beflügelte meine Schritte, da hörte ich plötzlich ein Heulen, das mir durch Mark und Beine ging. Entsetzt begriff ich, dass die zwei Lichter die Augen eines Wolfes gewesen sein mussten.

Vor den Wölfen in den Bergen von Qinghai war ich immer wieder gewarnt worden. Ich wusste, dass sie meist sehr hungrig waren und ihre Beute nicht entkommen ließen. Ich versuchte, ruhig zu bleiben. Ich musste eine Möglichkeit finden, sie mir vom Leibe zu halten. Da fiel mir ein: Wölfe haben Angst vor Feuer. Rasch grub ich in meinen Taschen nach Streichhölzern. Dabei stieß ich auf mein Blitzlichtgerät. Vielleicht konnte ich ja meinen Blitz benutzen. Ich schaltete das Gerät ein. Als der rote Punkt aufleuchtete, drückte ich auf den Auslöser. Der Blitz war so gewaltig, dass selbst mir die Augen davon flimmerten. In dem Licht konnte ich aber sehen, dass vor mir nicht nur ein einziger Wolf stand, sondern ein ganzes Rudel, das nun verschreckt fortlief. Das Glück über den Erfolg meiner Blitzaktion mischte sich mit wachsender Panik angesichts der Tatsache, dass mich die Horde umzingeln und von allen Seiten gleichzeitig angreifen konnte. Ich war ratlos, wie ich, offenbar noch fern jeder Siedlung, die Nacht durchstehen sollte. Ich musste versuchen, möglichst rasch doch noch das Dorf zu erreichen, war mir aber auch der Gefahr bewusst, mich im Dunkeln vollends zu verlaufen. Zum Glück kam bald der Mond etwas heraus, so dass ich den Bergpfad wieder erkennen konnte.

Ich hatte mir inzwischen das Blitzlichtgerät um den Hals gehängt und blitzte nach einer Weile noch einmal. Diesmal schloss ich fest die Augen, so dass ich selber nicht so geblendet wurde. Ein wenig beruhigen konnte ich mich schließlich, als ich vom Wegesrand einen dürren Stock auflas und es mir gelang, ihn mit einem Streichholz anzuzünden: Jetzt hatte ich eine Fackel. Dennoch ließen mich die Wölfe nicht aus den Augen und umkreisten mich unaufhörlich. Ich war so aufgeregt, dass ich keine Müdigkeit verspürte. Stunde um Stunde schritt ich so bergan, verfolgt von dem Wolfsrudel und in steter Angst, die Batterien des Blitzgeräts könnten sich erschöpfen, das Feuer könnte ausgehen oder die Wölfe könnten sich trotz meiner Fackel auf mich stürzen. Als ich schließlich den Bergkamm erreichte, dämmerte endlich der Morgen herauf, und die Wölfe begannen, sich zu zerstreuen.

Das Dorf jedoch, zu dem ich wollte, war immer noch nicht in Sicht. Im Morgenlicht stellte ich fest, dass es auf der anderen Seite des Kammes genauso steil wieder abwärts ging. Dann entdeckte ich gegenüber, hinter dem nächsten Kamm, aufsteigenden Rauch. Wo Rauch war, da gab es auch Menschen, so viel stand fest. Aber wie sollte ich dort hinkommen? Die Schlucht zwischen den Bergen war so tief und dunkel, dass ich nicht bis auf den

Grund blicken konnte. Probeweise warf ich einen Stein hinein, hörte aber nicht, wie er auftraf. Irgendwo müsste es einen einfacheren Weg geben, um auf die andere Seite zu gelangen, hoffte ich und beschloss, auf dem Kamm weiter nach oben zu laufen. Vielleicht ließ sich die Schlucht ja am oberen Ende umgehen. Zu meiner großen Überraschung entdeckte ich nach einer halben Stunde eine Brücke, die die Schlucht überspannte. Was für eine Freude! Ich hatte noch ein ganzes Stück abwärts zu klettern, um die Brücke zu erreichen, und als ich sie endlich nahe vor Augen hatte, folgte ein neuer Schreck: Das Bauwerk war ein mindestens fünfzig Meter langes, hölzernes Aquädukt, das Wasser vom einen zum anderen Berg leiten sollte, jetzt allerdings trocken war. Die ganze Konstruktion wirkte primitiv und wacklig. Irgendwelche statischen Berechnungen dürften für den Bau nie angestellt worden sein. Die Rinne war schmal, zu schmal, um darin zu kriechen. Auf ihrem Rand hinüberzubalancieren, war undenkbar. Mir schien auch ungewiss, ob das Aquädukt überhaupt mein Gewicht tragen würde. Aber es blieb mir keine andere Wahl, als mich auf das Wagnis einzulassen. Zuerst band ich meine Tasche und die Fototasche zusammen und legte sie mir als Rucksack über den Rücken, dann setzte ich mich auf die Kante und rutschte vorsichtig seitwärts. Dabei hingen meine Füße über der Schlucht. Ich wagte nicht, nach unten zu sehen. Da ich im Sitzen rutschte, kam ich nur elend langsam voran, und ich hatte noch nicht ganz die Mitte erreicht, als die Konstruktion auch noch zu schwanken begann. Brach sie jetzt zusammen, wäre alles aus. Ich rutschte weiter. Das Holz ächzte, aber es trug mich. Schweißgebadet und total erschöpft kam ich schließlich am anderen Ende an.

Wie ich das letzte Wegstück bis zum Dorf schaffte, weiß ich nicht mehr. Nach den Strapazen der letzten Nacht hatte mir die waghalsige Überquerung der Schlucht den Rest gegeben. Seit sechzehn Stunden hatte ich nichts gegessen und nichts getrunken. Als ich irgendwann die ersten Häuser sah, rief ich wie ein Irrer nur noch: «Hallo! Hallo!» Dann brach ich zusammen.

Bellende Hunde machten die Bewohner auf mich aufmerksam. Als ich wieder zu mir kam, sah ich um mich herum lauter Tibeter sitzen. Ein älterer Mann nahm eine Schüssel und flößte mir mit einem Löffel Medizin ein. Das Zeug schmeckte entsetzlich bitter, aber kaum hatte ich es geschluckt, breitete sich in meinem Körper eine wohlige Wärme aus. Lauter freundliche Gesichter strahlten mich an. Unter ihnen fiel mir ein Mädchen auf. Ich hatte schon so viele tibetische Frauen gesehen, aber noch nie eine so hübsche. Ihre großen Augen leuchteten, die Wangenpartie und die Lippen waren von einem gesunden Rot, als wäre sie geschminkt. Zwei Zöpfe hingen ihr bis über die Brust. Ob dieses Mädchen Anzhuo Marji war? Ich fragte sie.

Alle schauten mich verwundert an, als ich diesen Namen aussprach, und der ältere Mann nickte und sagte in gut verständlichem Chinesisch: «Ja, sie ist die Gruppenleiterin der jüngeren Frauen.»

Sie schaute mich an und lächelte bezaubernd.

«Wieso bist du denn über diesen Weg zu uns gekommen?», fragte der Ältere. «Selbst wir wagen es nicht, bei Dunkelheit über diesen Berg zu gehen.»

Ein anderer Mann zeigte auf mich und fragte nun auch auf Chinesisch: «Wer bist du, Genosse? Wieso bist du zu uns gekommen?»

«Ich bin Journalist und komme von der Zeitschrift ‹Qinghai im Bild›. Ich soll über die Modellbäuerin Anzhuo Marji berichten.»

«Ach, du bist das! Wir haben ja schon die ganze Woche auf dich gewartet», sagte Anzhuo Marji. «Bei einer Versammlung in der Kreisstadt hat der Kreischef mir schon gesagt, dass jemand von der Zeitung kommen soll.»

Dass ich so ein hübsches Mädchen interviewen sollte, machte mich sogleich wieder munter. Und Porträtfotos von solchen Schönheiten schoss ich besonders gern.

Ein Gast aus der Provinzhauptstadt in dieser abgelegenen Gegend, zudem noch ein Fotograf: das war ein großes Ereignis. Innerhalb von zwei Stunden spazierten alle Bewohner des Dorfes in ihren besten Sachen herum, die Männer ebenso wie die Frauen. Auch Anzhuo Marji hatte sich zurückgezogen, um sich fein zu machen. Gespannt, wie sie wohl aussehen würde, wartete ich auf sie in einem Raum, in dem das erste Interview stattfinden sollte. Nach einer Weile kam sie herein. Sie hatte ein prächtiges tibetisches Gewand aus blauer Seide angelegt, das mit einer bunten Borte eingefasst war. Unter den Säumen schaute ein schmaler weißer Streifen Lammfell hervor. Um die Taille hatte sie einen roten Gürtel geschlungen, und den Kopf mit den tiefschwarzen Haaren zierte eine rote Mütze. Ihr Anblick war eine wahre Wonne.

«Du hast dich aber hübsch gemacht», lobte ich.

«Ja? Danke!» Süß, wie treuherzig sie mein Kompliment annahm.

«Das ist ein herrliches Gewand, es steht dir fantastisch.» Ich schlug das Gewand unter dem Gürtel ein Stück auseinander, um das feine Lammfell näher anzuschauen, ließ es aber sofort wieder los – unter dem Rock war sie offenbar ganz nackt. Ich merkte, wie die Röte mir ins Gesicht stieg. War es denn so Sitte bei den Tibetern, keine Unterwäsche zu tragen? Wie ungehörig von mir, ihr Gewand zu berühren!

Sie jedoch empfand mich anscheinend gar nicht als unverschämt und lachte nur: «Meinst du, dass die Kleidung zum Fotografieren richtig ist?»

«Ja, ganz sicher.»

«Was willst du denn über mich schreiben? Der Kreisdirektor hat mir mal eine Ausgabe eurer Zeitschrift zu lesen gegeben. Die ist schon toll.»

«Du kannst lesen?», fragte ich erstaunt. Unter den Bergbauern war Analphabetismus noch sehr verbreitet.

«Ja, ich war sechs Jahre auf der Grundschule.»

«Ihr habt hier eine Schule?»

«Ja, ungefähr eine halbe Stunde von hier.»

«Gehen denn alle Kinder hier zur Schule?»

«Ja – außer einigen Nomadenkindern, die ständig mit ihren Schafsherden unterwegs sind.»

«Also seid ihr keine Nomaden?»

«Nein, wir betreiben doch Ackerbau», erklärte sie mir in tadelndem Ton. Dass ich etwas so Selbstverständliches und Offensichtliches fragte!

Ihre Antworten kamen ohne Stocken, das Gespräch machte richtig Spaß. «Ich bin hergekommen, um über dich und deine Frauengruppe zu berichten.»

«Das ist gut. Wir haben schon alles vorbereitet. Ich bringe dich hin.»

Um zu zeigen, dass ich wirklich ein richtiger Fotojournalist war, nahm ich meine gesamte Ausrüstung mit – an jeder Schulter hing eine Kamera und dazu das Blitzgerät. Zuerst machte ich zwei Porträts von Anzhuo Marji im Gegenlicht. Kaum hatten das die anderen mitbekommen, strömten sie von allen Seiten zusammen und wollten sich auch fotografieren lassen.

Ich blieb gleich ein paar Tage. Alles verlief sehr harmonisch, und ich fühlte mich überaus wohl. Nach meiner Zeit am Sonne-Mond-Berg war ich mit den bäuerlichen Arbeiten recht gut vertraut. So half ich mal bei den Männern und mal bei den Frauen mit.

Anzhuo Marji hatte ein fröhliches, munteres Wesen. Sie verstand es hervorragend, ihre junge Frauengruppe zu dirigieren. Die Felder des Dorfes erstreckten sich über eine weite Hochebene. Rechts und links erhoben sich noch höhere Berge und hielten wie natürliche Mauern die kalten Winde fern. Dadurch gediehen hier nicht nur die typische Hochlandgerste, sondern auch Weizen, Bohnen und andere Feldfrüchte. Aufgrund der Höhenlage und der schlechten Wege konnten sie von ihren Ernten kaum etwas in den Handel bringen und lebten daher fast völlig autark. Das jetzt, im zweiten der «drei bitteren Jahre», landauf, landab herrschende Elend war hier nicht zu spüren. Es gab Fleisch zu essen, geröstete Gerste mit Butter, und getrunken wurden Milch oder Tee mit Milch und Salz. Das Dorf wirkte wie eine wahr gewordene Utopie friedlichen Lebens. Manchmal begannen alle mitten bei der Arbeit zu singen und zu tanzen. Waren sie nur deshalb so fröhlich und ausgelassen, weil ein Gast da war, der selber auch singen und tanzen konnte? Schade, dass man mich damals statt zur Sonne-Mond-Berg-Volkskommune nicht hierher geschickt hatte! Hier wäre ich glücklich gewesen. Leider musste ich schließlich wieder aufbrechen. Das ganze Dorf kam zusammengelaufen, um sich von mir zu verabschieden. Anzhuo Marji zog ein Eselchen mit einem kleinen Sack auf dem Rücken hinter sich her. «Das ist unser Geschenk für dich», erklärte sie und schmunzelte dabei.

«Was ist denn drin?»

«Nimm es mit und guck zu Hause nach.» Sie machte es ja richtig geheimnisvoll.

Ich betastete den Sack. «Ich tippe auf Walnüsse.»

Sie nickte und lachte. «Ja, Walnüsse sind auch drin.»

«Aber das ist ja viel zu schwer! Das kann ich gar nicht tragen», sagte ich voller Bedauern.

«Ich bringe dich nach unten. Allein würdest du den Weg gar nicht finden.»

Wie Recht sie hat!, dachte ich erleichtert. Außerdem fand ich den Gedanken sehr angenehm, von so einem hübschen Mädchen noch ein Stück Wegs begleitet zu werden. Ich winkte den Leuten zum Abschied, als wir losgingen, und alle winkten mit beiden Händen zurück. Am liebsten wäre ich zu jedem Einzelnen hingegangen und hätte ihn umarmt.

Anzhuo Marji hatte sich besonders hübsch zurechtgemacht. Sie trug dasselbe Gewand wie vor ein paar Tagen, aber diesmal lugten lange, blaue Hosenbeine darunter hervor. Als Kopfbedeckung diente eine graublaue Lederkappe. Bei der Arbeit lief sie immer barfuß, aber heute trug sie Stiefel. Die Richtung, in der wir gingen, war genau entgegengesetzt zu der, aus der ich gekommen war. Erst nach ein, zwei Stunden erreichten wir den Rand der Hochebene, von wo aus ein steiler Pfad bergab führte. Sie ging voraus, und der Esel trabte hinter uns her. Nach mehr als einer Stunde unentwegten Absteigens fingen mir die Beine an zu zittern. Das Dorf dort oben erschien mir nun noch mehr wie ein Paradies jenseits alles Jammers dieser Welt. Die Bergszenerie war überwältigend. An manchen Stellen öffneten sich traumhafte Panoramablicke. Tief unter uns schlängelte sich ein Fluss durch eine saftig grüne Au. Baumgruppen und winzig klein wirkende Rauchfahnen zeigten an, wo menschliche Siedlungen waren. Anzhuo Marji vor diesem herrlichen landschaftlichen Hintergrund zu sehen, war einfach zauberhaft. Ich fotografierte sie immer wieder und dachte sogar bei mir: Solch eine Frau wäre gar nicht schlecht für dich!

Immer weiter wand sich der Pfad bergab. Plötzlich aber verließ Anzhuo Marji ihn und stieg schräg voraus den Hang hoch.

«Wieso gehen wir jetzt wieder aufwärts?», wunderte ich mich.

«Wir machen eine Rast. Ein Stückchen weiter oben gibt es eine schöne Stelle.» Tatsächlich erreichten wir bald ein kleines Plateau und dahinter den Eingang zu einer Höhle. Aschespuren verrieten, dass schon früher Menschen hierher gekommen waren. Anzhuo Marji band den Esel an einem Baum fest und fing an, Brennholz zu sammeln. Ich half ihr dabei. Wir trugen die trockenen Zweige in die Höhle, die größer war, als es von außen schien. Durch einen schmalen Gang gelangten wir in eine weite Halle mit einer Öffnung in der Decke, durch die Tageslicht hereinfiel. An einer Seite lagen mehrere gewebte Teppiche. Anzhuo Marji legte die Zweige auf den Boden und zog die Teppiche, die ziemlich eingestaubt waren, nach draußen. Ich folgte ihr und rätselte, warum sie für eine kleine Rast einen derartigen Aufwand betrieb. Sie schaute mich lachend an und begann, die Teppiche auszuschütteln. Ich sollte inzwischen noch mehr Brennholz sammeln. Als ich einen ordentlichen Stapel beisammen hatte und in die Höhle trug, breitete sie drinnen schon die Teppiche aus. Sollten wir hier etwa übernachten? Aber es war ja erst Nachmittag und noch gar nicht so kalt!

«Wozu brauchen wir so viel Holz?» Ich wollte doch wissen, was sie eigentlich vorhatte.

«Kann sein, dass das noch gar nicht reicht», sagte sie und lachte. «Sammle noch mehr! Wir können nicht weiter absteigen.»

Ich schaute auf die Uhr. «Aber es ist doch noch nicht so spät. Wir können es noch bis unten schaffen, denke ich.»

Sie lachte wieder. «Hast du nicht gesehen, dass von Osten her Wolken aufziehen? In einer Stunde wird es regnen und anfangen zu stürmen. Weiter unten wird der Weg sehr steil und rutschig, das wird bei Unwetter zu gefährlich. Wir können erst morgen früh weiter. Aber ich habe genügend Sachen zum Essen dabei.» Damit ging sie nach draußen und holte nun auch den Esel herein. Ich war sprachlos. Ein junger Chinese und eine junge Tibeterin ... Konnte das gut gehen? Ich hatte schon gemerkt, dass sie mich mochte. Ich fand sie ja auch sehr attraktiv, und schon mehrmals hatte ich Lust verspürt, mit ihr zu schlafen, aber ich machte mir wirklich Sorgen um meine Zukunft. Wenn das herauskam, war es mit meiner Karriere endgültig aus. Uns landverschickten Kadern waren geschlechtliche Beziehungen zu Frauen der nationalen Minderheiten streng untersagt. Widrigenfalls drohten Entlassung und Gefängnis. Außerdem wusste ich, dass die Tibeter sexuell ziemlich freizügig waren. Wenn sie nun eine Geschlechtskrankheit hatte? Außerdem war da das Problem mit der Sauberkeit. In dem Dorf am Sonne-Mond-Berg hatten mir Tibeter erzählt, dass die Nomaden auf den Hochebenen nur bei der Geburt, zur Hochzeit und zu ihrer Beerdigung gewaschen würden. Offensichtlich waren die sesshaften Tibeter zwar reinlicher, und Anzhuo Marjis Gesicht sah auch immer frisch gewaschen aus. Trotzdem ermahnte ich mich, ganz vorsichtig zu sein und mich zu beherrschen.

Inzwischen schleppte meine Modellbäuerin sogar zwei lange, dünne Holzstämme herein. Dann begann sie, das Essen vorzubereiten. Während sie fleißig hantierte, warf sie mir immer wieder mal ein verführerisches Lächeln zu. Ich hatte nichts zu tun und schaute ihr zu. Dann veränderte sich das einfallende Licht. Sollte wirklich ein Unwetter aufziehen? Ich ging zum Eingang der Höhle. Tatsächlich: Schwarze Wolkenberge türmten sich, bald brausten Sturmböen auf, es begann zu regnen. Du dummer Kerl, schalt ich mich, was hast du nur für eine Fantasie! Anzhuo Marji hat wirklich nur das Wetter im Auge gehabt, aber du denkst nur an das eine!

Als ich zurückkam, hatte Anzhuo Marji schon das Holz angezündet. Mit dem Feuer wurde die Höhle richtig gemütlich. Bald war das Essen fertig. Wir zogen die Stiefel aus und machten es uns auf den Teppichen bequem. «Du bist doch neunzehn», sagte ich, denn ihr Alter wusste ich von den Interviews. «Sind die Frauen in deinem Alter normalerweise schon verlobt?»

«Das vielleicht nicht, aber einen Freund haben sie bestimmt alle.»

«Und – wie ist es bei dir?»

«Ich habe auch einen Freund.»

Ich war erleichtert. «Wirst du ihn heiraten?»

«Vielleicht», sagte sie, «aber vielleicht auch nicht.»

«Die anderen Männer sind bestimmt neidisch auf deinen Freund, oder?»

«Wieso?»

«Weil du so hübsch bist.»

«Danke! – Du siehst aber auch nicht schlecht aus», setzte sie hinzu und rückte näher.

Ich schaute auf ihre nackten Füße. Sie sahen ganz sauber aus. Sie gehörte offenbar wirklich nicht zu jenen, die sich nur dreimal in ihrem Leben wuschen.

«Kenne ich deinen Freund? Gehört er auch zu eurer Brigade?»

«Nein. Er wohnt auf einem anderen Berg. Wir treffen uns ziemlich selten.»

«Ist er nicht eifersüchtig, wenn wir hier ganz allein sind?»

«Nein. Er hat ja kein Recht, über mich zu bestimmen. Wir heiraten hier nur, wenn wir ein Kind bekommen. Manchmal heiraten wir auch gar nicht. Bei uns tragen die Kinder sowieso nur den Namen der Mutter.»

«Aber wieso? Ist denn der Vater so unwichtig?»

«Das nicht, aber manchmal weiß man ja nicht, wer der Vater ist», erklärte sie mir lachend. Sie schaute mich an und schob ihre Füße unter meine Schenkel. «Ich friere ein bisschen.»

Sie verführte mich ja richtig! Das Feuer verbreitete eine wohlige Wärme und beleuchtete Anzhuo Marjis Gesicht. Mit ihren langen Wimpern und der geraden, relativ hohen Nase sah sie gar nicht so typisch tibetisch aus.

«Sag mal, bist du eine echte Tibeterin?»

«Wieso fragst du?»

«Weil ich noch nie ein so hübsches tibetisches Mädchen gesehen habe wie dich.»

«Ich weiß auch nicht. Ich kenne meinen Vater nicht. Vielleicht bin ich ja ein Mischling. Auf jeden Fall sind wir in dieser Gegend ziemlich gemischt, auch in den Sitten und Gewohnheiten. Andere Tibeter waschen sich nur ganz selten, sogar die Hände. Aber wir sind anders.» Sie streckte mir ihre Hände entgegen und legte sie in die meinen. Dann rückte sie ganz an meine Seite und lehnte den Kopf an meine Schulter. Mein Herz begann wild zu klopfen. Ich legte meinen Arm um ihre Schulter und schmiegte mich an sie. «Ich mag dich wirklich gern. Aber ich habe Angst. Wenn wir beiden erwischt werden, bin ich erledigt», flüsterte ich. «Eigentlich würde ich dich gern als meine Frau mit nach Hause nehmen und ...»

«Oh nein», unterbrach sie mich. «Ich werde mein Dorf niemals verlassen. Und du würdest sicherlich auch nicht hierher kommen wollen. Aber es wäre gar nicht schlecht, wenn ich ein Kind von dir haben könnte. Ich habe schon mit meiner Mutter darüber gesprochen – sie ist nicht dagegen.»

Ich fiel aus allen Wolken. «Wie bitte? Wenn ich dich schwängere, bin ich für den Rest des Lebens erledigt!»

«Aber ich würde ja niemandem sagen, dass das Kind von dir ist! Bis jetzt weiß ich noch nicht einmal, wie du mit vollem Namen heißt. Du bist so schön groß, und du bist klug, du siehst gut aus. Wenn wir ein Kind hätten, würde es bestimmt auch richtig gut aussehen.»

«Nein», wehrte ich ab. «So geht das doch nicht!»

Sie wandte sich ab und schmollte eine Weile, stand dann auf und schichtete noch mehr Holz aufs Feuer. Die Tibeter hatten wirklich Erfahrung im Feuermachen! Sie wusste genau, wie sie es anzustellen hatte, damit es gleichmäßig und möglichst lange brannte. In diesen Tagen hatte sie mir immer nur ein lachendes Gesicht gezeigt. Jetzt sah ich sie zum ersten Mal traurig. Mein Herz wurde weich. Ich stand auf, umarmte sie und sagte: «Es tut mir Leid. – Aber ...»

Weiter kam ich nicht mehr. Sie schlang ihre Arme um meinen Hals und begann, mein Gesicht mit Küssen zu bedecken. Allerdings küsste sie mich nicht auf den Mund – vermutlich galt das als unschicklich. Wir glitten zurück auf den Teppich, sie zog ihren Mantel und das Hemd aus, so dass ihr langes schwarzes Haar auf den nackten Oberkörper fiel. Ich kapitulierte. Sie war wie ein hungriger Tiger, und ich fühlte mich wie ein Lamm. Sie war sehr aktiv, fast schon ein bisschen aggressiv. Sie zog sich ganz aus und entkleidete auch mich, und wir rollten auf den Teppichen hin und her. Dann schliefen wir unter unseren Mänteln bis zur Morgendämmerung.

Durch das heiße Liebesgetümmel und die Nacht auf Teppichen, die die Härte des unebenen Steinbodens kaum milderten, hatte ich mir etliche blaue Flecken geholt und spürte, als ich erwachte, jeden einzelnen Knochen. Das Feuer war inzwischen erloschen, und die Luft war frisch und kalt. Anzhuo Marji schlief noch, ganz dicht an mich gekuschelt. Ich betrachtete ihr Gesicht im frühen Dämmerlicht und ihre nackten Schultern, die unter dem Mantel hervorschauten. Sie sah aus wie ein Engel. Ich setzte mich etwas auf und beugte mich über sie, um ihr Gesicht zu küssen, da erwachte sie. Schüchtern lächelnd schaute sie mich an.

«Ich glaube, wir müssen weiter», sagte ich.

Da zog sie mich an sich, und plötzlich liefen Tränen über ihr Gesicht. Sie hatte sich wirklich in mich verliebt. Am liebsten wäre ich einfach bei ihr geblieben, in ihrer Welt, die so friedlich schien – ohne Kampf, ohne Streit, ohne Lügen. Es war so wunderschön mit ihr zusammen! Und wenn ich mit ihr in ihr Dorf zurückginge? Wenn ich den Dorfbewohnern erklärte, ich wolle bei ihnen bleiben, ob sie mich dann immer noch so freundlich aufnehmen würden? Nein, wahrscheinlich nicht. Es ist etwas anderes, einen Gast für ein paar Tage zu beherbergen, als einen Fremden für immer. Ich musste zurück in meine Welt des Elends.

«Anzhuo Marji, wir müssen wirklich gehen», wiederholte ich.

Sie ließ mich los. Ich stand auf und zog mich an. Jetzt stand auch sie auf. Bevor wir die Höhle verließen, umarmte sie mich noch einmal und fragte: «Kommst du wieder?»

«Vielleicht ...» Eigentlich glaubte ich es selbst nicht.

Der weitere Weg ins Tal war in der Tat sehr beschwerlich. Je näher wir der Kommuneverwaltung kamen, umso trauriger wurde sie. Sie sagte kein Wort mehr und geleitete mich schweigend weiter. Als wir das erste Haus erreichten, stellte ich fest, dass es dasjenige war, vor dem ich die beiden tibetischen Frauen einige Tage zuvor nach dem Weg gefragt hatte. Ich erzählte Anzhuo Marji davon, und sie sagte: «Sie haben dich bestimmt falsch verstanden.

Niemand wagt es, über den Weg zu uns zu gehen, den du genommen hast. – Ich kehre hier um. Du kannst dir hier ein Pferd oder einen Esel leihen und damit zur Kreisstadt zurückreiten.» Sie blickte traurig, als sie den Sack ablud. Dann sprang sie auf ihren Esel, schlug ihm kräftig mit der flachen Hand aufs Hinterteil und ritt davon, ohne sich noch einmal umzudrehen. Ich blickte ihr nach, bis sie verschwand.

Mit dem Sack im Gepäck kehrte ich nach Xining zurück. Die Walnüsse teilte ich diesmal mit niemandem außer mit meinem Zimmergenossen Ding, denn jede Nuss, die ich aß, erinnerte mich an Anzhuo Marji. Der Bericht, den ich über dieses Dorf verfasste, wurde der beste, den ich je schrieb. Noch nie hatte ich so schön und aus vollem Herzen schreiben können. Die Fotos dazu waren einmalig gut gelungen. Shao Hua allerdings lehnte die Veröffentlichung ab. Meine Reportage sei kleinbürgerlich. Ich musste alles noch einmal umschreiben – in trockenem Dokumentationsstil.

Auf Fischfang am Qinghai-See

Die Hungersnot verschärfte sich weiter. Das Zentralorgan der Partei gab deshalb Weisung, jede staatliche Einheit müsse sich neben ihrer normalen Arbeit auch darum bemühen, für die eigene Ernährung zu sorgen. Also begannen alle Arbeitseinheiten, Schweine und Hühner zu züchten – auch in den Städten. Das Provinzparteikomitee von Qinghai wollte außerdem den Fischfang im Qinghai-See intensivieren, zumal dort der Gelbfisch lebte, eine Delikatesse. Der Qinghai-See ist mit seinen 4400 Quadratkilometern und 360 Kilometern Umfang der größte Binnensee Chinas. Allerdings liegt er in einer Höhe von 3200 Metern in recht unwirtlichem Gebiet. Bitterkalt sollte es dort sein, so dass man selbst im Sommer nach Sonnenuntergang einen pelzgefütterten Mantel brauchte.

Eines Vormittags kündigte Shao Hua eine Versammlung aller Verlagsmitarbeiter an: «Es geht um die Frage, wie wir künftig unsere Ernährung sicherstellen können», sagte er. Ein Kollege, der offenbar die besseren Kontakte besaß, ergänzte: «Ich habe gehört, dass einige Verlagsmitarbeiter zum Fischen an den Qinghai-See geschickt werden sollen.»

Die Information ging mir durch Mark und Bein. Die Zeit in der Sonne-Mond-Berg-Kommune hatte mir gereicht. Nicht auszudenken, wenn ich jetzt schon wieder dran war. Shao Hua, den ich anschaute, wich meinem Blick aus – ein böses Indiz.

Zu Beginn der Vollversammlung hielt der Parteisekretär des Verlags eine

Ansprache. Eindringlich legte er dar, wie wichtig der Einsatz an der «Nahrungsfront» sei: «Wir schicken unsere besten Leute, denen wir ganz vertrauen können. Das ist eine besonders ruhmreiche Aufgabe.» Sodann wurde eine Liste mit den Namen jener siebzehn Personen verlesen, die zum Qinghai-See geschickt werden sollten. Wie befürchtet, traf es auch mich, typischerweise als Einzigen aus unserer Redaktion. Ich war wütend. Wir waren vierzehn, fünfzehn Kollegen. Warum musste ich wieder den Kürzesten ziehen?

Kaum war die Versammlung um, stand ich schon beim Parteisekretär im Büro, um zu protestieren. Aber der grinste nur dumm und sagte: «Es tut mir Leid, das Parteikomitee hat entschieden. Es war auch nicht unsere Idee gewesen, dich zu schicken, sondern die eures Redaktionschefs Shao Hua. Du bist für diese Aufgabe am besten geeignet, sagte er. Du bist noch jung, und politisch hast du keine allzu großen Fehler begangen, so dass wir dir vertrauen können. Der Ort, an den ihr fahren werdet, liegt am Westufer ganz im tibetischen Siedlungsgebiet. Es ist wichtig, dass ihr gute Beziehungen zu den Tibetern unterhaltet. Dafür können wir doch keine Leute auswählen, die politisch nicht zuverlässig sind! Außerdem fahrt ihr ja nur für ein paar Monate, dann tauschen wir dich gegen jemand anderen aus.» Diese fantastischen, vorgeschobenen Gründe! In Wirklichkeit hatte Shao Hua mich bloß wieder loswerden wollen. Die Willkür, mit der er über mein Schicksal entschied, war unerträglich.

Schon zwei Tage später holperten wir siebzehn Männer auf einem offenen Lastwagen fort Richtung Wildnis. Es war Mitte März. Wir trugen jeder eine Felljacke und einen Fellmantel übereinander und darunter noch einige Pullover und froren trotzdem noch. Die Fahrt dauerte zwei Tage und eine Nacht. Während der gesamten Zeit sahen wir nur gelbe Sandwüste und dürre Grassteppe. Die Hälfte unserer Gruppe stammte aus Qinghai, allerdings aus Xining und nicht vom Land. Sie waren nie zuvor an einem solch entlegenen Ort gewesen. Durch meinen Einsatz in der Sonne-Mond-Berg-Kommune verfügte ich als Einziger über Erfahrung mit Extremsituationen, wie sie uns erwarteten; außerdem war ich der Älteste der Gruppe. Das Parteikomitee hatte zwar den Genossen Du, der Parteimitglied war, zum Gruppenleiter bestimmt, aber aufgrund meiner Erfahrungen hörte die Gruppe von Anfang an mehr auf mich.

Endlich näherten wir uns unserem Bestimmungsort. Nach zwei Tagen auf der Lkw-Pritsche waren wir nicht nur völlig durchgefroren, sondern auch ausgehungert, denn das harte, schwarze Qingke-Brot, das wir als Proviant mitbekommen hatten, hatte sich als nahezu ungenießbar erwiesen. Schon eine ganze Weile vor unserer Ankunft hatte ich begonnen, von einem schönen heißen Bad, einer heißen Fleischsuppe und gedämpftem Weißbrot zu träumen. Irgendeine Einheit würde ja für uns verantwortlich sein und uns in Empfang nehmen. Gegen sechs Uhr abends, es dunkelte schon, setzte uns der Lkw vor einer Reihe flacher Lehmhütten am Seeufer ab. Die einstigen Kasernenbauten standen offenbar seit Jahren leer. Ihre Wände durchzogen Risse, und die Fenster waren nur offene Luken ohne Glas, die Türen fehlten. Eine dieser Ruinen war uns zur Unterkunft bestimmt: ein lang gezogener Flachbau mit einem einzigen Raum, der weitgehend von einem lehmgemauerten Ofenbett ausgefüllt wurde. In der angebauten Küche stand ein großer Topf auf einem Ofen, daneben lag ein Rest Brennholz. Draußen gab es noch einen Brunnen. Das war alles. Niemand empfing uns, niemand hatte etwas vorbereitet, es gab weder Strom noch irgendwelche Nahrungsmittel, von Sanitäreinrichtungen oder Telefon ganz zu schweigen. Dazu war es erbärmlich kalt. Der Jüngste von uns, der erst neunzehn war, begann zu weinen. Glücklicherweise hatten wir etwas gemahlene Qingke-Gerste mitgebracht, und so verfeuerten wir an diesem Abend den Brennholzrest und aßen zumindest eine heiße Qingke-Suppe. In der Nacht drängten wir uns alle siebzehn dicht auf dem Ofenbett zusammen, das aus Mangel an Brennstoff kalt blieb – eiskalt. Der Wind pfiff so laut, dass wir nicht unterscheiden konnten, ob es nur der Wind war oder auch Wolfsgeheul. Ich steckte in meinem dicken Bettzeug, das ich aus Xining mitgebracht hatte. Obendrauf lagen noch Fellmantel und Felljacke und alle meine anderen Kleidungsstücke. Trotzdem zitterte ich vor Kälte. Doch ich konnte auch vor Zorn nicht einschlafen. Was das Parteikomitee unseres Verlages mit uns anstellte, war schlichtweg empörend. Wir wurden überhaupt nicht wie Menschen behandelt, sondern wie Dreck – weg damit! Wie sollten wir hier überleben ohne Nahrungsmittel, Brennmaterial und Medikamente? Es war ihnen völlig egal, wie es uns erging. Mochten wir doch krepieren! Wahrscheinlich meldeten sie ihrem übergeordneten Parteiorgan sogar noch, wie erfolgreich sie den Kampf an der Nahrungsfront betrieben.

Am nächsten Morgen stand ich als Erster auf und ging hinaus, um mich ein wenig umzusehen. Vor mir lag der riesige See mit ein paar Eisschollen darauf. Das Wasser war glasklar, so dass man bis auf den Grund schauen konnte. Sonst war ringsumher nur Sand zu sehen und ein wenig dürres, braunes Gras. Bäume fehlten völlig. Noch der erfreulichste Anblick war einiges dürres Gestrüpp, da es als Brennmaterial dienen konnte. Da nahm ich plötzlich in der Ferne eine menschliche Gestalt wahr, einen Mann in schwarzer Kleidung, allem Anschein nach kein Tibeter. Ich lief ihm rasch entgegen. Als ich ihn erreichte, schaute er mich mit großen Augen erschreckt an und stotterte: «Wer ... wer sind Sie denn? Wo kommen Sie denn her?» Er sprach klares Hochchinesisch.

«Ich bin gestern Abend mit einer Gruppe aus Xining hier angekommen», erklärte ich. «Wir sind Mitarbeiter des Qinghai-Verlages. Und was machen Sie hier?»

«Ich bin Mitglied einer geologischen Forschungsgruppe, die hier an einem Projekt arbeitet. Planen Sie eine Reportage über den Qinghai-See?»

«Wir sind zum Fischen da», erklärte ich.

«Zum Fischen? Ich habe hier noch keinen einzigen Fisch gesehen.»

«Was? Haben Sie denn auch schon gefischt?»

«Natürlich. Wir haben alles ausprobiert, aber vergebens.»

Ich überlegte. Wenn er mit einer Gruppe hier war, dann hatten sie bestimmt zumindest ein paar Lebensmittelreserven. Vielleicht konnten sie uns ein wenig aushelfen. Ich erzählte von der prekären Lage, in der wir uns befanden. Er legte die Stirn in Falten und sagte dann: «Kommen Sie mal mit. Wir haben ein Telefon.» Unterwegs erfuhr ich, dass er der Leiter der Gruppe war und Wei hieß. Sein ganzes Leben hatte er der Geologie verschrieben und seine Forschungen meist unter großen Entbehrungen durchführen müssen. Auch jetzt, im Alter von über fünfzig Jahren, setzte er sich hier noch solchen Strapazen aus. Ich bewunderte ihn.

«Am liebsten würde ich sofort im Verlag anrufen, um sie über unsere desolate Lage aufzuklären», sagte ich. Doch Gruppenleiter Wei bedauerte: «Ferngespräche kann man von uns aus nur sehr schwer führen. Es dauert ewig, bis man eine Verbindung bekommt. Aber ich kann für Sie den Bürgermeister der nächsten Ortschaft anrufen, zu deren Gebiet die Gegend hier verwaltungsmäßig zählt. Ich kenne ihn ganz gut. Da Sie jetzt hier wohnen, müssen Sie ja dort gemeldet sein. Demnach ist es seine Aufgabe, sich um Ihre Gruppe zu kümmern.»

«Wie weit ist es denn bis zu dem Ort?»

«Rund drei Stunden Fahrt.»

Er erreichte den Bürgermeister sofort und schilderte ihm unsere Situation. Wie sich herausstellte, war die örtliche Verwaltung vom Verlag wohl ordnungsgemäß über unser Kommen informiert worden, aber dabei war es dann geblieben. Anscheinend hatte weder der Verlag Verpflegung und eine vernünftige Unterkunft für uns angefordert, noch hatte der Bürgermeister es irgendwie für nötig gehalten, von sich aus aktiv zu werden. An der Reaktion des Geologen merkte ich, dass der Bürgermeister auch jetzt noch versuchte, sich möglichst billig aus der Affäre zu ziehen: «Passen Sie mal auf», sagte Wei, «diese Leute kommen alle vom Qinghai-Verlag. Wenn die etwas Schlechtes über Sie schreiben, könnte das unangenehme Konsequenzen haben. Andererseits könnte es sich für Sie als recht nützlich erweisen, wenn Sie sich nett um die Gruppe kümmern.»

Die etwas unfeine Drohung zeigte Wirkung. Der Bürgermeister versprach, schon am Nachmittag persönlich bei uns vorbeizukommen.

Wei war ein wirklich netter Kerl. Wie selbstverständlich packte er etwas vom Proviant seiner Gruppe zusammen und folgte mir zu unserer Unterkunft hinüber. Als ich ihn der Gruppe vorstellte und ihnen sagte, wir würden wahrscheinlich demnächst Unterstützung vom Bürgermeister bekommen, hellten sich die verzweifelten Mienen ein wenig auf.

Gegen Mittag wurde es deutlich wärmer, so dass wir unsere Ledermäntel ablegen konnten. Dann, am Nachmittag, erschien ein Jeep auf der Piste: der Bürgermeister kam. Seinem Dialekt nach stammte er aus der Nähe von Peking. Ich war überrascht, selbst in diesem abgelegenen Landstrich schon wieder einem Funktionär aus dem Norden zu begegnen. Er trug eine Militäruniform mit einem dunkelgrünen Militärmantel darüber.

Dass er einst in der Armee Karriere gemacht hatte, war nicht zu überhören. «Alle stillgestanden!», kommandierte er zur Begrüßung, als wir ihn bei der Ankunft aufgeregt umringten. «Hier in diesem Gebiet untersteht ihr meiner Führung. Wenn es irgendetwas zu klären gibt, wendet euch an mich. Es ist euch hoffentlich klar, dass diese Gegend ziemlich gefährlich ist. Hier gibt es nicht nur Großwild, sondern manchmal springen hier auch Agenten der Nationalpartei mit Fallschirmen ab. Letztes Jahr habe ich eigenhändig zwei festgenommen. Außerdem sind da auch ein paar Tibeter, die etwas gegen uns haben. Und dann wisst ihr ja, dass es in Qinghai verschiedene Gefangenenlager gibt. Manchmal versuchen Häftlinge auszubüxen und sich hier in den alten Kasernen zu verstecken. Es ist daher wichtig, dass ihr euch verteidigen könnt.» Sein Chauffeur reichte ihm zwei alte japanische Gewehre mit langen Läufen.

«Ist jemand unter euch, der gedient hat?» Niemand antwortete.

«Hat einer Erfahrung im Schießen?»

Nur einer war mal mit seinem Vater auf Jagd gegangen.

Der Bürgermeister lachte, griff eines der Gewehre und zeigte uns, wie es geladen wurde. Einige von uns machten sich daraufhin genauer mit dem Gebrauch der Gewehre und der Munition vertraut. Ich fasste keines an; ich hasste Gewehre. Mich interessierte vielmehr, was der Fahrer jetzt an Lebensmitteln aus dem Wagen holte: etwas Öl, Salz, Sojasoße, Weizenmehl und Qingke-Mehl.

«Ich erwarte von euch strengste Disziplin!», fuhr der Bürgermeister in schnarrendem Ton fort. «Habt ihr Parteimitglieder in der Gruppe?»

Zu meiner Überraschung meldeten sich drei. Einzig von unserem Gruppenchef Du war mir die Parteizugehörigkeit bekannt gewesen. Der Zweite machte einen sehr gebildeten Eindruck, während der Dritte ein ganz unscheinbarer Typ war.

«Sehr gut. Ihr drei bildet die Führungsgruppe», bestimmte der Bürgermeister. Er winkte sie zu sich: «Kommt mit, wir haben einiges zu besprechen!»

Als er sich mit ihnen entfernte, beschlich mich wieder ein Gefühl, als sei ich einem Geheimbund ausgeliefert. Ihr Parteimitglieder! Immer fordert ihr, dass man den Massen vertrauen und sich auf das Volk verlassen soll, und was macht ihr? Selbst unter den erbärmlichsten Bedingungen bildet ihr euch ein, etwas Besonderes zu sein, und kapselt euch ab.

Wir anderen blieben schweigend zurück und kümmerten uns um das Verstauen der Vorräte. Eine halbe Stunde später war die Viererkonferenz beendet, und wir hatten wieder stramm zu stehen: «Ab heute sind diese drei eure Führer», gab der Bürgermeister bekannt. «Genosse Du wurde ja schon von eurem Parteikomitee zum Gruppenleiter ernannt. Jetzt brauchen wir aber noch einen weiteren Mann, der für eure Verpflegung verantwortlich ist.»

«Ich schlage den Genossen Guan vor», rief einer aus unserer Gruppe. «Ja, einverstanden», rief der Nächste, und alle applaudierten zustimmend.

Der Bürgermeister nickte: «Wir hatten auch schon an den Genossen Guan gedacht. Ich bin einverstanden.»

«Die Vorräte, die Sie uns zur Verfügung gestellt haben, reichen allenfalls für ein paar Tage», rief ich. «Wie soll es weitergehen?»

Der Bürgermeister zog ein langes Gesicht: «Das ist alles, was ich im Moment übrig habe. Ihr könnt ja jeden Tag fischen gehen. Fisch ist die beste Nahrung und sehr gesund. Darin sind alle Vitamine enthalten, die man braucht.»

Alle Vitamine, Donnerwetter! Niemand sprach in diesen Zeiten über Vitamine.

«Ich habe euch auch Netze mitgebracht und die gesamte Ausrüstung, die man zum Fischen braucht», fuhr er fort. «Ab morgen könnt ihr anfangen. Außerdem erhaltet ihr in Zukunft alle zwei Wochen Nachschub an Mehl und so weiter. Von Fisch allein kann man ja auch nicht leben.» Er lachte, als hätte er einen Witz gemacht, und schaute auf seine Armbanduhr. «Aber jetzt muss ich los.»

Wir begleiteten ihn zu seinem Jeep und schauten ihm nach, wie er in einer Staubwolke verschwand.

Fischen – das war für uns alle eine völlig unbekannte Aufgabe. Wir rätselten, wie wir mit dem zusammengerollten Netz umzugehen hatten. Das einzige Boot, das am See lag, hatte Löcher im Boden.

Mit der Hilfe unserer Nachbarn, der Geologen, reparierten wir das Boot und schnitzten sogar zwei Ruder. Zwei Tage später konnte es endlich losgehen. Die Auskunft der Geologen, wonach hier ohnehin nichts zu fangen sei, ignorierten wir, da uns sowieso nichts anderes übrig blieb. Gleich frühmorgens luden wir das Netz ins Boot. Es war noch sehr kalt. Einige hielten vom Ufer aus das eine Ende des Netzes an einem langen Seil, und vier von uns ruderten mit dem Boot ein Stück auf den See hinaus, warfen das Netz im Halbkreis aus und kamen wieder zum Ufer zurückgerudert, wo die anderen warteten und das andere Ende des Netzes in Empfang nahmen. In zwei gleich starken Gruppen holten wir das Netz ein. Es war leer. Jeden Tag versuchten wir es zwei-, dreimal in der gleichen Weise, aber wir fingen eine ganze Woche lang keinen einzigen Fisch. So aßen wir die ganze Zeit nur Qingke-Suppe und Qingke-Momos. Allmählich verloren wir das Zeitgefühl. Irgendwann reiste die Geologengruppe ab und überließ uns noch ein paar Lebensmittel, Suppenschalen und etwas Brennholz.

Eines Tages erschien ein Fremder. Schon von weitem winkte er uns freundlich zu. «Endlich mal ein paar neue Gesichter», rief er. «Ich habe hier Rauch aufsteigen sehen. Da wollte ich doch mal sehen, wer unsere Nachbarn sind. Ich bin vor kurzem mit einer Gruppe von Lehrern aus Xining angekommen. Wir fischen hier für unsere Einheit.»

«Und? Haben Sie schon was gefangen?», fragten gleich mehrere von uns aufgeregt.

«Natürlich.»

Wir erzählten ihm von unseren erfolglosen Versuchen. Er lachte und schüttelte den Kopf: «So geht das natürlich nicht. Wenn man das Netz vom Boot aus ins Wasser wirft, verdreht es sich leicht, und die Fische entkommen. Manchmal schwimmen sie auch schon weg, sobald nur das Netz ins Wasser taucht. Am besten ist es, wenn man selber ins Wasser geht und das Netz von dort aus zieht. Man braucht gar nicht sehr weit hinauszugehen, wichtig ist nur, dass man mit dem Netz einen Kreis schließt. Dann können die Fische nicht mehr entkommen. Außerdem ist es besser, nicht frühmorgens zu fischen. In der Kälte halten sich die Fische nämlich am Grund auf. Die besten Erfolge erzielt man mittags, wenn die Fische nach oben kommen, weil sie die Wärme suchen.»

Dass wir zum Fischen selbst ins Wasser gehen sollten, gefiel uns natürlich überhaupt nicht. Das Wasser war eiskalt, und selbst bei Sonnenschein erwärmte es sich kaum. Aber die Aussicht, Fisch essen zu können, besiegte dann doch die Furcht vor Frostbeulen. Am nächsten Tag um die Mittagszeit ging es los. Obenherum hatten wir uns warm angezogen, außen die Fellmäntel, und unten waren wir nackt. Einer nach dem anderen stiegen wir ins Wasser. Es war, als schnitten Messer ins Fleisch. Im tieferen Wasser schlugen wir die Mantelsäume nach oben und verknüpften sie über den Schultern. Auf diese Weise gingen wir so weit hinaus, bis uns das Wasser zum Bauch reichte. Dann schlossen wir den Kreis und zogen das Netz zum Ufer. Schon beim ersten Versuch zappelten darin sieben oder acht große, fette Fische. Was für eine Freude, der Einsatz hatte sich gelohnt! Da unsere kleine Ölration aufgebraucht war, kochten wir den Fang und würzten mit etwas Salz. Mir war, als hätte ich noch nie im Leben so leckeren Fisch gegessen. Es war besser als ein Festessen zu Neujahr.

Von da an fischten wir jeden Tag zweimal. Jedes Mal fingen wir mindestens zwei, drei Fische, manchmal waren es auch zehn auf einmal. War es mehr, als wir aufessen konnten, salzten wir die überzähligen Exemplare und versuchten, sie auf dem Dach zu trocknen. Da wir alle jung und kräftig waren, überstanden wir die Strapazen im eiskalten Wasser zunächst recht gut. Aber dann bekamen einige häufiger Krämpfe in den Beinen, und nicht nur im kalten Wasser, sondern auch nachts. Eines Tages liefen einem von den Jüngeren beide Beine blau an. Wahrscheinlich wurden sie nicht mehr richtig durchblutet. Da hilft nur eine Massage mit hochprozentigem Alkohol oder Spiritus, dachte ich mir. Aber woher sollten wir so etwas bekommen?

Unterdessen hatten weitere staatliche Einheiten Gruppen zum Fischfang hierher versetzt, so dass wir immer mehr Nachbarn bekamen. Nun ging ich von einem Lager zum anderen in der Hoffnung, irgendwo Hilfe für unseren Kranken organisieren zu können. Dabei erfuhr ich, dass es ein, zwei Kilometer weiter eine neue Brigade mit zweihundert Personen gebe, die zu einer Fischfabrik gehöre und sich auf den Fischfang im Sommer vorbereite. Dort, so hieß es, könne man auch Kleidung und Lebensmittel kaufen. Ich machte mich sofort auf den Weg dorthin.

Die Fischfabrikbrigade war eine richtige kleine Zeltstadt. Verglichen mit unseren Verhältnissen wirkte hier alles professionell organisiert. Sie hatten eine eigene Kantine und sogar eigene Ärzte dabei. Außerdem verfügten sie über Telefon, Telegrafen und eine Poststelle, wo man Briefe aufgeben konnte. Bald hatte ich den brigadeeigenen Verkaufsladen entdeckt, wo ich nicht nur hochprozentigen Schnaps fand, sondern sogar eine Sorte leckerer Bonbons, die in Shanghai hergestellt wurden und die ich noch aus meiner Schulzeit kannte. Eigentlich hießen sie «Mickymaus-Bonbons», aber der chinesische Name verschleierte die amerikanische Herkunft der auf ihrem Einwickelpapier abgebildeten Comicfigur, so dass sie auch nach der Revolution immer weiter produziert wurden. Außer diesen beiden Artikeln gab es allerdings nur noch einfache, schlichte Uniformen zu kaufen. Ein Schock waren freilich die Preise. Der Schnaps war deutlich teurer als üblich. Richtig zugelangt wurde jedoch bei den Bonbons. Die kosteten normalerweise zwei, drei Yuan pro Pfund, aber hier verlangten sie 76 Yuan, ein Betrag, mit dem sich in Peking eine ganze Familie ein, zwei Monate lang ernähren konnte. Da ich für mein monatlich in einer Tüte angeliefertes üppiges Gehalt – sinnigerweise mit hohem «Wildniszuschlag» – sonst keine Verwendung fand, zögerte ich nicht lange: endlich mal etwas anderes als der ewige Gerstenbrei und Fisch! Mein Körper lechzte geradezu nach Süßigkeiten. So zog ich dann mit zwei Pfund Mickymaus-Bonbons und fünf Flaschen fünfundsechzigprozentigem Schnaps wieder heimwärts.

Die Massage mit dem Alkohol wirkte Wunder. An diesem Abend saß unsere siebzehnköpfige «Familie» zusammen und aß Fisch mit Schnaps. Meine Bonbons verdrückte ich später heimlich unter der Bettdecke.

Der Frühling kam sehr spät, doch endlich wurde es wärmer, und kleine grüne Knospen erschienen an den dürren Büschen. Einmal sah ich, wie eine mongolische Gazelle an einem dieser Sträucher nach frischem Grün suchte. Da schoss es mir durch den Kopf: Warum könnten wir nicht versuchen, ein paar Gazellen zu jagen? Wir hatten ja immerhin zwei Gewehre und Munition. Alle waren von der Idee begeistert, denn wir konnten inzwischen keinen Fisch mehr sehen. Gruppenleiter Du bat deswegen vier Freiwillige, jagen zu gehen; einer davon war ich. Fast eine Woche lang waren wir nun täglich von früh bis spät auf der Pirsch, doch ohne Erfolg. Am frühen Nachmittag des letzten Tages machten wir dann endlich eine ganze Gazellenherde aus. Sie war nicht einmal sehr weit von unserer Behausung entfernt, vielleicht drei bis vier Kilometer. Wir teilten uns, um die Tiere von zwei Seiten in die Zange zu nehmen: Zwei pirschten sich von links mit den Gewehren an, während ich mit dem vierten der Gruppe rechts um die Herde herumging, um sie am Fliehen zu hindern. Der Erfolg unserer Strategie übertraf jede Erwartung: Der erste Schuss, den die anderen abfeuerten, zischte nämlich haarscharf an meinem Kopf vorbei. Ich warf mich auf den Boden und brüllte etwas zu den Schützen hinüber, die Gazellen sprangen davon. Fast gleichzeitig fielen weitere Schüsse. Dann folgte lautes Freudengeheul: Zwei Tiere waren erlegt worden, beide von stattlicher Größe. Der Erfolg schmeckte nach mehr. Der Tag war ja noch nicht um. Also beschlossen wir weiterzusuchen. Kurz vor Einbruch der Dämmerung erspähten wir wieder eine Herde, vermutlich dieselben Tiere, die wir zuvor dezimiert hatten. Wir erwischten ein weiteres Tier. Doch nun ging die Sonne unter, und es dunkelte rasch. Den ganzen Tag waren wir auf den Beinen gewesen und total ermattet. Wir schafften es noch, unsere Beute bis an die Landstraße zu ziehen, aber sie noch bis nach Hause zu tragen, war in unserem Zustand unmöglich zu schaffen.

Ich wusste, wie gefährlich es ist, sich unter freiem Himmel und im Dunkeln mit geschossenem Wild aufzuhalten, denn das frische Blut würde Bären und Wölfe anlocken. Zwar hatten wir noch Munition, so dass die Gefahr eines Raubtierüberfalls halbwegs kalkulierbar war, aber dennoch gebot die einfallende Nacht höchste Eile. «Wartet hier, ich hole die anderen!», rief ich kurz entschlossen und rannte los, so schnell ich konnte. Als ich in unserer Behausung ankam, war ich völlig durchgeschwitzt. Die anderen lagen seelenruhig auf dem Bett. Einige lasen in den Büchern, die sie sich mitgebracht hatten, und zwei spielten Schach. Ich polterte los: «Vier von uns sind nachts noch draußen, und ihr macht hier gemütlich Feierabend. Schon mal auf die Idee gekommen, dass uns was passieren könnte? Los, zieht sofort eure Mäntel an und nehmt Fackeln mit! Wir haben drei Gazellen erwischt, aber sie sind so groß, dass wir sie nicht zu viert tragen können.»

Unser Fackelzug über die unwirtliche Steppe gab ein tolles Bild ab, das mich vergessen ließ, wie erschöpft ich im Grunde war. Unser Jubel ob des lang ersehnten Jagderfolgs muss in der Stille der Nacht kilometerweit hörbar gewesen sein. Da wir bloß der Piste zu folgen brauchten, fanden wir die anderen trotz der Finsternis ohne Mühe wieder.

Zu Hause angekommen, stellte sich die Frage, wie wir die Fleischmenge verarbeiten sollten. An Ausruhen war nicht zu denken. Alle gierten geradezu nach einem Stück Fleisch. Dass es – für unsere Verhältnisse – schon spät in der Nacht war, kümmerte keinen. «Wir haben doch noch ein bisschen Weizenmehl. Lasst uns ein Fest feiern und Jiaozi essen!», schlug ich vor. Die Idee brachte die Stimmung auf einen neuen Höhepunkt, denn Teigtaschen mit Fleischfüllung sind für alle Nordchinesen ein Leibgericht. Sogleich machten sich einige daran, einer Gazelle das Fell abzuziehen, sie zu zerlegen und das Fleisch zu hacken. Die anderen rührten den Mehlteig an. Ich war inzwischen zu nichts mehr zu gebrauchen, ruhte mich auf dem Bett aus und sah den anderen bei der Arbeit zu. Die Verpflegungsregie war anscheinend das Einzige, was einem hier Autorität einbringen konnte.

Endlich waren die duftenden Teigtaschen fertig, und alles griff gierig zu. Die Jiaozi waren doppelt so groß wie normal, und von den normalen schaffte ich sonst höchstens fünfundzwanzig. Heute aß ich fünfzig Stück und hatte immer noch nicht das Gefühl, wirklich satt zu sein. Der Küchenchef des Abends fragte: «Wir haben noch etwas Teig übrig. Was wollen wir damit machen?»

«Nudeln», rief einer, und alle stimmten begeistert zu. Nachdem ich auch noch eine Schale Nudeln gegessen hatte, fing mein Magen an, entsetzlich zu drücken. Ich ging nach draußen, um frische Luft zu schnappen, aber der Druck im Bauch wollte nicht nachlassen. Allmählich bekam ich kaum noch Luft. Ich ging wieder hinein und legte mich aufs Bett. Jetzt sah ich erst, dass ich nicht der Einzige war, der litt. Auch einige andere hielten sich den schmerzenden Bauch und rangen nach Luft. Schließlich war es nicht mehr auszuhalten. Da nahm ich meine Waschschüssel und erbrach alles. Die meisten anderen taten es mir nach. Ich glaube, uns wäre sonst der Magen geplatzt.

Endlich kam der Sommer. Im Juli und August zeigte sich die Landschaft einmalig schön. Der strahlend blaue Himmel schien mit dem Wasser des Sees zu verschmelzen. Weiße Wolkentupfer spiegelten sich in den kräuselnden Wellen. Nachdem es ein paarmal geregnet hatte, breiteten sich am Seeufer saftige Wiesen aus. Schafe weideten darauf und wirkten im gemächlichen Dahinwandern wie Spiegelbilder der Schäfchenwolken. Überall sprossen wilde Blumen und blühten in den schönsten Farben. Wenn nichts zu tun war, saß ich manchmal einfach nur am Ufer, genoss den Sonnenschein und das großartige Panorama. Aber die Zeit zum Genießen war nur kurz, denn eines Tages fingen wir mit unserem Netz gleich an die hundert Fische auf einmal. Wir legten das Netz gleich nochmals aus, und plötzlich sahen wir, dass es am Ufer vor Fischen nur so wimmelte. Sofort telegrafierten wir von der Fischfabrikbrigade aus an unsere Einheit: Sie möchten so schnell wie möglich Lastwagen und Leute schicken, um die Fische abzuholen. Aber als sie nach einigen Tagen endlich eintrafen, war ein großer Teil des Fanges schon verdorben. Wir fischten weiter, doch wie viele Lastwagen auch kamen, waren es immer zu wenig, um unserer riesigen Fänge Herr zu werden. Zwischendurch waren wir dann tagelang nur mit der Entsorgung gammelnder Fische beschäftigt.

Die reiche Ernte war nicht von langer Dauer. Nach gut zwei Wochen sanken die Fangmengen wieder, und bald waren wir auf dem Stand von vor der großen Schwemme. Ein erfahrener Fischer klärte uns auf: «Die Fischschwärme kommen nur im Sommer und bei Vollmond so nah ans Ufer. Mit abnehmendem Mond ziehen sie sich wieder in die Tiefe zurück.»

Die Zeit, die wir mit stinkenden Fischabfällen zugebracht hatten, hatte mir den Fisch endgültig verleidet. Mein Körper begann allergische Reaktionen zu zeigen, und wohl auch aufgrund der einseitigen Ernährung schwollen meine Füße und Beine an. Zwei von unserer Gruppe wurden nach Xining zurückgeholt, was bei den Zurückbleibenden zu großer Unruhe führte. Alle hatten nur noch Sehnsucht nach Haus. Schon wurde es Herbst. Als die ersten Stürme aufzogen, verschlechterte sich die Stimmung in der Gruppe weiter. Die Aussicht auf einen neuen bitterkalten Winter und dazu noch meine geschwollenen Beine wurden mir unerträglich. Ich musste einen Weg finden, diesem Elend endlich zu entfliehen. Daher schrieb ich einen Brief an Mutter und bat sie, die Verlagsleitung brieflich zu bitten, dass ich sie besuchen dürfe. Sie könnte doch sagen, es ginge ihr gesundheitlich nicht gut.

Ein Monat verging, ehe ich ihren Antwortbrief erhielt. Schon schwammen erste Eisschollen auf dem See. Die Schwellungen an meinen Beinen waren noch beängstigender geworden und reichten inzwischen bis zu den Oberschenkeln hinauf.

«Mein lieber Sohn,

ich habe deinen Brief erhalten. Ich bin sehr beunruhigt über das schwere Leben, das du durchzustehen hast. Aber ich glaube, dass deine Einheit dich nicht für die Ewigkeit dort arbeiten lassen wird. Du musst etwas Geduld haben. Außerdem ist es auch für dich persönlich gut, diese Erfahrung zu machen, denn so begreifst du, dass das Leben nicht so einfach ist und dass man kämpfen muss, um etwas zu erreichen. Außerdem habe ich in meinem ganzen Leben noch nie gelogen. Ich bin doch gesund! Wie könnte ich da das Gegenteil behaupten? Bitte hab Geduld. Ich wünsche dir alles Gute.

Deine Mutter.

13. Oktober 1961»

Schon bevor ich den Brief öffnete, ahnte ich, dass Mutter meinen Wunsch ablehnen würde. Aber nachdem ich ihn gelesen hatte, war ich nicht nur enttäuscht, sondern auch wütend auf sie. Ich lief sofort zur Fischfangbrigade hinüber und schickte ihr ein Telegramm:

«Liebe Mutter, was ist wichtiger – dein Sohn oder deine Ehrlichkeit? Wasser in den Beinen bis zum Unterleib. Lage sehr ernst. Erbitte rasche Hilfe.»

Schon zwei Tage später kam die Antwort: «Mutter schwer krank. Komm schnell!»

Ich informierte Gruppenleiter Du. «Am besten, du gehst gleich zum Bürgermeister», schlug er vor. «Von mir aus kannst du fahren, ich bin einverstanden.»

Noch am selben Tag gelang es mir, einen Lastwagen anzuhalten, der mich mit in die Stadt nahm. Für den Fall, dass ich sofort abreisen könnte, hatte ich mein gesamtes Geld eingesteckt.

Als der Bürgermeister mich eintreten sah, erhob er sich beflissen und bat mich betont höflich, Platz zu nehmen: «Ich habe über Ihre Arbeit einiges Lob gehört. Leider hatte ich überhaupt keine Zeit mehr, bei Ihnen vorbeizukommen. Was führt Sie denn heute hierher? Kann ich etwas für Sie tun?»

Ich zog das Telegramm hervor und zeigte es ihm. «Meine Mutter ist krank. Ich möchte Sie daher um Heimaturlaub bitten.»

Seine Gesichtszüge durchliefen eine Wandlung vom Zivilisten zum Unteroffizier. «Ich muss Ihren Antrag ablehnen. Sie sind in Ihrer Gruppe Funktionsträger und haben keinen Vertreter. Das Gruppeninteresse geht vor.»

Ich entgegnete ziemlich gereizt: «Sie haben doch auch eine Mutter, oder? Was wäre, wenn sie krank wäre?» Das Argument verunsicherte ihn und bewog ihn zu einem halben Rückzieher.

«Ich muss erst Rücksprache mit Ihrer Einheit nehmen und prüfen lassen, ob Ihre Mutter wirklich krank ist. Solche Fälle kenne ich zur Genüge. Immer wieder heißt es: Mutter krank, Ehefrau krank, Kinder krank - lauter Vorwände, um von hier wegzukommen. Aber keine Bange, ich schicke gleich ein Telegramm. Sie fahren jetzt erst einmal zurück zu Ihrer Gruppe, ich werde Sie benachrichtigen. Ich kann Sie mit dem Jeep zurückbringen lassen.»

Es war offenbar sinnlos, mit ihm weiter zu argumentieren. Ich lehnte sein Angebot ab und sagte schroff: «Vielen Dank. Ich schaffe den Weg zurück schon allein.»

Was nun? Als ich wieder draußen war, konnte ich kaum noch einen klaren Gedanken fassen. Wenn ich ohne seine Erlaubnis nach Xining zurückführe, bekäme ich bestimmt großen Ärger. Ich überlegte hin und her, während ich zu Fuß wieder in Richtung See lief. Plötzlich entdeckte ich in einiger Entfernung mehrere Lastwagen, die dort parkten. Spontan entschied ich: Wenn sie nach Xining fahren und mich mitnehmen, fahre ich sofort mit, egal, was hinterher passiert. Meine Gesundheit ging schließlich vor. Beim Näherkommen sah ich, dass die Fahrer um ein Lagerfeuer saßen; anscheinend machten sie gerade Rast. Als ich sie fast erreicht hatte und sie mich bemerkten, sprangen sie erschrocken auf, als erwarteten sie einen Angriff.

«Genossen, fahrt ihr nach Xining?» Meine Frage in reinem Hochchinesisch schien ihnen die Anspannung zu nehmen.

Einer der Fahrer fragte: «Wer bist du?»

«Ich bin Journalist bei der ‹Qinghai im Bild›.»

«Bist du etwa Guan?»

Ich war verblüfft. «Der bin ich. Aber woher kennst du meinen Namen?»

Er lachte und streckte mir die Hand entgegen: «Der Name Guan ist ein Begriff in unserer Brigade. Du warst doch der Freund von Meister Tang.» Daraufhin begrüßten mich auch die anderen freundlich. Einer von ihnen sagte:

«Wir haben erst gedacht, da kommt ein entlaufener Sträfling.»

Ich schaute an mir herunter und sah meinen schmutzigen, fettigen Mantel. Ich hatte zwar keinen Spiegel bei mir, aber ich konnte mir lebhaft vorstellen, wie ich aussah. Seit Monaten hatte ich mich nicht richtig waschen können.

«Du willst nach Xining?», fragte der erste Fahrer.

«Ja. Kannst du mich mitnehmen?»

«Sicher», erwiderte er. «Hast du schon etwas gegessen?»

Er reichte mir ein Stück getrocknetes Rindfleisch und ein Mantou aus Weizenmehl. Ich hatte schon fast vergessen, dass es so schönes Essen gab auf dieser Welt! Ich verschlang beides mit einem Appetit, als hätte ich seit Tagen gehungert. Sie schauten mir mitleidig zu und öffneten gleich noch eine Dose Schweinefleisch.

Schon am nächsten Abend erreichten wir Xining. In einer Fernfahrerstation durfte ich duschen und mir die Haare schneiden lassen. Als ich dann in mein ehemaliges Wohnheim zurückkehrte, fühlte ich mich wie ein neuer Mensch. Ich trug sogar frische Unterwäsche, die mir einer der Fahrer gegeben hatte.

Am nächsten Morgen ging ich zunächst zum Parteisekretär, da dieser für die Personalangelegenheiten zuständig war. Er erkannte mich gar nicht wieder.

«Wer sind Sie? Was kann ich für Sie tun?», fragte er, als ich eintrat.

«Mein Name ist Guan Yuqian.»

«Ach, Genosse Guan! Ich danke Ihnen für die hervorragende Arbeit! Sie haben unsere Kantine mit so viel Fisch versorgt, dass wir zwei Wochen lang genug zu essen hatten. Ich habe gar nicht gewusst, dass Sie wiederkommen. Eigentlich hatte ich schon vorgehabt, Sie zurückzuholen. Wie lange waren Sie jetzt am Qinghai-See?»

«Über ein halbes Jahr. – Haben Sie schon ein Telegramm vom dortigen Bürgermeister bekommen?» Diese Frage hatte ich mir noch in der Nacht zurechtgelegt. Es gab nur zwei Möglichkeiten. Entweder hatte der Bürgermeister ein Telegramm geschickt und nach der Erkrankung meiner Mutter gefragt oder nicht. Je nachdem musste ich unterschiedlich argumentieren.

«Ein Telegramm? Nein, ich habe nichts bekommen.»

Ein Schwein ist dieser Kerl, dachte ich, denn das Fernschreiben zu schicken, wäre seine Pflicht gewesen. Wenn ich tatsächlich brav zu meiner Gruppe zurückgekehrt wäre, hätte ich ewig auf Antwort warten können.

Ich gab dem Parteisekretär Mutters Telegramm zu lesen. Er überlegte eine Weile und fragte dann: «Wie lange wollen Sie Urlaub nehmen?»

Seine Frage wirkte wie eine Erlösung. Selbst wenn nur drei Tage Aufenthalt dabei heraussprängen, wäre ich schon glücklich! Ich hatte noch gar nicht geantwortet, da fragte er weiter: «Wo lebt Ihre Mutter? In Shanghai oder in Peking?»

«Meine Mutter lebt in Shanghai und mein Vater in Peking», antwortete ich.

«Haben Sie eigentlich Beziehungen zur Xinhua-Agentur oder zu einem Fotogeschäft?»

Vielleicht sollte ich etwas für ihn besorgen? «Ich habe in Shanghai und Peking ein paar Freunde, die als Fotojournalisten für Xinhua arbeiten. Die haben bestimmt Beziehungen zu Fotogeschäften.»

«In Ordnung. Ich gebe Ihnen sechs Wochen Urlaub für Shanghai und Peking. Aber das ist verbunden mit der Aufgabe, dass Sie einige Kameraersatzteile für uns besorgen. Da es alles Importwaren sind, kommt man ohne Beziehungen nur sehr schwer an die Sachen ran. Wenn Sie diese Aufgabe zufriedenstellend erledigen, übernehmen wir auch die Kosten für Ihre Fahrt.»

Sechs Wochen! Das war ja fantastisch! Fünf Minuten später fuhr ich schon mit Dings Fahrrad zum Bahnhof und kaufte eine Zugfahrkarte für denselben Nachmittag.

Zwei Tage und zwei Nächte saß ich in der harten Sitzklasse von Xining nach Shanghai, aber es machte mir überhaupt nichts aus. Ich war die ganze Zeit guter Laune. Mutter wusste noch nichts von meinem Kommen. Ich wollte sie gern in ihrer Schule überraschen. Und dann wollte ich meinen kleinen Sohn besuchen, der immer noch in Shanghai bei meiner Schwiegermutter lebte. Er war inzwischen vier Jahre alt. Das letzte Mal hatte ich ihn kurz nach seiner Geburt gesehen. Wie würde es jetzt weitergehen mit Meizhen und mir? Von der angeblichen Scheidung war später nie mehr die Rede gewesen. Ich hatte aus Enttäuschung auch nicht bei ihr nachgefragt. Womöglich hatte sie es sich wieder anders überlegt. Allerdings hatte Meizhen mir geschrieben, dass sie inzwischen als Lehrerin an eine Hochschule in Taiyuan, der Hauptstadt von Shanxi, versetzt worden war. Ich würde sie in Peking also nicht mehr antreffen. Die lange Zeit der Trennung hatte meine Gefühle für Meizhen jedoch ohnehin erkalten lassen. Wir schrieben uns nur noch selten.

Heimaturlaub

Mutter konnte es gar nicht fassen, mich schon so bald nach Versendung des Telegramms zu sehen. Ihre Kollegen umringten mich und fragten: «Wie lange wirst du noch in Qinghai arbeiten? Was machst du dort eigentlich?» Ich empfand es als Gesichtsverlust, ihnen zu sagen, dass ich möglicherweise für alle Ewigkeit in Qinghai bleiben müsste. Stattdessen berichtete ich von meiner interessanten journalistischen Tätigkeit.

Eine Woche lang verbrachte ich die meiste Zeit mit meinem Sohn. Der Kleine war überglücklich, weil ich ihn überallhin mitnahm und ständig für ihn da war. Die Suche nach den Kameraersatzteilen erwies sich als schwieriger, als ich gedacht hatte. In ganz Shanghai war nichts aufzutreiben. Eines Abends sprach ich mit Mutter darüber. «Vielleicht sollte ich nach Peking fahren und es dort über Robby versuchen. Ich muss diese Ersatzteile unbedingt finden. Außerdem möchte ich zu meiner alten Einheit gehen und fragen, ob sie mich nicht wieder aus Qinghai zurückholen können.»

«Aber Yuqian, das wird gar nicht gehen! Die Regierung kürzt überall Personal, und es sind schon viele Kader von der Zentrale in die Provinzen versetzt worden.»

«Wenn ich keine andere Möglichkeit finde, dann kündige ich eben. Meine Stärken sind Russisch und Englisch; noch länger in Qinghai zu bleiben, ist für mich verschwendete Zeit.»

«Das würde ich mir aber noch mal überlegen. Erstens verlässt du damit die Revolution und wirst arbeitslos. Dann gehörst du keiner Einheit mehr an und hast keinerlei medizinische Versorgung mehr. Zweitens bekommst du auch keine Wohnerlaubnis für Shanghai oder Peking, und ohne Wohnerlaubnis erhältst du keine Lebensmittelmarken. Dann steigst du vom Kader zum Illegalen ab. Aber fahr mal nach Peking. Vielleicht kannst du dort mit deinem Vater die Sache bereden.»

Peking hatte sich verändert. Früher trugen die Mädchen und Frauen noch bunte Kleidung, jetzt lief alles in Blau oder Schwarz herum. Alle wollten zeigen, wie «revolutionär» sie waren. Die allgemeine Versorgungslage war prekär, wenn auch etwas besser als in Qinghai. Alle Lebensmittel waren rationiert und wurden von den Einheiten direkt an die Familien verteilt. In den Läden gab es nichts mehr außer Salz. Die Menschen auf der Straße sahen trostlos aus.

Da Meizhen nach Shanxi versetzt worden war, hatte ich in Peking keine eigene Bleibe mehr und übernachtete bei meiner Schwester. Gleich einen Tag nach meiner Ankunft besuchte ich Vater.

«Du siehst aber gut aus», rief der erstaunt aus. «Du bist ja richtig dick geworden, nicht nur am Körper, sondern auch im Gesicht!»

«Das kommt nicht vom Wohlleben, sondern vom Mangel», entgegnete ich und zog die Hosenbeine hoch. Meinen immer noch geschwollenen Beinen sah man an, was mit mir los war.

Vater erschrak: «Wie ist denn das passiert?»

«Es ist schon viel besser geworden», erklärte ich. «Die eine Woche in Shanghai hat mir sehr gut getan. In Xining gingen die Wasserbeine schon bis zum Unterleib.»

Ich erzählte ihm von meinem Leben in Qinghai, und als ich geendet hatte, griff er ohne Kommentar zum Telefon und wählte eine Nummer.

«Minister Fang», hörte ich ihn sagen, «wie geht es Ihnen? Sind Sie zufrieden mit Ihrem neuen Haus? ... Keine Ursache, das war ja meine Pflicht. Übrigens, mein Sohn Yuqian ist gerade aus Qinghai hier. Er hat dort als Journalist gearbeitet. Wollen Sie mit ihm sprechen? – Moment bitte!» Er reichte mir den Hörer.

Fang Yi war im Finanzministerium mein Vorgesetzter gewesen und hatte den Rang eines Stellvertretenden Finanzministers innegehabt. Ich hatte nicht nur häufig für ihn gedolmetscht, sondern ihm auch Russischstunden gegeben, privat und bei ihm zu Haus. Inzwischen war er Politbüromitglied, Vizepremier und Minister für Außenhandelsbeziehungen.

«Ah, kleiner Guan», rief er. «Wo hast du die ganze Zeit gesteckt? Komm doch morgen Abend zu mir zu Besuch!»

Ich war sprachlos und konnte nur stammeln: «Ja ... ja.»

Minister Fang Yi wohnte in einem großen Haus mit Innenhof, nicht zu vergleichen mit dem kleinen, in dem ich ihm früher Unterricht erteilt hatte. Ich schaute mich um und sagte: «Sie haben ein schönes Domizil hier.»

«Ja, dank der Mühe deines Vaters. Komm rein! Meine Frau ist auch da.» Sie kam mir freudestrahlend entgegen und begrüßte mich herzlich.

«Was machst du eigentlich in Qinghai?», fragte Fang Yi. «Was kannst du dort mit deinen Englisch- und Russischkenntnissen anfangen?»

«Ich bin jetzt Fischer ...»

«Was?» Fang Yi blieb der Mund für einen Moment offen stehen. «Erzähl mal genauer!»

Ich schilderte, was sich alles zugetragen hatte. Fang Yi schüttelte den Kopf und fragte: «Und wie bist du jetzt wieder nach Peking gekommen?»

Wieder zog ich die Hosenbeine hoch, und wieder stellte der Blick auf meine Wasserbeine die vorangegangenen Schilderungen aller erlittenen Strapazen an Wirkung weit in den Schatten. Fang Yi wurde ernst und sagte kein Wort. Dafür schüttelte seine Frau ungläubig den Kopf und meinte: «Wir müssen ihm helfen.»

Fang Yi nickte: «Ja, das müssen wir.»

Neue Zukunft

Schon am nächsten Tag erhielt meine Schwester einen Anruf aus Fang Yis Büro mit der Mitteilung, dass dieser mich noch am selben Abend sehen wolle. Das ist ein gutes Zeichen, dachte ich. Dann gibt es vielleicht tatsächlich etwas Hoffnung.

Fang Yi begrüßte mich strahlend, als ich am Abend bei ihm eintraf: «Guan, ich habe heute mit ein paar wichtigen Leuten verhandelt, und ich glaube, wir haben eine gute Lösung für dich gefunden. Du wirst sofort von Qinghai zurück nach Peking versetzt und bekommst hier eine Stelle beim Friedenskomitee. Dort können sie noch gut ein paar Mitarbeiter mit Fremdsprachenkenntnis gebrauchen. – Hast du schon zu Abend gegessen?»

Es verschlug mir die Sprache. Jedes mögliche Dankeswort schien dürftig gegenüber dem, was ich empfand. Am liebsten hätte ich Fang Yi umarmt und geküsst, aber das wagte ich denn doch nicht. Und nun lud er mich auch noch zum Abendessen im Familienkreis ein! Als ich anfing herumzustottern, entschied Fang Yi einfach für mich: «Komm rein! Wir feiern deinen Neuanfang.»

Diese plötzliche Schicksalswende war schlichtweg unglaublich – eine einzige Entscheidung nach ein paar Telefonaten mit den richtigen Leuten, und mein ganzes Leben änderte sich wieder von heute auf morgen, und zwar radikal.

Am nächsten Tag ging ich gleich morgens in einem neu gekauften Mao-Anzug zum Friedenskomitee, um mich vorzustellen. Die Adresse im alten Gesandtschaftsviertel erwies sich als ein großes, ehrwürdiges Anwesen. Von der Straße gelangte man durch ein breites, schmiedeeisernes Tor im europäischen Stil zunächst in einen großen Garten mit alten Bäumen. Das zweistöckige Gebäude des Komitees lag am anderen Ende des Gartens und war vom Tor aus kaum zu sehen. In dem von hohen Wipfeln überwölbten Garten fühlte ich mich wie in einer anderen Welt. Und hier also würde ich arbeiten? Das war ja traumhaft!

Der Leiter der Personalabteilung wartete bereits auf mich. «Auf Empfehlung des Büros für Auswärtige Angelegenheiten des Staatsrats haben wir beschlossen, Sie bei uns einzustellen. Wo arbeiten Sie zurzeit?»

«Bei der ‹Qinghai im Bild› in Xining.»

«In Ordnung. Nehmen Sie bitte diesen Versetzungsbescheid mit und legen Sie ihn Ihrer Einheit in Qinghai vor.» Er drückte mir einen Brief in die Hand.

«Sie meinen, mit diesem Brief kann ich aus Qinghai zurückversetzt werden?», fragte ich zweifelnd.

«Natürlich. Der Versetzungsbescheid ist vom Büro für Auswärtige Angelegenheiten des Staatsrates. Sie werden hier in Zukunft für das Friedenskomitee arbeiten.»

«Entschuldigen Sie bitte die Frage, aber ist denn dieses Büro für Auswärtige Angelegenheiten so mächtig, dass meine Einheit in Qinghai sich einverstanden erklären muss?»

Er schaute mich an, als sei ich nicht ganz bei Verstand: «Das ist eine Entscheidung von höchster Ebene. Das Büro untersteht Ministerpräsident Zhou Enlai, es ist allen Zentralministerien übergeordnet.»

Das war in der Tat eine überzeugende Antwort. «Was wird mein Aufgabenbereich hier sein?»

«Das haben wir noch nicht entschieden. Wir müssen auch erst Ihre Personalakte abwarten, das kann eine Weile dauern. Ich schlage Ihnen vor, dass Sie so schnell wie möglich nach Qinghai zurückkehren, um die Formalitäten auf den Weg zu bringen.»

Nun konnte ich mir also sicher sein, dass ich nach Peking zurückkommen würde. Das Wasser in meinen Beinen schien sich im Nu zu verflüchtigen. Die nächsten Tage nutzte ich, um über Robby und seine Freunde bei der Nachrichtenagentur Xinhua die gewünschten Kameraersatzteile zu bekommen. Und sozusagen «durch die Hintertür» besorgte ich auch noch viele Lebensmittel, die ich nach Qinghai mitnehmen wollte. Ich gab fast alles Geld, das ich bei mir hatte, dafür aus.

Einer meiner Qinghaier Kollegen hatte einmal gesagt: «Guan Yuqian ist wie der Wind. Er ist noch gar nicht richtig da, aber man hört ihn schon von weitem.» Diesmal war ich wohl eher wie ein Taifun. Schon am Morgen nach meiner Ankunft in Xining hatte es sich im ganzen Verlag herumgesprochen: Guan Yuqian geht zurück nach Peking und hat den Versetzungsbescheid der Zentralregierung gleich selbst mitgebracht! Gewöhnlich benötigte eine Versetzungsprozedur über alle bürokratischen Instanzen mehrere Monate, und bis die betroffene Einheit entschieden hatte, ob sie einen wirklich gehen ließ, konnten Jahre vergehen. Dass ich den nötigen Bescheid eigenhändig mitgebracht hatte, war an sich schon eine Sensation, und bei uns umso mehr, als die meisten ja ebenfalls wieder in ihre alte Heimat zurückkehren wollten. Die gesamte Belegschaft geriet in Aufregung.

Als Erstes suchte ich wieder den Parteisekretär auf. Er zog ein langes Gesicht. Ohne ein Wort des Grußes fragte er: «Und? Haben Sie Ihren Auftrag erledigt?»

«Jawohl», sagte ich und überreichte ihm voller Stolz die Tasche mit all den Ersatzteilen, um die er gebeten hatte. Seine Stirn glättete sich für einen Moment, bevor er die Brauen wieder finster zusammenzog. «Wie ich heute Morgen gehört habe, möchten Sie unseren Verlag verlassen. Trifft das zu?»

Er hatte also auch schon davon gehört. Dass er als Personalchef als Letzter davon erfuhr, war mir doch etwas unangenehm.

«Parteisekretär Wei, ich hatte nicht geahnt, dass sich die Nachricht so schnell verbreiten würde. Ich hatte nur meinen Zimmerkollegen davon erzählt.»

Ich überreichte ihm den versiegelten Brief. Er war an die Provinzführung gerichtet, also nicht für ihn bestimmt. Als er den großen Umschlag mit dem roten Aufdruck «Staatsrat der Volksrepublik China» sah, nahm er unvermittelt Haltung an. Vielleicht hielt er zum ersten Mal in seinem Leben ein Dokument von so hoher Stelle in den Händen.

«Wissen Sie, was drinsteht?», fragte er mich.

«Ja. Es ist mein Versetzungsbescheid», entgegnete ich und lächelte nicht ohne Stolz.

«Haben Sie den Versetzungsbescheid denn selber zu lesen bekommen?»

«Nein, das nicht. Aber ich weiß, dass die Zentralregierung mich zurückhaben möchte.»

«Moment mal! Zurückhaben – haben Sie denn früher auch schon beim Staatsrat gearbeitet? Davon habe ich nie etwas gehört.»

«Ich habe früher im Finanzministerium gearbeitet, also auch schon für die Zentralregierung.»

«Ach so? Davon habe ich nichts gewusst. Leider habe ich Ihre Personalakte nie gelesen.»

Ich merkte, dass er neugierig war, wie ich es wohl angestellt hatte, diesen hochoffiziellen Versetzungsbescheid persönlich mitzubringen. Aber ich wollte keine Einzelheiten nennen. Schon vorher hatte ich mir einen passenden Satz überlegt, den ich nun anbrachte: «Bevor ich damals nach Qinghai geschickt wurde, hatte mir die Zentralregierung schon gesagt, dass es nur für zwei, drei Jahre ‹zum Stählen› sei. Diese Zeit ist ja inzwischen um.»

«Ach – davon habe ich auch nichts gewusst, dass Sie nur provisorisch zu uns kommen sollten. Wir werden es hier besprechen und Sie dann informieren. Sie hören von mir.»

Nun, wo sie alle wussten, dass ich bald fortgehen würde, gab es für mich nichts mehr zu tun. Eine Woche verging, zwei Wochen, drei Wochen, ohne dass eine Antwort von der Verlagsleitung kam. Aber es gingen Gerüchte um, dass nicht nur die Verlagsleitung, sondern auch die Provinzführung sehr ungehalten über diesen Vorgang sei. Angeblich habe die Zentralregierung nicht das Recht, ohne vorherige Absprache mit der Provinzregierung von sich aus solch eine Versetzung zu veranlassen. Ein weiteres Gerücht besagte, die Verlagsführung habe meine Personalakte sorgfältig geprüft und entschieden, dass man hier nicht auf mich verzichten könne. Ich sei ein «guter, fähiger und unersetzbarer Kader», und der Verlag werde mich auf keinen Fall an Peking zurückgeben. Offenbar wollten sie weiterhin mit mir als ihrem Opfer spielen wie eine Katze mit der gefangenen Maus.

Die sich hinziehende Entscheidung zerrte an den Nerven. Auch meine Freunde litten mit. Alle überlegten, wie sie mich unterstützen könnten, und gaben mir Ratschläge. Einer von ihnen schlug vor, ich solle mich doch mal an unseren stellvertretenden Chefredakteur Zhang Guanghao wenden, der wegen irgendwelcher politischer Probleme vor einiger Zeit hierher versetzt worden war und aus Peking stammte. Das war eine gute Idee. Ich war Zhang Guanghao bereits zweimal begegnet und hatte einen guten Eindruck von ihm.

Am selben Abend ging ich mit zwei Dosen Tee, die ich aus Peking mitgebracht hatte, zu ihm. Er freute sich über meinen Besuch und verriet mir: «In der Verlagsführung gibt es zwei verschiedene Meinungen zu Ihrem Fall. Die einen wollen Sie gehen lassen, und die anderen wollen Sie unbedingt behalten. Bis jetzt habe ich meine Meinung noch nicht geäußert. In drei Tagen wird die nächste Sitzung stattfinden. Da werde ich dann mal mit der Faust auf den Tisch hauen und Sie unterstützen.»

Seine Offenheit und Herzlichkeit berührten mich. Plötzlich beugte er sich vor und flüsterte: «Wissen Sie, die Entscheidung über Ihren Fall wird das Schicksal vieler von uns hier mitbestimmen. Sie wissen ja, dass die meisten, die aus anderen Orten hierher versetzt wurden, wieder zurück möchten. Darum ist Ihr Fall ein wichtiges Exempel. Wenn man Sie nicht gehen lässt, kann das zu unangenehmen Reaktionen kommen. Ich bin daher ziemlich sicher, dass Sie gehen können.»

Drei Tage später ging im Verlag das Gerücht um, dass es auf der Sitzung des Parteikomitees zu heftigem Streit gekommen sei. Anscheinend hatten beide Seiten beschlossen, mit der Faust auf den Tisch zu hauen, und sich dann angeschrien, dass die Fetzen flogen. Wieder verging eine Woche. Eines Mittags, als wir gerade in der Kantine aßen, kam plötzlich der Parteisekretär Wei in die Kantine, um mich persönlich aufzusuchen. Das allein war schon ziemlich ungewöhnlich.

«Bitte kommen Sie nach dem Essen zu mir ins Büro», sagte er zu mir, «ich habe Ihnen etwas Wichtiges mitzuteilen.»

Jetzt geht es also los, dachte ich. Eine Woche zuvor hatte ich einen Brief an Fang Yi geschrieben und ihm von den Problemen hier berichtet. Vielleicht hatte das etwas bewirkt.

«Kommen Sie herein, Genosse Guan. Kommen Sie herein!» Der Parteisekretär sprang sofort auf, als er mich sah. «Sie haben ein ordentliches Problem hier bei uns im Verlag aufgeworfen. Ihr Versetzungsbescheid hat unsere Führung ganz aus dem Konzept gebracht. Viele von uns möchten Sie gern hier behalten. Aber ich habe das nicht unterstützt, denn wir haben Sie hier in diesen fast vier Jahren nicht entsprechend Ihren Fähigkeiten einsetzen können. Ich musste sogar Selbstkritik üben und eingestehen, dass ich zu bürokratisch war. Wenn ich besser über Sie informiert gewesen wäre und wir Ihre Arbeit hier schon früher richtig gewürdigt hätten, hätten Sie gar nicht erst nach Peking fahren müssen. Inzwischen hat unser Parteikomitee entschieden.»

Mir klopfte das Herz mittlerweile bis zum Hals.

«Und zwar», fuhr er fort, «lassen wir den Genossen Guan selbst entscheiden. Wir hoffen natürlich, dass Sie bleiben. Aber wenn Sie unbedingt gehen möchten, dann werden wir Sie auch nicht daran hindern.»

Mir fiel ein Stein vom Herzen. Ich lachte: «Sie wissen doch, wofür ich mich entscheide.»

Jetzt lachte er auch. «Ja, ich weiß schon. Sie brauchen nichts zu sagen. Wenn ich an Ihrer Stelle wäre, würde ich auch nach Peking gehen. Aber denken Sie an uns und sprechen Sie gut über uns, wenn Sie zurück sind. – Auf jeden Fall kann es noch ein paar Wochen dauern, bis alle Formalitäten erledigt sind.»

Meine Kollegen warteten schon ungeduldig auf mich. Mit großem Hallo wurde mein Erfolg bejubelt. Vielleicht würde der Entscheid in meiner Sache ja wirklich Präzedenzwirkung haben.

Der Einzige, der nicht in den Jubel einstimmte, war Shao Hua. «Der hat deinetwegen großen Ärger bekommen», flüsterte mir jemand ins Ohr.

«Wieso?»

«Weil er der Verlagsleitung gegenüber immer schlecht über dich geredet hat, und jetzt ist herausgekommen, dass alles gelogen war.»

Ich musste lachen. Eigentlich hatte ich ihm zu danken, denn hätte er mich nicht so schlecht behandelt, wäre ich wahrscheinlich nie mehr nach Peking gekommen.

Der Organisator

(1962–1968)

Historischer Rahmen

24.9.1962	Auf einem Plenum des Zentralkomitees fordert Mao: «Nie den Klassenkampf vergessen!»
20.5.1963	Eine ZK-Arbeitskonferenz verabschiedet eine von Mao ausgearbeitete Resolution zur Sozialistischen Erziehungsbewegung auf dem Lande (so genannte Frühere Zehn Punkte)
Sept. 1963	Das Zentralkomitee verabschiedet die so genannten Späteren Zehn Punkte, eine entgegen Maos Intentionen entschärfte Fassung der Früheren Zehn Punkte
14.1.1965	Eine vom Politbüro einberufene Arbeitskonferenz verabschiedet die von Mao ausgearbeiteten 23 Punkte zur Sozialistischen Erziehungsbewegung auf dem Lande
10.11.1965	Yao Wenyuan, Propagandachef der KP in Shanghai, greift den Pekinger Vizebürgermeister Wu Han wegen dessen verhüllt Mao-kritischen Dramas «Hai Ruis Entlassung» an; die Kritik wird am 30.11. von der Volkszeitung nachgedruckt
16.5.1966	Ein Politbüro-Rundschreiben kündigt auf Maos Initiative die Bildung der «Gruppe Kulturrevolution» an; sie wird dem Ständigen Ausschuss des Politbüros unterstellt
25.5.1966	An der Universität Peking wirft die Philosophiedozentin Nie Yuanzi in einer Wandzeitung dem Vizekanzler und Ersten KP-Sekretär der Universität Lu Ping vor, die Kulturrevolution zu sabotieren
3.6.1966	Pekings Bürgermeister Peng Zhen wird entlassen
5./8.8.1966	Mit Maos eigener Wandzeitung «Bombardiert das Hauptquartier!» und der nachfolgenden 16-Punkte-Resolution des Zentralkomitees beginnt die heiße Phase der Kulturrevolution
18.8.1966	Auf dem Tian'anmen-Platz nehmen Mao Zedong, Zhou Enlai und einige andere der obersten Staats- und Parteiführung eine Parade von über einer Million Rotgardisten ab. In der Folge beginnt der Terror der Roten Garden mit der Zerstörung von Tempeln, der Plünderung von Buchläden etc. Sechs weitere Paraden folgen bis Ende November
20.10.1966	Die Volkszeitung preist eine Gruppe von Rotgardisten, die im Gedenken an Maos Langen Marsch knapp 1000 km von Dalian nach Peking zu Fuß gelaufen sind
Jan. 1967	So genannte Januarrevolution in Shanghai: Rebellenorganisationen stürzen die Stadtverwaltung

Juli 1967	Bürgerkriegsähnliche Auseinandersetzungen in Wuhan. Der Befehlshaber der Militärregion Wuhan, Chen Zaidao, gibt Waffen zum Kampf gegen die Roten Garden aus und setzt zwei Abgesandte der zentralen Gruppe Kulturrevolution fest. Erst unter Androhung militärischer Gewalt gibt Chen auf
1.9.1967	Nach gewalttätigen Übergriffen der Roten Garden auf die diplomatischen Vertretungen von Großbritannien und der Mongolischen Volksrepublik ordnet Zhou Enlai die Rückkehr der Rotgardisten in ihre Heimatorte und Gewaltlosigkeit ihrer Aktionen an

Am Friedenskomitee

Im Frühling 1962 fuhr ich mit einer Dreiradrikscha in dem weiten Hof des Friedenskomitees vor, die Kleidung eingestaubt, das Haar zerzaust und auf dem Schoß ein großes Bettzeugbündel, in das ich meine wenigen Habseligkeiten gewickelt hatte. Ich war gerade mit dem Fernzug aus Xining eingetroffen und wagte nun nicht, meinen Dienstantritt selbst um wenige Stunden zu verzögern. Da ich mit so viel Glück eine solche Arbeitseinheit gefunden hatte, wollte ich auch möglichst schnell dort anfangen. Welch ein Hochgefühl, wieder auf Dauer in Peking zu sein! Mehrfach hatte ich in den Wochen der Ungewissheit geträumt, jemand in Uniform verfolge mich und stehle mir den Versetzungsbescheid. Jedesmal war ich entsetzt und schweißüberströmt aufgewacht.

Das Friedenskomitee war mir schon früher bekannt gewesen. Der Name war eigentlich eine Abkürzung für «Komitee des chinesischen Volkes zur Wahrung des Weltfriedens». Gegründet worden war es nach der Zweiten Weltfriedenskonferenz, die 1950 in Warschau stattgefunden hatte. Diese hatte die kommunistisch orientierte Weltfriedensbewegung eingeleitet. In den Jahren der chinesisch-sowjetischen Freundschaft erlebte sie ihre Blütezeit. Wie wichtig China die Friedensarbeit gewesen war, sah man schon daran, dass das Friedenskomitee in der besten Gegend der Stadt untergebracht war, in der einstigen italienischen Gesandtschaft unweit des Peking-Hotels. Vor dem schmiedeeisernen, hohen Tor hielten Tag und Nacht zwei Soldaten Wache. Oft gingen hier Ausländer ein und aus, von denen einige auch hier wohnten. Mit Ausländern durfte nur Kontakt halten, wer als politisch zuverlässig eingestuft war. Meine Arbeit an dieser Stelle dokumentierte, dass alle Zweifel an meiner politischen Einstellung nun der Vergangenheit angehörten.

Ich wurde dem Büro für Öffentlichkeitsarbeit zugeteilt, dessen Aufgabe darin bestand, Besuchsprogramme für ausländische Gäste zusammenzustellen sowie Hotelbuchungen, Transport, Fabrikbesuche, Gesprächstermine und dergleichen zu organisieren. Ich war für den neuen Posten gut geeignet, denn ich knüpfte leicht Kontakte und konnte gut mit Menschen umgehen – ein unschätzbarer Vorteil, da wir wegen der Absprache von Besuchsterminen ständig Kontakt zu den verschiedenen Ministerien und Einheiten pflegen mussten. Eine weitere Aufgabe unserer Abteilung war es, die langfristig in China lebenden prominenten Ausländer zu betreuen, für sie auf Anfrage Gesprächstermine, Besichtigungstouren, In- und Auslandsflüge zu arrangieren und sie in allen Fragen zu unterstützen. Dafür waren auch

Fremdsprachenkenntnisse gefragt. Ich hatte mich vor allem um Schriftsteller und Journalisten zu kümmern, darunter Anna Louise Strong aus Amerika, Rewi Alley aus Neuseeland, Saiyonji aus Japan und Mohammed Kheir aus dem Sudan, die alle auf dem Gelände des Friedenskomitees wohnten. Dort wohnte ich jetzt auch, und zwar in einem Junggesellenwohnheim.

Anna Louise Strong (1885-1970), eine Journalistin, die durch ihre Chinareportagen bekannt geworden war, spielte gern Bridge. Deshalb suchte man im Friedenskomitee immer händeringend nach Mitspielern für sie. Die wenigen von uns, die Bridge spielen konnten – darunter ich selbst –, mussten ihr jeden Samstag Gesellschaft leisten. Das war keine leichte Aufgabe. Sie ging schon auf die achtzig zu, und wenn sie verlor, schmiss sie die Karten wütend auf den Tisch. Manchmal weinte sie sogar vor Ärger. Ließen wir sie aber gewinnen, beklagte sie sich ebenfalls und behauptete, wir nähmen das Spiel nicht richtig ernst. Deshalb richteten wir es möglichst so ein, dass sie bei einer Runde von drei Spielen auf jeden Fall das dritte und dazu eins von den beiden ersten gewann. Dann war sie glücklich und ging singend in ihr Zimmer zurück. Im Übrigen kamen wir gern zu ihr, denn sie bot uns immer Kekse und Bonbons an, in Zeiten rationierter Lebensmittel ein echter Genuss.

Als besonders interessante Aufgabe unseres Büros empfand ich, dass wir an der Organisation großer und kleiner Staatsbankette mitzuwirken hatten, sofern sich unter den Gästen Ausländer befanden. Zu besonderen Anlässen wie Jahrestagen oder dem Frühlingsfest kamen dann manchmal bis zu 5000 Personen zusammen. Wir trafen die Auswahl der Ausländer, die einzuladen waren, und arbeiteten die Sitzordnung aus, die allerdings immer von oben abgesegnet werden musste. Wir überprüften die Vorbereitungen und sorgten für den reibungslosen Ablauf der Veranstaltungen. Wenn an solchen Staatsbanketten die Staats- und Parteiführer oder auch berühmte Schauspieler und Schriftsteller teilnahmen, war ich besonders glücklich. Nachdem ich jahrelang kujoniert worden war, wirkte die Nähe zur Macht wie eine Befreiung.

Der Umgang unter uns Kollegen war unkompliziert. Da wir Alleinstehenden alle auf dem Gelände wohnten, hatten wir viel Kontakt untereinander. Auch nach Dienstschluss oder sogar nachts mussten wir bereit sein, Überstunden zu machen, falls dringende Telefonate kamen. Ohnehin ließ sich das tägliche Arbeitspensum nicht im Rahmen der regulären Bürozeiten bewältigen, doch empfand ich das nie als Belastung. Meine Geige rührte ich nicht mehr an, aber ich vermisste sie auch nicht. Meine Gesundheit verbesserte sich sogar im Laufe der Zeit. Ich mochte das Friedenskomitee und die dortige Atmosphäre. Die Arbeit lag mir, meine Leistungen fanden Anerkennung. Ich war zufrieden mit meinem Leben. In den nächsten drei, vier Jahren machte ich erfolgreich Karriere, eine glänzende Zukunft schien vor mir zu liegen.

Privat sah es weniger rosig aus. Keine zwei Jahre nachdem ich nach Qinghai versetzt worden war, hatte Meizhen zwar ihren «Hut» als Rechtsabweichlerin ablegen können – das heißt, sie wurde offiziell nicht mehr so eingestuft –, ihre Versetzung in die Provinz hatte dies jedoch nicht abwenden können. So arbeitete sie seither als Russischdozentin an der Universität Taiyuan, fünfhundert Kilometer von Peking entfernt. Meine Rückkehr aus Qinghai änderte daran nichts, doch seit ich wieder offiziell in Peking wohnte, bestand für sie zumindest eine kleine Chance, irgendwann auch wieder eine Wohnsitzgenehmigung für Peking zu erhalten. Als ich in Qinghai war und sie noch in Peking lebte, hatte ich gehofft, dank ihrer Aufenthaltsberechtigung hierher zurückkehren zu können. Nun war es umgekehrt.

Nach einiger Zeit bekam ich eine gemütliche Zweizimmerwohnung zugewiesen. Sie lag etwa vierzig Fahrradminuten vom Friedenskomitee entfernt in einem neuen Wohnblock und bestand aus einer geräumigen Diele mit Essecke, zwei Schlafzimmern, Küche und Bad. Ich war noch gar nicht richtig eingezogen, da schrieb mir Meizhens Mutter, sie habe keine Kraft mehr, auf meinen kleinen, unartigen Sohn aufzupassen. Zum Glück war meine Mutter gerade pensioniert worden und bereit, seine Betreuung zu übernehmen. So holte ich beide, Mutter und den kleinen Xin, zu mir nach Peking.

Meizhen erhielt von ihrer Einheit nur ein-, zweimal im Jahr die Erlaubnis, in den Ferien für ein paar Tage zu uns zu kommen. Mutter musste dann immer zu meiner Schwester verschwinden, weil Meizhen nicht mit ihr unter einem Dach leben wollte. Seitdem wir gleich nach unserer Hochzeit über diese Frage aneinander geraten waren, hatte sich Meizhens Einstellung dazu nicht geändert.

Meizhen und ich waren uns fremd geworden. Wir hatten keine gemeinsamen Gesprächsthemen und keine gemeinsamen Interessen mehr. Lange Zeit hatte ich gehofft, dass sich unsere Beziehung bessern würde, wenn wir erneut zusammen lebten. Da es jedoch jedesmal, wenn sie zu Besuch kam, Streit gab, begann ich immer ernsthafter an eine Scheidung zu denken, und ich fragte Meizhen, ob es nicht besser wäre, wenn wir uns ganz trennten. Sie war nicht abgeneigt, stellte aber eine Bedingung: Ich sollte sie zuvor nach Peking zurückholen.

Klassenkampf auf dem Lande

Nach den drei Hungerjahren konsolidierte sich die wirtschaftliche und politische Lage ab 1962 endlich wieder. Die extrem linke Wirtschaftspolitik war gründlich diskreditiert. Die Volkskommunen wurden umstrukturiert und hatten nur noch die Funktion einer zwischengeschobenen Verwaltungsebene. Mao als Hauptverantwortlicher für das Desaster des «Großen Sprungs», der über 20 Millionen Menschen das Leben gekostet hatte, war innerhalb der Staatsführung weitgehend isoliert, doch davon drang wenig nach draußen. Als er im September 1962 in einer Rede vor dem Zentralkomitee den Kampfruf ausgab: «Nie den Klassenkampf vergessen!», bewegte mich dies sehr. Ich hatte das elende Leben der Bauern und die Willkür der Funktionäre in Qinghai miterlebt, und hier in Peking sah ich, wie die hohen Kader in Saus und Braus lebten und sich um das Volkswohl nicht mehr scherten. Diese Abkapselung vom Volk war mir zuwider und widersprach nach meiner Überzeugung völlig dem Geist der Revolution. Ich bewunderte Mao Zedong und fand, dass er diese Leute zu Recht bekämpfte.

Auf Maos Betreiben beschloss die Partei eine neue Kampagne: die Sozialistische Erziehungsbewegung. Dazu wurden Arbeitsgruppen aus verlässlichen Funktionären in die Dörfer geschickt. Sie hatten die dortige Lage zu überprüfen, das sozialistische Bewusstsein der bäuerlichen «Massen» zu stärken und revisionistische Kräfte zu entlarven – der Kampf gegen den «Revisionismus», also die politischen Vorstellungen Chruschtschows, zählte seit 1963 zu den wichtigen innenpolitischen Zielen Maos. Auch das Friedenskomitee musste sich an dieser Bewegung beteiligen und eine solche Arbeitsgruppe bereitstellen.

Einer der dafür ausgewählten Kader war ich. Ich wurde also zum zweiten Mal aufs Land geschickt, doch diesmal unter gänzlich anderen Vorzeichen. Zunächst einmal wurden wir auf unseren Einsatz vorbereitet. Dazu hatten wir eine Radioansprache zu studieren, in der Wang Guangmei, die Frau von Staatspräsident Liu Shaoqi, über Erfahrungen berichtete, die sie inkognito bei einem Arbeitseinsatz in einer ländlichen Produktionsbrigade gewonnen hatte. Wir lernten, dass wir uns unbedingt auf die armen und unteren Mittelbauern zu stützen und diese im Kampf gegen die Grundherren und Großbauern anzuleiten hatten. Bezüglich der örtlichen Funktionäre hieß es, sie seien zunächst zu isolieren und dann in ihrer Amtsführung streng zu prüfen. Von ihnen wurde befürchtet, dass sie sich ebenfalls bereicherten und mit den einstigen Großbauern und Grundherren gemeinsame Sache machten.

Im September 1964 ging es dann endlich los. Mein Einsatzort war eine typische Sippensiedlung in der Provinz Hubei, in der alle Bewohner den Familiennamen Wu trugen. Mit einer Kollegin, die Parteimitglied war und daher gleichzeitig als meine Vorgesetzte fungierte, wurde ich einer Produktionsgruppe zugewiesen, bei der es sich um ein kleines Dorf mit zwanzig Familien handelte. Nur zwei Bauern waren hier als «arme Bauern» eingestuft, und mit diesen hatten wir uns nun gemäß der Klassentheorie zu verbünden. Das hieß zunächst einmal, dass wir uns dort einquartierten. Der eine arme Bauer hieß Wu Mingquan. Er hatte mit seiner Frau fünf noch ziemlich kleine Kinder und stellte sich als großer Faulpelz heraus. Dort zog meine Kollegin ein. Ich kam zu dem zweiten armen Bauern namens Wu Mingfu. Er war geistig etwas beschränkt. Auch er war verheiratet und hatte Kinder. Eines Tages fehlte mir etwas von meinem Bargeld. Nachforschungen ergaben, dass mich Wu Mingfus zehnjähriger Sohn bestohlen hatte. Ich zog daraufhin in eine Hütte um, die sonst als Heuschober diente. Auch meine Kollegin hielt es nach einiger Zeit bei ihrem Armer-Bauern-Wirt nicht mehr aus und suchte sich eine andere Bleibe. Im geraden Gegensatz zu den beiden armen Bauern erwies sich der Gruppenleiter Wu Minghui als ein kluger und tüchtiger Kerl. Ich mochte ihn auf den ersten Blick. Aber wir mussten ja klassenbewusst sein, hatten ihn als den «Funktionär» der Gruppe also auftragsgemäß zu isolieren, mit ihm also möglichst keinen Kontakt zu pflegen.

Fast täglich half ich nun bei der Feldarbeit mit, anfangs bei der Reisernte, im Frühjahr – wir blieben bis April 1965 – auch beim Versetzen der Reispflanzen, bei dem man tagelang gebückt im noch kalten Wasser stehend zu arbeiten hatte. Das waren allerdings auch schon die anstrengendsten Arbeiten. Der Hauptzweck meiner Mithilfe auf dem Feld bestand darin, das Vertrauen der Bauern zu gewinnen und dabei herauszufinden, wo beim Verhältnis der «Klassen» auf dem Dorf und der Arbeit der Funktionäre etwas im Argen lag. Mit meiner lockeren Art machte ich mir sogleich überall Freunde. Vor allem die jüngeren Leute wollten mit mir zusammen arbeiten, weil es dabei immer sehr lustig zuging.

Wie geplant, gelang es mir auf diese Weise, einiges über das Leben im Dorf zu erfahren. Beeindruckt war ich vor allem von der Solidarität unter den Dorfbewohnern. Auch wurde mir klar, dass der Gruppenleiter von allen sehr respektiert wurde. Aber das entsprach doch gar nicht dem, was wir über die Klassenverhältnisse auf dem Land gelernt hatten! Ich hegte daher den Verdacht, dass der Gruppenleiter womöglich Druck auf die anderen ausübte, mir als Außenstehendem keine Interna zu verraten.

Eines Tages jedoch gingen die Kollegin und ich zur Brigade, der nächsthöheren Verwaltungsstufe, um dort die Abrechnungen zu prüfen, die aus unserem Dorf vorgelegt worden waren. Dabei stellte sich heraus, dass bei Gruppenleiter Wu Minghui alles in Ordnung war, während sich der arme Bauer Wu Mingquan durch zahlreiche dreiste Fälschungen bereichert hatte. Eigentlich musste das auch dem Buchhalter Fu Man aufgefallen sein. Womöglich machte er mit Wu Mingquan gemeinsame Sache? Ich knöpfte ihn mir gleich vor: «Fu Man, ist dir nicht aufgefallen, dass Wu Mingquan gefälschte Abrechnungen vorgelegt hat?»

«Genosse Guan, Wu Mingquan gehört bei uns zur älteren Generation. Er hat in der Armee gedient und sogar ein bisschen Erziehung genossen. Wenn er in der Kreisstadt für uns landwirtschaftliche Gerätschaften oder Saatgut besorgt und mir dann die Abrechnungen vorlegt, frage ich nicht mehr nach. Er hat nämlich ein ziemlich schlechtes Temperament.»

Auch wenn Fu Man einen ehrlichen Eindruck machte, wollte ich sicherheitshalber mal sein Zuhause unter die Lupe nehmen. Vielleicht hatte er sich ja fein ausgestattet. Immerhin war er Funktionär, und deren Amtsführung zu überprüfen, zählte ja zu unseren Aufgaben.

«Darf ich dich mal zu Haus besuchen?»

Fu Man strahlte übers ganze Gesicht. «Meinst du das ernst? Mich hat noch nie ein Kader besucht. Allerdings liegt meine Behausung doch ziemlich weit von hier, und recht ärmlich ist sie auch.»

«Das macht mir nichts aus.»

«Wann würdest du kommen?»

«Warum nicht gleich? Ich begleite dich einfach nach Hause. In Ordnung?»

Er schüttelte lachend den Kopf und sagte: «Na gut. Aber ich habe dich gewarnt.»

Wir liefen einen Feldweg entlang, der so schmal war, dass wir nicht nebeneinander gehen konnten. Nach geraumer Zeit schlängelte er sich eine Anhöhe hinauf. Die letzten Bauernhäuser lagen schon weit hinter uns. Der Weg schien kein Ende zu nehmen, und mir wurde es langsam unheimlich. Keine Menschenseele war zu sehen. Schließlich entdeckte ich, dicht an den Berghang geschmiegt, ein kleines, heruntergekommenes Häuschen. Im Dach fehlten etliche Pfannen. Aber es stieg Rauch auf, also wohnte dort jemand.

«Wir sind da. Dort wohne ich», rief Fu Man und zeigte auf die baufällige Hütte.

In den drei finsteren kleinen Räumen schlug mir nichts als bitterste Armut entgegen. Ein viereckiger alter Tisch, einige wacklige Hocker und zwei große, grobe Holzbetten mit zerschlissenen Decken darauf bildeten das Mobiliar. Seine Kinder waren begeistert über den unerwarteten Besuch und umringten mich. Sie waren noch ärmlicher gekleidet als die Kinder in dem Dorf. All meine Skepsis verflog im Nu.

«Wieso wohnst du so weit von dem Dorf entfernt?», wollte ich wissen.

«Ich gehöre ja nicht zur Wu-Sippe, und als ich aus der Armee entlassen wurde, hat mir die Brigadeleitung dieses Haus zugewiesen. Hier möchte sonst niemand wohnen. Als Parteimitglied muss ich doch meine eigenen Interessen zurückstellen und für das Vaterland und die Partei arbeiten. Darum bin ich hier eingezogen.»

«Und warum setzte man dich als Buchhalter ein, wenn du nicht zur Sippe gehörst? Das ist doch ein verantwortungsvoller Posten!»

«Das hat der Brigadechef so bestimmt. Er sagte, es sei gerade von Vorteil, dass ich nicht der Wu-Sippe angehöre. So würde ich nicht so leicht zu Betrügereien verleitet.» Er überlegte kurz und holte tief Luft, so als wollte er mir etwas Wichtiges sagen: «Genosse Guan, unsere Brigadeführer sind alle fähige, ehrliche Leute, die keine Arbeit scheuen. Unsere Produktivität steigt ständig. Und bis jetzt herrschte auch immer große Solidarität unter uns. Aber seit ihr da seid, traut in unserer Brigade keiner mehr dem anderen. Die Leute haben keine Ruhe mehr, sich auf die Feldarbeit zu konzentrieren. Ich kann dir garantieren, dass unsere Brigade sauber ist. Glaub mir, Genosse Guan.»

Fu Mans Klage, dass wir Misstrauen säten, war umso berechtigter, als wir im Sinne der sozialistischen Erziehungsbewegung auch gezielt den Klassenkampf auf dem Land anzufachen hatten, um das sozialistische Klassenbewusstsein zu erhöhen. Das geschah, indem wir Kampfversammlungen organisierten, auf denen die Großbauern des Dorfes sich der Kritik von unten stellen mussten. Dabei lief es so, wie ich es schon bei den Kampagnen in den fünfziger Jahren erlebt hatte: Forderte man die Kritik nur mit genügendem Nachdruck heraus, fand sich irgendwann einer, dem irgendetwas einfiel, was er kritisieren konnte; dann fiel auch einem anderen etwas ein, und so häuften sich immer mehr Anschuldigungen auf, von denen gar nicht mehr klar war, inwieweit sie eigentlich zutrafen. Tatsächlich waren die Großbauern schon vor der Kampagne völlig verschüchtert gewesen. Sie lebten betont unauffällig und zurückgezogen. Irgendein greifbares Ergebnis wurde mit den Kampfsitzungen also nicht erzielt. Der einzige Effekt war, dass sie böses Blut machten und, wie Fu Man richtig erkannt hatte, die Dorfsolidarität zerstörten. Als wir im Frühjahr wieder abfuhren, hinterließen wir daher einen sozialen Trümmerhaufen. Aber die Bewegung war auf Anweisung Mao Zedongs in Gang gebracht worden, und Mao konnte doch nicht Unrecht haben.

Während unseres Aufenthalts, im Januar 1965, kam eine neue Weisung von Mao Zedong heraus. Demnach war nun darauf zu achten, es mit der Kritik an den örtlichen Kadern nicht zu übertreiben. Das Augenmerk beim Klassenkampf sei vielmehr auf «Machthaber» zu richten, «die den kapitalistischen Weg gehen». Aber in solch einem kleinen Dorf gab es natürlich keine derartigen Machthaber. Als lokale Könige spielten sich in unserem Untersuchungsgebiet nur der Kreisdirektor und der Kommuneleiter auf, die von ihren Untergebenen strikten Gehorsam verlangten. Dem entsprach im einfachen Volk ein tief sitzendes Untertanendenken. Aber diese Einstellung konnten wir bei uns selbst auch feststellen. Dass unser Landeinsatz im Ergebnis so gar nicht dem entsprach, was politisch erwartet worden war, bereitete uns für unseren Abschlussbericht ziemliches Kopfzerbrechen. Es gelang uns, uns um seine Abfassung zu drücken.

Aufruf zur Kulturrevolution

Am 30. November 1965 las ich in der Volkszeitung einen Artikel, in dem der Pekinger Vizebürgermeister Wu Han, der sich auch als Historiker, Schriftsteller und Dramatiker einen Namen gemacht hatte, von Yao Wenyuan, dem Propagandachef des Shanghaier Parteikomitees, angegriffen wurde. Der Name Yao Wenyuan war mir bis dato unbekannt. Wu Han jedoch kannte ich persönlich, denn er war einer der Bridge-Partner von Anna Louise Strong. 1961 hatte er das Theaterstück «Hai Ruis Entlassung» veröffentlicht, das das Schicksal eines aufrechten Beamten der Ming-Dynastie beschrieb. Dieser war in Ungnade gefallen, weil er die Missstände seiner Zeit offen kritisiert hatte. Yao Wenyuan bemängelte Stil, Inhalt und künstlerische Darstellung des Stückes. Ich empfand das Ganze nach einigem Nachdenken als eine wissenschaftliche Auseinandersetzung, die für uns keine Relevanz besaß. Einige Tage später verbreitete die Volkszeitung aber die Forderung, dass der Artikel Yao Wenyuans von den Massen diskutiert werden sollte. Offenbar steckte also doch mehr dahinter.

Kurz darauf hielt der Propagandachef der Partei, Zhou Yang, eine Rede, in der er forderte, auch in der Literatur müsse der Klassenkampf fortgesetzt werden. Daraufhin meldete sich Pekings Bürgermeister Peng Zhen zu Wort: Diese Debatte sei schnellstmöglich zu beenden. Peng Zhen war ein guter Freund Wu Hans, und als Mitglied des Politbüros hatte er eine höhere Position als Zhou Yang inne. Die Sache schien damit erledigt. Doch nach ein paar Wochen ging es wieder los. Ab Februar 1966 wurden immer mehr Prominente aus Literatur und Wissenschaft kritisiert. Wir konnten uns auf diese Angriffe immer noch keinen rechten Reim machen. Auch Wu Han kam wieder unter Beschuss. Ihm wurde vorgeworfen, er habe mit seinem Drama den Vorsitzenden Mao verspottet. Tatsächlich spielte das Stück darauf an, dass Mao den Verteidigungsminister Peng Dehuai im August 1959 wegen dessen unverhüllter Kritik an seiner Politik des Großen Sprungs zu Fall gebracht hatte. Wer aber Mao Zedong kritisierte, musste ein Revisionist, ein verkappter Bürgerlicher und Konterrevolutionär sein.

Dann verschwand Bürgermeister Peng Zhen von der Bildfläche. Mir fiel auf, dass er zur Begrüßung einer albanischen Partei- und Regierungsdelegation nicht erschienen war. Beim Mittagessen in der Kantine sprach ich einen Kollegen darauf an: «Das heißt doch, dass Peng Zhen Probleme haben muss.» Mein Kollege schaute sich kurz um, ob uns auch niemand belauschte, und zischte dann: «Halt den Mund! Über solche sensiblen Themen redet man nicht.» Später fügte er leise hinzu, Mao habe Peng Zhen heftig kritisiert und Peking mit einer Festung verglichen, in die man nicht einmal eine Nadel stechen oder Wasser gießen könne. Offenbar war in der Führungsspitze ein heftiger Machtkampf im Gange.

Am 4. Mai 1966 beschwor der Leitartikel in der Volkszeitung den Geist der Bewegung vom 4. Mai 1919, in der Studenten erstmals zum Kampf fürs Vaterland und gegen die verkommenen Traditionen auf die Straße gegangen waren. In unserem Land beginne gerade eine sozialistische Kulturrevolution von historischer Dimension, hieß es. Die Massen der revolutionären Jugend sollten das große rote Banner der Mao-Zedong-Ideen hissen und aktiv am Klassenkampf teilnehmen, der in den Bereichen Kultur, Erziehung und Presse zu führen sei. Jetzt war nicht mehr zu übersehen, dass eine neue politische Kampagne bevorstand.

Von der Presse angespornt, gingen die jungen Pekinger auf die Straße und zogen Richtung Rathaus. «Nieder mit der schwarzen Pekinger Führung!», schrien sie. «Heraus mit dem Pekinger Parteikomitee! Nieder mit Bürgermeister Peng Zhen!» Zuerst waren es nur ein paar Hundert Menschen, dann ein paar Tausend, dann noch mehr. Das Rathaus mit dem Sitz des Parteikomitees der Stadt befand sich gleich neben dem Friedenskomitee, deshalb ging ich zwischendurch ein paar Mal hinaus und schaute mir den Aufmarsch an. Den mitgeführten Plakaten war zu entnehmen, dass es sich bei den meisten Demonstranten um Studenten, Mittelschüler und junge Arbeiter handelte. Ich fragte mich, wer ihre Aktion organisiert hatte und wieso wir davon nichts mitbekommen hatten. Selbst die Parteimitglieder im Friedenskomitee schienen nichts Näheres über die Hintergründe zu wissen.

Am 26. Mai 1966 wandte sich ein Artikel der Volkszeitung gegen die «Machthaber, die den kapitalistischen Weg gehen». Noch am selben Nachmittag führten wir in unserer Einheit eine heftige Debatte: Wer sind diese Machthaber? Waren die Intellektuellen mit ihren kapitalistischen Ideen gemeint oder die mächtigen Funktionäre mit ihren revisionistischen Gedanken? Mir war die gesamte Situation zu undurchsichtig, so hielt ich lieber den Mund.

Sechs Tage später, am 1.6.1966, veröffentlichte die Volkszeitung einen Leitartikel unter dem Titel: «Nieder mit allen Rinder-, Teufel- und Schlangengeistern!» Das war ein Begriff aus den Schriften Maos, mit dem er Grundherren, Ausbeuter und Kapitalisten bezeichnet hatte. So einen scharfen Leitartikel hatte ich noch nie gelesen. Das ganze Friedenskomitee erschrak. Niemand konnte sich mehr auf die Arbeit konzentrieren.

Abends um acht Uhr wurde im Radio der Text einer Wandzeitung verlesen, die von Mitgliedern der Universität Peking unter Leitung der Dozentin Nie Yuanzi verfasst worden war. Darin wurde der Vizekanzler der Universität, ein Freund von Wu Han, angegriffen. Er verbiete den Studenten, Wandzeitungen zu schreiben, und sie dürften ohne Erlaubnis der Parteiführung nicht demonstrieren. Das Parteikomitee der Universität bestehe nur aus Bürokraten, die sich von den Massen entfernt hätten. Die Universität sei eine Festung gegen die Partei und den Sozialismus, gegen Mao Zedong und seine Ideen. Am nächsten Tag brachte die Volkszeitung den gesamten Text dieser Wandzeitung mit einem freundlichen Kommentar auf der ersten Seite. Die jungen Revolutionäre wurden aufgerufen, bedingungslos der Parteiführung unter dem Vorsitzenden Mao zu folgen. Ich war verwirrt: Die Volkszeitung als Sprachrohr der Partei unterstützte eine Wandzeitung, die sich gegen ein Parteiorgan wandte?

Die Veröffentlichung entfachte ein wahres Feuer, das rasch ganz Peking in Flammen setzte. Überall, besonders an den Universitäten und in den Fabriken, wurden nun in Wandzeitungen die jeweiligen Parteisekretäre und Parteikomitees kritisiert. Tatsächlich hatten sich ja viele Kader ungeniert ihrer Macht bedient und waren nur noch ihren eigenen Interessen gefolgt, nachdem ihre Kritiker zu Rechtsabweichlern gestempelt worden waren. Nun artikulierte sich die Unzufriedenheit mit der Partei wieder offen. Die Angegriffenen versuchten ihrerseits, durch Obstruktion oder Vereinnahmung der Kritik an ihnen die Spitze zu nehmen. So bildeten sich überall rasch zwei Gruppen heraus: eine «Rebellenfraktion» und eine «loyale Fraktion». Nominell befürworteten beide die Kulturrevolution, jedoch in unterschiedlichem Sinn: Die Rebellen folgten Mao und griffen die Funktionäre an, die Loyalen wollten eine kontrollierte Kampagne unter Führung der Parteiorgane. Jeden Tag ertönte nun aus den anderen Einheiten das Geschrei von Losungen und der Lärm von Trommeln und Gongs. Bei uns im Friedenskomitee jedoch passierte zunächst überhaupt nichts.

Unter der Devise «Politik geht vor Fachwissen» waren dem Friedenskomitee im Laufe der letzten zwei Jahre einige parteitreue und politisch zuverlässige Männer aus der Armee zugewiesen worden. Obwohl sie weder Fremdsprachen beherrschten noch etwas von auswärtigen Angelegenheiten verstanden, übernahmen sie die Führung verschiedener Abteilungen. Wenn ausländische Gäste kamen, spielten sie sich als versierte Gastgeber auf, was oft zu peinlichen Zwischenfällen führte. Es gingen viele Witze um über diese Funktionäre, gerade unter den jungen Mitarbeitern, von denen viele frische Universitätsabsolventen waren. Seit dem Bruch der chinesisch-sowjetischen Freundschaft pflegte China verstärkt seine Beziehungen zu den Ländern Asiens, Lateinamerikas und Afrikas. Im Friedenskomitee war eigens ein Ausschuss für Asien-Afrika-Solidarität gegründet worden. Dafür hatte man eine größere Zahl von Absolventen der Fremdsprachenhochschulen eingestellt und auf die neuen Arbeitsbereiche verteilt. Diese jungen Leute waren bei der Anti-Rechts-Kampagne des Jahres 1957 noch Kinder oder Jugendliche gewesen. Sie kannten daher keine Bedenken, sich in der neuen Bewegung zu engagieren. Nach einer Woche machte einer der jungen Leute bei der politischen Schulung schließlich seiner Frustration Luft: «Ich halte das nicht länger aus. Wir müssen in unserer Einheit auch etwas tun!» Am nächsten Tag hingen bei uns erstmals Wandzeitungen aus mit Titeln wie: «Lest die Wandzeitung von Nie Yuanzi!» oder «Auf zu den Wandzeitungen der Universität Peking und der Qinghua-Universität!» Darunter klebten viele kleine Zettel, auf denen andere Mitarbeiter ihre Zustimmung bekundeten.

Beide Universitäten lagen sehr weit von unserer Einheit entfernt. Wir besaßen einen Bus, der die Interessierten bequem hätte hinfahren können. Unser Parteisekretär erklärte jedoch, dass Benzin gespart werden müsse und der Bus deshalb nicht zur Verfügung stehe. Außerdem dürfe man während der Bürozeiten nicht den Arbeitsplatz verlassen. Das wirkte wie eine Kriegserklärung. Über die Lautsprecheranlage riefen die jungen Rebellen auf einmal durch das ganze Büro: «Was ist wichtiger, Revolution oder Arbeit? Wir versammeln uns heute um zehn Uhr und fahren mit Fahrrädern zur Universität Peking!» Eine halbe Stunde später erschallte die Pausenklingel, und eine Lautsprecheransage meldete, dass der Bus auf uns warte. Jetzt durften auf einmal alle Mitarbeiter mitfahren und die Wandzeitungen lesen. Ich war froh über den Sinneswandel unseres Parteisekretärs, da mich die Wandzeitungen ebenfalls interessierten.

Am 18. August 1966 sollte Mao Zedong auf dem Tian'anmen-Platz zum ersten Mal die Roten Garden begrüßen. Die Rotgardisten-Bewegung war von einer Mittelschule ausgegangen, die der Qinghua-Universität unterstand. Die Schüler einer Klasse hatten Mao Zedong in einem Brief mitgeteilt, sie hätten eine rote Garde gegründet, die das Rote in unserem Land schützen wolle. Mao ließ diesen Brief in ganz China verbreiten, mit dem Erfolg, dass sich sofort überall Rote Garden bildeten.

Die Zentralregierung lud für jenen 18. August die in Peking langfristig lebenden Ausländer ein, zusammen mit Mao Zedong vom Tor des Himmelsfriedens aus die Parade zu verfolgen. Ich sollte einige dieser Ausländer begleiten und die Sitzverteilung übernehmen – eine tolle Aufgabe, denn so würde ich das Ereignis ebenfalls von bester Warte aus beobachten können. Noch nie war ich dort oben gewesen, und nun würde ich sogar gleichzeitig mit Mao Zedong dort stehen! Schon in aller Frühe begleitete ich die ausländischen Ehrengäste hinauf auf die Tribüne. Auf dem riesigen, zum zehnjährigen Staatsgründungsjubiläum 1959 neu angelegten und wesentlich vergrößerten Platz saßen bereits mehrere Hunderttausend Rotgardisten. Sie waren am Vorabend eingetroffen, hatten dort die ganze Nacht ausgeharrt und den Platz in ein Meer roter Fahnen verwandelt. Der Anblick war gewaltig und musste selbst jemanden, dem die Revolution gleichgültig war, tief berühren. In diesem Moment schämte ich mich erstmals, der Kulturrevolution bislang so passiv gegenübergestanden zu haben.

Auf einmal sah ich Ministerpräsident Zhou Enlai auf mich zukommen. Er sah müde aus. Eigentlich war es noch viel zu früh für das Erscheinen der Staats- und Parteiführung. Es traf mich wie ein Blitz, als er mich plötzlich zu sich heranwinkte: «Junger Mann, kommen Sie mal her. Wie heißen Sie? Habe ich Sie nicht schon mal gesehen?»

Was für ein Gedächtnis er hatte! «Ich heiße Guan Yuqian», parierte ich. «Ich bin der Sohn von Guan Yiwen.»

«Ah! Wie geht es deinem Vater? Ich habe ihn lange nicht gesehen.»

«Danke, es geht ihm sehr gut.»

«Komm, begleite mich ein paar Schritte.» Wir gingen zum entgegengesetzten Ende der Torplattform. Mich durchströmte ein Gefühl des Stolzes und des Glücks.

«Ministerpräsident Zhou, Sie sehen ein wenig müde aus», sagte ich.

«Ja, ich habe die ganze Nacht kein Auge zugemacht. Ich musste mich um die Vorbereitungen dieser Rotgardistenparade kümmern.»

«Auch in der Nacht?»

«Der Vorsitzende Mao ist alt geworden. Es wird sehr anstrengend für ihn sein, diese Parade von über einer Million Rotgardisten abzunehmen. Deshalb möchte ich, dass die Parade innerhalb von drei Stunden ablaufen kann. Das ist nicht so einfach. Ich schaue mir lieber alles noch einmal an und versuche, mögliche Fehler zu erkennen.»

«Sie müssen aber auch auf Ihre Gesundheit achten. Wer ist denn älter von Ihnen, der Vorsitzende Mao oder Sie?»

«Wir sind ungefähr gleich alt. Aber der Vorsitzende Mao ist ein großer Mann. Ich kann mich nicht mit ihm vergleichen. Es genügt nicht, dass ich nur nach seinen Anweisungen arbeite, ich muss auch auf seine Gesundheit aufpassen. Je stabiler seine Gesundheit und je länger er lebt, desto besser für unser Volk.»

Diese kurze Begegnung mit Zhou Enlai hinterließ bei mir einen tiefen Eindruck. Seine Bescheidenheit und seine Treue zu Mao Zedong bewegten mich. Wenn Zhou Enlai sich derart für die Kulturrevolution einsetzte, durfte ich nun nicht mehr zurückstehen.

Als Mao Zedong die Tribüne betrat, schien der Tian'anmen-Platz zu kochen. «Lang lebe der Vorsitzende Mao!», schallte es aus allen Richtungen. Auf der Westtribüne, eine Etage unter uns, standen Hunderte von ausländischen Gästen. Auch sie schrien mit und schwenkten ihre Mützen. Es schien, als würde die ganze Welt Maos Ideen bewundern. Meine Augen füllten sich mit Tränen der Rührung. Noch tagelang hielt meine Ergriffenheit an.

Am nächsten Tag erschien in der Presse die Rede, die der Verteidigungsminister und «engste Kampfgefährte Mao Zedongs», Lin Biao, auf der Kundgebung gehalten hatte. Darin hatte er die Roten Garden aufgerufen, die «vier alten Dinge» – alte Denkart, alte Kultur, alte Sitten, alte Gebräuche – zu vernichten. Werde das Alte nicht zerschlagen, könne Neues nicht gedeihen.

Der Aufruf fand gehorsame Leser. Bereits am Nachmittag desselben Tages marschierten Trupps von Jugendlichen im Alter von 13 bis 18 Jahren durch die Straßen und zerschlugen alle Schilder mit historischen Straßennamen. Auch Firmenschilder altrenommierter Restaurants und Geschäfte holten sie herunter und zertrümmerten sie. Ich fragte mich: «Muss das sein?», sah darin aber nicht mehr als eine vorübergehende Entgleisung.

Am folgenden Morgen erschien die Volkszeitung mit einem Leitartikel: «Die revolutionären Aktionen sind ausgezeichnet!» Die Jugendlichen sahen sich dadurch weiter bestärkt und ließen nach und nach alle Skrupel fahren, verbrannten Bücher, zerrissen klassische Malereien und Kalligraphien, zerschmetterten Antiquitäten und verwüsteten Tempel. Keine Frau durfte sich mehr mit Dauerwelle und in bunter Kleidung auf die Straße wagen. All das galt je nach Bedarf als feudalistisch oder als kapitalistisch, jedenfalls als Relikt der alten Gesellschaft, und musste daher bekämpft werden.

Rebellen

Die jungen Leute bei uns am Friedenskomitee schlossen sich zwar nicht den Roten Garden an, verstärkten aber in langen Wandzeitungen die Kritik an unseren Funktionären. Noch ganz unter dem Eindruck der Rotgardistenparade ließ ich mich nun von ihrem Enthusiasmus mitreißen. Zhou Enlai war mein Vorbild. So blieb ich drei Tage zu Hause und schrieb eine 36-seitige Wandzeitung, in der ich vor allem eine Frage aufwarf: Wieso schließt sich unsere Einheit nicht der aufregenden Kulturrevolution an? Ich nannte keine Namen, aber jeder wusste, wer von unseren hohen Funktionären gemeint war. Diese Wandzeitung wurde zum Mittelpunkt der politischen Diskussion am Friedenskomitee. Die jungen Leute glaubten durch meine Worte eine wahre Erleuchtung erfahren zu haben und meinten, jetzt ihren Weg zu erkennen.

Schon wenige Tage später vernahm ich ein erstes beunruhigendes Echo. Ein Gerücht machte die Runde: Die Rechtsabweichler und Konterrevolutionäre im Friedenskomitee wollen die Kulturrevolution nutzen, um von ihren politischen Fehlern abzulenken. Ein guter Kollege flüsterte mir zu: «Sei vorsichtig, Guan! In der Komiteeleitung kursiert die Information, du habest in deiner Vergangenheit politische Probleme gehabt.»

Ich war empört: Jetzt versuchte man also wieder, mich als Rechtsabweichler aufzubauen. Gleichzeitig fing ich an, meinen Leichtsinn zu bereuen. Wieso vergaß ich den Schmerz, wenn die Wunden noch nicht einmal verheilt waren?

Auch in unserer Einheit hatten sich nun eine «Rebellenfraktion» und eine «loyale Fraktion» gebildet. Die Rebellen meinten, dass die Führung des Friedenskomitees in Bürokratie erstarrt sei und es hindere, Maos Aufruf zur Kulturrevolution zu folgen. Die loyale Fraktion dagegen unterstellte der Rebellenfraktion üble Absichten. Sie warnte die anderen, hinter den Rebellen steckten «schwarze Hände», die ein konterrevolutionäres Komplott planten. Durch meine Wandzeitung war ich in das Lager der Rebellen geraten. Eines Sonntags kamen über zehn von ihnen zu mir nach Hause, um ihr weiteres Vorgehen zu besprechen. Wir entwarfen nach Maos Vorbild eine Vier-Punkte-Strategie, die darauf abzielte, die Feinde wie die Fische anzulocken und sie dann anzugreifen. Schon am nächsten Tag verbreitete sich die Nachricht, dass die Rechtsabweichler endlich ein eigenes Nest gefunden hätten.

Dann hing plötzlich eine unübersehbare Karikatur an der Wand. Sie zeigte unseren lächelnden Generalsekretär Wang, wie er hinter seinem Rücken ein Messer verbarg. Ein offener Konflikt brach aus. Die einen wollten die Karikatur herunterreißen, die anderen waren dagegen. Es fehlte nicht viel, und es hätte eine Schlägerei gegeben. Die Karikatur war von einem Mitglied der Rebellenfraktion, einem jungen Mann namens Huang, ohne Abstimmung mit den anderen Rebellen gemalt und aufgehängt worden. Wir anderen kritisierten, Huang sei zu weit gegangen, verlangten von ihm, die Karikatur wieder herunterzunehmen und eine Selbstkritik zu schreiben. Tatsächlich fügte er sich.

Das Problem war damit jedoch nicht aus der Welt. Obwohl die Karikatur nur wenige Stunden ausgehangen hatte, wurde sie in immer mehr Wandzeitungen kontrovers kommentiert. Einer dieser Aushänge war so klein und hing an einem so schlechten Platz, dass er fast übersehen worden wäre, erwies sich jedoch als wahre Bombe. Darin wurden Generalsekretär Wang und der Personalabteilungschef He zum ersten Mal namentlich angegriffen. Der Vorwurf lautete, sie agierten gegen die Kulturrevolution. Die erbosten Funktionäre beeilten sich mit einer Stellungnahme und kündigten an, mit den «schwarzen Händen» und Rechtsabweichlern in unserer Einheit werde irgendwann abgerechnet. Dann sprach sich herum, dass der Generalsekretär eine schwarze Liste mit den Namen aller schon früher als nicht linientreu geltenden Personen führe. Diese Nachricht schürte nicht nur den Zorn der Rebellen, sondern verärgerte auch die zur neutralen Mitte zählenden Mitarbeiter, die jetzt ebenfalls anfingen, Wandzeitungen zu schreiben.

In dieser Zeit hatte das Friedenskomitee einmal eine Gruppe hochrangiger Ausländer zu betreuen, die von Zhou Enlai persönlich empfangen werden sollten. Unsere leitenden Funktionäre arbeiteten ein Besuchsprogramm aus und legten es Zhou Enlais Büro vor. Der Empfang fand wie geplant statt; dabei war auch unser Französischdolmetscher Zhang Linyü anwesend, die wichtigste Person in unserer Rebellenfraktion. Er berichtete, dass Zhou im Anschluss an den Empfang kritische Bemerkungen zu dem Besuchsprogramm gemacht habe. Beim Friedenskomitee habe man offenbar noch nicht gemerkt, dass sich die Zeiten änderten; das Komitee entwickele keine neuen Ideen und halte immer am alten Stil fest; offenbar, so Zhou, gebe es im Friedenskomitee noch keine Rebellenorganisation.

Als Zhang uns Rebellen Zhous Kritik hinterbrachte, reagierten wir sofort und etablierten uns noch am selben Tag als offizielle revolutionäre Rebellengruppe. Zhang Linyü wurde zum Leiter und ich zum Vorstandsmitglied gewählt.

Draußen wurden die Exzesse der Rotgardistenbewegung unterdessen immer schlimmer. Für die Jugendlichen war das Ganze ein Riesenspaß. Niemand setzte ihnen Grenzen, auch die Polizei ließ sie gewähren. Schließlich verloren sie die letzten Hemmungen und fingen an, gegen Menschen vorzugehen. Sie zogen frühere Kapitalisten, Grundherren, einfache Ladenbesitzer und harmlose Rechtsabweichler auf die Straße, traktierten sie mit Fußtritten und verprügelten sie. Wer sich ihnen in den Weg stellte, wurde selbst Opfer ihrer Gewaltorgie. Andere nutzten das Chaos, sich an unliebsamen Nachbarn zu rächen, zu plündern und zu stehlen.

Mao Zedong hatte 1927 in seinem «Untersuchungsbericht über die Bauernbewegung in Hunan» beschrieben, wie aufständische Bauern verhasste Grundherren und Großbauern demütigten, indem sie ihnen spitze Papphüte aufsetzten. Irgendeine Rotgardistenorganisation kam auf die Idee, mit ihren Opfern nach diesem Vorbild zu verfahren, und hängte ihnen zudem noch Schilder um den Hals, auf denen ihr Name und ihre Verbrechen zu lesen waren. Sogleich ahmte die Rotgardistenbewegung im ganzen Land dies nach. Ich selbst sah mit an, wie Rotgardisten den früheren Verteidigungsminister Peng Dehuai und Pekings mittlerweile entlassenen Bürgermeister Peng Zhen demütigten: Mit spitzen Schandhüten auf dem Kopf und einem Schild um den Hals wurden sie auf offenen Lastwagen durch die Straßen paradiert. Je zwei Rotgardisten, die ihre Opfer zwischen sich einklemmten, drückten ihnen den Oberkörper zu einer Dauerverbeugung vor den Volksmassen herunter. Schriftsteller, Schauspieler, Musiker und Wissenschaftler wurden von den Roten Garden zu erniedrigenden Arbeiten gezwungen, beschimpft und geprügelt. Einige erlitten so schwere Verletzungen, dass sie starben.

Eines Tages entschlossen sich fünfzehn Lehrer und Studenten der Seefahrtschule in Dalian, eine «Rote Brigade des Langen Marsches» zu bilden und rund tausend Kilometer nach Peking zu marschieren. Die Volkszeitung lobte diese Aktion in einem Leitartikel. Alle Rotgardisten Chinas wollten sich nun auf den Weg nach Peking machen. Um ihnen landesweit den revolutionären Erfahrungsaustausch zu erleichtern, erhielten sie freie Fahrt auf allen Zügen. Jeder sollte die jungen Leute frei übernachten lassen und bewirten. Die gigantische Reisewelle, die nun einsetzte, führte landesweit zu einem Chaos. Vor allem in Peking kamen ständig Heerscharen junger Leute an und baten um Unterkunft und Essen. Alle Einheiten in ganz Peking schienen nichts anderes mehr zu tun zu haben, als die jungen Leute zu betreuen.

Bei dieser Gelegenheit bekam Mutter Besuch von zwei jungen Medizinstudentinnen aus Shanghai. Es waren Tiantian, jene Schülerin, die Mutter vor vielen Jahren unterstützt hatte, um sie von ihrer Tuberkulose zu heilen, und deren Freundin. Aus dem kleinen, unscheinbaren Mädchen war eine erwachsene Frau geworden. Sie sah längst nicht so hübsch aus wie Meizhen oder Lucy, wirkte aber dennoch sehr anziehend und besaß eine freundliche Ausstrahlung. Mutter freute sich sehr über ihren Besuch. «Yuqian, die beiden sind zum ersten Mal in Peking. Kannst du dir nicht ein wenig Zeit nehmen und sie umherführen?», fragte sie mich. Unsere Einheit kümmerte sich gerade ohnehin nur um die Betreuung von Roten Garden, so war es kein Problem, Urlaub zu bekommen. Ich zeigte den beiden den Kaiserpalast, den Sommerpalast und viele andere Sehenswürdigkeiten und erzählte ihnen die jüngsten Pekinger Witze. Zwei Wochen lang vergaß ich alle Spannungen und Probleme. Tiantian war sehr höflich und half Mutter, wo immer sie konnte. Sie ging auch sehr liebevoll mit meinem kleinen Sohn um, der sie schon nach wenigen Tagen als beste Freundin betrachtete. Nie zuvor hatte bei mir zu Hause eine so nette Atmosphäre geherrscht.

Als ich Tiantian zwei Wochen später wieder zum Bahnhof begleitete, fing sie furchtbar an zu weinen. Sie war viel jünger als ich, und ich hatte sie immer als eine kleine Schwester angesehen. Plötzlich erkannte ich, dass sie mich wohl sehr gern hatte, und ich spürte, dass auch ich sie ungern wieder wegfahren sah. Eine Woche darauf erhielt ich einen Brief von ihr aus Shanghai. Sie schrieb in metaphorischer Weise über das Meer und über die Wolken – ein Beweis ihrer Zuneigung zu mir. Nicht lange danach musste ich dienstlich nach Shanghai. Bei dieser Gelegenheit verabredete ich mich mit Tiantian. Wir verbrachten drei Abende zusammen und verstanden uns prächtig. Dennoch wollte ich keine engere Beziehung mit ihr eingehen. Ich war nicht frei. Außerdem lebte sie in Shanghai und ich in Peking. In jener Zeit konnte man sich seinen Wohnort ja nicht aussuchen. So vergingen Monate, in denen wir uns nicht mehr sahen und nur noch in brieflichem Kontakt standen.

Neujahr 1967 war gerade vorbei, als in Shanghai die dortige Arbeiter-Rebellenorganisation bekannt gab, sie habe die Macht in der Stadt übernommen. Die Presseagentur «Neues China» und die Volkszeitung veröffentlichten zustimmende Leitartikel. Das heizte die Atmosphäre in den Rebellengruppen der einzelnen Einheiten weiter an. Auch unsere Gruppe sprach darüber, ob sie nicht die Leitung des Friedenskomitees übernehmen sollte. Das Parteikomitee spielte zu dieser Zeit schon fast keine Rolle mehr. Die leitenden Funktionäre trafen ihre Entscheidungen nicht mehr selbst, sondern kamen zu unserer Rebellengruppe, um sie mit uns abzusprechen. Im Frühjahr 1967 übernahm die Rebellengruppe schließlich wirklich die Macht im Friedenskomitee. Pausenlos ermahnte ich mich, die Lektion der Vergangenheit nicht zu vergessen. Ich wusste, dass mich einige Leute als Brandstifter betrachteten, als denjenigen, der der Kulturrevolution im Friedenskomitee zum Durchbruch verholfen hatte.

Eines Tages kam ein Anruf aus dem Büro von Zhou Enlai: Für eine vietnamesische Militärdelegation sei ein Begrüßungsempfang zu organisieren. Der Vorsitzende des Ausschusses für Asien-Afrika-Solidarität, Liao Chengzhi, solle die Begrüßungsrede halten. Erstmals wurde die Rebellengruppe offiziell mit solch einer Aufgabe betraut – und ich mit der Ausführung.

Der Empfang verlief sehr glatt. Liao Chengzhi – wir nannten ihn immer «ehrwürdiger Herr Liao» – kannte mich gut. Ich hatte ihn zu Hause besuchen dürfen, kannte seine Frau und seine Kinder. Für mich war er wie ein Lebensretter, denn ohne seine Zustimmung hätte ich nicht die Versetzung zum Friedenskomitee erhalten. Kurz vor Ende des Empfanges rief mich die Leitung der Rebellengruppe an: Ich solle Liao Chengzhi noch heute ins Friedenskomitee bringen, am besten gleich nach dem Empfang. Ich verstand schon, was unter dieser «Einladung» zu verstehen war: Er sollte sich die Kritik der «Massen» anhören. Viele Wandzeitungen hatten seinen bürokratischen Stil kritisiert. Außerdem hatte er zum Besuch eines laotischen Prinzen einmal eine kantonesische Wildspezialität bestellt, die nur unter gewaltigem Aufwand zu beschaffen gewesen war. Nun wurde diese Geschichte wieder aufgewärmt und als mangelnde proletarische Einstellung angeprangert.

Nach dem Empfang ging ich gleich zu ihm hin. Er war schon im Mantel und lächelte mir zu.

«Ich habe gerade einen Anruf von der Rebellengruppe des Friedenskomitees erhalten», erklärte ich. «Man wünscht dort, dass Sie mit mir mitkommen, um den Massen zu begegnen.»

Sein Lächeln erstarb.

«Kleiner Guan, ich bin mit Erlaubnis von Ministerpräsident Zhou im Urlaub. Die Teilnahme an dem heutigen Empfang war nur eine Ausnahme. Erkläre das bitte der Rebellengruppe. Bei nächster Gelegenheit werde ich gern die Massen treffen.»

Wenn es nach mir gegangen wäre, hätte ich ihn ziehen lassen, aber dann hätte ich selbst Schwierigkeiten bekommen. So versuchte ich, ihn zu überreden: «Ehrwürdiger Herr Liao, die Mitarbeiter des Friedenskomitees haben eigentlich keine große Kritik an Ihnen. Kommen Sie doch bitte kurz mit. Das wäre viel besser, als wenn Sie später durch Zwang geholt würden. Ich garantiere Ihnen, dass Sie nur eine Stunde bleiben müssen.»

«Nur eine Stunde?»

«Eine Stunde. Ich verbürge mich dafür.» Das überzeugte ihn.

Als wir ankamen, hatten sich bereits sämtliche Mitarbeiter des Friedenskomitees versammelt, schrien Losungen und erhoben Anklage. Die Atmosphäre war geladen. Mir wurde bewusst, wieder einen Fehler begangen zu haben. Ich schaute ununterbrochen auf meine Uhr. Genau nach einer Stunde stand ich auf und sagte: «Der ehrwürdige Herr Liao hat noch einen anderen Termin. Ich habe ihm versprochen, ihn nach einer Stunde gehen zu lassen.»

Ich führte ihn schnell hinaus zu seinem Auto, winkte seinem Chauffeur, und schon waren sie weg.

Meine anfängliche Begeisterung für die Kulturrevolution schwächte sich durch diese Erlebnisse immer mehr ab. Besonders als ich gehört hatte, dass es in Wuhan und Shenyang innerhalb der Armee zu politisch motivierten Auseinandersetzungen gekommen war, verlor ich den letzten Rest Vertrauen in den Sinn der kulturrevolutionären Aktionen. Ich fürchtete, es könnte zu einem neuen Bürgerkrieg kommen.

Der Eklat

Im September 1967 kam Meizhen zu einem unbegrenzten Urlaub zurück nach Peking. Wie an allen Universitäten fand auch an der von Taiyuan, wo sie lehrte, kein Unterricht mehr statt. Jetzt suchte sie vor allem Zuflucht vor Angriffen, denen sie als Dozentin ausgesetzt war.

Einer ihrer ersten Sätze nach der Ankunft war: «Jetzt, wo ich wieder hier bin, kann deine Mutter ja zu deiner Schwester gehen.» Mutter gab sogleich nach: «Ja, ich werde gleich morgen umziehen.»

Ich empfand Meizhens Verhalten als Affront. Schließlich zog Mutter unser Kind groß und entlastete damit auch sie – und dann hatte Mutter gefälligst zu verschwinden, sobald sie nur einen Fuß in die Tür setzte? Ich sah keine Hoffnung mehr, dass sich unsere Beziehung noch einmal bessern würde. Wütend schlug ich ihr erneut die Scheidung vor.

«Wir sollen uns scheiden lassen? Einverstanden. Ich habe eigentlich auch nicht mehr die Absicht, mit dir zusammenzubleiben», sagte sie, ohne zu zögern. «Aber du kennst ja die Bedingung: Du musst mich vorher nach Peking zurückholen.»

«Meine Einheit hat das aber schon abgelehnt. Ich kann nichts mehr machen.»

Ich war tatsächlich mehrmals zur Personalabteilung gegangen und hatte um Erlaubnis für ihre Rückkehr gebeten. Das letzte Mal hatte die Auskunft nur gelautet: «Ausgeschlossen. Deine Frau ist immerhin Rechtsabweichlerin gewesen. Nach Peking kann sie unmöglich zurückkommen. Sie soll mit Taiyuan mal ganz zufrieden sein!» Selbst wenn die zu Rechtsabweichlern gestempelten Personen nach ihrer Umerziehung rehabilitiert wurden, haftete ihnen der Makel des Rechtsabweichlers weiter unauslöschlich an wie ein Brandmal.

«Dann geh doch zu deinem Vater», rief Meizhen, «er hat doch Beziehungen!»

«Was kann er schon tun, gerade jetzt, in dieser Zeit? Es ist nicht mal sicher, ob er sich selbst schützen kann.»

«Dann lass uns noch warten. Wir haben ja Zeit. Wenn die momentane Kampagne vorüber ist, schafft er es bestimmt.»

«Du kannst vielleicht warten, aber ich will nicht mehr! Zehn Jahre leben wir nun schon getrennt, und es gibt sowieso keine Liebe mehr zwischen uns. Wozu immer noch aneinander gebunden bleiben? Du bist ja noch jung. Du kannst wieder jemanden finden.»

«Ach – das heißt wohl, dass du schon jemand anders gefunden hast. Wie heißt sie denn?», rief sie provozierend. Ich sah keinen Grund mehr, mir jetzt noch Rücksichtnahme aufzuerlegen.

«Ja, ich habe jemand anders», sagte ich geradeheraus und staunte selbst über meine Worte. Mit Tiantian hatte ich ja keine ernsten Absichten. «Wer sie ist, kann dir egal sein. Meine Entscheidung steht jedenfalls fest. Ich will mich von dir scheiden lassen, je früher, desto besser!»

Dann stürmte ich aus der Wohnung und fuhr mit dem Fahrrad weg.

Für Meizhen muss es schwer gewesen sein zu akzeptieren, dass ich nicht um sie kämpfen mochte. Zwar hatte auch sie im Zorn häufiger gesagt, sie wolle sich von mir trennen, aber bislang war es bei Ankündigungen geblieben. Nun hatte ich sie in ihrer Ehre gekränkt.

Am nächsten Tag durchwühlte Meizhen sämtliche Schubladen, Schränke und Koffer. Dabei fand sie einen Stapel Fotos, die ich von Tiantian während ihres Aufenthaltes in Peking gemacht hatte. Abends, als ich nach Hause zurückkam, fragte sie mich, wer dieses Mädchen sei. Ich sagte, das sei ebenjenes Mädchen, das ich gerne mag.

«Wo ist sie?»

«In Shanghai, sie studiert Medizin.»

Meizhen drohte mir, mit den Fotos zu meiner Einheit zu gehen, wenn ich ihr meine Beziehung mit Tiantian nicht genau schilderte. Da ich mir keine Vorwürfe zu machen hatte und es nichts zu verheimlichen gab, erzählte ich ihr die Geschichte, wie sie sich zugetragen hatte, aber sie glaubte mir nicht. Erneut drohte sie damit, das Friedenskomitee zu informieren und eine große Affäre daraus zu machen. Dann würden die «Massen» unseren Fall klären, und davor hatte ich Angst. Private Probleme konnten rücksichtslos ausgeschlachtet werden – mit unkalkulierbaren Folgen. In Qinghai hatte ich Leute kennen gelernt, die wegen eines Seitensprungs oder anderer privater Konflikte dorthin versetzt worden waren. Also zog ich mein Scheidungsverlangen ausdrücklich zurück und versprach, jeden Kontakt zu Tiantian abzubrechen. Doch das genügte Meizhen nicht. Sie verlangte, dass ich Dinge zugäbe, die gar nicht passiert waren.

Tags darauf brachte sie einige ihrer Verwandten zu uns ins Haus. Ein Verhör begann, wie ich es sonst nur bei den Roten Garden erlebt hatte. Immer wieder drohten sie mir, mich in meiner Einheit anzuschwärzen. Sie veranstalteten ein fürchterliches Theater. Ich schwieg zu allen Fragen und Beschuldigungen. Plötzlich verlor Meizhen die Beherrschung und schlug mich. Das verletzte mich derart, dass für mich unsere Beziehung für immer zerbrach. Unser Sohn sah alles schweigend mit an.

Einige Monate vergingen. Wir lebten wie zwei Fremde in einer Wohnung. Zwischendurch hielt sich Meizhen auch längere Zeit bei ihrer Schwester auf. Dass ich mich von ihr trennen wollte und Kontakt mit einer anderen Frau gehabt hatte, nagte unterdessen offenbar weiter an ihrem Selbstwertgefühl. Das Frühlingsfest Ende Januar 1968 verlebten wir nicht zusammen.

Als ich Mitte Februar eines Abends nach Hause kam, rief sie mir mit hämischer Freude entgegen: «Brief aus Shanghai, Brief aus Shanghai!» Dazu schwenkte sie triumphierend einen Brief in der erhobenen Hand.

Das war sehr merkwürdig. Ich ließ meine gesamte Post eigentlich immer ins Büro schicken, auch die von Tiantian. Sollte dieser Brief von ihr sein? Ich hatte schon lange Zeit nichts von ihr gehört.

«Gib mir den Brief», sagte ich und versuchte ruhig zu bleiben.

«Warum soll ich ihn dir geben? Sag mir lieber erst, von wem er ist!»

«Woher weiß ich, wer ihn geschrieben hat? Aber da es mein Brief ist, musst du ihn mir geben.»

«Ja, das ist dein Brief, aber ich gebe ihn dir nicht», rief sie und lachte.

Ich versuchte, ihr den Brief aus der Hand zu reißen. Sie wich aus, und plötzlich stürzten wir beide zu Boden. Eine Weile kämpften wir miteinander. Das ging für beide Seiten nicht ohne Blessuren ab. Schließlich konnte ich ihr den Brief aus der Hand winden. Es war ein leerer alter Umschlag. Mit einem miesen Trick hatte sie versucht, mir eine Falle zu stellen.

Ich war mit meinen Nerven am Ende. «Es ist aus!», schrie ich sie an. «Ich lasse mich scheiden! Unwiderruflich!»

«Siehst du, das heißt doch, dass du mit dieser Ziege noch verkehrst! Du wagst sogar, mir wehzutun! Ich sage dir, morgen gehe ich zu deiner Einheit und packe alles aus. Wir werden ja sehen, was passiert!»

Sie war außer sich vor Wut. Dass ich gewagt hatte, mit ihr am Fußboden einen Ringkampf auszufechten, hatte mich in ihren Augen wohl als gewalttätig entlarvt, abgesehen davon, dass es ihren Verdacht bezüglich Tiantian zu bestätigen schien.

«Geh doch hin!», sagte ich. «Ich habe keine Angst.» Ich drehte mich um und verließ das Haus. Ich glaubte nicht, dass Meizhen unseren Streit wirklich vor die Einheit zerren würde. Sie musste doch wissen, welche Katastrophe dies in der derzeitigen Lage auslösen könnte! Es würde ihr auch nichts nützen. Würde ich erneut von Peking weg versetzt, wären auch ihre Chancen, wieder hierher zu kommen, endgültig zunichte. Meizhen war eine zu kluge Frau, um diese Zusammenhänge zu übersehen.

Aber ich hatte mich geirrt. Es ging Meizhen jetzt nur noch um eins: Rache für ein vermeintlich erlittenes Unrecht.

Wann und bei wem sie mich denunzierte, erfuhr ich nicht. Eine Woche lang wiegte ich mich noch in Ruhe, nicht ahnend, was sich da bereits über meinem Kopf zusammenbraute. Dann erschien die erste Wandzeitung, noch ohne Nennung meines Namens. Weitere folgten, und binnen zwei, drei Tagen wuchs ihre Zahl lawinenartig. Alle kannten nur noch ein Angriffsziel: mich. «Hinter Guan Yuqians nettem Lächeln lauert ein übler Charakter!», «Guan Yuqian ist ein unbelehrbarer Rechtsabweichler!», «Guan Yuqian ist ein mieser Konterrevolutionär!», «Nieder mit Guan Yuqian!» und so weiter lauteten die Titelzeilen. Mein Privatleben wurde zum heißesten Gesprächsthema. Den Verfassern zufolge waren mir ein übler Charakter und lose Moral von Anfang an eigen gewesen. Der Vorwurf ehelicher Untreue passte bestens dazu und ließ mich als richtig verwerflich erscheinen. Wer seiner Ehefrau die Scheidung androhte und als verheirateter Mann mit anderen Frauen flirtete, verstieß gegen eherne Moralgesetze, die damals als urproletarisch galten, obwohl sie in Wahrheit altkonfuzianisch waren. Mit meinem Verhalten hatte ich mich als bourgeoiser Lüstling erwiesen. Die Rebellengruppe ließ mich fallen. Ich saß zwischen allen Fronten und war zum Abschuss freigegeben. Der Kampf gegen mich war absolut risikolos.

An einem Freitag strebte das Kesseltreiben seinem ersten Höhepunkt zu. Fassungslos saß ich an jenem Vormittag an meinem Schreibtisch. Das Gefühl ohnmächtiger Wut, das mich beim Lesen der Wandzeitungen ergriffen hatte, wich tiefer Verzweiflung. Würde ich nicht wieder nach Qinghai verbannt, war zu befürchten, dass man mich hier an den Pranger stellte, damit mir die Erwachsenen ins Gesicht spucken und die Kinder mich auslachen konnten, wie es anderen ehemaligen Rechtsabweichlern oder in Ungnade gefallenen Funktionären widerfahren war.

Das schrille Klingeln zur Mittagspause fuhr mir wie ein Blitz in die Glieder. Die Kollegen erhoben sich von ihren Plätzen und schlurften wortlos aus dem Raum. Keiner sah mich an, keiner fragte mich, ob ich nicht mitkäme in die Kantine. Ich hörte, wie sich auch die Kollegen aus den Nachbarbüros auf den Weg machten, dann herrschte Stille. Ich verspürte keinen Appetit und vergrub mein Gesicht in den Händen. Mein Kopf schmerzte, alptraumhafte Gedanken peinigten mich. War es nicht besser, Schluss zu machen mit diesem verfluchten Leben? Einfach irgendwo hinunterspringen, sich die Pulsadern aufschneiden oder in eine Steckdose greifen? Aber schon regte sich Widerstand in mir: Feigling! Wie kannst du klein beigeben! Du hast ja nichts verbrochen, du bist unschuldig! Die Partei ist es, die im Unrecht ist, die mit ihrer Politik Unheil stiftet, die Familien auseinander reißt und Menschen in die Verzweiflung treibt. Wer sich umbringt, bekennt sich schuldig. Niemals werde ich das tun!

Als die Kollegen vom Essen zurückkehrten, brachten sie die Nachricht mit, dass die politische Schulung, die für den Nachmittag auf dem Plan stand, ausfallen würde. Stattdessen hätten sich alle im Nachbargebäude sofort zu einer Vollversammlung einzufinden. «Du darfst allerdings nicht teilnehmen», informierte mich einer von ihnen. «Du sollst hier im Büro bleiben und Selbstkritik üben.» Sprachlos starrte ich ihn an, doch er wandte sich ab und verließ mit den anderen den Raum. Ein kalter Schauer lief mir den Rücken hinunter, denn ich wusste, was das bedeutete: Ich selbst würde Thema der Vollversammlung sein. Immer war derjenige die Zielscheibe, den man von einer Vollversammlung ausschloss. Einen «Kampf Rücken an Rücken» nannte man diese Methode der Massenmobilisierung. Die Menschen sollten auf einen neuen Fall eingestimmt, Argumente gesammelt und der Angriff vorbereitet werden. Ein, zwei Tage später folgte dann der «Kampf von Angesicht zu Angesicht», eine zweite Vollversammlung, bei der sich der Betroffene den Angriffen der Massen stellen und sich schuldig bekennen musste.

Plötzlich stand mir das Bild vor Augen, wie im Jahr zuvor Wu Han, Pekings früherer Vizebürgermeister, von den Roten Garden verprügelt und brutal gefoltert worden war. Die Roten Garden hatten ihm zur «Umerziehung» einen schweren Stein an einem Stacheldraht um den Hals gehängt.

Alles auf eine Karte

Aus dem Nebengebäude drangen Schreie zu mir herüber. Ich zuckte zusammen. «Nieder mit Guan Yuqian! Solidarität und Vereinigung aller Fraktionen! Nieder mit Guan Yuqian! Solidarität und Vereinigung aller Kader und Arbeiter!» Und schließlich: «Lang lebe Mao Zedong! Lang lebe die Partei! Lang lebe die Kulturrevolution!»

Vielleicht war Selbstmord doch das Beste. Verstört lief ich im Büro auf und ab. Ich überlegte, wie ich mich sofort ums Leben bringen könnte. Ein Blick vom Balkon: Das Gebäude war zu niedrig, einen Sprung hinunter würde ich verletzt überleben. Aber hatte ich nicht eine Rasierklinge in der Schublade? Ich ließ mich wieder auf meinen Stuhl fallen und zog die Schublade auf. Da fiel mein Blick auf ein paar ausländische Reisepässe, die ich zwecks Visumverlängerung zur Ausländerpolizei bringen sollte. Blitzartig schoss mir ein neuer Gedanke durch den Kopf: Vielleicht konnte ich mit einem fremden Pass fliehen? Ja: weg hier, raus aus China! Und sollte ich beim Fluchtversuch erschossen werden, wäre das immerhin ein schnelles Ende ohne Qualen.

Der Einfall machte mich fast wahnsinnig. Mein Herz klopfte wie wild, der Pulsschlag hämmerte in meinem Kopf, die Handflächen begannen zu glühen. Ebenso rasch versuchte ich, den Gedanken als irrwitzig wieder beiseite zu schieben, und wollte eben die Schublade schließen, als einer der Pässe aus dem Stapel herausrutschte. Ich nahm ihn, schlug ihn auf und betrachtete das Foto darin. Er gehörte dem ältesten Sohn des japanischen

Schriftstellers Saiyonji. Der junge Mann sah elegant aus, ein ansehnlicher Mensch voller Energie. Er wirkte jünger als ich, besaß aber doch eine gewisse Ähnlichkeit mit mir. Ich blätterte weiter und entdeckte ein gültiges Visum für Ägypten und eins für Frankreich. Ich hatte nie an Geister oder an das Schicksal geglaubt. Aber nun war ausgerechnet dieses Dokument in meine Hände geraten. Sollte ich mit diesem Reisepass fliehen?

«Fliehen» – der Ausdruck erschreckte mich. Rasch warf ich den Pass in die Schublade zurück, schob sie zu und schloss ab. Instinktiv blickte ich mich um. Hoffentlich hatte mich niemand heimlich beobachtet und meine Gedanken erraten. Nein, es war niemand da. Überhaupt war es jetzt so still, dass ich den eigenen Herzschlag hören konnte. Als ich mich wieder ein wenig beruhigt hatte, überlegte ich: Warum eigentlich nicht? Du kannst es wenigstens versuchen. 1957 haben sie dich vier Monate lang gedemütigt und dann ins chinesische Sibirien verbannt. Dabei wärst du mehrmals fast ums Leben gekommen. Jetzt bist du wieder dran. Aber diesmal werden die alten und die neuen Rechnungen zusammengezählt. Zudem hatte die Propaganda alle so aufgestachelt, dass es zweifelhaft war, ob ich dieses Mal überhaupt überleben würde. Also war es den Versuch wert, alles auf eine Karte zu setzen. Wie sehr hatte ich es mir immer gewünscht, einmal ins Ausland reisen und mir die Welt anschauen zu können! Aber die Politkampagnen hatten meine Hoffnungen zu bloßen Märchenträumen gemacht. Würde ich auch diesmal überleben, so war abzusehen, dass ich bis ans Ende meiner Tage körperlich arbeiten müsste, abhängig von der Willkür eines Parteisekretärs, ohne richtige Gesundheitsversorgung, ohne Familie, ohne Zuflucht, Hunger und Kälte ausgesetzt. Ich hatte das alles zur Genüge zu kosten bekommen. Auch wenn es auf Leben und Tod ging, ich musste hier raus.

Ich stand auf, ging nach draußen und einmal um unser Bürogebäude herum. Es war nur zweigeschossig, und die wenigen Leute, die in den paar Räumen arbeiteten, waren im Moment alle bei der Versammlung. Ich war also allein im ganzen Haus.

Zurück im Büro, versuchte ich, mich zu beruhigen, und griff zum Telefonhörer. Die Nummer, die ich wählte, kannte ich auswendig.

«Spreche ich mit Hang vom Luftfahrtbüro? Hier ist Guan. Ich möchte einen Flug von Peking nach Kairo und Paris via Karatschi buchen.» Ich gab den Namen an.

«Wann will er fliegen?»

«Morgen.»

«Was? Schon morgen? Na ja, es gibt morgen einen Flug, aber jetzt ist es ja schon drei Uhr, das ist zu spät. Außerdem haben wir gerade politische

Schulung. Warum hast du dich nicht eher gemeldet? Du weißt doch, so hopplahopp geht das nicht!»

«Wann ist denn der nächste Flug?»

«In einer Woche.»

«Erst nächste Woche? Das ist zu spät.»

«Tut mir Leid, dann kann ich nicht helfen. Wieso rufst du auch erst jetzt an?»

«Die Ausländer können sich immer nicht entscheiden. Er hat mich auch gerade erst angerufen und Bescheid gesagt. Nächste Woche ist jedenfalls zu spät. Er muss an einer internationalen Notkonferenz teilnehmen. Sieh doch mal, was du machen kannst!»

«Ich könnte allenfalls ein Expresstelegramm schicken und nachfragen. Aber das kostet extra, und es gibt keine Garantie, dass es klappt.»

«Wunderbar, kein Problem. Es geht so oder so auf Staatskosten.»

«Na gut, Guan. Ich versuche es. Dir zuliebe.»

Ich legte auf. Mein Herz pochte wieder wie wild, und der Schweiß brach mir aus allen Poren. Ich war in meinem Leben ja schon manches Risiko eingegangen, aber was ich diesmal tat, war schlichtweg kriminell. Eigentlich musste ich, bevor ich einen Flug für einen ausländischen Gast buchte, eine Genehmigung vom Generalsekretär des Friedenskomitees einholen, und die fehlte hier natürlich. Außerdem war es mit dem Flugschein ja nicht getan. Ich musste auch noch zur Ausländerpolizei gehen und mir einen Stempel für die Ausreisegenehmigung holen. Dann musste ich in der Finanzabteilung einen Blankoscheck besorgen. Erst damit konnte ich das Ticket bei der Fluggesellschaft abholen. Und da der Flughafen weit außerhalb lag, musste ich auch noch für den Transport sorgen. Es brauchte also nur jemand von den involvierten Stellen hier im Büro telefonisch rückzufragen, während ich nicht da war, und ich wäre sofort erledigt. Es war aussichtslos, reiner Wahnsinn! Ich presste die Hände zusammen und hob sie flehend empor: «Oh, mein Gott, lass den lieben Hang anrufen und sagen, dass aus dem Flug morgen nichts mehr wird! Dann ist die Sache erledigt, als ob nichts gewesen wäre!»

Der Stuhl, auf dem ich saß, kam mir vor wie ein Nagelbrett. Ich starrte das Telefon an, als wollte ich es hypnotisieren. Konnte es nicht endlich klingeln? Vom Flur her hörte ich das Ticken der großen Uhr. Noch nie war es mir so unerträglich langsam erschienen. «Bitte, Gott, lass ihn schnell anrufen und sagen, dass es schon zu spät war!» Zehn Minuten vergingen, zwanzig Minuten, dreißig Minuten, vierzig Minuten. Als dann das Telefon wirklich klingelte, erschrak ich fast zu Tode.

Es war Hang: «Hallo, Guan, du hast ja wirklich Glück! Ich habe es noch hingekriegt. Morgen, 11.30 Uhr Peking – Shanghai mit der CAAC, 14 Uhr weiter mit Pakistan Airlines nach Kanton, dort dreißig Minuten Zwischenstopp, dann weiter nach Karatschi. Dort muss er umsteigen auf den Flieger nach Kairo. Alle Strecken sind okay, nur Kairo – Paris steht noch auf der Warteliste. Ich werde das Ticket jetzt für dich ausstellen. Bring den Scheck mit, wenn du es nachher abholst. – Dafür musst du mir aber einen ausgeben!»

Was jetzt? Ich war geliefert. «Ich, ich, ja ... ich werde sofort dem Japaner Bescheid geben. Aber was ist, wenn er seinen Reiseplan nun wieder ändert?»

«Völlig ausgeschlossen! Das war eine Expressreservierung. Wenn er nicht fliegt, muss euer Komitee trotzdem fünfzig Prozent der Kosten zahlen. Das ist ein Batzen Geld!»

«Gut, gut. Ich komme dann heute Abend nach sechs und hole das Ticket ab.»

«Nach sechs? Da habe ich Feierabend. Aber es hat jemand Spätschicht. Ich werde ihm Bescheid geben.»

Ich legte auf und sank vornüber auf den Schreibtisch. Du lieber Himmel! Wie es aussah, war der Reis bereits fertig gekocht – jetzt konnte ich ihn nicht mehr zurückgehen lassen. Es würde mir so oder so an den Kragen gehen, ob ich zu fliehen versuchte oder nicht! Dann aber war es immer noch besser, den Versuch zu wagen. Ich entwarf einen genauen Plan:

Punkt eins: Ausreisestempel bei der Ausländerpolizei besorgen. Jetzt war es zehn vor vier. Dafür blieb also noch genügend Zeit.

Punkt zwei: Der Gang zur Finanzabteilung, um den nötigen Blankoscheck zu besorgen. Hoffentlich war der Abteilungschef nicht da, das war mein politischer Gegner. Der alte Buchhalter dagegen war ein umgänglicher Kerl, mit ihm war es viel einfacher.

Punkt drei: Ich müsste bei meiner Bank Geld abheben für den Fall, dass ich unterwegs etwas brauchte.

Punkt vier: Das Flugticket abholen, wie bereits angekündigt erst nach achtzehn Uhr, um Gespräche mit meinen zahlreichen Bekannten im Reisebüro zu vermeiden.

Punkt fünf: Ich musste ein Passbild von mir heraussuchen, möglichst eins von der gleichen Größe wie das im Reisepass.

Und sechstens war schließlich zu bedenken, dass die Roten Garden oder die Polizei später bestimmt meine Wohnung filzen würden. Ich hatte eigentlich nichts zu verbergen, aber es war immer sicherer, alle private Korrespondenz zu vernichten.

Im Umgang mit den ausländischen Gästen waren mir die ersten Punkte meines Aktionsplans glücklicherweise schon zur Routine geworden. Ich nahm also den Reisepass, stürmte die Treppe hinab und schwang mich aufs Fahrrad. Draußen war niemand zu sehen. Keiner sah mich wegfahren. Da das Büro der Ausländerpolizei praktisch gleich um die Ecke lag, stand ich dort schon zwei Minuten später vor der Tür. Der Pförtner empfing mich: «Was machst du denn hier?» Wir kannten uns gut.

«Ich muss für einen ausländischen Gast etwas erledigen.»

«Aber heute Nachmittag ist niemand da. Sie sind alle auf Sitzung.»

«Aber es ist ganz dringend!»

«Es ist keiner da! Du kannst überhaupt nichts tun!»

Panik keimte auf. Wenn wirklich keiner da war, scheiterte mein Plan schon jetzt. Eigentlich brauchte ich ja nur schnell einen Stempel. Wie ich wusste, lag dieser Stempel offen auf dem Tisch. War die Bürotür nicht verschlossen, konnte ich mir selbst helfen. «Lass mich doch auf jeden Fall mal reingehen und nachschauen.»

Der Pförtner schüttelte resignierend den Kopf: «Wie du willst.»

Dummerweise war die Bürotür abgeschlossen. Ich musste also eine Möglichkeit finden hineinzukommen. Ich sah mich um. Ließ sich vielleicht das Gangfenster neben der Tür aufdrücken? Pech: Es war von innen verriegelt. Ich blickte hindurch: Da lag der verdammte Stempel tatsächlich offen auf dem Tisch. Wenn ich nun das Fenster aufbrach? Aber hier in der Polizeistelle? Als ich noch überlegte, hörte ich plötzlich Schritte näher kommen, und schon fragte jemand hinter mir: «Wer sind Sie? Was machen Sie da?»

Es war eine vertraute Stimme. Ich drehte mich um. Da kam doch tatsächlich genau der Mann, der für das Stempeln der Ausreisevisa zuständig war! Erleichtert erklärte ich: «Ah, Genosse Yang, wie schön, dass Sie kommen! Der Sohn von Saiyonji fliegt morgen ins Ausland und braucht dringend den Ausreisestempel.»

«Wir haben jetzt politische Schulung. Sie müssen sich an die Zeiten halten.»

«Wir haben auch Schulung. Aber es ist dringend, sonst wäre ich auch gar nicht erst gekommen. Bitte helfen Sie mir.»

Yang musterte mich skeptisch. Er war der geborene Polizist und immer misstrauisch. Ich wusste: Wenn dieser Kerl auf die Idee kam, bei mir im Büro nachzufragen, war alles aus. Ich musste ihn ablenken: «Haben Sie auch schon gehört, dass Tao Zhu festgenommen worden ist? Und das als Politbüromitglied und Provinzgouverneur von Guangdong!»

«Was? Ist das wahr? Woher wissen Sie das?»

«Ach, ich hab das heute Morgen bei mir auf der Straße gehört.»

«Es ist aber auch wirklich zu chaotisch im Moment. Wenn sogar Tao Zhu, der doch sein Leben lang für die Revolution gekämpft hat, als schlechter Mensch abgestempelt wird, gibt es wirklich nicht mehr viele gute Menschen in unserm Land.»

«Wie viel Uhr ist es eigentlich?»

Yang schaute auf die Uhr: «Oh, schon zwanzig nach vier. Ich muss sofort zurück zur Sitzung.»

«Und was ist mit meinem Stempel?»

Mein flehender Blick schien ihn weich zu machen. «Na, da haben Sie ja echt Glück. Ich bin nur zurückgekommen, weil ich etwas im Büro vergessen hatte.»

Mit den Worten schloss er die Tür auf, und im Nu erhielt ich den ersehnten Stempel in den Pass gedrückt. «Das ist aber das erste und das letzte Mal! Ich mache diesmal wirklich eine Ausnahme.»

Ich bedankte mich hastig, verlor kein weiteres Wort und sah zu, dass ich fortkam. Punkt eins war also erledigt. Mir fiel ein, was Tante Dreizehn, die sehr abergläubisch war, einmal gesagt hatte: «Hast du es durch eine Tür geschafft, öffnen sich dir auch alle anderen.» Jetzt würde sich zeigen, ob es stimmte.

Als ich ins Büro zurückkam, lief die Versammlung immer noch. Wieso dauerte sie gerade heute so unglaublich lange? Wenn sie nicht bald vorbei wäre, würde ich keinen Scheck mehr bekommen. Die Formulare wurden in einem Safe verwahrt, und falls die Sitzung bis nach Feierabend dauerte, wäre ich geliefert. Es blieb nichts übrig, als abzuwarten.

Aber gab es überhaupt eine Chance, bei diesem Hasardspiel zu gewinnen? Was, wenn ich festgenommen und vor Gericht gestellt würde? Was sollte ich dann sagen? Ich hatte doch so begeistert für die Revolution gekämpft! Vor der Befreiung hatte jemand einmal gesagt: «Wir wollen gar nicht gegen die Regierung sein, aber die Regierung zwingt uns dazu.» So ähnlich schien es mir jetzt. Die Kulturrevolution hätte eine Kulturreform sein können, aber sie war zum Kampf zwischen Vater und Sohn, zwischen Ehefrau und Ehemann, zwischen Kollegen, zwischen Arbeitern und Soldaten ausgeartet. Alle behaupteten von sich, sie stünden auf Mao Zedongs Seite, und kämpften doch gegeneinander. Das Chaos hatte Fabriken und Behörden lahm gelegt, die Universitäten machten Dauerurlaub. Konnte das in Ordnung sein? Tat ich nicht recht, dem allen entfliehen zu wollen?

Aus meinen Gedanken wurde ich erst aufgeschreckt, als Schritte und Stimmen nahten. Die Sitzung war zu Ende. Die Kollegen kamen einer nach dem anderen ins Zimmer zurück. Jeder schlich schweigend an seinen Platz. Kaum zu fassen, dass wir gestern noch Freunde waren. Allerdings hatte keiner von ihnen eine Wandzeitung gegen mich verfasst. Wenn sie jetzt nicht mit mir sprachen, so deshalb, weil sie nicht wussten, was sie sagen sollten. Sollten sie mich kritisieren? Mich trösten? Mir Ratschläge geben? Gewiss hatte jeder von ihnen insgeheim auch eine eigene Meinung. Aber das war jetzt auch egal. Morgen schon würde ich mich von allen trennen, entweder tot oder lebendig. Ich würde sie nie wieder sehen.

Zehn Minuten vor sechs! Um sechs war Feierabend. Meiner Erfahrung nach waren um diese Zeit in der Buchhaltung schon alle Mitarbeiter gegangen. Nur der alte Xu, der es immer sehr genau nahm, blieb bestimmt bis Punkt sechs dort. Jetzt war die richtige Zeit für mich! Ich ging zu seinem Büro und fand ihn erwartungsgemäß als Einzigen noch am Platz.

«Genosse Xu, der Sohn von Saiyonji fliegt morgen nach Frankreich. Das Flugticket muss heute noch abgeholt werden. Können Sie mir bitte den Blankoscheck ausstellen?»

«Um wie viel Uhr fliegt er denn? Muss ich das heute noch fertig machen?»

«Der Flug geht morgen früh. Es ist leider sehr kurzfristig, aber ich kann auch nichts dafür.»

Xu war ein ruhiger und freundlicher älterer Mann. Er hatte schon für die Regierung der Nationalpartei gearbeitet, und so war er nun stets besonders vorsichtig. Einen Blankoscheck auszustellen, war immerhin keine ganz gewöhnliche Sache. Allerdings hätte man als Privatperson darauf kein Geld bekommen; das ging nur von Einheit zu Einheit. Da ich schon seit Jahren hier arbeitete, bekam ich diese Schecks immer ohne Schwierigkeiten ausgehändigt.

Xu war zwar auch auf der Kritikversammlung gewesen und wusste daher, dass ich unter Feuer stand, aber immerhin war ich nach wie vor für die Betreuung der Ausländer zuständig. Also sagte er nichts weiter, zog seine Schublade auf und nahm ein Scheckformular heraus. Es war jetzt Feierabend, da musste er die Schecks ohnehin wegschließen. In dem Moment kam Abteilungsleiter Guang noch einmal zurück. Er war der Führer der loyalen Fraktion, ein durchtriebener Kerl und mein erbitterter Gegner. Wenn er sah, dass der alte Xu einen Scheck ausstellte, und nur einen leisen Verdacht schöpfte, konnte das für mich das Aus bedeuten. Der Moment neu aufkeimender Panik ging jedoch rasch vorbei. Guang erblickte mich, wollte mit mir jetzt aber keinerlei Kontakt haben und ging sofort wieder.

Als der alte Xu mir den Scheck überreichte, läutete die Glocke: Feierabend. Ich verzog mich auf die Toilette, um abzuwarten, bis alle gegangen waren. Zehn Minuten nach sechs war ich zurück im Hauptgebäude. Das Büro war leer; alle hatten Feierabend. Ich ging noch einmal an meinen Arbeitsplatz zurück, um meine Privatsachen wegzuräumen. Aber ob das wirklich klug war? Wenn am nächsten Tag die anderen zur Arbeit erschienen und merkten, dass meine Sachen fehlten, würden sie sofort Verdacht schöpfen. Nein, alles musste so bleiben. Ich legte sogar noch mein Notizbuch auf den Tisch. Normalerweise hätte ich es nicht aus der Hand gegeben, aber was wollte ich noch damit, wenn ich China den Rücken kehrte? Ließ ich es liegen, würde dies so wirken, als käme ich gleich wieder.

Gegen neunzehn Uhr, als ich sicher sein konnte, keinem Kollegen mehr zu begegnen, fuhr ich endlich mit dem Fahrrad zum staatlichen Reisebüro, um den Flugschein abzuholen. Dort erfuhr ich auch die Lösung meines Transportproblems: Am nächsten Morgen verkehrte ein Flughafenbus.

Als Letztes ging es nun zur Bank, wo bis zwanzig Uhr gearbeitet wurde. Ich hob meine gesamten Ersparnisse ab: dreihundert Yuan, so viel wie vier bis fünf Monatsgehälter. Als ich gerade dabei war, das Geld nachzuzählen, klopfte mir plötzlich von hinten jemand auf die Schulter. Um Himmels willen, wer konnte das sein? Jetzt hatten sie mich doch noch erwischt! Um Fassung bemüht, drehte ich mich um: Es war ein Kollege, einer von den ganz netten. Er schaute auch überhaupt nicht auf das viele Geld in meiner Hand, sondern lächelte nur freundlich und sagte: «Sei mal ganz ruhig und mach dir nicht zu viele Sorgen. Es wird schon wieder. Diesmal hast du Pech gehabt, aber in ein paar Tagen ist vielleicht schon wieder alles vorbei. – Hast du auch gerade Geld abgehoben?»

Ich nickte und war unschlüssig, wie ich darauf antworten sollte. Aber der andere blieb arglos. «Sie schließen gleich, ich will auch noch schnell etwas Geld abheben», erklärte er. «Wir sehen uns morgen.»

Zerrissenes Herz

Durch die beißende Kälte des Februarabends kämpfte ich mich mit dem Fahrrad nach Hause. Mein Herz erschien mir jetzt noch kälter als der Wind. Wie sehr meine Mutter auch weinen und wie sehnsüchtig mein Söhnchen nach mir verlangen würde, gab es nun kein Zurück mehr. Mich überkam ein fast physischer Schmerz. Mutter war mir der liebste Mensch auf der Welt. Nur durch sie, ihre Liebe, ihre Fürsorge und ihre Tränen war ich zu dem geworden, der ich war. Und dann mein Sohn! Er war noch so klein, so abhängig von mir. Die Wahnsinnsidee zu fliehen und ihre bisher so unfasslich reibungslose Umsetzung zwangen mich jetzt, Sohn und Mutter zu verlassen, nicht nur für unabsehbare Zeit und vielleicht für immer, sondern auch, es heimlich zu tun, ohne Abschied nehmen zu können. «Nein! Nein, ich kann nicht! Ich kann meine liebe, alte Mutter nicht verlassen! Wie soll sie damit leben, dass sie mich nie, nie wieder sehen wird! Und mein liebes Kind, der kleine Xin...» Beim Fahren schrie ich es hinaus in die Nacht. Es zerriss mir das Herz. Meine Augen schwammen in Tränen.

Doch in mir meldete sich eine andere Stimme, die mit unerbittlicher Klarheit feststellte: Es ist zu spät. Wenn du nicht fliehst, werden sie dich ins Gefängnis werfen. Sie werden dich aufhängen, und dann wird es für Mutter und Sohn genauso schlimm.

Mir schien, als gefrören meine Tränen in der Eiseskälte. Ich konnte nicht mehr klar sehen. Meine Brust war wie eingeschnürt. Die Schwärze der Nacht schien mir den Atem zu rauben. «Nein! Nein! Ich kann es nicht tun!» Trotz der Kälte erlitt ich einen Schweißausbruch.

Als ich schließlich meine Wohnung erreichte, war es schon sehr spät. Niemand hielt nach mir Ausschau, der kleine Xin war schon brav schlafen gegangen. Überraschenderweise war Mutter zu Haus, die wegen Meizhen ja bei meiner Schwester wohnte. Sie kam mir entgegen, umarmte mich und sagte: «Ich hatte das Gefühl, dass irgendetwas nicht stimmt. Geh nach Haus zu Yuqian!, ging es mir laufend durch den Kopf. Deshalb bin ich gekommen, um nach dir zu sehen. Ist denn alles in Ordnung?»

Ich legte meinen Mantel ab und beugte mich zu ihr herab, umarmte sie fest und schmiegte mein Gesicht an ihre Wange. Plötzlich schaute sie zu mir hoch, fasste mit beiden Händen meinen Kopf und sah mich besorgt an: «Was ist los mit dir, Yuqian? Du siehst ja furchtbar aus!»

Ich musste mich zusammenreißen, um nicht zu weinen.

«Es ist nichts Wichtiges, Mama. Ich habe nur ein paar Sorgen.»

«Wenn du Sorgen hast, dann heraus damit! Das wird dich erleichtern. Vielleicht kann ich dir sogar ein bisschen helfen.»

Jedes Mal, wenn ich Probleme hatte, war ich sonst zu ihr gegangen. Fast immer hatte sie mir einen guten Rat geben können. Aber diesmal würde ich ganz auf mich gestellt bleiben. In dem Moment ging eine Tür auf: Es war Meizhen. Sie zog ein langes Gesicht und klagte: «Du kommst ja nicht einmal herein, um mich zuerst zu begrüßen, sondern gehst gleich zu deiner Mutter. Habe ich schon wieder etwas falsch gemacht?»

Eigentlich empfand ich auch ihr gegenüber ein schlechtes Gewissen. Wir waren immerhin noch verheiratet, und wenn ich morgen verschwand, würde es auch für sie Scherereien geben. Aber als ich ihr böses Gesicht sah und ihre spöttische Stimme hörte, stieg wieder Wut in mir hoch. Schließlich hatte ich den ganzen Ärger nur ihr zu verdanken. In der Anti-Rechts-Kampagne hatte ich fest zu ihr gehalten. Jetzt hatte sie mich ins offene Feuer gestoßen.

Ohne lange zu überlegen, sagte ich, was ich mir bereits unterwegs zurechtgelegt hatte:

«Jetzt hat der Brand auch mich erreicht. Es sieht so aus, als ob es noch schlimmer kommt als letztes Mal. Diesmal werden sie wohl die alten und die neuen Rechnungen zusammenzählen. Heute Nachmittag gab es meinetwegen schon eine Vollversammlung. Morgen früh werden wohl die Roten Garden hier aufkreuzen und die Wohnung durchsuchen. Jedenfalls soll ich morgen nicht zur Arbeit kommen, sondern zu Hause warten. Deshalb möchte ich, dass ihr ganz früh die Wohnung verlasst. Mutter, du nimmst Xin mit, und du, Meizhen, solltest auch besser für ein paar Tage zu deiner Schwester gehen. Wenn es vorbei ist, gebe ich euch Bescheid, dass ihr zurückkommen könnt.»

Beide gerieten sofort in helle Aufregung. Meizhen wirkte besonders betroffen. Anscheinend dämmerte es ihr jetzt, dass sie, indem sie mich verleumdete, auch ihr eigenes Schicksal aufs Spiel gesetzt hatte. Aber für Reue war es nun zu spät.

«Was können wir bloß tun?», fragte Meizhen zaghaft.

«Wir können überhaupt nichts tun, außer sofort alles zu vernichten, was irgendwie heikel sein könnte. Vor allem müssen die privaten Briefe weg, sonst kommen womöglich noch andere meinetwegen in Schwierigkeiten.»

«Ich werde morgen auf keinen Fall gehen», erklärte Mutter. «Ich werde mit den Leuten reden.»

Ihre Ankündigung stürzte mich in neue Sorgen. Die angebliche Haussuchung durch die Roten Garden war ja nur ein Vorwand, damit sie morgen früh das Haus verließen. Ich musste fest bleiben. «Wenn sie morgen kommen, wollen sie nur mit mir allein reden. Es ist auch eine Gelegenheit für mich, mit ihnen zu sprechen. Wenn ihr dabei seid, wird die Sache unnütz verkompliziert. Es bleibt dabei. Wir wollen nicht weiter darüber diskutieren. – Ich muss jetzt meine Schubladen durchsehen.»

Nun begannen auch Meizhen und Mutter aktiv zu werden. Ich hatte gar keine Muße, alles einzeln durchzusortieren, sondern nahm sämtliche Briefe und reichte sie Meizhen. Diese weichte sie in Wasser auf und formte sie dann zu Kugeln, die sie auf dem Gasherd verbrannte. Ich schaute Mutter an, wie sie Meizhen half, betrachtete ihr Gesicht, das von Falten gezeichnet und alt geworden war, und sah zu, wie sie am Herd stand und die Briefe den Flammen übergab. Immer wieder hatte sie Briefe und Bücher verbrennen müssen, erst wegen der Japaner, um Vater zu schützen, dann wegen der Nationalpartei und jetzt wegen der Kommunisten, um ihren Sohn zu schützen. Meizhen versuchte, ein paar freundliche Worte mit mir zu wechseln, doch ich beachtete sie nicht weiter. Resignierend ging sie schließlich zu Bett.

Als Mutter und Meizhen schliefen, schlich ich leise zu meinem Sohn. Er war nun schon zehn Jahre alt, und was für ein niedliches, hübsches Kerlchen! Er war klug, manchmal sogar ein bisschen zu klug. Gelegentlich trickste er mich aus und handelte sich dafür Schimpfe ein. Er war mein eignes Fleisch und Blut. Wie konnte ich ihn einfach im Stich lassen? Wenn ich spät nach Hause kam und er bereits schlief, ging ich immer zu ihm hin, streichelte ihm über den Kopf und küsste ihn auf beide Wangen. Im schwachen Schein einer Taschenlampe betrachtete ich nun sein rosiges Gesichtchen und die sich ruhig hebende und senkende Brust. Ich konnte meine Tränen nicht länger zurückhalten. Sie tropften dem kleinen Xin mitten ins Gesicht, aber er drehte sich nur auf die Seite und schlief weiter. Wieder begann ich, mir Vorwürfe zu machen. Ich hatte Meizhen immer ihren Egoismus vorgehalten. Aber war das, was ich jetzt tat, nicht noch viel schlimmer? Ich würde Unheil über meine gesamte Familie bringen, ob die Flucht nun gelang oder nicht. Was würde aus dem Kleinen werden, wenn ich fort war? Ich zitterte, wenn ich nur daran dachte. Und war es denn richtig zu türmen, ohne Mutter und Meizhen einzuweihen? Ab morgen würde ich keine Mutter, keinen Vater, keine Freunde und keine Verwandten mehr haben. Dann gab es keinen Menschen mehr auf der Welt, der mich lieben und für mich da sein würde.

Zudem war ich dabei, mein Vaterland zu verraten. «Verraten» – bei dem Wort war mir, als stieße mir ein Dolch ins Herz. Ich konnte mich kaum auf den Beinen halten. Wie viele Romane hatte ich doch gelesen, wie viele Filme gesehen, die die Loyalität gegenüber dem Vaterland priesen? Meine Mutter und meine Lehrer hatten mir diese Ideale vermittelt, und die Revolution hatte mich zum Patrioten gemacht. Früher war es mir ein Gräuel gewesen, wenn jemand dem eigenen Vaterland, den eigenen Eltern oder Freunden gegenüber untreu war – und was tat ich jetzt? Es war Verrat. Nie würde ich mir das verzeihen können.

Als ich von Xins Bett zum Schreibtisch hinüberwankte, sah ich im Fenster ein hageres, blasses Gesicht mit dem Ausdruck völliger Erschöpfung vorüberhuschen. War das mein eigenes? Aber dann trat mir wieder das Gesicht des früheren Vizebürgermeisters Wu Han vor Augen, blutverschmiert und mit einer Tafel um den Hals, auf der «Konterrevolutionär» stand. Und wieder hörte ich das gellende Gebrüll: «Nieder mit Guan Yuqian!»

Ich weiß nicht mehr, wie ich diese Nacht überhaupt durchgestanden habe. In der Dämmerung des neuen, eisigen Wintermorgens machten auch die dürren Bäume und die von der Trockenheit aufgerissene Erde einen beklagenswerten Eindruck. Außer den heiseren Schreien der Krähen war nichts zu hören. Der Moment eines Abschieds auf immer war gekommen.

«Geht jetzt bitte. Ich möchte gerne allein sein und mir in Ruhe überlegen, wie ich mit den Leuten reden soll», erklärte ich.

Mutter nahm ihre Handtasche, schaute mich voller Sorge an und sagte: «Heute Morgen habe ich Krähen schreien hören. Das wird Unglück bringen.»

«Seit wann bist du abergläubisch?», scherzte ich lächelnd.

Dann stutzte ich: «Warum nimmst du den Kleinen nicht mit?»

«Meizhen wollte, dass er bei ihr bleibt. – Pass gut auf dich auf.»

Sie hob die zur Faust geballte Hand und klopfte sich damit aufs Herz. Ich verstand die Geste. Sie bedeutete: «Sei tapfer und gib nichts zu, was du nicht getan hast! Ich vertraue dir.»

Ich hätte kaum meine Tränen zurückhalten können, wenn nicht Meizhen dazwischengeredet hätte: «Wir gehen gleich mit. Sei vorsichtig! Wir bleiben für ein, zwei Tage bei meiner Schwester. Du darfst dich nicht zu sehr aufregen, wenn sie dich ungerecht behandeln.»

Meizhen gab sich sichtlich Mühe, freundlich zu sein. Alle Aggressivität war von ihr gewichen. Sie blickte mich an, als wollte sie sagen: Ich bereue, was ich getan habe. Mein Herz wurde weich. Wie viel hätte ich ihr noch gerne gesagt, als mich nun ihre glänzenden Augen anblickten! Plötzlich war ich wieder voller Sympathie für sie. Sie war ja an sich kein schlechter Mensch. Wer war schon frei von Fehlern? Gern hätte ich sie umarmt, aber das hätte die ganze Lage nur noch schwieriger gemacht. Xin, der nichts vom Ernst der Lage mitbekommen hatte, sprang fröhlich die Treppe hinab und rief: «Bis morgen, Papa! Bis morgen, Papa!»

Ich stieß die Balkontür auf, winkte ihm wie wild und rief: «Auf Wiedersehen, mein Kleiner! Auf Wiedersehen, Xin!»

Als die Schatten der drei schließlich in der Ferne verschwanden, konnte ich nicht mehr an mich halten und begann, haltlos zu weinen. Sie würden mich nie mehr wieder sehen. Mutter, hättest du je gedacht, dass dein unwürdiger Sohn dich für immer verlassen würde? Oder hast du es geahnt, aber nicht gewagt, es auszusprechen? Und Xin, mein kleiner Schatz! Ich weiß nicht, wer unser glückliches Leben zerstört hat. Irgendwann später wirst du es selbst herausfinden. Vielleicht werden wir uns in diesem Leben nicht mehr wieder sehen. Ich nehme alle Schuld auf mich. Bitte verzeiht mir!

Die Flucht

Als ich mich etwas beruhigt hatte, holte ich den japanischen Reisepass hervor. Je länger ich das Foto darin betrachtete, desto weniger schien es mir ähnlich. Ich erinnerte mich, dass ein Passbild von mir in einer der Schreibtischschubladen lag. Ich durchwühlte sie alle. Es war weg! Meine Nervosität wuchs. Ohne dieses Bild ging es nicht, ich würde sofort erwischt werden. Meine Hände begannen zu zittern. Dann setzte ich mich auf die Bettkante und versuchte, mich in Ruhe zu erinnern: Wann war das Bild gemacht worden? Nach einer Weile fiel es mir wieder ein. Das Foto musste bei den anderen Lichtbildern aus Shanghai gewesen sein, die Meizhen entdeckt hatte. Dann war es auch mit den anderen zusammen vernichtet worden! Die Fotos hatten ganz oben im Kleiderschrank gelegen. Tatsächlich: Der ganze Umschlag mit den Fotos war fort. Panisch zerrte ich alle Kleider heraus. Da kam ein kleines, weißes Blättchen heruntergesegelt – das gesuchte Passbild! Was für ein unverschämtes Glück! Ich verglich es mit dem Bild im Reisepass. Fast hätte ich geschrien vor Schreck: Die Größe war genau dieselbe! Aber das Originalfoto wies ja einen geprägten Stempel auf. Wie konnte ich das Foto auswechseln, wenn es doch einen solchen Stempel haben musste? Da fiel mir ein amerikanischer Krimi ein. Darin hatte jemand eine Telefonnummer auf einem Notizblock notiert und den Zettel mitgenommen, aber der Kommissar war mit dem Bleistift über das darunter liegende Papier gefahren und hatte so die durchgedrückten Zahlen wieder sichtbar gemacht. Das war die Idee! Ich legte mein Foto über dasjenige im Pass und rieb mit dem Fingernagel darüber. Zum Glück war das Fotopapier recht dünn. Nach längerem Reiben kam tatsächlich die Prägung von unten durch und sah haargenau so aus wie auf dem Original.

Nun war zu überlegen, was ich mitnehmen sollte. Ich verfügte weder über Devisen noch über Beziehungen im Ausland. Wovon sollte ich dort leben? Immerhin könnte ich die Geige mitnehmen. Sie war ein wertvolles Instrument, ich könnte es verkaufen – oder als Straßenmusiker damit Geld verdienen, wie ich es in einem Film mit Charlie Chaplin gesehen hatte. Zudem war sie ein Andenken an Mutter. Was wäre sonst noch mitzunehmen? Unterwäsche, Strümpfe, Hemden. Plötzlich fiel mir ein: Ich musste mich ja als Japaner verkleiden! Da kam der westlich geschnittene Anzug, den ich besaß, gerade richtig. Ich hatte ihn früher getragen, als ich für die russischen Experten arbeitete. Ich kramte meinen größten Koffer hervor und packte die Kleidung und den Geigenkasten hinein, für den der Koffer zum Glück gerade groß genug war. Aber er war immer noch sehr leicht, das könnte auffallen. Also nahm ich noch einen schweren Wintermantel mit Innenfell mit. Auch er war ein Geschenk von Mutter.

Es war Samstag. Als ich kurz nach zehn in Dienstkleidung und mit großem Koffer das Abfertigungsgebäude betrat, war der Flughafen fast menschenleer. Die Flughafenangestellten standen nur herum und plauderten. Die Kulturrevolution hatte China in solche Anarchie versetzt, dass keine ausländischen Gäste mehr einzureisen wagten. Wer wollte es wagen, ein Land zu besuchen, in dem nicht einmal Diplomaten mehr vor den Roten Garden sicher waren? Nachdem Ultralinke im August 1967 vorübergehend das Außenministerium unter ihre Kontrolle gebracht hatten, hatten es Rote Garden sogar gewagt, die britische Botschaft anzugreifen und in Brand zu stecken, und dies war nicht der einzige Verstoß gegen die Grundregeln internationaler Beziehungen gewesen.

Jahrelang hatte ich auf dem Flughafen ausländische Gäste in Empfang genommen oder verabschiedet. So war ich mit den Gegebenheiten bestens vertraut, wusste, wo die Ein- und Ausreiseformalitäten zu erledigen waren, und kannte darüber hinaus fast alle Mitarbeiter, mit denen ich mich stets gern unterhalten hatte. Alle begrüßten mich: «Na, Guan, bringst du uns wieder einen ausländischen Fluggast?»

«Ja. Der älteste Sohn von Saiyonji fliegt nach Frankreich.» Damit hob ich den Koffer hoch und legte ihn auf den Tresen zur Zollabfertigung. Der Stempel auf dem Formular war reine Formsache: «Zollabfertigung ohne Kontrolle», denn selbstverständlich wurden die Gepäckstücke, die ich für die von mir betreuten Ausländer aufgab, nicht inspiziert. Das wäre ja wie eine persönliche Beleidigung gewesen!

Als Nächstes kam der entscheidende Schritt: die Passkontrolle. Dazu musste ich den Pass des ausreisenden Gastes bei der Grenzpolizei abgeben. Normalerweise mussten das die Ausländer persönlich erledigen, aber für wichtige Gäste, die besonders betreut wurden, durfte das stellvertretend die Einheit tun, die sie eingeladen hatte, während sich die betreffende Person bereits in die Wartehalle für ausländische Gäste begab. Nach der Überprüfung des Passes ging dann einer der Grenzpolizisten in die Wartehalle, um dem Ausreisenden seinen Pass zurückzugeben. Heute war ich sogar der einzige «ausländische Gast». Auch den Mann von der Grenzpolizei, dem ich den Pass aushändigte, kannte ich sehr gut.

Schon die ganze Zeit hatte ich überlegt, ob es besser wäre, mein Passfoto vorher einzukleben oder erst hinterher. Wenn ich es vorher machte, bestand die Gefahr, dass der Grenzpolizist mich auf dem Foto erkannte. Anderenfalls aber konnte auffallen, dass das Passfoto nicht mit dem Wartenden übereinstimmte. Schließlich hatte ich mich für die erste Möglichkeit entschieden und das Foto vorher eingeklebt. Dabei hatte ich gleich die Bordkarte zwischen die Seiten gelegt, auf die der Ausreisestempel kam, damit sie den Pass möglichst gar nicht erst genau anschauten. Ich überreichte dem Grenzpolizisten also das manipulierte Dokument, klopfte ihm freundschaftlich auf die Schulter und sagte: «Ich habe es eilig. Ich muss gleich ins Büro zurück. Der Ausländer sitzt im Warteraum. Du wirst ihm den Pass ja bringen.»

Der Polizist lachte freundlich. «Kein Problem. Ich mach das schon.»

Nun verschwand ich in den etwas abgelegeneren Flughafentoiletten im Keller. Ich wartete dort, bis ich allein war, ging dann in eine der Kabinen und zog meine chinesische Oberbekleidung aus. Darunter hervor kam ein vornehm gekleideter Japaner. Die Krawatte hatte ich sogar noch mit einer Krawattennadel geschmückt, einem Geschenk von Sergej Michailowitsch. Ein Hut und eine Brille vervollständigten meine Staffage. Die chinesische Kleidung brauchte ich nun nicht mehr und verbarg sie hinter dem Wasserkasten.

So trat ich dann wenige Minuten später in neuer Identität aus der Toilette hervor. Am Kinn hatte ich, wie bei der herrschenden Eiseskälte üblich, einen Mundschutz hängen. Gemessenen Schrittes stieg ich die Treppe zum Ausländerwartesaal hoch. Der große, nüchterne Raum mit seinen Rücken an Rücken angeordneten Stuhlreihen war leer. Ich wählte einen Platz mit dem Rücken zum Fenster, so dass mein Gesicht nur im Gegenlicht zu sehen war. Bis zum Einsteigen waren es noch vierzig Minuten. Qualvoll dehnten sie sich, als wären es ebenso viele Jahre. Zwar hatte ich mir einen englischen Taschenroman mitgebracht und tat so, als würde ich lesen, aber in Wirklichkeit war ich viel zu aufgeregt und beobachtete nur heimlich die Umgebung. Mehrere Türen standen offen. Draußen gingen immer mal wieder Leute vorbei, und hin und wieder hörte ich Stimmen. Ich bemühte mich, locker und entspannt zu wirken. Wenn ich jetzt nur eine falsche Bewegung machte und jemand skeptisch wurde, war ich erledigt! Besonders heikel war dieser Punkt mit dem Pass. Schließlich war das Foto frisch eingeklebt und haftete vielleicht noch gar nicht richtig. Außerdem kannte mich im Flughafen fast jeder. Wenn sich nur einer über die verblüffende Ähnlichkeit des angeblichen Japaners mit dem Guan vom Friedenskomitee wunderte, war schon alles aus. Was konnte ich dann noch tun? Weglaufen? Sollten tatsächlich mehrere Soldaten oder Polizisten hereinkommen, würde ich sofort über die Treppe hinunter Richtung Landebahn laufen. Durchbrach ich dort die Kontrollen und lief zum Flugzeug, würden mich die Polizisten bestimmt erschießen. Solch ein Tod wäre gegenüber allen anderen Alternativen immer noch das Beste.

Wieso verging die Zeit nur so furchtbar langsam? Vielleicht hatten sie den Schwindel schon entdeckt und waren gerade dabei, mit der obersten Polizeistelle zu sprechen und Anweisungen einzuholen, wie sie gegen mich vorgehen sollten? Nun waren es nur noch zehn Minuten bis zum Abflug, und nichts passierte! Die Einsteigezeit war ja längst vorbei. Die Anspannung wurde unerträglich. Gerade wollte ich mich erheben, um ein wenig auf und ab zu gehen, als ein Polizist eintrat, eine Pistole am Gürtel. Du gütiger Himmel! Das war ausgerechnet derjenige, mit dem ich am allerbesten bekannt war, der Chef der Abteilung. Der würde mich auf jeden Fall erkennen! Was sollte ich jetzt nur tun?

Der Beamte kam auf mich zu. Während ich noch überlegte, ob ich den Kopf heben oder lieber weiter ins Buch blicken sollte, sagte er auf Englisch: «Hello Mister, is this your passport?», und streckte mir den Pass entgegen.

«Oh yes.» Ich nahm das Dokument entgegen.

«Good journey!», wünschte er freundlich, drehte sich um und ging.

Wie das? Hatte er mich überhaupt nicht erkannt? Das konnte doch gar nicht sein! Oder war ihnen das Foto in dem Pass wirklich nicht aufgefallen? Vielleicht hatten sie es gar nicht angesehen. Oder war alles nur ein Trick, mich nicht jetzt festzunehmen, damit die anderen Fluggäste nicht erschreckt würden? Nein, das ergäbe keinen Sinn, ich war hier ja ganz allein. Demnach hatten sie meine Identität wirklich nicht entdeckt. Es war wie ein Wunder.

In diesem Augenblick kam über Lautsprecher erst auf Chinesisch, dann auf Englisch: «Die Passagiere nach Shanghai werden zu Flugsteig drei gebeten.»

Ich stand auf und stieg die Treppe hinunter. Dann der nächste Schreck: Unten am Ausgang standen drei Mädchen, die mich ebenfalls bestens kannten. Sie würden mich ganz bestimmt erkennen! Frauen schauen Männer immer viel genauer an, als Männer es tun. Eine von den dreien brauchte nur «Hallo, Guan!» zu rufen, dann war alles aus. Wie konnte ich sie nur ablenken? Schon passierten die chinesischen Passagiere einer nach dem anderen die Kontrolle und gingen zur Maschine, einem nicht sehr großen russischen Propellerflugzeug. Es stand ziemlich dicht am Ausgang. Was sollte ich tun? Ich war ein zu auffälliger Fluggast! Am liebsten wäre ich noch einmal zur Toilette gegangen und hätte mich erneut umgezogen, aber dazu war es natürlich zu spät. Ich schaute mich um. Könnte ich nicht durch eine andere Tür hinausgehen? Nein, das ging nicht, an jedem Ausgang stand Personal. Ich blieb unschlüssig stehen. Die Schlange der chinesischen Passagiere wurde zusehends kürzer. Ich würde auffallen, wenn ich noch länger wartete. Inständig bat ich: Lieber Gott, hilf mir. Du hast mir schon so viel geholfen, bitte hilf mir noch dieses eine Mal!

In diesem kritischen Moment ertönte eine Lautsprecherdurchsage: «An alle Mitarbeiter an den Flugsteigen! Gehen Sie zu Flugsteig zwei und heißen Sie das eintreffende Regierungsmitglied herzlich willkommen. Gehen Sie alle zu Flugsteig zwei!»

Was für ein unglaublicher Zufall! Tatsächlich verließen die drei Mädchen sofort ihre Position und eilten zum mittleren Ausgang. Mein Weg durch die Sperre war frei.

Als ich ins Flugzeug stieg, wurde ich als einziger ausländischer Fluggast sofort zur ersten Reihe geleitet. Von jetzt an durfte ich nur noch Englisch sprechen.

Als die Maschine startete, fiel eine zentnerschwere Last von mir ab. Ich sank auf meinem Sitz zusammen. Unfasslich, wie sich alles gefügt hatte. So viele glückliche Zufälle auf einmal konnte es doch überhaupt nicht geben! Ein chinesisches Sprichwort fiel mir ein: «Wenn das Schicksal will, dass du lebst, wirst du alle Schwierigkeiten überwinden, wenn es will, dass du stirbst, kannst du dem Tod nicht entrinnen.»

Als wir uns Shanghai näherten, stieg neue Angst in mir hoch. Vielleicht hatten sie in Peking inzwischen entdeckt, dass ich verschwunden war? Womöglich hatte der Shanghaier Flughafen bereits eine Mitteilung erhalten? Aber das war nicht sehr wahrscheinlich, denn kurz bevor ich von zu Hause weggegangen war, hatte ich noch meinen Abteilungschef angerufen und ihm gesagt, mir sei nicht wohl und ich könne heute nicht kommen. Außerdem war Samstag. Jeder würde nur daran denken, zum Wochenende so schnell wie möglich nach Hause zu verschwinden. Niemand würde ernstlich nach mir suchen. Dennoch schaute ich angestrengt aus dem Fenster, als wir nach der Landung zur Parkposition rollten. Gab es irgendwelche Auffälligkeiten draußen, vielleicht ein größeres Aufgebot an Polizisten oder Soldaten? Doch nichts dergleichen war zu entdecken.

Als der Ausstieg freigegeben wurde, verließ ich das Flugzeug als Erster. Ich fühlte mich jetzt ziemlich sicher, schließlich kannte mich hier niemand, und sollte mir doch irgendein Bekannter begegnen, dann könnte ich wahrheitsgemäß sagen, ich reise ins Ausland. Auf Grund meiner Arbeit im Friedenskomitee würde dies keinen Verdacht erregen.

Da ich von einem Inlandflug in einen internationalen umstieg, musste ich noch einmal durch die Passkontrolle und brauchte zudem eine neue Bordkarte. Dieses Mal war alles schon nicht mehr ganz so aufregend wie in Peking. In der Wartezeit gab ich sämtliches Geld aus, das ich bei mir hatte, und kaufte Seidenhemden, Krawatten und mehrere Stangen Zigaretten.

Nun ging es weiter mit der Pakistan Airlines. Die Maschine war eine Boeing 707. In einem so großen, eleganten Flugzeug war ich bisher noch nie geflogen. Ich betrachtete es eingehend, wie es da auf dem Rollfeld vor mir stand. Es nun zu besteigen, bedeutete, mein Vaterland tatsächlich zu verlassen. Tausend Gedanken schwirrten mir durch den Kopf: Was wird nun aus mir werden? Wo und wie werde ich leben? Wird die Zukunft mir mehr Glück bringen? Ist das wirklich ein Abschied für immer? Noch als ich schon Platz genommen hatte, riss es mich hin und her: Solange die Tür offen war, konnte ich wieder aussteigen. Doch stärker als der Gedanke an meine Mutter und die Sorge um meinen Sohn war die Stimme der Vernunft, die mir mit brutaler Klarheit sagte: Es ist zu spät. Jetzt noch umzukehren, wäre dein Todesurteil.

Die Tür schloss sich. Wir starteten. Mir wurde bewusst, dass ich mich in dieser pakistanischen Maschine ja gewissermaßen schon auf ausländischem Territorium befand. Meine Verkrampfung löste sich. Die Aufregung wich erst einmal dem Interesse für das Neue.

Ich hatte nicht gedacht, dass sich Pakistan solche luxuriösen Flugzeuge leisten konnte. Die Sessel waren weich und komfortabel. Die hübschen Stewardessen bezauberten mit ihrem aufmerksamen Service. Viel hatten sie nicht zu tun, denn es war nur ein gutes Dutzend Plätze besetzt. Links saß eine Gruppe von sieben oder acht Landsleuten in Mao-Uniform. Einer von ihnen schaute manchmal aus den Augenwinkeln zu mir herüber. Er wirkte unheimlich. Aber in gewisser Weise konnte ich ihm seine Neugier auch nicht verübeln, denn alle Fluggäste waren entweder Chinesen oder Inder und Pakistani, nur ich war solch ein merkwürdiger Japaner. Trotz meines westlichen Anzugs wirkte ich sicherlich ein wenig mysteriös mit meiner chinesischen Standardfrisur und meinen chinesischen Bewegungen. Ich musste aufpassen. Bestimmt war das ein Kader von der Staatssicherheit. Es war gewiss ratsam, nicht zu sprechen. Schließlich befand ich mich noch über China. Ich schaute aus dem Fenster. Wie schön mein Heimatland von oben betrachtet doch war! Je weiter wir nach Süden kamen, desto satter leuchtete das Grün herauf, desto wohlgeordneter waren die Felder, eingebettet zwischen Bergen, Flüssen und Seen. Besonders beeindruckten mich die kunstreich und mit unendlicher Mühe angelegten Reisterrassen. China war wirklich ein einmaliges Land! Nun in Richtung Ausland darüber hinwegzufliegen, erschien mir ebenso wunderbar wie grausam. Vielleicht würde ich diese herrliche Landschaft mein Leben lang nicht wieder sehen. Mir kamen die Tränen. Schnell zog ich die Jalousie herunter und schloss die Augen. Niemand sollte meine Rührung bemerken, das könnte Verdacht erregen. Außerdem hatte ich die beiden letzten Nächte kaum geschlafen. Rasch nickte ich ein.

Ich wusste nicht, wie viel Zeit inzwischen vergangen sein mochte, als ich von der Stewardess geweckt wurde: «Mister, verzeihen Sie, aber wir werden gleich in Kanton zwischenlanden. Bitte legen Sie Ihren Sicherheitsgurt an.»

Was? In Kanton landen? Mein Herzschlag setzte fast aus vor Schreck. Wie hatte ich das nur vergessen können! Kanton war immer noch China! Meine Flucht aus Peking lag nun schon sieben, acht Stunden zurück. Die Wahrscheinlichkeit wuchs, dass jemand inzwischen nach meinem Verbleib geforscht hatte.

«Ich fühle mich gar nicht gut. Darf ich vielleicht an Bord bleiben?»

«Tut mir Leid, Sir. Jeder muss aussteigen und im Warteraum Platz nehmen. Der Aufenthalt dauert aber nur dreißig Minuten. Wir müssen noch einmal tanken und weitere Fluggäste an Bord nehmen.»

Dreißig Minuten! So lange! Ich war entsetzt. Diese halbe Stunde im Kantoner Flughafen wurde die allerschrecklichste Zeit überhaupt, eine wahre Tortur. Draußen war es inzwischen dunkel. Ich rechnete jeden Moment damit, verhaftet zu werden. Sobald sie in Peking meine Flucht entdeckten, brauchten sie nur ein Telegramm zu schicken oder zu telefonieren, und ich war erledigt. In dem Warteraum gab es noch nicht einmal einen zweiten Ausgang, durch den ich hätte entwischen können.

Da tippte mir jemand auf die Schulter. Ich erschrak fast zu Tode. Jetzt ist es soweit! Sie wollen mich nicht unter so vielen Leuten festnehmen. Ich soll mit hinauskommen, wo wir weniger Aufsehen erregen. Langsam drehte ich mich um, und ich muss sehr bleich ausgesehen haben dabei. Vor mir stand der unheimliche Kerl aus dem Flugzeug. Er hielt eine Zigarette in der Hand und fragte auf Chinesisch: «Entschuldigen Sie, können Sie mir Feuer geben?»

Beim Anblick dieses widerlichen Gesichtes wurde mir übel. Ich tat, als hätte ich nicht verstanden, und ging weg. Aber war das die richtige Reaktion gewesen? Ich war ja immer noch in China. Meine Knie wurden weich, mein Herz schlug unregelmäßig. Aber auf keinen Fall durfte ich hier zusammenbrechen! Ich versuchte, mich wieder zu beruhigen, rief mir ins Gedächtnis, dass ja seit dem Nachmittag fast niemand mehr arbeitete. Inzwischen waren wohl alle zu Haus.

Endlich kam der Aufruf, wieder an Bord zu gehen. Ich beeilte mich, um einen Platz ganz vorn in der Schlange zu bekommen. Richtig sicher konnte ich mich erst wieder fühlen, wenn ich wieder im Flugzeug saß.

Die Maschine war genauso schwach besetzt wie vorher. Mit voller Kraft zog sie nach oben in den Nachthimmel hinein. Um nicht mit Landsleuten sprechen zu müssen, schloss ich fest die Augen. Solange wir noch über chinesischem Territorium waren, konnte mir die Funktionärsgruppe immerhin noch gefährlich werden. Erst nach geraumer Weile ließ meine Anspannung nach. Nach dem Abendessen wurde es in der Kabine ruhig, und die Passagiere schliefen einer nach dem anderen ein. Auch mir fielen nun die Augen zu.

Ich erwachte erst wieder, als der Flugkapitän die Landung in Karatschi ankündigte. Ein seltsames Gefühl der Freude stieg in mir auf. Wieder war ich der Erste, der das Flugzeug verließ, lächelte dabei zum Abschied kurz der schrecklichen Funktionärsgruppe zu. Vom Transitraum konnte ich durch die Glastür sehen, wie meine Landsleute durch eine andere Tür dem Ausgang zustrebten. Nun erst fiel auch der letzte emotionale Druck von mir ab, und ich spürte, wie viel Energie mich der Flug bis hierher doch gekostet hatte.

Im internationalen Flughafen von Karatschi herrschte eine Atmosphäre, wie ich sie noch nie erlebt hatte. Gegen zwei, drei Uhr nachts warteten Passagiere aus aller Herren Länder mit mir auf den Weiterflug. Ich betrachtete all diese verschiedenen Menschen, ihre Gesichter, ihre Kleidung, hörte ihre Sprachen, verfolgte ihre Gebärden.

Die Maschine von Karatschi nach Kairo war zu meiner Überraschung ausgebucht. Wieder hatte ich einen Fensterplatz bekommen. Neben mir saßen zwei adrett gekleidete Weiße. Da es im Flughafengebäude sehr heiß gewesen war, ging von ihnen ein für Chinesen unangenehmer Schweißgeruch aus. Zwar konnte ich etliche Fremdsprachen wie Englisch, Französisch, Russisch, Spanisch und Deutsch voneinander unterscheiden, in welcher Sprache sich aber diese beiden Männer unterhielten, war mir ein Rätsel.

Nachdem Speisen und Getränke gereicht worden waren, wurde die Kabinenbeleuchtung heruntergedimmt, damit die Passagiere schlafen konnten. Auch ich wollte noch ein wenig schlafen, aber die erste große Müdigkeit war offenbar schon vorbei. Stattdessen übermannten mich erneut meine Erinnerungen, Ängste und Sehnsüchte, die mit dem Triumphgefühl, diese Flucht realisiert zu haben, eine unentwirrbare Mischung bildeten und mich hin und her rissen: Endlich war ich frei! Aber was wird aus Mutter und aus meinem Sohn, was wird aus meinen Geschwistern? Ich wusste ja, wie es lief: Hat jemand ein Verbrechen begangen, muss die ganze Familie dafür büßen. Die Last einer konterrevolutionären Herkunft würde den kleinen Xin sein Leben lang verfolgen. Wie sehr hatte ich doch selbst darunter gelitten, dass Vater uns verlassen hatte, und jetzt wiederholte ich dieses schäbige Verhalten gegenüber meinem eigenen Sohn! Meinen Freunden und Kollegen würde man unterstellen, mit mir unter einer Decke zu stecken. Auch Vater würde mit hineingezogen, so erbarmungslos, wie diese Kulturrevolution war.

Je länger ich über all dies nachsann, umso unerträglicher wurde mein Schmerz. Ich fand, dass ich ein Verbrechen ungeheuren Ausmaßes begangen hatte. Auch an Meizhen dachte ich. War sie denn nicht eine arme, schwache Frau? Womöglich war es nicht einmal ihre eigene Idee gewesen, mich zu denunzieren. Und du, mein liebes Vaterland! Würde ich jemals zurückkehren können? Wie viele Sorgen und Schmerzen ich auch hatte erleiden müssen, war es immerhin meine Heimat. Nun lag zwar die Freiheit vor mir, aber ich hatte mich aller Perspektiven beraubt. Ist nicht ein Mensch, der sein Vaterland verlässt, wie ein Baum ohne Wurzeln?

Ich begann, haltlos zu weinen, und ließ den Tränen freien Lauf. Mochten sich die andern wundern, mir war es gleich. Gefahr bestand ohnehin nicht mehr.

Bald brachte mir eine Stewardess ein heißes Tuch und sprach meine Nachbarn an: «Are you together? Try to calm him a little bit.»

Die beiden neben mir hatten längst gemerkt, dass mit mir etwas nicht stimmte. Das feuchte Tuch, das die Stewardess gebracht hatte, ging offenbar auch auf ihre Bitte zurück. Nun wandten sie sich auf Englisch an mich. Es dauerte eine Weile, ehe ich begriff, dass sie wissen wollten, woher ich käme. Was sollte ich darauf nur antworten? Sollte ich mich weiterhin als Japaner ausgeben?

«Sie sind Chinese, oder?»

Merkwürdig. Wie kamen die beiden darauf? Ich wollte schon nicken, wandte mich aber erst einmal den beiden zu und schaute sie mit verheulten Augen an.

«Wieso sind Sie denn so traurig? Können Sie nicht mehr nach China zurück?»

Wie sie mit ihren Fragen den Nagel auf den Kopf trafen, verblüffte mich völlig. Ich fragte zurück: «Woher kommen Sie? Ihre Sprache habe ich überhaupt nicht identifizieren können.»

«Wir sind Tschechen – aus der Tschechoslowakei. Wir sind Kaufleute», antwortete einer der beiden.

Tschechen. Das war interessant. Die Tschechoslowakei war ja auch ein sozialistisches Land. Vielleicht könnte ich in die Tschechoslowakei gehen? Sie war kein Feind Chinas. Dann müsste ich nicht als Verräter gelten. Dass man mich für einen Landesverräter halten könnte, belastete mich sehr. Solch einem Vorwurf wollte ich nicht die mindeste Nahrung geben. Ich beschloss, mich mit den beiden eingehender zu unterhalten. Auch wenn die Tschechoslowakei kein Feindstaat war, war ich mir darüber im Klaren, dass sie auch kein Freund Chinas war. Es gäbe also keinen Grund, warum sie mich an China verraten sollten.

«Ich bin Chinese. Ich bin illegal aus China ausgereist. – Sprechen Sie auch Russisch?», fragte ich auf Russisch, da ich vermutete, dass Russischkenntnisse in der sozialistischen Tschechoslowakei wahrscheinlich recht verbreitet waren.

«Ach, Sie sprechen Russisch! Das ist ja fantastisch! Wir können beide gut Russisch. Wir sind Funktionäre im Außenhandelsamt der Tschechoslowakei und reisen häufig nach Indien, Pakistan und in afrikanische Länder, um Geschäfte zu machen.»

Jetzt schaltete der andere sich ein: «Sicher sind Sie ein Intellektueller, nicht wahr? Immerhin beherrschen Sie neben Ihrer Muttersprache gleich zwei Fremdsprachen.»

«Ich bin Dolmetscher für Russisch gewesen und habe auch als Journalist gearbeitet. Haben Sie in Ihrem Land etwas über die Kulturrevolution in China gehört?»

«Ein wenig. Aber wir kümmern uns nicht so sehr um Politik», sagte der ältere von beiden. «Wohin fliegen Sie jetzt?»

«Nach Kairo.»

«Wissen Sie denn schon, wo Sie dort bleiben können?», fragte der Jüngere.

«Das weiß ich noch nicht.»

«Wissen Sie, dass es in Kairo ein langer Weg vom Flughafen in die Innenstadt ist?», fragte wieder der Jüngere.

An derlei praktische Dinge hatte ich noch gar nicht gedacht. Ob die beiden auch nur bis Kairo flogen? Falls ja, könnten sie mich vielleicht mitnehmen und zu ihrer Botschaft begleiten, um zu fragen, ob die Tschechoslowakei mich aufnehmen würde.

Meine Nachfrage ergab, dass Kairo tatsächlich ihre Endstation war. «Dort haben wir ein Büro», sagte der Jüngere.

«Ich habe, ehrlich gesagt, noch gar nicht darüber nachgedacht, wie ich in die Stadt komme. Haben Sie vielleicht einen Wagen, mit dem Sie mich mitnehmen könnten?»

«Ja, natürlich», antwortete der junge Tscheche ohne Zögern.

Aber er wurde sofort von dem Älteren unterbrochen. Die beiden begannen, auf Tschechisch zu diskutieren. Ihre Stimmen wurden immer lauter, und sie fingen an, aufgeregt zu gestikulieren. Gerade wollte ich mich einschalten und sagen: «Es macht nichts. Ich komme bestimmt auch allein zurecht», da wurden ihre Stimmen wieder leiser, und der Ältere sagte zu mir: «Wir als Kaufleute sind unpolitisch. Wir haben beschlossen, Ihnen zu helfen und Sie mit in die Stadt zu nehmen. Alles Weitere wäre dann Ihre eigene Angelegenheit.»

In Ägypten

(1968–1969)

Historischer Rahmen

1928	Gründung der Moslembruderschaft als islamischer Erneuerungsbewegung
Juli 1952	Gamal Abd el Nasser beteiligt sich unter Führung von General Nagib am Sturz König Faruks
18.6.1953	Nagib erklärt Ägypten zur Republik
April/Nov. 1954	Nasser entmachtet Nagib
25.10.1954	Attentatsversuch auf Nasser aus dem Kreis der Moslembruderschaft; nachfolgend gewaltsame Unterdrückung der Moslembruderschaft mit zahlreichen Hinrichtungen
Okt. 1956	Verstaatlichung des Sueskanals löst die Sueskrise aus (militärische Intervention Großbritanniens und Frankreichs am Sueskanal); Beginn des 2. Israelisch-arabischen Kriegs
5.-11.6.1967	3. Israelisch-arabischer Krieg («Sechstagekrieg»)

Es war früher Morgen, als wir in Kairo landeten. Nachdem mein manipulierter Pass selbst in China nicht aufgefallen war, machte ich mir deswegen schon keine Sorgen mehr, und tatsächlich ging die Einreise mit dem eingestempelten Visum problemlos vonstatten.

Die beiden Tschechen nahmen mich in ihrem Auto mit in die Stadt und hielten vor einem hohen Gebäude. Der junge Tscheche ging an die Tür und klingelte. Erst nach geraumer Weile wurde geöffnet, und ein Mann erschien, der seinem Aussehen nach zu urteilen eben erst aufgestanden war. Sie wechselten ein paar Worte, dann kam der Tscheche zum Auto zurück und bat mich auszusteigen, nahm meinen Koffer aus dem Kofferraum und geleitete mich zu dem Mann an der Tür. Er sagte: «Sie sind gewiss sehr müde. Ruhen Sie sich erst einmal ein bisschen aus. Hier finden Sie bestimmt Hilfe. Ich wünsche Ihnen alles Gute! Auf Wiedersehen.»

Damit stieg er wieder ein, und die beiden fuhren fort.

«Wieso kommen Sie derart früh am Morgen?», fragte der Mann in fließendem Russisch. «Unsere Bürozeit beginnt erst um neun. Ich bin der Pförtner. Tut mir Leid, aber ich muss Sie draußen warten lassen.»

Damit zog er die Tür hinter sich zu. Was für ein Gebäude mochte das nur sein? Wie kam es, dass hier jemand so gut Russisch sprach? Stand ich etwa vor der sowjetischen Botschaft? Vergebens suchte ich nach einem Schild. Sonderlich repräsentativ, wie man es von der Botschaft einer Weltmacht erwarten würde, wirkte die Fassade nicht. Da ich ja niemanden in Kairo kannte, war es gewiss von Vorteil, dass ich mich hier auf Russisch verständlich machen konnte. So setzte ich mich auf den Koffer und wartete. Nach einiger Zeit fuhr ein Wagen vor. Ein Mann in einem schlichten Anzug stieg aus. An seinen etwas verquollenen Augen war zu erkennen, dass auch er wohl eben erst geweckt worden war. Er trat auf mich zu und sagte: «Bitte kommen Sie herein!» Schon wieder jemand, der Russisch sprach!

Der Mann schien recht nervös zu sein. Er schloss die Tür auf, brachte mich in ein Büro, ließ mich auf einem Sofa Platz nehmen und lief ohne ein weiteres Wort gleich wieder aus dem Raum. Nach einer Weile kam er zurück und fragte, ob ich gefrühstückt habe. Als ich verneinte, erhielt ich Tee und Brot gebracht. Dann hörte ich, wie er in einem anderen Zimmer mit jemandem ganz schnell auf Russisch sprach, aber es war zu weit entfernt, als dass ich es hätte verstehen können. Allmählich schien das ganze Haus in Hektik zu geraten. Der Korridor hallte wider von eiligen Schritten. Immer mehr Leute kamen, steckten nur den Kopf durch die Tür, schauten mich neugierig an und eilten weiter. Alle sprachen Russisch. Das musste irgendeine sowjetische Behörde sein, so viel stand fest, aber was für eine? Und wieso nur hatten die beiden Tschechen mich hierher gebracht? Waren sie etwa vom Geheimdienst? Die Möglichkeit entsetzte mich. Irgendwann trat endlich ein anderer Mann an mich heran. Er war nicht sehr groß und lässig gekleidet.

Er lächelte und fragte in höflich-bescheidenem Ton: «Wie ich gehört habe, sind Sie aus China gekommen und sprechen fließend Russisch. Können Sie mich verstehen, wenn ich so mit Ihnen spreche?»

«Ja, ich verstehe Sie gut.»

«Ich bin Schriftsteller. Mein Name ist Romotow. Ich bin nach Kairo gekommen, um mehr Lebenserfahrung zu sammeln. Wie ich gehört habe, sind Sie Journalist? Dann sind wir ja fast Kollegen, nicht wahr? Vielleicht kann ich Ihnen irgendwie weiterhelfen.»

«Ich ... ich wüsste erst einmal gern, wo ich hier überhaupt bin.»

«Dies ist der Sitz des Wirtschaftsattachés der sowjetischen Botschaft. Die beiden Tschechen, die Sie im Flugzeug kennen gelernt haben, sind gute Bekannte von mir. Sie haben mich gebeten, Ihnen zu helfen, aber ich weiß gar nicht, was ich für Sie tun könnte.»

Der Mann wirkte sehr nett und gefiel mir mit seinen grauen Haaren und seiner höflichen, gebildeten Art. Da ich hier völlig fremd und hilflos war, wollte ich zu ihm gern Vertrauen fassen und sein Hilfsangebot annehmen. Aber immerhin war ich Chinese und wusste, dass die kommunistischen Parteien Chinas und der Sowjetunion tief verfeindet waren. Sicherlich war die Sowjetunion daran interessiert, Informationen über China zu bekommen. Vermutlich hatte bereits die gesamte sowjetische Botschaft Kenntnis von meiner Flucht, und um eventuelle politische Implikationen zu vermeiden, hatten die Diplomaten lieber zunächst den russischen Schriftsteller vorgeschickt, um herauszufinden, was es mit meinem Fall auf sich hatte. Ich musste also darauf achten, was ich sagte. Aber natürlich war es unausweichlich, dass ich ein paar Dinge zu meiner eigenen Person erklärte.

«Ich war in China einfacher Dolmetscher für Russisch, und meine journalistische Tätigkeit war weit vom Zentrum entfernt. Ich bin auch kein Parteimitglied. Seitdem Mao Zedong die Kulturrevolution in China propagiert, bin ich in einen Strudel hineingesogen worden. 1958 musste ich schon einmal in die Verbannung. Ich habe sehr viel durchgemacht. Ähnliches wollte ich jetzt nicht noch einmal erleben müssen. Deshalb habe ich eine sich plötzlich ergebende Gelegenheit genutzt, um zu fliehen.»

«Die Flucht war bestimmt sehr schwierig, nicht wahr?»

«Ich bin mit einem japanischen Pass gekommen.»

Mir fiel auf, wie aufmerksam mein Gegenüber zuhörte. Seine Augen waren dabei voller Sympathie. Diskret, wie er war, fragte Herr Romotow hinsichtlich der näheren Umstände meiner Flucht nicht weiter nach und wechselte das Thema: «Was wollen Sie in Zukunft tun?»

«Ich weiß nicht. Ich möchte nur – I want to wander about the world.» Der Ausdruck fiel mir plötzlich auf Englisch ein. Er war unverbindlich, in gewisser Weise zutreffend und verbarg ein wenig meine totale Ahnungslosigkeit.

«To wander about the world? – Das ist sehr hübsch gesagt. Ist das ein chinesisches Sprichwort? Sind Sie denn auch Schriftsteller?»

«Nein, das nicht, aber ich liebe Literatur. Außer unserer chinesischen liebe ich besonders die russische Literatur. Ich habe viel gelesen. Einige Gedichte von Puschkin kann ich sogar auswendig. Ich habe auch ein paar russische Gedichte und Romane ins Chinesische übersetzt.»

«Oh, tatsächlich? Sie haben sogar russische Literatur übersetzt? Welche Werke denn?»

«Zum Beispiel ‹Der Sturm›, ‹Sibirische Sinfonie› und ‹Die neunte Woge› von Ilja Ehrenburg.»

«Damit hatte ich ja überhaupt nicht gerechnet! Aber lassen Sie uns noch einmal zum Thema zurückkommen. Was wollen Sie in Zukunft machen? Was haben Sie zum Beispiel heute oder morgen vor?»

Was sollte ich antworten? Ich wusste nicht einmal, was ich in der nächsten Stunde oder in den nächsten Minuten tun sollte, hatte keinen Pfennig in der Tasche, kannte die Stadt nicht, sprach die hiesige Sprache nicht. Ich war völlig einem ungewissen Schicksal ausgeliefert.

Ich antwortete nicht auf die Frage, sondern hob nur den Kopf und schaute den Schriftsteller an. Mein fragender Blick ließ wohl erahnen, dass ich mir eine Idee von ihm erhoffte.

«Machen Sie sich erst einmal keine Gedanken über Ihre nächsten Schritte. Ich bringe Sie zu einem Hotel, wo Sie sich ausschlafen können. Ich komme dann später wieder, und dann können wir darüber nachdenken, wie es mit Ihnen weitergehen soll, einverstanden?»

«Einverstanden. Zur Not kann ich mich immer noch auf die Straße stellen und Geige spielen.»

«Sie spielen Geige? Haben Sie denn ein Instrument dabei?»

«Ja.» Ich klopfte auf den Koffer neben mir. «Hier drin.»

Romotow war amüsiert und lachte: «Das ist eine prima Idee! Wollen wir gehen?»

Er fuhr mich mit dem Auto zu einer einfachen, sehr kleinen Pension, an der ein riesiges Schild prangte: «Victoria».

Romotow sprach Arabisch. Nachdem er mit dem Mann an der Rezeption verhandelt hatte, begleitete er mich ins Obergeschoss, wo ich ein Zimmerchen erhielt, in dem ein Bett, ein Schreibtisch, ein Stuhl und ein Teetischchen standen. Dort steckte er mir Geld zu.

«Sie müssen sich ja verpflegen», sagte er. «Die Preise in Ägypten sind sehr niedrig. Passen Sie auf, dass man Sie nicht übers Ohr haut. Am besten lassen Sie sich von der Rezeption etwas empfehlen, wenn Sie essen gehen wollen. Das Geld reicht für die nächsten Tage. Danach schauen wir weiter.» Dann verabschiedete er sich freundlich und ging.

Ich war von Romotows Fürsorglichkeit ganz gerührt. Mit seiner Unterstützung könnte es mir vielleicht gelingen, aus meiner derzeitigen Situation völliger Hilflosigkeit wieder herauszukommen. Wie das allerdings geschehen könnte, war mir völlig rätselhaft. So beschloss ich, zunächst einmal das Nächstliegende zu tun: den Koffer auszupacken.

Bald überkam mich wieder eine bleierne Müdigkeit. Nach den letzten mehr oder weniger durchwachten Nächten, zerrissenen Schlafphasen im Flugzeug und der Zeitumstellung beim Flug nach Westen verschlief ich den größten Teil des Tages. Wann immer ich zwischendurch wach war, wanderten meine Gedanken zurück nach China. Es schüttelte mich geradezu, wenn ich mir vorstellte, was ich Mutter und meinem Sohn angetan hatte. Ich musste Mutter unbedingt schreiben. Der nette Mann an der Rezeption, der ein leidlich gutes Englisch sprach, besorgte mir Briefpapier und einen Stift.

«Meine liebe Mutter,

ich bin fort. Aus dem Innersten meines Herzens möchte ich dich um Entschuldigung bitten, nicht nur dich, auch alle anderen Verwandten und Freunde. Ich habe meinem Vaterland den Rücken gekehrt und damit Schuld auf mich geladen. Mutter, versuch mich zu vergessen – als hättest du mich unwürdigen Sohn nie geboren. Indes werde ich dich immer lieben und deine Erziehung in meinem Herzen bewahren. In welche Schwierigkeiten ich auch geraten mag, werde ich doch nie meine Seele verkaufen. Und deine Liebe wird mein Herz erwärmen und mich schützen, ganz gleich, in welcher Ecke der Welt ich landen werde.

Mutter, du kennst mich am besten und wirst verstehen, dass ich zum Mittel der Flucht nur gegriffen habe, weil ich keinen Ausweg mehr sah. Ich möchte als freier Mensch leben. Ich kann keine weiteren geistigen Qualen ertragen. Welche Schwierigkeiten mir auch bevorstehen, werde ich mich doch niemandem unterwerfen. Ich möchte der Welt zeigen, dass ich ein aufrechter, ehrlicher Mensch bin, so wie du mich auch immer sehen wolltest ...»

Ich brachte den Brief nicht zu Ende. Schon für diese paar Sätze hatte ich Stunden gebraucht. Immer wieder brach ich in Tränen aus. Einmal war das Papier davon so nass geworden, dass ich ein neues nehmen musste. Ich hatte noch so viel auf dem Herzen, das ich sagen wollte, und nun wusste ich kaum, wie.

Schrilles Klingeln riss mich aus dem Schlaf. Ich wusste zunächst gar nicht, wo ich war. Langsam kam ich zu mir und begriff, dass das Zimmertelefon läutete. Ich hob den Hörer ab. An der Männerstimme mit starkem arabischem Einschlag erkannte ich den Mann von der Rezeption:

«Sir, hier ist Besuch für Sie. Wollen Sie herunterkommen?»

Ich schaute auf meine Uhr. Es war vormittags um zehn. Sollte das wieder der russische Schriftsteller sein? Rasch zog ich meine Kleidung glatt und schob den angefangenen Brief unter die Bettdecke – eine Vorsichtsmaßnahme, die mir beim Nachdenken darüber etwas seltsam vorkam, denn Chinesisch las hier ja sowieso niemand. Noch ein wenig schlaftrunken stieg ich die Treppe hinab. In dem engen Gang bei der Rezeption saß ein schnauzbärtiger Mann in einem dunklen Anzug. An seiner Haltung, seiner Kleidung und seiner nicht mehr frischen Bügelfalte war zu erkennen, dass es sich um keine besonders wichtige Person handeln konnte. Als er mich sah, erhob er sich, eilte auf mich zu und streckte mir die Hand zum Gruß entgegen. Da ich ihn nicht kannte, schaute ich ihn erstaunt an.

«Hello Sir», begrüßte er mich auf Englisch, «ich komme von der Ausländerpolizei.»

Er griff in seine Jackentasche und zog eine Ausweiskarte mit Foto heraus. Ich konnte kein Wort lesen, denn sie war auf Arabisch geschrieben, immerhin ließ die Gestaltung erkennen, dass es sich um ein offizielles Dokument handelte. «Sie sind in Gefahr! Unsere Regierung möchte Sie schützen. Bitte folgen Sie mir, je schneller, desto besser.»

Seine merkwürdigen Bewegungen machten mir Angst. Ich hatte in China viele westliche Romane und Krimis gelesen, und sein Aussehen und seine Gesten passten für mein Empfinden genau zu den darin beschriebenen Gaunern und Betrügern. Einem derart zwielichtigen Kerl mochte ich nicht ohne weiteres folgen. Ich zögerte und schwieg.

Der Ägypter merkte wohl, dass ich ihm nicht vertraute, und setzte hinzu: «Haben Sie Ihren Reisepass bei sich? Wir wissen, dass es nicht Ihr eigener Pass ist. Ihr Land hat bereits Rote Garden ausgeschickt, um Sie zu fangen. Schnell, kommen Sie mit mir!»

Wenn dieser Kerl das Geheimnis meines falschen Passes kannte, musste er wohl doch ein offizieller Funktionsträger sein, wie er behauptete. Aber woher wusste er, dass ich in dieser Pension wohnte? Ob das mit dem russischen Schriftsteller zu tun hatte? Aber das war ja auch egal. Ich hatte sowieso kein Ziel, und weglaufen konnte ich hier auch nicht.

«Den Reisepass habe ich bei mir», sagte ich und klopfte auf meine Brusttasche. «Darf ich aber trotzdem noch nach oben gehen und ein paar Sachen holen?»

«Nein, nein.» Der Fremde war sehr nervös. Er gestikulierte und machte mit beiden Händen eine abwehrende Geste: «Schnell, schnell! Folgen Sie mir!» Ohne weiter auf eine Reaktion von mir zu warten, machte er auf dem Absatz kehrt und spähte durch die Tür nach beiden Seiten. Dann winkte er mich zu sich und verließ die Pension in Windeseile. Ich lief einfach hinter ihm her und dachte mir: Wenn er mir etwas tun wollte, würde er nicht zulassen, dass ich hinter ihm liefe. Er verhielt sich ja, als wäre ich tatsächlich in Gefahr. Jetzt bog er von der Hauptstraße in eine kleine Gasse ein. Links und rechts und links und rechts rannte er und schaute sich dabei immer wieder um. Ich folgte ihm auf den Fersen, als ginge es um mein Leben. An der nächsten großen Straße begann er plötzlich, einer Straßenbahn hinterherzurennen. Sie hatte keine Türen und fuhr nicht besonders schnell. Ich sah die Menschen einfach im Fahren auf- und abspringen. Einige hingen sogar außen an den Waggons. Auch ich sprang hinter dem Fremden auf. Der schaute mich an, schob die Unterlippe vor und nickte anerkennend. Als wir ein großes graues Gebäude passierten, sprangen wir ab. Dann verschwand er mit mir im Innern des Bauwerks.

Im Obergeschoss schob mich der Fremde in ein Zimmer, in dem ein weißhäutiger, dicker Beamter hinter einem Schreibtisch saß. Er trug eine rote Krawatte, die er lose über dem schneeweißen Hemd gebunden hatte, und hielt die Arme vor der Brust verschränkt. Am Mittelfinger einer Hand glänzte ein Ring mit einem auffälligen Edelstein. Der Mann lächelte freundlich, aber gleichzeitig schien sein Gesichtsausdruck zu verbergen, was er wirklich dachte. Sicherlich hatte er eine höhere Position inne, denn der mysteriöse Fremde, der mich hergebracht hatte, verhielt sich ihm gegenüber sehr unterwürfig, ehe er wieder verschwand. «Mister Guan», wandte sich der Beamte an mich. Sein fließendes Englisch war trotz des arabischen Akzents gut zu verstehen. «Sie wissen wohl nichts davon, aber kurz nachdem Sie in Kairo eingetroffen sind, haben die chinesischen Roten Garden begonnen, nach Ihnen zu forschen. Zum Glück haben Sie die Pension Victoria noch rechtzeitig verlassen, bevor die Roten Garden Sie schnappen konnten.»

War das möglich? Woher sollten in Kairo denn Rote Garden kommen? Entweder träumte er am hellen Tage, oder er versuchte mich einzuschüchtern. Vielleicht hatte er meine Zweifel durchschaut, denn er fuhr fort: «Wie es scheint, glauben Sie mir nicht. Es gibt hier in der chinesischen Botschaft jedoch eine Organisation der Roten Garden. Wir wissen, dass die in ganz Kairo unterwegs sind, um Sie aufzuspüren. Sie haben sehr feine Nasen. Sie haben zum Beispiel herausgefunden, in welcher Pension Sie untergekommen sind.»

Seine Erklärungen verunsicherten mich. Was sollte ich tun? «Verlangen Sie, dass ich nach China zurückkehre?» Panik stieg in mir auf.

Die Beziehungen zwischen China und Ägypten waren nicht schlecht. Und die Roten Garden taten sowieso, was sie wollten. Sie konnten doch einfach zur Regierung gehen und meine Auslieferung verlangen. Das wäre mein Todesurteil.

«Wir werden für Ihre Sicherheit sorgen. Wir suchen gerade nach einem sicheren Ort, wo Sie niemand findet», beruhigte mich der Beamte. «Einstweilen bleiben Sie besser hier.»

Also blieb ich bei dem Dicken im Büro sitzen und wartete. Das Telefon klingelte unaufhörlich, und viele Leute gingen aus und ein. Einige waren in Zivil, andere trugen Polizeiuniform. Alle sprachen Arabisch miteinander, so dass ich kein Wort verstand, aber ihrem Verhalten nach zu urteilen, überbrachten sie ihm Meldungen und nahmen Anweisungen von ihm entgegen. Als ich ihm sagte, dass ich zur Toilette müsste, klatschte er zweimal in die Hände, und sofort kam jemand herein und salutierte. Der Dicke sagte zwei Sätze auf Arabisch, und der andere begleitete mich höflich zur Toilette. Er wartete auf mich, bis ich fertig war, und brachte mich dann wieder ins Zimmer zurück. Es war offensichtlich, dass ich keine Freiheit mehr hatte.

Als ich ins Büro zurückkehrte, schaute mich der Dicke lächelnd an.

«Alles in Ordnung?»

«Danke, alles in Ordnung. Aber ich habe vergeblich nach Toilettenpapier gesucht...»

Er brüllte vor Lachen. «Wir Araber benutzen nie Papier. Mit Papier wird man doch nicht sauber!»

«Was benutzen Sie dann?», fragte ich.

«Wir benutzen Wasser. Haben Sie nicht die Wasserhähne gesehen?»

«Aber wie können Sie mit dem Wasser den Hintern putzen?»

«Mit der Hand natürlich!» Er schaute mich entgeistert an, als hätte er einen völlig ungebildeten Tölpel vor sich. Ehe ich noch etwas fragen konnte, schaute er plötzlich auf seine Uhr und sagte: «Es tut mir Leid, ich habe einen Termin. Bitte bleiben Sie hier.»

Ich saß allein in einer Ecke des Büros auf einem Stuhl, hielt die Augen geschlossen und wartete ebenso angespannt wie von der Ungewissheit meiner Lage gelähmt. Was würde die ägyptische Polizei, in deren Hand ich mich nun befand, mit mir machen? Der Gedanke an den Tod war schon nicht mehr so schlimm. Aber wie hatte wohl die Ausländerpolizei erfahren, wo ich war? Vielleicht hatte die sowjetische Botschaft die Nachricht weitergegeben? Allerdings hatte ich ohnehin nicht die Absicht gehabt, bei den Russen um politisches Asyl zu bitten. Zu feindlichen Staaten wie der Sowjetunion, Amerika oder Taiwan zu gehen, kam für mich einem Verrat an meinem Land gleich, und außerdem würde das meiner Familie wahrscheinlich größte Schwierigkeiten bringen. Aber wohin ich guten Gewissens gehen konnte, war mir auch nicht klar. Würde ich in Ägypten bleiben? Es war alles offen. Die einzige Hoffnung, die ich mir jetzt machte, bestand darin, nicht nach China zurückgehen zu müssen.

Ich schreckte auf, als der Dicke zurückkehrte. Sein Gesicht war gerötet, als hätte er etwas getrunken, und seine Wangen glänzten von Schweiß. Vermutlich war er zum Mittagessen fortgewesen. Auch mein Magen knurrte mittlerweile, doch um Verpflegung zu bitten, galt in China als unschicklich. Es war bereits drei Uhr nachmittags. Später ließ der Dicke uns zwei Kaffee bringen. Er machte es sich auf seinem großen Sessel bequem und fragte, indem er langsam formulierte: «Herr Guan, erzählen Sie doch mal, wie Sie überhaupt aus China gekommen sind und warum Sie China verlassen haben.»

Jetzt begann also ein Verhör. Ich hatte es längst erwartet. Du musst ganz vorsichtig antworten, sagte ich mir. Um etwas Zeit zu gewinnen, nahm ich erst einmal einen Schluck von dem tiefschwarzen Kaffee. Er erwies sich als so furchtbar bitter, dass ich ihn beinahe wieder ausgespuckt hätte. Ich hatte in China auch schon mal westlichen Kaffee getrunken, aber mit viel Zucker und Milch. Als der Dicke sah, wie ich das Gesicht verzog und rot anlief, lachte er amüsiert und erklärte: «Das ist unser bester Kaffee hier in Kairo. Der macht richtig wach!»

Das Telefon schrillte. Der Dicke nahm den Hörer auf, sprang auf, schlug die Hacken zusammen und nahm Haltung an. Offenbar erhielt er Mitteilung von einem hohen Vorgesetzten. Kaum hatte er wieder aufgelegt, pfiff er mit einem langen Atemzug durch die Zähne und klatschte dann zweimal laut in die Hände. Diesmal kamen zwei Männer in Uniform herein, offenbar Polizisten. Er wechselte ein paar Worte mit ihnen und sagte dann zu mir: «Mister Guan, Sie können jetzt gehen. Wir haben den sichersten und bequemsten Ort für Sie gefunden. Die beiden Herren werden Sie hinbringen.»

«Aber mein Gepäck ist noch in der Pension. Ich brauche doch meine Sachen!»

Eigentlich dachte ich nur an meine Geige. Sie war das Einzige, was mir wichtig war.

«Keine Sorge, das Gepäck werden wir Ihnen hinterherschicken.»

Seltsam – gerade erst hatte er zu einem Verhör angesetzt, und nun wartete er nicht einmal die Antwort auf die erste Frage ab? So groß war sein Interesse an mir wohl doch nicht.

Die Polizisten gingen mit mir ins Freie. Diesmal eilten wir nicht, sondern bewegten uns gemessenen Schrittes. Erstmals seit meiner Ankunft war ich in der Lage, der Stadt und dem Leben auf den Straßen etwas mehr Aufmerksamkeit zu schenken. Wie unterschiedlich die Menschen hier waren! In China hatte sich eine uniformähnliche Standardkluft eingebürgert, die mal dunkelblau, mal grau, mal schwarz und in jedem Fall eintönig war. Hier dagegen begann die Vielfalt schon bei den Hautfarben. Es gab schwarze, dunkel- und hellhäutige Menschen, die Männer waren mal glatt rasiert, mal trugen sie Bärte, und die einen waren in westliche Anzüge, die anderen in arabische Gewänder gekleidet. Von den Frauen waren manche geschminkt und trugen hochhackige Pumps zu farbenfroher Kleidung, während andere verschleiert oder gar von oben bis unten in schwarze Tücher gehüllt einhergingen. In China hatte ich gelesen, dass Ägypten ein islamisches Land sei und die Frauen deshalb alle nur verschleiert auf die Straße träten. Wie anders jetzt mein persönlicher Eindruck war!

Bald betraten wir einen weiten Platz, auf dem ein Lastwagen stand. Daneben warteten drei Uniformierte. Meine Begleiter wechselten mit ihnen ein paar Worte, dann zog einer plötzlich ein Paar blitzender Handschellen hervor. Ehe ich noch richtig begriff, wie mir geschah, hatte er sie mir schon angelegt. Wortlos schoben sie mich auf die offene Ladefläche des Lkws. Sie war von schulterhohen Gittern eingefasst, links und rechts stand je eine Holzbank. Verwirrt setzte ich mich, und zwei der Uniformierten nahmen mir gegenüber Platz. Der dritte stieg vorn ein und fuhr. Die beiden Polizisten, die mich begleitet hatten, gingen grußlos fort.

Eine Zeit lang fuhren wir durch die Stadt, dabei blieben wir mehrmals im Stau stecken. So etwas wäre in Peking undenkbar gewesen. Dort gab es bei weitem nicht so viele Autos wie hier. Insgesamt war Kairo viel lebendiger als chinesische Städte, selbst im Vergleich mit Shanghai, an das mich allerdings einige moderne Gebäude erinnerten, die wir passierten.

Nach einiger Zeit lockerte sich die dichte Bebauung auf. Offensichtlich erreichten wir die Außenbezirke. Bald sank die Sonne, und der Himmel leuchtete in allen Farben. Die ganze Szenerie hätte ich normalerweise gewiss als außerordentlich exotisch empfunden; mit dem bedrohlichen Gitter rings um die rappelnde Ladefläche, meinen zwei Bewachern und den gefesselten Händen war ich freilich wenig dazu aufgelegt, den Sonnenuntergang zu genießen.

Dann bemerkten die beiden Uniformierten meine Zigarettenschachtel, die durch das Rütteln des Wagens in der Brusttasche nach oben gerutscht war und nun herausschaute. Der eine machte mit seinen Fingern eine Geste, als würde er rauchen, und ich begriff, dass sie gerne eine Zigarette von mir haben wollten. Als ich nickte, kam der eine herüber und nahm mir die Handschellen ab. Ich bot beiden eine Zigarette an und steckte mir selber eine in den Mund. Der andere Uniformierte gab mir Feuer, und ich begann zu rauchen. Die beiden rauchten jedoch nicht mit, sondern steckten die Zigaretten nur zu ihren eigenen. Ob die Zigaretten der Preis für das Abnehmen der Handschellen gewesen war? Dann musste ihr Gehalt miserabel sein.

Die Nacht brach herein. Im letzten Licht des Tages erkannte ich, dass wir bereits die Wüste erreicht hatten. Nun holperte der Wagen so stark, dass ich mich mit beiden Händen an den Gittern hinter mir festhalten musste, um nicht von der Bank geschleudert zu werden. Im schwachen Licht der Rückleuchten war nur die wirbelnde Staubfahne zu erkennen, die der Wagen hinter sich herzog. Die Fahrt schien überhaupt kein Ende zu nehmen. In der mondlosen Nacht verlor ich völlig das Gefühl für die Zeit, die mittlerweile vergangen sein mochte. Ständig kreisten meine Gedanken um die Frage, wohin sie mich wohl bringen mochten. Vielleicht wollen sie mich heimlich töten oder in der Wüste aussetzen, um mich meinem Schicksal zu überlassen? Ein unheimliches Gefühl beschlich mich angesichts dieses arabischen Mysteriums. Dann verlangsamte sich die Fahrt, und im Licht der Scheinwerfer wurde ein gewaltiges Anwesen erkennbar, auf das wir genau zufuhren. Von hohen Mauern umfriedet, wirkte es wie eine nordafrikanische Burg. Der Wagen hielt. Die Uniformierten sprangen ab. Ich folgte ihnen.

Nicht schlecht, dachte ich bei mir. Hier ist es nicht nur sicher, sondern bestimmt auch ruhig und gemütlich.

Die Uniformierten führten mich zu einem großen Eisentor, das sich langsam öffnete. Vor mir lag eine geräumige Vorhalle, deren sauberer Steinboden im fahlen Licht der spärlichen Beleuchtung glänzte. Farbige Ornamente zierten die Wände. Das sah ja schon recht annehmbar aus! Ein grauhaariger älterer Herr in Uniform bat mich freundlich herein. Man war also auf meine Ankunft vorbereitet. Hinter mir fiel das schwere Eisentor ins Schloss. Die anderen waren draußen geblieben. Wie ruhig und sauber es hier ist!, stellte ich erfreut fest. Vielleicht würde ich auch bald etwas zu essen bekommen. Ich spürte plötzlich wieder einen unbändigen Hunger. Mir war, als röche ich schon den Duft von frischem arabischem Fladenbrot, und ein Gefühl der Dankbarkeit gegenüber meinem unbekannten Gastgeber überkam mich. Der grauhaarige Herr führte mich quer durch die Halle zu einer weiteren Tür, schloss sie auf und ging voraus durch einen schmucklosen Gang, an dessen Ende ein bewaffneter Uniformierter wachte. Der ältere Herr verbeugte sich kurz vor mir und ließ mich mit einer Handbewegung wissen, dass ich nun dem anderen zu folgen hätte. Dann verschwand er auf demselben Weg, den wir gekommen waren. Voller Zweifel sah ich mich um. Nun begann ich zu ahnen, wo ich war, und es schnürte mir die Kehle zu: Das hier war keine Burg, auch kein Gästehaus – das war ein Gefängnis!

Mein neuer Begleiter schloss inzwischen die nächste Tür auf, die in einen schäbigen Flur führte. Dreimal wurde ich auf diese Weise weiter durchgeschlossen, und mit jeder Tür schienen die Korridore dunkler zu werden. Dann schob man mich in ein kleines Zimmer, in dem ein Gefängniswärter saß.

«Are you the political refugee from China?», fragte er mich. Ich erstarrte. Was war ich? Ein politischer Flüchtling? Mir krampfte sich das Herz zusammen. Ich nickte und schwieg.

«Never seen before a refugee from China», grinste er. «Welcome to Egypt!»

Er klopfte meinen Körper ab, nahm mir die Armbanduhr und die Lesebrille ab und holte alle Sachen aus meinen Hosen- und Jacketttaschen heraus. Mir fielen die Zigaretten ein. Rasch zog ich die Schachtel aus der Brusttasche, nahm eine Zigarette heraus und reichte sie ihm. Er lächelte freundlich, steckte sie ein und nickte mir zu. Die übrigen Zigaretten durfte ich behalten. Danach führte er mich in einen riesigen, schwach erleuchteten Hof, der rechts und links von zwei mehrstöckigen, dunklen Gebäuden begrenzt wurde. In der Mitte erkannte ich noch ein weiteres, flaches Gebäude. «Follow me!», sagte der Wärter und führte mich zum linken Gebäude hinüber. Wir erreichten ein großes Eisengittertor, hinter dem zwei Bewaffnete saßen. Sie erhoben sich, und einer von ihnen schloss von innen auf. Ich betrat einen Zellentrakt, wie ich sie aus amerikanischen Filmen kannte. Fassungslos blickte ich in dem langen Lichthof hinauf zu den umlaufenden Galerien. Ich konnte es nicht glauben: Das also ist der Ort, an dem ich sicher bin, wie der

Dicke von der Ausländerpolizei gesagt hatte, unauffindbar für die Mitglieder der chinesischen Botschaft, die mir angeblich dicht auf den Fersen gewesen waren – ein Gefängnis in der Wüste. Mir wurde übel.

Die beiden Wärter führten mich zu einer Tür, auf der eine Sieben stand. Der eine rasselte mit einem riesigen Schlüsselbund, als er nach dem passenden Schlüssel suchte. Er öffnete, und der andere schob mich hinein. Mit einem Knall fiel die Tür hinter mir ins Schloss und wurde sofort verriegelt. Es war stockfinster, und kein Laut war zu hören. Anscheinend war niemand hier außer mir. Mit ausgestreckten Armen tastete ich mich vorsichtig vor. Schließlich erreichte ich eine Wand, an der ich mich weiter entlangtastete. Ein Lichtschalter, auf den ich traf, schien funktionslos zu sein. Die Wand war kühl und feucht. Plötzlich stieß ich mit dem Fuß an einen Gegenstand, der hohl und blechern klang, und Fäkalgeruch stieg mir in die Nase. War das die Toilette? Langsam gewöhnten sich meine Augen an die Dunkelheit. An der Wand gegenüber der Tür bemerkte ich ein winziges, vergittertes Fenster. Darunter, auf dem blanken Zementboden, lag eine dünne Wolldecke und darauf ein zusammengefaltetes Tuch. Jetzt konnte ich auch erkennen, dass das Gefäß, an das ich gerade mit dem Fuß gestoßen war, ein alter Benzinkanister war. Gab es noch etwas? Nein – keinen Stuhl, keinen Tisch, nicht einmal eine Pritsche, nichts! Ich konnte es nicht fassen. Wieso steckte man mich in dieses Loch? Ich war doch kein Verbrecher! Es musste ein Missverständnis sein, eine Verwechslung! Der Dicke hat mich hereingelegt! Unbändige Wut stieg in mir hoch. Ich ballte die Fäuste und hämmerte gegen die Tür. Plötzlich hörte ich ein Geräusch: ein leichtes Klopfen aus der Nachbarzelle, mal schnell, mal kurz. Ein Signal! Das kannte ich aus Filmen und Büchern, und jetzt erlebte ich so etwas am eigenen Leib. Es war unfasslich! Ich musste lachen, immer lauter und heftiger, Tränen liefen mir über das Gesicht, ich konnte nicht mehr an mich halten. Von einem krampfartigen Weinen geschüttelt, ließ ich mich auf die Decke sinken. Ein unangenehmer Geruch ging von ihr aus und mischte sich mit dem Fäkalgeruch aus dem Kanister. Fast hätte ich mich übergeben. Aber ich hatte keine Kraft mehr, wieder aufzustehen, und fiel in einen tiefen Schlaf.

Zuchthauskarriere

«Nieder mit Guan Yuqian! Nieder mit Guan Yuqian! Schützt das Land der Proletarier! Nieder mit Guan Yuqian! Nieder mit allen, die gegen uns sind! Tretet sie mit Füßen!» Zähnefletschende junge Männer und Frauen kamen mit Peitschen und Stöcken auf mich zu. Ihre zu Fratzen verzerrten Gesichter glänzten grünlich, und ein großer, fetter Funktionär in einem schweren Militärmantel und mit einer roten Mao-Bibel in der einen und einer Peitsche in der anderen Hand stürzte heran. Er zeigte mit dem Finger auf mich und schrie mit heiserer Stimme: «Zieht ihm die Haut ab! Reißt ihm die Muskeln aus! Er darf niemals zurückkommen!» Und während er noch schrie, knallte schon seine Peitsche auf meinen Körper. Ich krümmte mich vor Schmerzen. Wieder schlug er zu. Blutiger Speichel rann mir aus dem Mund. Beim dritten Hieb riss es mir den ganzen Brustkorb auseinander, und ich wurde ohnmächtig.

«Er tut bloß so, als ob er sterben würde. Schüttet ihm Wasser über den Kopf. Wir lassen uns nicht täuschen!», schrie der Dicke.

In dem Moment kam ein kleiner, schwarzer Schlägertyp mit offenem Hemd. Er schwang eine Eisenkette durch die Luft, dass sie nur so klirrte. Mit einem gellenden Schrei ließ er sie auf mich herabsausen …

«Salam alaikum» – es war, als ob jemand mit mir spräche. Ich öffnete die Augen, konnte aber nichts klar erkennen. Verschwommen nahm ich wahr, wie ein hoch gewachsener, bärtiger Kerl hereinkam und sich vor mir aufbaute. War das ein Mensch oder ein Teufel? Er stieß mich mit dem Fuß an und ging wieder hinaus. Erst jetzt wurde ich richtig wach. Ich war von meinem Traum in Schweiß gebadet. In Wirklichkeit lag ich in einer kleinen Zelle von vier, fünf Quadratmetern, die im Vergleich zu dem, was ich soeben geträumt hatte, geradezu sympathisch wirkte. Wieder schaute ich mich um, aber alles war so, wie ich es gestern Abend bei meiner Ankunft vorgefunden hatte: Vier Wände und ein alter, oben aufgeschnittener Benzinkanister; «Mobil Oil» stand darauf. Gerade kletterte eine Kakerlake an der Kante hoch.

Zusammengekrümmt lag ich auf der schwarzen Militärdecke. Sie war alt und löcherig und an den Seiten ausgefranst. Ich fragte mich, ob sie wohl jemals gewaschen worden war. Durch das kleine Fenster fielen von oben die ersten matten Lichtstrahlen des neuen Tages herein. In der Mitte der Tür befand sich ein rundes Loch, durch das man mich von draußen beobachten konnte. Erst jetzt erkannte ich, dass die Tür nur angelehnt war.

Ich musste mich anstrengen, um mich vom Boden zu erheben. Alle Glieder schmerzten, und noch immer steckten mir die Schrecken des Alptraumes in den Knochen. Von draußen klangen lebhafte Stimmen herein. Ich kämmte mir mit den Fingern durch die Haare und zog den Anzug und die Krawatte zurecht. Dann öffnete ich die Tür und trat hinaus auf einen Lichthof, wo viele Gefangene in grüner oder weißer Kleidung aus grob gewebtem

Tuch auf- und abgingen. Einige von ihnen blieben überrascht stehen und schauten mich neugierig an. Allmählich kamen immer mehr Leute hinzu und umringten mich. Sie zeigten mit dem Finger auf mich oder tuschelten hinter vorgehaltener Hand, einige lachten freundlich, andere musterten mich skeptisch von oben bis unten. Ihre Gesichter waren mir fremd, fast alle trugen wilde Bärte. Sicher war ich der erste und einzige Chinese hier. Vielleicht hatten die meisten von ihnen noch nie einen Ostasiaten zu Gesicht bekommen. Als ich den Kopf hob, stellte ich fest, dass ich auch von allen anderen Stockwerken aus angestarrt wurde, als wäre ich ein seltenes Zootier. Dann trat aus der Menge ein vielleicht elf- oder zwölfjähriger Junge in grüner Kleidung hervor. Sein Kopf war kahl geschoren, und mit seinen großen, funkelnden Augen wirkte er sehr klug und ausgesprochen sympathisch. Er schaute mich aus weit aufgerissenen Augen und mit halb offenem Mund an. Was macht ein Kind in diesem Gefängnis?, fragte ich mich.

Es war mir unangenehm, so angestarrt zu werden, aber was sollte ich tun? Zurückgehen in die Zelle? Oder mir einen Weg durch die Menge bahnen? Aber ich hatte kein Ziel, und was immer ich auch anstellte, würde es die allgemeine Neugier bestärken. So schaut doch, schaut mich an, dachte ich, bis es euch langweilig wird! Dann werdet ihr mich ja wohl in Ruhe lassen. Nun betrachtete ich sie meinerseits. Was für ein interessantes Bild! Ich hatte noch nie so viele behaarte Gesichter gesehen – runde, lange, eckige, quadratische, pausbäckige, hagere, hässliche und schöne, junge und alte Gesichter. Die Ältesten schätzte ich auf mindestens siebzig, vielleicht achtzig Jahre. Ihre einzige Gemeinsamkeit schienen diese dicht gewachsenen Bärte zu sein. Fasziniert schaute ich von einem Gesicht zum anderen. Nun wurde es vielen unangenehm, und sie gingen weg. Einige lächelten mir zu. Sie sahen gar nicht wie Verbrecher aus.

Zehn Minuten mochte es gedauert haben, dann hatten sich auch die Letzten zerstreut, und ich blieb allein zurück. Nun betrachtete ich mir den Zellentrakt genauer. Er hatte vier Etagen. Die Zahl der Zellen mochte insgesamt bei fünf- bis sechshundert liegen – eine Eisentür neben der anderen. Die Galerien der drei Obergeschosse waren mit Eisengeländern versehen. Der zentrale Lichthof hatte etwa die Größe von zwei Basketballplätzen. Im Westen schloss ihn eine hohe Mauer ab, in der sich hoch oben zwei Ausgucke befanden. Dort hielten ständig bewaffnete Aufseher Wache. Meine Zelle lag im Erdgeschoss. Hier führte ein riesiges, vergittertes Eisengittertor durch die Westwand; es war so groß, dass ein Panzer hindurchgepasst hätte. In das Tor integriert war eine Tür normaler Größe, durch die ich letzte Nacht eingelassen worden war. Auch hier hielten zwei Uniformierte Wache. Von der Mitte des Hofes führten Eisentreppen nach rechts und links hinauf in die oberen Stockwerke.

«Hallo, Sir!» Ein Mann mittleren Alters mit einem sehr ungepflegten Bart grüßte mich auf Englisch.

Das munterte mich etwas auf. Wenigstens gab es hier jemanden, mit dem ich sprechen konnte. Ich antwortete: «Hallo!» und lächelte ihn an.

Er sah nicht wie ein Gefangener aus, denn er trug keine Sträflingskleidung, sondern über einer hellen Hose ein weißes, inzwischen vergilbtes Hemd. Ob er zu den Aufsehern gehörte?

«Hast du Zigaretten?», fragte er mich.

Gut, dass ich meine Schachtel hatte behalten dürfen! Ich zog eine Zigarette heraus und reichte sie ihm. Er dankte mit einer leichten Verbeugung und steckte sich die Zigarette hinters Ohr. Dann sagte er ganz vertraut zu mir: «Ich bin kein Sträfling. Ich bin Iraker. Sie haben mich hier eingesperrt, weil mein Pass abgelaufen war. Und woher kommst du?»

Ich mochte ihm nicht sagen, dass ich Chinese war. Ein Chinese in einem ägyptischen Gefängnis, das war doch eine Schande für China! Aber was sollte ich ihm antworten? Ich zögerte noch, da redete er weiter. Anscheinend kümmerte es ihn überhaupt nicht, woher ich kam.

«Sir, diese Zelle ist nicht die richtige für dich. Die Bedingungen sind viel zu schlecht.» Er zeigte mit dem Finger auf die nächste Zellentür. «Du kannst bei mir wohnen. Ich habe ein Bett und weiße Laken. Ich kann alles für dich besorgen. Komm, ich wohne gleich neben dir. Ich war es auch, der gestern Nacht an die Wand geklopft hat.»

«Ach, das warst du? Was hatte das Klopfen zu bedeuten?»

«Ich dachte erst, sie hätten meinen alten Kumpel wieder eingesperrt.» Er hatte diesen Satz eben ausgesprochen, da schlug er sich mit der Hand vor den Mund, als hätte er sich verraten.

Seine Zelle war genauso klein wie meine, aber es gab darin tatsächlich ein weiß lackiertes Eisenbett, das an ein chinesisches Hospitalbett erinnerte. Daneben standen ein Stuhl und ein Tischchen. Auf dem Tisch lagen ein paar Papiere und ein Buch. Das Bett war mit einem Laken bezogen. Es war zwar nicht mehr sehr sauber, aber tausendmal besser als meine eklige Decke. Ich ging zu dem Bett und setzte mich. Es hatte eine richtig dicke Matratze.

«Aber in dem Bett ist doch nur Platz für einen», gab ich zu bedenken. «Wie sollen zwei dort schlafen?»

«Zu zweit ist es sogar noch bequemer», antwortete er augenzwinkernd. «Aber wenn du nicht daran gewöhnt bist, kannst du in dem Bett schlafen, und ich werde mich auf den Boden legen.»

«Wäre es denn überhaupt erlaubt, dass ich in deinem Zimmer bleibe?», fragte ich. Eigentlich fand ich die Idee nicht schlecht. Der Mann war mir zwar nicht sehr angenehm, aber es wäre immer noch besser, als in meiner schrecklichen Zelle allein zu sein.

«Ich bin mit den Wärtern gut befreundet. Sie werden einverstanden sein. Ich erledige das für dich. Kannst du mir noch zwei Zigaretten geben?»

«Wofür denn?»

«Für die Wärter.»

«Wieso für die Wärter? Wollen die auch Zigaretten haben?»

«Sicher, Zigaretten sind hier wie Geld.»

«Moment mal, wie kommt es denn, dass du dich hier so gut auskennst? Wie lange bist du denn schon hier?»

«Drei Jahre. Aber ich werde bald rauskommen. Es sind schon alle Formalitäten erledigt.»

«Du bist schon drei Jahre hier?» Ich konnte es mir kaum vorstellen, dass jemand drei Jahre hier sein konnte, ohne durchzudrehen. Er war ja wirklich zu bewundern.

Er schien sehr erstaunt über meine Überraschung. «Findest du das lang, drei Jahre? Ich habe hier noch von keinem gehört, der unter einem halben Jahr wieder herausgekommen wäre. Weißt du denn nicht, wie langsam die ägyptische Bürokratie arbeitet?»

Zum Glück saß ich noch auf dem Bett, sonst wäre ich wohl einfach umgekippt. Mindestens ein halbes Jahr sollte ich in dieser Hölle zubringen, in diesem kalten, feuchten, stinkenden Zimmer? Jetzt schien mir seine Zelle noch attraktiver. Ich zog zwei weitere Zigaretten heraus und sagte: «Ich werde auf dem Boden schlafen.»

Kaum hatte er sie eingesteckt, kamen mir wieder Bedenken. So klein, wie die Zelle war, nahm das Bett schon fast die Hälfte des Raumes ein. Wo sollte ich schlafen? Und wieso war dieser Kerl überhaupt so nett zu mir? Er kannte mich doch gar nicht, bot mir gleich an, bei ihm zu wohnen, und wollte mir sogar sein Bett zur Verfügung stellen? Ich hatte das unbestimmte Gefühl, dass da etwas nicht stimmte. Aber dass seine Zelle allemal besser war als meine, war unbestreitbar. Jedenfalls mochte ich nicht allein in meiner Zelle bleiben.

«Mister, kannst du mir noch drei Zigaretten geben?», fragte der Iraker und streckte schon wieder seine Hand vor.

«Ich habe dir doch eben erst zwei gegeben!»

«Die drei sollen für die sein, die noch eine bequeme Matratze und eine saubere Decke für uns beschaffen.»

Dieser Gedanke gefiel mir. Die Vorstellung, auf der Stinkedecke noch einmal eine Nacht zu verbringen, war ein Graus. «Aber wie willst du das hinkriegen?»

«Du kannst dich auf mich verlassen. Mit Zigaretten schafft man hier alles.»

Also zog ich meine Schachtel wieder hervor und reichte ihm drei weitere Zigaretten. Dann ging ich in meine Zelle Nummer 7 zurück. Dort setzte ich mich auf die Decke, hielt die Ellbogen auf die Knie gestützt und fuhr mir ratlos mit den Händen durchs Haar. Ich versuchte mich an die Ereignisse der letzten drei Tage zu erinnern, konnte mich aber auf nichts konzentrieren. Ständig liefen meine Gedanken durcheinander. Außerdem peinigten mich Hunger und Durst. Eigentlich hätte ich den Iraker auch bitten können, mir etwas zu essen zu besorgen. Nun war er allerdings fortgegangen. Seit vorgestern Abend hatte ich nichts gegessen und kaum etwas getrunken. In Gedanken versunken saß ich noch eine Weile da, dann erlitt ich einen Schwächeanfall und sackte zusammen.

Wie lange ich auf dem harten Zementboden gelegen hatte, weiß ich nicht. Ich kam erst wieder zu mir, als ich bemerkte, wie jemand meinen Oberkörper anhob und mich in eine Sitzposition brachte. Als ich die Augen öffnete, fiel mein Blick auf eine große Eisenschüssel mit Makkaroni in einer roten Tomatensoße. Darauf lag eine kleine, dünne Scheibe Rindfleisch. Wie von Sinnen griff ich die Schüssel und setzte mir sie an die Lippen. Da es keinen Löffel gab, schob ich mir die Nudeln mit den Fingern in den Mund. Dass die Finger dreckig waren, kümmerte mich nicht. Aber die Makkaroni waren klein geschnitten und rutschig. Ich bekam kaum etwas hinunter. So griff ich mit der ganzen Hand in die Schüssel und löffelte mir die Nudeln auf diese Weise heraus. In dem Moment wurden mir zwei Scheiben französisches Weißbrot und ein Eisenlöffel gereicht. Noch immer war ich völlig von der Bewältigung des Essvorgangs in Anspruch genommen und nahm nichts weiter wahr als das Essen. Es schmeckte wunderbar. Von klein auf mochte ich Tomatensuppe. Aber diese Suppe hier war das beste, was ich je gegessen hatte!

Die unbekannte Person, die mich versorgte, musste meinen Hunger bemerkt haben, denn kaum war ich fertig, kam Nachschub: noch eine Schüssel Makkaroni. Erst jetzt war ich soweit gestärkt, dass ich meinen Wohltäter überhaupt wahrnahm. Es war ein weißhaariger Mann, den ich auf mindestens sechzig schätzte. Er hatte eine lange Nase und tief liegende, große Augen. Die Wangenknochen standen hervor. Seine faltigen Hände und sein runzeliges Gesicht ließen erahnen, dass er ein hartes Leben hinter sich hatte. Er sah nicht wie ein Araber aus.

Ich fragte ihn auf Englisch: «Bist du Europäer?»

Er nickte.

«Woher kommst du? Und wieso bist du hier?»

«Ich bin Belgier.» Er sprach Englisch mit französischem Akzent. «Wieso ich hier bin?» Er begann plötzlich lauthals zu lachen und zeigte dabei ein paar einzelne tiefgelbe Zähne. «Ich habe mehrere Jahrzehnte in arabischen Ländern verbracht. Alle arabischen Regierungen haben Angst vor mir. Ich bin jetzt schon über acht Jahre lang hier eingesperrt.»

«Über acht Jahre schon? Dann bist du aus politischen Gründen inhaftiert worden?»

«Politische Gründe?» Er lachte wieder und sagte dann ganz leise zu mir: «Meine Politik ist so...» Er beschrieb mit seiner Hand einen Kreis zu meiner Jackentasche und zurück zu seiner eigenen: die typische Bewegung eines Taschendiebs.

«Das ist mein Beruf. Da ich bei der ägyptischen Polizei so bekannt bin, lässt man mich nicht wieder frei.» Leise setzte er hinzu: «Neuer, du darfst hier absolut niemandem trauen. Es gibt keinen einzigen guten Menschen hier. Mir darfst du auch nicht trauen. Ich werde dich auch betrügen.» Dann schlug er mir kräftig auf die Schulter und erklärte: «Meine Arbeit hier besteht vor allem darin, Essen an die Ausländer zu verteilen. Wer nett zu mir ist, dem gebe ich mehr, und wer hässlich zu mir ist, dem gebe ich weniger.»

«Bekommen denn alle Insassen hier so leckeres Essen?», fragte ich.

Der Belgier schaute mich an, als wäre ich nicht ganz bei Verstand. «Leckeres Essen? Warte mal ein paar Tage ab. Ich esse diese Nudeln jetzt schon seit acht Jahren. Aber ich muss zugeben, unser Essen ist viel besser als das der Sträflinge. Unseres wird immerhin jeden Tag frisch von draußen gebracht. Wir sind hier ja nur in Gewahrsam. Darum tragen wir auch keine Sträflingskleidung. Eigentlich müssten wir besseres Essen bekommen, aber die Beamten hier müssen ja auch...» Er machte wieder diese Handbewegung zur Tasche hin. Dann ging er hinaus. In der Tür drehte er sich noch einmal um und wies zur Nebenzelle, hob dann warnend den Zeigefinger und bewegte ihn ein paar Mal vor seiner Nase hin und her. Er zog ein verächtliches Gesicht, sagte aber kein Wort. Ich begriff, dass ich mich vor meinem irakischen Nachbarn in Acht nehmen sollte. Allerdings: Was könnte dieser Iraker mir überhaupt stehlen? Ich besaß ja nichts außer der Kleidung, die ich am Leib trug.

Wie gewöhnlich wollte ich nach dem Essen eine Zigarette rauchen, aber ohne es recht zu merken, hatte ich sie alle dem Iraker gegeben. Erzürnt knüllte ich die leere Schachtel zu einer Kugel zusammen, um sie in den Kanister zu werfen. Ich verfehlte die Richtung, die Kugel prallte an der Wand ab und rollte zurück bis vor meine Füße. Ich warf noch einmal, aber diesmal hatte ich nicht weit genug geworfen, sie traf den Kanister unterhalb der Öffnung und kam erneut zu mir zurückgerollt. Verdammt noch mal! So ein großer Kanister, und ich schaffe es noch nicht einmal, eine Papierkugel hineinzuwerfen! Ich beschloss, den Ausgang des dritten Versuchs als Hinweis auf mein zukünftiges Schicksal zu werten: Sollte ich wieder nicht treffen, würde ich vielleicht für immer in diesem Gefängnis bleiben. Träfe ich aber, bedeutete dies die Chance auf eine glückliche Zukunft.

Ich warf. Die Papierkugel beschrieb einen hohen Bogen und landete mitten im Kanister. Endlich ein gutes Omen! Ich strahlte. Im selben Moment drückte jemand die Tür auf. Ein hoch gewachsener Mann in dunkelgrüner Uniform aus grobem Stoff und mit einem breiten braunen Gürtel trat ein, offenbar ein Gefängniswärter. Seine Lederschuhe waren so alt und abgetragen, dass ich sie in China längst weggeworfen hätte. Die grauen Schläfen und die vielen Falten im Gesicht ließen vermuten, dass er die Fünfzig bereits überschritten hatte. Er hatte einen freundlichen Gesichtsausdruck. Als er mich allein am Boden sitzen und lachen sah, hielt er mich vermutlich für geistesgestört. Lächelnd winkte er mir und überschüttete mich mit einem Wortschwall. Ich begriff, dass ich ihm folgen sollte.

Als wir vor die Tür traten, klopfte er mir anerkennend auf die Schulter. Dann zog er eine Trillerpfeife aus der Jackentasche und pfiff. Daraufhin trat aus den Nachbarzellen gleich ein gutes Dutzend Insassen heraus. Alle bewegten sich langsam und kraftlos und stellten sich in einer Reihe auf. Keiner von ihnen trug grüne Gefängniskleidung. Einige waren wie ich in Anzug und Krawatte, allerdings waren die Anzüge zerknittert und schmuddelig. Unter den schwarzen, weißen und braunen Gesichtern war ich der einzige Ostasiate. Der große Wachbeamte schritt an die Spitze der Reihe, und alle folgten ihm zu dem großen Eisengittertor. Der Torwächter rasselte mit seinem Schlüsselbund, schloss auf und zählte uns durch. Dann gingen wir ins Freie.

Gegenüber lag ein langer, dreigeschossiger, nahezu weißer Bau, an den sich zu beiden Seiten zwei zweigeschossige Flügel anschlossen. Es war das Eingangs- und Verwaltungsgebäude, das ich bei meiner nächtlichen Ankunft für eine Art Burg gehalten hatte. Rechts drängten sich Gefangene vor einem kleinen Verkaufsladen. Wir wurden links herum auf den großen Hof geführt, der sich an der Längsseite unseres Zellentraktes erstreckte. Der sandige Boden knirschte unter unseren Füßen. Das flache Gebäude, das ich schon bei meiner Ankunft bemerkt hatte, war fast so lang wie unser

Zellentrakt und teilte den Hof in zwei Hälften. Dahinter ragte der andere Zellentrakt auf. Gegenüber vom Hauptgebäude, auf der vierten Seite des Zuchthausgeländes, stand ein ebenfalls flaches, aber besonders langes Gebäude, aus dem leise Maschinengeräusche herüberklangen. Es war die Gefängniswerkstatt.

Kaum auf dem Hof angekommen, wurden die Leute munter. Einige machten ein bisschen Gymnastik, andere streckten sich, um ihre steifen Gelenke zu lockern, zwei begannen einen Dauerlauf. Wie von selbst begann auch ich mich zu bewegen. Die letzten Tage hatte ich fast nur sitzend und liegend zugebracht. Nun begann ich mit schnellen Schritten den Hof entlangzulaufen, eine Runde, zwei Runden ... Plötzlich hörte ich, wie mir jemand von hinten fröhlich «Hallo! Hallo!» zurief.

Ich blieb stehen und schaute mich um. Ein junger, schwarzhaariger Mann kam auf mich zu. Er war zwar mager, hatte aber trotz seiner Bartstoppeln klare und fein geschnittene Gesichtszüge. Er mochte um die dreißig Jahre alt sein und wirkte recht gebildet.

«Hast du mich gerufen?», fragte ich ihn auf Englisch.

«Ja. Bist du Chinese?»

«Woher weißt du das?»

«Man sieht sofort, dass du aus Ostasien kommst. Wir haben heute Morgen gehört, dass ein Neuer gekommen ist, der illegal eingereist ist. Solche Nachrichten verbreiten sich schnell.» Sein Englisch war ziemlich gut, und er machte insgesamt einen netten Eindruck.

«Woher kommst du?» Seinen Gesichtszügen nach zu urteilen, war er Europäer.

«Ich bin aus Armenien und heiße Josef», antwortete er. «Ich bin über den Iran hierher geflüchtet. Ich habe Asyl für Amerika beantragt. Wie es aussieht, werde ich vermutlich bald nach Amerika gehen können.»

Zu Armenien fiel mir nur ein Tanz- und Gesangsensemble ein, das einmal nach China gekommen war. Die Mädchen und jungen Männer hatten damals mit ihrem blendenden Aussehen großen Eindruck auf mich gemacht.

«Sprichst du auch Russisch?», fragte ich.

«Ich habe es in der Schule gelernt, aber ich hasse die russische Sprache, und die Russen hasse ich noch mehr», antwortete er.

«Warum das? Haben sich die Russen euch gegenüber so schlimm verhalten?»

«Nicht nur schlimm. Sie betrachten uns als Kolonie, die sie nach Belieben ausbeuten können. Es geht ihnen nur um ihre eigenen Interessen, wir selbst zählen nicht. Darum gibt es bei uns nur Landwirtschaft und kaum

Industrie. Ich habe in Armenien Ingenieurswissenschaft studiert, aber ich konnte dort keine Arbeit finden.»

«Bist du sicher, dass du in Amerika bessere Perspektiven hast?»

«Dort leben schon vierzig Prozent aller Armenier, darunter viele Verwandte und Freunde von mir. – Ist es für dich das erste Mal, dass du im Ausland bist?»

«Ja.»

«Aber wieso hast du China verlassen? Das ist doch ein so großes, freundliches Land!»

Dieses Lob hörte ich gern, wusste aber nicht recht, wie ich ihm auf die Frage nach meinen Fluchtgründen antworten sollte, und sagte nach einigem Zögern: «Das ist sehr kompliziert. Vielleicht erzähle ich es dir später mal.»

«Schon gut! Du brauchst auch nicht alles zu erzählen, wenn du nicht möchtest. Ich behalte auch viele Dinge lieber für mich. Du bist ja gerade erst angekommen. Du musst sehr vorsichtig sein. Hier im Gefängnis ist auch alles ziemlich schwierig.»

«Bitte erzähl mir doch mehr darüber! Ich weiß gar nicht, wie ich mich hier verhalten soll. Du stammst ja auch aus einem sozialistischen Land. Da denken wir sicher ähnlich, oder?»

«Stimmt», sagte er, «aber die Situation hier ist auf ganz andere Weise schwierig als im Sozialismus.»

«Wie meinst du das?»

«In den sozialistischen Ländern ist meist nur die Politik kompliziert. Aber hier zwischen uns geht es nicht um Politik. Hier ist es schwierig wegen all der Lügner, Gauner und Betrüger, die Geld von dir haben wollen.»

«Aber ich habe ja überhaupt kein Geld.»

«Die denken hier anders. Sie meinen, dass alle Ausländer, die hierher kommen, Geld haben. Sei bloß vorsichtig mit diesem Iraker. Er möchte auch etwas von dir.»

Josef war nun der Zweite, der mich vor ihm warnte.

«Was ist denn mit diesem Iraker?», fragte ich. «Er hat mir angeboten, in seine Zelle zu ziehen.»

«Mach das auf keinen Fall! Er kann ziemlich gewalttätig werden. Doch jedesmal, wenn ein Neuer kommt, tut er freundlich und macht sich sofort an ihn heran, nur um ihm Zigaretten und Geld abzuknöpfen. Und bevor du mit ihm die Zelle teilst, solltest du wissen, dass er homosexuell ist.»

Ich erschrak. «Was soll ich denn tun? Meine Zelle ist so miserabel, ich kann keine Nacht länger darin aushalten.»

«Ich kann das für dich erledigen», sagte er. «Mit ein paar Zigaretten kriegen wir das geregelt.»

«Wie viele Leute gibt es in deiner Zelle?», fragte ich ihn.

«Wir sind schon zu dritt. Ich überlege, ob du nicht auch noch zu uns kommen kannst. Aber zu viert wird es ziemlich eng. Ich muss erst die anderen Zellengenossen fragen, und außerdem brauchen wir eine Genehmigung.»

Wir waren am Ende des Hofes angekommen, drehten uns um und gingen zurück. Auf der anderen Seite sah ich jetzt einen Mann stehen, der seiner feschen Uniform und seiner stattlichen Erscheinung nach zur Gefängnisleitung zählen musste.

«Josef, siehst du den Mann in der feinen Uniform da hinten? Wer ist das?», fragte ich.

«Das ist Major Monsu Mondur. Er ist nach dem Direktor die zweitwichtigste Person hier. Er ist auch der Gebildetste von allen. Er spricht sehr gut Englisch. Wenn er dir wohlgesonnen ist, kann er sehr nützlich für dich sein.»

Major Monsu Mondur war unterdessen auch bereits auf mich aufmerksam geworden: «Hallo Chinese», rief er herüber, «komm einmal her!»

Josef tuschelte mir zu: «Geh mal schnell rüber, bestimmt möchte er sich ein bisschen mit dir unterhalten.»

Als ich auf den Major zutrat, streckte er mir schon die Hand entgegen und begrüßte mich freundlich: «Guten Morgen, Mister Guan. Sehr erfreut, Sie zu treffen. Wie geht es Ihnen?»

«Schlecht», antwortete ich wahrheitsgemäß. «Erstens weiß ich nicht, wieso ich ins Gefängnis gesteckt wurde, und zweitens werde ich hier wie ein Tier behandelt. Was habe ich getan? Ich bin schließlich wie Sie ein gebildeter Mensch.»

«Inwiefern werden Sie schlecht behandelt?»

Der Ton seiner Nachfrage offenbarte, dass es ihm ernst war. Offenbar gefiel ihm mein selbstbewusstes Auftreten.

«Sie können sich ja einmal meine Zelle anschauen», sagte ich. «Kein Bett, kein Stuhl, keine Bücher. So werden in China nur die allerschlimmsten Verbrecher behandelt. Ich bin nach Ägypten gekommen, weil ich es für ein schönes, fortschrittliches Land gehalten habe. Ägypten hat doch eine alte Kultur und eine lange Geschichte, aber ...»

Der Major war anscheinend ein Mann schneller Entschlüsse. Ehe ich meine Klage weiter ausbreiten konnte, klatschte er zweimal in die Hände, woraufhin der große Wärter, der uns nach draußen geleitet hatte, herbeigeeilt kam und vor dem Major salutierte. Der Major gab ihm ein paar Befehle, der Wachmann salutierte erneut und ging. Ich hatte natürlich kein Wort verstanden und schaute den Major fragend an. «Herr Guan, wissen Sie schon, dass Sie heute zu einem berühmten Mann geworden sind? In allen Medien ist über Sie berichtet worden, in den Zeitungen sogar auf der ersten Seite. Da stand zu lesen, dass ein hochrangiger chinesischer Kader mit einem falschen Pass nach Kairo geflüchtet ist.»

«Ist das wahr?» Ich fiel beinahe in Ohnmacht vor Schreck. Das bedeutete, dass ich China große Schande gemacht hatte. Sicherlich würden meine Angehörigen schwer darunter zu leiden haben. Mein Herz krampfte sich zusammen.

Major Monsu Mondur spürte, dass mich diese Nachricht erschütterte, konnte es aber wohl nicht nachvollziehen. «Sie können doch stolz auf sich sein, dass Sie so bekannt sind! Wir haben hier auch einiges über die Kulturrevolution erfahren. Wie es scheint, ist die Welt nicht eben begeistert davon. Sie können stolz sein, dass Sie China verlassen haben.»

Ich schüttelte nur traurig den Kopf und schwieg.

«Kommen Sie!», sagte er daraufhin in fast sanftem Ton. «Kommen Sie mal mit.»

Ich folgte ihm in das flache Gebäude auf der anderen Längsseite des Hofs. Dort betraten wir zu meiner nicht geringen Überraschung eine Bibliothek. An drei Seiten des großen Raumes standen Bücherregale. Bei den Büchern herrschte allerdings ein ziemliches Durcheinander, und katalogisiert waren sie auch nicht. Der Bibliothekar war ein Gefangener. Er trug eine Brille und sah wie ein richtiger Bücherwurm aus. Bei unserem Eintreten erhob er sich hastig.

«Dies ist Mister Guan. Er möchte englische Bücher lesen», sagte der Major zu ihm. Er sprach eigens Englisch mit ihm, damit ich es auch verstehen konnte. «Hast du etwas Interessantes für ihn?»

«Ja, klar. Wir haben verschiedene englische Romane und Krimis.» Das Englisch des jungen Arabers war gar nicht schlecht. Er führte mich an ein Regal mit lauter englischer Literatur.

«Mister Guan hat das Recht, Bücher auszuleihen. Sei ihm in Zukunft bitte behilflich», wies Monsu Mondur ihn an und verabschiedete sich.

Mit großer Freude entdeckte ich unter diversen Romanen und Geschichtsbüchern über Europa einige Werke von Charles Dickens sowie Sherlock-Holmes-Krimis. Außerdem gab es arabisch-englische und englisch-arabische Lexika sowie englische Wörterbücher. Das war ja großartig!

«Darf ich gleich zwei Bücher ausleihen», fragte ich den Bibliothekar, «eins von Charles Dickens und einen Sherlock-Holmes-Krimi?»

«Natürlich. Du kannst auch noch mehr Bücher mitnehmen, wenn du willst. Major Monsu Mondur hat ja persönlich grünes Licht gegeben. Normalerweise sind diese Bücher nicht zum Ausleihen bestimmt.»

Ich griff noch nach einem weiteren Roman, den ich bereits kannte: «Der Graf von Monte Christo» von Alexandre Dumas in einer englischen Übersetzung.

«Wieso? Ist diese Bibliothek denn nicht für die Gefangenen zugänglich?»

«Nein. Die Gefangenen haben normalerweise keinen Zugang, nur mit Sondergenehmigung.»

«Ach, und wofür gibt es dann diese Bibliothek?»

«Die ist vor allem für die Besucher. Besonders wenn ausländische Journalisten kommen, soll gezeigt werden, wie menschlich es hier zugeht. Dann holen sie ein paar von den Gefangenen her und lassen sie hier lesen, als ob das immer so wäre.»

«Gibt es auch englische Zeitungen hier?»

«Leider nein. Nur zwei arabische Zeitungen. Sie werden erst von den leitenden Mitarbeitern gelesen und dann hier archiviert.»

«Schade. – Falls du in den Nachrichten etwas über mich siehst, kannst du mir dann bitte Bescheid sagen?»

«Kein Problem.»

Ich bedankte mich und ging.

Der Hof war inzwischen wieder menschenleer. Die Wächter erkannten mich, öffneten mir das Gittertor und baten mich freundlich herein. Alle, an denen ich vorbeiging, lächelten mir höflich zu, manche verbeugten sich sogar leicht. Ich verstand überhaupt nicht, was los war.

Als ich meine Zelle betrat, glaubte ich, mich in der Tür geirrt zu haben: da stand ein Bett, das noch schöner aussah als das des Irakers; darauf lag eine blütenweiße Bettdecke. Das Material war zwar nicht so gut, aber was machte das schon! Hauptsache, die Decke war sauber. Als ich sie hochhob, fand ich darunter ein Kopfkissen und noch eine saubere Wolldecke. Die Matratze war genauso schön weich wie die beim Iraker. Ein Tisch und ein Stuhl komplettierten die Einrichtung.

Ich wollte gerade die Tür schließen und mich meiner neuen Lektüre widmen, da tauchte Josef auf, gefolgt von zwei anderen Männern.

«Hast du das alles für mich arrangiert?», fragte ich ihn.

«Nein. Wie hätte ich das alles hinkriegen sollen? Nur die Decke und das

Kopfkissen habe ich für dich besorgt.» Unter seinem Jackett zog er eine Flasche hervor. «Das ist eine Petroleumlampe, damit du abends Licht hast.» Er stellte sie auf den Tisch und legte noch eine Packung Streichhölzer daneben.

Die Lampe war aus einer Flasche gebastelt und erinnerte mich an eine ähnliche Konstruktion, die ich in Qinghai benutzt hatte. Ich freute mich riesig und dankte ihm für das willkommene Geschenk. An das Beleuchtungsproblem hatte ich selbst gar nicht mehr gedacht. Dann machte Josef mich mit den anderen beiden bekannt: «Das ist Hassan, und das ist Stefan. Hassan kommt aus dem Sudan, und Stefan kommt aus Österreich, aus Wien. Wir drei sind Zellenkameraden. Die beiden sind einverstanden, wenn du zu uns kommen möchtest.»

Hassan sah wie ein arabischer Bauer aus, war stämmig gebaut, hatte einen freundlichen, warmen Blick und das Gesicht voller Bartstoppeln. Nun schob er Josef beiseite und schüttelte mir die Hand. «Eben kamen über Lautsprecher die Rundfunknachrichten. Sie haben über dich gesprochen.»

Es war also, wie der Major gesagt hatte: Ganz Ägypten wusste schon über mich Bescheid, und da ich nun gewissermaßen zur Gefängnisprominenz zählte, hatten mir auch alle so freundlich zugelächelt.

Nun reichte mir der Österreicher die Hand. Er trug ein rotes Jackett und eine fleckige, lässig umgebundene Krawatte. «Ich bin Stefan aus Österreich. Du bist willkommen in unserem Zimmer. Dass jemand schon am ersten Tag so eine Behandlung bekommt wie du, ist wirklich einmalig.»

Sein Englisch hatte einen ulkigen Akzent. Ich fand es seltsam, einen Europäer mit so schlechtem Englisch zu erleben.

Ich bedauerte, dass ich nichts da hatte, um die drei ein wenig zu bewirten, und erklärte, ehe sie davonzogen, dass ich heute noch gern hier bliebe, um mal wieder in Ruhe zu lesen.

Das erste Buch, zu dem ich griff, war «Der Graf von Monte Christo». Ich hatte diesen Roman in China schon einmal gelesen und erinnerte mich noch sehr genau daran, wie es dem Grafen Edmond Dantès erst nach fünfzehn Jahren Haft gelang, aus dem Gefängnis zu entfliehen und Rache zu üben. Falls ich jemals nach China zurückkehren sollte – an wem würde ich mich dann wohl rächen? Mir wurde bewusst, dass ich keine echten Feinde in China hatte. Die Leute, die mich kritisiert und angegriffen hatten, waren ja auch nur durch die politischen Kampagnen dazu aufgestachelt worden. Ich konnte mir auch nicht vorstellen, dass ich hier fünfzehn Jahre würde ausharren müssen, auch wenn an baldige Freilassung wohl nicht zu denken war. Ich musste schon zufrieden sein, wenn mich Ägypten nicht an China auslieferte. Das war in der Tat meine größte Angst.

Plötzlich ertönte über Lautsprecher ein arabischer Gesang, intoniert von einer einzelnen, kräftigen Männerstimme von wunderbarem Klang. Eindrucksvoll hallte sie durch den leeren Lichthof. Dann schwieg die Stimme einen Moment, und wie aus einem Mund antworteten die Gefangenen in ihren Zellen mit einer gesungenen Replik. Der Wechselgesang hatte etwas Heiliges an sich, das sehr berührend und zugleich ermutigend wirkte. Es war das Abendgebet des Muezzin, das ich von nun an jeden Abend um diese Zeit hören sollte. Auch bei den Moslems in Qinghai hatte ich nie etwas Ähnliches gehört.

Zum Abendessen gab es Makkaroni mit Tomatensoße, danach wurden die Zellen verschlossen, überall kehrte Ruhe ein. Ich vertiefte mich wieder in meinen Roman, doch plötzlich hörte ich Schlüsselbundrasseln an meiner Tür. Wenn sie jetzt noch etwas von mir wollten, konnte das nichts Gutes bedeuten. Mein Herz klopfte. Womöglich würden sie mich jetzt doch ausliefern! Wenn nicht, würden sie mich sicher verhören und foltern, um mir irgendwelche Geheimnisse zu entlocken.

Ich bemühte mich, ruhig zu bleiben, und blickte wieder in das Buch. Die Tür schwang auf, und ein hoch gewachsener, grauhaariger Mann in einer sehr gepflegten Uniform trat ein, begleitet von zwei jüngeren Beamten, die ich zuvor schon gesehen hatte. Beide hielten sich im Hintergrund, während der andere, offenbar ihr Vorgesetzter, sich freundlich an mich wandte:

«So spät, und Sie schlafen noch nicht?»

«Ich lese noch ein bisschen zum Zeitvertreib.»

«Was lesen Sie denn? Darf ich?» Er nahm mir die Lektüre aus der Hand. Von hinten leuchteten die beiden Begleiter mit Taschenlampen auf das Buch.

Er blätterte interessiert. «Ach, ‹Der Graf von Monte Christo›! Das ist spannende Lektüre. Ihr Englisch muss ziemlich gut sein, wenn Sie das lesen können. Ich glaube, über Ihr eigenes Leben könnten Sie auch ein spannendes Buch schreiben.»

Ich war inzwischen aufgestanden, schaute die drei ratlos an und überlegte angestrengt, was sie wohl von mir wollten.

«Anscheinend haben Sie in China eine wichtige Position innegehabt, denn sogar der chinesische Ministerpräsident hat sich eingeschaltet.»

«Was? Ist das wahr?» Ich war wie vom Donner gerührt. Wenn sich sogar Zhou Enlai persönlich um diesen Fall bemühte, würden sie mich bestimmt an China ausliefern. Zhou Enlai und Nasser schienen immerhin befreundet zu sein, glaubte ich mich zu erinnern.

«Die chinesische Regierung hat über ihre diplomatische Vertretung Kontakt zur ägyptischen Regierung aufgenommen. Es kann sein, dass sie Sie zurückverlangen. Aber Sie sind durch das internationale Asylrecht geschützt.»

Er wandte sich zu den beiden Begleitern um und sagte zu ihnen auf Englisch: «Besorgen Sie eine Glühbirne für Mister Guan! Er ist ein Gelehrter, und er ist unser Gast. Er ist gut zu behandeln. Sie sind für ihn verantwortlich.»

«Jawohl, Herr Oberst.»

Oh, er war sogar Oberst! Ich bedankte mich höflich.

«Ich bin der Direktor dieses Gefängnisses. Wenn Sie in Zukunft irgendetwas wünschen, wenden Sie sich gern direkt an mich.»

Er schüttelte mir die Hand und verabschiedete sich. Ich wurde wieder eingeschlossen. Ich legte mich aufs Bett, fand aber keine Ruhe. Zhou Enlai zählte zu den ganz wenigen Politikern, denen ich größten Respekt zollte. Dass meine Flucht für China zu internationalen Verwicklungen geführt hatte, war mir unendlich peinlich, zudem verstärkte es noch meine Sorge um das Schicksal meiner Angehörigen. Ich konnte keine Zeile mehr lesen.

Am nächsten Morgen fiel mir auf, dass meine Tür als allererste geöffnet wurde. Einer der beiden jungen Beamten vom letzten Abend führte mich hinaus in einen Seitenhof, wo sich ein Lädchen befand. Ein kleiner, dicker, lustig aussehender Mann in grüner Gefängniskleidung schaute durch das Fenster, durch das der Verkauf stattfand, und begrüßte mich in fließendem Englisch: «Hallo, Chinese. Ich bin Sami. Ich habe heute Morgen Anweisung bekommen, dir jede Woche sechs Schachteln Zigaretten zu geben – als Geschenk vom Direktor.»

Ich war sprachlos. Sechs Schachteln – das bedeutete: hundertzwanzig Zigaretten! Jetzt war ich nach geltenden Maßstäben ein reicher Mann. Dieser grauhaarige Oberst hatte mir gleich gut gefallen. Er wusste bestimmt genau, wie wertvoll Zigaretten hier waren. Da passte die chinesische Redensart: «Im tiefsten Winter Kohle geschenkt bekommen».

Sami reichte mir die Ration – eins, zwei, drei, vier, fünf Schachteln. Die sechste behielt er in der Hand, öffnete sie und zog fünf Zigaretten heraus. «Lass uns Freunde sein», sagte er und steckte sie sich wie selbstverständlich in seine Brusttasche.

Dieser Gauner! Mit Sami würde ich sehr vorsichtig sein müssen. Bestimmt verfügte er über beste Beziehungen, sonst hätte er sich als Gefangener kaum diesen Posten ergattern können. Mit meinen fünf vollen und der angebrochenen Schachtel ging ich zurück. Als ich die Zelle betrat, waren zwei Männer gerade dabei, unter der Aufsicht des einen jungen Beamten eine Glühbirne in die Deckenfassung einzuschrauben – ein bemerkenswert hoher Personaleinsatz für ein derart simples Geschäft. Allmählich war meine Zellenausstattung komplett.

Auf Arabisch heißt China «Shin», weshalb mich alle Araber in dem Gefängnis nur «Shin» nannten. Niemand rief mich bei meinem Namen.

«Shin hat ganz viele Zigaretten vom Chef geschenkt bekommen!» Dieser Satz verbreitete sich wie ein Lauffeuer. Gleich meldeten sich etliche Gefangene bei mir und fragten, ob sie für mich arbeiten dürften, für eine Zigarette pro Tag: «Shin, möchtest du dir die Haare schneiden lassen?» «Shin, möchtest du eine warme Dusche? Ich kann für dich heißes Wasser besorgen!» «Shin, darf ich deine Zelle putzen?» Niemand versuchte, mich zu belästigen oder einfach Zigaretten von mir zu stehlen, wie Sami es getan hatte. Einer brachte mir einmal ein Stück Fladenbrot und sagte: «Das ist arabisches Brot, das meine Familie mir mitgebracht hat. Probier mal.» Ich bedankte mich mit einer Zigarette, obwohl er sie nicht verlangt hatte. Vielleicht hatte er nur einfach Freundschaft mit mir schließen wollen.

Die meisten, mit denen ich Kontakt hatte, sprachen ein wenig Englisch. Andere lächelten mir nur freundlich aus der Entfernung zu und scheuten sich, näher zu kommen. Unter diesen fiel mir ein etwa dreißigjähriger Mann auf, denn er hatte von allen den freundlichsten Gesichtsausdruck. Er trug einen runden Vollbart, hatte breite Wangenknochen und buschige Augenbrauen. Als ich ihm wieder einmal begegnete, sprach ich ihn an.

«Ich bin in der Wäscherei und kümmere mich um die Kleidung des Personals», erklärte er. «Ich heiße Darwisch. Wenn du möchtest, kann ich gern auch deine Kleidung waschen – du brauchst mir dafür auch nichts zu geben», fügte er in gebrochenem Englisch hinzu.

In der Tat: Frische Kleidung wäre eine tolle Sache. Mein Kragen war schon ziemlich schwarz, überall juckte die Haut, und ich stank. Aber ich hatte ja nichts zum Wechseln! «Es wäre wunderbar, wenn du meine Sachen waschen könntest», sagte ich. «Aber ich habe bloß diese eine Garnitur. Ich kann ja nicht nackt herumlaufen, während du wäschst.»

Er lachte und kniff dabei ein wenig die Augen zusammen. Sein Lachen war so ansteckend heiter und freundlich, dass es dem größten Griesgram das Herz gewärmt hätte. «Kein Problem, ich krieg das schon hin.»

Als er ging, hinterließ er bei mir das Gefühl unerschütterlicher Zuverlässigkeit und Treue. Es dauerte nicht lange, da kam er mit einem blütenweißen, sorgfältig gebügelten Gefängnisanzug aus grobem Tuch zurück. Sofort zog ich mich um. Der neue Anzug passte wie maßgeschneidert. Darwisch hatte meine Körpergröße exakt taxiert. Ich fühlte mich wie neu geboren.

Innerhalb von zwei, drei Tagen war ich zum prominentesten Zuchthausinsassen aufgestiegen und wurde von allen gut behandelt, von den Aufsichtsbeamten und Wärtern ebenso wie von den einfachen Gefangenen. Mir fiel auf, dass Josef und seine Zimmerkameraden sich wieder ein wenig von mir zurückzogen. Vielleicht dachten sie, dass ich das Interesse an ihnen verloren hätte. In gewisser Weise traf dies sicher auch zu, wenigstens in den ersten Tagen, nachdem ich die Bücher, das Bett und die Glühbirne bekommen hatte, denn ich genoss es einfach, stundenlang in Ruhe lesen zu können. Aber nach einigen Tagen wurde es mir in meiner Komfortzelle doch zu einsam, vor allem am Abend, wenn alle in ihrer Zelle eingeschlossen waren.

Beim Hofgang am nächsten Tag sprach ich Josef darauf an: «Josef, mein Zimmer ist zwar jetzt viel besser geworden, aber ich fühle mich doch sehr allein dort. Sag mal, wollt ihr mich noch haben?»

«Na klar! Wir wussten nur nicht, ob du noch bei uns wohnen wolltest.»

«Ist es denn wirklich erlaubt, dass wir zusammenziehen?»

«Normalerweise schon – für normale Ausländer. Aber ich weiß nicht, ob du als besonderer Ausländer vielleicht eine Sondergenehmigung brauchst. Ich erkundige mich mal.»

Noch am selben Tag zog ich in ihr Zimmer um. Wir brauchten die Aufsichtsbeamten gar nicht um Erlaubnis zu fragen, denn die Wärter, denen wir drei Zigaretten gaben, stimmten gleich zu. Es wurde allerdings sehr eng zu viert in dem kleinen Raum. Bis auf meine Glühbirne konnte ich nichts von dem neuen Mobiliar mitnehmen, denn die Matratzen der anderen drei bedeckten schon fast den ganzen Boden. Zum Schlafen würden wir dicht aneinander liegen müssen. Unser ganzes Leben würde sich auf diesen drei Matratzen abspielen. Doch war ich Enge von früher her gewohnt. Viel besser als allein in meiner Einzelzelle war es auf jeden Fall.

Nachdem die Wärter uns eingeschlossen hatten, saßen wir einander gegenüber, und die drei lächelten mich an. Dann rückten Josef und Stefan beiseite und machten Platz für Hassan, der einen winzigen Teppich unter seiner Matratze hervorzog und ihn nach Osten ausrichtete. Er stand mit seinen nackten Füßen auf der Matratze und schien auf etwas zu warten, da ertönte auch schon die Liturgie des Muezzin. Mit dem Gesang begann Hassan zu beten, mal mit vor der Brust aufeinander gelegten Händen, mal mit erhobenen Armen, dann wieder kniend. Still warteten wir anderen, bis das Abendgebet beendet war.

Nun veränderte sich die Atmosphäre mit einem Schlag. Die drei hießen mich als ihren neuen Zimmergenossen willkommen. Hassan zauberte von irgendwoher einen kleinen Kocher hervor. Er war aus einer Bierdose und einer dicken Konservenbüchse gefertigt. Die Bierdose, in die ziemlich weit oben ein Kranz Löcher hineingebohrt war, wurde in die Büchse gesetzt. Als Hassan Petroleum in die große Dose goss und es ansteckte, züngelten in der inneren Dose blaue Flammen durch die Löcher wie bei einem Gasherd. Vorsichtig setzte er dieses kleine Wunder auf den einzigen freien Streifen Zementboden und stellte einen Eisentopf darauf. Ich war vollkommen fasziniert davon, dass dieses simple Gerät tatsächlich funktionierte. Jetzt holte Josef aus einer Tasche, die über ihm an der Wand hing, Speiseöl, Eier, Tomaten, Gurken, Kartoffeln, Zwiebeln, Salz und Zucker hervor. Außerdem gab es arabisches Fladenbrot. Sie hatten ja wirklich alles! Ich schaute ihnen mit großen Augen zu und begann voller Freude laut zu lachen.

Josef setzte nun zu einer Rede an: «Wir begrüßen heute unseren Gast aus China. Wir heißen dich ganz herzlich bei uns willkommen und freuen uns sehr. Ab heute sind wir nicht nur Mitgefangene und nicht nur Zimmergenossen, sondern Brüder, wie eine Familie. Hassan ist unser Chefkoch, ich bin sein Assistent, und der da» – er wies mit dem Finger auf Stefan – «ist hier bloß Kostgänger.»

Stefan lachte: «Ich kann eben nicht kochen.»

Josef zog unter seiner Matratze ein Holzbrett hervor und begann Kartoffeln zu schälen.

«Ich kann auch ganz gut kochen», sagte ich und griff zu einer Zwiebel, um sie zu schälen.

«Aber heute bist du unser Gast», erklärte Hassan, «du brauchst heute nichts zu tun.»

«Aber ich helfe wirklich gerne.»

Ich sah, wie sich Josef ungeschickt mit dem Kartoffelschälen abmühte. «Darf ich?», fragte ich und nahm ihm Messer und Kartoffel aus den Händen. Ich prüfte die Klinge. Sie war stumpf. Ich schaute mich um und entdeckte oben auf einem Regalbrett einen Porzellanteller. Ich angelte ihn mir herunter, drehte ihn um und zog die Klinge ein paarmal über den Standring, der bei Porzellan gewöhnlich ohne Glasur bleibt. Die anderen schauten verdutzt zu. Der Trick war ihnen offenbar neu. Dann schälte ich die Kartoffeln und die Zwiebeln, und als ich sie schnitt, sauste das Messer scharf und flink über das Holzbrett. Im Nu war alles fertig.

Hassan warf begeistert die Arme in die Luft und rief: «Gut, gut!»

«Wie heißt das auf Arabisch: ‹gut›?», fragte ich.

«Guoes, guoes», übersetzte er.

Ich wiederholte: «Guoes, guoes!» Mein erstes arabisches Wort.

Hassan erhitzte etwas Öl in dem Topf und briet darin die klein geschnittenen Zwiebeln an, tat dann die Tomaten und Kartoffeln dazu und kochte alles zu einer dicken Soße zusammen. Schließlich goss er etwas von der Brühe, die es täglich zu den Makkaroni gab, dazu.

«Wie seid ihr denn an das viele Gemüse gekommen?», wollte ich wissen.

«Weil wir heute Abend doch etwas feiern wollen, haben wir es bei den Gefangenen, die in der Küche arbeiten, gegen Zigaretten eingetauscht.»

Bei diesen Worten zog er ein weißes Tischtuch hervor und breitete es sorgfältig auf der Matratze aus.

Nach einer Weile verkündete Hassan: «Das Essen ist fertig.»

Auf dem Tischtuch standen nun ein Tomaten-Kartoffel-Eintopf, ein Salat aus rohen Gurken und Tomaten sowie Fladenbrot mit rohen Lauchzwiebeln. Es war das erste Mal, dass ich in Ägypten ein so üppiges Essen aufgetischt bekam. Vor Rührung stiegen mir Tränen in die Augen.

«Sagt mal, woher habt ihr eigentlich diesen kleinen Herd und das Petroleum bekommen?»

«Das Öfchen haben Gefangene hergestellt. Es kostet drei Zigaretten. Und das Petroleum haben wir von Gefangenen eingetauscht, die es im Maschinenraum geklaut haben. Fünf Zigaretten für eine kleine Dose.»

«Und die Wärter und Aufsichtsbeamten kriegen nichts davon mit?»

«Im Gegenteil, sie verdienen daran», erklärte Josef. «In Ägypten sind Zigaretten sehr teuer. Sie werden nicht nur in Schachteln, sondern sogar einzeln verkauft. Hier im Gefängnis gibt es ungefähr tausend Gefangene, und in der Hälfte aller Zellen haben sie solche Petroleumkocher. Da kannst du dir vorstellen, wie viele Zigaretten die Wärter daran verdienen; die verkaufen sie dann wieder auf dem Markt. Mit Zigaretten kann man hier auch Haschisch kaufen. Die Wärter schmuggeln sogar Heroin und Opium herein. Hier gibt es viele Gefangene, die früher Drogenhändler waren. Die setzen hier ihre Geschäfte nahtlos fort. Es gibt genug Gefangene, die aus Langeweile angefangen haben, Haschisch oder Opium zu rauchen.»

«Aber woher bekommen die Gefangenen denn das Geld, um Zigaretten zu kaufen?»

«Meistens von ihren Familien. Es gibt hier richtig reiche Insassen, die regelmäßig Geld von draußen bekommen. Die können hier wie die Könige leben. Das Einzige, was sie nicht haben können, sind Frauen. Aber auch da können sie sich helfen.»

«Hier im Gefängnis? Wie denn?», fragte ich überrascht.

«Hast du nicht gesehen, wie viele Kinder hier herumlaufen? Die verdienen am meisten. Sie verkaufen sich an die Erwachsenen.»

«Gibt es denn keine Umerziehung für die Gefangenen? Zum Beispiel gemeinsames Lernen und Diskutieren von Texten, wie man in Zukunft richtig leben soll?»

«Von so etwas habe ich nie gehört. Das gibt es wahrscheinlich nur bei euch in China.»

Hassan hatte unserem Gespräch nicht ganz folgen können, und Stefan stopfte sich gierig das Essen in den Mund, ohne zuzuhören. Kein schöner Anblick! «An den kleinen Dingen kannst du den Menschen erkennen», lautet ein Sprichwort. Stefan war mir nicht sehr sympathisch. Aber vielleicht verhielt er sich nur so, weil ich zu lange mit Josef gesprochen hatte? Deshalb wandte ich mich ihm zu und fragte: «Stefan, wie bist du eigentlich hierher gekommen?»

«Ich habe in ein paar arabischen Ländern Urlaub gemacht, und als ich nach Ägypten kam, haben sie mich an der Grenze festgehalten, weil ich kein Visum hatte.»

«Und wie lange bist du schon hier?»

«Vier, fünf Monate. Aber ich komme raus, sobald meine Eltern Geld geschickt haben.»

«Was machst du beruflich?»

«Ich bin Student. Ich studiere an der Universität Wien.»

«Welches Fach?»

Er stotterte herum, als müsste er erst überlegen. «Theologie», sagte er schließlich.

Ich versuchte, mit ihm ein wenig über Religion und Philosophie zu sprechen, hatte aber bald das Gefühl, dass er keinerlei Ahnung von diesen Themen hatte.

Nun zog Josef einen flachen Holzkasten unter seinem Kopfkissen hervor. Als er ihn aufklappte, kam ein Spielbrett zum Vorschein mit zwei Würfeln und vielen kleinen Steinen.

«Was ist das für ein Spiel?», fragte ich.

«Backgammon», erklärte Josef. «Es wird zu zweit gespielt. Du kennst es nicht?»

«Nein. Dürfen wir hier im Gefängnis denn spielen?»

«Offiziell nicht. Aber die Wärter und Aufsichtsbeamten lassen dich alles machen, solange du keinen Quatsch machst. Ich kann es dir nachher beibringen.»

Josef begann mit Hassan zu spielen, und ich verfolgte ihre Spielzüge, während Josef sie mir erklärte. Ich verstand rasch, worum es ging. Das Spiel gefiel mir.

Am nächsten Tag, als Josef und ich beim Hofgang allein waren, fragte ich ihn: «Sag mal, ist Stefan überhaupt Student?»

«Ach was, er ist ein Spinner. Mal behauptet er, er sei ein reicher Geschäftsmann, und dann wieder gibt er sich als Student aus. Er erzählt uns immer, dass seine Eltern viel Geld haben und ihm irgendwann eine große Summe schicken. Auf diese Weise hat er nicht nur von Hassan und mir viele Zigaretten bekommen, sondern auch von vielen anderen. Aber bis jetzt hat noch keiner auch nur ein bisschen Geld von ihm gesehen.»

«Wie lange wird er noch bei uns bleiben?»

«Wohl nicht mehr lange. Er hat schon Kontakt zur österreichischen Botschaft aufgenommen.»

Tatsächlich wurde Stefan schon zwei Tage später entlassen. Von nun an herrschte in unserer Zelle ein vorbildlicher Kommunismus, in dem Sinne, dass wir alle drei unser ganzes «Kapital», nämlich die Zigaretten, zusammenwarfen und von unserem «Finanzminister» Hassan verwalten ließen. Ich galt als der große Bruder, da ich nicht nur der Älteste war, sondern auch die meisten Zigaretten in die Gemeinschaft einbrachte. Hassan, der grundehrliche Bauer, war ausgesprochen sparsam mit unserer Gefängniswährung. Er hielt unser Zimmer immer tipptopp sauber. Wenn wir Hofgang hatten, hielt er sogar freiwillig in der Zelle Wache, damit nichts gestohlen würde. Und Darwisch, der nicht bei uns wohnen durfte, weil er ein richtiger Gefangener und Ägypter war, war inzwischen auch zu unserem Freund geworden. Er war unser «Außenminister», denn durch ihn erfuhren wir immer die neuesten Nachrichten.

Auslieferung oder Amerika?

Etwa um dieselbe Zeit erschien Darwisch einmal vor unserer Zellentür und blieb dort mit einem Gesichtsausdruck stehen, als würde er jeden Moment in Tränen ausbrechen.

«Was ist denn los, Darwisch?», rief ich ihm zu. Hassan und Josef sahen ebenfalls, dass etwas nicht stimmte. Erst begannen Hassan und Darwisch auf Arabisch zu sprechen. Sogleich verfinsterte sich auch Hassans Gesicht. Josef verstand nur ein wenig Arabisch, aber auch er schaute plötzlich ganz besorgt. Ich hatte zwar kein Wort verstanden, aber mir war aufgefallen, dass sie über mich gesprochen hatten, denn sie hatten meinen Namen erwähnt.

«Was ist denn los?», fragte ich wieder.

Darwisch berichtete: «Eine schlechte Nachricht für dich. In der Zeitung stand, dass die chinesische Regierung deine Auslieferung nach China verlangt. Und die ägyptische Regierung hat sich jetzt doch einverstanden erklärt.»

Ich fühlte mich wie vom Blitz getroffen. Wenn man mich nach China auslieferte, wäre das Schlimmste zu befürchten. Selbst wenn ich nicht zum Tode verurteilt würde, könnten mich doch die Roten Garden totschlagen. Lieber wollte ich mich vor einer Auslieferung selbst töten. Aber Moment! Was stand denn genau in der Zeitung?

«Hast du die Zeitung da?», fragte ich Darwisch. «Hast du den Artikel selbst gelesen?»

«Nein. Ich habe es nur gehört.»

Ich stürmte hinaus. Als die beiden Torwächter mich so aufgebracht sahen, ließen sie mich gleich hinaus. Ich lief zum Verwaltungsgebäude, in dem der Gefängnisdirektor sein Büro hatte. Die Wachen wollten mich nicht hineinlassen, aber ich blieb hartnäckig und schrie: «Ich will zum Gefängnisdirektor! Ich will zum Gefängnisdirektor!»

Der Oberst hörte mich tatsächlich, kam an die Tür und ließ mich eintreten.

«Ich habe gehört, dass in der Zeitung etwas über mich steht. Stimmt das?», fragte ich.

«Ja.» Das Blatt lag ausgebreitet auf seinem Schreibtisch, und er reichte es mir: Ein Artikel mit einem großen Foto von mir. Jetzt fiel mir ein, wie ein junger Aufsichtsbeamter namens Mustafa mich vor einigen Tagen gebeten hatte, ins Büro zu kommen. Als ich ihn fragte, worum es ging, sagte er, dass mich ein Journalist fotografieren möchte. Er hatte wohl gemeint, dass ich mich darüber freuen würde, aber ich war da anderer Ansicht: Ich wollte meinen Fall möglichst klein halten und am liebsten gar keine Publizität. Deshalb hatte ich abgelehnt und gesagt, ich wolle nicht fotografiert werden. Da hatte er mich am Handgelenk gepackt und Richtung Büro gezerrt. Aus dem Bürofenster war ich dann heimlich fotografiert worden, ich hatte den Fotografen sogar noch Mustafa zunicken sehen. Mustafa hatte sich von ihm offenbar bestechen lassen. Seitdem hatte ich kein Wort mehr mit ihm gewechselt.

«Was haben sie über mich geschrieben, Herr Oberst?»

«Die Journalisten vermuten, dass Sie China aus politischen Gründen verlassen haben und jetzt Asyl in einem westlichen Land erwirken wollen. Die chinesische Seite verlangt Ihre Auslieferung, und die ägyptische Regierung hat ihre Hoffnung zum Ausdruck gebracht, dass Ihretwegen die Beziehungen zu China nicht belastet werden. Die Zeitung hat auch über das internationale Asylrecht der Uno geschrieben. Die USA und die Sowjetunion haben sich auch schon eingeschaltet.»

Er schaute mich an und packte mich aufmunternd an den Schultern: «Sehen Sie, jetzt sind Sie zu einer international wichtigen Person geworden.»

«Was meinen Sie – wird die ägyptische Regierung mich ausliefern?»

«Nein, sehr unwahrscheinlich. Erstens gilt für Sie das Asylrecht, zweitens hat Ägypten zwar gute Beziehungen zu China, aber die Beziehungen zur Sowjetunion und zu Amerika sind intensiver. Wir müssen auch die Interessen dieser beiden Länder berücksichtigen.»

«Aber wie lange soll ich hier überhaupt noch bleiben? Was verlangt man hier von mir?» Entgegen meiner Erwartung war ich noch nie verhört worden und fast schon ein wenig enttäuscht deswegen, hatte ich mir doch schon ausgemalt, wie ich als patriotischer Held auftreten würde.

«Wann Sie freikommen, wird nicht von uns hier entschieden, ich glaube aber, Sie können zuversichtlich sein, dass sich schon bald ein endgültiges Asylland für Sie findet. Solange müssen wir Sie noch um Geduld bitten. – Wie geht es Ihnen denn jetzt?»

«Wie es mir geht? Na ja, besser als am Anfang auf jeden Fall. Aber es ist bedrückend, in einem Zuchthaus zu sitzen, wenn man nichts verbrochen hat», wiederholte ich.

«Wir schauen mal, ob wir Sie an einen komfortableren Ort verlegen können.»

Nach dem Gespräch fühlte ich mich wieder sicherer. Der Oberst war ein gebildeter Mann und verfügte über viel Erfahrung. Die Analyse, die er mir vorgetragen hatte, war logisch und plausibel. Als ich in meine Zelle zurückkam, fand ich die drei immer noch ganz bedrückt vor. Mein Bericht munterte sie wieder auf. Obwohl wir erst seit kurzem zusammen waren, fühlten wir uns wie richtige Freunde eng verbunden.

Eines Morgens kam der Aufseher Mustafa zu mir und bat mich, ihm zu folgen. Er sagte nur: «Sie haben Besuch.» Ich folgte ihm ins Büro, wo tatsächlich ein Herr in einem feinen Anzug saß. Er bat Mustafa, sich zu entfernen. Ich dachte: Jetzt fangen die Verhöre an! Allerdings war mir unerklärlich, warum sie damit so lange gewartet hatten. Mittlerweile war ich schon seit über einem Monat in Ägypten.

Der Herr sagte: «Ich bin geschickt worden, Sie nach Kairo zu bringen.»

«Zu welchem Zweck?»

«Das weiß ich selbst nicht genau. Auf jeden Fall soll ich Sie in unsere Polizeizentrale bringen. Draußen wartet schon der Wagen auf Sie.» Damit erhob er sich und klatschte zweimal in die Hände. Ein Polizist trat ein und salutierte. «Wir können gehen», sagte der Herr.

Es war ein kleiner Pkw. Ich saß mit dem Herrn hinten, und vorn saßen der Polizist und ein Chauffeur in Uniform. Da wir das Gefängnis bei Tage verließen, konnte ich es zum ersten Mal von außen sehen. Die Anlage war ziemlich groß. Die Außenmauern bestanden aus Beton und waren oben mit Stacheldraht bewehrt. Die lang gestreckte Fassade des Hauptgebäudes erinnerte tatsächlich an traditionelle nordafrikanische Festungsbauten.

In Kairo hielten wir vor einem großen Bürohaus im Stadtzentrum. Mit dem Lift wurde ich nach oben gebracht. Der Herr im Anzug – ein Polizeibeamter in Zivil, wie ich unterwegs erfahren hatte – führte mich in ein Zimmer, bat mich, Platz zu nehmen, und ging weg. Ich war allein im Raum. Als nach ein paar Minuten immer noch niemand kam, überlegte ich, ob ich die Gelegenheit nicht zur Flucht nutzen könnte, stand auf und schaute mich um. Aus dem Fenster zu springen, kam nicht in Frage, denn dazu war ich zu weit oben. Ich steckte die Nase aus der Tür. Dort hielt der Polizist Wache, der mich hierher begleitet hatte. Ich schloss die Tür wieder und hatte mich gerade wieder hingesetzt, als jemand hereinkam. Es war der große, dicke Beamte, in dessen Büro ich vor meinem Abtransport ins Gefängnis mehrere Stunden gesessen hatte. Begleitet wurde er von einem anderen, sehr modisch gekleideten Herrn.

«Wie geht es Ihnen, Mister Guan?», grüßte der Dicke.

«Vielen Dank für Ihre Mühe – für das nette Apartment, das Sie mir besorgt haben!», sagte ich ironisch.

«Aber das ist der beste und sicherste Platz, damit die Roten Garden Sie nicht finden.»

«Ich glaube nicht, dass es in Ägypten Rote Garden gibt», erwiderte ich ziemlich unwirsch, «ich glaube, die gibt es nur in Ihrer Fantasie.»

Vielleicht war er bereits an solche Beleidigungen gewöhnt, jedenfalls ging er überhaupt nicht darauf ein, lachte im Gegenteil freundlich und sagte: «Herzlichen Glückwunsch! Ihr Fall ist bald erledigt. – Darf ich vorstellen? Dies ist der Hohe Flüchtlingskommissar der Vereinten Nationen in Kairo. Er möchte Ihnen gern weiterhelfen.»

Bei «Vereinte Nationen» bekam ich sofort eine Gänsehaut. In China hatte ich immer wieder in der Zeitung gelesen, dass die Uno mit Amerika unter einer Decke stecke. Sogar der Koreakrieg hatte im Namen der Uno stattgefunden, obwohl er von Amerika geführt wurde. Bisher hatte die Uno die

Volksrepublik China nicht anerkannt, und die Vertretung für China in der Uno hatte immer noch Taiwan inne. Deshalb reagierte ich sehr empfindlich auf den Namen dieser Institution. Spontan entfuhr es mir: «Die Uno? Diese imperialistische Organisation?»

Der Dicke wirkte unangenehm berührt. Er schaute zu dem Flüchtlingskommissar hinüber, der ein langes Gesicht zog und sagte: «Sie lehnen unsere Hilfe ab?»

«Ja.»

«Sie sollten wissen, dass die USA Ihnen Asyl anbieten.»

«In die USA möchte ich auf gar keinen Fall!»

Ginge ich nach Amerika, wäre meine Familie erledigt, denn in dem Fall würde ich nicht nur als Verräter, sondern auch als Spion gelten.

Der Flüchtlingskommissar machte auf dem Absatz kehrt und ging grußlos hinaus.

Der Dicke schaute mich an und grinste. «Meinen Respekt!», sagte er anerkennend.

Merkwürdige Begegnungen und ein schmerzlicher Abschied

In dem vierstöckigen Zellengebäude mit seinen Hunderten von Gefangenen genoss das runde Dutzend Ausländer einige Privilegien. Nur sie durften hinaus auf den Hof neben dem Gebäude. Den Strafgefangenen dagegen war normalerweise nicht gestattet, ihr jeweiliges Stockwerk zu verlassen. Wachsoldaten riegelten die Treppen ab. Ausnahmen galten nur für diejenigen, die zum Beispiel in der Werkstatt, in der Wäscherei, im Kiosk oder in der Bibliothek arbeiteten. Wir Ausländer durften auch nicht in die anderen Stockwerke hinaufgehen.

Ein, zwei Tage nach dem Gespräch mit dem Flüchtlingskommissar kam Darwisch wieder zu mir und sagte: «Ein Araber möchte sich gern mit dir treffen. Er wird als der Gefängniskönig bezeichnet.»

«Ein Gefängniskönig? Was ist das?»

Josef, der es gehört hatte, fragte dazwischen: «Du meinst Fu'ad?»

«Ja, Mohammed Fu'ad.»

Ich wandte mich an Josef. «Kennst du ihn? Was für einer ist das?»

«Jeder in Ägypten kennt seinen Namen. Er soll aus einer sehr reichen, guten Familie stammen. Hier sitzt er ein wegen Rauschgiftschmuggels in großem Stil. Man nennt ihn auch den ägyptischen Mafiakönig. Sei vorsichtig!»

«Dann gehe ich besser nicht zu ihm.»

«Das wäre auch nicht gut», gab Josef zu bedenken. «Er ist nämlich sehr mächtig, auch hier im Gefängnis. Wenn du ihn beleidigst, kriegst du Schwierigkeiten.»

Darwisch warf mir einen flehenden Blick zu. «Er ist ein Gentleman. Ich mache auch für ihn die Wäsche. Wenn du nicht hingehst, werde ich Schwierigkeiten bekommen.»

«Wo ist er?», fragte ich.

«Im zweiten Stock.»

Ich folgte Darwisch zur Treppe. Auf halber Höhe hielten uns zwei Wächter auf. Darwisch wechselte mit ihnen zwei Sätze, dann ließen sie uns weitergehen.

«Was hast du den beiden gesagt, dass sie uns durchgelassen haben?»

«Nur dass König Fu'ad sich mit dir treffen möchte. Da mussten sie dich durchlassen, weil sie sonst selber Schwierigkeiten bekommen würden. Sie haben alle Angst vor ihm.»

Darwisch führte mich zu einer normalen Zelle, aber als wir vor der offenen Tür standen, schien es mir, ich blickte in ein orientalisches Palastkabinett. Die Wände waren mit farbigen Ornamenten bemalt. Auf dem Fußboden lag eine dicke Matratze mit einer feinen, weißen Bettdecke darüber. Am Kopfende lehnten mehrere Kissen an der Wand. Dort saß Fu'ad mit dem Blick zur Tür. Er trug einen ebensolchen weißen, akkurat gebügelten Gefangenenanzug, wie ihn mir Darwisch gebracht hatte. Als ich eintrat, erhob sich Fu'ad zur Begrüßung. Was für eine Ausstrahlung er hatte! Er war groß und hatte kurze, graue Haare. Seine ausdrucksvollen Augen sprühten vor Energie. Sein Kinn war sauber rasiert. So Ehrfurcht gebietend und vornehm er jedoch war, lag in seinen Augen auch etwas Kaltblütiges, als könnte er jemanden allein mit seinen Blicken töten. Er winkte Darwisch kurz zu, und dieser zog sich sofort zurück.

«Ich heiße Mohammed Fu'ad.» Er trat auf mich zu und schüttelte mir die Hand. «Leider können wir nur auf der Matratze sitzen.»

Sein Englisch war so gepflegt und fließend und seine Haltung so vornehm, dass ich mir überhaupt nicht vorstellen konnte, dass dieser Mann ein Verbrecher sein sollte. Wir setzten uns einander gegenüber, und ich schaute ihn nur an, ohne ein Wort zu sagen.

«Ich habe gleich am ersten Tag, als Sie ankamen, von Ihnen gehört», sagte er. «Der Anzug, den Darwisch Ihnen gebracht hat, war von mir. Aber ich wagte nicht, sofort Kontakt zu Ihnen aufzunehmen, weil ich mögliche politische Auswirkungen zu bedenken hatte. Aber jetzt, wo die Amerikaner Ihnen sogar Asyl gewähren möchten, gibt es da keine Bedenken mehr.» Ich war überrascht. Woher wusste er von dem Asylangebot? Ich hatte niemandem davon erzählt, nicht einmal Josef. Fu'ad fuhr fort: «In unserem Gefängnis habe ich viel Lob über Sie gehört. Sie wurden mir als gebildeter Gentleman und aufrechter Charakter geschildert. Sie haben China zwar verlassen, über Ihr Land aber nicht schlecht geredet. Deshalb wollte ich Sie gern näher kennen lernen. Zunächst einiges zu meiner Person. Ich war Chef einer bedeutenden Import-Export-Firma in Kairo, zudem Abgeordneter eines Kairoer Bezirks und hatte eine gewisse Position in der Gesellschaft. Deswegen habe ich auch genügend politische Feinde. Eines Tages wurde ich auf der Straße festgenommen. Die Polizisten entdeckten Opium in meiner Tasche. Daraufhin wurde meine Wohnung durchsucht, wo man noch weitere Drogen fand. Ich wurde als Rauschgifthändler angeklagt und zu fünfundzwanzig Jahren Gefängnis verurteilt. Viele wussten, dass das ein Komplott von meinen politischen Gegnern war, aber ich konnte meine Unschuld nicht beweisen. – Gibt es in Ihrem Fall weitere Neuigkeiten?»

«Nein, leider nicht.» Er schien wirklich eine wichtige Persönlichkeit zu sein. Offenbar verfügte er über gute Verbindungen nach draußen. «Woher wissen Sie, dass ich Amerika abgelehnt habe?»

«Es stand in der Zeitung.» Er zog die Kairoer Tageszeitung hervor, zeigte mir den Artikel und übersetzte: «Da Herr Guan es abgelehnt hat, nach Amerika zu gehen, wollen das Internationale Rote Kreuz und der Hohe Flüchtlingskommissar der Uno ihm nun helfen, in ein anderes westliches Land zu kommen.» – «Wie viele träumen davon, nach Amerika zu gehen», setzte er hinzu, «aber Sie haben das Angebot sogar ausgeschlagen, und dafür bewundere ich Sie. Sie dürfen sich glücklich schätzen, dass man jetzt ein anderes westliches Asylland für Sie suchen wird. Die westlichen Länder sind wirtschaftlich sehr entwickelt und haben einen hohen Lebensstandard. Ich bin sicher, Sie werden das Gefängnis bald verlassen können.»

Ich war sehr erleichtert, als ich ihn das sagen hörte, bedeutete es doch, dass es entweder die ägyptische Regierung ablehnte, mich an China auszuliefern, oder dass die chinesische Seite nicht mehr darauf bestand. Freiheit! Eigentlich, so wurde mir hier erst richtig klar, hatte ich China verlassen, um in Freiheit zu leben. Mein Freiheitsdrang war immer stark, mir selbst aber nicht sonderlich bewusst gewesen. Nun begriff ich deutlicher als zuvor, dass ich mit der Kommunistischen Partei vor allem deswegen unzufrieden gewesen war, weil sie die Menschen ihrer Freiheit beraubten. Vom Qing-zeitlichen Romanschriftsteller Zeng Pu war mir der Satz unvergesslich geblieben: «Lieber sterben als ohne Freiheit sein.» Freiheit! Eine freudige Zuversicht durchströmte mich. Ich beugte mich zu Fu'ad vor und schüttelte ihm seine Hand ganz fest. «Ich danke Ihnen für diese Information. – Meinen Sie wirklich, dass China nicht mehr meine Auslieferung verlangt?» Ich wünschte mir eine weitere Bestätigung von ihm.

«Ach!», wehrte er ab. «Die haben von vornherein gar kein Recht dazu gehabt. Anders wäre es, wenn Sie in China ein Verbrechen begangen und zum Beispiel jemanden getötet hätten. Es heißt, Sie hätten geheimes Material mitgenommen. Aber meiner Information nach haben Sie kein einziges Papier mitgebracht. Ihr Gepäck befindet sich ja in den Händen der Polizei, und darin ist kein einziges Papier gefunden worden, geschweige denn irgendwelche Dokumente. Darum brauchen Sie sich weiter keine Gedanken zu machen. – Wenn Sie mich als Ihren Freund akzeptieren möchten, würde ich gern mit Ihnen Freundschaft schließen. Hier im Gefängnis habe ich etwas zu sagen. Sie können alles bekommen, was Sie möchten.»

«Eigentlich habe ich alles. Ich habe auch genügend Zigaretten.»

«Aber wenn Sie zum Beispiel Haschisch oder Opium haben möchten ... – Haben Sie Feinde in Ägypten?»

«Nein, ich kenne hier niemanden.»

«Wenn Sie später einmal Feinde haben sollten, sagen Sie mir Bescheid. Ich räume Ihnen jeden Feind aus dem Weg, jetzt, wo wir Freunde sind.» Er musterte mich und merkte wohl, dass mir dieser Satz nicht sehr gefiel. Da lachte er: «Das war nur ein Scherz.»

Ich überlegte, was ihn wohl veranlasste, so freundlich zu mir zu sein. Vielleicht wollte er irgendwelche Hilfe von mir? Ich fragte: «Wenn ich hier wieder heraus komme, kann ich dann etwas für Sie tun?»

Er wurde plötzlich sehr still. Seine Augen schienen in die Ferne zu blicken, und seine Mundwinkel zitterten ein wenig. «Sie müssen für mich die Wahrheit sagen. Sie müssen der Welt sagen, dass es in Kairo keine Gerechtigkeit gibt. – Welchen Beruf hatten Sie eigentlich in China?»

«Ich war Dolmetscher, und zeitweise habe ich als Journalist gearbeitet.»

«Oh, tatsächlich? Als Journalist?»

«Ja, wieso?»

«Das ist ja ausgezeichnet! Sie müssen über alles schreiben, was Sie in diesem Gefängnis gesehen haben. Sie müssen Ägyptens dunkle Seiten ans Licht bringen.»

«Wäre denn das für Sie von Vorteil?»

«Ja natürlich. Wer Ägyptens dunkle Seiten ans Licht bringt, Korruption und Bestechung aufdeckt und international bekannt macht, wird unsere Regierung zutiefst erschrecken. Wovor sie sich am meisten fürchtet, ist, dass sich deswegen internationale Organisationen einschalten, denn dann wären die Hilfen aus dem Ausland gefährdet.» Plötzlich ballte er seine Hände zu Fäusten und hob sie zitternd gen Himmel, richtete seinen Blick nach oben und presste zwischen zusammengebissenen Zähnen hervor: «Was habe ich denn getan? Zu fünfundzwanzig Jahren haben sie mich verurteilt, und es sind erst drei Jahre um! Ich habe einen Verwandten in Kanada, bitte nehmen Sie für mich Kontakt zu ihm auf. Er muss mich hier rausholen. Sobald ich hier rauskomme, werde ich mich an allen Leuten rächen, die mir Unrecht getan haben, genauso wie der ... der in diesem französischen Roman das gemacht hat. Wie heißt der noch?»

«Der Graf von Monte Christo.»

«Ja ja, genau der!» Er schaute mich bewundernd an.

«Geht es denn in Ägypten wirklich so ungerecht zu? Nasser ist doch meiner Meinung nach ein guter Präsident.»

«Ja, ja, er ist nicht schlecht. Aber er allein kann ja so ein Land nicht ändern. Er hat zu viele politische Feinde. Außerdem mischen die Engländer noch immer in Ägypten mit. Auch die Russen und Amerikaner haben ihre Hand im Spiel. Überall laufen Machtkämpfe. Hat man die richtigen Beziehungen, kann man seine Feinde töten lassen oder hinter Gitter bringen. Wussten Sie, dass es fünfzehn ägyptische Pfund kostet, einen Kopf rollen zu lassen?»

«Nein. Ist das wahr?»

«Oh ja, das ist wahr. Hat ein Killer seine Aufgabe erledigt, flüchtet er einfach in die Wüste, und man findet keine Spur mehr von ihm. Wenn hier ein Mensch stirbt, ist das, wie wenn eine Ameise stirbt.»

Ich war entsetzt. War es so, wie Fu'ad sagte, so herrschten in Ägypten ja schlimmere Zustände als in China. Dort hatte ich noch nie gehört, dass man für Geld einen Kopf rollen lassen konnte.

Nach der Begegnung mit Fu'ad konnte ich die ganze Nacht nicht richtig schlafen. Irgendwie war er mir unheimlich. Ich konnte nicht beurteilen, ob er ein guter oder ein schlechter Mensch war. Aber ich hatte nicht den Wunsch, ihn wieder zu treffen.

Nach gut zwei Monaten im Gefängnis sprach ich schon einige arabische Sätze. Zwar fiel mir die Aussprache schwer, aber es war doch schade, die Gelegenheit nicht zu nutzen, ein wenig systematischer Arabisch zu lernen. Also fragte ich Darwisch: «Weißt du jemand, der mir gern Arabisch beibringen würde?»

«Im dritten Stock sind drei politische Gefangene untergebracht. Die solltest du als Erste fragen. Es sind Professoren der Universität Kairo.»

«Ach wirklich? Wieso sind sie denn politische Gefangene?»

«Es sind Moslembrüder.»

«Wieso? Seid ihr nicht alle Moslembrüder?»

«Nein», lachte Darwisch. «Die Moslembrüder sind eine Partei, eine Organisation. Diese Partei hat früher gegen die Engländer gekämpft. Jetzt sind sie gegen die Regierung. Aber Genaueres weiß ich auch nicht.»

«Kennst du diese Professoren persönlich?»

«Ja. Ab und zu wasche ich für sie.»

«Dann könntest du mich mit ihnen bekannt machen?»

«Ja, gern.»

Die drei Professoren wohnten zusammen in einer Zelle. Als ich sie zum ersten Mal aufsuchte, saßen alle drei mit einem Buch in der Hand auf dem Boden und lasen. Als ich eintrat, schauten sie mich erstaunt über ihre Brillenränder hinweg an. Darwisch stellte mich kurz vor: «Das ist Herr Guan, der Shin. Er möchte Sie gern kennen lernen.»

Zwei legten sogleich ihre Bücher beiseite und erhoben sich höflich. Der Dritte erklärte mir in fließendem Englisch: «Entschuldigen Sie bitte, dass ich sitzen bleibe, aber ich habe Probleme mit meinem Bein.» Er hieß Ahmud und war, wie sich herausstellte, Linguistikprofessor. Sofort zeigte er sich bereit, mir Arabischunterricht zu geben. Wir vereinbarten, dass ich jeden Tag zwei Stunden nehmen würde. Als Honorar wurde eine Zigarette pro Stunde vereinbart.

Professor Ahmud war schon über sechzig. Mit seinen grauen Schläfen wirkte er sehr ehrwürdig. Die beiden anderen Professoren, die nur wenige Brocken Englisch sprachen, verließen meistens das Zimmer, wenn ich zum Unterricht erschien. Aber ab und zu blieben sie auch und unterhielten sich mit mir auf Arabisch. Ich investierte nun fast meine gesamte Freizeit ins Arabischlernen. Nach ein paar Monaten konnte ich nicht nur einfacher Konversation folgen, sondern auch schon etwas schreiben. Der Erfolg überraschte mich selbst. Probleme bekam ich allerdings mit den Kosten. Mein Zigarettenetat reichte nämlich nicht mehr aus, zumal auch Lehrbücher und Hefte anzuschaffen waren, und ich musste mich anderweitig einschränken.

Seit ich mich auf Arabisch ein wenig unterhalten konnte, war mir, als wüchsen mir ein Paar Flügel. Nun konnte ich mit vielen Gefängnisinsassen Kontakt knüpfen und sie nach ihrer Vergangenheit und nach ihren Straftaten fragen. Anfangs wollte ich auf diese Weise nur mein Arabisch üben, aber mit der Zeit stellte ich fest, dass die einzelnen Schicksale so spannend waren, dass man über jeden ein Buch hätte schreiben können.

Eines Tages kam ein großer Mann mit einem Vollbart und einer langen Narbe im Gesicht zu mir. Er wirkte so unangenehm, dass ich am liebsten sofort das Weite gesucht hätte.

«Hast du Feinde hier?», fragte er mich.

«Nein», antwortete ich.

«Aber ich. Gestern hast du lange mit einem meiner Feinde gesprochen.»

«Ich weiß nicht, wer dein Feind ist.»

«Na, der Abdullah.»

«Wer ist Abdullah? Ich frage nie nach dem Namen.»

«Du lügst. Du hast dich ja gestern ganz lange mit ihm unterhalten. Habt ihr etwa über mich gesprochen?»

«Aber nein. Ich weiß ja auch gar nicht, wer du bist», beteuerte ich.

«Ich warne dich: Lass die Finger von ihm, sonst kommst du hier nicht lebend wieder raus!»

Nach einem chinesischen Sprichwort kommt Glück nie doppelt, aber Unglück immer dreifach. Wenige Tage später griff der Iraker unseren Zimmerkameraden Hassan mit einem Messer an und stach ihm in den Arm, so dass er stark blutete. Angeblich war es eine Eifersuchtstat. Der Iraker wurde daraufhin in eine Dunkelzelle verlegt. Am selben Tag wurden uns sämtliche Zigaretten und einiges anderes aus der Zelle gestohlen. Das Schlimmste für mich aber kam am Schluss: Wir erfuhren, dass Josef am nächsten Morgen entlassen würde und nach Amerika auswandern dürfe. Josef war außer sich vor Freude und lief aufgeregt in der Zelle hin und her. Ich beglückwünschte ihn von Herzen, konnte aber meine Trauer über den bevorstehenden Abschied nicht verbergen. Auch Hassan war niedergeschlagen. Er trug seinen verletzten Arm in einer Schlinge und kauerte nur still in der Ecke.

Da Josef ging, würden wir beiden auch getrennt werden. Wir wussten, dass aus Sicherheitsgründen nicht zwei allein in einer Zelle wohnen durften. Wenn man zu dritt war und zwei sich stritten, konnte immer noch einer einschreiten.

«Was hast du vor, wenn du in Amerika bist?», fragte ich Josef.

«Wahrscheinlich zur Uni gehen, wenn sie mich lassen.»

«Aber nicht vergessen: Wir bleiben in Kontakt, ja?», erinnerte ich.

«Gut. Ich werde dir schreiben. Aber wohin soll ich die Briefe schicken?»

Seine Gegenfrage durchzuckte mich wie ein Blitz: Ich war ja jetzt heimatlos. Ich wusste nicht, wohin ich gehen und wo ich bleiben würde. Fast hatte ich diesen Abgrund von Ungewissheit, vor dem ich stand, schon vergessen, nun wurde er mir wieder schmerzlich bewusst. Josef spürte, was seine Frage in mir ausgelöst hatte. «Ich schreibe dir die Adresse von meiner Schwester auf», sagte er. «Vielleicht können wir uns später in Amerika treffen.»

Sehnsucht, Sorgen, Perspektiven

Erwartungsgemäß musste ich schon am nächsten Tag zurück in meine Einzelzelle. Besonders abends konnte ich es dort kaum noch aushalten. Zwar hatte ich den Petroleumkocher bei mir, aber für mich allein zu kochen, hatte ich keine Lust. In den langen Nächten verzehrte ich mich in Sehnsucht nach meinen Angehörigen und in Sorge um sie – um Mutter, mein Söhnchen, meine Schwester, meinen Bruder. Bestimmt hatte man sie als Mitwisser verdächtigt, und die Roten Garden hatten sie an den Pranger gestellt. Das ständige Grübeln über mein Schicksal und das meiner Familie ließ mich manchmal die ganze Nacht kein Auge zutun. Ich bekam unerträgliche Kopfschmerzen, die ich nur dann nicht merkte, wenn ich mir mit den Fäusten auf den Kopf schlug. Sobald ich einmal einschlief, erlebte ich Alpträume. Entweder wurde ich wieder von den Massen kritisiert und geschlagen, oder jemand stieß mich in eine tiefe Schlucht oder ins Feuer. Immer wieder sah ich das weinende Gesicht meiner Mutter vor mir. Ich träumte auch von dem kleinen Xin, der einsam und verlassen durch die Straßen zog und niemand hatte, der für ihn sorgte. Ich verlor jeden Appetit und mochte auch nicht mehr in die Sonne gehen, sondern blieb nur noch im Bett liegen. Dann wurde ich in einer Nacht richtig krank, hatte Atembeschwerden, fieberte, bekam Magenkrämpfe und musste mich mehrfach übergeben. Schließlich sank ich ohnmächtig zu Boden.

Ich weiß nicht, wie viele Stunden ich so gelegen hatte. Als ich wieder zu mir kam, schmerzte der ganze Körper, das Gesicht glühte, gleichzeitig zitterte ich vor Kälte. Mir schien, ich müsste sterben. Aber ich war doch noch zu jung zum Sterben! Ich wollte noch etwas schaffen in meinem Leben, damit die anderen wüssten, dass Guan Yuqian kein Feigling und kein Verräter war! Mit größter Anstrengung gelang es mir, mich zur Tür zu schleppen und dagegen zu klopfen. «Hilfe! Hilfe!», rief ich. Aber ich war so schwach, dass meine Stimme und mein Klopfen ungehört verhallten. Von der Anstrengung überfordert, sank ich wieder zu Boden und wurde erneut ohnmächtig. Plötzlich sah ich von weitem meine Mutter, die mich zu sich heranwinkte und sagte: «Yuqian, komm zurück! Es wird dir nichts geschehen. Komm doch bitte zurück! Wir warten alle auf dich.» Ich stand auf, wollte zu ihr hinlaufen und rief: «Mutter! Mutter! Ich komme schon! Ich komme! Ich komme!»

Da sprach jemand auf Arabisch dazwischen: «Aha, er kommt wieder zu sich.»

Jetzt merkte ich, dass ich in einem Bett lag. Mehrere bärtige Männer umstanden mich, darunter einer in weißer Kleidung.

«Wo bin ich?», fragte ich. Plötzlich dämmerte es mir, dass ich ja noch im Gefängnis war.

«Du bist im Hospital.»

«Oh, im Hospital? Dann bin ich also nicht mehr im Gefängnis?»

«Es ist das Gefängnishospital», erklärte mir ein nett aussehender, vornehmer Mann mit grauen Haaren und grauem Bart, der zu meiner Linken stand. Er sprach ein recht gutes Englisch. «Es ist schön, dass du wieder zu dir gekommen bist», fuhr er fort, «du warst länger als einen Tag ohne Bewusstsein. Jetzt ist alles in Ordnung. Wir werden uns um dich kümmern.»

Dankbar blickte ich zu ihm auf. Nun erhielt ich eine Tasse Milch gereicht, und nachdem ich getrunken hatte, fühlte ich mich schon viel wohler und verspürte sogar Hunger. Ich wollte aufstehen, aber der ältere Herr sagte: «Nein, nein, bleib erst einmal liegen.» Er klatschte zweimal in die Hände, ließ mir ein dickes Kissen bringen und half mir dann, mich aufzusetzen. Nun erkannte ich, dass ich mich in einem geräumigen Krankenzimmer mit sechs oder sieben Betten befand. Außerdem gehörte ein Gasherd zum Mobiliar. Mehrere Leute liefen hin und her. Sie begegneten dem älteren Herrn mit deutlichem Respekt.

«Wie fühlst du dich jetzt, mein Junge? Etwas besser? Mein Name ist Mohammed. Ich bin auch als Kranker hier. Hier ist es viel besser als in der Zelle. Wenn man dich fragt, wie es dir geht, darfst du nicht sagen ‹gut›. Sag lieber, dass du dich noch schwach fühlst.»

Er betastete mir die Stirn, fühlte den Puls und sagte: «Du bist wirklich noch ziemlich schwach, aber doch schon auf dem Weg der Besserung. – Hast du Hunger?»

Ich nickte. Erneut klatschte er zweimal in die Hände. «Bring Obst, Brot und Käse her, aber schnell!», rief er einem jungen Mann zu.

Meine erste Krankenmahlzeit bestand aus einer Birne, einer Banane, einem Fladenbrot und einem Stück Käse. Vor allem über das Obst freute ich mich. So etwas hatte ich seit Monaten nicht gegessen. Die Birne war sehr lecker. «Woher habt ihr das Obst?»

«Das Essen hier kommt von draußen. Es wird alles geliefert, was ich haben möchte.»

Nach einiger Zeit erschien ein Gefängniswärter: «Der Oberst möchte mit Ihnen sprechen.»

Ich fühlte mich sofort viel munterer. Vielleicht hatte er eine gute Nachricht für mich?

Ich erhob mich, war aber so schwach, dass mich der Wärter stützen musste. Zum Büro des Obersten war es zum Glück nicht weit. Vermutlich sah ich ziemlich elend aus, denn als ich eintrat, schaute er mich ganz erschrocken an.

«Bitte setzen Sie sich. – Ich habe gehört, dass Sie krank sind. Wie geht es Ihnen jetzt? Sie sind jetzt schon sehr lange bei uns, wie lange eigentlich?»

«Ich weiß nicht. Jedenfalls war es Ende Februar, als ich herkam.»

«Wie lange wollen Sie noch bleiben? Das Uno-Flüchtlingskommissariat wollte Ihnen damals helfen, aber Sie haben es abgelehnt und den Flüchtlingskommissar sogar als Imperialisten beschimpft. Er war sehr beleidigt und möchte Ihnen nicht mehr helfen. Aber das ist die einzige Organisation, die Ihnen überhaupt helfen kann!»

«Ich möchte nach China zurück», sagte ich. «Schicken Sie mich nach China zurück.»

In der Tat war mein Heimweh inzwischen über alle Ängste vor den Strafen, die mich in China erwarteten, hinaus gewachsen. Im Gefängnis sitzen konnte ich auch dort. Kehrte ich freiwillig zurück, würde man dies als Zeichen der Reue werten. Und müsste ich sterben, dann immer noch besser in der Heimat als hier, wo ich umkam vor Sehnsucht und wo die einzigen Freunde Mithäftlinge waren und einen von einem Tag zum anderen wieder verließen.

«Nach China zurück wollen Sie? Was denken Sie, was dort mit Ihnen passiert? Bedenken Sie: Amerika und die Sowjetunion möchten Sie gerne aufnehmen. Seien Sie doch vernünftig und nehmen Sie die Angebote an!»

«Gerade in diese beiden Länder möchte ich aber nicht gehen – das sind gerade die beiden größten Feinde Chinas. Ich muss doch auch an meine Angehörigen denken.»

«Das verstehe ich, aber ... Ich würde Ihnen erlauben, erst einmal im Hospital zu bleiben, wenn Sie dies möchten. Dort lebt auch ein älterer Mann, Imam Mohammed. Er ist Mullah an einer der größten ägyptischen Moscheen. Er wurde inhaftiert, weil er zu den Anführern der Moslembrüder zählt. Er wird sich mit um Sie kümmern und für Ihr Wohlergehen sorgen.»

Ich wurde wieder auf die Krankenstation zurückgeführt. Ich war so erschöpft, dass ich gleich wieder einschlief.

Bei der abendlichen Liturgie, die auch hierher übertragen wurde, wachte ich auf. Sieben Männer knieten am Boden, in der vordersten Reihe Mohammed. Ich dachte: Wie schön es sein muss, Gott in seinem Herzen zu haben! Er wird dir vieles abnehmen, wenn du in Not bist, und du kannst dich mit ihm unterhalten, wenn du einsam bist. Wenn du nicht an Gott glaubst, ist das Leben viel schwerer. Darum hatte Mutter immer gesagt: «Die Armen sind Gott viel treuer ergeben als die Reichen.» In meiner elenden Lage hätte ich jetzt auch am liebsten gebetet.

Nach dem Beten wurde das Abendessen zubereitet. Einer schnitt Fleisch, ein anderer Gemüse, ein Dritter kochte. In der Raummitte wurde zwischen den Betten eine runde Tischdecke auf dem Boden ausgebreitet, und wir setzten uns alle auf kleinen Kissen im Kreis zusammen. Das Essen war köstlich. Es gab drei, vier Teller mit verschiedenem Gemüse und gemischtem Salat, dazu gekochtes Lammfleisch, Kartoffeln, arabischen Käse mit Lauchzwiebeln und Hackfleisch in Blätterteig. Es war wie ein Bankett.

«Esst ihr hier jeden Tag so üppig?», wollte ich wissen.

Der Jüngste im Raum, der mir die Milch gebracht hatte, sagte: «Ja, klar. Das Essen ist sogar noch viel besser als bei mir zu Hause.»

Und ein Mann mittleren Alters mit Segelohren ergänzte: «Das haben wir unserem Mohammed hier zu danken. Die Zutaten werden uns jeden Tag von gläubigen Familien geschickt.»

Ein Dritter sagte: «Mohammed ist eine sehr angesehene Persönlichkeit in Kairo, weißt du?»

«Ja, der Oberst hat sogar gesagt, dass Sie eine wichtige Persönlichkeit nicht nur in Kairo, sondern in ganz Ägypten sind», sagte ich zu Mohammed, der neben mir saß.

Er lächelte nur ein wenig und aß weiter.

Wenige Tage später begegnete ich beim Hofgang Hassan. Er erzählte mir: «Stell dir vor, in ein oder zwei Tagen werde ich auch freigelassen!»

«Wirklich?» Ich freute mich für ihn. «Wohin wirst du gehen? Bleibst du hier, oder kehrst du in den Sudan zurück?»

«Ich würde gern in Kairo bleiben, aber ich muss wieder zurück.»

Plötzlich fiel mir ein: Wenn er frei kam, könnte er doch für mich einen Brief mit hinaus schmuggeln! Ich war inzwischen ziemlich fest entschlossen, nach China zurückzugehen. «Kannst du für mich einen Brief an die chinesische Botschaft mitnehmen?», bat ich.

«Klar», sagte er, «aber er darf nicht zu groß und schwer sein. Bevor sie einen entlassen, werden immer die Sachen gefilzt. Aber danach ist es kein Problem. Entweder gebe ich den Brief in Kairo direkt bei der Botschaft ab, oder ich schicke ihn aus dem Sudan mit der Post.»

Über Mohammed bekam ich sehr schönes, weißes Papier und begann gleich zu schreiben. Einige fragten mich, was ich da schriebe, und ich sagte, es sei ein Brief an meine Familie.

«An die chinesische Botschaft in Kairo

Sehr geehrter Herr Botschafter,

ich bereue sehr, dass ich China ohne Erlaubnis verlassen habe. Ich weiß, dass es ein großer politischer Fehler war, der unverzeihlich ist. Nach über neun Monaten im Gefängnis ist mir klar geworden, wie glücklich ich doch in meiner Heimat war. Wenn man ohne Heimat ist, hat man keine Wurzeln mehr und wird von allen verachtet.

Sehr geehrter Herr Botschafter, ich möchte gern nach China zurückkehren und in meiner zweiten Lebenshälfte noch etwas für mein Vaterland leisten. Vielleicht können Sie mir helfen und mich hier herausholen.

Guan Yuqian

15. Dezember 1968»

Mit dem fertigen Schreiben lief ich aufgeregt zu Hassan zurück. Hassan überlegte, wo er den Brief verstecken könnte. «Ist der Brief sehr wichtig? Was ist, wenn die Wächter ihn finden? Würde dir das schaden?»

«Das wäre bestimmt nicht gut für mich, wenn sie ihn finden.» Ich wollte vermeiden, dass der Inhalt des Briefs beispielsweise den Amerikanern oder den Russen bekannt würde, denn dadurch könnte sich meine Situation noch weiter verkomplizieren. Plötzlich blieb Hassans Blick an seinen Schuhen hängen. Er zog einen Schuh aus, löste die Innensohle ab, faltete das Papier ganz klein und schob ihn unter das Fersenstück. «Den findet bestimmt keiner. – Du hast mir hier im Gefängnis so viel geholfen und bist immer so großzügig zu mir gewesen. Ich verspreche dir, dass ich diesen Brief an den Adressaten bringe. Ich hoffe, dass du auch bald freigelassen wirst.» Er umarmte mich. Wir wussten, dass wir keine Möglichkeiten haben würden, in Kontakt zu bleiben, daher tauschten wir auch keine Adressen aus.

Ich weiß nicht, ob der Direktor ein Wort für mich eingelegt hatte oder ob es sich um eine zufällige Koinzidenz handelte, jedenfalls kam zwei oder drei Tage später ein Gefängnisbeamter zu mir und sagte: «Ich soll Sie abholen.»

«Wohin geht es?», fragte ich.

«Zum Internationalen Roten Kreuz. Bitte ziehen Sie sich um.»

Ich war schon gar nicht mehr gewohnt, zivile Kleidung zu tragen. Seit Darwisch mir die Gefangenenkleidung gebracht hatte, hatte ich immer nur die getragen, weil sie sehr bequem war. Nun aber wieder im Anzug, mit frischem Hemd und Krawatte, fühlte ich mich wie ein neuer Mensch. Erneut fuhren mich drei Leute nach Kairo hinein, ein Beamter, ein Soldat und der Chauffeur. Alle trugen Uniform. In einer ruhigen Straße in einer offensichtlich guten Wohngegend hielten wir vor einem Wohnhaus. Das Zimmer, in das ich geführt wurde, war nicht sehr groß, aber wohnlich eingerichtet. An einem Schreibtisch in der Mitte saß ein großer Europäer in Anzug und Krawatte. Er erhob sich und begrüßte mich auf Englisch: «Willkommen bei uns, Herr Guan.» Er sprach mit Akzent und betont langsam.

«Mein Name ist Bergmann. Ich bin Schweizer», erklärte er, «und arbeite für das Internationale Rote Kreuz. Ich bin ein unpolitischer Mensch. Meine Aufgabe besteht darin, Menschen zu helfen, die in Schwierigkeiten sind. Ich weiß, wie lange Sie schon in Schutzhaft gehalten werden, und ich habe auch gehört, dass Sie keine Geduld mehr haben und nach China zurückkehren möchten. Ich halte das allerdings für einen sehr unklugen Entschluss, denn Sie würden in große Gefahr geraten. Möchten Sie nicht in einen anderen Staat? Ich helfe Ihnen, überall hinzukommen, wohin Sie wollen.»

Der Mann machte spontan einen sehr guten Eindruck auf mich. Er war offen, direkt und machte keine überflüssigen Worte. Es war auch keinerlei böse Absicht zu erkennen. Er hatte ja Recht. Wenn ich nach China zurückging, konnte wer weiß was auf mich warten.

«Wissen Sie, ich möchte deswegen nach China zurück, weil ich es hier nicht mehr länger aushalte und keine Perspektive sehe. Ich weiß auch nicht, wohin ich sonst gehen könnte. Wenn nicht nach China, möchte ich jedenfalls gerne in ein neutrales Land.»

«Zum Beispiel?»

«Zum Beispiel in Ihr Land, die Schweiz, oder nach Schweden oder Österreich. Aber ich könnte auch gern in eines von den Ländern gehen, die freundliche Beziehungen zu China unterhalten wie Kanada, Australien oder Neuseeland.»

«Und wieso möchten Sie nicht nach Amerika?»

«Das Verhältnis zwischen den USA und China ist sehr schlecht. Wenn ich nach Amerika gehe, wird man in Peking sofort denken, ich hätte für die USA spioniert. Das hätte bedrohliche Folgen für meine Angehörigen. Haben Sie von der Kulturrevolution gehört?»

«Ein wenig.»

«Ich wurde in China früher als Rechtsabweichler eingestuft, und jetzt bin ich sogar noch zum Konterrevolutionär gestempelt worden. Wenn ich nun auch noch als Spion gälte, brächte das meine Familie in größte Gefahr.»

«Ich kann Sie gut verstehen. Ab nächster Woche werde ich Sie mit jemandem zu verschiedenen Botschaften schicken, damit Sie Anträge stellen können.»

«Wirklich? Komme ich dann also schon frei?»

«Noch nicht so schnell. Außerdem haben Sie ja keine gültigen Papiere. – Aber lassen Sie uns noch über etwas anderes sprechen: Wie kommt es, dass Sie so fließend Englisch sprechen? Wo haben Sie das gelernt?»

Ich überlegte, worauf diese Frage hinauslaufen mochte. Hoffentlich dachten sie nicht, dass ich für den chinesischen Geheimdienst arbeitete! Aber dass ich auf Amerika verzichtete, war doch schon ein klares Indiz. Dennoch zögerte ich einen Moment und rätselte, wie ich mich weiter verhalten sollte. Die Kulturrevolution und all die politischen Bewegungen der letzten Jahrzehnte hatten uns Chinesen so verdreht, dass wir stets geheime Absichten hinter an sich harmlosen Äußerungen witterten. Aber ich war ja kein Geheimnisträger. So schien es mir das Beste, ihm einfach die Wahrheit zu sagen, und ich gab ihm eine Kurzfassung meiner Vita.

«Eine Sache wüsste ich aber noch gern», sagte Bergmann nachdenklich, «wieso mussten Sie China verlassen? Es ist doch so ein faszinierendes Land, es hat eine alte Kultur und eine lange Geschichte.»

Ich freute mich, wie er von meinem Vaterland sprach. Begeistert erzählte ich ihm von den Schönheiten meiner Heimat, von der chinesischen Kultur, von den Sitten und Gewohnheiten.

«Sie müssen Ihr Vaterland ja wirklich sehr lieben. Bereuen Sie Ihre Flucht nicht?»

«Oh doch, natürlich. In China haben wir ein Sprichwort: ‹Ein einziger Fehltritt, und du bereust dein ganzes Leben.› In diesem Leben kann ich nicht mehr nach China zurück. Ich werde auf immer von meinen Angehörigen getrennt sein.» Jetzt liefen mir die Tränen.

«Das glaube ich nicht», sagte er, und es schien, als wolle er mich nicht nur trösten, sondern meinte es ehrlich. «Die Zeiten ändern sich. Nichts bleibt, wie es war. Irgendwann früher oder später werden Sie nach China zurückkehren können. Es sei denn, Sie hätten in China irgendetwas Kriminelles getan.»

«Was zum Beispiel wäre das: ‹etwas Kriminelles›?»

«Wenn Sie zum Beispiel jemand umgebracht oder eine Bank ausgeraubt hätten. In dem Fall könnte die chinesische Regierung zu Recht Ihre Auslieferung verlangen. Aber bislang hat sie sich nie in dieser Richtung geäußert. Also seien Sie mal zuversichtlich!»

«Können Sie mir ein wenig darüber erzählen, wie die Außenwelt reagiert hat, nachdem ich in Kairo inhaftiert wurde? Ich habe im Gefängnis nur wenig darüber erfahren.»

«Viel ist nicht bekannt geworden. Es war ja eine bilaterale Angelegenheit zwischen China und Ägypten. Die Beziehungen zwischen beiden Ländern waren dadurch eine Zeit lang ziemlich belastet. Aber auch außerhalb von Ägypten haben Zeitungen darüber geschrieben. Daraufhin haben Amerika und die Sowjetunion die ägyptische Regierung ermahnt, das internationale Asylrecht zu beachten und Sie auf keinen Fall auszuliefern. Inzwischen besteht wohl auch China nicht mehr auf einer Auslieferung. Darum darf ich Ihnen jetzt helfen.»

Herr Bergmann wurde mir immer sympathischer. Ich war überzeugt, dass er mir wirklich helfen wollte.

«Gibt es noch irgendetwas, das ich für Sie tun könnte?»

«Ja. Ich halte es im Gefängnis einfach nicht mehr aus. Könnten Sie nicht ein bisschen Einfluss nehmen, damit ich wieder frei komme?»

«Ich kann versuchen, etwas zu erreichen, kann Ihnen aber nichts zusagen. Ab sofort erhalten Sie aber von uns pro Monat siebzehn ägyptische Pfund für Ihren Lebensunterhalt. Damit können Sie Ihre Lebensbedingungen bestimmt schon verbessern.»

Für den ersten Monat bekam ich das Geld gleich mit, so dass ich auf dem Weg zurück zum Gefängnis schon ein paar Sachen kaufen konnte: Lebensmittel, eine Stange Zigaretten und Unterwäsche. Ins Gefängnis zurückgekehrt, hatte ich plötzlich das Gefühl, dass es hier doch gar nicht so schlecht war. An diesem Abend war im Krankenzimmer zum ersten Mal ich der Gastgeber, und wir kochten zusammen eine richtig schöne Mahlzeit.

Unter den Mitpatienten war einer, der ein wenig merkwürdig aussah. Er war recht rundlich und hatte eine Glatze. Beim Essen fragte er mich auf Englisch: «Was hast du heute in der Stadt gemacht? Woher hast du plötzlich Geld, so viele Sachen zu kaufen?»

Ich wollte gerade antworten, als Mohammed mir mit einem Blick bedeutete, besser zu schweigen. Ich zögerte, und dann antwortete Mohammed für mich: «Mustafa, jeder hat seine Geheimnisse. Du solltest nicht nach so etwas fragen, wenn jemand es nicht von selbst erzählen möchte.»

Ich war sehr dankbar, dass er eingeschritten war. Mustafa war der Einzige außer Mohammed, der Englisch sprach. Die anderen verstanden also nicht, was wir sagten. Mustafas ganze Art gefiel mir nicht. Darum fragte ich Mohammed bei anderer Gelegenheit heimlich: «Sag mal, Mohammed, was für ein Mensch ist eigentlich Mustafa? Wieso ist er hier im Gefängnishospital? Er sieht so jung und gesund aus.»

«Ich vermute, dass er ein Spitzel ist. Du solltest bei ihm ein bisschen vorsichtig sein.»

Mohammed war wirklich ein feiner Kerl, zudem verfügte er über ein breites Wissen, denn außer Mullah war er auch Geschichtsprofessor. Immer wenn wir Zeit dazu fanden, unterhielten wir uns über die ägyptische Geschichte, über die verschiedenen Religionen und über China. Er war Feuer und Flamme für die chinesische Revolution, bewunderte Mao Zedongs Entschlusskraft, seine Ausdauer und seine Ideen. «Hätten wir hier jemanden wie ihn, wäre Ägypten gerettet», sagte er einmal.

«Euer Präsident Nasser ist doch aber auch ein Revolutionär. Er hat immerhin den englischen Kolonialismus besiegt.»

«Nasser ist ein Opportunist. Was er für die Revolution getan hat, hing mit der Lage nach dem Zweiten Weltkrieg zusammen. Selbst in England waren ja viele Sozialisten gegen den britischen Kolonialismus. Damals haben die ägyptischen Moslembrüder ebenfalls den britischen Kolonialismus bekämpft. Nasser hat sich erst an die Spitze gesetzt, als sich England sowieso schon aus Ägypten zurückziehen wollte und sie nach jemandem suchten, der nicht gegen England war. Da war er der richtige Mann. Die Engländer hatten große Angst vor den Moslembrüdern, weil sie so nationalistisch waren. Deshalb hat Nasser, nachdem er die Macht übernommen hatte, zuallererst seine Waffen gegen die Moslembrüder gerichtet. Das war ganz ähnlich wie bei euch in China mit Jiang Kaishek.»

«Du kennst dich ja richtig gut in der chinesischen Geschichte aus», sagte ich anerkennend.

Mohammed erzählte mir auch viele Geschichten aus dem Koran. Ich fand sie sehr faszinierend. Gerade jetzt brauchte ich geistige Unterstützung. Vielleicht wäre es gut für mich, auch an den Islam zu glauben, überlegte ich und fragte Mohammed: «Kann ich an euren Gott glauben, ohne zu konvertieren?»

«Nein», entgegnete er. «Wenn du nicht konvertierst, bist du auch kein Moslem. Gott akzeptiert keinen, der nicht Moslem ist. Denn nur ein Moslem ist bereit, für die Sache des Islam und die Ehre Gottes zu kämpfen. Gott duldet keinen anderen neben sich. Er ist der Größte, Gütigste und Barmherzigste. Er erlaubt den Menschen auch Vergeltung, wenn sie verletzt worden sind. Aber Vergebung ist doch die höchste Tugend.»

«Im Buddhismus wird auch von Mitleid, Güte und Barmherzigkeit gesprochen, und gleichzeitig wird Vergebung gefordert. Und wenn dir jemand ein Unrecht angetan hat, sollst du ihm vergeben und verzeihen. Rache und Vergeltung werden dort nicht gutgeheißen. – Welche Vorteile hätte es denn für mich, wenn ich eure Religion übernähme?»

«Dann kommst du später ins Paradies.»

«Und wenn ich kein Moslem bin, dann komme ich nicht ins Paradies?»

«Für Nichtmoslems ist das schwer.»

«Wie viele Moslems gibt es eigentlich auf der Welt?»

«Ich schätze, es sind mehr als fünfhundert Millionen.»

«Und meinst du, dass wirklich alle Moslems ins Paradies gelangen?» Ich hatte leise Zweifel.

«Nein, nur die guten Moslems dürfen dorthin aufsteigen.»

«Wie viel Prozent von ihnen sind gut, was meinst du?»

«Na, das mögen vielleicht dreißig Prozent sein, so ungefähr.»

Ich rechnete: Ging man von fünfhundert Millionen Moslems aus, würden also nur hundertfünfzig Millionen Menschen auf der ganzen Welt ins Paradies gelangen. Die ganz große Mehrheit würde demnach in die Hölle verdammt. China hatte ich um der Freiheit willen verlassen, da wollte ich mich durch eine Religion nicht wieder einschränken lassen. «Als echter Revolutionär darfst du dich nicht von den Massen entfernen», hatte Mao oft gesagt. Ich würde also wenigstens bei den Massen bleiben, wenn ich ihnen in die Hölle folgte.

Nach dem Besuch beim Internationalen Roten Kreuz wurde ich zu verschiedenen Botschaften gebracht – zur schweizerischen, österreichischen, schwedischen, australischen und kanadischen. Überall waren sie sehr freundlich zu mir, gaben mir aber alle zu verstehen, dass sie diplomatische Beziehungen zu China unterhielten und es für sie deshalb sehr schwer wäre, mich aufzunehmen. Entsprechend wartete ich in den folgenden Wochen vergebens auf einen positiven Bescheid. Eines Tages wurde Mohammed aus dem Krankenzimmer gerufen und kam nicht mehr zurück. Als ich die Beamten nach ihm fragte, sagten sie mir, er sei freigelassen worden. Damit verlor ich meinen einzigen Freund im Hospital. Zwei Monate war ich dort gewesen, nun bat ich um Rückverlegung. Dem Antrag wurde sogleich entsprochen.

Neuzugänge

Meine Zelle war inzwischen weiß gestrichen worden, ein schönes Bett mit einer weichen Matratze und einem Kopfkissen stand darin, dazu ein Nachttisch und ein Stuhl. Auch an eine helle Glühbirne war gedacht worden. Darwisch erklärte, dies alles gehe auf Fu'ad zurück. Ich wurde nun immer als Letzter eingeschlossen, und vor meinem letzten Gang zur Toilette putzte ein Gefangener namens Hantis diese noch einmal speziell für mich. Aber die Abende und Nächte allein zu verbringen, wurde mir trotz allem wieder unerträglich. Von den Ausländern waren bis auf den belgischen Taschendieb alle freigelassen worden. Es gab jedoch zwei Neuankömmlinge. Der eine war ein schwarzer Amerikaner namens Ibrahim und der andere ein Syrer, der in Kairo eine Autowerkstatt besaß. Da beide einen netten Eindruck auf mich machten, schlug ich vor, dass sie zu mir in die Zelle zögen. Gern nahmen sie das Angebot an.

Ibrahim hatte sich mit einem Beamten der Ausländerbehörde geprügelt, als der ihm eine Visumverlängerung verweigerte. Das Verhalten passte gar nicht zu ihm, denn er war ein sehr ernster Mensch, gläubiger Moslem, arm und sehr nett. Er trug nur schwarze Kleidung und hielt ständig den Koran in der Hand. Die arabischen Gefangenen lachten immer über ihn. Sie fanden, er könne sich nicht einmal richtig verbeugen und richtig beten. Darüber war er sehr verärgert und klagte: «Guan, ich verstehe diese Araber nicht. Früher bin ich Protestant gewesen. Aber ich habe immer nach meinen Wurzeln gesucht. Dann habe ich herausgefunden, dass ich aus dem Sudan stamme, und habe angefangen, mich mit dem Koran zu beschäftigen. Ich habe meine Religion und sogar meinen Namen gewechselt. Als ich nach Kairo kam, dachte ich, sie würden mich hier willkommen heißen. Stattdessen halten sie mich anscheinend für verrückt. Nicht einmal im Gefängnis akzeptieren sie mich. Die Gebetshaltung ist doch eine Äußerlichkeit! Wichtig ist doch bloß mein Glaube!»

Der Syrer, der auch Mohammed hieß, war ziemlich wohlhabend. Er hatte drei Frauen und beschäftigte über zehn Mitarbeiter. Er war wegen Steuerhinterziehung eingesperrt worden und sollte ausgewiesen werden, weigerte sich aber zu gehen.

«Ich bin doch nicht blöd», sagte er. «Ich habe eine Werkstatt in Kairo, mein Kapital und meine ganze Familie sind hier. Ich gehe doch nicht aus Kairo weg!»

«Aber wenn du hier drin bleibst, ist das ja noch schlimmer!»

«Ach, du weißt ja gar nicht, wie bestechlich die Beamten hier alle sind! Ich bleibe vielleicht ein paar Tage hier, und meine Frauen werden inzwischen draußen alles für mich erledigen.»

Mohammed hatte in Kairo studiert und kannte sich in der arabischen Geschichte sehr gut aus. Er erzählte mir von Arafat und von der Geschichte Israels.

Er hatte gegenüber dem Arabertum eine ziemlich kritische Einstellung: «Israel hat durchschaut, dass jeder arabische Herrscher und jedes arabische Land nur an die eigenen Interessen denkt. Syrien, Ägypten und Jordanien benutzen Palästina nur als ein Instrument, um ihre Interessen durchzusetzen.»

«Aber meinst du denn, dass alle Araber so sind? Du bist doch selber auch Araber.»

«Ich sage dir ganz ehrlich: Ich bin selber auch so. Wir Araber haben einen ganz eigenen Charakter. Immer spielt Geld eine große Rolle. Du kannst sogar deine eigene Frau verkaufen! Das war schon früher so. An den Schwarzen, die als Sklaven nach Amerika verkauft worden sind, haben vor allem die Araber verdient.»

Als Ibrahim das hörte, sagte er erstaunt: «Oh, das höre ich zum ersten Mal. Das bedeutet also, dass meine Vorfahren durch deine Vorfahren verkauft worden sind!»

Die Beziehung unter uns dreien war zwar nicht so tief wie zuvor die mit Josef und Hassan, aber unser Zusammenleben verlief doch harmonisch. Ibrahim und ich bekamen Unterstützung vom Roten Kreuz, und Mohammed erhielt Unterstützung von seiner Familie. Alle zwei Tage lieferte ein Auto Essen für ihn an, das ihm seine drei Frauen im Wechsel zubereiteten.

Gegenüber von unseren Ausländerzellen lagen die Zellen für ägyptische Inhaftierte mit kurzen Zeitstrafen. Eines Nachmittags erschienen dort plötzlich Soldaten, durchsuchten die Zellen und brachten die Gefangenen fort. Zu uns kamen sie nicht.

Wir wussten nicht, was die Aktion zu bedeuten hatte, bis wir am Abend, als wir bereits wieder eingeschlossen waren, Lärm vor unseren Türen hörten. Ich spähte durch das Guckloch und konnte eine größere Anzahl von Männern erkennen, die vor den Zellen gegenüber in einer Reihe standen. So viele neue Gefangene auf einen Schlag! Das war sehr ungewöhnlich. Außerdem waren diese Männer alle in Zivil, während die Sträflinge immer schon in Gefängniskleidung gesteckt wurden, ehe sie ihre Zelle betreten konnten.

Ich winkte Mohammed heran: «Sieh doch mal! Was könnten das für Leute sein?»

Mohammed war gerade schlechter Laune. Seine drei Frauen hatten furchtbar miteinander gezankt, am Ende hatten die beiden älteren die jüngste und hübscheste verprügelt. Auch mit Mohammeds angeblich rasch zu erreichender Freilassung gestaltete es sich offenbar schwieriger als erwartet. Deshalb blieb er zunächst missmutig sitzen, ließ sich schließlich aber doch bewegen, einmal durch das Loch zu spähen.

«Oh, das sind ja alles Juden! Woher die wohl alle kommen?», rief er überrascht.

Am nächsten Tag waren wir beim Hofgang viel mehr als sonst. Ich unterhielt mich gerade mit Ibrahim und Mohammed, als einer der Neuen auf Mohammed zukam: «Hallo, Nachbar! Wieso bist du denn auch hier?»

Mohammed wirkte peinlich berührt. «Ich habe etwas Schwierigkeiten mit der Verlängerung meines Reisepasses gehabt», log er. «Du weißt ja, ich bin Syrer. – Aber erzähl doch mal, wieso plötzlich so viele von euch hier sind? – Ach, Moment, ich muss erst einmal vorstellen: Das ist Mister Guan aus China, und das ist Mister Ibrahim aus Amerika.»

«Oh, etwa der berühmte Mister Guan, der aus China geflüchtet ist? Sie sind immer noch hier? Ich hatte gedacht, Sie wären schon längst fort! Wieso lässt man Sie denn hier unter so schlechten Bedingungen leben? Mein Name ist Benjahu.» Er zeigte auf Mohammed. «Wir sind Nachbarn und gute Freunde, haben nie Probleme miteinander gehabt, nicht wahr, Mohammed? Und jetzt haben sie uns Juden in Kairo alle festgenommen und unser Eigentum konfisziert.» Er sprach wie ein Wasserfall. Sein Englisch war gut, aber mit einem starken Akzent.

«Wieso hat man Sie denn festgenommen?», fragte ich. «Sind denn alle Kairoer Juden hier?»

«Nein, nur solche, die Kinder in Amerika haben oder die Ausreiseanträge gestellt haben. Für alle wäre hier gar nicht genügend Platz. Durch die Zionisten sind wir hier über Nacht zu Feinden geworden. Es ist unbegreiflich. Wenn die Juden aus Europa nach Palästina gehen wollen, lass sie doch. Aber wieso müssen sie andere aus ihrem Land vertreiben? Ich verstehe auch die ägyptische Regierung nicht. Wir leben hier seit Generationen. Wir haben nichts mit den Zionisten zu tun. Wieso also sperren sie uns ein?» Er redete immer schneller und schneller, dabei trat ihm aus den Mundwinkeln Speichel hervor.

Als wir später in unsere Zelle zurückkamen, fragte ich Mohammed: «Kennst du ihn gut? Was ist er von Beruf?»

«Er handelt mit Juwelen und ist sehr reich. Aber er zeigt seinen Reichtum nie, sondern tut immer so, als besäße er nichts. Dabei ist er ein Mann mit viel Lebenserfahrung. Ich schätze sein Urteil sehr.»

Hier im Gefängnis war von Spannungen zwischen Arabern und Juden nichts zu spüren. Ich erlebte nie irgendwelche Zwischenfälle.

Mohammed kam dann doch als Erster von uns dreien frei, und da man ja nicht zu zweit in einer Zelle wohnen durfte, lebte ich also wieder allein. Ibrahim blieb im Gefängnis und wurde immer stiller und trauriger. Mehrmals brachte die Ausländerpolizei ihn zur amerikanischen Botschaft, aber anscheinend ohne Ergebnis. Da er nichts von sich aus erzählte, mochte ich ihn nicht näher dazu befragen.

Inzwischen dauerte meine Schutzhaft schon ein ganzes Jahr, und ich war mit meiner Geduld am Ende. Der Aufenthalt wurde mir immer widerwärtiger – und gefährlicher.

Einmal wurde ich von einem Gefangenen in eine Zelle eingeladen. Ich wusste gar nicht, wer er war und warum er mich zu sich bat. Als ich die Zelle betrat, saßen darin schon sieben oder acht weitere Gefangene. Hinter mir schlossen sie die Tür, und einer kramte irgendwelches Zeug hervor. «Was ist denn das?», fragte ich.

Alle lachten, als hätte ich einen Witz gemacht. Derjenige, der mich eingeladen hatte, erklärte: «Opium und Haschisch.» Er nahm ein Papier, legte Tabak darauf und drehte eine Zigarette daraus. Dann machte er eine hohle Faust, steckte die Zigarette hinter den kleinen Finger, zündete sie an und hielt dabei den Mund vorn an die Faust, so dass sie wie eine Pfeife wirkte. Nachdem er zweimal gezogen hatte, reichte er sie an mich weiter. Er zeigte mir, wie ich die Faust halten sollte, und sagte: «Ziehen!»

Ich zog. Es erschien mir wie eine normale Zigarette. Ich zog gleich noch ein zweites und drittes Mal. Plötzlich wurde mir schwindelig, und ich schien wie auf einer Wolke hin und her zu schweben. Mein ganzes Empfinden wurde angenehm weich, als würde ich träumen. Ich fragte den Mann, der mich eingeladen hatte: «Ist da Opium drin?»

«Nein, das ist Haschisch.»

Jetzt begriff ich, warum dieses Zeug hier so beliebt war. Ich wollte damit allerdings nichts zu tun haben und gab ihm sofort die Zigarette zurück.

«Shin, wir haben gehört, dass du ein reicher Mann bist. Wir würden dir gerne Haschisch oder Opium besorgen. Die Chinesen rauchen doch gern Opium, nicht wahr?»

«Das ist lange her», wehrte ich ab. «Ich sehe Opium hier zum ersten Mal.»

«Aber du wirst doch bestimmt etwas von uns kaufen, oder?»

«Nein, damit habe ich eigentlich gar nichts im Sinn.»

Mit einem Mal war es mit seiner Freundlichkeit aus. Sein Gesicht nahm einen drohenden, hasserfüllten Ausdruck an, als wollte er mich gleich verprügeln. Ich stürzte hinaus.

Der einzige Freund, der mir noch geblieben war, war Darwisch. Doch mit ihm stieß ich immer rasch an die Grenzen unserer Sprachkompetenz – er im Englischen, ich im Arabischen. Dennoch rief ich ihn gleich zu mir in die Zelle und erzählte in einfachen Worten, wie dieser Kerl mich eingeladen hatte und dass er mir nun Raschgift aufnötigen wollte. Darwisch schlug sich vor Schreck mit der Hand vor den Mund. «Du musst sofort zu Fu'ad gehen!», ermahnte er mich. «Dieser Kerl ist sehr gefährlich.»

Ich hatte seit meinem ersten Besuch keine Verbindung mehr mit Fu'ad gehabt. Jetzt auf einmal mit einem ernsten Anliegen bei ihm aufzutauchen, wäre mir peinlich gewesen, auch wollte ich mich nicht von seinem Wohlwollen abhängig machen. Da fiel mir Benjahu, der Jude, ein. Mohammed hatte doch viel auf dessen Urteil gegeben. Ich bat Darwisch, mich zu begleiten. Wir trafen Benjahu in seiner Zelle an. Ich erzählte ihm alles, und er war genauso entsetzt wie Darwisch.

«Von diesem Mann habe ich schon viel gehört. Er ist ein bekannter Mörder, über den viel in der Zeitung stand. Er hat mehrere Leute umgelegt und ist jetzt zur Todesstrafe auf Bewährung verurteilt worden. Wenn du ihn verärgerst, könnte das gefährlich werden.»

Darwisch nickte. Ich begriff: Aus dem Gefängnis freizukommen, wurde dringender denn je. Ich fragte Benjahu: «Du hast doch viel Erfahrung und kennst die Araber sehr gut. Wieso lassen sie mich eigentlich hier sitzen, ohne dass etwas passiert, und vergessen mich?»

«Du musst ein bisschen Druck machen. Du musst Krach schlagen, Briefe schreiben und die Regierung auf dich aufmerksam machen.»

Plötzlich ertönte aus dem Lichthof ein lautes, schlagartiges Geräusch. Ich schaute aus der Zelle. Da lag ein paar Meter weiter ein Mann auf dem Boden. Gleich darauf stürmten mehrere Wärter die Treppen hinauf, zerrten zwei Insassen in den Hof herab und warfen sie zu Boden. Dann kam ein Aufsichtsbeamter mit einem Rohrstock. Zwei Wärter hielten die Füße der Gefangenen nach oben, und der Beamte hieb ihnen in peitschenden Schlägen mit dem Rohrstock auf die Fußsohlen. Die beiden schrien vor Schmerzen, dass es über den ganzen Hof schallte.

Unterdessen war der Mann, der auf dem Boden lag, abtransportiert worden. Er war vom vierten Stock heruntergestürzt. Ob er Selbstmord gemacht hatte oder gestoßen worden war, wusste ich nicht, und wir erfuhren es auch später nicht.

Freiheit in Sicht

An dem Abend konnte ich mich gar nicht wieder beruhigen. Ich wusste, wenn ich noch länger in diesem Gefängnis bliebe, würde ich wahnsinnig werden. Benjahu hatte gesagt, ich müsse Druck machen. Er hatte wohl

Recht, aber was sollte ich tun? Randalieren? Protestbriefe schreiben? Einen Selbstmordversuch machen? Plötzlich hatte ich eine Idee: Hungerstreik! Geriete dadurch meine Gesundheit in Gefahr oder würde ich gar sterben, hätte die ägyptische Regierung um ihren guten Ruf zu fürchten. Sofort schrieb ich einen Brief an den Direktor mit der Bitte um Weiterleitung an die Ausländerpolizei von Kairo:

«Sehr geehrte Herren,

ich bin nun seit über einem Jahr in Ihrem Gefängnis. Die Haftbedingungen sind auf Dauer unerträglich. Auch habe ich, wie Sie wissen, keinerlei Verbrechen begangen. Ich bitte Sie, mich sofort freizulassen. Da sich kein anderes Land findet, möchte ich nach China zurückkehren. Ich werde eine Woche auf Ihre Antwort warten. Wenn ich bis dahin nichts von Ihnen höre, werde ich in einen unbefristeten Hungerstreik treten.»

Die Woche war rasch vergangen, und nichts hatte sich getan. Am Sonntagnachmittag hatte sich die Neuigkeit, dass der «Shin» in Hungerstreik treten wolle, bereits im ganzen Gefängnis verbreitet. Am Montagmorgen blieb ich im Bett liegen und verweigerte das Frühstück. Gegen zehn Uhr kam Mustafa, der junge Aufsichtsbeamte, zu mir und sagte: «Mister Guan, bitte ziehen Sie sich heute etwas feiner an. Sie werden in die Stadt gebracht.»

Also hatte mein Brief mit der Ankündigung des Hungerstreiks doch etwas bewirkt! Benjahu hatte Recht behalten. Als ich aus der Zelle trat, war er der Erste, den ich erblickte. Ich nickte ihm lächelnd zu. Er hob die Faust mit erhobenem Daumen vor seine Brust und zwinkerte mir aufmunternd zu, als wollte er sagen: Du schaffst das schon!

Es war die gleiche Routine wie sonst auch: Ein Polizist, ein Beamter und ein Chauffeur brachten mich gemeinsam in die Stadt. Die Spannung, was mich wohl in Kairo erwarten würde, war fast unerträglich. Dass ich Ägypten sogleich verlassen dürfte, war wenig wahrscheinlich. Aber vielleicht brachten sie mich woanders unter?

Wieder empfing mich Herr Bergmann vom Internationalen Roten Kreuz.

«Mister Guan», begann er. «Wir versuchen Ihnen zu helfen, aber alle Länder, bei denen Sie bisher Anträge gestellt haben, lassen sich Zeit mit ihrer Antwort. Sie sind jetzt schon bei so vielen Botschaften gewesen. Wenn niemand Sie haben will, können wir leider auch nichts tun. Aber ich würde es für unklug halten, wenn Sie in einen Hungerstreik treten.»

«Aber ich halte es dort nicht länger aus. Ich drehe dort noch durch!»

«Die Amerikaner hätten Sie gerne aufgenommen, aber das haben Sie ja abgelehnt. Doch es gibt noch eine andere Möglichkeit. Sie können nach Deutschland gehen.»

«Nach Deutschland?» Welche Enttäuschung! «Nach West- oder Ostdeutschland?»

«Natürlich nach Westdeutschland!»

«Ich habe in russischer Literatur viel über die Nazis und die Gestapo gelesen –»

Er unterbrach mich lachend: «Das ist ja längst vorbei. Deutschland ist jetzt ein friedliches und wohlhabendes Land. Viele Leute wünschen sich, dort hinzugehen und dort zu arbeiten. Der zuständige Attaché ist ein Freund von mir. Er wäre bereit, für Sie eine befristete Aufenthaltsgenehmigung auszustellen. Wenn Sie einverstanden sind, werde ich ihn darum bitten.»

Ich saß still da. Diese Lösung war mir wenig angenehm. Deutschland war doch über Russland hergefallen, und die chinesische Presse hatte vor Westdeutschland stets gewarnt. Andererseits war bei uns zu Hause in Shanghai etliches «made in Germany» gewesen: das Klavier, Mutters Nähmaschine, Vaters Schreibmaschine, das Herkules-Fahrrad meiner Kusine, sogar die Bleistifte, mit denen wir schrieben, und die Nivea, mit der wir uns das Gesicht einkremten. Außerdem hatte mein Vater während seines Studiums in Frankreich auch Köln und Berlin besucht und von dort einige Postkarten mitgebracht, die mir sehr gefallen hatten. Im Übrigen blieb mir anscheinend auch gar keine andere Wahl. Deutschland oder Gefängnis? Dann doch lieber Deutschland. Also sagte ich schließlich: «Na gut, wenn es denn sein soll …»

Herr Bergmann wirkte erleichtert. «Haben Sie außer dem Anzug, den Sie tragen, noch etwas anderes anzuziehen?» Er musterte mich mit einem etwas unzufriedenen Blick.

Ich schwieg. Aber das war auch eine Antwort, und er verstand. Er drückte auf einen Knopf und klingelte. Ein Araber trat ein. «Dieser Gentleman möchte gern einen Anzug kaufen. Bitte begleiten Sie ihn, wir übernehmen die Kosten.»

Plötzlich lachte mein Herz. Es würde wahr! Wenn Sie mir jetzt einen neuen Anzug spendierten, so war doch klar, dass ich nun tatsächlich freikommen würde! Dreizehn Monate Qual würden endlich ein Ende finden.

Gemeinsam mit dem Mitarbeiter des Roten Kreuzes und dem Gefängnisbeamten fuhr ich zu einem Herrenausstatter. Der Mitarbeiter wählte für mich einen grauen Anzug minderer Qualität aus, der mir nicht sonderlich zusagte. Aber meine Vorfreude auf die nahe Freilassung war so groß, dass mir die Kleidung völlig unwichtig erschien. Froh hielt ich die Tüte mit dem Anzug in der Hand, während der Mitarbeiter an der Kasse um den Preis feilschte. Nachdem wir dann das Geschäft verlassen hatten, begannen der

Gefängnisbeamte und der Mitarbeiter vom Roten Kreuz miteinander zu streiten. Offenbar verlangte der Beamte Geld von dem Mitarbeiter, aber der lehnte ab. Der Zusammenhang blieb mir rätselhaft.

Der Mitarbeiter geleitete mich wieder zu Herrn Bergmann und verschwand.

«Sind Sie zufrieden mit Ihrem Anzug?», wollte dieser wissen.

«Ja, er ist in Ordnung», antwortete ich.

«Sie fahren jetzt zurück, und in ein paar Tagen werden Sie den deutschen Attaché treffen», erklärte er. «Sie erhalten von uns auch noch Geld für zwei Monate. Vielleicht können Sie damit etwas für sich kaufen.» Er wandte sich an den Beamten und bat: «Könnten Sie ihm behilflich sein, wenn er sich etwas kaufen möchte?»

Als der Beamte sah, wie viel Geld ich erhielt, willigte er sogleich ein und setzte dann hinzu: «Übrigens, Ihr Mitarbeiter hat vorhin beim Anzugkauf Geld einbehalten.»

«Wie bitte? Mein Mitarbeiter?» Herr Bergmann war überrascht.

«Ja. Er hat einen teuren Anzug bezahlt, aber nur einen Anzug schlechter Qualität ausgesucht. Die Differenz hat er sich in die Tasche gesteckt.»

Bergmann klingelte. Jetzt begriff ich: Offenbar hatte der Beamte erwartet, er würde an dem Geschäft beteiligt, der andere aber hatte es abgelehnt. Nun also rächte sich der Zu-kurz-Gekommene.

Sogleich begann ein kleines Verhör: «Wie viel Geld haben Sie vorhin für diesen Anzug bezahlt? – Zeigen Sie mal Ihren Anzug, Herr Guan.»

Ich reichte ihm die Tüte, und er packte ihn aus. «Ist dieser Anzug wirklich so teuer gewesen?»

Der Mitarbeiter schwieg. Dann wandte sich Bergmann an mich und sagte: «Herr Guan, Sie waren doch dabei. Wie war das?»

«Ich weiß es nicht. Ich habe weder den Preis gesehen noch gesehen, wie viel bezahlt wurde.»

Jetzt wandte sich Bergmann wieder an den Mitarbeiter: «Sie sind entlassen!»

Korruption herrschte anscheinend nicht nur im Gefängnis, sondern überall in ganz Ägypten. Der Beamte war ja auch korrupt, denn wenn er seinen Anteil erhalten hätte, hätte er geschwiegen. Mit dem musste ich also auch sehr vorsichtig umgehen.

«Herr Bergmann, kann ich also wirklich erwarten, demnächst freigelassen zu werden?», fragte ich zum Abschied.

«Ich glaube schon», bestätigte er. «Ich schätze, Sie werden schon innerhalb der nächsten Woche Kairo verlassen können.»

Bergmann erhob sich und reichte mir die Hand. «Ich wünsche Ihnen viel Glück!»

Als wir hinaustraten, fielen mir gleich viele Dinge ein, die ich kaufen könnte: zwei neue Hemden für mich, ein wenig Unterwäsche, dann noch Zigaretten und Lebensmittel, um ein schönes Fest für Darwisch und ein paar andere auszurichten. Nach dem Erlebnis eben war allerdings klar, dass zunächst einmal meine drei Begleiter ein Trinkgeld erhalten mussten. Ich hatte vierunddreißig Pfund in der Tasche. Nach kurzem Überlegen holte ich zwei Pfund heraus. Das eine gab ich dem Beamten und das andere den beiden anderen zusammen. Alle waren zufrieden. Ein Pfund – dafür konnten sie ungefähr zehn Schachteln ägyptische Zigaretten kaufen, vielleicht sogar noch mehr. Oder sie bekamen dafür hundert Fladenbrote.

Der Beamte sagte: «Mister Guan, wir haben genügend Zeit heute. Wohin möchten Sie?»

Mir fiel ein, dass ich doch Mohammed, den Syrer, in seiner Autowerkstatt besuchen könnte. Er hatte mir seine Adresse hinterlassen. Ich hatte den Zettel in meine Anzugtasche gesteckt und fand ihn sofort. Der Beamte hatte gegen meinen Vorschlag keine Einwände.

Mohammed sprang von seinem Sessel auf, als wir in sein Büro traten. Er konnte es kaum fassen, dass ich plötzlich vor ihm stand. Nachdem er mich umarmt und sich kurz mit den anderen verständigt hatte, klatschte er zweimal in die Hände, und ein Diener eilte herbei. Den kannte ich doch! Es war Hantis, der junge Mann, der für das Bad zuständig gewesen war, abends die Toilette noch mal für mich geputzt und mir heißes Wasser zum Baden besorgt hatte. «Als ich im Gefängnis war», erklärte Mohammed, «hat er mich immer freundlich bedient. Darum habe ich ihm versprochen, dass er bei mir arbeiten kann, wenn er wieder frei ist.» Mohammed war wirklich ein feiner Kerl.

Er zog fünf Pfund hervor und reichte sie meinen drei Begleitern. «Vielleicht möchten Sie ein bisschen essen gehen? Sie brauchen ja keine Angst zu haben, dass ich Herrn Guan entführe.»

Die drei strahlten und stimmten sofort freudig zu. «Wann sollen wir zurück sein?»

Mohammed schaute auf seine Uhr und schlug vor: «In zwei Stunden?»

Nachdem die drei verschwunden waren, erzählte ich, was unterdessen alles im Gefängnis geschehen war. Als ich ihm sagte, ich würde vielleicht in einer Woche nach Deutschland fliegen können, rief er: «Was? Nach Deutschland? Da hast du aber Glück! Deutschland ist zurzeit das reichste und fortschrittlichste Land überhaupt. Ein paar Freunde von mir waren mal dort und haben das Land sehr gelobt.»

Ich berichtete ihm auch von meinen Sorgen, was Gestapo und Nazis betraf, aber er machte nur eine wegwerfende Handbewegung und meinte: «Das ist doch alles vorbei. Ich würde auch gern nach Deutschland gehen, wenn das möglich wäre. – Möchtest du vielleicht noch etwas kaufen bei dieser Gelegenheit? Sag mir einfach, was du möchtest. Ich bezahle alles für dich.»

«Nein, nein, ich habe selber genug Geld.» Ich griff in meine Tasche und zeigte ihm die Scheine.

Er staunte: «Davon kann ja eine ganze Familie zwei Monate leben.»

Ich erzählte ihm von Herrn Bergmann und fügte hinzu: «Für mich brauche ich eigentlich gar nicht viel, höchstens zwei neue Hemden und etwas mehr Unterwäsche. Aber ich möchte mehrere Schachteln Zigaretten besorgen und Lebensmittel, damit ich ein schönes Essen für Darwisch und ein paar andere kochen kann.»

«Das können wir zusammen erledigen», meinte Mohammed. «Lass uns erst einmal hier bei mir etwas essen.» Er klatschte wieder zweimal in die Hände, Hantis erschien, und Mohammed erklärte ihm, was er alles besorgen sollte.

In dieser Nacht träumte ich, dass ich in den Himmel gelangte. Unzählige schöne Blumen blühten dort, und auf einmal verwandelten sie sich in hübsche Frauen, die mich umtanzten. Noch beim Aufwachen war ich von einem Gefühl tiefen Glücks erfüllt.

«Shin kommt frei!» «Shin kommt frei!» Die Neuigkeit verbreitete sich in unserem Zellentrakt im Handumdrehen. Sogar Fu'ad, der doch sonst äußerst selten seine Zelle verließ, kam, mir zu gratulieren. Ich hatte ihm gegenüber ein ziemlich schlechtes Gewissen, da ich trotz seiner Hilfe keinen weiteren Kontakt zu ihm gepflegt hatte. Ich bat ihn in meine Zelle: «Bitte verzeihen Sie, dass ich Sie nicht mehr besucht habe. Sie dürfen sich aber darauf verlassen, dass ich mein Versprechen halten werde.» Und um ihm zu zeigen, dass ich seine Bitten nicht vergessen hatte, fuhr ich fort: «Erstens werde ich einen Brief an Ihre Verwandten in Kanada schreiben, und zweitens werde ich einen Bericht über die hiesigen Haftbedingungen veröffentlichen.»

Er schien gerührt, und seine Stimme zitterte, als er antwortete: «Es war schon richtig, dass Sie Abstand zu mir gehalten haben, denn ich bin ein sehr emotionaler Mensch. Wenn wir näheren Kontakt gehabt hätten, wäre ich jetzt vermutlich neidisch, weil Sie freikommen und ich nicht. Ich habe Ihnen ja nicht nur Ihretwegen geholfen, sondern weil ich dadurch auch mit mir selbst zufriedener sein konnte. Deutschland ist ein faszinierendes Land.

Sie haben wirklich Glück, dorthin ausreisen zu können. Hoffentlich können Sie später wirklich etwas über die Zustände hier schreiben.»

Wir verabschiedeten uns. Kurz darauf tauchte plötzlich der verurteilte Mörder bei mir auf, der mir Rauschgift hatte aufnötigen wollen. Mir wurden die Knie weich. Er lächelte mich an und sagte freundlich: «Schade, dass du nichts von mir gekauft hast. Na ja, egal. Ich habe gehört, du wirst bald freigelassen. Du bist wirklich zu beneiden. Ich wünsche dir alles Gute. Aber eines möchte ich dir noch sagen: Ich bin kein so schlechter Mensch, wie alle behaupten. Ich habe eine gute Ausbildung. Das kannst du ja auch an meinem Englisch merken. Ich hasse diese Gesellschaft! Sie macht gute Menschen zu schlechten.» Er schüttelte mir herzlich die Hand. «Alles Gute für dich!», sagte er noch einmal und wollte gehen.

«Moment, warte mal!», rief ich, holte zwei Schachteln Zigaretten hervor und reichte sie ihm. «Die schenke ich dir.»

Er war sichtlich bewegt. Wahrscheinlich hatte er es nur höchst selten erlebt, dass andere ihm etwas nur aus Freundlichkeit gaben. «Du bist mein Freund», sagte er lächelnd und ging.

Brücke ins «zweite Leben»

Schon zwei Tage nach dem letzten Treffen mit Herrn Bergmann wurde ich wieder in die Stadt gebracht. Wir fuhren diesmal direkt in das Büro des deutschen Attachés, von dem Bergmann gesprochen hatte. Er mochte Ende dreißig, Anfang vierzig sein, sah sehr gut aus und war ausgesprochen nett. Offenbar war er bereits eingehend über mich informiert, zumindest stellte er kaum noch Fragen.

«Mister Guan, Sie sind willkommen in Deutschland, allerdings nur für einen vorübergehenden Aufenthalt. Sind Sie damit einverstanden?»

Inzwischen hatte ich mich schon weitgehend von meinen früheren Vorurteilen gegenüber Deutschland gelöst. «Ja, ich möchte gern nach Deutschland gehen. Sie wissen ja, wo ich zurzeit lebe. Ich muss unbedingt heraus aus dieser Hölle.»

Ich war offen und direkt zu ihm. Wir sprachen nicht sehr viel, aber ich spürte, dass er mich genauso sympathisch fand wie ich ihn.

«Mister Guan», sagte er schließlich, «ich brauche einige Fotos von Ihnen. An der nächsten Straßenecke gibt es einen Automaten, an dem Sie Passbilder machen können.»

Die Qualität der Fotos war miserabel, ich wirkte darauf wie ein Verbrecher. Als ich damit zurückkam, sagte der Diplomat: «Damit ist alles erledigt. Sie bekommen von uns einen Reisepass, mit dem Sie nach Deutschland einreisen können. Sie werden bald von uns hören. Ich freue mich, Sie kennen gelernt zu haben.»

Damit verabschiedete er sich, und ich wurde gleich weiter zu Herrn Bergmann gefahren. Der erwartete mich bereits. Als ich eintrat, erhob er sich und schüttelte mir die Hand: «Herzlichen Glückwunsch, Herr Guan, in zwei Tagen werden Sie schon nach Frankfurt fliegen können.»

Wenn er schon den Termin wusste, war es also gewissermaßen amtlich! Mein Herz pochte wie wild. Ich versuchte, mich zu beruhigen, aber mir stiegen Tränen in die Augen. Endlich würde ich Kairo verlassen können. Und ich kam sogar nach Europa!

«Fliege ich allein?», fragte ich.

«Ja, natürlich. Wir können ja nicht noch Begleitung mitschicken. Das wird zu teuer. Aber Sie werden in Frankfurt von einem Herrn Hoffmann abgeholt. Er wird für Sie alles arrangieren. Ihren Reisepass und Ihr Flugticket werde ich für Sie vorbereiten. Solange müssen Sie leider noch einmal ins Gefängnis zurück. Haben Sie noch einen Wunsch?» Mit diesen Worten erhob er sich, um mich zur Tür zu begleiten.

«Ja, Herr Bergmann», fiel mir ein, «ich bin jetzt ziemlich genau dreizehn Monate in Kairo gewesen, hatte aber nie Gelegenheit, die berühmten Pyramiden zu sehen. Wer weiß, ob ich später noch einmal hierher zurückkommen werde. Könnten Sie vielleicht für mich noch einen Besuch bei den Pyramiden arrangieren?»

«Ich will es versuchen. – Übrigens, wenn die anderen Sie fragen, wohin Sie gehen, dann sagen Sie ‹nach Europa›, aber erwähnen Sie nicht konkret Frankfurt. Das ist nur zu Ihrer eigenen Sicherheit.»

«Selbstverständlich. Ich werde es nicht weitererzählen.»

Nun war fast alles geklärt. Ich befolgte den Ratschlag von Herrn Bergmann und gab kaum Auskunft, wann und wohin ich reisen würde. Die meiste Zeit blieb ich in meiner Zelle. Ich musste mich auch geistig auf Deutschland vorbereiten. Was würde ich in Zukunft in diesem fremden Land tun können? Was waren meine Stärken? Ich liebte die Literatur, aber davon konnte ich nicht leben. Ich liebte die Musik, aber ich war nur Amateur. Meine einzige Stärke waren Fremdsprachen, aber ich konnte kein Deutsch. Als Erstes würde ich also die deutsche Sprache lernen müssen. Und wenn es eine Möglichkeit gab, würde ich gern noch einmal studieren. Viele Ideen gingen mir durch den Kopf.

Endlich kam der Tag, an dem ich abgeholt wurde. Ich überließ alle meine

Habseligkeiten Darwisch, Ibrahim und einigen anderen, vor allem mehrere Stangen Zigaretten – im Gefängnis ein ganzes Vermögen. Viele begleiteten mich bis zum Gittertor. Darwisch weinte haltlos. Plötzlich wurde mir bewusst, dass ich, obwohl ich so lange in dieser Hölle verbracht hatte, doch auch ein wenig Zuneigung für diesen Ort empfand. Die Zeit im Gefängnis war immerhin ein wesentlicher Teil meines Lebens geworden und würde mit Sicherheit Spuren hinterlassen. Sie war wie eine Brücke zwischen meinem «ersten Leben» und meinem «zweiten Leben», das noch vor mir lag.

Ein Polizeimajor holte mich ab. Das war ungewöhnlich. Normalerweise waren es rangniedrige Beamte gewesen, die mich in die Stadt begleitet hatten. Am Ausgang bekam ich von einem Gefängniswärter meinen Koffer ausgehändigt. Er bat mich, den Inhalt zu überprüfen. Damit hatte ich überhaupt nicht mehr gerechnet. Jedes Stück rief Erinnerungen an die Heimat wach. Mit Herzklopfen sah ich meine Geige wieder, dieses kostbarste Geschenk meiner Mutter.

Der Major war sehr kühl, aber nicht unfreundlich. Ohne viele Worte zu verlieren, fuhr er mich zu den Pyramiden. Ich ritt sogar kurz auf einem Kamel und ließ ein Foto davon machen. Ich hatte auch noch genügend Geld übrig, um den Major anschließend in einem Hotel zum Essen einzuladen. Leider konnte ich den Ausflug trotz allem nicht recht genießen, denn ich war mit meinen Gedanken gar nicht bei der Sache.

Als wir den Flughafen erreichten, händigte mir der Major den deutschen Fremdenpass und das Flugticket aus. Um kein Aufsehen zu erregen, bat er jemanden vom Flughafen, mir zu helfen, und hielt sich beim Einchecken ein gutes Stück abseits. Mir war, als ob ich träumte. Jetzt war ich wirklich frei und durfte ganz allein ins Flugzeug steigen! Ich hatte die ganze Zeit über noch meine Zweifel gehabt, ob sie mich tatsächlich allein gehen lassen würden. Nach dreizehn Monaten unter ständiger Aufsicht schaute ich mich unbewusst immer wieder um, ob mir nicht doch jemand folgte. Wie viele Formen der Unterdrückung ich in den letzten zehn Jahren erlebt hatte! Nachdem ich nun auch noch in einem fremden Land in Haft gewesen war, fand ich, dass mir jedes Gefühl für normales Leben und normales Verhalten verloren gegangen war. Selbst im Flugzeug war mir immer noch, als würde ich von jemandem beobachtet. Müsste der ägyptische Geheimdienst mich nicht verfolgen? Oder die CIA? Oder der russische KGB? Oder sogar der chinesische Geheimdienst? Selbst bei den Stewardessen überlegte ich, wenn sie sich nett um mich kümmerten, ob sie wohl in besonderem Auftrag handelten.

Aufbruch ins zweite Leben

(1969–1977)

Historischer Rahmen

21.10.1969	Konstituierung der sozialliberalen Koalition unter Bundeskanzler Willy Brandt
14.4.1971	In Peking empfängt Ministerpräsident Zhou Enlai eine US-Tischtennisdelegation («Pingpong-Diplomatie»)
15.7.1971	US-Präsident Nixon gibt bekannt, dass er eine Einladung zum Staatsbesuch in Peking angenommen habe
12.9.1971	Lin Biao scheitert mit einem Putschversuch und kommt bei einem Flugzeugabsturz in der Mongolei ums Leben
25.10.1971	China wird Uno-Mitglied
21.-28.2.1972	US-Präsident Nixon besucht China
13.3.1972	China und die USA nehmen Botschaftergespräche in Paris auf
11.10.1972	Die VR China und die Bundesrepublik Deutschland unterzeichnen ein Kommuniqué, das die Aufnahme diplomatischer Beziehungen ankündigt
8.1.1976	Ministerpräsident Zhou Enlai stirbt
23.2.1976	Im Rahmen seiner zweiten Chinareise trifft US-Präsident Nixon mit Mao Zedong zusammen
4.-7.4.1976	Trauerkundgebungen für Zhou Enlai in Peking und anderen Orten gewinnen den Charakter politischer Demonstrationen
7.4.1976	Das Politbüro bestimmt Hua Guofeng zum Vorsitzenden des Staatsrats. Gleichzeitig wird der reformorientierte Deng Xiaoping aller Ämter enthoben
9.9.1976	KP-Vorsitzender Mao Zedong stirbt
6.10.1976	Maos Frau Jiang Qing und drei weitere linksorientierte Politbüromitglieder («Viererbande») werden inhaftiert
21.7.1977	Deng Xiaoping wird rehabilitiert und erneut Mitglied des Politbüros sowie Vizepremier des Staatsrats; gleichzeitig werden die Mitglieder der «Viererbande» aus der Partei ausgeschlossen

Von selbst wäre ich nie auf die Idee gekommen, nach Deutschland zu gehen. Ich hatte mich für das Land auch nie interessiert. Gewiss liebte ich Beethoven und Brahms, hatte auch Grimms Märchen, Gedichte von Goethe und Heine sowie Schriften von Kant, Hegel, Marx und Engels gelesen. Stärker jedoch war mein Deutschlandbild von russischen, amerikanischen und englischen Berichten über die Brutalität und den Terror der deutschen Nationalsozialisten geprägt, und die sowjetischen Experten hatten aus eigener Anschauung vom Befreiungskrieg gegen Deutschland erzählt. Stets hatten China und die Sowjetunion Westdeutschland als militaristisches Land bezeichnet. Und jetzt flog ich in dieses gefährliche Land! Womöglich steckten auch westliche oder sowjetische Agenten hinter meiner Aufenthaltsgenehmigung, Geheimdienstler, die im Gefängnis nicht an mich herangekommen waren und mich nun verhören und foltern würden. Ja, ganz bestimmt musste ich damit rechnen! Alles war sicherlich nur ein Trick, ein Komplott ... In was für einem Flugzeug saß ich überhaupt? In einer Militärmaschine? Unruhig und verkrampft schaute ich mich wieder um. Aber eigentlich sah das Flugzeug ganz normal aus. Es war voll besetzt, und die Menschen waren alle gut gekleidet. Ach, versuch erst einmal eine Weile zu schlafen, sagte ich mir, im Moment ist sowieso nichts zu machen.

Ich erwachte erst beim Aufsetzen der Maschine. «Willkommen in Frankfurt», rief die Chefstewardess ins Mikrofon. Vor dem Flugzeug wartete ein großer, langer Bus, der die Passagiere zum Flughafengebäude brachte, einem Labyrinth mit lauter Glastüren.

Bei der Passkontrolle standen alle Passagiere in einer langen Schlange und warteten. Mit meinen einsvierundsiebzig galt ich in China als eher groß gewachsen, aber hier, zwischen all diesen Leuten mit ihren grauen, blauen und grünen Augen und ihren gelben Haaren kam ich mir fast wie ein Zwerg vor. Einige waren von geradezu erschreckender Körpergröße. Die anderen vor mir passierten zügig die Sperre. Dann war ich an der Reihe. Der Beamte drehte meinen Reisepass hin und her und fragte mich dann etwas auf Deutsch, das ich aber nicht verstand. Dann wiederholte er auf Englisch: «Do you have a yellow paper?»

«Was für ein ‹yellow paper› meinen Sie?», fragte ich ratlos.

In gebrochenem Englisch erklärte er mir etwas. Ich hörte Worte wie: «Infektion und Krankheit ... aus Afrika», aber mein Kopf war ohnehin schon ganz wirr. Ich stand wie ein Dummkopf vor ihm und wusste nicht einmal, wie ich meine Hände und Füße halten sollte. Mir schien, als würden mich alle beobachten.

Der Beamte holte einen Kollegen. Die beiden musterten mich von oben bis unten. Ich sah wohl wirklich seltsam aus, wie ich da in meinem billigen, vom Flug zerknautschten Anzug mit seinen zu kurzen und engen Ärmeln vor ihnen stand. Nachträglich war ich ganz erzürnt über den Mitarbeiter von Herrn Bergmann, der von dem für meine Einkleidung bestimmten Geld das meiste in die eigene Tasche gesteckt hatte. Aber die Grenzbeamten konnten mir schlecht wegen mangelnder Eleganz die Einreise verweigern. Bestimmt hatten sie schon Anweisung aus Kairo erhalten, mich festzuhalten, um mich zu verhören und Geheimnisse über China zu erfahren. Ach, armer Yuqian, dachte ich bei mir, selbst wenn sie dich auf den Kopf stellen, wirst du keine Geheimnisse ausspucken können.

«Mister, please go to the right, to another room», forderte mich der andere Beamte auf und gab mir den Reisepass zurück.

Jetzt ging es wohl los, schon hatten sie mich ja ausgesondert ... Aber ich hatte keine andere Wahl, also ging ich in das bezeichnete Zimmer. Ein Mann in einem weißen Kittel öffnete, und am Tisch saß eine blonde, überaus hübsche Frau, ebenfalls im weißen Kittel. Auf dem Tisch lag ein Kasten, in dem ich verschiedene Spritzen erblickte. Himmel, dachte ich, es kommt schlimmer als gedacht! Wenn sie mich nicht töten, wollen sie mich zumindest mit einer Spritze betäuben und vielleicht unter Hypnose etwas aus mir herausbringen.

«Hallo, Mister, woher kommen Sie?», fragte die blonde Frau mich auf Englisch und lächelte mich dabei Vertrauen erweckend an.

«Aus Kairo», antwortete ich.

«Haben Sie ein Impfdokument, dass Sie gegen Gelbfieber geimpft sind?»

«Wie bitte? Was für ein Dokument?» Ich war wirklich etwas durcheinander.

«Das ist so ein gelbes Papier, in das Impfungen eingetragen werden.» Sie zog ein Exemplar aus der Schublade und zeigte es mir.

Jetzt begriff ich endlich, was gemeint war. In China hatte ich für meine Kollegen auch mehrfach Impftermine arrangiert, bevor sie ins Ausland fuhren. «Sie meinen, Sie können mich nicht einreisen lassen, weil ich keine Impfungen habe?»

Sie nickte: «Alle Fluggäste, die aus Afrika einreisen, müssen diesen Impfnachweis haben.»

«Ach so.» Es war also alles ganz harmlos. Ich zog sofort meine hässliche Anzugjacke aus, streifte den Hemdsärmel hoch und hielt ihr meinen Arm hin.

Sicherlich wartete Herr Hoffmann draußen schon ungeduldig auf mich. Aber ich war mir nicht sicher, ob ich es gut finden sollte, dass er mich abholte, denn ich wollte nicht mit irgendeiner internationalen politischen Organisation zusammengebracht werden. Je weniger Leute wussten, dass ich hier war, desto besser. Andererseits sprach ich ja kein Deutsch und wusste nicht, wo ich bleiben sollte. Je länger ich darüber nachdachte, desto nervöser wurde ich. Hoffentlich wartete Herr Hoffmann auf mich!

Als die Impfung und die übrigen Formalitäten endlich vorüber waren, war bereits über eine Stunde verstrichen. Ich eilte zum Ausgang und schaute mich um. Meine Blicke trafen sich mit denen eines Europäers, der ungefähr so alt wie ich sein mochte. Er trug einen Regenmantel, hatte lange Haare und Bartstoppeln und wirkte nicht sonderlich gepflegt. Er trat an mich heran und fragte freundlich in sehr gutem Englisch: «Sind Sie Herr Guan und aus Kairo eingereist?»

Es war doch schön, dass sich jemand um mich kümmerte, und eine Uniform trug der Mann auch nicht. Außerdem war er allein.

«Herr Guan, mein Name ist Hoffmann. Ich bin Mitarbeiter der Hohen Flüchtlingskommission der Uno.»

Wie schrecklich! «Sie arbeiten für die Uno?», fragte ich zurück. «Aber Herr Bergmann in Kairo war doch vom Internationalen Roten Kreuz?»

«Das schon, aber er arbeitet doch auch mit uns zusammen», klärte er mich auf.

Und ich hatte Herrn Bergmann für einen anständigen Menschen gehalten! Die Uno war ja ein Instrument der USA. Da hatte ich eigens den Uno-Flüchtlingskommissar in Kairo beleidigt und fiel nun doch wieder Amerika in die Hände! Während ich zunächst Herrn Hoffmann durch die Katakomben des Flughafens folgte, beobachtete ich die Umgebung und überlegte, bei welcher Gelegenheit ich wohl entfliehen könnte. Wir kamen zu einer Tiefgarage. Ich fragte mich gerade, ob es hier günstig sei, den Fängen der Uno zu entkommen, da zog Herr Hoffmann einen Umschlag heraus und erklärte: «Herr Guan, ich fahre Sie jetzt zum Frankfurter Hauptbahnhof. In diesem Couvert befindet sich eine Bahnfahrkarte. Sie fahren von hier nach Münster. Dort wird Sie ein älterer Herr abholen, Herr Weber. Er wird alles Weitere für Sie arrangieren. Sie wissen schon: Deutschland ist ja für Sie nur eine Zwischenstation. In Münster können Sie dann in Ruhe Anträge für weitere Länder stellen.»

Er öffnete die Wagentür, zog aus dem Seitenfach eine Deutschlandkarte und zeigte mir, wo Frankfurt und Münster lagen.

«Sie werden mich nicht nach Münster begleiten?»

«Selbstverständlich fahren Sie allein. Leider habe ich zu viel zu tun, so dass ich Sie unmöglich begleiten kann. Außerdem ist es eine Direktverbindung. Sie müssen nur im richtigen Bahnhof aussteigen. Bleiben Sie in Münster bitte auf dem Bahnsteig. Dort wird Herr Weber Sie dann leicht finden.» Hoffmann ahnte nicht, dass ich genau das Gegenteil von dem erhoffte, was er vermutete. Seltsam, dass sie so leichtsinnig waren, mich allein reisen zu lassen! Anders als beim Flugzeug könnte ich doch unterwegs einfach aussteigen und verschwinden!

Die Fahrt vom Frankfurter Flughafen zum Hauptbahnhof dauerte eine ganze Weile. Die Häuser, die die Straßen säumten, erschienen mir einerseits fremd, aber andererseits doch wieder recht vertraut. In Shanghai und besonders in Qingdao, dem ehemaligen deutschen Pachtgebiet, war eine ganz ähnliche Architektur zu finden. Sogar die Breite der Straßen war ähnlich. Auch in westlichen Filmen hatte ich solche Stadtbilder gesehen. Jetzt sah ich sie erstmals mit eigenen Augen. Ich war tatsächlich in Europa! Mein Traum, einmal Europa zu besuchen, den ich seit Kindertagen geträumt hatte – endlich wurde er wahr.

«Wissen Sie, Herr Guan, die meisten Häuser, die Sie hier sehen, sind nach dem Zweiten Weltkrieg wieder aufgebaut worden», erklärte mir Hoffmann. «Am Ende des Zweiten Weltkriegs war Frankfurt zu fünfundachtzig Prozent zerstört.»

«Von wem ist Frankfurt bombardiert worden?»

«Vor allem von den Amerikanern.»

«Hassen Sie die Amerikaner deswegen?»

«Nein, die Amerikaner haben unsere Stadt zwar weitgehend zerstört, aber später haben sie uns durch den Marshall-Plan auch sehr geholfen. – Aber wieso haben Sie Ihre Heimat verlassen, Herr Guan?»

Diese schwierige Frage traf mich ganz unvorbereitet.

«Um meine Freiheit zu finden», antwortete ich.

«Freiheit? Und die suchen Sie hier, in Deutschland? Unsere linken Studenten hier kämpfen auch gerade für die Freiheit. Und die chinesische Kulturrevolution ist unser Vorbild. An vielen Universitäten wird gestreikt. Die Professoren sollen ihre Machtpositionen aufgeben.»

«Die chinesische Kulturrevolution ist ein Vorbild für Sie?» Ich hatte in China ja auch zu den Rebellen gehört und den Kampf gegen die Bürokratie und korrupte Beamte als legitimes Ziel der Kulturrevolution empfunden, aber nie hätte ich es für möglich gehalten, dass gleich der erste Mensch, mit dem ich mich in Deutschland unterhielt, ein Bewunderer der Kulturrevolution sein würde.

«Ich habe China aus verschiedenen Gründen verlassen, auch aus privaten. In der Kulturrevolution sind bei uns viele unerfreuliche Dinge passiert, die aber zu den eigentlichen Zielen der Kulturrevolution im Widerspruch stehen.»

«Was haben Sie jetzt im Westen vor?»

«Ich weiß es nicht», flüsterte ich. Nach dieser Frage hätte ich mich am liebsten irgendwo verkrochen. Aber schon regte sich in mir Widerspruch: Ich werde es allen zeigen, dachte ich, ich werde einen Neuanfang schaffen!

Am Bahnhof angelangt, begleitete mich Herr Hoffmann noch zum Zug und wünschte mir eine gute Fahrt und viel Glück. Wie benommen stieg ich ein.

Ich kam zu einem Abteil mit sechs Plätzen, die alle leer waren. Wie sauber der Zug war und wie bequem die Sitze! Ich hoffte, dass sich jemand zu mir ins Abteil setzte, so dass ich unterwegs Gesellschaft hätte und ein bisschen erzählen könnte, aber die Leute, die zustiegen, schauten nur durchs Gangfenster herein und gingen weiter, als sie mich sahen, die Älteren genauso wie die Jüngeren. Sah ich denn so abstoßend aus, dass niemand mit mir ein Abteil teilen mochte? Na, auch gut, so konnte ich mir die Landschaft anschauen und ein bisschen nachdenken, was ich künftig machen wollte.

Ich hätte nie gedacht, dass es auf der Welt ein so schönes, grünes Land geben könnte! Während der ganzen Fahrt sah ich Hügel, Flüsse und schöne, grüne Wiesen. Und die Burgen, die sich da auf der anderen Seite des Flusses erhoben, an dem der Zug entlangfuhr, sahen aus wie aus Grimms Märchen. Aber wo waren die Menschen? Ich sah kaum einen. Nichts als grüne Wiesen, auf denen nichts angebaut wurde. Wenn sie jetzt, Ende März, schon so grün waren, musste dort doch auch anderes wachsen können als bloß Gras. Mir erschien das als ziemliche Verschwendung.

Der Zug fuhr deutlich schneller als die Züge in China. Es war das erste Mal in meinem Leben, dass ich in einem so leeren Zug fuhr. Vielleicht war ja nur mein Abteil so leer? Ich stand auf und ging an mehreren Abteilen vorbei, aber ich musste feststellen, dass es überall so leer war; in keinem der Abteile saßen mehr als ein, zwei Personen. Außer dem Fahrgeräusch war nichts zu hören. Wieso nur setzten sich die Leute nicht zusammen? In China suchte man immer Gesellschaft. Niemand würde es ertragen, so allein herumzusitzen. Selbst mit fremden Leuten spielt man Karten, macht Scherze und plaudert.

Ich fühlte mich zwar ein wenig einsam, aber auch sehr wohl. Zufrieden blickte ich aus dem Fenster. Endlich hatte ich meine Freiheit! Wer von meinen Angehörigen und meinen Freunden würde glauben, dass ich mich so frei im Westen bewegte! Aber ich hatte die Freiheit mit dem Verlust von Heimat und Familie bezahlt! Und was würde mich noch alles an Schrecken erwarten? Meine Gedanken wanderten wieder zur Uno. Der Unfreiheit war ich entkommen, nun musste ich aufpassen, dass ich nicht dieser Imperialistenorganisation ins Netz ging. Ich musste fliehen! Die Angst vor der Uno verfolgte mich wie ein Gespenst.

Irgendwann erreichten wir eine ziemlich große Stadt, die mir wegen ihrer riesigen, doppeltürmigen Kirche auffiel. «Köln» las ich auf den großen Schildern im Bahnhof. Dieser Halt war doch die Gelegenheit! Ich griff meinen Koffer, stieg aus und lief Richtung Ausgang. Ob mich jemand beobachtete und mir folgte? Ich blieb stehen, schaute mich nach allen Seiten um, aber niemand schien mich zu beachten. Weiter weg stiegen einige Fahrgäste ein und aus. Ich beruhigte mich etwas: Wenn sie wirklich etwas von dir wollten, würden sie dich doch gar nicht allein fahren lassen! So eine wichtige Persönlichkeit bist du ja auch nicht. Was könnte man überhaupt von dir wollen? Aber wenn du jetzt wegläufst, machst du dich wirklich verdächtig. Außerdem sprichst du kein einziges Wort Deutsch, hast keinen Pfennig Geld in der Tasche. Du kannst doch nicht stehlen oder rauben gehen. Dann würdest du früher oder später von der Polizei aufgegriffen und wieder an die Uno ausgeliefert. Fahr doch lieber erst einmal nach Münster! Du hast ja nichts zu verlieren, nichts außer deinem Kopf auf den Schultern.

Während ich noch da stand und überlegte, ertönte plötzlich eine Ansage. Ich verstand nichts, vermutete aber, dass die Weiterfahrt des Zuges angekündigt wurde. Ohne weiter darüber nachzudenken, hastete ich zum Zug zurück, und kaum war ich drinnen, fuhr er auch schon los. In meinem Abteil saßen jetzt ein Mann und eine Frau. Ich freute mich und begrüßte die beiden auf Englisch. Die Frau erwiderte meinen Gruß ebenfalls sehr freundlich, aber der Mann musterte mich von oben bis unten und wandte den Kopf mit einer verächtlichen Miene wieder ab. Er schloss die Augen, als wolle er schlafen. Die Frau nahm ein Buch und begann zu lesen. Offensichtlich kannten die beiden einander auch nicht. Ich verstand, dass sie jetzt nicht gestört werden wollte und schloss ebenfalls die Augen. Diese Deutschen sind aber schwer zu verstehen! Ob alle so sind? Dass sie zusammen in einem Abteil sitzen, ohne ein Wort miteinander zu wechseln? Haben sie denn gar keine menschliche Wärme?

Es begann schon zu dunkeln, als ich in Münster eintraf. Wie besprochen, blieb ich auf dem Bahnsteig stehen und wartete. Als die Fahrgäste schon fast alle verschwunden waren, tauchte vor mir ein hoch gewachsener, etwa sechzigjähriger Herr auf. Er sah sehr nett aus.

«Ich habe Sie schon von weitem erkannt», sagte er in fließendem Englisch. «Aber ich wollte erst warten, bis die vielen Leute weg sind. Sie sind Herr Guan, nicht wahr?»

Ich nickte.

«Mein Name ist Weber. Ich leite ein Gästehaus. Ich bin beauftragt worden, Sie von hier abzuholen und in das Gästehaus zu bringen. Sie können bei uns wohnen, bis Sie ein Drittland gefunden haben, das Sie aufnehmen möchte.»

Merkwürdig – der sprach wie Hoffmann ebenfalls davon, dass ich weiterfahren sollte in ein drittes Land. Demnach hatten sie hier wohl überhaupt kein Interesse an mir? Das verletzte doch wieder ein wenig meinen Stolz.

Herr Weber ging voraus, und ich folgte ihm zum Bahnhofsvorplatz. Seltsam, wie wenige Menschen unterwegs waren, aber wie viele Autos! In dichter Folge sausten sie an uns vorbei. In China würden sie bei diesem Tempo an jeder Kreuzung Leichen hinterlassen. Zum Glück gab es hier überall Ampeln. Auch die Fußgänger beachteten sie streng und blieben stehen, bis es grün wurde, selbst wenn keine Autos kamen. Chinesen würden sich nie an so etwas halten.

«Herr Weber, gehören die Autos auf der Straße alle dem Staat, oder sind sie privat?»

Er verstand meine Frage erst gar nicht, aber dann fiel ihm wohl wieder ein, dass ich aus einem sozialistischen Land kam, und er lachte: «Sie sind alle privat.»

Er führte mich zu einem großen Parkplatz, auf dem Hunderte von Autos in verschiedenen Farben standen. Wie groß mochte Münster wohl sein?, fragte ich mich. In Peking sah man höchstens bei einem Nationalen Volkskongress so viele Pkws vor der Großen Halle des Volkes stehen. Deutschland musste ja wirklich ein reiches Industrieland sein!

Das Auto von Herrn Weber war nicht besonders groß. Von außen sah es aus wie ein eiserner Käfer. Er verstaute meinen Koffer auf dem Rücksitz, ließ mich einsteigen und fuhr los. «Ich halte immer mein Tempo, egal, was vor und hinter mir passiert», erläuterte er seinen Fahrstil, «ich lasse mich nicht beirren. Auf dieses Auto habe ich mehrere Jahre sparen müssen. Mehrere Jahrzehnte habe ich in Argentinien gelebt und daher die Nazizeit und den Weltkrieg nicht miterlebt. Aber jetzt bin ich alt. Ich hatte Glück, dass ich diese Stelle gefunden habe, nachdem ich zurückgekommen bin. Mein Gehalt ist nicht sonderlich hoch, aber es ist immerhin eine Beamtenstelle. Wenn ich in den Ruhestand gehe, zahlt mir der Staat eine kleine Pension, so dass mein Lebensabend gesichert sein wird. Ich bin sehr zufrieden. Meine

Frau und ich haben zwei Töchter und einen Enkel. Meine älteste Tochter ist krank, und ich muss sie mit unterstützen. Darum muss ich sparsam sein.»

Er redete pausenlos und fragte zwischendurch, ob ich Interesse hätte zuzuhören. So freimütig, wie er sprach, vergaß ich meine Ängste vor der Uno. Solch ein netter, freundlicher Herr! Der würde bestimmt nichts tun, was mir schaden könnte. Was mich nur wunderte, war, wie ausführlich er über sich selbst berichtete, obwohl wir uns doch noch gar nicht kannten.

«Herr Guan, ich habe zwar einen deutschen Pass, aber mein Charakter und meine Mentalität sind total südamerikanisch. Ich bin ganz offen. Die meisten meiner Freunde sind Ausländer. Sagen Sie mal, gibt es in China denn gar keine Privatwagen?»

«Nein. Alle Autos gehören staatlichen Einheiten.»

«Das ist eigentlich gar nicht schlecht. Hier nimmt der Straßenverkehr stetig zu und mit ihm die Umweltverschmutzung. Wenn die vielen Menschen, die es in China gibt, auch alle Privatwagen fahren würden, würde es ja noch schlimmer werden.» Derlei Überlegungen hatte ich noch gar nicht angestellt. Herr Weber wurde mir immer sympathischer.

Wir hielten vor einem großen Gebäude, das aussah wie die Villa einer reichen Familie. «Dieses Haus hat der Staat eigens für Gäste gemietet, die aus sozialistischen Ländern kommen», erklärte Herr Weber. «Wir betreuen hier Gäste aus sozialistischen Ländern, aber keine Politiker, sondern normale Menschen, die in ihrem eigenen Land eine Ausbildung bekommen haben und im Westen bleiben möchten. Die meisten wohnen hier nur kurze Zeit, bis sie Arbeit gefunden oder ein Visum für ein anderes Land bekommen haben. Sie sind übrigens der erste asiatische Gast in all den Jahren, die ich das Haus betreue. Zurzeit wohnen außer Ihnen noch ein tschechischer Ingenieur und eine polnische Studentin hier.»

Was für ein Unterschied das doch im Vergleich zum ägyptischen Gefängnis war! Dort hatten mir die Insassen gesagt, kaum jemand bliebe kürzer als ein halbes Jahr. Und hier erklärte mir Herr Weber, die meisten blieben nur ganz kurz.

Er brachte mich in den ersten Stock und führte mich in ein großes Zimmer mit einer hohen Decke. Darin befand sich ein Bett, ein Schreibtisch, ein gemütliches Sofa und ein Waschbecken mit heißem und kaltem Wasser. Die Bettwäsche und das Kopfkissen waren frisch gewaschen und ganz weiß. Die beiden großen, hohen Fenster gingen zu einem Garten hinaus.

Nachts war es in dem Gebäude außergewöhnlich still. Während ich allein in meinem bequemen, großen Bett lag, wanderten meine Gedanken zu meiner Familie. Seit mehr als einem Jahr wusste ich nicht, was mit ihr geschehen war. Diese Ungewissheit quälte mich jetzt, da ich in Freiheit war, noch mehr als zuvor. Wie egoistisch von mir, nur an mich selbst zu denken! Ich ermahnte mich, gut auf mich Acht zu geben und nie für Geld meine Chinesenseele zu verkaufen und meine Heimat zu verraten, auch nicht in der äußersten Not oder unter Gewaltandrohung. Auch wenn das Ziel noch in ferner Zukunft liegen mochte, war ich doch entschlossen, einen Beitrag für mein Vaterland zu leisten. Aber was könnte ich für mein Vaterland tun? Ich grübelte lange darüber nach und schlief schließlich ein, ohne eine Antwort gefunden zu haben.

Am nächsten Tag stand ich früh auf. Als ich das Fenster öffnete, schlug mir frische, kühle Luft entgegen, und lebhaftes Vogelgezwitscher war zu hören. Solch einen fröhlichen Vogelgesang hatte ich schon lange nicht mehr gehört. Nachdem in China 1953 in der Zeitung berichtet worden war, dass die Spatzen alljährlich großen Schaden am Getreide anrichteten, hatte Mao Zedong eine Massenkampagne gegen die «vier Übel» – Mäuse, Stechmücken, Fliegen und Spatzen – ins Leben gerufen. Ich erinnerte mich an einen Tag, an dem die ganze Bevölkerung nichts anderes machte, als mit Gongs und Töpfen und allen möglichen anderen zum Krachmachen geeigneten Gegenständen auf den Straßen und in den Höfen herumzulaufen, um die Spatzen aufzuscheuchen. Den ganzen Tag war so laut gescheppert worden, dass die Vögel sich nirgends mehr niederlassen konnten und schließlich vor Erschöpfung tot vom Himmel fielen. An jenem Tag wurden Millionen von Vögeln getötet, und wir waren alle ganz stolz darauf gewesen. War es nicht fantastisch, wie es Mao Zedong gelang, die gesamte Bevölkerung für ein gemeinsames Ziel zu mobilisieren? Erst später erfuhren wir, dass die Vögel, die in der Stadt lebten, immer in der Stadt blieben und deshalb gar keinen Schaden auf den Feldern anrichten konnten. Im Gegenteil: Da nicht nur die körnerfressenden Spatzen von der Aktion betroffen waren, hatten wir anschließend eine Insektenplage erlebt.

Fröhlich lief ich nach draußen in den Garten und machte dort Qigong-Gymnastik.

Später kam Herr Weber und bat mich in sein Büro. Er zog zweihundert Mark aus seiner Schublade und reichte sie mir mit den Worten: «Das ist Ihr Taschengeld. Sie bekommen fünfzig Mark pro Woche von mir, und dies hier bekommen Sie extra, damit Sie sich Kleidung und Essen kaufen können.» Er zog einen Stadtplan aus der Schublade und zeigte mir die Lage des Gästehauses und des Stadtzentrums. «Den Plan können Sie behalten», sagte er und reichte mir außerdem noch einen Schlüssel. «Das ist der Schlüssel für unser Haus. Nehmen Sie den immer mit, wenn Sie gehen.»

Was für ein Gefühl das war, diesen Schlüssel in der Hand zu halten, mit dem ich frei ein- und ausgehen konnte! Ich genoss jeden einzelnen Schritt, den ich ging, denn ich war mir bewusst, dass ich meine Schritte auf freien Boden setzte.

Zweihundert Mark – wie viel war das überhaupt? Ich hatte keine Vorstellung. Gegenüber vom Gästehaus befand sich ein kleiner Tabakwarenladen. Ich überquerte die Straße und ging hinein. Anhand der Zigaretten wollte ich herausfinden, wie viel das Geld wert war.

«Guten Tag», begrüßte mich eine etwas füllige Frau mittleren Alters, die beim Klang der sich öffnenden Ladentür aus einem hinteren Raum nach vorne kam.

Ich verstand zwar nicht, was «guten Tag» bedeutete, aber dass es eine Form der Begrüßung darstellte, war klar. Auf dem Tresen lagen verschiedene Zeitungen, und im Regal entdeckte ich Zigarettenschachteln unterschiedlicher Marken. Ich wusste nicht, welche Sorte mir schmecken würde, also sagte ich auf Englisch: «Ich hätte gern eine Schachtel britische Zigaretten.» Die waren mir nämlich noch aus Shanghai vertraut.

Offensichtlich sprach sie kein Englisch, hatte mich aber trotzdem verstanden. Sie holte eine blaue Schachtel der Marke ‹Rothmans› hervor und sagte: «Englische Zigaretten.»

Ich reichte ihr einen Fünfzigmarkschein. Sie schaute mich etwas ratlos an und redete auf mich ein. An ihrer Gestik konnte ich aber ausmachen, dass dieser Schein offenbar zu groß war. Dann hob sie die Hand: «Moment...»

Oh, das konnte ich ja verstehen – das klang wie Englisch. Ich war erfreut. Deutsch war anscheinend gar nicht so schwierig!

Nach einer Weile kam sie mit mehreren kleinen Scheinen zurück und gab mir heraus. Dabei stellte ich erleichtert fest, dass zweihundert Mark offenbar gar nicht wenig waren. Dann sagte sie etwas, das klang wie «Peter Shin». Ich erschrak: Woher wusste sie meinen englischen Taufnamen «Peter», den mir Pastor Bi seinerzeit gegeben hatte? Und in Kairo im Gefängnis hatten sie mich ja als Shin bezeichnet, was zwar bloß «der Chinese» bedeutete, der letzten Silbe meines persönlichen Namens qian – «tschiän» – jedoch ziemlich ähnelte. Im Zug nach Münster hatte ich darüber nachgedacht, wie ich mich hier rufen lassen wollte, und unter anderem «Peter Qian» in Erwägung gezogen, um auch im Namen einen Neuanfang zu dokumentieren. Und nun sprach mich diese Frau so an? War sie Teil eines Netzwerks von Leuten, die mich überwachen sollten? Aber dann hätte man mich kaum allein im Zug fahren lassen! Oder war sie hellseherisch veranlagt? Ein Rätsel.

Ich lief sofort zurück zu Herrn Weber und erzählte ihm die Geschichte. Er lachte sich halb tot. «Sie hat wohl ‹bitte schön› gesagt. Das bedeutet: ‹You are welcome›!»

«Ach so ... Aber sie hat noch viele andere Wörter gesagt. Dabei wollte ich doch nur eine Schachtel Zigaretten kaufen. Wenn ich in China Zigaretten kaufe, gehe ich in den Laden, sage ‹Zigaretten›, der Verkäufer fragt: ‹Welche Marke?› Ich sage: ‹Marke soundso.› Er sagt den Preis, ich zahle und gehe wieder.»

Herr Weber amüsierte sich. «In Deutschland geht das so nicht. Hier ist man immer höflich im Umgang miteinander. Wenn wir in ein Geschäft gehen, sagen wir erst: ‹Guten Tag›, und auch der Verkäufer sagt: ‹Guten Tag.› Kennt man sich besser, fragt man noch: ‹Wie geht es Ihnen?› – ‹Danke, gut, und Ihnen?› – ‹Oh, danke, auch gut.› – Und dann sagt man: ‹Ich möchte bitte eine Schachtel Zigaretten.› Der Verkäufer sagt: ‹Ja gerne, welche Marke soll es denn sein?› Und nach dem Bezahlen sagt der Verkäufer: ‹Danke schön›, und der Kunde sagt: ‹Bitte schön.› Und dann verabschiedet man sich voneinander und sagt: ‹Auf Wiedersehen.›»

Das fand ich nun doch ein bisschen übertrieben. Jedenfalls hatte ich gelernt, dass wer «bitte schön» sagt, mich nicht mit Namen ruft.

Deutschlandperspektiven

Herrn Webers Wegbeschreibung nach und mit Hilfe des Stadtplans ging ich nun langsam Richtung Innenstadt. Meine erste Deutschland-Erkundung auf eigene Faust! Mir fiel auf, wie sauber alle Straßen waren und dass überall frischer, grüner Rasen wuchs. Die meisten Häuser waren in hübschen Farben gestrichen. Nur wenige Fußgänger waren unterwegs; sie wirkten gelassen und diszipliniert. Sie waren nicht unbedingt elegant, aber sehr ordentlich gekleidet. Und die Autos waren alle blank geputzt. Der Kontrast zum schmuddeligen Kairo war beträchtlich.

Irgendwann geriet ich in ein Warenhaus. Dort mochte ich meinen Augen kaum trauen: Auf mehreren Stockwerken gab es alles, was man sich nur denken konnte, von Lebensmitteln bis hin zur Kleidung. Ich war halb erschlagen von all den Eindrücken, so viel gab es zu sehen. Ich erinnerte mich an Peking, wo man beim Kauf von Lebensmitteln und beim Essen im Restaurant nicht nur bezahlen, sondern auch die entsprechende Menge Getreidemarken abgeben musste. Und wie oft hieß es dort in den Geschäften: Haben wir nicht!

Das Tollste aber war die Heimwerkerabteilung. Dort hätte ich mich am liebsten gleich eingemietet. Ich erinnerte mich, wie ich in China unsere Wohnung verschönern und die Wände streichen wollte, aber nirgends das nötige Material auftreiben konnte. Selbst ein Hammer war nur mit Mühe zu ergattern gewesen. Hier dagegen gab es nicht nur Bohrer, Zangen, Nägel, elektrische Bohrmaschinen, elektrische Sägen, elektrische Lampen, Kabel und vieles mehr, sondern das alles – ja selbst die Hammer! – in vielfachen Ausführungen. Es war unglaublich. Wann würde China einmal so weit sein? Selbst die Preise wirkten ganz akzeptabel, soweit ich es auf der Basis meiner Schachtel Zigaretten beurteilen konnte.

Dann erinnerte ich mich daran, dass ich das Warenhaus eigentlich betreten hatte, um etwas Kleidung zu kaufen. Aber als ich die Preise in der Konfektionsabteilung sah, begann ich fast zu weinen. Solche Sachen waren in China unglaublich billig. Hier dagegen kostete mich das billigste Jackett und eine von den billigsten Hosen schon die Hälfte meiner Barschaft.

Ich bummelte noch an verschiedenen Geschäften vorbei, machte mich dann langsam wieder auf den Rückweg und überlegte: Da ich nun schon mal in Deutschland war, könnte ich nicht gleich hier bleiben? Es schien doch ein recht angenehmes Land zu sein. Vom angeblichen westdeutschen Militarismus konnte ich nichts bemerken. Anders als in China waren ja nicht einmal Soldaten auf der Straße zu sehen. Irgendetwas schien mit der chinesischen Propaganda nicht zu stimmen. Ich kam an einer Buchhandlung vorbei, ging hinein und entdeckte drinnen ein englisches Buch über Deutschland. Dem Vorwort entnahm ich, dass es von einem deutschen Verfasser geschrieben und ins Englische übersetzt worden war. Es war sehr teuer: fünfundvierzig Mark. Aber mehr Informationen über Deutschland waren ja wichtig für mich. An so etwas durfte ich nicht sparen. Also entschloss ich mich zum Kauf.

Nun dachte ich an nichts anderes mehr als ans Lesen. Den ganzen nächsten Tag verbrachte ich damit. Ich las über die Geschichte Deutschlands und über den verrückten Hitler. Jetzt erfuhr ich erst, wie die Deutschen nach dem Zweiten Weltkrieg ums Überleben gekämpft und wie sie ihr zerstörtes Land wieder aufgebaut hatten. Ich erfuhr etwas über das Mehrparteiensystem, das Parlament und die erfolgreiche Wirtschaftspolitik. Die selbstkritische Sichtweise, mit der die Nazizeit dargestellt wurde, machte einen sehr guten Eindruck auf mich. Japan mochte noch immer nicht zugeben, dass sein Krieg gegen China und die anderen asiatischen Länder ein Verbrechen gewesen war. Dabei war es doch lächerlich, so etwas Offensichtliches zu leugnen! So besserte sich mein Eindruck von Deutschland weiter, und mein Wunsch, in diesem Land zu bleiben, verstärkte sich.

Nachdem Herr Weber mich zwei Tage lang nicht gesehen hatte, begann er sich Sorgen um mich zu machen und suchte mich in meinem Zimmer auf. Als er eintrat, saß ich gerade mit dem aufgeschlagenen Buch am Schreibtisch und machte mir Notizen. Als ich ihm den Zusammenhang erläuterte, klopfte er mir anerkennend auf die Schulter: «Herr Guan, Sie sind ja großartig!»

«Wieso?»

«Hier haben schon so viele Leute gewohnt, aber ich habe noch keinen gesehen, der gleich nach der Ankunft angefangen hätte, sich so intensiv mit Deutschland zu beschäftigen. Sie müssen einmal zu mir nach Hause kommen. Ich habe etliche englische Bücher.»

«Wirklich? Englische Bücher über Deutschland?»

«Ja. Sie können jederzeit kommen. Wie wäre es am nächsten Wochenende?»

Herrn Webers Wohnung war nicht besonders groß: ein Wohnzimmer, zwei Schlafzimmer, Küche und Bad. Die schlichte Einrichtung blitzte vor Sauberkeit. Frau Weber machte auf mich gleich einen sehr warmherzigen Eindruck. Ich schätzte sie auf Ende fünfzig. Sie fragte nach meiner Familie und dem Leben in China, war dabei aber kein bisschen aufdringlich. Fast erinnerte sie mich ein wenig an meine Mutter.

Ich hatte Herrn Weber als Gastgeschenk eines der Seidenhemden mitgebracht, die ich mit meinem letzten chinesischen Geld im Flughafen von Shanghai gekauft hatte. Er strahlte, als er es in Händen hielt: «Von solch einem echten Seidenhemd habe ich schon lange geträumt.»

Ich hatte an ihn allerdings auch ein wichtiges Anliegen: «Ich möchte gern etwas Ernstes mit Ihnen besprechen. Angeblich ist Deutschland für mich ja nur als Zwischenstation gedacht. Aber es gefällt mir gut hier, und ich würde gern auf Dauer bleiben.»

«Das ist gut, Herr Guan. Ich möchte auch gern, dass Sie bleiben. Wie würden Sie sich denn Ihre Zukunft in Deutschland vorstellen?»

«Zuerst möchte ich Deutsch lernen und dann noch einmal studieren.»

«Und mit welchem Ziel?»

Diesmal zögerte ich etwas mit der Antwort. Ich musste nachdenken. Ich hatte hier vielleicht die Chance, etwas völlig Neues zu machen. Meine Stärke und mein Hauptinteresse waren Sprachen und Literatur, und natürlich wusste ich viel über China. «Ich könnte an einer Universität unterrichten und die chinesische Kultur in Europa vorstellen, genauso, wie es die europäischen Missionare früher getan haben, als sie die europäische Kultur nach Asien brachten», erklärte ich und war selbst ein wenig überrascht, wie fest entschlossen ich diesen neuen Gedanken auf einmal vortrug.

«Das ist eine gute Idee», fand Herr Weber. «Allerdings ist Deutschland kein Einwanderungsland. Sie haben ja nur eine befristete Aufenthaltserlaubnis.»

«Was müsste ich denn tun, um hier auf Dauer bleiben zu können?» Das schien eine schwierige Frage zu sein. Weber überlegte angestrengt.

Da schaltete sich seine Frau ein: «Sag mal, wenn Herr Guan eine Arbeitsstelle in Deutschland fände, würde ihn Deutschland dann rauswerfen?»

«Das glaube ich nicht. Deutschland ist immerhin ein freies Land. Ja, das ist doch eine gute Idee! Herr Guan, Sie müssen sich hier eine Stelle suchen.»

Noch am selben Abend – es war der 30. März 1969 – schrieb ich einen Brief an den Hohen Flüchtlingskommissar der Vereinten Nationen in Deutschland: Ich hätte von Deutschland inzwischen einen sehr guten Eindruck gewonnen und würde gern länger bleiben, um Deutsch zu lernen und zu studieren. Am nächsten Tag schickte Herr Weber den Brief für mich ab.

Ein paar Tage später traf das Antwortschreiben ein. Es war enttäuschend. Im Wesentlichen wiederholte es die mir nun schon geläufige Tatsache, dass mir Deutschland nur eine befristete Aufenthaltsgenehmigung erteilt habe, und das auch nur unter der Bedingung, dass ich bald in ein Drittland emigrierte. Abschließend hieß es, man würde sich um meinen Fall kümmern und ich bekäme Nachricht, sobald es neue Informationen gäbe.

Ich zeigte den Brief sofort Herrn Weber. Der wunderte sich: «Seltsam, dass man Sie nicht aufgefordert hat, sich um Asyl in den USA zu bewerben! Ich hatte jedenfalls den Eindruck, dass man Sie dorthin schicken wollte. Herr Guan, Amerika ist ein schönes Land. Aber trotzdem finde ich, dass es nicht das Richtige für Sie wäre. Warten Sie am besten erst einmal ab.»

An diesem Tag war mir gar nicht wohl. Ich hatte doch klar zum Ausdruck gebracht, dass ich gern in Deutschland bleiben wollte! Auf eventuelle Möglichkeiten, dies zu erreichen, ging der Brief gar nicht ein. Aber wenn sie schon beschlossen hatten, mich nach Amerika zu schicken, warum sagten sie das nicht offen? Nach meiner Flucht nach Kairo hatte China mich zurückhaben wollen. Womöglich nahmen sie deshalb an, dass ich in China eine wichtige Person gewesen war. Ginge ich jetzt wirklich nach Amerika, gäbe dort aber keine Informationen über China preis, würde ich dann in Freiheit leben können? Andererseits: Wenn ich alles über China berichtet hatte, was ich wusste, würde ich dann dauerhaft dort bleiben können? Ich fühlte mich wie ein Versuchskaninchen im Labor. Nein, beschloss ich erneut, ich würde mich auf jeden Fall weigern, nach Amerika zu gehen, egal, was käme.

Bald darauf fand Herr Weber heraus, dass es an der Universität Münster ein Chinesisches Seminar gab und dass der Leiter des Seminars ein Professor namens Unger war. Vielleicht könnte ich ja dort eine Stelle bekommen? Immerhin sprach ich akzentfrei Hochchinesisch und hatte gute Grundlagen im klassischen Chinesisch sowie in moderner Literatur. Freilich sprach ich noch kein Deutsch. Aber war das so wichtig? Mein Englisch an der Mittelschule hatte ich von einem Engländer und mein Russisch an der Universität von Russen gelernt, und sie hatten alle kein Chinesisch gesprochen. Zum Sprachenlernen war dies sogar von einem gewissen Vorteil gewesen, da wir gezwungen waren, uns über die Fremdsprache zu verständigen. Je länger ich darüber nachdachte, desto besser erschienen mir meine Voraussetzungen. Wer weiß, vielleicht würden sie mich ja sogar gleich anstellen wollen.

Auf der Suche nach dem Chinesischen Seminar lief ich kreuz und quer durch die Innenstadt. Dabei wurde mir deutlich, wie verschieden die europäischen Universitäten offenbar von den chinesischen und amerikanischen waren. In China befanden sich nach amerikanischem Vorbild alle Lehrgebäude, Sportplätze und sogar Studentenwohnheime auf einem großen Campus. In Münster zumindest verteilte sich die Universität fast über die ganze Stadt. Wahrscheinlich war es in ganz Europa so, vermutete ich. Immerhin waren die Universitäten hier viel älter, hatten wahrscheinlich klein angefangen und sich erst nach und nach ausgedehnt.

Endlich hatte ich das Seminar gefunden, und zu meiner Freude traf ich auch Professor Unger an. Für einen Professor schien er mir noch sehr jung, aber seine Bewegungen wirkten würdevoll wie die eines klassischen chinesischen Gelehrten. Auf seinem Schreibtisch lagen die «Gespräche» des Konfuzius und andere chinesische Klassiker in alten, fadengebundenen Blockdruckausgaben. Professor Unger war ausgesprochen herzlich und freundlich zu mir. Er schien sich sehr gut in der klassischen Literatur auszukennen. Erstaunt stellte ich jedoch fest, dass er kein Chinesisch sprach. Ein Chinesischprofessor, der kein Chinesisch spricht, schien mir etwas sehr Merkwürdiges zu sein. An der Universität Peking hatten alle Professoren für die jeweiligen Sprachen diese auch selbst gesprochen.

«Was kann ich denn für Sie tun?», fragte er mich, nachdem wir etwas über Literatur gesprochen hatten.

«Ich würde gern bei Ihnen eine Arbeit finden.»

Er runzelte die Stirn. «Jemanden wie Sie würde ich sehr gern hier haben. Aber unser Seminar ist sehr klein. Uns stehen nur wenig finanzielle Mittel zur Verfügung. Eine neue Stelle genehmigt zu bekommen, ist so gut wie ausgeschlossen.»

Ich war enttäuscht. Aber vielleicht war dieses Seminar ja wirklich zu klein.

«Aber ich habe einen Vorschlag», fuhr er fort. «In unserer Nachbarstadt Bochum gibt es eine neu gegründete Universität mit einem Chinesischen Seminar, das wesentlich größer als unseres ist. Vielleicht versuchen Sie dort mal Ihr Glück.» Er versprach, einen Empfehlungsbrief für mich zu schreiben und mit dem Leiter des dortigen Seminars Kontakt aufzunehmen.

Ich war vermutlich zu naiv gewesen. So einfach war es im Westen wohl doch nicht, gleich eine Arbeit zu finden. Ich war enttäuscht, als ich in das Gästehaus zurückkam. Dass mein erster Versuch, in Deutschland Fuß zu fassen, gleich scheiterte, schien mir kein gutes Omen zu sein.

Als ich Herrn Weber von dem Gespräch mit Professor Unger berichtete, sah er die Dinge ganz anders: «Seien Sie froh, dass Sie den Seminarleiter überhaupt sofort angetroffen haben! Und bedenken Sie: Obwohl er Sie gar nicht kannte, hat er Ihnen sogar versprochen, einen Empfehlungsbrief für Sie zu verfassen. Das ist schon sehr viel und zeigt, dass er wirklich mit Ihnen zufrieden war. Wissen Sie, die deutschen Universitäten sind alle staatlich. Jeder Pfennig muss beantragt werden. Dann muss erst einmal eine Stelle eingerichtet werden, ehe man jemanden einstellen kann.»

Herr Weber war wirklich großartig. Er kümmerte sich um mich schon wie ein Vater. Obwohl es gar nicht zu seinen Aufgaben zählte, gab er mir Ratschläge und überlegte mit mir, wie ich es anstellen könnte, in Deutschland zu bleiben. Dabei fragte er nie nach meiner Vergangenheit, wenn ich nicht von selbst darüber sprach. Das imponierte mir sehr.

An einem Freitag rief er mich plötzlich zu sich nach unten in sein Büro und sagte: «Geben Sie mir mal sechs Zahlen zwischen eins und neunundvierzig. Freitags ist immer die letzte Gelegenheit zum Lottospielen. Vielleicht bringen Sie uns ja Glück.»

«Lotto? Was ist das?» Ich erinnerte mich, dass es während meiner Kindheit in Shanghai auch irgendwelche Gewinnspiele gegeben hatte.

«Wenn man die richtigen sechs Zahlen ankreuzt, kann man eine ganze Million gewinnen», erklärte Herr Weber.

«Eine ganze Million?» Mir kam das sehr merkwürdig vor. Dennoch nannte ich Herrn Weber zweimal sechs Zahlen, wobei ich auf die Daten meines Geburtstags und meiner Ankunft in Deutschland als Beginn des «zweiten Lebens» zurückgriff.

Anna

Schon bald nach meiner Ankunft machte ich mit den anderen beiden Gästen Bekanntschaft: der polnischen Studentin Anna und dem tschechischen Ingenieur Vorodja. Anna war eine echte Schönheit. Sie hatte eine makellos weiße Haut, lange, goldblonde, leicht gelockte Haare, leuchtende Augen und ziemlich große Brüste. Die Miniröcke, die sie trug, betonten ihre Figur und erlaubten Einblicke von ungewohnter Tiefe. Vorodja war groß und von kräftiger Statur, sah aber ziemlich hässlich aus. Einmal wollte ich von Vorodja eine Schere leihen. Da seine Zimmertür nur angelehnt war, drückte ich sie auf und sah, wie Vorodja gerade Anna küsste. Rasch zog ich mich zurück. Zum Glück hatten sie mich nicht bemerkt. Die beiden waren also ineinander verliebt. Es wunderte mich, wieso sich die schöne Anna mit solch einem hässlichen Kerl abgab.

Es mochten zwei Wochen vergangen sein, als mich ein Samstagmorgen mit Sonnenschein begrüßte. Die Strahlen fielen genau auf mein Bett und kitzelten mich wach. Nachdem das Wetter tagelang trüb und regnerisch gewesen war, genoss ich die heitere Stimmung und fühlte mich gleich frisch und munter. Als ich zum Frühstück in die Küche kam, saß dort bereits Anna bei einer Tasse Kaffee und schaute mich mit leuchtenden Augen an. Sie hatte nur einen Morgenrock übergeworfen und war barfuß. Mit ihrem goldenen Haar, das ihr ein wenig ungeordnet auf die Schultern fiel, sah sie noch attraktiver aus als sonst. Obwohl wir auf demselben Flur wohnten, waren wir uns bislang nur wenige Male begegnet, da jeder mit seinen eigenen Dingen beschäftigt war, und nachdem ich sie mit dem Tschechen zusammen gesehen hatte, wollte ich sie auch möglichst nicht stören. Brauchte ich etwas aus der Küche und hörte, dass dort jemand war, vermied ich es hineinzugehen. Auch das Abendessen nahm ich allein in meinem Zimmer ein. Obendrein belegte ich die Küche nie lange, denn ich aß meist nur Toastbrot mit Butter und machte mir allenfalls noch eine Suppe mit Ei dazu. Wenn mir Anna ab und zu dennoch begegnete, war sie immer freundlich gewesen, hatte mir zugelächelt und versucht, sich ein wenig mit mir zu unterhalten. Jetzt wunderte ich mich, dass sie allein in der Küche saß.

«Guten Morgen! Das Wetter ist heute Morgen richtig schön, nicht wahr?», begrüßte sie mich.

«Guten Morgen!», antwortete ich etwas einsilbig, ohne sie direkt anzuschauen.

«Ich habe das Gefühl, dass du dich nicht so gern mit mir unterhalten möchtest, oder?»

«Doch ... nein, nein. Ich bin nur mit meinen eigenen Sachen beschäftigt, und außerdem möchte ich dich und deinen Freund nicht stören.»

«Du meinst Vorodja? Er ist nicht mein Freund. Außerdem ist er schon seit zwei Tagen fort.»

«Fort?»

«Er hat bei einer Firma in Süddeutschland eine sehr gute Stelle gefunden.»

«Und was machst du? Worauf wartest du hier?»

«Genau wie du: Ich warte darauf, dass ich nach Amerika auswandern kann.»

«Ich will nicht nach Amerika auswandern. Wer hat dir denn das erzählt?»

«Ich habe es von diesem Mann von der Uno gehört. Stimmt das denn nicht?»

«Nein, eigentlich nicht.» Jetzt war es also noch deutlicher. Das Flüchtlingskommissariat hatte mich tatsächlich von Ägypten nach Deutschland geholt, um mich von hier aus nach Amerika zu schicken. «Was hast du in Amerika vor?»

«Erst einmal will ich studieren, und dann suche ich mir einen reichen Mann.» Dabei zwinkerte sie mir zu, und ich verstand, dass sie es im Scherz gesagt hatte.

Annas Englisch war ziemlich gut. Sie hatte an der Universität Warschau Englisch studiert. Ihr Vater, ein deutschstämmiger Pole, war Professor an derselben Universität gewesen und wegen seiner politischen Einstellung entlassen worden.

«Hast du heute etwas vor? Wollen wir nicht ein bisschen zusammen ausgehen?», fragte sie.

«Ich hatte eigentlich vor, in der Stadt ein paar Sachen einzukaufen.»

«Das passt doch prima. Lass uns zusammen gehen!»

Also unternahm ich mit Anna einen Einkaufsbummel. Es war schön, einmal nicht allein unterwegs zu sein. Außerdem war sie ein so überaus fröhliches Mädchen! Mal lief sie, mal tanzte sie auf der Straße, und während wir gingen, summte sie polnische Lieder vor sich hin. Sie war der reinste Sonnenschein. Als wir an einen Springbrunnen in der Stadtmitte gelangten, spielte dort ein Straßenmusikant. Da griff sie meine Hand und begann mit mir zu tanzen. Sogleich blieben mehrere Leute stehen und schauten amüsiert zu. Ich fühlte mich unwohl in meiner Haut. Als Chinese fiel ich hier ohnehin schon auf.

Wir gingen ins Kaufhaus und kamen dort auch in die Lebensmittelabteilung. Plötzlich verspürte ich mächtigen Appetit. Seit zwei Wochen hatte ich keine vernünftige Mahlzeit mehr zu mir genommen. Ich wollte gern einmal wieder etwas kochen.

«Hast du schon einmal Chinesisch gegessen?», fragte ich Anna.

«Nein, noch nicht. Ich habe nur gehört, dass es sehr gut sein soll.»

«Wenn du heute Abend nichts vorhast, möchte ich uns gern etwas Chinesisches kochen. Was hältst du davon?»

«Wirklich? Eine tolle Idee! Du lädst mich zum Essen ein, und ich lade dich zu einem schönen Wein ein.» Damit umarmte sie mich und küsste mich auf die Wange. Der Duft ihres Parfums stieg mir in die Nase, ich wurde sofort rot, und ein warmes Gefühl durchströmte meinen Körper. Das war der erste Kuss gewesen, den mir eine Europäerin gab, und das auch noch in aller Öffentlichkeit! Ich schaute mich verlegen nach allen Seiten um, aber niemand beachtete uns.

Schnell hatte ich alle wichtigen Zutaten, die ich für das Essen brauchte, zusammen, nur Sojasoße und einige Gewürze waren nicht aufzutreiben. Wir fragten in mehreren Läden – nirgends gab es Sojasoße. Schließlich kauften wir eine Flasche Maggi. Das war zwar auch schwarz, aber es roch ganz anders.

Den ganzen Nachmittag verbrachte ich in der Küche. Anna bot ihre Hilfe an, aber ich lehnte ab. Schließlich war das Essen fertig. Ich klopfte an ihre Tür und sagte ihr Bescheid, da war es, als träte ein Engel aus ihrem Zimmer. Anna hatte sich zurechtgemacht. Sie trug ein trachtenähnliches polnisches Kleid mit weißer Bluse und blauem Rock, über den sie eine kurze Schürze gebunden hatte. Sie war nur leicht geschminkt. Das goldene Haar floss ihr auf die Schultern herab. Sie schwebte mir förmlich entgegen. «Na? Gefällt dir das polnische Mädchen?», fragte sie und drehte sich einmal im Kreis.

«Fantastisch!» Mehr brachte ich vor lauter Staunen nicht über die Lippen. Dann schaute ich an mir herunter: Welche Tristesse! Von festlichem Glanz keine Spur.

«Warte einen Augenblick, ich komme sofort!», bat ich und eilte in mein Zimmer.

Rasch zog ich mir ein Seidenhemd an und darüber einen dunkelroten Kaschmirpullover, den ich ebenfalls in Shanghai gekauft hatte. Dann band ich meine einzige Krawatte um und schlüpfte in die neue Hose. Ich betrachtete mich im Spiegel. Jetzt sah ich doch einigermaßen manierlich aus, auch wenn ich mich nicht mit Anna messen konnte.

Als ich wieder in die Küche kam, hatte Anna den Tisch bereits mit einem weißen Tischtuch gedeckt, eine rote Kerze entzündet und das Chaos, das ich angerichtet hatte, in einen erträglichen Zustand überführt. Nun dampften die Gerichte, die ich gekocht hatte, auf dem schön gedeckten Tisch und verströmten ein appetitanregendes Aroma. Solch eine romantische Stimmung hatte ich seit der Revolution von 1949 nicht mehr erlebt und ein Abendessen bei Kerzenschein überhaupt noch nie. Bei Lucys Party damals war es auch romantisch gewesen, aber wie lange das schon her war! Nach der Revolution hatten die Kommunistische Partei und Mao Zedong proletarische Frugalität zur Norm erhoben. Seit Beginn der Kulturrevolution war selbst gepflegte Kleidung tabu gewesen. Je ärmlicher man sich kleidete, für desto revolutionärer wurde man gehalten. Bei Frauen galten nur zwei Frisuren als nicht anstößig: ein Bubikopf für verheiratete und Zöpfe für ledige.

Ich hatte mir mit dem Abendessen Mühe gegeben, war mit dem Erreichten aber nicht zufrieden. Anna aß dennoch mit großem Genuss. Wie angekündigt, spendierte sie uns dazu Rotwein, doch schon nach dem ersten Glas glühte mein Gesicht – wie viele Chinesen vertrug ich kaum Alkohol. Beim Essen erzählte ich ihr einiges über unsere chinesischen Traditionen, Sitten und Gebräuche und berichtete ihr auch von meiner Familie. Sie sprach über ihr Leben in Polen. Wir fanden reichlich gemeinsamen Gesprächsstoff.

«Wann wirst du denn nach Amerika gehen können?», fragte ich.

«Ich weiß nicht. Ich warte jetzt schon seit fünf Monaten. Manchmal fühle ich mich sehr einsam. Das Leben ist so langweilig hier. – Und was ist mit dir? Wie lange wirst du bleiben?»

«Ich weiß es nicht. Ich weiß ja noch nicht einmal, wohin ich gehen werde.» Mir graute es ebenfalls vor der Einsamkeit. Dann kamen die Erinnerungen an meine Familie in mir hoch, und Tränen stiegen mir in die Augen. Anna bemerkte es und wusste wohl nicht recht, was sie sagen sollte. Sie kam herüber, setzte sich neben mich und reichte mir ihr Taschentuch. Während ich mir die Augen trocknete, stieg mir ein Hauch ihres betörenden Parfums in die Nase. Spontan sagte ich: «Oh, das duftet gut!», und lächelte.

Als sie sah, wie schnell meine Traurigkeit wieder verflog, lachte sie erleichtert auf.

Es war ganz still um uns herum. In dem großen Haus waren nur wir beiden jungen Leute, die beide auf ähnliche Weise ihr Land verlassen hatten, zwei einsame Menschen in einer fremden Welt. Ohne es so recht zu merken, hatten wir zwei Flaschen Rotwein geleert.

«Wollen wir tanzen?» Anna wartete gar nicht auf meine Antwort, sondern zog mich mit sich in ihr Zimmer und schaltete das Radio ein. Die Lampe auf dem Tisch warf ein mildes Licht, und auf dem Bett lagen zwei bunte Kissen. Auch ihre Bettdecke war bunt. Daneben stand ein schmales Sofa. Die Musik war furchtbar, die Sänger schrien mehr, als dass sie sangen. Aber Anna fand es toll und bewegte sich im Rhythmus der Musik mit wilden Zuckungen. Ihre Haare flogen, immer ungestümer und ausgelassener tanzte sie und forderte mich auf mitzutanzen. An der Universität in Peking war ich ja ein hervorragender Tänzer gewesen. Walzer, Foxtrott, Rumba und Samba stellten mich vor keinerlei Probleme, aber so eine verrückte Art zu tanzen hatte ich noch nie erlebt. Ich hatte keine Ahnung, wie ich mich bewegen sollte. Ich ahnte jedoch, was wir da hörten. In unseren Zeitungen war von der «kapitalistischen Beat-Musik» die Rede gewesen, die angeblich die Menschen verführte und als völlig unrevolutionär kritisiert wurde. Das hier war sie wohl. Um Anna nicht zu enttäuschen, begann auch ich herumzuzappeln. Nach einer Weile wurde die Musik langsamer: ein Foxtrott. Nun streckte ich die Hände nach Anna aus. Ich umfasste sie, und sie schmiegte sich immer enger an mich, lehnte schließlich ihre Wange an meine, so dass ich mich nur noch schwer beherrschen konnte. Erneut benebelte mich der Duft des Parfums. Mein Herz begann wild zu pochen. Aber ich war doch Chinese! Irgendwelchen unverantwortlichen Leichtsinn durfte ich mir nicht gestatten. Und zudem würde alles sehr peinlich werden, wenn sie ablehnte.

Anna jedoch hatte längst durchschaut, was in mir vorging, und fand es vermutlich recht komisch, wie ich mich mit hölzernen Bewegungen bemühte, die Fassung zu wahren. Plötzlich schob sie mich ein Stück von sich weg und schaute mich lächelnd an. «Hast du schon einmal ein europäisches Mädchen geküsst?», fragte sie mit zarter Stimme.

«Nein, noch nie», flüsterte ich.

«Probier es doch mal!», forderte sie mich auf, schloss die Augen und hob den Kopf leicht zu mir hoch.

Nun war der Moment gekommen! Ob sie mich mochte? Ich war voller Zweifel. Natürlich wollte ich sie gern küssen. Ich hätte nicht nur ihren Mund küssen mögen, sondern auch ihre Brust. Solch eine verführerische Brust sah man bei chinesischen Frauen kaum. Aber wie konnte ich eine Frau küssen, die ich doch gar nicht liebte! Und wenn sie wirklich in mich verliebt war, was sollte ich dann tun? Plötzlich dachte ich an den tschechischen Ingenieur. Zwischen ihm und ihr war ja auch eine Beziehung gewesen. Und er war einfach gegangen.

Ich küsste sie ganz leicht auf ihr Näschen. Sie zitterte ein wenig und lächelte so süß und sanft dabei, dass chinesische Dichter es mit einer Pfirsichblüte verglichen hätten. Jetzt wurde ich etwas beherzter und küsste sie ganz leicht auf die roten, warmen Lippen. Mir war, als durchströmte ihr Duft meinen ganzen Körper. Sie wehrte sich nicht, sondern schmiegte sich noch fester an mich. Das bedeutete doch, dass sie es geschehen ließ! Jetzt brauchte ich keine Angst mehr zu haben, sie könnte mich zurückweisen. Nun küsste ich sie auf die Wangen, auf die Augen, die Ohren, die Nase und strich mit den Händen über ihren Rücken. Da schlang sie die Arme um meinen Hals und begann nun, mich zu küssen. Zum ersten Mal genoss ich solch heiße Küsse von einer Europäerin. Die chinesischen Mädchen waren doch zurückhaltender und passiver. So lange schon hatte ich keinen Kontakt mit Frauen gehabt, nun war es, wie wenn trockenes Brennholz und kräftiges Feuer zusammenkommen. Mein letzter Widerstand verflüchtigte sich. Jetzt zog mich Anna auf das Bett. Ich lag auf ihr und küsste sie immer weiter. Sie löste die Knöpfe ihrer Bluse und enthüllte vor meinen Augen ihre schönen, weißen Brüste. Ich merkte, dass sie einige Erfahrung besaß, und es schien sie ein wenig zu amüsieren, auf einen so unerfahrenen Mann wie mich zu treffen, der mit der Theorie vertrauter war als mit der Praxis. Sie kicherte und lachte und übernahm die Regie. Mit meinen achtunddreißig Jahren war es mir ein wenig peinlich, mich von ihr anleiten zu lassen. Unter der asketischen Selbstbeherrschung, die in China in sexueller Hinsicht bestand, waren die meisten Menschen beim Sex so verkrampft, dass sie ihn kaum genießen konnten. Nicht anders war es an diesem Abend zunächst bei mir. Dank Annas Natürlichkeit und ihrer Aktivität aber erlebte ich nun eine Wandlung. Auf einmal fühlte ich mich so frei und entspannt wie nie. Es schien mir wirklich, als schwebte ich auf den Wolken. Immer mehr verschmolzen wir miteinander. Als wir schließlich erschöpft nebeneinander einschliefen, dämmerte im Osten bereits der Morgen herauf.

Von dem Tag an hatte ich das Gefühl, ein anderer Mensch geworden zu sein. Mir war, als sei ich von geistigen und körperlichen Fesseln befreit. Früher hielt ich mich immer für einen Optimisten, der sagte, was er dachte, und tat, was er wollte. Nun merkte ich, dass ich mir in diesem Punkt etwas vorgemacht hatte. Mein Körper und mein Geist waren immer von unsichtbaren Ketten gehemmt worden, an die ich mich im Laufe der Zeit so sehr gewöhnt hatte, dass ich sie nicht mehr spürte. Von jenem Abend an verbrachten Anna und ich fast unsere gesamte Zeit miteinander, die Tage und die Nächte. Bei allem Wohlgefühl, das ich empfand, begann ich jedoch auch, mich ein wenig zu fürchten. Jetzt war ich nach Deutschland gekommen, vor mir türmten sich Probleme, deren mögliche Bewältigung ein Rätsel war, und nun hatte ich mich noch auf solch eine Beziehung eingelassen. Ich spürte, dass ich anfing, Anna zu lieben.

Anna blieb dies nicht verborgen. Einige Tage später sagte sie unerwartet zu mir: «Peter, ich mag dich. Es ist so schön, mit dir zusammen zu sein. Aber du musst auch daran denken, dass du du bist und ich ich bin. Ich gehe auf jeden Fall nach Amerika. Du darfst dir keine Hoffnung auf eine gemeinsame Zukunft machen.»

Sie war doch eine kluge Frau! Ich fühlte mich erleichtert. Ich selbst hatte nicht den Mut gefunden, darüber zu sprechen. Anna war nicht nur äußerlich wunderschön, sondern bis in die Tiefe ihres Herzens. Sie war bewundernswert offen und ehrlich, und zugleich war sie sehr fair. Durch sie änderte sich meine Einstellung über die sexuelle Beziehung zwischen Mann und Frau. In China hatte es immer geheißen, Sex dürfe es nur in der Ehe geben. Aber jetzt fand ich, dass Mann und Frau zwei Möglichkeiten hatten, wie sie sich lieben konnten: Die eine war eine echte, tiefe Liebe von langer Dauer, und die andere war nur eine kurzfristige Zuneigung, die freilich ebenfalls ihre Berechtigung besitzen konnte.

Interesse an der Kulturrevolution

Schon ein, zwei Wochen nach meinem Besuch bei Professor Unger erhielt ich einen Brief von ihm, in dem er mir mitteilte, dass er bereits mit Professor Grimm von der Universität Bochum Kontakt geknüpft habe und dass dieser bereit sei, sich mit mir zu treffen. Außerdem sandte er mir ein Empfehlungsschreiben mit. Welch erfreuliche Entwicklung!

Auch mein Besuch bei Professor Grimm erwies sich als lohnend. Er hatte als Kind mit seinen Eltern mehrere Jahre in China verbracht und sprach gut Chinesisch. Er empfing mich sehr freundlich und gab mir zu verstehen, dass er mir gern behilflich sein wollte, in Deutschland zu bleiben. Aber er mahnte mich auch, geduldig zu sein und auf eine passende Chance zu warten. Er wollte mich benachrichtigen, sobald er etwas hörte.

Als er erfuhr, dass ich keine Freunde in Deutschland hatte, sagte er: «Bei uns an der Ruhr-Universität gibt es einen chinesischen Doktoranden aus Hongkong, ein netter Mann. Sie können ja mal mit ihm Kontakt aufnehmen.» Er schrieb mir die Adresse auf. «Er wohnt in einem Studentenheim ganz in der Nähe.»

Ein nicht sehr großer, schlanker Chinese um die dreißig öffnete die Zimmertür und schaute mit skeptischem Blick auf den unerwarteten Gast. Dann fragte er in nicht sonderlich freundlichem Ton etwas auf Deutsch. Als er merkte, dass ich kein Deutsch verstand, fragte er mich auf Chinesisch: «Sind Sie Chinese?»

«Ja. Sind Sie Cheng?»

«Ja. Und Sie?»

«Professor Grimm hat mir Ihre Adresse gegeben. Ich heiße Guan und bin vor kurzem aus China gekommen.»

«Aus Taiwan oder vom Festland?»

Er schaute mich misstrauisch an. Auch ich musste auf der Hut sein. Hier im Westen gab es sicher sehr unterschiedliche Landsleute, darunter bestimmt auch solche, die als Agenten für Taiwan, und solche, die für die Kommunistische Partei arbeiteten. Wenn eine von diesen Seiten herausbekam, dass ich in Deutschland war, würden sie mich nicht mehr in Ruhe lassen. Die einen würden mich als politisches Instrument gegen die KP benutzen, und die anderen würden mit allen Mitteln versuchen, mich nach Hause zurückzubringen. Außerdem war ich mir nicht sicher, ob es unter den Chinesen in Deutschland nicht – wie früher in China – eine so genannte schwarze Gesellschaft gab. Ginge ich ihr ins Netz, könnten sie mit mir ein Geschäft machen und mich «verkaufen». Vermutlich dachte Cheng seinerseits Ähnliches.

«Ich bin aus Peking.»

Seine Miene hellte sich auf, er trat zur Seite und bat mich ins Zimmer: «Kommen Sie doch herein! Es ist sehr eng und unordentlich hier.» Er räumte rasch ein paar Stapel aus Büchern, Wäsche und Zeitungen beiseite und ließ mich Platz nehmen. Dann ging er nach nebenan in die Küche, um Teewasser aufzusetzen. Typisch chinesisch! Das Zimmer war klein, aber gemütlich und warm. Die Sonne schien herein.

Wie sollte ich mich ihm überhaupt vorstellen? Ach, ich wollte ganz offen und ehrlich sein!

«Ich bin vor kurzem aus China geflüchtet», begann ich.

«Ach wirklich?» Er war so überrascht, dass er fast seine Teekanne auf den Boden fallen ließ. «Aus China geflüchtet? Wie war das denn möglich?»

«Es war sehr schwierig. Ich kann das nicht alles in ein paar Sätzen erzählen.»

«Und wie lange sind Sie schon in Deutschland?»

«Ein paar Wochen.»

«Dann erzählen Sie doch mal, wie sich die Kulturrevolution in China in der letzten Zeit entwickelt hat. Wir kommen hier ja kaum an verlässliche Informationen über die konkrete Lage.»

Es war großartig, nach so langer Zeit, in der ich mich nur über Fremdsprachen verständigt hatte, endlich mal wieder mit einem Landsmann Chinesisch sprechen zu können, und ich berichtete ausführlich, wie die Kulturrevolution in Peking begonnen hatte. Je mehr ich erzählte, umso aufgeregter wurde ich. Cheng hörte aufmerksam zu. Als ich ihm erzählte, wie ganze Städte in zwei Fraktionen zerfallen waren, die Rebellen und die Loyalen, die einander heftig bekämpften, und wie selbst die Armee in diese Kämpfe hineingezogen worden war, war es mit seiner Ruhe ebenfalls vorbei, und mehrmals schlug er beim Zuhören bekräftigend mit der Faust auf den Tisch. Anscheinend unterstützte er ebenfalls die Seite der Rebellen.

Der Abstand zwischen uns verringerte sich zunehmend. Plötzlich schaute er auf die Uhr und sagte: «Lassen Sie uns in die Mensa gehen und Mittag essen.»

Kaum hatten wir die Mensa betreten, sah ich überall Flugblätter und Wandzeitungen.

«Die chinesische Kulturrevolution ist schon bis nach Europa gelangt», erklärte Cheng. «Die Studenten haben angefangen zu streiken und haben auf Wandzeitungen die Professoren kritisiert. Für viele linke Studenten ist Mao Zedong ein großer revolutionärer Führer. Mit allem, was hier liegt und aushängt, ist es genau wie in China: lauter verschiedene Meinungen von verschiedenen politischen Gruppierungen.» Er wirkte ganz begeistert.

Cheng besorgte uns das Essen und suchte einen Tisch. Während wir aßen und ins Gespräch vertieft waren, kamen zwei jüngere Studenten auf uns zu, offenbar Deutsche. Cheng machte mich mit den beiden bekannt und fügte hinzu, dass ich gerade aus Peking gekommen sei. Immer mehr Studentinnen und Studenten kamen an unseren Tisch. Alle wollten etwas über die aktuelle Lage in China erfahren. Diese Atmosphäre gefiel mir. Je mehr Leute dazukamen, mit umso größerem Enthusiasmus berichtete ich.

Cheng war stolz, den Studenten einen Augenzeugen der Kulturrevolution präsentiert zu haben. Das Mittagessen war schnell beendet. Ein Student schlug vor, man könne sich abends zu einem Bier treffen und weiter diskutieren, aber ich lehnte ab. Ich mochte Anna nicht über Nacht allein in dem großen Haus lassen, und ich hätte ihr auch nicht telefonisch Bescheid geben können. Alle waren enttäuscht über meine Absage, besonders Cheng. Die wechselseitigen Bedenken, die anfangs zwischen Cheng und mir bestanden hatten, hatten sich völlig zerstreut. Er fuhr mich sogar noch mit seinem klapperigen, alten Fiat zurück nach Münster.

Drei Tage später rief Professor Grimm an: «Herr Guan, ich habe mit dem Direktor des Instituts für Asienkunde in Hamburg, Doktor Großmann, gesprochen. Er hat großes Interesse an Ihnen und würde sich gern einmal mit Ihnen treffen. Hätten Sie Lust, ihn in Hamburg zu besuchen?»

Er gab mir die Telefonnummer und die Anschrift, so dass ich mich dort direkt melden konnte. Ich fand die Sache aufregend, hatte aber keine rechte Vorstellung von dem, was in Hamburg auf mich zukäme, und fragte daher erst einmal Herrn Weber. Er riet mir, mich dort vorzustellen, wusste aber vom Institut für Asienkunde nichts Näheres. Ich rief Cheng an.

«Ich habe vom Institut für Asienkunde gehört», sagte er. «Es ist ganz unbedenklich, wenn Sie es sich mal ansehen. Sagen Sie mir Bescheid, wenn Sie hinfahren.»

Danach rief ich bei Doktor Großmann an. Er lud mich sofort ein zu kommen. Seine Stimme klang ausgesprochen sympathisch, und er sprach hervorragend Englisch.

«Wann passt es Ihnen denn?», fragte ich.

«Wann immer Sie möchten. Wie wäre es mit morgen?»

«Aber wo liegt Hamburg? Ist das weit von Münster entfernt?»

«Nicht allzu weit. Fast stündlich gibt es eine Direktverbindung mit dem Zug.»

«Gut, dann versuche ich also morgen zu kommen.»

«Schön, ich warte auf Sie.»

Sogleich gab ich Cheng Bescheid. «In Ordnung», sagte er, «ich komme morgen früh zu Ihnen und fahre Sie zum Bahnhof. Ich habe auch noch etwas mit Ihnen zu besprechen.» Tatsächlich traf Cheng schon in aller Frühe in Münster ein.

«Hamburg ist eine große Stadt. Dort ist alles teurer als in Münster. Wie viele Tage werden Sie in Hamburg bleiben?»

«Ich weiß noch nicht, es kommt darauf an.»

«Und wo werden Sie übernachten?»

«Das weiß ich auch nicht, vielleicht in einem Hotel?»

«Wie viel Geld haben Sie denn noch?»

«Gut hundert Mark.»

«Nicht mehr? Und damit wollen Sie nach Hamburg fahren? Außerdem müssen Sie sich in Hamburg auch ein bisschen umschauen. Dafür reicht das Geld auf keinen Fall.»

Er legte fünfhundert Mark auf den Tisch und sagte: «Das ist für unterwegs. Wenn Sie später Geld haben, können Sie es mir ja zurückgeben.»

«Aber ... wir kennen uns doch erst seit so kurzer Zeit. Wie kann ich so viel Geld von Ihnen annehmen? Außerdem weiß ich überhaupt nicht, wann ich es zurückgeben kann.»

«Das ist schon in Ordnung. Gehen wir! Vielleicht erreichen Sie gerade noch den nächsten Zug. Ich bin gespannt, was Sie an Neuigkeiten mitbringen werden.»

Seine Großzügigkeit berührte mich. Er war ja selbst noch Student. Ich würde seine Unterstützung nicht vergessen und mich irgendwann revanchieren.

Hamburg – aus dem Geographieunterricht erinnerte ich mich nur, dass dies eine Hafenstadt an einem Fluss namens Elbe war. Herr Weber hatte am Vorabend ergänzt, Hamburg sei seit der Teilung Deutschlands die größte Stadt Westdeutschlands und zudem eine schöne, reiche Handelsstadt mit dem bedeutendsten deutschen Seehafen und guter Luft.

Je mehr sich der Zug Hamburg näherte, desto ungeduldiger ersehnte ich die Ankunft. Als der Zug dann langsam in die Stadt einfuhr, war ich zunächst enttäuscht. Hamburg wirkte ziemlich unordentlich geplant. Auch musste ich aufpassen, dass ich nicht in der falschen Station ausstieg. Doktor Großmann hatte mir aufgetragen, nicht am Hauptbahnhof, sondern eine Station später, am Dammtor, auszusteigen. Als der Zug den Hauptbahnhof verließ und weiterfuhr, tauchte plötzlich ein großer See vor meinen Augen auf, dessen Ufer prächtige Gebäude und Parkanlagen säumten, ein idyllischer Anblick. Als ich durchs gegenüberliegende Zugfenster blickte, sah ich dort einen kleineren See, den fünf- bis sechsgeschossige Geschäftshäuser umstanden, überragt von mehreren Kirchtürmen. Viele Dächer fielen durch ihren hellen Blaugrünton auf, eine ungewohnte und hübsche Note. Aha, der Zug fuhr also auf einer Brücke über den See. Erst seit ich nach Deutschland gekommen war, hatte ich erfahren, dass die Bahnhöfe in europäischen Städten fast immer im Stadtzentrum lagen. Dieser See befand sich also anscheinend auch in der Stadtmitte. Dass es im Zentrum einer Stadt derart viel Wasser geben konnte, war ja unglaublich! Da ich selber in einer großen Stadt aufgewachsen war, liebte ich richtige Großstadtatmosphäre mit ihrer Geschäftigkeit und den vielen Menschen. Später einmal in solch einer großen und imposanten Stadt leben zu können, wäre ein Traum.

Das Institut für Asienkunde lag tatsächlich nicht weit vom Bahnhof entfernt. Ich fand es ohne Mühe. Doktor Großmann war ein hoch gewachsener Mann, gut angezogen und mit breiten Koteletten. Er sprach so fantastisch Englisch, dass ich im Bemühen, mit meinem Englisch sein Niveau zu erreichen, anfing zu stottern. Bestimmt hatte er jetzt einen ganz schlechten Eindruck von mir! Glücklicherweise war Herr Großmann sehr locker, so dass ich mich wieder entspannte. Großmann erzählte, dass er früher ein paar Jahre in Japan gelebt hatte. Seine Fragen zeigten, dass er auch mit der chinesischen Kultur sehr vertraut war. Dann kam er auf die aktuelle Lage in China zu sprechen: «Herr Guan, zurzeit herrscht in China die Kulturrevolution. Wir haben hier Schwierigkeiten, die Situation genau einzuschätzen. Können Sie nicht für uns etwas über die Kulturrevolution schreiben?»

Diese direkte Frage machte mich zunächst sprachlos. Etwas schreiben? Hieß das nicht, Informationen weiterzuverkaufen? Was für eine Organisation war das Institut für Asienkunde überhaupt? Was sollte ich tun? Sollte ich zustimmen oder ablehnen?

Als Doktor Großmann sah, dass ich nicht direkt antworten mochte, schlug er vor: «Sie können es sich ja erst einmal überlegen. Sie müssen sich nicht sofort entscheiden.»

«Nein, nein», entgegnete ich. «Ihre Frage kam nur so unerwartet. Ich war überhaupt nicht darauf vorbereitet. Über welche konkreten Themen oder Inhalte soll ich denn schreiben? Haben Sie besondere Vorstellungen?»

«Nein, überhaupt nicht. Sie schreiben über die Kulturrevolution, was und so viel Sie wollen. Wir machen einen Vertrag über sechs Monate mit Ihnen, und Sie erhalten monatlich eintausendzweihundert Mark von uns.»

Was für ein großartiges Angebot! Ich brauchte also überhaupt keine Angst zu haben!

«Aber in welcher Sprache soll ich schreiben?»

«Auf Englisch, oder? Was meinen Sie?»

«Ja, das ist in Ordnung. Und wann soll ich anfangen? Und wo soll ich schreiben?»

Ich war noch ganz verwirrt. Konnte das denn alles wirklich so einfach sein? Er hatte mich doch gar nicht nach meiner Vergangenheit, nach meiner Familie, nach meiner eigenen Person gefragt, sondern machte mir gleich ein Angebot! In China wäre das undenkbar gewesen.

«Sie können sofort anfangen. Kommen Sie nach Hamburg! Wir richten einen Arbeitsplatz für Sie ein.»

«Ich müsste aber erst noch einmal nach Münster zurück und meine Sachen holen.»

«Selbstverständlich, selbstverständlich. Wenn Sie Geld brauchen, können wir Ihnen das erste Honorar sofort im Voraus geben.»

«Nein, nicht nötig. Ich habe noch etwas Geld.» Sofort bereute ich es, dass ich so schnell abgelehnt hatte. Ich war ja mit geliehenem Geld gekommen. Außerdem konnte Doktor Großmann sein Angebot leicht zurückziehen, wenn ich keinen Vorschuss erhielt. Aber nach chinesischer Sitte musste ich zu dem stehen, was ich gesagt hatte, und ich hatte ja bereits nein gesagt.

Ich wollte mich verabschieden, da erhob sich Herr Großmann und sagte: «Warten Sie noch einen Moment. Wir haben hier zwei chinesische Kollegen im Institut für Asienkunde, mit denen ich Sie gern bekannt machen würde. Und dann kommen Sie bitte am Nachmittag noch mal vorbei, dann können wir gleich den Vertrag unterschreiben. Und vielleicht brauchen Sie ja doch gleich ein wenig Geld ...»

Ich war glücklich. Nach quälend langer, erzwungener Untätigkeit würde ich endlich wieder etwas leisten können, und dazu noch etwas, worauf ich mich freute: Schreiben tat ich gern, und über China besonders. Zudem war ich froh, dass es hier noch zwei weitere Chinesen gab. Ich dachte sofort an Cheng. Landsleute waren eben Landsleute. Tatsächlich erhielt ich von Doktor Großmann sogar ein Monatsgehalt als Vorschuss, obwohl ich ja abgelehnt hatte. Er hatte meine chinesische Höflichkeit wohl gleich durchschaut.

Ich war ganz aufgeregt, als ich am selben Abend nach Münster zurückkam. Ich hatte eine Arbeit gefunden! Aber ich war auch ein bisschen traurig. Was würde Anna wohl denken, wenn ich wegging? Im Gästehaus ging ich geradewegs zu ihrem Zimmer.

Sie war am Packen. Als sie mich sah, legte sie ihre Arme um meinen Nacken und gab mir rechts und links einen Kuss auf die Wange. «Peter, stell dir vor: Mein Antrag ist genehmigt worden! Ich kann sofort nach Amerika reisen. Morgen muss ich nach Bonn, um alles zu erledigen. Du kannst mir gratulieren.»

Welch ein Zufall! Ich erzählte ihr auch meine gute Nachricht. Sie fing vor Freude an zu weinen und sagte: «Das ist ja fantastisch, Peter! Ich hatte schon große Sorge gehabt, dass du hier allein zurückbleiben müsstest, wenn ich morgen wegfahre, und dass du dich einsam fühlen würdest. Peter, ich mag dich wirklich sehr gern. Ich bin mit mehreren Männern zusammen gewesen, aber wir hatten immer nur wenig miteinander zu reden. Und merkwürdig, du bist Chinese und kommst aus einem ganz anderen Kulturkreis als ich, und ich konnte mit dir über so vieles sprechen. Ich hatte immer Angst, ich könnte mich richtig in dich verlieben. Je länger ich mit dir zusammen war, umso gefährlicher kam es mir vor. Und jetzt ist diese Angst vorbei. Lass uns heute Abend feiern! Morgen werden wir schon Fremde sein.»

Wir verbrachten einen ruhigen und romantischen Abend in einem Restaurant mit leiser Musik, gutem Essen und viel Wein. Als ich am nächsten Morgen aufwachte, lag ich allein in Annas Bett. Mit all ihren Sachen hatte sie sich in aller Frühe fortgeschlichen. Auf dem Tisch hatte sie mir einen Zettel hinterlassen, auf dem mit Lippenstift ein rotes Herz gemalt war. Darunter stand ihr Name: Anna. Keine Adresse, nichts sonst.

Herr Weber freute sich mit mir über meine Neuigkeiten aus Hamburg. «Das heißt, Sie müssen ein fähiger Mensch sein. Jetzt bin ich sicher, Sie werden in Deutschland bleiben können. Möge Gott Sie beschützen.»

Noch am selben Tag fuhr ich zu Cheng. Er erschrak richtig, als er mich sah.

«Wieso bist du so schnell zurück? Es hat nicht geklappt, oder? Aber keine Sorge! Wir finden bestimmt einen Weg für dich.»

Ich lächelte und sagte: «Im Gegenteil: Ich kann beim Institut für Asienkunde anfangen! Hier ist mein Vertrag.» Ich zeigte ihm das Dokument.

«Was? Du hast sogar schon einen Vertrag unterschrieben? So schnell?», rief er aufgeregt und schaute ihn sich genauer an. «Oh, eintausendzweihundert Mark pro Monat! Dann verdienst du doppelt so viel, wie ich als Stipendium bekomme! Komm, lass uns zu Professor Grimm gehen. Du musst dich richtig bei ihm bedanken.»

Grimm und Großmann hatten offenbar schon miteinander telefoniert, denn als ich eintrat, erhob er sich sofort und schüttelte mir die Hand. «Sie haben einen guten Eindruck auf Doktor Großmann gemacht. Ich bin zuversichtlich, dass Sie es schaffen können, in Deutschland zu bleiben. Sie sind jedenfalls jederzeit in Bochum willkommen.»

Noch am selben Tag gab ich Cheng die fünfhundert Mark zurück, die er mir geliehen hatte, und am Abend feierten wir den Erfolg, indem wir bei ihm Jiaozi machten. Früher in Peking hatten wir fast jede Woche einmal Teigtaschen gegessen. Ich hatte richtigen Heißhunger darauf und übernahm es, die Zutaten zu bezahlen. Cheng fand sogar eine kleine Flasche chinesische Sojasoße. Aber leider gab es keinen Chinakohl, den wir für die Füllung gebraucht hätten. Also kauften wir deutschen Weißkohl und Porree. Das passte zwar nicht so gut, aber wir aßen trotzdem mit großem Appetit. Ich genoss es, mit ihm über alle Dinge zu reden, die mir auf dem Herzen lagen. Da wir aus dem gleichen Land kamen, dieselbe Muttersprache und einen ähnlichen historischen Hintergrund hatten, konnte ich mit ihm über mich bewegende Fragen auf eine so zwanglose und gleichzeitig tief gehende Weise sprechen, wie es mir seit der Flucht nicht mehr möglich gewesen war. In uns beiden keimte dabei Heimweh auf. Wir versuchten es mit Alkohol als Gegenmittel, aber es erging uns, wie es das chinesische Sprichwort beschreibt: «Die Sorgen in Schnaps ertränken macht sie nur noch größer.»

Neuanfang in Hamburg

Der eine chinesische Kollege im Institut für Asienkunde stammte ursprünglich aus Sichuan und war über Hongkong nach Deutschland gelangt. Er hatte hier promoviert und war mit einer Deutschen verheiratet. Großmann bat ihn, sich um mich zu kümmern, und er tat tatsächlich sehr viel für mich. Er vertrat auch ungefähr den gleichen Standpunkt wie Cheng und sympathisierte mit der Volksrepublik China. Nicht so der andere chinesische Kollege, der aus Taiwan stammte. Er hielt deutlich Abstand zu mir.

Ich zog in die Pension Adina gleich gegenüber vom Institut. Mein Zimmer war fast so klein wie die Gefängniszelle in Kairo. Eine Kochmöglichkeit gab es nicht. Darum aß ich fast jeden Tag Brot mit Butter, ein paar Tomaten und trank Wasser. Ab und zu gönnte ich mir ein warmes Essen nebenan im Curio-Haus, einem Gewerkschaftsgebäude mit Tagungsräumen und einem sauberen, gut eingerichteten Restaurant mit erschreckend hohen Preisen. Da ich noch kein Deutsch lesen und mir auch nicht leisten konnte, viel Geld auszugeben, bestellte ich dort jedesmal nur Currywurst und ein Mineralwasser. Der Ober kannte mich bald und fragte mich schließlich gar nicht mehr, was ich wünschte, sondern brachte mir jedesmal, wenn ich kam, gleich eine Currywurst und ein Mineralwasser. Ich wusste nicht, ob ich darüber lachen oder weinen sollte. Nach einer Weile mochte ich keine Currywurst mehr sehen.

Ich hatte gemeint, dass es ein Leichtes wäre, über die Kulturrevolution zu schreiben. Aber kaum hielt ich einen Stift in der Hand, wusste ich nicht mehr weiter. Ich konnte zwar gut Englisch sprechen, hatte aber noch nie einen richtigen Artikel auf Englisch verfasst. Außerdem waren in nur kurzer Zeit so viele Dinge geschehen. Diese alle aus dem Gedächtnis aufzuschreiben, bereitete mir Schwierigkeiten. Wann war was passiert? Was war früher und was später passiert? Genaue Daten nachzuschlagen, hatte ich keine Möglichkeit. Ich konnte doch nicht einfach irgendetwas schreiben! Überdies stellte ich fest, dass ich bisher nur eine oberflächliche Vorstellung von der Kulturrevolution besaß. Mao Zedongs Politik hatte ich im

Grunde genommen immer positiv bewertet; er war ja ohnehin für uns ein Halbgott, und wer seine Ideen oder Taten kritisierte, versündigte sich gewissermaßen. Aber ehe ich jetzt schwarz auf weiß etwas niederschrieb, musste ich zuerst mich selbst fragen: Wenn Maos Ideen richtig waren, wie hatte dann die Kulturrevolution zu solchen Exzessen führen können? Zum ersten Mal begann ich, seine Weisheit zu bezweifeln. Aber war er allein schuldig? War nicht das chinesische Volk, waren nicht wir alle mitschuldig an diesem Chaos? Ich begriff: Um über die Kulturrevolution zu schreiben, musste ich zuerst den Hintergrund der chinesischen Geschichte erläutern.

Ein Monat war vergangen, und ich hatte noch nicht einmal zehn Seiten geschrieben. Manchmal saß ich nur deprimiert da, starrte aus dem Fenster und wusste nicht, was ich tun sollte. Eines Tages traf ich Doktor Großmann im Treppenhaus. Er fragte mich: «Na, Herr Guan, wie geht es Ihnen? Wie läuft es mit Ihrem Manuskript?»

«Nicht gut», antwortete ich, «ich habe viele Probleme damit.»

«Kommen Sie doch mal mit in mein Zimmer und lassen Sie uns darüber sprechen.»

Als ich ihm dann freimütig meine Schwierigkeiten mit dem Englischen schilderte, sagte er: «Sie können auch auf Chinesisch schreiben, wenn Sie wollen.»

Das würde ja alles vereinfachen. «Wissen Sie, wenn ich wirklich auf Chinesisch schreiben darf, hätte ich noch eine bessere Idee», sagte ich. «Vielleicht kann ich die Entwicklung der achtzehn Jahre zwischen 1949 bis 1967 anhand meiner eigenen Erlebnisse schildern. Das wäre dann eine Art Augenzeugenbericht.»

«Bitte sehr, tun Sie das. Ich bin einverstanden», entgegnete er.

Auf Chinesisch einen Augenzeugenbericht zu schreiben, erwies sich tatsächlich als viel einfacher. Ich genoss das Schreiben richtig und schrieb von morgens bis abends. Am Ende jedes Kapitels ging ich zu dem einen chinesischen Kollegen und las es ihm vor. Er fand es sehr interessant und klopfte immer wieder zustimmend mit der Faust auf den Tisch.

Inzwischen hatte ich zwei Briefe von einem Mitarbeiter des Hohen Flüchtlingskommissariats, Herrn Fischer-Dieskau, erhalten. Er hatte mir nahe gelegt, die Einwanderung in die USA zu beantragen. Als ich ihm antwortete, dass Amerika eine psychisch belastende Lösung für mich wäre und deshalb nicht in Frage käme, wurde er deutlicher und antwortete, dass weitere Alternativen erst in Betracht gezogen würden, wenn die USA meine Aufnahme ablehnten. Ich konnte das nicht verstehen: Es gab so viele Staaten in der freien Welt; warum wollte mich das Flüchtlingskommissariat denn unbedingt in die USA schicken? Wieder bestätigte sich mir, dass die Uno vor allem amerikanische Belange verfolgte. Aber ich wollte die Mitarbeiter des Flüchtlingskommissariats auch nicht unnötig verärgern. Ich überlegte und signalisierte schließlich meine Bereitschaft, einen Antrag für die USA zu stellen, bat Fischer-Dieskau jedoch zuvor um ein persönliches Gespräch, in dem ich ihm die Gründe für meine ablehnende Haltung verständlich zu machen hoffte. Dazu kam es jedoch nicht mehr. Fischer-Dieskau gingen mein zögerliches Verhalten und die ständige fruchtlose Korrespondenz wohl allmählich auf die Nerven. Eines Tages im Sommer 1969 jedenfalls erhielt ich überraschend einen Brief der evangelisch-lutherischen Auswanderermission in Hamburg, der mein Fall übergeben worden war. Ich nahm sofort mit der zuständigen Mitarbeiterin Kontakt auf. Als ich ihr meine Sorge vortrug, dass China mich bei einer Auswanderung in die USA als Verräter ansehen und meinen Angehörigen weiteren Schaden zufügen könnte, zeigte sie sofort Verständnis und versprach, eine andere Lösung für mich zu finden. Außerdem besorgte sie mir ein kleines Zimmer in einem protestantischen Studentenwohnheim.

Bislang hatte ich noch keinen Kontakt zur Universität gehabt. Erst nach zwei oder drei Monaten stellte ich fest, dass die Universität ja nur einen Katzensprung vom Institut entfernt lag. Dort entdeckte ich zu meiner großen Freude auch eine Mensa. So tat sich mir plötzlich eine andere Welt auf, in der alle Englisch sprechen konnten und sich täglich fröhlich um die Resopaltische scharten. Schnell fand ich Kontakt zu ein paar Studenten. Einmal kam ein Vertreter der Hamburger Studentenschaft und bot mir an, eine große Veranstaltung zu organisieren, auf der ich über die Kulturrevolution berichten sollte. Während unseres Gesprächs erzählte ich ihm von meiner unklaren Lage, da kam ihm plötzlich eine Idee: «Wieso versuchst du nicht zu studieren? Solange du hier Student bist, kann dich niemand zwingen, woanders hinzugehen.»

Der Satz erschien mir wie ein Lichtschimmer in einer finsteren Höhle. An der Universität studieren – das war doch genau das, was ich mir ohnehin schon gewünscht hatte!

«Aber wie kann ich es anstellen, einen Studienplatz zu bekommen?» Ich hatte bei meiner Flucht keine Zeugnisse mitgenommen, denn sie hätten mich im Falle einer Gepäckkontrolle sofort verraten.

«Die ausländischen Studenten werden vom Akademischen Auslandsamt betreut», erklärte er mir. «Der Chef heißt Doktor Lass. Ich kenne ihn persönlich. Komm, lass uns am besten gleich zu ihm gehen!»

Doktor Lass war mir von Anfang an äußerst sympathisch. Er sprach fließend Englisch und schien über ein breites Wissen zu verfügen. Als ich ihm die Briefe des Flüchtlingskommissariats zeigte, warnte er mich sofort: «Herr Guan, seien Sie vorsichtig! Die Politik im Westen ist auch sehr kompliziert. Sie sind Wissenschaftler, und je ferner Sie sich von solchen Organisationen halten, desto besser. Ich werde mich bemühen, Sie an die Uni zu bekommen, aber das ist nicht so einfach, da Sie ja keine Unterlagen bei sich haben, aus denen Ihre akademische Vorbildung ersichtlich wäre. Ich will sehen, ob ich eine Ausnahmegenehmigung für Sie erwirken kann.»

Einige Wochen später rief er mich an und teilte mir mit: «Herr Guan, unser Komitee hat über Ihren Fall gesprochen. Wir können Sie als Studenten akzeptieren, wenn zwei Professoren bestätigen, dass Sie die Hochschulreife besitzen.»

Es bestand also eine reelle Chance, einen Studienplatz zu bekommen! Vielleicht könnte ich dann auch in Deutschland bleiben. Überglücklich bedankte ich mich bei ihm. Um mich nicht zu verzetteln, wollte ich das Problem, die Bestätigung zweier Professoren zu bekommen, erst nach Fertigstellung des Manuskriptes angehen.

Die sechs Monate waren schnell um. Auf den Tag genau übergab ich Direktor Großmann das chinesische Manuskript. Es war sechshundertsechsundvierzig Seiten stark.

«So viel haben Sie in dieser kurzen Zeit geschrieben?», fragte er mich erstaunt. «Ich werde die beiden chinesischen Kollegen bitten, es für mich zu lesen und zu beurteilen. – Und was machen Sie jetzt, Herr Guan? Leider habe ich keine Möglichkeit, Ihnen eine Stelle anzubieten.»

«Ich möchte gern noch einmal studieren. Doktor Lass von der Universität Hamburg hat sich bereit erklärt, mir einen Studienplatz zu besorgen, wenn ich meine Hochschulreife nachweisen kann. Ich brauche dazu die Gutachten zweier Professoren. Könnten Sie für mich ein Gutachten schreiben?»

«Gern, allerdings bin ich kein Professor. Zuerst möchte ich jedenfalls die Meinung meiner beiden Kollegen über Ihr Manuskript hören. Sie haben mir gesagt, dass Sie Russisch studiert haben. Wie fließend sprechen Sie denn Russisch?»

«Ich habe für russische Finanzexperten gedolmetscht. Ich glaube, mein Niveau ist nicht schlecht.»

«Ein Chinese, der fließend Englisch und außerdem noch fließend Russisch spricht, muss ja eigentlich Hochschulreife besitzen. Lassen Sie mich noch einmal überlegen.»

Ich war etwas unschlüssig, als ich sein Büro verließ. Ob er mir nicht glaubte, dass ich Russisch konnte?

Eine Woche später lud er mich zu einem Abendessen zu sich nach Hause ein. Ich freute mich sehr und kaufte mir eigens eine neue Krawatte. «Wenn man von einer deutschen Familie eingeladen wird, nimmt man dann Geschenke mit?», fragte ich einen Mitarbeiter des Instituts.

«Nicht unbedingt», antwortete er, «aber ich würde einen Strauß Blumen mitnehmen.»

Aus Werken der europäischen Literatur wusste ich, dass man sich zu einem Essen nicht nur gut kleidete, sondern auch bestimmte Tischregeln einhalten musste. Der Mitarbeiter erklärte mir, wie man sich bei Tisch richtig benahm. Dass man zum Beispiel das Besteck entsprechend den verschiedenen Gängen von außen nach innen benutzte. Daraus entnahm ich, dass es vermutlich drei Gänge geben würde.

Zu diesem Abendessen waren außer mir noch drei andere Gäste eingeladen, darunter eine junge Frau namens Greta. «Sie ist in Russland geboren, und ihre Mutter ist Russin», erklärte der Gastgeber. «Sie sprechen doch auch Russisch, nicht wahr? Dann können Sie sich ja heute Abend mit ihr auf Russisch unterhalten.» Deshalb also hatte er mich eingeladen! Allerdings hatte ich schon seit zehn Jahren kaum noch Russisch gesprochen und fühlte mich sehr unsicher. Greta begann sofort, sich mit mir auf Russisch zu unterhalten. Sie sprach fließend und akzentfrei. Ich konnte jedes Wort verstehen, das sie sagte, aber in den ersten zehn Minuten brachte ich nicht viel mehr über die Lippen als «ja» und «nein». Nach und nach jedoch hörte ich mich wieder in die Sprache hinein und führte schließlich ein angeregtes Gespräch mit ihr.

Unterdessen machten sich alle über zwei, drei Platten mit klitzekleinen Brotscheiben her, die auf dem Esstisch standen und kunstvoll mit verschiedenen Schinken- und Käsesorten, geräuchertem Fisch und Tomaten belegt waren. Praktischerweise steckte in jedem Stück ein Holzspießchen, so dass man die kleinen Dinger leicht auf seinen Teller bekam. Schon nach den ersten beiden Stücken merkte ich, dass dies alles nichts für mich war. Der Geruch von Käse war mir zuwider, und an rohes Fleisch und rohen Fisch war ich überhaupt nicht gewöhnt. Das Einzige, was ich davon essen konnte, war der gekochte Schinken, aber ich sagte mir: Das macht ja nichts, ich kann auf die Vorspeise verzichten. Nachher kommen sowieso noch die Suppe und ein, zwei Hauptgerichte. Ich schaute auf die anderen Gäste und den Gastgeber. Sie langten alle mit großem Appetit zu, und nach einiger Zeit waren die Platten fast leer. Ich wunderte mich, dass in Deutschland die Hauptspeise erst so spät serviert wird, und wurde immer hungriger. Dann sagte der Gastgeber: «Wollen wir uns ins Wohnzimmer setzen?»

Ach, das war ja interessant! Man machte also Pausen während des Essens. Wann wohl endlich das Hauptgericht kam? Wir setzten uns auf eine Sesselgarnitur. Der Gastgeber holte guten Wein und schenkte uns ein. Wein konnte ich ja nicht viel vertragen, und erst recht nicht auf leeren Magen. Schon der erste Schluck machte mich schwindelig. Mein Gesicht glühte. Ich wartete sehnsüchtig auf die Hauptspeise. Als sich schließlich die ersten Gäste erhoben und verabschiedeten, hätte ich fast weinen mögen. Erst jetzt begriff ich, dass es nichts mehr geben würde. Zu dumm, dass ich nicht doch mehr von den Häppchen genommen hatte! Als wir uns verabschiedeten, fragte Doktor Großmann Greta: «Wie finden Sie sein Russisch?»

«Ganz ausgezeichnet. Vor allem seine Aussprache ist hervorragend.» Dann wandte sich Greta an mich und fragte: «Wo wohnen Sie eigentlich, Herr Guan? Ich bin mit dem Auto hier. Ich kann Sie gern nach Hause bringen.»

Ich glaubte vor Hunger und Schwindel fast umzukippen und war dankbar für das Angebot. Während der Fahrt fragte ich Greta: «Wie fanden Sie das Essen heute?»

«Sehr fein. Die Gastgeberin hat sich viel Mühe gegeben, finden Sie nicht?»

«Ehrlich gesagt, ich habe nicht viel gegessen», entgegnete ich. «Das Essen war mir doch zu fremd. Ich habe die ganze Zeit auf ein warmes Gericht gewartet, aber es kam ja nichts mehr.»

Greta lachte schallend. Schließlich sagte sie: «Das ist hier so Sitte. In Deutschland isst man gewöhnlich nur mittags warm. Und das Essen heute Abend war außergewöhnlich gut.»

Das war eine Lektion für mich. Nächstes Mal würde ich mich vor einer Einladung erst einmal satt essen!

Agentenbesuch

Ich hielt mich gerade einmal wieder am Institut für Asienkunde auf, als ein etwa vierzigjähriger Mann nach mir fragte und erklärte, sich mit mir unterhalten zu wollen. Ich hatte keine Ahnung, wer er war. Er gab an, von der deutschen Regierung zu kommen, und stellte sich als «Fuchs» vor. Ohne mir darüber besondere Gedanken zu machen, folgte ich ihm ins Restaurant des Curio-Hauses. Dort merkte ich sehr schnell, dass er bestens über mich informiert war. Er fragte, wie es mir in Deutschland gefiele, wie ich zurechtkäme und was ich für Pläne hätte.

Der Mann kam mir seltsam vor. Seine Bewegungen und seine Mimik gefielen mir nicht.

«Was wollen Sie eigentlich von mir?», fragte ich zurück.

Er sagte: «Sie haben doch China erst vor kurzem verlassen und kennen dort bestimmt viele wichtige Personen. Ich möchte gern einige Informationen über diese Leute von Ihnen haben.»

Das gefiel mir nun gar nicht. Aber da er von der Regierung kam, musste ich vorsichtig sein. Ich antwortete etwas ausweichend, und zu meiner Beruhigung hakte er zunächst nicht weiter nach. Als das Essen um war, stand er auf und sagte: «Freut mich, Sie kennen gelernt zu haben, Herr Guan. Ich würde gern mit Ihnen in Kontakt bleiben, wenn es Ihnen recht ist.»

Ein, zwei Tage später erhielt ich einen Brief von einer «Hauptstelle für Befragungswesen», in dem mir mitgeteilt wurde, ihr Mitarbeiter, Herr Fuchs, würde mich einige Tage später vor der Mensa abholen.

Diesen Brief zeigte ich einigen Mitarbeitern des Instituts für Asienkunde und fragte, ob sie etwas über diese Hauptstelle für Befragungswesen wüssten. Alle verneinten. Das machte mir die Sache reichlich verdächtig.

Beim nächsten Treffen fragte mich Herr Fuchs freundlich: «Suchen Sie eine Arbeit, Herr Guan? Ich könnte Ihnen eine ähnliche Stelle wie am Institut für Asienkunde beschaffen. Ich hatte Ihnen ja schon gesagt, dass wir von Ihnen gern Informationen über China hätten. Sie würden bei uns gut verdienen.» Er reichte mir einen Zettel mit seiner Telefonnummer.

Ich entgegnete sofort: «Ich bin Wissenschaftler. Ich befasse mich nicht mit Politik, und außerdem weiß ich gar nicht viel über China. Mich würde aber trotzdem interessieren, wo ich arbeiten müsste. Hier in Hamburg?»

«Nein, in München. Wir zahlen Ihnen selbstverständlich eine Bahnfahrt erster Klasse. Sie würden auch in einem Erster-Klasse-Hotel wohnen und dreitausend Mark pro Monat verdienen. Aber, wissen Sie, ich befasse mich auch nicht mit Politik und bin selber auch ganz unpolitisch. Da können Sie ganz beruhigt sein.»

Mir schien die Sache sehr dubios, aber verprellen wollte ich Herrn Fuchs auch nicht, solange womöglich die Gefahr bestand, dass ich mir dadurch Probleme einhandelte. «Darf ich erst darüber nachdenken?», fragte ich.

«Selbstverständlich. Sie können mir Ihre Entscheidung telefonisch mitteilen.»

Ich brauchte dringend Arbeit, um meinen Lebensunterhalt zu finanzieren. Dreitausend Mark pro Monat – das war natürlich überaus verlockend! Aber alles andere gefiel mir nicht. Um mir Rat zu holen, ging ich sofort zu Doktor Lass.

«Herr Guan, die Sache stinkt», rief er. «Das kann nicht mit rechten Dingen zugehen. Das ist mehr, als ich hier verdiene. Sie müssen vorsichtig sein. Dahinter steckt bestimmt ein Geheimdienst. Wenn Sie da hineingeraten, kommen Sie Ihr Leben lang nicht wieder heraus.»

«Aber was kann ich nur tun? Er hat doch gesagt, er sei von der Regierung. Wenn ich jetzt noch die Regierung verärgere, kriege ich womöglich noch größere Schwierigkeiten.»

«Herr Guan, das ist hier ein demokratisches, freies Land. Es gibt keine Stelle in der Regierung, die über Ihr Schicksal entscheiden könnte. Ich übernehme ab jetzt die Verantwortung für Sie. Ich werde herausfinden, was für eine Institution diese Hauptstelle für Befragungswesen eigentlich ist. Und wenn sich dieser Mann wieder bei Ihnen meldet, dann verlangen Sie, dass Sie von der Münchener Organisation eine schriftliche Einladung erhalten.»

Auch wenn Doktor Lass versucht hatte, mich zu beruhigen, saß mir jetzt die Angst im Nacken. Zwei Nächte lang bekam ich kein Auge zu. Eher wollte ich mich umbringen, als in die Fänge von Agenten zu geraten. Vielleicht sollte ich untertauchen? Aber wie ließe sich das realisieren? Ich wusste mir keinen Rat und hoffte nur, dass ich bei Doktor Lass genügend Unterstützung fände, auch wenn er – da machte ich mir keine Illusionen – bestimmt nicht über genügend Einfluss verfügte, mich im Zweifelsfall zu schützen.

Am dritten Tag fragte jemand abends im Studentenwohnheim nach mir. Es war ein kleines Wohnheim, in dem nur ein gutes Dutzend Studenten wohnten. Jeder hatte ein Zimmer für sich, und alle kannten sich und gingen freundlich miteinander um. Der Fremde klopfte an jeder Tür, bis er mich endlich fand. Es war Herr Fuchs. Sein Besuch am Abend, in der Dunkelheit, hatte etwas Mysteriöses.

«Haben Sie sich schon entschieden, ob Sie nach München gehen wollen? So gute Konditionen werden Sie selten finden.»

«Grundsätzlich ja», antwortete ich, wie Doktor Lass es mir geraten hatte. «Das ist ein interessantes Angebot. Aber ich bitte um eine schriftliche Einladung von Ihrer Organisation.»

«Kein Problem. Die bekommen Sie. Könnten Sie jederzeit kommen?»

«Ja.»

Nachdem er gegangen war, brauchte ich noch einige Zeit, um mich zu beruhigen. Ich hatte Angst, und zugleich empfand ich grenzenlose Trauer. Ich griff zu meiner Geige, ging damit in unseren Aufenthaltsraum und spielte ein paar langsame Melodien. Ich merkte, wie mir die Tränen über das

Gesicht liefen. Meine liebe Geige, meine treue Begleiterin, die einzige Erinnerung an meine Mutter! Wenn ich sie spielte, dachte ich jedesmal an zu Hause, was mein Heimweh nur noch schlimmer werden ließ. Ich hatte für mich die Regel aufgestellt, nur zehn Minuten lang traurig sein zu dürfen. Nur durch deinen Optimismus kannst du überleben, sagte ich mir. Das Zimmer war groß und hatte eine gute Akustik. Ich war selbst erstaunt, wie schön mein Spiel klang. Plötzlich öffnete jemand die Tür. Es war Alfred, einer meiner Mitbewohner. Als er mich so traurig spielen hörte, zog er sich schnell wieder zurück und schloss die Tür. Ich überlegte, ob vielleicht andere diesen Raum nutzen wollten, spielte nur noch das Stück zu Ende und packte meine Geige dann wieder ein. Da kamen meine Mitbewohner plötzlich alle herein: Alfred, Roland, Martin, Rudolf, Thomas, Kurt ... Und alle hatten sie ein Bier in der Hand. Kurt brachte gleich einen ganzen Karton mit sechs Flaschen mit.

«Was ist los mit dir, Peter?», fragte Kurt. «Hast du Heimweh? Das ging mir auch so, als ich damals die DDR verlassen habe.»

Alle versuchten mich zu trösten. Dann fragte mich Martin: «Wer war eigentlich dieser Kerl, der dich eben besucht hat? Er kam mir ein bisschen merkwürdig vor.»

Ich hatte meinen Mitbewohnern noch nicht viel über mich erzählt. Doch nun schilderte ich ihnen meine kritische Situation.

Kurt sagte: «Du musst sofort an die Universität und anfangen zu studieren, so dass du einen anderen aufenthaltsrechtlichen Status bekommst. Ich bringe dir Deutsch bei. Wenn du sonst noch unsere Hilfe brauchst, dann sag uns auf jeden Fall Bescheid.»

Rudolf ging gleich seine Gitarre holen, und während wir zusammen sangen, wurde mir wieder leichter ums Herz.

Zwei Tage später erhielt ich einen Einschreibbrief aus München. Ich schaute auf den Absender: «Headquarters, 5403rd Special Procurement Section ...»

Der Brief war auf Deutsch geschrieben, so dass ich den Inhalt nicht verstehen konnte. Ich eilte damit sofort zu Doktor Lass. Dieser las ihn gleich mehrmals aufmerksam durch. Ich wurde schon ganz unruhig. Dann übersetzte er ihn mir. Es war eine Bestätigung der schon mündlich erteilten Einladung. Ich sollte mich zu einer bestimmten Zeit in ihrem Münchner Gästehaus nahe der McGraw-Kaserne melden.

Doktor Lass griff zu einer Lupe, um den Stempel unter der Unterschrift genauer zu betrachten.

«Du lieber Himmel, auf dem Stempel steht ‹U.S. Army›!», rief er aus.

«Das muss die CIA sein. Herr Guan, da dürfen Sie auf gar keinen Fall hinfahren! Wenn Sie sich mit denen einlassen, ist es für Sie mit der Wissenschaft ein für allemal vorbei. Aus der Sache kommen Sie dann nie wieder heraus.»

Er überlegte, schaute in seinem Notizbuch nach und griff zum Telefonhörer. Es folgte ein langes Gespräch, während dessen er sich mehrmals ziemlich aufregte. Außer meinem Namen verstand ich kaum etwas. Als er aufgelegt hatte, sagte er: «Ich habe mich bei dem zuständigen Ministerium in Bonn beschwert. Man soll gefälligst dafür sorgen, dass unsere Studenten nicht von solchen Organisationen behelligt werden. Ich bin in der SPD, und unsere Partei hat gerade erst die Wahl gewonnen. Wir lassen so etwas nicht zu. Sie sind jetzt schon so gut wie immatrikuliert, und ich bin für die ausländischen Studenten verantwortlich. Sie stehen unter meinem Schutz.»

Ich war sehr berührt über seinen spontanen Einsatz für mich und bewunderte die Deutschen. Wie die Sowjetunion und China früher Deutschland dargestellt hatten, war wirklich sehr einseitig gewesen. Zumindest die große Mehrheit der Deutschen waren sicherlich ganz aufrechte Menschen.

«Herr Guan, Sie müssen so schnell wie möglich dort absagen, und zu Ihrer eigenen Sicherheit sollten Sie umziehen. Es ist immerhin möglich, dass man noch eine Weile versucht, Sie zu belästigen.»

«Aber wohin soll ich denn umziehen? Ich fühle mich so wohl in dem Wohnheim.»

«Ich kann auch nicht sofort etwas Neues für Sie besorgen, auf jeden Fall sollten Sie aufpassen. Seien Sie in den nächsten Tagen nicht so viel unterwegs, bleiben Sie lieber im Haus. Schicken Sie Ihre Absage ab und lassen Sie sich nicht mehr von solchen Leuten ansprechen.»

Nach einer Weile, als ich gerade dabei war, mich zu verabschieden, klingelte das Telefon. Wieder hörte ich Doktor Lass meinen Namen sagen. Ich blieb stehen und wartete. Bei diesem Gespräch lächelte Lass, und zum Schluss sagte er: «Danke schön, danke schön.»

«Das war ein Rückruf aus Bonn», erklärte er, «die werden sich um die Sache kümmern. Sie können unbesorgt sein. Es wird Ihnen nichts passieren, auch wenn Sie nicht nach München fahren.»

Ich war mit der politischen Lage in Deutschland überhaupt nicht vertraut und hatte deshalb immer noch große Angst. Das Studentenwohnheim lag in einem Vorort, den ich mit der S-Bahn erreichte. Diesmal löste ich einen Fahrschein für die erste Klasse, weil dort nur wenig Leute saßen, so dass ich meine Umgebung besser beobachten konnte. Ich fühlte mich wie in einem Krimi und schaute mich immer wieder um, ob ich nicht verfolgt würde. Am Abend erzählte ich den anderen, was passiert war.

Als Erster ergriff Kurt das Wort: «Wir müssen uns genau überlegen, wie wir Peter schützen können. Nach meiner Flucht aus der DDR hatte ich ähnliche Erfahrungen gemacht. Auf jeden Fall müssen wir Peter Tag und Nacht zur Seite stehen. Es müssen ihn immer ein, zwei von uns begleiten, wenn er das Haus verlässt, und abends müssen wir unbedingt die Haustür abschließen. Wir dürfen keine Fremden mehr reinlassen. Und wenn jemand zu Peter will, dann schicken wir ihn weg und sagen, dass er nicht mehr hier wohnt.»

Sie arbeiteten sofort einen Einsatzplan aus und sprachen ab, wann mich wer beschützen und wer mich in den nächsten Tagen zur Universität begleiten sollte. Wie hilfsbereit diese jungen Menschen waren! Ich war tief beeindruckt. Noch am selben Abend verfasste ich den Absagebrief und schickte ihn am nächsten Tag ab.

Ein paar Tage später rief mich Doktor Lass an und sagte: «Herr Guan, ich habe für Sie ein Zimmer in einem anderen Studentenwohnheim gefunden. Sie können wahrscheinlich schon nächsten Monat dort einziehen. Haben Sie etwas aus München gehört?»

«Nein. Seit ich den Brief abgeschickt habe, habe ich nichts mehr gehört.»

«Ich habe noch einen Anruf aus Bonn erhalten, in dem mir mitgeteilt wurde, dass man die entsprechende Organisation in Hamburg angewiesen hat, Sie in Ruhe zu lassen. Sie brauchen keine Angst mehr zu haben, der Fall ist erledigt.»

Mir fiel ein Stein vom Herzen – und nicht nur mir, sondern auch meinen Mitbewohnern, die mich rund um die Uhr beschützt hatten. Endlich wagte ich wieder, mich frei zu bewegen.

Kurt hatte unterdessen begonnen, sein Versprechen wahr zu machen, wenn auch auf etwas unorthodoxe Weise: «Wir gehen jeden Tag eine Stunde zusammen spazieren und unterhalten uns nur auf Deutsch», hatte er mir erklärt, und so geschah es. Mein erster Deutschunterricht fand wirklich beim Spazierengehen statt. Von nun an konzentrierte ich mich darauf, Deutsch zu lernen. So blieb es nicht bei dem recht vergnüglichen Unterricht mit Kurt, vielmehr besuchte ich nun regelmäßig den Sprachkurs «Deutsch für Ausländer» an der Universität. Die vielen neuen Vokabeln machten mir keine großen Probleme, viele ähnelten englischen oder russischen Wörtern. Aber die Grammatik! Das Russische war auch kompliziert, aber dort gab es wenigstens schlüssige Regeln. Wieso hieß es dagegen im Deutschen «der Minister», aber nicht «der Fenster»? Und warum «die Tür», aber «das Tor»? Es war zum Verzweifeln!

Kellner

Seit ich mein Manuskript abgegeben hatte, war ich ohne Einkünfte. Ich musste mir also dringend irgendeine Arbeit suchen. Da erfuhr ich, dass ein Chinarestaurant noch einen Kellner brauchte, und meldete mich sofort. Auch wenn ich noch kein Deutsch sprach, konnte ich ja auf Englisch bedienen. Der Wirt war zugleich auch der Koch. Taiwanische Studenten, die bei ihm gearbeitet hatten, warnten mich. Er sei ein unberechenbarer Choleriker und zudem ein Geizhals. Keiner hielte es bei ihm länger als drei, vier Monate aus. Normalerweise habe man als Kellner im Chinarestaurant Essen und Trinken frei, doch bei ihm müsse man bezahlen. Aber ich brauchte Geld. Also fing ich bei ihm an. Schon am ersten Tag gab es Krach. Als mittags gegen zwei, drei Uhr der letzte Gast gegangen war, zündete ich mir eine Zigarette an. Da brüllte der Wirt: «Du bist hier angestellt, und meine Angestellten haben nicht zu rauchen!»

Drei, vier Tage später nahm ich eine Bestellung entgegen und brachte den Zettel in die Küche. Da es nichts weiter zu tun gab, blieb ich mit untergeschlagenen Armen neben ihm stehen, während er das Essen zubereitete. Sofort herrschte er mich an: «Arme runter! Bist du hier der Chef?»

Inzwischen hatte ich zwei Wochen hinter mich gebracht. Als ich nach einem erneuten Anpfiff zu kassieren hatte, machte ich in der Aufregung einen Fehler. Der Gast hatte nur vierzehn Mark zu bezahlen, legte aber einen Hundertmarkschein auf den Tisch. Ich gab ihm sechsundachtzig Mark heraus und ließ den Hundertmarkschein liegen. Der Kunde nahm das Wechselgeld, steckte die hundert Mark wieder ein und verschwand. Erst als ich nach der Mittagszeit bei der Abrechnung saß und hundert Mark fehlten, begriff ich, was vorgefallen war. Ich war furchtbar wütend auf mich. Das fehlende Geld würde ich aus meiner eigenen Tasche bezahlen müssen.

Als der Chef aus der Küche kam, sagte ich empört zu ihm: «Warum behandeln Sie mich hier immer wie den letzten Dreck? Können Sie nicht ein bisschen freundlicher sein?»

«Was hast du gesagt?», schrie er und fuhr sofort wieder aus der Haut. «Du bist nur Kellner! Du hast zu machen, was ich dir sage! Wie kannst du es wagen, so mit mir zu reden?»

«Ich bin ein freier Mensch und kein Leibeigener!»

Sprachlos starrte er mich für einen Moment an, stürmte dann in die Küche und kam mit einem Hackebeil zurück, das er wütend auf die Theke schlug. «Mach, dass du wegkommst, du stinkender Intellektueller! Wenn du jetzt nicht sofort abhaust, bringe ich dich um!»

Seine Augen starrten blutunterlaufen. Ich bekam es mit der Angst zu tun, warf das Geld, das ich bis dahin eingenommen hatte, auf den Tisch und ging. Am liebsten hätte ich geheult. Jetzt verstand ich schon viel besser, was «Kapitalismus» bedeutete: Hast du kein Geld und keine Stelle, bist du nur ein Stück Dreck ... Zwei Wochen lang hatte ich für einen Hungerlohn im Chinarestaurant gearbeitet und doch keinen einzigen Pfennig verdient.

Drei Gutachter

An diesem Nachmittag zog es mich wieder ins Institut für Asienkunde. Dort war ich immer mit Respekt behandelt worden. Ein Gespräch mit den dortigen Mitarbeitern würde mich wieder aufbauen. Gleich am Eingang begegnete ich Doktor Großmann.

«Ich wollte gerade nach Ihnen suchen lassen, Herr Guan. Können Sie mal einen Augenblick in mein Büro kommen?»

Ich folgte ihm und nahm auf einem Sessel Platz.

«Herr Guan. Es tut mir Leid, Ihnen sagen zu müssen, dass die beiden chinesischen Kollegen Ihr Manuskript gelesen und sehr schlecht beurteilt haben», sagte er etwas zögernd. «Sie meinten sogar, Sie könnten noch nicht einmal korrekte Sätze schreiben und hätten sogar viele falsche Schriftzeichen verwendet.»

Ich glaubte nicht richtig gehört zu haben. Er fuhr fort:

«Ich selbst kann das nicht beurteilen, Herr Guan, denn ich kann ja kein Chinesisch lesen. Man spricht Ihnen jede Bildung ab.» Er zuckte ratlos mit den Schultern und meinte, dass es für diese schlechte Beurteilung gewisse Beweggründe geben könnte wie Konkurrenzdenken, Neid oder eine andere politische Meinung. Die Behauptung, ich hätte vielleicht mal gerade Grundschulniveau, erschiene ihm angesichts meiner Fremdsprachenkenntnisse auch merkwürdig. «Ich möchte nun Folgendes vorschlagen», fuhr er fort. «An der Universität Hamburg gibt es einen chinesischen Professor. Er heißt Liu Mautsai. Geben Sie ihm das Manuskript. Er ist neutral. Ich möchte gern seine Meinung dazu hören.»

Er erklärte mir, wo ich diesen Herrn finden konnte, und gab mir das Manuskript zurück. Seltsam: Mit dem einen chinesischen Mitarbeiter war ich doch so gut wie jedes Kapitel durchgegangen, und er hatte den Text sogar gelobt! Mit dem anderen Kollegen hatte ich kaum Verbindung gehabt. Als ich nun im Manuskript blätterte, erkannte ich, dass alle Kurzzeichen, wie sie seit der Schriftreform Ende der Fünfzigerjahre in der Volksrepublik China verwendet wurden, angestrichen worden waren. Die beiden hatten die Schriftreform nicht mehr miterlebt. Hielten sie deshalb die Kurzzeichen alle für Schreibfehler? Und wieso hatte Doktor Großmann von Neid gesprochen? Die beiden anderen galten als Chinaexperten, hatten das Land aber seit zwanzig Jahren nicht mehr besucht. Nun kam ich mit einer Fülle neuer Informationen. Nicht nur die Universität Hamburg hatte mich zu einem Vortrag über die Kulturrevolution eingeladen, sondern auch die Universitäten in Gießen und Marburg. Sahen sie in mir einen Konkurrenten?

Es war inzwischen fünf Uhr nachmittags. Das Büro von Professor Liu befand sich im siebten Stock des «Philosophenturms». Ich hatte schon gehört, dass es in Hamburg ein Seminar für Sprache und Kultur Chinas geben sollte, war aber nie dort gewesen. Vorsichtig klopfte ich nun an die Tür von Raum 703. Hoffentlich war Professor Liu da!

«Herein bitte!»

Ich trat ein und erblickte einen schlanken, grauhaarigen Herrn mit Brille, der an einem großen Schreibtisch saß. Er schaute mich erstaunt an, erhob sich und fragte auf Chinesisch: «Wer sind Sie? Sind wir uns schon einmal begegnet?»

Ich war ein bisschen aufgeregt und blieb unsicher an der Tür stehen.

«Kommen Sie doch näher! Was kann ich für Sie tun?»

Sein Büro war ein richtiges chinesisches Gelehrtenstudio. In den Bücherregalen reihten sich chinesische Klassikerausgaben. An der Wand hingen zwei schöne große Schriftrollen mit hervorragender Kalligraphie. Ich fühlte mich in dieser Umgebung sofort wohl.

«Ich heiße Guan Yuqian. Ich bin vor kurzem aus der Volksrepublik China gekommen», stellte ich mich vor.

«Ach, Herr Guan! Ich habe schon von Ihnen gehört. Der chinesische Kreis ist ja klein, solche Nachrichten verbreiten sich schnell. Wie geht es Ihnen? Ich habe gehört, Sie schreiben gerade ein Buch für das Institut für Asienkunde?»

«Genau um dieses Buch geht es», antwortete ich. «Das Manuskript hat den Titel ‹Achtzehn Jahre Wandel›. Ich habe darin an meinem eigenen Beispiel die Veränderungen in der chinesischen Gesellschaft nachgezeichnet. Ich weiß nicht, ob es gut geschrieben ist, aber auf jeden Fall habe ich es mit meinem Herzen geschrieben und doch versucht, objektiv zu bleiben. Wie mir Doktor Großmann gerade mitteilte, haben seine beiden chinesischen Mitarbeiter den Text miserabel bewertet. Doktor Großmann hat mich deshalb gebeten, Ihnen das Manuskript vorzulegen. Er möchte gern noch eine dritte Meinung dazu hören.» Ich überreichte ihm den Stapel.

«Oh, so viel haben Sie geschrieben!», rief er überrascht aus. «Wie lange haben Sie denn daran gearbeitet?»

«Fünf Monate», erwiderte ich.

«So viel in nur fünf Monaten? Gut, in Ordnung, ich werde es lesen. Ich melde mich bei Ihnen, wenn ich damit fertig bin. – Und was machen Sie jetzt, nachdem das Buch fertig ist?»

«Zurzeit habe ich nichts zu tun. Ich habe zwei Wochen in einem Chinarestaurant gekellnert, aber der Chef hat mich rausgeschmissen.»

Ich erzählte ihm die Geschichte, und er beruhigte mich: «Denken Sie sich nichts dabei. Der Mann ist bekannt für seine Wutausbrüche. Aber was haben Sie in Zukunft vor? Doch nicht wieder kellnern, oder?»

«Ich möchte gern studieren.»

«Studieren», wiederholte er und schien zufrieden. «Haben Sie denn in China nicht studiert?»

«Doch, selbstverständlich. Ich habe eine Ausbildung als Russischdolmetscher. Aber ich möchte mir noch mehr Wissen aneignen.»

«Das ist eine sehr gute Einstellung. Als ich damals nach Deutschland kam, habe ich auch erst einmal studiert. Wir bleiben in Kontakt, Herr Guan. Ich gebe Ihnen Bescheid, wenn ich das Manuskript gelesen habe.»

Genau eine Woche nachdem ich Professor Liu mein Manuskript gebracht hatte, fand ich einen Zettel an meiner Tür: «Professor Liu hat angerufen. Er bittet dich, zu ihm zu kommen.»

Ich traute mich nicht, ihn zurückzurufen, das wäre mir unhöflich erschienen. Lieber ging ich gleich am nächsten Morgen zu ihm ins Büro.

«Ich habe Ihr Manuskript mit großem Interesse gelesen. Als ich nach Deutschland kam, war ich noch sehr jung, und jetzt lebe ich schon seit über dreißig Jahren hier. Ihr Manuskript hat mir sehr geholfen, das moderne China besser zu verstehen. Besonders der Teil über die Kulturrevolution war sehr informativ.» Er habe das Manuskript stellenweise als so spannend empfunden, dass er es gar nicht mehr aus der Hand legen mochte, erzählte er.

«Ich werde Herrn Großmann meine Meinung dazu wissen lassen. Ich halte es für ein ausgezeichnetes Werk.»

Welch eine Genugtuung, von einem so ehrwürdigen Herrn ein solches Kompliment zu bekommen! «Vielen Dank, Herr Professor Liu.»

«Haben Sie irgendwelche Schwierigkeiten?», fragte er mich und schaute mich forschend an.

«Na ja – ich brauche die Bestätigung zweier Universitätsprofessoren, dass ich die Hochschulreife besitze», sagte ich, schilderte ihm die Gründe und war damit noch gar nicht fertig, da sagte Professor Liu bereits:

«Selbstverständlich haben Sie die Hochschulreife. Wie könnten Sie sonst so etwas verfassen! Ich werde die Bestätigung für Sie schreiben. Das ist kein Problem.»

Schon einen Tag später erhielt ich sie von ihm. Professor Liu hatte sie sogar noch von seinem deutschen Kollegen Professor Franke mitunterzeichnen lassen. Somit besaß ich nun die zwei notwendigen Unterschriften. Ich eilte sofort zu Doktor Lass und legte sie ihm vor.

«Gratuliere! Ab sofort sind Sie Student an unserer Universität. Ich habe noch eine gute Nachricht für Sie: Sie können sofort in das Paul-Sudeck-Haus umziehen.»

Mitbewohner und Maloche

Meine ersten Eindrücke vom Paul-Sudeck-Haus waren enttäuschend. Es war ein riesiger, ziemlich anonymer Komplex aus vier Gebäuden, wo ich im so genannten Haus B untergebracht war. In unserem Flur wohnten, verteilt auf zehn Zimmer, drei Ausländer und sieben Deutsche; außerdem gab es eine Küche und einen Fernsehraum. Zwei der deutschen Studenten waren sehr aggressiv und laut. Jeden Abend tranken sie Bier, spielten laute Musik und nahmen keinerlei Rücksicht auf ihre Mitbewohner. Uns Ausländer würdigten sie keines Blickes. Eines Abends verfolgten wir im Fernsehraum ein Fußballländerspiel. Anfangs lag Deutschland zurück, aber am Ende gewann die deutsche Mannschaft doch noch. Da haute der eine, der besonders viel getrunken hatte, in seiner Begeisterung mit der Faust das Türglas des Fernsehraums kaputt. Ich war entsetzt. Nein, hier auf diesem Flur konnte ich nicht bleiben! Am nächsten Tag machte ich einen Rundgang durch die ganze Anlage, dabei begegnete ich plötzlich einem hoch gewachsenen Asiaten. Er war mir auf den ersten Blick sehr sympathisch. Er schaute mich wohl genauso neugierig an wie ich ihn.

«Woher kommst du?», fragte ich auf Deutsch.

«Aus Indonesien.»

Sein Aussehen ließ allerdings eher eine chinesische Abstammung vermuten. «Aber du bist Auslandschinese, oder?»

«Ja, richtig.»

Jetzt fragte ich auf Chinesisch: «Kannst du Chinesisch sprechen?»

Fast ein wenig beleidigt entgegnete er: «Natürlich kann ich als Chinese Chinesisch sprechen! – Woher kommst denn du?»

«Aus China.»

«Und von wo genau?»

«Aus Peking.»

«Ach, dann bist du der, der aus Peking geflüchtet ist? Du heißt Guan, nicht wahr?»

Ich war entsetzt. Wussten denn alle schon, dass ich jetzt hier wohnte, sogar dieser Chinese? Dabei hatte mir Doktor Lass doch geraten, es geheim zu halten!

«Wohnst du denn auch hier?» Seine kleinen Augen waren plötzlich ganz groß.

«Ja. Ich wohne in Haus B. Aber drüben ist es nicht auszuhalten. Meine Flurnachbarn sind furchtbar. Deswegen wollte ich mal sehen, ob es nicht hier irgendwo ein freies Zimmer gibt.»

«Am besten fragst du in der Verwaltung nach. Auf jeden Fall ist es in Haus C und D viel besser als in A und B.»

«Wie heißt du eigentlich?»

«Lizhong. Ich studiere Medizin. Übrigens habe ich auch ein paar Jahre in Peking verbracht. Mein Vater hat mich dort zur Schule geschickt, damit ich mein Chinesisch verbessere. Aber zum Studium wollte ich dann doch lieber nach Deutschland kommen.» Er schaute auf seine Uhr. «Ich wollte gerade einkaufen gehen. Hast du Lust mitzukommen?»

«Gern.» Ich folgte ihm. Aber er führte mich nicht zur Straße, sondern durch den Hinterausgang zu einem Parkplatz, wo wir einen flotten, hellblauen VW bestiegen.

«Oh, du kannst dir als Student ein so schönes Auto leisten? Dann musst du aber reich sein!», sagte ich erstaunt.

Er winkte ab: «Ach, das ist ja nur ein billiger Gebrauchtwagen. So einen kann sich jeder leisten!»

Ein Gebrauchtwagen? Was war das? Er erklärte es mir.

Lizhong kannte sich in Hamburg anscheinend sehr gut aus. Er fuhr zügig durch die Straßen, bis wir vor einem Laden hielten, der Aldi hieß. Mir fiel gleich auf, dass die Preise dort viel günstiger waren als in den meisten anderen Läden. Als ich zuschaute, wie er pausenlos Waren aus den Regalen griff und in sein Wägelchen stapelte, wurde ich richtig neidisch. Getränke, Schinken, Brot, Reis ... Erstaunt schaute er mich an. «Willst du nichts einkaufen?»

Ich hatte kaum noch Geld. Die Reserven, die ich mir von dem Buchhonorar gespart hatte, waren fast aufgebraucht. Schon seit drei oder vier Monaten hatte ich nichts mehr verdient. Aber ich wollte nicht den Eindruck erwecken, als ob ich um etwas betteln wollte, daher antwortete ich: «Nein, ich habe erst vor kurzem eingekauft.»

Am Abend des gleichen Tages, es war ein Freitag, drang aus dem Partyraum, der sich im Keller befand, entsetzlich laute Musik. Ich hatte nichts weiter zu tun und ging hin, um mir ein wenig die Zeit zu vertreiben. Der ganze Raum war voller Menschen. Sie tranken, lachten, unterhielten sich und tanzten. Ich stand allein in einer Ecke und schaute zu. Da kam ein Schwarzer auf mich zu. In dem Partyraum war es ohnehin sehr dunkel, aber seine Haut war so schwarz, dass ich nur an seinen weiß blitzenden Zähnen sein Gesicht erkennen konnte.

«Hallo, mein Name ist Webster», begrüßte er mich freundlich und streckte mir die Hand entgegen. «Bist du neu hier? Ich habe dich früher noch nie gesehen.» Seine fröhliche und direkte Art zu fragen gefiel mir.

«Ich heiße Guan», sagte ich. «Ich bin gerade erst hier eingezogen.»

Als er mein holpriges Deutsch hörte, wechselte er sofort auf fließendes Englisch über.

«Das sieht man. Du stehst hier ganz allein und scheinst niemanden zu kennen. Woher kommst du?»

«Aus China.»

«Dann sind wir ja gute Freunde. Ich komme aus Ghana. Ghana und China verstehen sich gut. Möchtest du etwas trinken?»

«Nein, nein, danke. Ich trinke nicht.»

«Doch, du bist mein Freund, ich lade dich ein.» Er wartete gar nicht erst meinen Höflichkeitsprotest ab und ging zur Bar. Was für ein netter Kerl!

Bald kam er zurück und drückte mir eine Flasche Bier in die Hand. «Na, gefällt es dir bei uns im Studentenwohnheim?» Bestimmt wollte er gern hören, dass es mir gut gefiel. An seiner fröhlichen Art war zu erkennen, dass er sich selbst hier sehr wohl fühlte.

«Nein, nicht besonders ... Die Leute auf meinem Flur sind ziemlich unangenehm. Sie trinken zu viel, sind zu laut, und bei manchen habe ich sogar das Gefühl, dass sie mich verachten. Sie sprechen nicht einmal mit mir.»

«Wirklich? Bei uns auf dem Flur ist es genau das Gegenteil. Wir sind zu acht, ich aus Ghana, ein Perser, ein Franzose, und die anderen sind alles Deutsche. Drei davon sind Mädchen. Wir verstehen uns prima. Manchmal feiern wir oder kochen auch zusammen. Übrigens wird das Zimmer bei mir gegenüber nächste Woche frei. Kannst du chinesisch kochen?»

«Ja, ich kann eigentlich ziemlich gut kochen.»

Da schlug er mir kräftig auf die Schulter und sagte: «Klasse! Wir nehmen dich!»

Er winkte zwei andere Studenten heran und erklärte ihnen: «Das ist

Guan aus China. Er kann richtig gut chinesisch kochen. Er kann doch zu uns ziehen, wenn Brigitte auszieht! Was meint ihr?»

«Klar, wenn du meinst.» Die verstanden sich anscheinend wirklich gut.

«Guan, du musst Montag sofort zur Hausverwaltung gehen und sagen, dass du dein Zimmer tauschen möchtest. Aber du darfst ihnen nicht sagen, dass es wegen der Leute auf deinem Flur ist. Sag ihnen, dass Freunde von dir auf unserem Flur wohnen. Dann dürfte es keine Probleme geben.»

Das war wirklich eine tolle Idee! Webster war eine echte Hilfe.

Während wir uns weiter unterhielten, kam ein weiterer Afrikaner zu uns und sagte auf Englisch zu Webster: «Ich gehe jetzt schlafen. Ich muss morgen ganz früh raus – Geld verdienen.»

«Wo denn?», fragte Webster.

«Im Hafen.»

«Wie ist die Bezahlung?»

«Nicht schlecht. Vierzehn Mark pro Stunde.»

Das war ja richtig viel Geld! «Kann da jeder hingehen?», schaltete ich mich ein.

«Ja», erklärte er. «Die brauchen immer Leute, vor allem am Wochenende. Aber es möchten nicht viele dort arbeiten.»

«Wieso nicht?»

«Das ist eine dreckige und schwere Arbeit. Man muss Schiffe entladen. Das ist oft sehr anstrengend, aber manchmal ist es auch ganz einfach.»

«Könnte ich morgen mitkommen?»

«Klar, wenn du willst. Dann können wir zusammen arbeiten.»

Dieser Student hieß George. Er war nicht so fröhlich wie Webster, aber sein Gesicht sah ebenfalls sehr vertrauenswürdig aus. Er war groß und hatte breite Schultern. Offenbar war er sehr kräftig.

Pünktlich um sieben Uhr am nächsten Morgen meldeten wir uns im Freihafen. Wir mussten Eisenstangen vom Kai zu einem nicht weit entfernten Platz schleppen. Wir trugen sie zu zweit auf den Schultern. Da George ein ganzes Stück größer war als ich, hatte ich immer ein bisschen schwerer zu schleppen als er. Als acht Stunden um waren, fragte uns der Vorarbeiter, ob wir nicht Lust hätten, noch eine zweite Schicht dranzuhängen – für achtzehn Mark die Stunde. Eigentlich waren acht Stunden Schlepperei für meinen ungeübten Körper schon reichlich gewesen. Wir hatten zwischendurch nur eine halbe Stunde Pause gemacht. Ich war ziemlich erschöpft. Aber achtzehn Mark pro Stunde! Das war in der Tat ein verlockendes Angebot. Ich konnte das Geld gut gebrauchen.

«Wollen wir?», fragte George. Anscheinend hatte er auch Lust weiterzumachen. Er war so stark und geübt, ihm machte die Arbeit anscheinend nicht so viel aus.

«Noch mal acht Stunden?», fragte ich.

«Nein, nur vier», antwortete der Mann. «Um acht Uhr abends ist Schluss. Weil heute Samstag ist, hatte ich mit mehr Leuten gerechnet, aber dieser Platz hier muss noch freigemacht werden.» Er zeigte auf eine Stelle, wo noch ein Haufen von Eisenstangen lag. «Wenn ihr früher fertig seid, kriegt ihr trotzdem vier Stunden bezahlt, dann können wir eher Feierabend machen», sagte der Mann.

«Einverstanden», sagte ich.

Als ich ins Wohnheim zurückkehrte, war ich ein Wrack. Die letzte Stunde hatte ich nur mit äußerster Mühe durchgehalten. Jetzt fiel ich nur noch aufs Bett, unfähig, irgendetwas zu tun. Die Schultern, Beine und Arme schmerzten, und der Kopf schien jeden Moment platzen zu wollen, doch vor Erschöpfung schlief ich sofort ein. Am nächsten Morgen konnte ich mich kaum mehr bewegen. Alle Gelenke taten weh, und mir war speiübel. Mit Mühe schleppte ich mich zur Toilette und fiel dann gleich wieder ins Bett. Drei Tage blieb ich so liegen, ohne dass irgendjemand davon wusste. Zum Glück gab es warmes und kaltes Leitungswasser auf dem Zimmer, so dass ich etwas zum Trinken hatte. Außerdem hatte ich noch drei Obstkonserven, die ich langsam aufaß. Ein paar Mal hatte ich das Gefühl, ich müsste Blut spucken. Ich war mir sicher: Noch eine Stunde länger Eisenstangen schleppen, und ich wäre gestorben.

Diese drei Tage waren aber noch aus anderen Gründen eine Qual. Normalerweise erlaubte ich mir ja höchstens zehn Minuten, traurig zu sein, aber nun geriet mein Gefühlshaushalt außer Kontrolle. Ich erstickte fast an meinen Selbstvorwürfen: Warum hast du China verlassen? Du bist ein Idiot gewesen. Die politischen Bewegungen in China waren zwar grausam, aber sie gehen ja irgendwann auch wieder vorüber. Was machst du hier so fern der Heimat und allein? Du hast nichts, du bist nichts. Du lebst wie eine lebendige Leiche – hoffnungslos und ohne Ziel. Wie sehr ich meine Flucht bereute! Ich hätte weinen mögen, aber ich hatte keine Tränen mehr.

Am Dienstag klopfte es abends an meine Tür. Es war George. Eigentlich hatte er mich fragen wollen, ob ich wieder in den Hafen mitkommen wollte, aber als er mich so im Bett liegen sah, bekam er einen großen Schreck und lief Webster holen. Webster studierte Medizin und stand kurz vor den Abschlussprüfungen.

Er beschimpfte George, als er die Geschichte von der doppelten Schicht hörte. Dann untersuchte er mich. «Guan, du hast aber eine gute Konstitution, dass du das überhaupt durchgehalten hast. Es ist nicht so schlimm, du bist einfach erschöpft. Du musst jetzt vor allem ordentlich essen», erklärte er, lief fort und brachte mir gleich Milch, Brot und Butter ans Bett.

Am nächsten Tag ging ich dann zur Hausverwaltung und bat darum, das Zimmer tauschen zu dürfen. Zum Glück war das kein Problem, und schon wenig später wohnte ich neben Webster und war Mitglied einer netten Flurgemeinschaft.

Harim und der Stipendienantrag

Seit ich mittags in die Mensa ging, lernte ich immer wieder neue Menschen kennen. Einmal traf ich auf eine Gruppe arabischer Studenten. Da ich ja ein wenig Arabisch gelernt hatte, setzte ich mich zu ihnen mit dem Gruß: «Salam aleikum!»

«Aleikum salam!», antworteten sie und schauten mich überrascht an.

Mein Arabisch war zwar nicht besonders, aber nach einigen wenigen Sätzen geriet die Gruppe ganz aus dem Häuschen vor Freude.

«Warst du denn schon einmal in einem arabischen Land?», fragte einer von ihnen.

«Ja, in Ägypten.»

«Was? In Ägypten?», rief ein anderer. «Da komme ich doch her! Sei gegrüßt! Wo warst du in Ägypten und was hast du dort gemacht?»

«Ich war in Kairo. Nachdem ich China verlassen habe, habe ich dort einen Zwischenstopp eingelegt.»

Der Ägypter sah mich mit großen Augen an. «Da hat es doch kürzlich den Fall eines chinesischen Flüchtlings gegeben, der die ägyptische Regierung in große Schwierigkeiten gebracht hat. Wie hieß er noch gleich?»

Ich konnte es nicht fassen. Hier in der Hamburger Mensa saß ein Ägypter, der über meinen Fall Bescheid wusste? Ich wechselte sofort ins Englische. Jetzt wollte ich jedes Wort genau verstehen. «Der hieß Guan», sagte ich.

«Ja, genau: Guan», entgegnete der Ägypter in fließendem Englisch. «Du hast davon gehört? Kennst du ihn persönlich? Das war eine ziemlich große Sache bei uns.»

Jetzt wurde ich richtig neugierig. «Woher weißt du davon? Hast du in der Zeitung darüber gelesen?»

«Nein, ich war Diplomat. Daher weiß ich über diesen Fall auch einigermaßen Bescheid. Doch inzwischen hab ich mich abgesetzt und in Deutschland Asyl beantragt. Ich möchte weiterstudieren.»

Das wurde ja immer besser. Ich wollte unbedingt mehr Einzelheiten herausbekommen. «Weißt du denn, wo er jetzt ist?»

«Erst war er im Gefängnis, und später ist er dann nach Deutschland geflogen. Aber wo er jetzt ist, weiß ich nicht.»

«Er sitzt vor dir.»

«Was? Bist du dieser Guan?» Ich bemerkte seinen skeptischen Blick, zog meinen Fremdenpass aus der Brusttasche und zeigte ihm meinen Namen und den Ausstellungsort: Kairo.

«Mein chinesischer Freund!», rief er und umarmte mich. «Entschuldige, dass ich mich noch nicht vorgestellt habe. Ich heiße Harim.»

Harim wohnte in einem großen Zimmer unweit der Uni. Er lud mich gleich nach dem Essen zum Kaffee ein.

«Ich habe als Diplomat in verschiedenen Ländern gearbeitet. Unser Auswärtiges Amt versorgte uns regelmäßig mit internen Rundschreiben, in denen wir über die aktuelle Lage informiert wurden. Deine Angelegenheit war ein schwieriger Fall für die ägyptische Regierung. Die chinesische Regierung wollte dich, die amerikanische Regierung wollte dich und die sowjetische auch. Selbst Taiwan zeigte großes Interesse an dir. Und unsere Regierung war in der Zwickmühle. Wenn sie dich nach China auslieferte, würde sie die beiden anderen Großmächte verärgern, und wenn sie dich nicht auslieferte, würde sie natürlich China verärgern. Später habe ich dann gelesen, dass die chinesische Seite von sich aus ihr Auslieferungsbegehren zurückgezogen hat. Die Sowjetunion hat dann später auch aufgegeben, wollte aber auf keinen Fall, dass Ägypten dich nach Amerika schickt. Seit dem Sechstagekrieg 1967 hat die Sowjetunion ja viel mehr Einfluss in Ägypten als die USA. Darum musstest du so lange in Kairo bleiben. Ich erinnere mich auch, dass du selbst nicht nach Amerika auswandern wolltest.»

«Das gilt auch jetzt noch.»

«Das verstehe ich nicht. Amerika ist doch so ein reiches Land! Wieso bist du hier geblieben?»

«Ich finde, dass Deutschland ein sehr schönes Land ist. Ich möchte gerne hier studieren.»

«Wovon lebst du denn jetzt?»

«Das ist eine gute Frage und zugleich mein Hauptproblem. Vor kurzem habe ich im Hafen gearbeitet und danach drei Tage halb tot im Bett gelegen.»

Harim lachte: «Warum beantragst du kein Stipendium, zum Beispiel bei der Friedrich-Ebert-Stiftung? Das mache ich jetzt nämlich auch.»

«Ein Stipendium?», fragte ich. «Wer ist denn die Friedrich-Ebert-Stiftung?»

«Das ist die Parteistiftung der SPD.»

«Die vergeben Stipendien? Ist das nicht ziemlich politisch?»

«Das glaube ich nicht. Die kümmern sich nicht um deine politische Einstellung. Auf jeden Fall kannst du es doch versuchen.»

Wie es der Zufall wollte, hatte Harim sogar noch ein Antragsformular übrig, das wir sogleich gemeinsam ausfüllten.

Ein paar Wochen später erhielt ich Antwort von der Friedrich-Ebert-Stiftung. Harim und ich wurden zu einem Gespräch nach Berlin eingeladen. Man schickte uns sogar das nötige Flugticket zu. Eigentlich setzte ich nicht viele Hoffnungen in dieses Stipendium. Es war sowieso nur ein Zufall gewesen, dass ich mich überhaupt beworben hatte. Außerdem hatte ich doch Befürchtungen, in irgendetwas Politisches hineingezogen zu werden. Politik war für mich zu einem Schreckgespenst geworden. Aber einmal nach Berlin zu fliegen, war wirklich eine tolle Sache! Vor allem gefiel mir, dass ich mit Harim zusammen fliegen konnte.

Berlin hinterließ bei mir keinen günstigen Eindruck. Wir gingen gleich am ersten Tag die Mauer anschauen, und ich hatte dort ein ganz grausames Gefühl. Welch ein kommunistischer Terror! Wäre der Sozialismus wirklich ein Paradies für das Volk, wie die Sowjetunion und China immer propagierten, hätte keine Mauer die Bevölkerung an der Flucht hindern müssen.

Der Vertreter der Friedrich-Ebert-Stiftung wirkte auf mich arrogant und richtig aggressiv. Er stellte mir nur politische Fragen, die ausschließlich China betrafen. An der Art seiner Fragen war unschwer seine politische Einstellung zu erkennen. Er verurteilte das kommunistische System in China von Grund auf, obwohl ich sehr schnell merkte, dass er überhaupt keine Ahnung von China hatte. Dennoch tat er so, als würde ich von alldem nichts verstehen und als müsse er mich belehren. Er erinnerte mich an das anmaßende Auftreten so mancher Europäer im früheren Shanghai, die auf die kleinen dummen Chinesen herabschauten. Ich bot ihm sofort Paroli, obwohl mir klar war, dass dies meine Chancen auf das Stipendium sinken ließ.

«Das war aber sehr dumm von dir!», fand Harim hinterher. «Wenn du Geld kriegen willst, musst du natürlich sagen, was die anderen gerne hören wollen. Ich habe nur Sachen gesagt, die in seinem Sinne waren.»

Wie ich vermutet hatte, wurde mein Stipendienantrag abgelehnt. Harim hatte mehr Glück. Später war ich richtig stolz darauf, dass ich nicht von irgendwelchen Stiftungen abhängig war, sondern immer aus eigener Kraft für mein Leben in Deutschland gesorgt hatte.

Freuden des Studentenlebens

Welch ein Genuss, endlich wieder studieren zu können! Wenn ich mit vielen anderen deutschen und ausländischen Studenten im Hörsaal saß, fühlte ich mich als frisch gebackener Student wie neu geboren. Ich hatte beschlossen, Geschichte zu studieren. Zwar verstand ich von den Vorlesungen nicht viel, doch war ich innerlich sehr zufrieden.

Besonders gefiel es mir nach wie vor in der Mensa. Über meinen neuen Bekannten Lizhong lernte ich gleich eine ganze Reihe indonesischer Überseechinesen kennen. Viele reiche Chinesen, die schon seit Generationen in Indonesien lebten, schickten ihre Kinder zum Studium nach Deutschland, was sehr einfach ging, denn sie benötigten damals für ihre Einreise kein Visum. Alle sprachen Chinesisch, und außer Lizhong verfügten sie über sehr viel Geld. Eines Tages sah ich beim Mittagessen vier andere Asiaten – zwei Studentinnen und zwei Studenten – an einem Tisch sitzen. Während ich mit meinem Tablett in der Hand nach einem freien Platz Ausschau hielt, hob plötzlich eines der Mädchen den Kopf. Für einen Moment glaubte ich, es sei Lucy, und ließ beinahe das Tablett fallen. Sie lächelte mich an und wies mit der Hand einladend auf einen leeren Platz an ihrem Tisch. Es waren Japaner. Seit mir der Pass eines jungen Japaners zur Flucht aus China verholfen hatte, empfand ich jungen Japanern gegenüber eine besondere Zuneigung. Als die vier merkten, dass ich kaum Deutsch, sondern lieber Englisch sprach und erst seit einigen Monaten in Deutschland lebte, entspann sich eine lebhafte Unterhaltung. Als ich beim nächsten Mal wieder in die Mensa kam, steuerte ich gleich ihren Tisch an, wo sie sich wohl täglich trafen. Die beiden Mädchen sprachen fantastisch Deutsch und auch einigermaßen Englisch. Ich fühlte mich in diesem fröhlichen Kreis beinah wie zu Hause. Vielleicht war es der ähnliche kulturelle Hintergrund, der sie mir sehr vertraut machte. Wir konnten uns über chinesische klassische Literatur unterhalten, über japanische Traditionen und uns über allgemeine Gewohnheiten austauschen. Außerdem gefiel mir die Sparsamkeit der vier. Sie gaben wesentlich weniger Geld aus als die reichen Indonesier. Schon bald schleppten sie mich mit zu verschiedenen Treffen mit anderen japanischen Studenten. An einem Samstagabend fuhr unsere Clique aus sechs Japanern – drei Männern und drei Frauen – mit mir als einzigem Chinesen in einem VW-Käfer zusammen zu einer Geburtstagsfeier. Anschließend ging es auf die Reeperbahn, wo wir Bier aus Maßkrügen tranken und bis fünf Uhr morgens tanzten. Danach, in der Morgendämmerung, bummelten wir sogar noch über den sonntäglichen Fischmarkt, den ich auf diese Weise zum ersten Mal erlebte. Nie zuvor hatte ich eine ganze Nacht so vergnügt durchgefeiert. Wir verstanden uns wunderbar.

An jenem Abend wurde mir klar, dass es ohne die Politik viele Probleme zwischen den Menschen gar nicht gäbe. Einige meiner chinesischen Bekannten zeigten sich erstaunt, als sie meine häufigen Kontakte zu den Japanern bemerkten. «Fühlst du dich denn wohl, wenn du mit denen zusammen bist?» Sie meinten, nach dem, was die Japaner alles in China angerichtet hatten, könne es doch keine Basis für eine Freundschaft geben.

Ich fragte zurück: «Was hat die junge japanische Generation mit der aggressiven Politik ihrer Väter zu tun?»

Es dauerte einige Wochen, bis ich herausfand, dass es an der Universität eine Arbeitsvermittlung für Studenten gab. Durch sie fand ich eine neue Verdienstmöglichkeit in einer Gabelstaplerfabrik. Meine Aufgabe bestand darin, an einer großen Fotokopiermaschine Planzeichnungen zu kopieren. Das ging von morgens bis abends, manchmal machte ich auch gleich zwei Schichten hintereinander, denn die Arbeit war nicht schwer. Ich verdiente dort nicht sehr viel, da ich wegen des Studiums nicht jeden Tag hinging, aber es reichte, um mein Leben zu finanzieren. Die Fabrik lag in einem Industriegebiet und war mit öffentlichen Verkehrsmitteln schwer erreichbar. Kurz entschlossen machte ich daraufhin den Führerschein und erstand für dreihundertfünfzig Mark einen uralten VW – mein erster Schritt in die Wohlstandsgesellschaft!

Eines Tages rief mich Martin an. Seit meinem Auszug aus dem protestantischen Wohnheim hatten wir uns kaum noch gesehen.

«Guan, hör mal, ich habe am kommenden Samstag Geburtstag. Hättest du Lust, mit mir zu feiern? Ich möchte dich gern einladen.»

«Oh, wirklich? Feierst du bei dir im Zimmer?»

«Nein, zu Hause bei meinen Eltern in Hildesheim. Wenn du Zeit hast, kannst du mit mir zusammen hinfahren.»

Ich freute mich sehr über diese Einladung und nahm sofort an.

Martin hatte die Abwesenheit seiner Eltern genutzt und eine große Geburtstagsparty im Keller seines Elternhauses organisiert. Außer zwei alten Mitbewohnern aus dem Studentenwohnheim hatte er weitere Kommilitonen eingeladen sowie einige andere, mit denen er einmal zusammen in Schottland gewesen war. Die Party war sehr lustig, aber die Musik konnte ich kaum ertragen. Sie war furchtbar laut und chaotisch. Außerdem kannte ich außer meinen ehemaligen Mitbewohnern niemanden. Alle sprachen Deutsch miteinander. Ich bereute schon, dass ich gekommen war, und verzog mich in eine Ecke des Kellers, wo ich mich auf einen zusammengerollten Teppich hockte und in dem Essen herumstocherte, das ich mir gerade vom Büfett geholt hatte. Das Essen war auch wieder nicht nach meinem Geschmack. Während ich so allein aß, nahm ich wahr, wie in der anderen Ecke ein paar Leute immer wieder zu mir herüberschauten. Offenbar sprachen sie über mich. Dann sah ich, wie Martin ein Mädchen am Arm ergriff und von der Gruppe fortzog. Das Mädchen protestierte und folgte ihm lachend. Wollte er mit ihr tanzen? Doch da kam er auch schon zu mir herüber.

«Peter, darf ich dir diese junge Dame vorstellen?», rief er gegen die Musik an, und ich sprang von meinem Platz auf. «Wir haben in Schottland zusammen an einem Sprachkurs teilgenommen. Sie spricht von uns allen am besten Englisch. Vielleicht könnt ihr euch ein bisschen unterhalten.»

Wirklich nett von ihm, mir jemanden vorzustellen, und dazu noch ein so junges, hübsches Mädchen! Wahrscheinlich ging sie noch zur Schule. Ich bat sie, Platz zu nehmen, und freute mich, ein wenig plaudern zu können.

«Wie heißt du?», fragte ich sie auf Englisch.

«Ich heiße Petra.»

«Peter? Das ist doch ein Männername! Ich heiße auch Peter.»

Sie lachte. «Nein, nicht Peter, sondern Petra!» Dabei betonte sie das R. Für uns Chinesen war das R ohnehin ein großes Problem. Als ich früher Russisch und Spanisch gelernt hatte, konnte ich zwar das gerollte Zungen-R aussprechen, aber das kurze, kehlige R im Französischen fiel mir schwer. Sie begann mir zu erklären, wie ich dieses R aussprechen sollte, und durch diesen lustigen Beginn wurde unsere Unterhaltung gleich ganz zwanglos.

An diesem Abend war ich nur noch mit Petra zusammen. Sie erzählte mir auf Englisch von Schottland und von ihrem Englischunterricht. Ich berichtete ihr von meinen eigenen Erfahrungen beim Englischlernen und gab Beispiele von den vielen Mustersätzen, die ich immer noch auswendig wusste. Vieles klang für sie ziemlich lustig, und sie amüsierte sich.

Was für ein nettes, natürliches Mädchen! Ich mochte sie sofort, aber das Gefühl, das ich für sie verspürte, war völlig anders als bei Anna.

Es stellte sich heraus, dass Petra weder zur Schule ging noch studierte, sondern in einer Import-Export-Firma als Korrespondentin für Englisch und Spanisch arbeitete, und zwar in Hamburg. «Hättest du vielleicht Lust zu einem Sprachaustausch mit mir?», fragte ich. «Vielleicht kann ich dir bei der englischen Grammatik helfen, und du könntest mir Deutschunterricht geben.»

Von nun an trafen wir uns mehrmals die Woche und unternahmen vieles zusammen. Ich lernte viel von ihr. Sie öffnete mir die Türen zu einem besseren Verständnis für dieses Land.

Eines Tages sprach mich in einer Vorlesung des Historischen Seminars ein Student auf Chinesisch an. Er wirkte wie ein Chinese, doch seine helle Haut, die großen Augen und vor allem sein langes, lockiges Haar sahen eher europäisch aus.

«Ich bin der Sohn von Professor Liu», stellte er sich vor. «Bist du nicht Guan Yuqian?»

«Ja», antwortete ich überrascht. Sein fließendes Chinesisch hatte einen deutschen Akzent. «Studierst du auch Geschichte?», fragte ich.

«Ja, aber im Hauptfach Sinologie. Ich habe dich schon mehrmals hier in der Vorlesung gesehen. – Mein Vater sucht dich dringend.»

«Weswegen denn?»

«Das weiß ich auch nicht.»

Gleich nach der Vorlesung ging ich in das zwei Stockwerke tiefer gelegene Chinaseminar. Professor Liu freute sich, mich wieder zu sehen.

«Ich habe eine gute Nachricht für Sie», sagte er. «Nach der Lektüre Ihres Manuskriptes habe ich den Eindruck, dass Sie gut in unser Seminar passen könnten. Außerdem sprechen Sie ein sehr gutes Hochchinesisch. Professor Franke und ich haben deshalb für Sie eine Stelle als wissenschaftliche Hilfskraft arrangiert. Das ist nur eine provisorische Stelle, und das Honorar ist gering. Sie bekommen noch nicht einmal fünfhundert Mark pro Monat. Aber dafür brauchen Sie auch nur vier oder fünf Stunden pro Woche zu unterrichten. Wäre das etwas für Sie?»

Ich war sprachlos. Wenn ich sparsam lebte, konnte ich mit fünfhundert Mark sogar auskommen und brauchte nicht noch weiter neben dem Studium zu jobben. Es war doch sowieso immer mein Traum gewesen, einmal an der Universität zu arbeiten!

«Wann soll ich anfangen?»

«Gleich nächste Woche.»

«Und was soll ich unterrichten?»

«Sie werden mit Doktor Lippert zusammenarbeiten. Gehen Sie zu ihm und sprechen Sie mit ihm darüber, wie Sie Ihre Arbeit aufteilen.»

Ich hätte ihm vor Dankbarkeit die Hände küssen mögen. «Vielen Dank! Vielen Dank!», wiederholte ich voller Freude.

Professor Liu lachte: «Nichts zu danken. Nutzen Sie die Chance!»

Als ich mich von ihm verabschiedete, lud er mich zu sich nach Hause zum Essen ein. Schon am nächsten Abend fuhr ich zu ihm. Er wohnte in einer ruhigen, vornehmen Straße im Norden Hamburgs. Als ich den modernen Bungalow betrat, fand ich mich in einer deutsch-chinesischen Welt wieder. Die Einrichtung war westlich, doch Bilder und Kalligraphien an den Wänden, Porzellan und viele kleine Kunstgegenstände zeugten von alter chinesischer Kultur. Zu meiner Überraschung stellte ich fest, dass Professor Lius Frau eine Deutsche war. Daher also der helle Teint und die großen Augen des Sohnes! Sie sprach kein Chinesisch, dafür aber ein so klares, deutliches Deutsch, dass ich sie sehr gut verstand. Ich bemerkte sehr schnell, dass sie eine ungewöhnlich feinfühlige, aufrichtige Frau war. Professor Liu hatte sich eine Schürze umgebunden und hantierte am Esstisch bereits mit Nudelholz und Teig. Es gab Jiaozi. Ich zog sofort meine Jacke aus, wusch mir die Hände und gesellte mich dazu. Mit atemberaubender Geschwindigkeit rollte Professor Liu kleine Teigteller aus und warf sie in elegantem Schwung auf den Tisch, während seine Frau, sein Sohn und ich sie füllten. Im Nu war die Arbeit getan, die Jiaozi gekocht, und wir saßen zufrieden am Tisch und aßen in aller Ruhe das gemeinsam zubereitete Mahl. Es war wie in China. Welch eine harmonische Familie! Frau Liu erinnerte mich mit ihrer Umsicht und Aufmerksamkeit an meine Mutter. Wie glücklich musste Professor Liu mit dieser Frau sein! Schließlich führte er mich in sein Arbeitszimmer, wo ich angesichts der vielen interessanten chinesischen Bücher am liebsten geblieben wäre.

«Jetzt hängt alles von Ihnen selbst ab», sagte er. «Es gibt genügend Leute, die etwas dagegen haben, dass ich Sie an die Uni geholt habe, weil Sie aus der Volksrepublik stammen. Aber mir ist egal, ob jemand Rot-, Weiß-, Blau- oder sonst ein Chinese ist, Hauptsache, er ist fähig. Sie haben mit Ihrem Manuskript einen sehr guten Eindruck auf mich gemacht. Sie müssen Ihre Fähigkeiten nun weiter unter Beweis stellen und hart arbeiten. Ich hoffe, Sie enttäuschen mich nicht. Ich sage Ihnen: Wenn Sie schon mit einem Bein in der Universität sind, ist es gar nicht mehr so schwer, auch mit dem zweiten Bein hereinzukommen.»

Als ich an diesem Abend heimkehrte, fühlte ich eine Ruhe in mir, wie ich sie seit langem nicht mehr verspürt hatte. Wie viel Herzlichkeit und Vertrauen mir diese Menschen schenkten! Nach anderthalb Jahren, die ich jetzt in Deutschland lebte, ergab sich mir endlich eine Lebensperspektive in diesem Land. Und es war gerade mein Manuskript gewesen, dem ich dies zu verdanken hatte. Am Institut für Asienkunde in Grund und Boden kritisiert, hatte es mir wenig später den Weg in die Universität geöffnet. Nein, ich würde Professor Liu nicht enttäuschen!

Doktor Lippert war ein sehr netter Mann. Er arbeitete gerade an seiner Habilitationsschrift, deshalb war er hoch erfreut, als er hörte, dass ich einige seiner Stunden übernehmen würde.

«Ich habe Sprachunterricht bisher immer nur selbst genossen, aber nie gegeben», sagte ich. Außer dem Russischunterricht, den ich Fang Yi erteilt hatte, verfügte ich ja wirklich über wenig Erfahrung. «Bitte sagen Sie mir genau, was ich machen soll.»

«Morgen gehen wir zusammen zum Unterricht. Ich werde Sie den Studenten vorstellen. In der nächsten Woche fangen Sie dann mit einer neuen Lektion an, und ich übernehme das Erklären der Grammatik.»

«Ist der Unterricht für Anfänger?»

«Nein, für Fortgeschrittene. Die Studenten haben bereits zwei Semester Sprachunterricht gehabt.»

Am nächsten Tag ging ich mit Doktor Lippert gemeinsam in den Unterrichtsraum. Als ich die vielen deutschen Studenten sah, fragte ich mich, wie ich es bloß anstellen sollte, mit meinen noch sehr beschränkten Deutschkenntnissen neue Inhalte zu vermitteln. Doktor Lippert sprach sehr gut Chinesisch. Zudem verstand er es ausgezeichnet, die Texte und Zeichen auf Deutsch zu erklären. An der Reaktion der Studenten konnte ich erkennen, dass sie sehr zufrieden mit ihm waren. Ich überlegte, wo meine Stärken lagen. Eigentlich müsste ich ja besser im Chinesischen sein als er, da es meine Muttersprache war. Aber was die Erklärungen anging, würde ich nicht mit ihm mithalten können.

Das ganze nächste Wochenende verbrachte ich in meinem Zimmer, um den Unterricht vorzubereiten. Um zu prüfen, wie mein Unterricht wirkte, setzte ich mich sogar vor den Spiegel und gab meinem Ebenbild eine Chinesischlektion.

Meine erste Unterrichtsstunde wurde tatsächlich ein großer Erfolg. Ich sprach vorwiegend Chinesisch, schön langsam und deutlich, und wenn die Studenten etwas nicht verstanden, erklärte ich es ihnen auf Englisch oder Deutsch. Am Ende der Stunde erzählte ich ihnen in einfachen Worten ein kurzes Märchen, das ich mir ausgedacht hatte. Die Studenten trommelten Beifall. Doktor Lippert, der dabei gewesen war, kommentierte anschließend: «Sie sind der geborene Lehrer.» Welch schöne Ermutigung!

Da mir das Unterrichten viel Spaß machte, freute ich mich nun auf jede Unterrichtsstunde, die ich stets sorgfältig vorbereitete. Mit einigen der Studenten freundete ich mich im Laufe der Zeit richtig an. Professor Liu achtete sehr auf meinen Unterricht. Er befragte Doktor Lippert und auch die Studenten und schien mit deren Urteil sehr zufrieden. Einmal sagte er mir: «Yuqian, Sie haben ja schon in China studiert, Sie sollten aber hier in Deutschland auch noch einen Abschluss machen. Konzentrieren Sie sich auf Ihr Studium und beginnen Sie so bald wie möglich mit einer Magisterarbeit. Das ist wichtig für Ihre Zukunft, wenn Sie weiter an der Universität arbeiten möchten.»

Auf Anraten von Professor Liu wechselte ich mein Hauptfach und studierte nun Sinologie. Schon bald begann ich eine Magisterarbeit über ein sprachbezogenes Thema. Auch jetzt erhielt ich wieder wertvolle Unterstützung. Zwei Berliner Freunde, Frau Zheng Ying und Klaus Stermann, halfen mir bei den deutschen Formulierungen. Für die Magisterprüfung musste ich unter anderem einen Schein über japanische Sprachkenntnisse nachweisen. So wurde einer meiner japanischen Mensafreunde mein Lehrer – er unterrichtete jetzt am Japanischen Seminar. Die Geschichte trieb wirklich ihre Späße mit uns! Ich erinnerte mich, wie ich in Shanghai in der Mittelschule während der japanischen Herrschaft dazu gezwungen worden war, Japanisch zu lernen. Ich hatte die Sprache völlig abgelehnt, und jetzt machte es mir richtig Spaß.

Seit ich am Chinaseminar war, konnte ich mein Leben endlich wieder genießen. In meiner Doppelexistenz als Lehrer und Schüler fühlte ich mich sehr wohl und frei. Ich verdiente zwar nur wenig, hatte aber keine großen Ansprüche. Einige Male verreiste ich sogar mit einigen meiner Studenten. Auf diese Weise kam ich erstmals nach Frankreich und in die Schweiz. Je vertrauter ich mit der deutschen Gesellschaft wurde, desto mehr verlor die chinesische Gesellschaft für mich an Bedeutung, zumal ich gerade von dieser Seite sehr viel Misstrauen erntete.

Der chinesische Salon

Schon seit fast zwei Jahren wurde ich immer mal wieder von Frau Flatow, einer reichen Chinesin, eingeladen. Sie wohnte in einem Vorort in einem wunderschönen Atriumbungalow, der nach ihren eigenen Vorstellungen erbaut worden und mit kostbaren chinesischen Möbeln ausgestattet war. Frau Flatow war eine bildhübsche, künstlerisch begabte Frau, die aus der Provinz Jiangxi stammte und schon vor der Revolution einen deutschen Kaufmann geheiratet hatte. Nachdem beide nach Hamburg übergesiedelt waren, hatte sie einen chinesischen Kreis um sich geschart, den sie häufig einlud – praktisch die gesamte chinesische Highsociety der Stadt. Seine Mitglieder besaßen entweder Rang und Würden oder Geld. Ich war der Einzige, der über nichts dergleichen verfügte. Aber ich hatte den anderen doch etwas voraus: ein detailliertes Wissen über die Ereignisse im China der letzten zwanzig Jahre.

Meine Anwesenheit führte stets zu aufgeregten Diskussionen. Die Volksrepublik China und die Kommunistische Partei waren das Hauptgesprächsthema. An der Art der Fragestellungen ließ sich sofort erkennen, wer die Revolution grundsätzlich ablehnte und wer eine gemäßigte Position vertrat. Gemessen an meiner früheren Einstellung wären die Anwesenden freilich allesamt als Konterrevolutionäre zu bezeichnen gewesen. Eine Frau äußerte sich besonders vehement: «Ich hasse die Kommunistische Partei! Die Landreform hat meine ganze Familie zerstört. Etliche meiner Angehörigen sind damals ums Leben gekommen.» Dabei schaute sie mich derart hasserfüllt an, als hätte ich das schreckliche Schicksal ihrer Familie persönlich zu verantworten.

Alle Kritik, die an der Kommunistischen Partei geäußert wurde, war an sich berechtigt, und ich hätte selbst noch viel konkreter und begründeter Klage führen können als die anderen. Hier aber wurde ich immer wieder in die Rolle des Verteidigers gedrängt und versuchte, den anderen klarzumachen, dass die chinesische Revolution nicht ein Betriebsunfall gewesen war, sondern historische Gründe gehabt hatte und von den Bauern wie von vielen Intellektuellen tatkräftig gefördert worden war.

Eines Tages nun geriet ich mit Frau Flatow aneinander. Der Hintergrund war, dass sie mich mit einer «Nenntochter» hatte verkuppeln wollen, einer über dreißigjährigen, ledigen Chinesin, die für ein paar Tage aus den USA nach Hamburg auf Besuch kam. Frau Flatow sah es wie viele ältere Chinesinnen als ihre Pflicht an, Ledigen im heiratsfähigen Alter zum Eheglück zu verhelfen, auch wenn die gar nicht wollten. Ich jedenfalls war an ihren Vermittlerdiensten nicht im Mindesten interessiert. Frau Flatow empfand mich offenbar als schrecklich undankbar, denn als ich sie nach der Abreise ihres Besuchs wieder anrief, fing sie an, mich zu beschimpfen, und holte alles hervor, was die anderen in ihrem chinesischen Salon über mich gesagt hatten:

«Wir haben alle unsere Zweifel, ob Sie nicht doch als Spion von der chinesischen Regierung hergeschickt worden sind. Manche sagen, Sie könnten so gut Russisch und Englisch, weil Sie in der Sowjetunion speziell für den Einsatz im Westen ausgebildet wurden. Wer von uns anderen kann denn sonst Geige und Akkordeon spielen, kann westliche Lieder singen und europäische Standardtänze tanzen? Und wer hat so schnell nach seiner Ankunft vom Institut für Asienkunde eine Anstellung bekommen? Das ist nur Ihnen gelungen. Sie haben die Kommunistische Partei nie kritisiert, im Gegenteil, sie haben sie immer befürwortet. Jetzt habe ich sogar gehört, dass Sie sich ins Chinaseminar hineingemogelt haben.»

Ich war entsetzt. Vor allem der letzte Punkt war natürlich absurd. Wenn es jemand wirklich interessiert hätte, wie und warum ich ans Chinaseminar gekommen war, hätten Professor Liu oder Professor Franke detailliert Auskunft geben können. «Wie bitte? Hineingemogelt soll ich mich haben? Wer sagt denn so etwas?»

«Das sage ich nicht.»

«Glauben Sie denn das alles, was die anderen über mich erzählen?»

«Nein, das nicht. Aber Sie können ja auch nicht das Gegenteil beweisen.»

«Aber liebe Frau Flatow, so überlegen Sie doch einmal: Wäre ich wirklich ein Spion, müsste ich doch ganz anders auftreten. Ich müsste Ihrer aller Vertrauen erschwindeln und dürfte zu dem Zweck an der Revolution und der Kommunistischen Partei kein gutes Haar lassen.»

Dieses Argument schien ihr einzuleuchten.

«Wissen Sie, Herr Guan», sagte sie. «Wenn die anderen schlecht über Sie sprechen, dann verteidige ich Sie immer. Sie sollten das alles nicht so ernst nehmen. Trotzdem wollte ich Ihnen sagen, wie die anderen über Sie denken.»

Ich war empört über diese Verdächtigungen und Unterstellungen. Dieser gedankenlose Klatsch und Tratsch! In den Augen der Kommunistischen Partei war ich ein Konterrevolutionär, und in den Augen der taiwanfreundlichen Chinesen in Hamburg ein Agent der Kommunisten. Es war wirklich schwierig mit manchen Landsleuten!

Heimweh

Der Sprachaustausch mit Petra machte sehr viel Spaß. Ich freute mich immer, wenn ich sie sah. Dennoch betrachtete ich sie mehr als eine normale Freundin. Ich wollte nicht, dass unsere Freundschaft zu tief würde, weil ich sie nicht verletzen wollte. Ich befand mich mit meinem Leben in Hamburg in einem Zwiespalt. Obwohl ich mich in Deutschland inzwischen sehr wohl fühlte und mir auch die Atmosphäre an der Universität sehr gut gefiel, litt ich ständig an Heimweh. Ich hatte sogar das Gefühl, dass mit zunehmender Verbesserung meiner Situation die Sehnsucht nach Hause wuchs. Trotz vieler netter Kontakte fühlte ich mich einsam. Wenn ich mit anderen Menschen zusammen war, zeigte ich mich fröhlich und aktiv, doch vor allem nachts holte mich die Vergangenheit immer wieder ein. Ich hätte nie gedacht, dass das Heimweh einen derartig vereinnahmen kann. Nach wie vor war es unmöglich, zu meinen Angehörigen Kontakt aufzunehmen. Schon viele Male hatte ich Briefe nach Hause geschickt, manchmal nicht direkt, sondern an vertraute Kollegen im Friedenskomitee mit der Bitte um Weiterleitung, aber es kam nie eine Antwort. Auch über andere Wege erfuhr ich nichts. Wie grausam die Kommunistische Partei doch war, dass sie jeglichen Briefwechsel unterband! Ich hatte doch nie etwas gegen meine Heimat, gegen mein Vaterland getan! Wieso durfte ich noch nicht einmal Kontakt mit meiner Mutter haben? Ich träumte fast jede Nacht von meinen Angehörigen, träumte von meiner Rückkehr. Manchmal durchlebte ich in furchtbaren Alpträumen erneut die Kritiksitzungen der Anti-Rechts-Kampagne, dann wieder griffen mich Rote Garden an und bedrohten mich mit Folter. Ich glaubte manchmal fast den Verstand zu verlieren. Das Schlimmste war, dass ich mit niemandem über diese Gefühle sprechen konnte. Wer hätte sie nachempfinden können? Doch nur jemand, der durch eine ähnliche Hölle gegangen war.

Eines Nachts überfiel mich wieder ein derart heftiges Heimweh, dass ich nicht glaubte, es noch länger aushalten zu können. Ich stand auf und schrieb einen Brief an die chinesische Botschaft in London. Deutschland unterhielt damals noch keine diplomatischen Beziehungen zu China. In dem Brief bat ich dringend um Informationen über die gegenwärtige Situation meiner Angehörigen. Ich erwähnte mein Heimweh und die aufkeimende Reue, China verlassen zu haben. Lange Zeit erhielt ich keine Antwort. Kurz vor meiner mündlichen Magisterprüfung kam jedoch ein Anruf von einem Journalisten der Xinhua-Nachrichtenagentur, die in Bonn ein Büro unterhielt. Der Mann wollte sich mit mir in Hamburg treffen.

«Worum geht es?», fragte ich.

«Darüber können wir reden, wenn wir uns treffen. Hätten Sie Zeit für mich?», fragte er freundlich.

«Ja, ein wenig.»

«Dann komme ich noch dieses Wochenende. Wir können uns am Postamt im Hamburger Hauptbahnhof treffen. Wir kennen uns zwar nicht, aber mich können Sie sehr einfach erkennen: Ich bin breit und dick. Wir kommen zu zweit, und ich werde eine Zeitung in der Hand halten. Passt es am Samstagnachmittag um zwei?»

«Gut, einverstanden.»

Nach diesem Gespräch fing ich wieder an zu zittern. Gerade hatte ich den westlichen Geheimdienst abgeschüttelt, da kam wahrscheinlich der chinesische. Was wollten die von mir? Bestimmt wollten sie mich wieder zurückholen. Geheimdienst war Geheimdienst. Ich hatte so viel darüber gelesen. Du kriegst eine Spritze, wirst ins nächste Flugzeug gesteckt, und weg bist du! Früher hätte ich der Kommunistischen Partei Derartiges nie zugetraut, aber seit der Kulturrevolution schien mir alles denkbar.

Es war kein Problem, die beiden im Bahnhofspostamt zu identifizieren. Auf den ersten Blick wirkten beide recht nett und freundlich. Wir setzten uns ins IC-Restaurant im ersten Stock. Dort war es ziemlich ruhig. Die beiden saßen mir gegenüber.

«Mein Name ist Wang Shu», begann der Dicke. «Ich arbeite in Bonn als Journalist und habe mit Ihrer Sache eigentlich nichts zu tun. Aber es gibt hier ja keine chinesische diplomatische Vertretung. Darum bin ich beauftragt worden, zu Ihnen Kontakt aufzunehmen.»

Ich schwieg. Ob er wirklich nur Journalist und kein Geheimdienstler war?

«Yuqian, ich bin gerade aus China hergekommen. Wir beide sind uns früher nie begegnet, aber ...»

Er nannte mich beim Vornamen? Das war für einen Chinesen sehr ungewöhnlich. Das taten nur die Verwandten und engsten Freunde. Wollte er mir freundschaftlich entgegentreten?

«... aber ich kenne Ihre Schwester sehr gut.»

«Was?» Ich war wie elektrisiert. «Sie kennen meine Schwester? Wie geht es ihr denn? Haben Sie sie gesehen? Haben Sie auch meine Mutter gesehen?»

«Ihre Schwester habe ich in letzter Zeit nicht gesehen. Aber mit Ihrer Mutter habe ich mich erst vor wenigen Tagen getroffen. Sie war sehr traurig. Sie hat große Sehnsucht nach Ihnen.»

Ich starrte ihn wortlos an.

«Ich habe Ihnen einen Brief von ihr mitgebracht.»

Er zog aus seiner Brusttasche einen kleinen Umschlag hervor und überreichte ihn mir. Ich erkannte sofort ihre Schrift. Meine Hände zitterten, als ich den Brief öffnete.

«Lieber Yuqian, mein lieber Sohn!

Ich konnte es erst gar nicht glauben, dass du wirklich weggegangen bist. Ich habe mein ganzes Leben nur euch drei Kindern gewidmet, und ich habe immer nur erwartet, dass ihr drei etwas für unser Vaterland tut. Aber nun hast du nicht nur gegen meinen Wunsch, sondern auch gegen deinen eigenen Wunsch unser Land verlassen. Ob du glücklich bist? Ich kann es mir gar nicht vorstellen. Du hast dort keine Verwandten, keine Freunde. Bestimmt fühlst du dich sehr einsam. Überleg es dir! Ich hoffe sehr, dass du zurückkommst. Wenn du deine Fehler gestehst, hast du hier immer noch eine Zukunft.

Mir geht es eigentlich nicht schlecht. Ich bin aber inzwischen an grünem Star erkrankt. Meine Sehkraft wird immer schwächer. Ich wünschte, du könntest bei mir sein.

Hast du gar nicht daran gedacht, was werden soll, wenn du alt bist? Wo möchtest du dann leben? Ich denke an das Sprichwort: ‹Die fallenden Blätter kehren zu ihren Wurzeln zurück.› Ich kann mir gar nicht vorstellen, dass du dort im Ausland in Zukunft glücklich sein wirst. Komm doch zurück, mein Sohn!»

Ich begann haltlos zu heulen. Wang Shu zog ein Taschentuch hervor und reichte es mir.

«Möchten Sie nicht doch nach China zurückkehren?»

«Natürlich möchte ich, am liebsten sofort! Aber ich habe Angst.»

«Angst – wovor?»

«Ich habe Angst, ins Gefängnis zu kommen. Ich habe Angst, dass die Partei mir nicht verzeiht.»

«Deswegen sind wir heute hier in Hamburg. Wir wollen Sie nach China zurückholen. Das geht unter einer Voraussetzung – dass Sie freiwillig kommen.»

«Schon als ich in Ägypten war, wollte ich nach China zurück», erklärte ich. «Ich habe deswegen sogar vom Gefängnis aus an den chinesischen Botschafter geschrieben. Und vor einiger Zeit habe ich noch einen Brief an den chinesischen Botschafter in London geschickt.»

«Wir haben das alles bekommen. Wenn Sie nach China zurückgehen, bekommen Sie Ihre alte Arbeitsstelle zurück. Sie können es sich ja noch einmal überlegen. Wir bleiben in Kontakt. Wenn Sie einverstanden sind, übernehmen wir die Kosten für den Flug.»

Seine Offenheit und seine freundliche Art bewegten mich sehr. Wir verabschiedeten uns, und ich ging zurück ins Studentenwohnheim. Immer wieder las ich den Brief durch. Doch je öfter ich ihn las, desto merkwürdiger schien er mir. Mit keiner Silbe erwähnte Mutter Xin, meinen Sohn. Wieso hatte sie kein Foto beigelegt? Kein Wort auch über die anderen und was aus ihnen geworden war. Wieso hatte sie mir nicht schon früher geschrieben? Nein, mit diesem Brief stimmte etwas nicht, da war ich mir ganz sicher. Hatte man sie gezwungen, diesen Brief zu schreiben? Sein einziges Motiv war offenbar, mich zur Rückkehr zu bewegen. Aber war es andererseits nicht völlig egal, wer oder was Mutter zu diesem Brief veranlasst hatte? Wenigstens in einem Punkt hatte sie gewiss die Wahrheit gesagt: Sie brauchte mich. Ich beschloss, nach China zurückzukehren. Diese Entscheidung ergriff so sehr Besitz von mir, dass ich an nichts ande-

den, denn ich wollte die Hoffnung auf eine Rückkehr nach China nicht aufgeben.

Am nächsten Tag rief ich noch einmal bei Wang Shu an und kündigte ihm mein Kommen an. Ich wollte mit ihm noch einmal über meine Situation und auch über die aktuelle politische Lage in China sprechen.

Das Bonner Xinhua-Büro befand sich in Bad Godesberg. Wang Shu und derselbe Kollege, der auch in Hamburg dabei gewesen war, empfingen mich. Sie bestätigten mir die Sache mit Lin Biaos Flucht, konnten mir aber auch keine näheren Informationen dazu geben.

«Wie haben Sie in Ihrer eigenen Sache entschieden?», fragte Wang Shu.

«Ich möchte am liebsten sofort nach China zurück.»

«Sehr gut. Wir haben Ihnen auch schon ein Flugticket besorgt.»

«Aber ich habe immer noch ziemliche Bedenken. Ich habe einfach große Angst. Selbst wenn Sie mir versprechen, dass es keine Probleme gibt, wenn ich zurückgehe, sind doch die Roten Garden unberechenbar. Wenn sie sogar den Vizebürgermeister von Peking totschlagen konnten, was können sie dann mit mir anstellen!»

Wang Shu zog ein langes Gesicht und sagte verärgert: «Es gibt keine Roten Garden mehr. Sie müssen der Partei vertrauen!»

In diesem Moment traf eine Delegation indonesischer Überseechinesen ein, die das Büro besuchen wollten.

Wang Shu wandte sich an seinen Kollegen: «Kannst du diese Leute für mich empfangen? Guan und ich gehen nach nebenan und reden noch ein bisschen weiter.» Er geleitete mich in einen kleinen Empfangsraum. Kaum hatte er die Tür hinter sich geschlossen, veränderte sich sein Gesichtsausdruck. «Sie haben also noch Bedenken ...»

«Sehen Sie mal, Genosse Wang Shu», sagte ich. «Wenn selbst der beste Kampfgefährte von Mao Zedong in derartige Schwierigkeiten gerät, was passiert dann erst mit mir kleiner Kartoffel, wenn ich zurückgehe?»

«Wenn Sie Angst oder Bedenken haben, brauchen Sie ja nicht sofort zurückzukehren», sagte Wang Shu plötzlich mit derart gedämpfter Stimme, dass ich ihn kaum verstehen konnte. «Sie könnten doch einfach noch ein wenig warten. Später können Sie ja immer noch zurückkehren. Aber eins sollten Sie sich merken: Nutzen Sie die Zeit zum intensiven Studium. Und tun Sie Gutes für unser Vaterland und für die chinesische Kultur.» Er sah mich mit festem Blick an und klopfte mir freundschaftlich auf die Schulter. «Ich denke, Sie haben verstanden. Dann lassen Sie uns jetzt ein bisschen mit den indonesischen Chinesen plaudern!»

Mir pochte das Herz. Wang hatte mir indirekt, aber doch unmissverständlich zu verstehen gegeben, dass in China wirklich noch Gefahr auf mich lauerte. Vielleicht hatte er mir mit seinem leisen Wink gar das Leben gerettet? Jedenfalls kam für mich eine Rückkehr nun nicht mehr in Frage.

Studentenprotest

Ich fühlte mich auf einmal sehr frei. Mir schien, der Himmel hätte mir ein zweites Leben geschenkt, und ich beschloss, unter diesen geänderten Voraussetzungen nun noch ernsthafter Deutsch zu lernen und mich in die Gesellschaft dieses Landes zu integrieren, das ich nun mehr als zuvor als neue Heimat zu akzeptieren bereit war. Ich lernte, ich feierte, ich genoss das Leben, ich verdiente Geld, und plötzlich hatte ich wieder das Gefühl, dass eine glänzende Zukunft vor mir lag. Immer wieder ging mir die Bemerkung von Professor Liu durch den Kopf: «Wenn Sie schon mit einem Bein in der Universität sind, ist es gar nicht mehr so schwer, auch mit dem zweiten Bein hereinzukommen.» Kurzfristig gesehen, waren die knapp fünfhundert Mark Salär wirklich nicht schlecht, um jedoch langfristig einen Lebensunterhalt zu bestreiten, war es zu wenig. Aber die Universität verlassen, um irgendwo vielleicht mehr zu verdienen, wollte ich auch nicht. Ich hatte gehört, dass unser Seminar neben der bestehenden Lektorenstelle für Chinesische Sprache eine zweite beantragt hatte. Würde diese genehmigt, wäre sie mir ziemlich sicher, darin war man sich von den Professoren bis zu den Studenten bereits einig.

Eines Tages, es war Mitte November 1972, rief mich Professor Franke, der mittlerweile an Lius Stelle Geschäftsführender Direktor war, in sein Büro und sagte: «Herr Guan, bedauerlicherweise ist die Lektorenstelle, die wir für Sie beantragt haben, von der Hochschulbehörde abgelehnt worden. Es fehlt an finanziellen Mitteln. Das bedeutet, Sie müssen einen neuen Weg für sich finden.»

«Heißt das, dass ich dann auch nicht mehr die Stelle als Hilfskraft ausüben kann?»

«Das wird schwierig. Diese Stelle, die Sie jetzt haben, ist ja nur befristet und läuft zum Ende des Semesters aus.»

Ich hatte so sehr auf die Lektorenstelle gehofft, dass mich diese böse Überraschung ratlos machte.

«Wie viele Unterrichtsstunden geben Sie eigentlich zurzeit?»

«Fünfzehn bis siebzehn pro Woche.»

«Wie bitte? Wieso machen Sie denn so viele?»

«Na ja, die Studenten haben mich um mehr Stunden gebeten. Deshalb machen wir nicht nur Textlektüre und Grammatik, sondern auch Übersetzungsübungen und Konversation.»

«Das geht aber nicht. Sie müssen doch auch an sich denken. Ab jetzt kürzen Sie bitte Ihren Unterricht auf sechs Stunden.»

Das war an einem Freitag. Nach dem Gespräch hatte ich noch eine Übersetzungsstunde. Ziemlich geknickt ging ich in den Unterricht.

Als die Studenten mein trauriges Gesicht sahen, fragten sie mich sofort, was denn los sei.

«Ich habe eine schlechte Nachricht für euch und für mich: Ich werde euch bald verlassen. Und ab heute wird diese Unterrichtsstunde hier auch nicht mehr stattfinden.» Und ich erzählte ihnen, was ich von Professor Franke erfahren hatte.

«Was? Du arbeitest hier nur als Hilfskraft? Wir haben alle gedacht, dass du eine feste Lektorenstelle hast», rief ein Student und schaute ratlos in die Runde.

Das ganze Wochenende grübelte ich darüber nach, was ich in Zukunft machen sollte. Immerhin könnte ich mich bei anderen deutschen Universitäten bewerben, denn inzwischen hatte ich ja meinen Magister gemacht. Oder ich könnte mich bei kanadischen Universitäten bewerben. Die evangelisch-lutherische Auswanderermission, die meinen Fall von der Uno übernommen hatte, hatte mir erst kürzlich ein Visum für Kanada in Aussicht gestellt. Oder ich gründete ein Reisebüro, dann könnte ich in der ganzen Welt herumreisen. Als ich Petra davon erzählte, sagte sie nur: «Du als Geschäftsmann? Da geht die Firma bestimmt gleich pleite!»

Als ich am Montagmorgen den Flur des Chinaseminars betrat, sah ich ein riesiges Plakat an der Wand hängen: «Vollversammlung um 10 Uhr in Raum 772!», stand oben drauf und darunter in großen Lettern: «Streik!»

Seit der Studentenbewegung von 1968 kamen Vorlesungsboykotte an der Universität häufiger vor, aber am Chinaseminar hatte es derlei, wie man mir früher schon einmal versichert hatte, noch nie gegeben. Was mochte diese Aktion ausgelöst haben? Vor der Tür zu meinem Büro wartete eine Studentin.

«Weswegen streiken die Studenten?», fragte ich sie und bat sie einzutreten.

«Weißt du das nicht? Das ist doch deinetwegen!»

«Meinetwegen? Wieso denn das?»

«Wir kämpfen um deine Stelle! Wir werden so lange streiken, bis das Hochschulamt eine Stelle für dich einrichtet, so wie es die Professoren beantragt haben.»

Um zehn Uhr fand tatsächlich die Vollversammlung statt. Ein Warnstreik wurde beschlossen, und jeden Tag sollten zwei Studenten beim Hochschulamt anrufen, einer vormittags, einer nachmittags, und um die neue Stelle bitten. Zwei Wochen sollte der Streik zunächst dauern. Dann wollte man sehen, wie das Hochschulamt reagiert hat.

Zwei Wochen vergingen, ohne dass vom Hochschulamt irgendetwas zu vernehmen war. Nun schlossen sich die Studenten der Japanologie und der Afrikanistik aus Solidarität an. Weitere zwei Wochen vergingen ohne jede Nachricht. Inzwischen informierte sich das Hochschulamt bei den Professoren Franke und Liu über die Situation am Seminar.

Nach vier Wochen Streik verloren die Studenten die Geduld und beschlossen, zu aktiven Aktionen überzugehen. Der Streik sollte auf einer Pressekonferenz an die Öffentlichkeit gebracht werden. Einer der älteren Studenten, der schon ein Jurastudium abgeschlossen hatte, rief Hamburgs Ersten Bürgermeister an, den er persönlich kannte, und machte ihn auf den Fall aufmerksam. Mir war es sehr unangenehm, plötzlich so im Mittelpunkt zu stehen. Einige Studenten beruhigten mich aber: Es gehe ja nicht nur um mich, sondern das Seminar brauche wirklich eine zusätzliche Lektorenstelle. Die Studentenzahlen waren seit Ende der Sechzigerjahre kontinuierlich gestiegen, nicht aber die Zahl der Lehrkräfte. Das sei ein unhaltbarer Zustand.

Schließlich war es kurz vor Weihnachten. Im Partyraum eines Studentenheimes war eine abendliche Weihnachtsfeier angesetzt, und Studenten von mir hatten mich dazu eingeladen. Als ich etwas verspätet ankam, herrschte bereits eine Bombenstimmung. Alle schienen schon reichlich angeheitert, obwohl es noch keine neun Uhr war. Die erste Studentin, die mich erblickte, fiel mir sofort um den Hals und gab mir links und rechts einen Kuss. Gleich darauf sprangen auch die anderen von ihren Plätzen und umarmten mich – Männer wie Frauen. Ich protestierte und schimpfte ein wenig: «Was ist denn hier los! Es ist noch so früh, und ihr habt schon alle einen sitzen!»

«Weißt du es denn noch nicht?», rief eine Studentin erstaunt. «Du hast eine Stelle bekommen! Die Lektorenstelle ist genehmigt!»

«Ich habe die Lektorenstelle bekommen?» Mein Herz klopfte, als hätte ich einen Hundertmeterlauf hinter mir.

«Ja, es ist wahr», bestätigte ein anderer. «Professor Liu hat dich auch schon überall gesucht. Hast du noch nicht mit ihm gesprochen?»

«Nein, ich hatte doch gar keine Ahnung!», rief ich und rannte sofort zur Telefonzelle im oberen Stockwerk. Professor Lius Stimme klang sehr fröhlich am Telefon:

«Ich habe zwar schon vielen Leuten geholfen, aber über diese Sache freue ich mich ganz besonders, denn ich habe nicht nur Ihnen geholfen, sondern Sie haben auch uns geholfen. Ohne Sie hätte unser Seminar keine zweite Lektorenstelle bekommen.»

«Wie kann ich Ihnen nur danken?»

«Danken Sie nicht mir, sondern lieber den Studenten. Ohne sie hätte das nie geklappt.»

Das war das allerschönste Weihnachtsgeschenk für mich! An diesem Abend feierten die Studenten ihren Sieg, und ich feierte mit ihnen. Ich erinnere mich nicht, jemals in meinem Leben so viel Wein getrunken zu haben. Und ich weiß auch gar nicht mehr, wie ich an jenem Abend nach Hause kam.

Jetzt hatte ich eine volle Stelle, die allerdings befristet war und alle zwei Jahre verlängert werden musste, aber was machte das schon! Ein ganz neues Leben konnte beginnen. Auch finanziell war ich saniert. Ich verdiente sechsmal so viel wie früher!

Dieses Weihnachtsfest war für mich wirklich ein Grund zum Feiern. Petra lud mich zu ihren Eltern nach Hause ein. Ich war schon mehrmals dort gewesen und wusste, dass die Eltern nicht besonders glücklich über unsere Freundschaft waren. Zum einen kam ich aus einem fernen kommunistischen Land – für sie ein Graus –, zum anderen war ich beträchtlich älter als Petra. Ich hatte auch nie einen Zweifel daran gelassen, dass ich nach China zurückkehren würde, sobald sich die Gelegenheit dazu böte.

Petra sah das Ganze viel unbeschwerter als ich. In ihrem jugendlichen Überschwang meinte sie, sie wolle mir überallhin folgen, auch nach China. Ihre Eltern hörten das nicht gern. Ich hatte wirklich großen Respekt vor Petra. Als wir uns kennen lernten, war ich so arm, dass ich sie nirgendwohin einladen konnte, höchstens ins Studentenheim zum Essen, das ich dann selber kochte. Das hatte sie nie gestört, im Gegenteil hatte sie immer darauf geachtet, dass ich mein weniges Geld zusammenhielt.

An diesem Weihnachtsabend stellte mir Petras Vater stolz seine Schallplattensammlung klassischer Musik vor. Er legte verschiedene Platten auf, und ich kannte fast jedes Stück. Wenn ich sagte: «Dies ist von Chopin, das von Tschaikowsky, jenes von Beethoven ...», freute er sich immer und war jedesmal ganz erstaunt. Als er Tschaikowskys «Schwanensee» auflegte, schilderte ich ihm die einzelnen Ballettszenen zur Musik – wie mal der weiße Schwan allein tanzt, mal die vier kleinen Schwäne zusammen, die Zigeuner und schließlich der schwarze Schwan. Natürlich versuchte ich auch ein wenig anzugeben, damit die Eltern sahen, dass ich ein gebildeter

Mensch war. Ich hatte Erfolg. Später sagte die Mutter zu Petras Schwester: «Wie schön wäre es, wenn Peter Deutscher wäre ...»

Amerika, Amerika!

Ich hatte schon oft gedacht, wie schön es doch wäre, wenn ich Verwandte im Westen hätte. Tatsächlich wusste ich, dass der älteste Sohn von Onkel Zehn 1947 zum Studium in die USA gegangen und nicht wieder zurückgekehrt war. Später hatte Onkel Zehn mir voller Stolz erzählt, sein Sohn sei in Amerika Bauingenieur geworden und habe mehrere berühmte Brücken konstruiert. Es klang, als müsste eigentlich zumindest jeder Chinese in den USA seinen Namen kennen. Von Hamburg aus hatte ich schon versucht, seine Adresse ausfindig zu machen, aber ohne Erfolg. Dennoch wollte ich die Hoffnung, ihn zu finden, nicht aufgeben. Nun war ich ja fast ein reicher Mann und konnte mir eine Reise nach Amerika leisten. Gleich während der nächsten Semesterferien, im Frühling 1973, flog ich also zu einem einmonatigen Aufenthalt in die USA. Mein Hauptziel war, mir die Chinesischen Seminare renommierter Universitäten anzuschauen sowie deren Lehrkräfte und Lehrmaterial kennen zu lernen. Nebenbei, dachte ich mir, könnte ich auch nach meinem berühmten Vetter fragen.

Als ich nun im Flugzeug Richtung Amerika saß, musste ich daran denken, wie oft das Uno-Flüchtlingskommissariat versucht hatte, mich gegen meinen Willen in die USA zu schicken. Nun flog ich freiwillig hin, wenn auch nur für einen vorübergehenden Aufenthalt. Schon als kleiner Junge hatte ich ja von Amerika geträumt. Unter uns Mittelschülern ging das Gerücht, die Amerikaner seien so reich, dass sie ihre Strümpfe und Unterwäsche nur ein einziges Mal anzogen und dann fortwarfen, statt sie zu waschen.

Meine erste Station war New York. Einer meiner deutschen Studenten hatte mir eine Adresse von Verwandten gegeben und gesagt, dass ich dort übernachten könnte. In der Central Station sollte mich der unbekannte Gastgeber an einem bestimmten Punkt abholen. Der Bahnhof wirkte schmutzig und heruntergekommen. Menschenmassen strömten ein und aus. Einige Passanten sahen abgerissen aus und wanderten ziellos umher. Ich fühlte mich nicht eben sicher. Ich wartete eine ganze Stunde lang. Während dieser Zeit beobachtete ich all die Leute, die an mir vorbeikamen. Die meisten eilten in einem Tempo ihres Weges, als wären sie zu spät dran. Der New Yorker Lebensrhythmus war offenbar viel hektischer als der Hamburger.

Endlich, kurz vor sechs Uhr abends, kam der Mann, der mich abholen sollte, eine große, stattliche Erscheinung mittleren Alters. «Mein Name ist Shelter. Nenn mich einfach William», stellte er sich vor. An der Wall-Street-Börse, an der er arbeitete, war er von dringenden Geschäften aufgehalten worden. Er griff sich einen meiner Koffer und schritt voran zur nächsten U-Bahn-Station. Sie erwies sich als alt, düster und unansehnlich. Die Wände waren übersät mit wüsten Schmierereien, und die U-Bahn, in die wir stiegen, sah noch schlimmer aus, zudem rumpelte sie derart über die Gleise und kreischte so in den Kurven, dass ich glaubte, sie müsste jeden Moment aus den Schienen springen. In meinem Amerikabild waren so viel Schmutz und Düsternis nicht unterzubringen. Die USA waren doch eine so reiche Nation! Wieso konnten sie dann ihre U-Bahn nicht besser pflegen?

«Vorsicht mit Ihrem Portemonnaie, und passen Sie auch auf Ihre Koffer auf!», warnte William mich. «In der Subway treiben sich viele zwielichtige Gestalten herum.»

Ich schaute mich um. In der Tat waren wir umgeben von etlichen dubiosen Typen.

«Zu mir nach Hause ist es ziemlich weit», erläuterte William. «Wir fahren drei Stationen mit der U-Bahn und dann noch ein Stück mit dem Zug, insgesamt ungefähr eine Stunde. Dann müssen wir noch eine Strecke mit meinem Wagen zurücklegen, der am Bahnhof steht.»

«Fahren Sie jeden Tag so weit?»

«Ja, jeden Tag. Frühmorgens brauche ich zwei Stunden bis zur Arbeit, und abends wieder zwei Stunden zurück.»

Unter solchen Umständen hätte ich nie in New York leben mögen. Auch die Eisenbahnwaggons waren in einem miserablen Zustand und zudem so überfüllt, dass wir die erste Viertelstunde stehen mussten. Als dann einige Leute ausstiegen, sah man, dass manche Kunstledersitze mit einem Messer aufgeschlitzt worden waren. Wieso investierten die Amerikaner so viel Geld in Kriege und Waffen und nicht ein bisschen mehr in ihre öffentlichen Verkehrsmittel?, fragte ich mich.

Um acht Uhr hielten wir endlich vor einem schönen zweistöckigen Haus in einem vornehmen Viertel. William parkte seinen Wagen vor zwei offenen Garagen, in denen schon zwei Autos standen. Seine Frau begrüßte uns freundlich mit dem Hinweis, dass das Essen fertig sei. Dann rief sie nach den Kindern, und zwei Jungen kamen angerannt, etwa fünfzehn und achtzehn Jahre alt. Sie begrüßten mich herzlich. Beneidenswert, dieser William, dachte ich.

«Wir gehören zur Mittelschicht», erklärte er mir beim Abendbrot, als er über den allgemeinen Lebensstandard in Amerika sprach.

«Alles, was uns fehlt, ist Zeit», klagte seine Frau. «William hat jeden Tag so viel Arbeit, dass er abends zu nichts mehr zu gebrauchen ist. Wir haben nur am Wochenende Zeit für uns.»

Noch am selben Abend durchsuchte ich sämtliche Telefonbücher, die William von New Jersey, New York und Umgebung besaß, doch fand ich keinen einzigen Namen, der dem meines Vetters Guan Jingqian ähnelte.

Gleich am nächsten Morgen fuhr ich nach Williams Wegbeschreibung zur Columbia-Universität, wo ich das Historische und das Chinesische Seminar besuchte. Ich traf C. T. Hsia, einen namhaften Sinologen. Obwohl ich mich gar nicht angemeldet hatte, begegnete er mir ausgesprochen freundlich, als wären wir alte Freunde. Es war ihm gar nicht anzumerken, dass er schon sehr lange in Amerika lebte; er wirkte auf mich typisch chinesisch.

Nach einem gemeinsamen Mittagessen zeigte er mir das Seminar, stellte mir einige seiner Kollegen vor und verabschiedete sich dann. Ich unterhielt mich noch ein wenig mit den Kollegen, wollte dann aber auch aufbrechen und begab mich deshalb zum Fahrstuhl. Dort dauerte mir aber die Warterei zu lange, und ich beschloss, zu Fuß nach unten zu gehen. Auf der Treppe zwischen dem dritten und dem zweiten Stock musste ich mich an drei Asiaten vorbeidrängen, die dort standen und sich unterhielten, ein Mann und zwei Frauen. Dabei fiel mir auf, dass der Mann reinstes Peking-Chinesisch sprach, so gut, wie man es im Ausland selten hört. Doch noch etwas Vertrautes lag in der Stimme, etwas, das mich urplötzlich an Onkel Yue erinnerte. Unwillkürlich wandte ich mich noch einmal um, blieb stehen und schaute mir den Mann genauer an. Dieses Gesicht kannte ich doch irgendwie! Ich schaute gleich noch einmal näher hin, und mein Herz begann heftig zu klopfen. War das nicht der kleine Glatzkopf, der jüngste Sohn von Onkel Yue, mit dem ich zum Saint Francis Xaviers College gegangen war? Aber solch ein Zufall war doch ganz unmöglich! Ich trat noch einen Schritt vor, um ihn mir genauer anzuschauen. Mein Verhalten begann ihn zu irritieren, und auch er schaute mich nun an, mit unfreundlichem Gesichtsausdruck, als wollte er sich verbeten, so angestarrt zu werden. Dann aber wich der Missmut auf seinem Gesicht dem Ausdruck ungläubiger Überraschung. Nun starrte er mich mit offenem Mund an. Jetzt war alles klar: «Bist du nicht der kleine Glatzkopf?» Ich schrie fast vor Freude.

Yue Zheng – so hieß der kleine Glatzkopf ja eigentlich – verharrte wie erstarrt. Eine der beiden Chinesinnen brach das verblüffte Schweigen und fragte kichernd: «Wieso nennt man dich ‹kleiner Glatzkopf›?»

«Das geht dich gar nichts an!», erwiderte er etwas ungehalten.

Yue Zheng hatte sich sehr verändert. Wir waren zwar beide knapp über vierzig, doch während ich noch ganz schwarze Haare hatte, waren seine schon völlig weiß. Vielleicht war das ein Erbe seines Vaters, der auch sehr früh ergraut war. Die größte Veränderung schien jedoch die Zurückhaltung in seinen Gefühlen zu sein. Nur kurz war die Freude über das unerwartete Wiedersehen erkennbar gewesen, da zwang er sich schon wieder zu Contenance. Meine eigene Reaktion war ganz anders. Ich wollte gerade noch etwas sagen, da kam er mir zuvor: «Yuqian, warte auf mich oben im dritten Stock. Ich muss hier noch kurz ein paar Sachen besprechen, dann komme ich sofort zu dir.»

Ich hatte Yue Zheng seit einem Vierteljahrhundert nicht mehr gesehen. Damals, 1948, hatte Onkel Yue fast seine ganze Familie nach Taiwan geschickt. Nur er selbst und sein ältester Sohn waren in China geblieben, ursprünglich nur für begrenzte Zeit, doch es wurde eine Trennung auf immer. Gedankenversunken schaute ich eine Weile aus einem Fenster, dann kam Yue Zheng mit ernstem Gesicht herangeeilt. Wir gingen in einen leeren Gymnastikraum, setzten uns auf eine Matte und begannen zu erzählen. Yue Zheng hatte seit seiner Ankunft in Taiwan keinerlei Briefwechsel mit seinem Vater führen können. Dennoch wusste er über die Situation seines Vaters Bescheid. Man hatte ihm sogar erzählt, dass aus der zweiten Ehe des Vaters ein Kind hervorgegangen war. Seine Mutter lebte noch immer in Taiwan, zusammen mit seiner jüngsten Schwester; die anderen drei älteren Schwestern lebten alle in Amerika. Wir erzählten und erzählten. Nun verstand ich noch besser, warum viele Menschen die Revolution hassten, denn sie hatte ihre Familien auseinander gerissen. Auf Erinnerungen folgten Seufzen und Schweigen, dann weitere Erinnerungen und wieder Seufzen und Schweigen. Allmählich wurde es im ganzen Haus totenstill und dunkel um uns herum. Zwei Menschen, die vor über zwanzig Jahren noch zielstrebig, lebendig und voller Elan und Hoffnung gewesen waren, saßen nun traurig in dieser Finsternis und dachten zurück an eine düstere, demoralisierende Vergangenheit. Der Glatzkopf hatte es in den USA nicht gut getroffen. Obwohl er tatsächlich als Lektor an diesem Chinesischen Seminar arbeitete, war er mit seiner Situation nicht sehr zufrieden. Die amerikanische Leistungsgesellschaft hatte einen gebeugten Mann aus ihm gemacht.

«Yuqian, Amerika ist kein Ort für uns Chinesen. Wir werden hier immer nur als Bürger zweiter Klasse angesehen. Überall geht es ungerecht zu. Bleib du besser in Deutschland. Schau, ich lebe jetzt seit über zwanzig Jahren hier, aber ich habe es immer noch zu nichts gebracht.»

Seine Stimme klang so traurig, dass ich eine Gänsehaut bekam.

«Weißt du eigentlich, wo Guan Jingqian jetzt lebt?», fragte ich ihn.

«Nein. Wir haben schon lange keinen Kontakt mehr. Ich erinnere mich nur, dass er zuletzt auch hier an der Ostküste lebte. Danach soll er Amerika verlassen haben. Ist er denn nicht nach China zurückgegangen?»

Auch wenn unser Gespräch uns in Depressionen stürzte, freuten wir uns doch über unser Wiedersehen. Ich versprach Yue Zheng, ihn am Ende der Reise, bei der Rückkehr nach New York, zu Hause zu besuchen.

Am dritten Tag wollte ich mir die Freiheitsstatue anschauen. Als die Fähre gerade ablegte, hörte ich plötzlich eine heisere, alte Stimme herüberklingen: «Shoe shine! Shoe shine!»

Sofort wurden bei mir Erinnerungen an das vorrevolutionäre Shanghai wach, als chinesische Kinder ebendiese Worte gerufen hatten, wenn sie den GIs die Schuhe putzen wollten. Damals hatte ich einmal gesehen, wie ein amerikanischer Soldat einen Jungen beschimpft und geschlagen hatte, weil dieser ihm beim Schuheputzen versehentlich einen schwarzen Fleck auf die weiße Hose gemacht hatte. Die Szene hatte mich empört, und insgeheim hatte ich mir geschworen, mich irgendwann einmal an den Amerikanern zu revanchieren und sie meine Schuhe putzen zu lassen. Jetzt war die Gelegenheit gekommen! Gleich nach der Rundfahrt ging ich zu dem Schuhputzer, der noch immer nach Kunden rief. Es war ein weißer Amerikaner mit Halbglatze, wohl über sechzig Jahre alt.

«Was soll es kosten?»

«Zwei Dollar.»

Das war nicht teuer. Ich nickte und setzte mich auf eine Bank. Er stellte seine Schuhputzkiste ab und kniete vor mir nieder. Ich bekam sofort ein schlechtes Gewissen. Er war ja deutlich älter als ich.

«Wie vielen Leuten putzen Sie täglich die Schuhe?»

«Je nachdem», sagte er, «manchmal fünf, manchmal zehn.»

«Davon können Sie doch unmöglich leben.»

«Nein, natürlich nicht. Ich bekomme noch ein bisschen Rente. Aber das ist so wenig, dass ich davon meine Familie nicht ernähren kann.»

Er tat mir Leid, und am liebsten hätte ich ihn sofort gebeten, mit dem Putzen aufzuhören. Aber, Moment mal! Vielleicht war er sogar selbst einer von jenen gewesen, die früher in Shanghai so großspurig aufgetreten waren und sich die Schuhe hatten putzen lassen? Dann war es nur recht und billig, dass er diesmal dran war.

«Sie haben doch bestimmt nicht Ihr ganzes Leben lang Schuhe geputzt? Was haben Sie früher gemacht?», fragte ich.

«Ich war Soldat. Bei der Marine.»

Aha! Da hatte ich ja einen guten Riecher gehabt.

«Sind Sie damals auch in Asien gewesen?»

«Ja, natürlich. Ich war in Japan, in Südkorea, auf den Philippinen und in Singapur», erzählte er stolz.

«Waren Sie auch in Hongkong?»

«Ja.»

«Und in Shanghai?»

«Nein, leider nicht. Diese Chance habe ich leider verpasst.»

Ich war ein bisschen enttäuscht. Wenn er in Shanghai gewesen wäre, hätte ich das Schuheputzen viel mehr genießen können. Als er gerade fertig war, hörte ich ein Kind rufen: «Hot Dogs! Hot Dogs!» Also kaufte ich zwei Hot Dogs, einen für ihn und einen für mich.

Von New York fuhr ich nach Washington, weiter nach New Orleans, dann an die Westküste, machte einen Abstecher nach Hawaii und kehrte schließlich über Chicago nach New York zurück. Amerika erwies sich als ein Land voller Widersprüche. Manchmal war ich richtig verwirrt. Was für eine Gesellschaft war das überhaupt? Da ich viele weite Strecken mit dem Greyhoundbus zurücklegte, fiel mir auf, wie viel rücksichtsvoller die amerikanischen Autofahrer fuhren als die deutschen. Alles ging viel entspannter und ohne Aggression zu. Doch was mich störte, waren die Rassendiskriminierung und die soziale Unsicherheit. So etwas kannte ich aus Deutschland nicht.

Besonders gut gefiel es mir an der Universität von Berkeley. Die Offenheit der Studenten war beeindruckend. Der ganze Campus vermittelte ein einzigartiges Gefühl von Freiheit und Unbeschwertheit. Es herrschte eine ganz andere Atmosphäre als in China oder in Deutschland. Mehrmals wurde ich von Studenten und Dozenten zum Essen eingeladen. Gegenüber diesen offenen Menschen fühlte ich mich fast ein wenig verkrampft. Dabei war ich doch in China im Vergleich mit den anderen immer viel freier und lockerer gewesen. Hier wirkte jeder heiter und natürlich. Keiner schien eine wirkliche Sorgenlast mit sich herumzuschleppen.

Nach einem Monat in Amerika hatte ich das Gefühl, als hätte ich ein ganzes Jahr dort verbracht. Mir kam es vor, als verstünde ich die Amerikaner nach dieser kurzen Zeit besser als die Deutschen nach zwei Jahren. Ich hatte keinerlei Sprachprobleme, und auch die Kontaktfreudigkeit der Amerikaner kam mir sehr entgegen. Irgendwie erschienen mir die Amerikaner vertrauter als die Deutschen, vielleicht weil ich ja schon in meiner Kindheit Kontakt mit Amerikanern gehabt hatte. Stets ergaben sich etliche Gemeinsamkeiten und Gesprächsthemen. Besonders gut kam ich mit den Akademikern zurecht. Ich stellte fest, dass man als Ausländer an amerikanischen Universitäten viel mehr Chancen hatte als in Deutschland. Viele hohe Positionen an den sinologischen Instituten waren mit Chinesen besetzt. Sollte ich nicht vielleicht doch in die USA übersiedeln? Mit dieser Frage und ganz gemischten Gefühlen kehrte ich nach Deutschland zurück. Zwar hatte ich meinen Vetter nicht gefunden, aber sehr viel an Erkenntnis und neuen Ideen gewonnen. Das Bild, das mir der Glatzkopf am zweiten Tag vermittelt hatte, war längst revidiert.

Ich hatte auf meiner Reise viel fotografiert und einen großen Stapel an Lehrmaterial mitgebracht. In Hamburg veranstaltete ich einen Diaabend für die Dozenten und Studenten unseres Chinaseminars.

Als ich ein paar Tage später wieder einmal ins Geschäftszimmer trat, sprang die Sekretärin auf und schloss die Tür, die sonst immer offen stand. An ihrer besorgten Miene merkte ich, dass sie mir etwas Wichtiges zu sagen hatte.

«Herr Guan, passen Sie bloß auf. Sie haben Feinde in Hamburg!», warnte sie mich.

Ich zuckte zusammen. Was war denn jetzt schon wieder los?

«Wissen Sie», fuhr sie fort, «gestern hat der Verfassungsschutz hier angerufen. Ich war am Apparat. Die haben gefragt, ob Sie inzwischen nach China zurückgekehrt sind.»

«Wie bitte?»

«Ja. Ich war auch ganz erstaunt. Denn ich habe doch an Ihrem Diaabend teilgenommen und Ihren Bericht gehört. Wir wissen ja alle, dass Sie in Amerika gewesen sind. Darum habe ich sofort bestätigt, dass Sie in den USA waren. Dann war ich aber doch neugierig und habe gefragt, wie er überhaupt auf die Idee kommt, dass Sie in China gewesen sein könnten. Wissen Sie, was er geantwortet hat?»

Ich zuckte ratlos mit den Schultern.

«Er hat gesagt, sie hätten einen anonymen schriftlichen Hinweis, wahrscheinlich von einem Ihrer Landsleute, erhalten. Darin hatte es geheißen, Sie seien ein Spion und in den Ferien nach China gefahren, um dort Bericht zu erstatten.»

Ich war der Sekretärin sehr dankbar, dass sie mich so offen informiert hatte. Es verursachte mir ein recht mulmiges Gefühl zu wissen, dass jemand hinter meinem Rücken solche Dinge über mich behauptete. Warum nur mussten Chinesen sogar noch im Ausland immer einander bekämpfen?

Petra wurde zunehmend Teil meines Lebens. Ich sehnte mich nach Liebe, nach Freundschaft und nach Geborgenheit, und obwohl sie viel jünger war als ich, spürte ich immer mehr, wie sie all diese Sehnsüchte erfüllte. Sie war nicht nur meine Freundin, Geliebte und Lehrerin, sondern sie ersetzte mir gewissermaßen auch die Mutter, von der ich Trost und Unterstützung erfuhr. 1973, bald nachdem ich meine Lektorenstelle angetreten hatte, eröffnete Petra mir: «Ich möchte gern mein Abitur nachholen. Was meinst du dazu?» Sie wollte drei Jahre lang die Abendschule besuchen und gleichzeitig voll berufstätig bleiben. Ich fand es sehr wichtig für ihre weitere Entwicklung, dass sie das Abitur nachholte und dann die Möglichkeit hatte zu studieren. Deshalb bot ich ihr sofort finanzielle Unterstützung an, damit sie sich mehr auf die Schule konzentrieren konnte. Sie war von dem Angebot sehr gerührt, nahm es jedoch nicht an und blieb weiter berufstätig. Nach einem Jahr bekam sie ein Stipendium und arbeitete nur noch halbtags. Als sie schließlich ihr Abitur absolviert hatte, wollte sie zunächst Medizin studieren. Doch dann änderte sie ihre Meinung und entschied sich für Sinologie.

Gerade zu jener Zeit erzählte mir ein deutscher Freund, dass in dem Haus, in dem er wohnte, eine Wohnung frei sei. Die Wohnung gefiel mir sehr, und auch Petra riet, sie zu mieten. Es handelte sich zwar um eine Altbauwohnung, die sich zudem in einem sehr schlechten Zustand befand, doch sie lag nur zehn Minuten zu Fuß von der Universität und zwei, drei Minuten von der Außenalster mit ihren herrschaftlichen Villen entfernt. Auf Grund dieser Lage hätte die Miete sehr hoch sein müssen, doch wegen der einfachen Ausstattung und ihres Zustands war die Wohnung im Gegenteil überaus günstig. Das verlockende Angebot stürzte mich jedoch in tiefe Zweifel. Ich hatte an sich nicht vorgehabt, mit Petra zusammenzuziehen, denn das bedeutete für mich, fortan mit ihr ein Leben in Deutschland zu planen, und eine solche Entscheidung konnte ich eigentlich noch gar nicht fällen. Ich wusste ja gar nicht, ob ich nicht doch irgendwann nach China zurückkehren würde. Petra dorthin mitzunehmen, war nach damaligem Stand der Dinge praktisch ausgeschlossen; chinesisch-ausländische Paare hatten dort immense Probleme. Außerdem war ich ja noch nicht von Meizhen geschieden.

Wenn ich Petra sah, war ich jedesmal fest entschlossen, mit ihr zusammenzubleiben, doch kaum war ich allein, kamen mir sofort wieder Zweifel. War es wirklich klug, diesen Schritt zu tun? Ging ich eines Tages doch fort, würde es sie dann nicht furchtbar verletzen? Auch hatte ich mich in Deutschland gerade an die Unabhängigkeit gewöhnt. Chinesen meiner Generation, die recht asketisch zu leben und ihre Gefühle zu unterdrücken hatten lernen müssen, genossen die Freiheiten sehr, die sich ihnen in einer westlichen Gesellschaft boten. Endlich hatte ich die Fesseln abgeschüttelt, und nun sollte ich mich wieder an eine Frau binden? Während ich noch hin und her überlegte, hatte Petra längst mit ihrem Herzen entschieden. Schon ihr Entschluss, Sinologie zu studieren, hatte signalisiert, dass sie ihre Zukunft an meiner Seite sah. Halb aus dem Gefühl und halb aus dem Verstand heraus beschloss ich schließlich, mit ihr zusammenzuziehen, auch wenn mir dieser Schritt gar nicht leicht fiel.

Wende in China

Im darauf folgenden Jahr, 1976, passierten in China drei große Ereignisse. Das erste war der Tod Zhou Enlais am 8. Januar. Er war einer der Menschen gewesen, die ich am meisten respektierte. Ich war sehr betroffen. Insgeheim hatte ich manchmal sogar gehofft, dass er mich vielleicht eines Tages nach China zurückholen könnte.

Zhou Enlai hatte verfügt, dass sein Körper nach seinem Tod verbrannt und seine Asche über Chinas Berge und Flüsse verstreut werden sollte. Als sein Leichnam zur Einäscherung überführt wurde, säumten Massen von trauernden Menschen den kilometerlangen Weg zum Krematorium. Die Bilder, die ich im deutschen Fernsehen sah, beeindruckten mich tief, und sie deuteten an, dass hinter den politischen Kulissen etwas Wichtiges vorgehen musste. Vor allem fiel auf, dass Mao Zedong bei der Staatstrauerfeier am 15. Januar nicht zugegen gewesen war. Wenn er sehr krank gewesen wäre, hätte ich das verstehen können, doch kurz nach Zhou Enlais Tod empfing er noch den äthiopischen Kaiser Haile Selassie.

Dann kam der 5. April, Chinas Totengedenkfest, an dem die Menschen die Gräber ihrer Angehörigen aufsuchen. Zhou Enlai hatte kein Grab, doch an diesem Tag kamen mehrere hundert Studenten zum Tian'anmen-Platz und legten dort zu seinem Gedenken Kränze nieder. Die Gebinde wurden noch am selben Abend wieder entfernt. Daraufhin kamen in den folgenden Tagen umso mehr Menschen zu dem Platz, um Kränze für Zhou Enlai niederzulegen, aber auch diese wurden immer wieder entfernt. «Warum dürfen wir nicht unseren geliebten Ministerpräsidenten ehren?», fragten die Studenten und schrieben Gedichte, in denen sie Zhou Enlais gedachten. Nach und nach schlossen sich immer mehr Menschen der Bewegung an. Die Kränze wurden immer größer. Im fernen Hamburg konnte ich diese Vorgänge nur im Fernsehen verfolgen, doch ich unterstützte die Bewegung aus vollem Herzen. Schließlich ließ die politische Führung durch loyale Milizen die Aktionen unterbinden und die Bewegung zerschlagen. Schon damals war mir klar, dass die Verantwortlichen in der «Gruppe Kulturrevolution» zu suchen waren, zu der Maos Frau Jiang Qing zählte, und ich hasste diese Leute, die später als «Viererbande» bekannt wurden. Sie hatten die Kulturrevolution genutzt, um an die Macht zu kommen.

Obwohl ich mittlerweile sehr an Mao Zedong zweifelte, war ich trotzdem sehr betroffen, als er im September desselben Jahres starb. Ich nahm zu der Zeit gerade an einer internationalen Sinologentagung in Paris teil. Ich hätte zwar weinen mögen, weil Mao für mich all die Hoffnungen repräsentierte, die ich in die Revolution gesetzt hatte, doch andererseits war ich froh über seinen Tod. Wie viel Unglück und Leid hatte dieser Diktator mit seinen vielen politischen Kampagnen doch über das chinesische Volk gebracht! Am selben Abend sagte ich zu meinen Kollegen: «Jetzt, nach Mao Zedongs Tod, werden seine Frau und ihre Getreuen auch nicht mehr lange an der Macht bleiben.» Niemand glaubte mir. Doch schon einen Monat später wurde die so genannte Viererbande tatsächlich vom chinesischen Militär festgenommen. Die «Viererbande» hatte über keinen Einfluss im Militär verfügt, sondern nur unter Mao Zedongs Schutzschirm bestehen können, ohne den sie nun machtlos war.

Die Nachricht vom Sturz der «Viererbande» löste unter meinen chinesischen und deutschen Freunden große Freude aus, und wir feierten diese Neuigkeit bei mir zu Hause. Einer dieser Freunde sagte mir: «Guan, jetzt kannst du endlich zurück nach China.»

Diese Idee hielt mich die ganze Nacht durch wach. Ich hatte selbst das Gefühl, dass ich schon bald würde zurückkehren können. Wie schön es doch wäre, wenn diese Hoffnung wahr würde! Ich würde meine Familie wieder sehen, könnte meiner Mutter Trost spenden, könnte mit meinem Sohn spielen. Am liebsten hätte ich mich sofort auf den Weg gemacht, doch wagte ich kaum, weiter darüber nachzudenken. Petra lag neben mir und schlummerte. Ihr schönes Gesicht sah glücklich aus. Plötzlich war ich wieder voller Widersprüche: Jetzt war ich schon seit über acht Jahren aus China fort. Was wollte ich dort überhaupt noch? Zu Besuch nach Hause zu gehen, wäre ja gut und schön – aber wirklich zurückkehren und für immer dort leben? Und wenn wieder eine neue politische Bewegung käme, wäre ich zweifellos wieder dran. Jetzt, da sich tatsächlich die Möglichkeit abzeichnete zurückzukehren, hatte ich plötzlich das Gefühl, dass ich eigentlich nicht mehr unbedingt zurückwollte. Ich hatte mich doch schon richtig in Deutschland eingelebt! Hier hatte ich Petra, hier hatte ich meinen Freundeskreis, und hier hatte ich meine Arbeit.

Nachrichten aus der Ferne

Schon bald nachdem ich die Lektorenstelle angetreten hatte, hatte Professor Liu mir vorgeschlagen zu promovieren. Da meine Stelle befristet sei, müsse ich mich um meine weitere Qualifikation kümmern. Ich war seinem Rat gefolgt und hatte sogleich begonnen, Material für eine Dissertation zu sammeln.

Mitte 1977 waren fast fünf Jahre vergangen, seit ich meine volle Stelle an der Universität bekommen hatte. Jeder Dozent, dem man nach fünf Jahren den Vertrag verlängerte, bekam damit eine unbefristete Stelle. Daher war bei befristeten Stellen gewöhnlich nach fünf Jahren Schluss.

«Wir haben bereits einen Verlängerungsantrag für Sie gestellt», erklärte mir Professor Liu. «Aber so leicht ist das nicht. Die Universität lehnt solche Anträge gewöhnlich ab. Aber keine Sorge, wir werden schon eine Möglichkeit finden. – Wie weit sind Sie mit Ihrer Doktorarbeit?»

«Ich bin fast fertig. Ich werde sie noch in diesem Jahr abgeben können.»

Die politischen Ereignisse in China hatten mich in der letzten Zeit häufig von meiner Dissertation abgelenkt. Eigentlich hätte sie längst fertig sein können. Jetzt setzte ich mich wieder mit neuer Energie an die Arbeit. Da rief mich plötzlich eine Chinesin an, die mit einer Delegation aus Peking nach Süddeutschland gekommen war und mit Hilfe eines Angehörigen der chinesischen Botschaft meine Telefonnummer herausgefunden hatte. Sie war in Peking meine Nachbarin gewesen; ihre Tochter hatte immer mit meinem Sohn gespielt. Deshalb kannten wir uns sehr gut. Das Drama der letzten Tage zwischen mir und Meizhen hatte sie genau mitbekommen. Sie erzählte mir, dass Meizhen sich bereits vor mehreren Jahren von mir hatte scheiden lassen. Sie sei in die Provinz zurückgekehrt. Meine Mutter und mein Sohn seien schon gleich nach meiner Flucht umgezogen; was aus ihnen inzwischen geworden war, wusste sie nicht. Ich lud sie zu mir nach Hamburg ein und wollte ihr gern die Reise bezahlen, aber an ihrer Antwort konnte ich spüren, dass sie es schon sehr mutig fand, mich überhaupt angerufen zu haben. An der politischen Atmosphäre hatte sich trotz Verhaftung der «Viererbande» offenbar noch nicht viel geändert.

Kaum hatte ich diese Nachricht verdaut, traf mich eine andere. Ein chinesischer Professor aus Berlin teilte mir mit, dass das Manuskript, das ich für das Institut für Asienkunde geschrieben hatte, in Taiwan veröffentlicht worden sei. In Taiwan erschienen damals viele Bücher von so genannten «antikommunistischen Helden». Diese Schriften wurden vor allem von Flüchtlingen aus China im Auftrag der taiwanischen Regierung verfasst. In den Augen der Kommunistischen Partei waren diese Autoren Verräter, die als noch schlimmere Feinde galten als Mitglieder der Nationalpartei. Ich war schockiert. Wie war es möglich, dass mein Manuskript ohne mein Wissen in Taiwan veröffentlicht wurde? Das bedeutete doch, dass meine ohnehin schwierige Lage noch komplizierter würde! Vermutlich würde ich nun überhaupt nie mehr nach China fahren können. Ich hasste die taiwanische Regierung. Und überhaupt – wieso hatte das Institut für Asienkunde ohne meine Erlaubnis einfach mein Manuskript nach Taiwan verkauft? Oder wie war es sonst dorthin geraten? Ich bat den chinesischen Professor, mir ein Exemplar zu besorgen. Schon zwei Wochen später erhielt ich tatsächlich ein dünnes Büchlein zugeschickt. Nach dem ersten kurzen Überfliegen des Textes ließ ich mich verzweifelt auf mein Bett fallen. Ich konnte die Idee, meine Heimat wieder zu sehen, wohl für immer vergessen. Erstens war das kleine Buch vom so genannten Institut für Internationale Beziehungen veröffentlicht worden, ausgerechnet von jener Institution, die Festlandchina gegenüber am kritischsten eingestellt war. Zweitens war mein Manuskript von über sechshundert auf hundertachtundfünfzig Seiten gekürzt worden. Dabei hatte der Redakteur nur die kritischen Teile herausgepickt und alles an relativierenden Informationen und Reflexionen weggelassen. Wer das Buch las, musste glauben, dass ich meine Heimat hasste. Das Buch trug den Titel «Fanatismus, Wanken und Desillusionierung» mit dem Untertitel «Selbstzeugnis eines Intellektuellen aus Festlandchina». Zwar war es nicht unter meinem Namen veröffentlicht worden, aber wer meine Geschichte ein wenig kannte, sah sofort, dass ich der Verfasser war. Auch das gewählte Pseudonym Qiansu, «erwachter Qian», deutete auf mich hin.

Schlimm war zudem, dass die Veröffentlichung schon mehr als vier Jahre zurücklag. Die Auflage war vermutlich längst verkauft. Ich sah keine Möglichkeit, wie ich die wahren Verhältnisse nachträglich klarstellen könnte.

Zweimal «lebenslänglich»

Im Sommer 1977 wollte Petra mit einer Reisegruppe nach China fahren. Schon 1975 war sie einmal dort gewesen, und es hatte ihr sehr gefallen. Ich hatte nicht gewagt, sie zu meiner Familie zu schicken, denn privat ausländischen Besuch zu empfangen, war damals noch undenkbar und wäre sehr riskant gewesen. Nicht einmal brieflicher Kontakt war ja erlaubt.

Vor Petras Abreise musste meine Dissertation fertig abgetippt werden, denn schon drei Wochen später wollte ich ihr nach Hongkong folgen. An dem Tag, an dem sie morgens um sieben Uhr abreisen wollte, saß sie noch bis um zwei Uhr nachts an der Schreibmaschine. Sie war so eine Perfektionistin und nahm alles ganz genau, dass es mich manchmal schon störte.

Der Fortbestand meiner Stelle an der Universität wurde immer fraglicher, denn wir hatten noch immer keine Nachricht auf den Antrag erhalten, den Professor Franke und Professor Liu gestellt hatten. Das machte mich ziemlich nervös. «Soll ich meine Reise nach Hongkong verschieben und warten, bis wir wegen der Verlängerung Bescheid wissen?», fragte ich Professor Liu.

«Nein, nein, fliegen Sie mal in aller Ruhe nach Hongkong. Die chinesische Umgebung wird Ihnen gut tun. Ich werde mich mit Professor Franke um die Sache kümmern. Wenn ich etwas höre, informiere ich Sie gleich.»

Welch ein Glück, in Hongkong Petra wieder zu sehen! Während ich allein in Hamburg gewesen war, hatte ich große Sehnsucht nach ihr verspürt. Durch ihre Abwesenheit war mir erst richtig klar geworden, wie sehr ich sie brauchte. Unser Hongkong-Urlaub wurde so frei und fröhlich, wie wir nie zuvor eine Zeit zusammen verbracht hatten. Die Doktorarbeit war fertig, und finanziell gab es keine Probleme. Natürlich dachte ich auch an meine Vertragsverlängerung, aber ich wagte nicht, Professor Liu deswegen anzurufen. Schließlich rief ich einen Hamburger Kollegen an, mit dem ich gut befreundet war, und fragte, ob er etwas wisse.

«Leider habe ich eine sehr schlechte Nachricht für dich», bedauerte er. «Der Präsident hat den Antrag bereits schriftlich abgelehnt.»

Welch ein Schreck! Auch Petra war sehr betroffen. Aber nach einer Weile dachte ich: Ich habe doch schon so viele Schwierigkeiten in meinem Leben überwunden, da wird mich der Verlust dieser Stelle auch nicht zu Fall bringen. Jetzt bin ich in Hongkong, vielleicht kann ich ja hier eine Arbeit finden.

Bis auf einen ehemaligen Hamburger Kommilitonen hatte ich so gut wie keine Bekannten in Hongkong, es gelang mir aber, viele neue Kontakte zu knüpfen. Dabei stellte sich heraus, dass sich in Hongkong leicht Arbeit finden ließ; einige größere Hongkonger Firmen bekundeten sogar ihr Interesse, mich als Repräsentant für Deutschland zu engagieren. Manche Angebote klangen recht verführerisch, denn mir wurde ein größeres Gehalt in Aussicht gestellt, als ich es an der Universität bekam. Allerdings sagte ich noch nirgends zu, denn ich hatte auch Bedenken, da das Geschäftemachen eigentlich nicht nach meinem Geschmack war. Lieber wollte ich weiterhin im Kultur- und Wissenschaftsbereich tätig bleiben, und Petra unterstützte mich darin.

Durch Zufall lernte ich die Leiter mehrerer großer Verlage kennen und durch sie den Chefredakteur eines bekannten politischen Magazins, das sowohl in Hongkong als auch in China gelesen wurde. Als ich diesem von dem Schicksal meines Manuskriptes erzählte, war er sofort bereit, eine Erklärung von mir in seiner Zeitschrift zu veröffentlichen. In einer Art Leserbrief sollte ich über den ganzen Hergang jener unglücklichen Veröffentlichung in Taiwan berichten. Inzwischen hatte ich auch mehr über diesen Fall herausbekommen. Doktor Großmann hatte mein Manuskript 1971 an einen Herrn vom Union Research Institute in Hongkong weitergereicht und wie ich seitdem nichts mehr darüber gehört. Erst 1974, zwei Jahre nach der nicht autorisierten Veröffentlichung in Taiwan, soll das Manuskript nach Hamburg zurückgeschickt worden sein, wo es jedoch nie ankam. Also hatte jener Herr in Hongkong mein Manuskript ohne Wissen des Instituts für Asienkunde nach Taiwan verkauft. Ich fügte hinzu, wie empört ich über diesen Missbrauch meines Manuskriptes war und dass die Herausgeber sogar noch das Copyright für sich beanspruchten und einen weiteren Abdruck verboten. Der Abdruck meines Leserbriefs verschaffte mir schließlich wenigstens etwas Genugtuung.

Eines Nachmittags, als wir gerade in unser Hotel kamen, erhielt ich einen Anruf aus Hamburg. Der Kollege, den ich zuvor schon angerufen hatte, berichtete, dass der Universitätspräsident inzwischen seine Meinung geändert und einen unbefristeten Vertrag für mich unterschrieben habe. Ich wusste vor Freude gar nicht, was ich sagen sollte. Eigentlich hatte ich mich ja schon fast damit abgefunden, mich nach etwas anderem umzuschauen. Ich würde also an der Hamburger Universität bleiben können, und das auch noch sozusagen lebenslänglich! Es war wie ein Geschenk des Himmels.

Zwei, drei Tage später fuhren wir wie jeden Tag mit der «Star Ferry» von Kowloon zum Central District und genossen den schönen Ausblick auf den Hafen und die Insel Hongkong. Schon mehrmals war uns während der Überfahrt unweit der Anlegestelle ein modernes weißes Gebäude aufgefallen. Wir beschlossen nun herauszufinden, was es mit diesem Gebäude auf sich hatte, und stellten fest, dass dort ein Teil der Hongkonger Stadtverwaltung untergebracht war. Neben dem Eingang hing ein kleines Schild mit der Aufschrift: «Marriage Registration Bureau». Es war also ein Standesamt. Petra schaute mich erwartungsvoll an. «Hast du das gesehen? Wollen wir mal hineingehen und fragen?»

«Was willst du fragen?»

«Na ja, ob man hier vielleicht nach britischem Recht heiraten kann. Die Briten sind in solchen Dingen ja nicht so kompliziert wie die Deutschen.»

Zwar stand für mich inzwischen fest, dass ich mit Petra zusammenbleiben wollte, aber jetzt plötzlich heiraten? Nachdem ich von Meizhens Scheidung gehört hatte, waren wir in Hamburg zum Standesamt gegangen, um uns nach den Formalitäten einer Eheschließung zu erkundigen. Der Beamte hatte nur den Kopf geschüttelt und gesagt, dass für mich als Bürger der Volksrepublik China eine Heirat praktisch unmöglich sei. Die Probleme begannen schon mit der fehlenden Geburtsurkunde, ganz zu schweigen von der mangelnden Ledigkeitsbescheinigung und weiteren Papieren. Da ich als Vaterlandsverräter von den chinesischen Behörden keinerlei Unterstützung erwarten konnte, hatten wir uns schon damit abgefunden, weiter ohne Trauschein zusammenleben zu müssen.

«Na gut, warum nicht», erwiderte ich auf Petras Vorschlag und fühlte mich eigentlich gar nicht wohl dabei. «Fragen kostet ja nichts.»

In dem Eingangsbereich des Standesamtes standen mehrere Tische, an denen sich junge Leute beraten ließen. Ein Tisch wurde gerade frei, und die Mitarbeiterin winkte uns freundlich heran und bat uns, Platz zu nehmen.

«Wir möchten uns erkundigen, ob wir als Ausländer hier heiraten können», sagte Petra.

«Selbstverständlich», kam die klare Antwort. «Zeigen Sie mir doch bitte einmal Ihre Pässe.»

Wir rückten unsere Pässe heraus, und nach kurzer Inspektion sagte sie: «Das ist kein Problem.» Dazu schob sie uns zwei Formulare herüber. «Die müssen Sie bitte ausfüllen.»

«Brauchen wir denn keine Geburtsurkunde, Ledigkeitsnachweis oder Scheidungsurkunde vorzulegen?», wollte ich wissen.

«Natürlich ist es gut, wenn Sie solche Papiere dabeihaben.»

«Und wenn nicht?»

«Dann geht es trotzdem. Sie müssen dann nur noch einmal die Richtigkeit Ihrer Angaben bestätigen.»

Petra strahlte. «Ich wusste doch, dass das Heiraten nach britischem Recht viel einfacher ist.»

«Wann wollen Sie denn heiraten?», fragte die Standesbeamtin. Ich wusste vor Schreck gar nicht, was ich antworten sollte. Mir kam das alles etwas plötzlich.

Aber Petra führte weiter die Regie: «Wann können wir denn frühestens heiraten? Wir wollten eigentlich schon bald unsere Reise nach Singapur fortsetzen.»

Die Beamtin schaute auf einen Plan. «In frühestens drei Wochen.»

Gott sei Dank!, dachte ich erleichtert. «Das geht dann leider nicht», sagte ich. «Unser Abflug in zwei Wochen ist fest gebucht.»

«Wann genau fliegen Sie denn ab?»

«Am siebzehnten August», erklärte Petra.

«Moment bitte, ich muss meinen Vorgesetzten fragen, was wir in diesem Fall machen können», sagte die Frau und verschwand in einem Nebenraum.

«Petra, was hast du vor?», fragte ich. «Möchtest du denn wirklich hier und jetzt heiraten?»

Sie lachte: «Warum nicht? Aber vielleicht geht es ja doch nicht.»

«Und wenn sie uns jetzt doch einen Termin gibt?»

«Das glaube ich nicht.»

Gleich darauf kam die Standesbeamtin zurück. Sie lächelte freundlich, verlangte noch einmal unsere Pässe und verschwand erneut im Nebenzimmer.

«Ich bin gespannt», sagte Petra und sah mich erwartungsvoll an. «Was meinst du, ob es klappt?»

Ich hatte noch gar nicht geantwortet, da kam die Frau schon wieder zurück. «Weil Sie aus Europa gekommen sind, machen wir eine Ausnahme für Sie. Am fünfzehnten August dürfen Sie heiraten.» Damit schob sie uns noch einmal die Formulare vor die Nase: «Wenn Sie die bitte ausfüllen ...»

«Jetzt gleich?», fragte ich.

«Ja ja, das können Sie sofort machen. Wir müssen ja noch einiges für Sie erledigen.»

Petra lächelte nur verschmitzt, nahm ein Formular und begann es auszufüllen. Mir blieb gar keine andere Wahl, als es ihr gleichzutun – immerhin hatten wir ja selber danach gefragt. Als wir fertig waren, sagte die Frau: «Am Fünfzehnten kommen Sie bitte um elf Uhr hierher. Bringen Sie dazu bitte zwei Trauzeugen mit.»

Das machte mir wieder etwas Hoffnung. Wie sollten wir so rasch Trauzeugen finden? Aber Petra nickte nur und sagte: «Gar kein Problem.»

Kaum waren wir wieder draußen, schloss mich Petra in ihre Arme. Ich kam gar nicht mehr dazu, ein Wort zu sagen. Sie war so glücklich und wirkte so niedlich in ihrer Freude über diesen Überraschungscoup! Ihre Freude riss mich mit. Eigentlich war es ja wirklich eine fantastische Idee, hier in Hongkong zu heiraten!

«Wo bekommen wir nur die beiden Trauzeugen her?», fragte ich sie.

«Wir fragen Klaus Stermann», schlug Petra vor. «Der ist doch gerade auch in Hongkong.»

«Ja, richtig!» Wir riefen ihn an. Er war begeistert und stimmte zu.

«Und als zweiten Trauzeugen nehmen wir einen Chinesen», ergänzte Petra.

«Gut, dann frage ich meinen ehemaligen Kommilitonen», schlug ich vor, und dieser war auch sofort einverstanden.

Dann überlegten wir, ob wir Petras Eltern unterrichten sollten. Sicherlich würden sie nicht nach Hongkong kommen, dazu war alles viel zu spontan geplant. «Am besten ist es, wenn wir überhaupt nichts sagen», fand Petra. «Im Grunde ist ja alles nur eine Formalität, und wir heiraten ja nur in Hongkong, weil es hier einfacher ist als in Hamburg. Was ändert sich schon an unserem Leben! Wenn wir wieder zu Hause sind, feiern wir mit allen ein großes Fest.»

«Na gut, wie du meinst», sagte ich, «schließlich sind es ja deine Eltern.»

Die Trauungszeremonie war einfach und kurz. Am Abend luden wir die Trauzeugen und einige Bekannte zu einem großen Pekingentenessen ein. Immer wieder stießen die Gäste mit uns an und gratulierten uns. Ich kam mir noch immer vor wie im Traum.

Petra wollte das nächste Semester in Taiwan studieren, und ich musste zurück nach Hamburg fliegen. Mit der unbefristeten Stelle war für mich nun im Grunde genommen die Entscheidung endgültig, in Deutschland zu bleiben. Als ich wenig später zur Hamburger Innenbehörde ging, um meine Aufenthaltserlaubnis zu verlängern, und der zuständige Beamte von meinem unbefristeten Vertrag erfuhr, schlug er vor, ich solle doch die deutsche Staatsangehörigkeit beantragen. Probleme seien nicht zu erwarten. Tatsächlich war es mit meinem Fremdenpass immer sehr umständlich gewesen, ins Ausland zu fahren. Ich folgte seinem Vorschlag und erhielt schon nach kurzer Zeit die deutsche Staatsangehörigkeit.

Kurz nach der Reise fuhr ich zu Petras Eltern, um ihnen die gute Nachricht von meiner Vertragsverlängerung zu übermitteln. Allerdings hatte ich Petra versprechen müssen, bis zu ihrer Rückkehr nichts von unserer Hochzeit zu verraten.

«Na, erzähl doch mal ein bisschen von eurer Reise!», ermunterte Petras Mutter mich.

Also berichtete ich von unseren Erlebnissen in Hongkong, den Philippinen und Indonesien und zeigte ihnen die Fotos. Aber ich wirkte dabei wohl ein wenig verkrampft. Petras Schwester schien zu spüren, dass irgendetwas mit mir nicht stimmte, und fragte wie aus heiterem Himmel, wann wir denn nun heiraten wollten. Ich war so überrascht, dass ich nur ratlos herumstotterte. Mir war entsetzlich heiß. Die Eltern begannen zu diskutieren, wie man das Problem der fehlenden Papiere lösen könnte. Ich wusste nicht, was ich sagen sollte. Der Fall war ja schon erledigt, aber sie hörten gar nicht wieder auf zu diskutieren. Was sollte ich nur tun?

«Sag doch mal, wie du darüber denkst», forderte mich die Schwester auf.

Ich schaute sie nur ratlos an und musste plötzlich lachen. Sicher war das nur ein Verlegenheitslachen, aber ich konnte es nicht unterdrücken.

«Wieso lachst du?», fragte sie und schaute mich skeptisch an, woraufhin ich noch mehr lachen musste.

Nun musterte mich auch Petras Mutter: «Jetzt sag mal ganz ehrlich: Habt ihr etwa schon in Hongkong geheiratet?»

«Was?» Nun verlor selbst die sonst so geduldige Schwester die Nerven. «Habt ihr in Hongkong geheiratet?»

Jetzt konnte ich nicht länger den Unschuldigen spielen. Vor drei Leuten, die mich mit sechs scharfen Augen anschauten, musste ich kapitulieren. Vielleicht war dies doch die beste Gelegenheit, es ihnen zu sagen, und so begann ich, ihnen die ganze Geschichte zu beichten. Sie hörten mir mit großen Augen zu, als wäre es ein Märchen. «Aber nach der chinesischen Sitte sind wir noch gar nicht richtig verheiratet», fügte ich entschuldigend hinzu.

«Wieso? Wie meinst du das?», fragte der Vater etwas ungehalten.

«In China betrachten wir erst den Tag der großen Feier als den richtigen Hochzeitstag», erklärte ich. «Wir Chinesen sind in dieser Beziehung sehr abergläubisch. Man muss für die Hochzeit einen besonders glücklichen Tag finden. Den Termin beim Standesamt durften wir uns ja nicht selbst aussuchen. Darum werden wir nach Petras Rückkehr einen günstigen Tag wählen, an dem wir zusammen feiern, und das soll dann unser Hochzeitstag sein.»

«Ach, dummes Zeug!», rief Petras Vater. «Das ist vielleicht in China so. Bei uns zählt das Datum der standesamtlichen Trauung. Ich finde es unerhört, dass ihr geheiratet habt, ohne uns Bescheid zu sagen!»

«Wärt ihr denn nach Hongkong gekommen, wenn wir es euch gesagt hätten?»

«Natürlich wäre ich gekommen!», entgegnete der Vater.

«Das glaube ich nicht», rief die Schwester. «Papa, du hast doch Angst vor so langen Flügen.»

«Jedenfalls bin ich beleidigt», murrte der Vater. Doch ich kannte ihn gut genug, um zu wissen, dass er es so ernst nicht meinte.

Richtig erbost und enttäuscht war jedoch Petras Mutter. Ich konnte sie gut verstehen und versuchte sie zu trösten: «Wir mussten diese günstige Gelegenheit in Hongkong einfach nutzen. Hier in Deutschland wäre alles so kompliziert geworden, dass es nie zu einer Heirat gekommen wäre. Nun haben wir nach britischem Recht geheiratet, und das deutsche Konsulat in Hongkong hat die Urkunde auch beglaubigt. Damit ist die bürokratische Seite erledigt. Wenn wir nach Petras Rückkehr ein großes Fest ausrichten, dann wird dies unser offizielles Hochzeitsfest sein.»

Im Februar 1978 war es soweit. Wir feierten im Keller des Universitätsgästehauses. Zuerst bekam ich einen Schreck, als ich die einfache Ausstattung sah, doch meine Studenten schafften es innerhalb weniger Stunden, die tristen Räumlichkeiten in eine festliche Suite zu verwandeln. Über zweihundert Gäste hatten sich angemeldet. Meine Schwiegereltern fielen fast in Ohnmacht, als sie das hörten. «Wie willst du so viele Gäste verpflegen?», fragten sie mich. Doch es erwies sich als Kinderspiel. Die Studenten besorgten die Getränke und bauten eine Bar auf. Ein Chinarestaurant lieferte allerlei Gerichte in riesigen Plastikschüsseln an, die wir auf einen verkleideten Tapeziertisch stellten, so dass sich die Gäste selbst bedienen konnten. Die Studenten der höheren Semester stellten ein richtiges Programm auf die Beine und führten sogar mit einem selbst gebastelten, sieben Meter langen Drachen einen Drachentanz auf. Selten war ich so glücklich wie an diesem Abend. Alle waren gekommen, die Kollegen aus dem Chinaseminar, meine Studenten, ehemalige Kollegen aus dem Institut für Asienkunde, Bekannte, Freunde, Petras Familie, sogar meine ehemaligen Beschützer aus dem protestantischen Studentenwohnheim. Wir feierten und tanzten bis in den Morgen.

Der Kreis schließt sich

(1978–2001)

Historischer Rahmen

16.12.1978	China und die USA geben die Aufnahme diplomatischer Beziehungen zum 1.1.1979 bekannt
18.-22.12.1978	Das 3. Plenum des 11. Zentralkomitees der KP Chinas erklärt die Kritikbewegung an der «Viererbande» für siegreich beendet und leitet eine Politik der Liberalisierung ein
29.2./10.9.1980	Mit Hu Yaobang als Generalsekretär der KPCh und Zhao Ziyang als Premierminister kommen zwei reformorientierte und unbelastete Politiker an die Macht
11.3.1985	Michail Gorbatschow wird neuer Parteichef der KPdSU; Beginn von Perestroika (Umgestaltung) und Glasnost (Transparenz)
Dez. 1986	Auf Großdemonstrationen in mehreren chinesischen Städten fordern Studenten Demokratie und Freiheit
16.1.1987	In einer Überschreitung seiner Konsequenzen stürzt das Politbüro Hu Yaobang als Parteiführer und wirft ihm mangelnde ideologische Führung und Nachgiebigkeit gegenüber den KP-kritischen Kräften vor. Hu wird zur Unperson deklariert
15.4.1989	Tod Hu Yaobangs. Spontane Trauerkundgebungen an mehreren Universitäten leiten direkt zur großen Protestbewegung über, die sich in Peking auf den Platz vorm Tor des Himmelsfriedens (Tian'anmen-Platz) konzentriert. Gefordert werden ein Dialog mit der Führung, Freiheit und Demokratie
Mai 1989	Mit einem Hungerstreik erreichen die Proteste auf dem Tian'anmen-Platz einen ersten dramatischen Höhepunkt und verschärfen die Auseinandersetzungen innerhalb der Partei- und Staatsführung über die richtige Bewertung der Bewegung; Truppen der Volksbefreiungsarmee werden außerhalb Pekings bereitgestellt
15.5.1989	Gorbatschow trifft zu einem viertägigen Staatsbesuch in Peking ein
4.6.1989	Blutige Niederschlagung der Demokratiebewegung in Peking und anderen Großstädten
2. Hälfte 1989	In allen Ostblockländern wird das Ende der sozialistischen Nachkriegsära eingeleitet
9.11.1989	Fall der Berliner Mauer
3.10.1990	Herstellung der deutschen Einheit mit einer zentralen Feier vorm Berliner Reichstagsgebäude

Traumgesicht

Im August 1978 hatte ich eines Nachts einen schrecklichen Traum. Wie aus weiter Ferne vernahm ich eine dünne, lang gezogene, traurige Stimme – die Stimme meiner Mutter. «Yuqian», rief sie, «ich gehe jetzt! Auf Wiedersehen, Yuqian!» Da sah ich ihren Schatten, ich wollte ihr entgegenlaufen und schrie: «Mutter! Mutter!» Doch ich erreichte sie nicht. Und wieder hörte ich ihre traurige Stimme: «Auf Wiedersehen, Yuqian!» Ich schrie auf, kämpfte mich vorwärts. «Wo gehst du hin? Warte auf mich!», rief ich verzweifelt. «Yuqian!», hörte ich sie wieder rufen.

Plötzlich merkte ich, wie Petra mich wachrüttelte: «Du träumst! Beruhige dich doch! Was hast du denn geträumt?»

Sie strich mir über das Gesicht. Es war tränenüberströmt.

«Mutter ist tot», sagte ich. «Sie hat gerade Abschied von mir genommen. Sie ist tot!»

Petra sah mich mit einem zweifelnden Blick an und lächelte dann. «Beruhige dich! Du hast nur wieder Heimweh!»

Ich war vollkommen aufgewühlt. Wenn Petra doch Recht hätte! Sobald ich jedoch die Augen schloss, sah ich Mutters Gesicht wie einen Schatten vor meinen Augen. An Schlaf war nicht mehr zu denken. Schließlich stand ich auf und setzte mich an den Schreibtisch. Ich versuchte, etwas zu lesen, doch alle meine Gedanken kreisten nur um Mutter. Ich erinnerte mich an ein kleines Passfoto von ihr, das ich aus China mitgebracht hatte, suchte es heraus und betrachtete es. Plötzlich verspürte ich das Bedürfnis, ihr Gesicht zu malen, nahm ein großes Blatt Papier, vertiefte mich in ihre Gesichtszüge und zeichnete. Mehrere Stunden vergingen, dann war ein Porträt entstanden, das sie ganz genau wiedergab. Müde und erschöpft ging ich wieder ins Bett. Ich schloss die Augen. Mutters Schatten war verschwunden. Ich fiel in einen tiefen Schlaf. Stunden später erwachte ich mit einem beklemmenden Gefühl. War sie wirklich gestorben? Konnte es sein, dass sie mir ein Zeichen gegeben hatte? «Wenn deine Mutter wirklich gestorben ist, dann werden dir deine Verwandten sicher Bescheid geben. Egal ob du als Verräter giltst oder nicht, eine Todesanzeige werden die chinesischen Behörden durchgehen lassen. Oder vielleicht wird man auch die chinesische Botschaft informieren und dich auf diesem Weg in Kenntnis setzen. Solange du also nichts hörst, brauchst du dir keine Sorgen zu machen.» Wahrscheinlich hatte sie Recht. Ich beruhigte mich langsam und verdrängte den Gedanken an einen möglichen Tod Mutters.

Jahre später besuchte mich einmal ein chinesischer Professor, der sich sehr gut in alter chinesischer Wahrsagekunst und Physiognomie auskannte. Als er Mutters Porträt sah, das ich in jener Nacht gezeichnet hatte und nun in meinem Arbeitszimmer an der Wand hing, sagte er: «Sie haben ihre Seele in dem Bild festgehalten. Anhand dieses Bildes kann ich Ihnen alles über das Leben Ihrer Mutter erzählen.» Und er tat es zu meinem großen Erstaunen.

Stippvisite in einer fremden Heimat

Allmählich schien sich in China die politische Situation etwas zu ändern. Im Dezember 1978 fand das dritte Plenum des elften Parteikongresses statt, auf dem die Parteiführung die Kulturrevolution heftig kritisierte. Eine neue Bewegung des freien Denkens und der freien Meinungsäußerung entfaltete sich, und auch die Kontaktaufnahme zu Fremden wurde nun wieder möglich. Allen voran wagten es die Schriftsteller, in ihren Werken die Stimme zu erheben und das Unrecht, das während der Kulturrevolution geschehen war, anzuprangern. Das machte mir große Hoffnung. Sicher würde sich nun auch meine Situation ändern. Vielleicht könnte ich in naher Zukunft doch wieder Kontakt zu meinen Verwandten aufnehmen.

Im März 1979 flog ich erneut nach Hongkong. Wir waren diesmal eine Gruppe von acht Personen: zwei Kollegen, vier Studenten, Petra und ich. Irgendjemand machte plötzlich den Vorschlag, wir alle sollten einen Abstecher nach Kanton unternehmen. Ein Visum für China sei leicht im staatlichen chinesischen Reisebüro zu bekommen, hieß es, wenn man an einer organisierten Kurzreise teilnehme. Die Idee klang wirklich verlockend. Wie gern wäre ich endlich einmal nach China gefahren! Aber ich traute mich nicht. Ehe ich nicht offiziell rehabilitiert war, schien mir das Vorhaben zu riskant. Außer Petra wusste niemand, wie schlimm es wäre, wenn die chinesischen Behörden erführen, dass es sich bei mir um einen ehemaligen Flüchtling, um einen «Konterrevolutionär und Verräter» handelte. Aber womöglich war das Risiko doch recht klein, überlegte ich. Immerhin war ich nun ja deutscher Staatsbürger und reiste mit deutschem Pass. Wer in jenem Hongkonger Reisebüro sollte Verdacht schöpfen und nachprüfen, wer sich hinter dem «Peter Kuan» wirklich verbarg? Da wir zudem als Gruppe der Universität Hamburg einreisen würden, würde ich nicht sonderlich auffallen. So schnell konnte es sich bei den chinesischen Behörden kaum herumsprechen, dass jemand, der sich «Peter Kuan» nannte, in Wirklichkeit Guan Yuqian war. Und ich hatte solch große Sehnsucht nach

China! Selbst wenn ich nur ein kleines Fleckchen meiner Heimat betreten könnte, würde ich mich schon glücklich schätzen. «Einverstanden», sagte ich daher zu den anderen. «Fahren wir!»

Zwei Tage blieben wir in Kanton, wurden dort zu den wichtigsten Sehenswürdigkeiten geführt, unternahmen auch auf eigene Faust kleine Rundgänge und sprachen mit den Menschen, die wir hier und da kennen lernten. Die kurze Zeit hinterließ tiefe Eindrücke. Ich spürte, dass sich die Menschen noch nicht von der Kulturrevolution erholt hatten. Die allgemeine Atmosphäre war unheimlich und bedrückend. Die Straßen erschienen mir trostlos und dunkel, und ähnlich deprimierend wirkten die Menschen in ihrer dunkelblauen oder grauen Einheitskleidung. Es gab kaum Läden. Wir gingen in eine Buchhandlung. Ein paar trübe Neonröhren warfen dort ihr spärliches Licht auf ein kümmerliches Sortiment. Außer Marx, Engels, Lenin, Stalin, Mao Zedong und ein paar Geschichtswerken gab es praktisch nichts zu lesen. Nur wenige Kunden standen in dem Laden, niemand kaufte etwas. Wir gingen in ein Restaurant, das mir noch von früher als eins der besten in Kanton bekannt war. Allein der Eingangsbereich war so schmutzig, und die Kellner waren derart unfreundlich, dass ich mich vor meinen Studenten und Kollegen richtig schämte. Was war nur aus China geworden! Es erschien mir so rückständig und so unerträglich, dass ich Kanton am liebsten so schnell wie möglich wieder verlassen hätte. Aber der Rest der Gruppe sah das anders. Da sie alle Sinologen waren, kamen sie mit ganz anderen Augen nach China als ich. Sie fühlten sich zwar auch nicht wohl, waren aber neugierig und beobachteten alles mit großem Interesse.

Während dieser Kurzreise verspürte ich wieder den starken Wunsch, Kontakt zu meinen Angehörigen aufzunehmen. Ich wäre schon zufrieden gewesen, nur die Stimme meiner Mutter und die meines Sohnes zu hören. Aber es gab ja keine Privattelefone. Nur einige wichtige Funktionäre verfügten über einen eigenen Telefonanschluss. Deshalb beschloss ich, wieder Briefe zu schreiben. Wie viele Briefe hatte ich in diesen Jahren schon geschrieben und nie Antwort erhalten! Ob sie vielleicht umgezogen waren? Oder waren die Briefe, die ja alle aus dem Ausland kamen, konfisziert worden? Jetzt war ich selbst in China. Wenn ich von Kanton aus schrieb, fielen die Briefe als Inlandspost nicht weiter auf. Ich erinnerte mich an die Adresse meiner Kusine Shanshan in Peking, die mit ihrem Mann ein eigenes Haus bewohnte. Ihre Anschrift hatte sich bestimmt nicht geändert. Also schrieb ich an die beiden, nannte meine Adressen in Hongkong und in Deutschland und fügte dem Umschlag auch einen Brief an Mutter und meine Schwester bei. Einen weiteren Brief schickte ich an eine andere Kusine, die in Shanghai lebte, und fügte auch hier Briefe an Mutter und Minqian bei.

Nachrichten

Schon ein paar Tage nach unserer Rückkehr nach Hongkong kam ein Brief von der Kusine aus Shanghai. Ein erster Brief direkt von einer engen Verwandten! Die Studenten, Petra und ich wohnten bei einer Hongkonger Freundin. Als mir diese den Brief übergab, schauten mich die anderen gespannt an. Ich wagte nicht, den Umschlag vor ihnen zu öffnen, zog mich in mein Schlafzimmer zurück und setzte mich auf das Bett. Der Mann der Kusine schrieb:

«Lieber Yuqian, heute haben wir plötzlich deinen Brief bekommen. Wir sind überglücklich. Immer wieder haben wir in den letzten Jahren hier in Shanghai über dich gesprochen und uns gefragt, wo du wohl bist. Wir dachten, du wärst vielleicht in Frankreich. Fotos von dir, die in unserem Fotoalbum klebten, sind herausgerissen worden, und zwar von Leuten der Rebellengruppe, die aus deiner Einheit eigens nach Shanghai gekommen waren. Zurückgeblieben sind nur einige Fotos aus eurer frühen Kindheit. Ja, deine Familie hat viel durchgemacht. Auch wir haben viel durchgemacht. Nur wer den bitterkalten Winter erlebt hat, spürt die Wärme des Frühlings. Wir, das Volk Chinas, hat durch den Sturz der Viererbande endlich das Glück, dass es den Frühling begrüßen kann. Und im Frühling kommt nun deine Nachricht. Was für eine Freude das ist, eine Nachricht, die uns zu Tränen rührt! Den Brief an deine Schwester haben wir sofort nach Peking geschickt.

Nun möchte ich dir einige Nachrichten über deine Angehörigen mitteilen. Diqian und Minqian haben über mehrere Jahre Schweres durchgemacht. Erst nach dem Sturz der Viererbande konnten sie an ihre Arbeit zurückkehren. Unsere Tante, deine Mutter, war nach langjährigem Leiden geistig verwirrt, was vielleicht vor ihrem Tod eine Erleichterung für sie war …» Ich stockte. Mutter war tot? Ich las den Satz noch einmal, zweimal, immer wieder. Mutter war also doch gestorben! Ich würde sie nie wieder sehen. Ich schrie auf.

Petra, die mit den anderen draußen geblieben war, kam hereingestürzt: «Was ist los? Was schreibt deine Kusine?»

«Mutter ist tot!»

Sprachlos starrte Petra mich an und setzte sich. Sie wusste genau, wie wichtig Mutter für mich gewesen war. Mir war, als hätte mir jemand mit einem Messer ins Herz gestochen. Erneut machte ich mir schwere Vorwürfe. Ich war der schlechteste Sohn der Welt! Sie hatte ihr ganzes Leben lang alles für mich getan, und ich hatte es ihr überhaupt nicht gedankt! Nun war es zu spät. Petra hielt mich fest und versuchte, mich zu beruhigen. Endlich gewann ich meine Fassung wieder und las weiter:

«Dein Vater hat leichte Herzprobleme, aber ansonsten geht es ihm gesundheitlich gut. Er kümmert sich um alles, um das Land, die Familie und die dritte Generation. Wir als ehemalige Auslandsstudenten wurden während der Viererbandenzeit als Spione bezeichnet. Unsere ganze Familie hat sehr gelitten und wäre beinahe zerbrochen. Glücklicherweise ist dies nun alles vorüber. Deine Kusine Yinqian hat jetzt wieder sehr viel zu tun. Sie forscht auf ihrem Gebiet der Biochemie und unterrichtet nebenbei Englisch. Ich selbst werde nun auch wieder als patriotischer Wissenschaftler betrachtet und habe meine frühere Position zurückbekommen. Es ist ein Jammer, dass ich diese letzten zehn Jahre umsonst gelebt habe. Ich bin alt geworden.

Unsere zwei Söhne haben beide einen Studienplatz bekommen. Einer studiert Informatik, der andere Fremdsprachen. Wir sind sehr zufrieden mit ihnen. Hoffentlich schreibst du uns noch einmal und erzählst uns etwas über dein Leben und deine Erlebnisse. Wir hoffen, dass du so schnell wie möglich ins Vaterland zurückkommst und wir dich in Shanghai begrüßen können.

Diese letzten zehn Jahre haben so viele Veränderungen für unsere Familie gebracht, dass ich es nicht mit einigen Sätzen beschreiben kann. Yinqians Mutter ist im April 1975 gestorben. Deine Mutter haben wir noch 1976 besucht, aber leider hat sie uns schon nicht mehr erkannt. Sie verstarb im August 1978. Ich weiß, dass die Liebe zwischen dir und deiner Mutter sehr tief ist. Aber jeder muss sterben. Sei nicht so traurig!»

Kaum hatte ich den Brief zu Ende gelesen, las ich ihn noch einmal. Jeder Satz enthielt so viele Informationen für mich.

«Wann ist deine Mutter denn gestorben?», fragte Petra.

«Im August letzten Jahres.»

Sie nickte und lächelte: «Dann hat sie damals im Traum wirklich von dir Abschied genommen. Erinnerst du dich noch daran?»

«Ja, natürlich!» Früher hatte ich derartige Dinge für Unsinn angesehen.

Kurz nach unserer Rückkehr nach Hamburg erhielt ich zwei kurze Briefe, einen von Kusine Shanshan und einen vom jüngsten Sohn meiner Schwester, den diese offenbar beauftragt hatte, an ihrer Stelle zu schreiben.

Beide bestätigten Mutters Tod, enthielten aber keine neuen Informationen. Auch über meinen Sohn erfuhr ich nichts von ihnen, ebenso wenig Näheres über meine Schwester und meinen Bruder.

Im Juni 1979 gastierte eine Pekingoperntruppe aus Shanghai in Hamburg. Zwei Aufführungen fanden statt, und beide waren ein großer Erfolg. Die Zuschauer trampelten vor Begeisterung. Ich war in Hochstimmung: eine Kulturveranstaltung aus meiner alten Heimat! Ein Kollege betreute die Gruppe und bat mich um Hilfe. So lernte ich die Schauspieler kennen, lud sie zu mir nach Hause ein und machte Interviews mit ihnen. Dann schrieb ich über das Gastspiel einen langen Zeitungsartikel, den die linksgerichtete Hongkonger Tageszeitung Ta Kong Pao innerhalb einer Woche in sechs Teilen veröffentlichte. Chinas Öffnungspolitik hatte gerade begonnen, und Berichte über die Resonanz im Ausland wurden in China sehr begrüßt. Da der Artikel, mit dem ich mir viel Mühe gegeben hatte, offenbar guten Anklang fand, wurde er auch in China selbst nachgedruckt, und zwar in den «Cankao Xiaoxi», einem in staatlichen Einheiten intern verbreiteten Blatt mit Meldungen ausländischer Medien und Agenturen. Dabei wurde ich als Autor namentlich genannt mit dem Zusatz: «Universität Hamburg».

Nie hätte ich gedacht, welches Echo mein Bericht auslösen würde. Anscheinend hatten alle, die mich kannten, diesen Artikel gelesen, denn nach und nach gingen bei mir ungefähr zwanzig Briefe aus allen Ecken Chinas ein, sogar aus Tibet und Qinghai. Ich erhielt Post von früheren Kollegen, von alten Schulkameraden und Kommilitonen. Niemand hatte gewusst, wo ich lebte. Der Artikel hatte es ihnen verraten. Auf den meisten Briefen stand als Adresse: «Deutschland, Universität Hamburg, Guan Yuqian». Manche hatten bloß chinesische Zeichen geschrieben. Wann immer an der Poststelle der Universität solche Hieroglyphen als Anschrift auftauchten, ging alles ans Chinesische Seminar und erreichte mich dann doch. Eine Überraschung jagte die andere. Nun konnte ich nach und nach die alten Kontakte wieder anknüpfen. Dass der Artikel eines «Konterrevolutionärs», als der ich ja galt, in einer staatseigenen Zeitung veröffentlicht wurde, schien auch meine nahen Verwandten zu ermutigen, mit mir in Kontakt zu treten. Im Juli erreichte mich ein Brief meiner Nichte, der Tochter meiner Schwester:

«Lieber Onkel Yuqian, nach zehn Jahren etwas von dir zu hören, hat tiefe Gefühle in uns angerührt. Großmutter ist nun schon seit einem Jahr tot. Ich schreibe dir heute, um dir zu erzählen, wie wir diese letzten zehn Jahre verlebt haben. In dieser Zeit habe ich mich von einem elfjährigen unverständigen Kind zu einer Jugendlichen entwickelt. Ich bin in einer unruhigen Gesellschaft und unter schwierigen Lebensbedingungen aufgewachsen. Diese zehn Jahre haben einen tiefen Eindruck in meinem Herzen hinterlassen. Was mit mir und mit meiner Umgebung passiert ist, darüber könnte ich einen Roman schreiben.

Als du gingst, brach eine wahre Katastrophe über die ganze Familie herein. Mutter wurde zur Überprüfung in ihrem Büro unter Arrest gestellt, Onkel Diqian ins Gefängnis gesteckt. Großmutter, die damals schon über siebzig Jahre alt war, musste auf mich und meine beiden Brüder aufpassen. Sie hat schwer unter dieser Situation gelitten: eins ihrer Kinder fortgegangen, die anderen zwei eingesperrt. Sie hatte niemanden, dem sie ihren Schmerz anvertrauen konnte. Dadurch hat sie grünen Star bekommen. Denke ich heute an ihre damalige Situation, tut es mir noch immer im Herzen weh. Mehrmals wollte sie Mutter ein paar Sachen bringen oder sie wenigstens einmal sehen, aber das wurde immer abgelehnt. Um Onkel Diqian etwas ins Gefängnis zu bringen, musste sie mehrmals den Bus wechseln. Eigentlich wollte ich das für sie übernehmen, aber Großmutter bestand darauf, mich zu begleiten, in der Hoffnung, ihn vielleicht doch einmal zu Gesicht zu bekommen. Sie träumte davon, ihn vielleicht zufällig an irgendeinem Fenster zu sehen. Das schwierige Leben und der seelische Druck haben Großmutter sehr schnell altern lassen.

Nach einjähriger Überprüfung wurde festgestellt, dass Mutter mit deiner Flucht nichts zu tun hatte. Aber da sie es stets ablehnte, zu lügen und andere zu denunzieren, wurde sie zur Konterrevolutionärin erklärt, aus der Partei ausgeschlossen und zur körperlichen Arbeit aufs Land verschickt. Mehrere Jahre konnten wir sie nicht sehen. In dieser Zeit forderte Vater wie schon früher die Scheidung. Trotz der vielen Schwierigkeiten blieb Mutter standhaft bei der Wahrheit. Nach dem Sturz der Viererbande wurde sie endlich rehabilitiert und durfte an ihre Arbeit zurückkehren. Am schlimmsten traf es wohl Onkel Diqian. Deinetwegen saß er über sechs Jahre im Gefängnis. Nach seiner Entlassung erwartete ihn kein frohes Leben, sondern die Scheidung von seiner Frau. Obwohl er gerade erst fünfzig Jahre alt ist, sieht er jetzt schon wie sechzig aus. Wer hat das verursacht? Das muss man wohl alles der Viererbande anlasten. Wie viele Familien sind durch die politischen Bewegungen zerstört worden! Und dennoch warst du sicher auch für unser Schicksal verantwortlich.

Vor kurzem haben wir einen Artikel von dir in der ‹Cankao Xiaoxi› gelesen. Es ging um den Besuch einer Pekingoperntruppe in Deutschland. Das hat uns sehr gefreut. Was geschehen ist, ist geschehen. Wir glauben, es gibt wieder Hoffnung für unser Land. Wir hoffen, dass du Gutes für unser Land im Ausland tust, damit die Partei und das Volk dir verzeihen. Deine Nichte Lei.»

Ein Monat später kam ein weiterer Brief von ihr. Sie schrieb unter anderem: «Ich habe an der staatlichen Aufnahmeprüfung für die Universität teilgenommen und leider nicht bestanden. Mir fehlten zehn Punkte. Die Viererbande hat die Jugendzeit meiner Generation vergeudet. Doch auch wenn ich es diesmal nicht geschafft habe, werde ich es nächstes Jahr noch einmal versuchen. Ich hoffe, dass ich Gelegenheit habe, zum Lernen ins Ausland zu gehen. Das ist wohl ziemlich schwer zu verwirklichen.»

Auf diesen Wink hin überlegte ich mir, sie nach Deutschland zu holen und ihr eine Ausbildung zu finanzieren. Im November folgte dann ein direkter Hinweis. Sie schrieb: «Ich möchte gern zum Studium ins Ausland gehen. Mutter ist einverstanden.»

Daraufhin lud ich sie für drei Jahre nach Hamburg ein. Ich wollte unbedingt etwas von dem Leid, das ich über meine Angehörigen gebracht hatte, wieder gutmachen. Meine Schwester war einverstanden, Petra ebenfalls. Die Nichte sollte bei uns wohnen und zunächst eine Sprachenschule besuchen, um Deutsch zu lernen.

Noch immer hatte ich nichts über meinen Sohn in Erfahrung bringen können. Von allen, die ich brieflich nach ihm befragte, erhielt ich nur zur Antwort, sie wüssten nichts über ihn.

Im Herbst 1979 kam eine fünfköpfige Delegation der Chinesischen Akademie der Sozialwissenschaften zu Besuch an unsere Universität. Mein Kollege, Doktor Bernd Eberstein, ging mit der Gruppe essen und bat mich mitzukommen. Erst als ich mich zu ihnen an den Tisch setzte und vorgestellt wurde, erfuhr ich, dass der Delegationsleiter Du Ganquan war, Generalsekretär der Akademie und ein guter Freund meines Vaters. Noch ein weiteres Delegationsmitglied, der Leiter der Historischen Abteilung dieser Akademie Ru Xin, kannte meine Familie gut. Während die anderen ahnungslos plauderten, schauten wir drei uns nur schweigend an, bis die Unterhaltung ins Stocken geriet. Die anderen begannen allmählich zu merken, dass irgendetwas nicht stimmte. Ich war furchtbar nervös und auf das Äußerste gespannt, schließlich war Du Ganquan der Erste, den ich aus dem Freundeskreis meiner Familie wieder sah. Er musste doch Informationen haben, wie es allen ging! Warum aber nur schwieg er? Lehnte er es ab, mit einem «Verräter» an einem Tisch zu sitzen? Würde er mir Vorwürfe machen? Die Kellner stellten die Gerichte auf den Tisch, doch niemand griff zu. Bernd Eberstein schaute mich ratlos an, als wollte er fragen, was hier eigentlich ablief. Plötzlich seufzte Du Ganquan und holte tief Luft. «Yuqian», sagte er, und seine Stimme klang sanft. «Wie geht es dir?» Da konnte ich mich nicht mehr zusammennehmen. Die ganze Spannung fiel von mir ab, und ich heulte los. Ich heulte, weil er das altvertraute «Yuqian» gesagt hatte, ich heulte, weil die Parteipolitik so brutal war, dass sie Familien auseinander riss, ich heulte, weil mich die Nachrichten, die ich nach und nach aus China erhielt, entsetzten, ich heulte, weil ich immer noch nichts von meinem Sohn gehört hatte. Ich heulte über die Ungerechtigkeit in der ganzen Welt und weil ich in diesen elf Jahren von den einen als Verräter und Konterrevolutionär, von den anderen als Spion angesehen wurde. Ich heulte, weil die Politik den Menschen keinen Frieden gab.

Niemand hatte nach meinem Gefühlsausbruch noch richtig Appetit. Wir hatten so viele Gerichte bestellt, aber rührten fast nichts an. Die Mitglieder der Delegation schwiegen betreten. Sie waren auf so eine Szene nicht vorbereitet, und die geltende Disziplin erlaubte es ihnen auch nicht, darauf einzugehen. Ich brauchte auch keinen Trost und kein Mitleid von ihnen. In meinem Herzen war mehr Hass als Liebe. Seit dem Sturz der Viererbande waren schon wieder drei Jahre vergangen, und obwohl die Kulturrevolution schon kritisiert worden war, galt ich weiterhin als Konterrevolutionär.

Am nächsten Tag traf sich der gesamte Lehrkörper unseres Seminars mit der Delegation. Professor Liu stellte alle Dozenten vor, auch mich. Er sagte, ich hätte in Hamburg einen großen Beitrag für unsere Heimat geleistet, indem ich vielen Menschen die chinesische Kultur näher gebracht hätte. Da stand Du Ganquan plötzlich von seinem Platz auf, kam quer durch den Raum in die Ecke, in die ich mich verkrochen hatte, und schüttelte mir kräftig die Hand. «Ich hatte nur auf so einen Satz gewartet», sagte er. «Du hast unsere Heimat also nicht verraten.»

Nach diesem Treffen kam er noch einmal zu mir und schlug vor: «Wir könnten uns heute Abend treffen und versuchen, für dein Problem eine Lösung zu finden. Kurz bevor ich nach Deutschland kam, habe ich deinen Vater gesehen, aber ich hatte nicht geahnt, dass ich dir hier wirklich begegnen würde.»

Was für ein Abend das war! Ich schüttete ihm mein ganzes Herz aus und erzählte alles, was mit mir inzwischen passiert war. Du Ganquan war sehr berührt. Er sagte: «Nach dem Sturz der Viererbande sind fast alle, denen während früherer Bewegungen Unrecht getan wurde, rehabilitiert worden. Eigentlich solltest du auch dazugehören. Aber da du im Ausland lebst, wird das nicht so einfach. Schon in China ist auf diesem Gebiet so viel zu erledigen, da hat man kaum Zeit, auch noch über Fälle von Leuten nachzudenken, die sich im Ausland befinden.»

«Mir ist es eigentlich egal, was die Leute über mich denken», sagte ich. «Hauptsache, ich habe mir selbst nichts vorzuwerfen. Alles, was ich hoffe, ist doch nur, meine Angehörigen wieder zu sehen.»

«Yuqian, es ist gut, dass wir über deinen Fall gesprochen haben. Morgen fliege ich nach Bonn. Ich werde mit dem chinesischen Botschafter über deine Sache sprechen. Ich hoffe, dein Problem kann gelöst werden, ehe ich wieder zurückfliege.»

Ich fühlte mich unglaublich erleichtert. Zum ersten Mal hatte ich den ganzen angestauten Groll, der sich im Laufe der letzten Jahre in meinem Herzen gesammelt hatte, ausgeschüttet. Du Ganquan hatte mir wieder etwas Hoffnung gemacht. Ich konnte allerdings nicht beurteilen, wie groß sein Einfluss auf die chinesischen Behörden war.

Zwei Tage später rief er mich aus Bonn an: «Der Botschafter und ich haben in deiner Sache eine Entscheidung getroffen. Kannst du morgen nach Bonn kommen?»

Das konnte nur eine positive Entscheidung sein, sonst würde Du Ganquan mich nicht nach Bonn bitten. Ich sagte sofort zu, und wir verabredeten uns für den nächsten Nachmittag in seinem Hotel. Als ich um drei Uhr bei ihm eintraf, erwartete er mich bereits zusammen mit einem Vertreter des chinesischen Botschafters. In dessen Beisein wählte Du Ganquan einen ganz offiziellen Ton. «Guan Yuqian», sagte er ernst. «Ich habe mit dem Botschafter und den führenden Mitarbeitern der chinesischen Botschaft über Ihren Fall diskutiert. Wir sind der Ansicht, dass es ein großer Fehler von Ihnen war, China illegal zu verlassen. Aber uns ist in diesen elf Jahren nichts zu Ohren gekommen, das darauf schließen ließe, dass Sie sich etwas gegen die Partei und gegen China haben zuschulden kommen lassen. Darum können wir beide Ihnen hier und jetzt stellvertretend und im Namen der Parteiorganisation der chinesischen Botschaft erklären, dass Sie politisch rehabilitiert werden. Wir werden Sie nicht länger als politischen Feind betrachten. Außerdem wird die Botschaft versuchen, für Sie eine Besuchsgenehmigung in China zu beantragen. Bestehen von Ihrer Seite irgendwelche Einwände dagegen?»

Zwar hatte ich eine positive Wende erwartet, doch dass man sich so konkret entscheiden würde und mir sogar eine Besuchsgenehmigung in Aussicht stellte, war nicht abzusehen gewesen. Ich war sehr berührt. Wenn die Kommunistische Partei weiterhin so mit den Dingen umging, gab es ja doch noch Hoffnung für China! Ich brachte nur noch hervor: «Ich danke Ihnen, ich danke Ihnen!»

Du Ganquan erhob sich aus seinem Sessel, schüttelte mir die Hand und begleitete mich aus dem Zimmer hinaus. Draußen sagte er noch zu mir: «Yuqian, ich freue mich sehr über diesen unerwarteten Erfolg. Er ist für mich ein Höhepunkt meiner Deutschlandreise.»

Wir umarmten uns zum Abschied. «In einer Stunde fahre ich zum Flughafen. Meine Delegation reist noch heute nach China zurück. Ich erwarte dich dann in Peking», sagte er. «Und vergiss nicht, weiter etwas für unsere chinesische Kultur zu tun!»

Ich empfand ihn wie einen Vater, der sein Kind umsorgt. «Das vergesse ich bestimmt nicht», versprach ich. «Grüß bitte meinen Vater! Ich wäre überglücklich, wenn ich meine Angehörigen bald wieder sehen könnte!»

Mein Sohn

Im Januar des nächsten Jahres entdeckte ich eines Tages unter den Briefen, die an der Universität für mich eingegangen waren, einen aus Peking. Es stand kein Absender drauf, und als Empfänger war wie schon bei den vielen anderen Briefen, die ich auf meinen Artikel hin erhalten hatte, nur mein Name und «Universität Hamburg» angegeben. Ich öffnete ihn, und mein Blick fiel sogleich auf die Anrede: «Lieber Vater!» Meine Hände fingen derart an zu zittern, dass ich kaum noch lesen konnte. Ich drehte das Blatt um, und dort stand tatsächlich: «Dein Sohn Xin». Ich weiß nicht mehr, wie viele Male ich diesen Brief wieder und wieder las. Die ersten zwei, drei Male jedenfalls verstand ich überhaupt nicht, was eigentlich drin stand, weil ich mich in der Aufregung nicht konzentrieren konnte. Wie alt war Xin inzwischen? Ich rechnete nach und versuchte, mich zu beruhigen.

«Lieber Vater! Ob du dich überhaupt noch erinnerst, dass du einen Sohn auf dieser Welt hast? Und wenn du dich erinnerst – ob du dann wissen möchtest, wie es ihm jetzt geht? Als ich in der Zeitung deinen Artikel gelesen habe, war ich sehr aufgeregt. Endlich weiß ich, wo du bist! Nachdem du China verlassen hattest, haben Tante Meijing und ihr Mann mich als Sohn adoptiert. Nach meinem Mittelschulabschluss durfte ich deinetwegen nicht studieren. Die Söhne von konterrevolutionären Vätern dürfen eben nicht an die Universität. Deshalb wurde ich Arbeiter in einer Autofabrik.

Vor kurzem kam nun Tante Meiling» – Meizhens zweite Schwester – «aus Amerika zu uns zu Besuch. Sie hat mir versprochen, für mich zu bürgen, damit ich in Amerika studieren kann. Aber die Studiengebühren in Amerika sind sehr hoch, und dafür kann sie nicht aufkommen. In deinem Artikel hast du geschrieben, dass du eine Stelle an der Universität hast, aber ich weiß natürlich nicht, wie deine finanzielle Lage ist, so dass ich nicht weiß, ob du mich vielleicht bei den Studiengebühren unterstützen könntest. Ich schicke diesen Brief einfach an die Universität Hamburg. Ich hoffe nur, dass du ihn auf diese Weise erhalten wirst...»

Ich wagte es immer noch nicht zu glauben: Ein Brief von meinem Sohn! Der Artikel über die Pekingoper hatte uns wieder zusammengebracht. Aber wieso schrieb er erst jetzt? Der Artikel war doch schon vor über einem halben Jahr erschienen! Einerlei: ich war überglücklich. Ich setzte mich an den Schreibtisch und wollte ihm sofort antworten. Natürlich würde ich ihn unterstützen! Da klingelte das Telefon. Es war Petra. «Wann kommst du nach Hause? Das Essen ist gleich fertig.»

«Ich komme sofort!», rief ich und machte mich auf den Heimweg.

Wie würde wohl Petra auf Xins Brief und seinen Wunsch nach finanzieller Unterstützung reagieren? Wir hatten nie irgendwelche finanziellen Probleme gehabt. Petra war immer sehr großzügig. Aber jetzt ging es doch um größere Beträge, und Petra verdiente zurzeit kein Geld, sondern studierte noch. Ein Studium in Amerika war teuer, und außerdem hatte ich ja schon meiner Nichte die Finanzierung einer Ausbildung versprochen. Da die Gehälter im öffentlichen Dienst nicht gerade üppig waren, würden wir schon bald an die Grenze unserer Möglichkeiten stoßen. Ich fragte mich, was Petra dazu sagen würde.

Ein Blick von ihr genügte, um zu bemerken, dass etwas mit mir nicht stimmte.

«Hast du Ärger bekommen?»

«Nein, überhaupt nicht!» Ich holte Xins Brief aus der Tasche. Meine Hand zitterte, als ich ihn ihr zeigte.

«Von wem ist der Brief?»

«Von meinem Sohn, von Xin!»

«Was?» Sie schaute mich ungläubig an und ließ beinahe das Tablett fallen, das sie in den Händen hielt.

«Komm», sagte ich, «ich lese ihn dir vor.»

Sie setzte sich und hörte mir zu. Als ich geendet hatte, schwieg sie eine Weile. Dann nickte sie und sagte: «Wir müssen ihn aus China holen, am besten nach Deutschland. Lass ihn selbst entscheiden, ob er in die USA gehen oder lieber zu uns kommen will. Egal, wie viel es kostet, wir werden ihn auf jeden Fall unterstützen. Schreib ihm gleich heute Abend und teile ihm mit, dass wir einverstanden sind.»

Petras klare Antwort erleichterte mich sehr. Petra war wirklich eine großartige Frau.

Vier Monate später landete Xin bereits in Amerika und zog zu seiner Tante in San Francisco.

Als wir die Nachricht erhielten, dass er dort eingetroffen war, schlug Petra vor: «Du solltest hinfliegen und dich mit ihm treffen. Es ist bestimmt gut für euch beide, wenn ihr euch endlich einmal wieder seht.»

Ich bereitete alles für die Reise vor und rief ihn am Abend vor meinem Abflug an. Es war das erste Telefonat, das wir miteinander führten. Dabei war ich so aufgeregt, dass ich kaum einen ganzen Satz zustande bekam. Er wollte mir am liebsten die ganze Lebensgeschichte am Telefon erzählen, doch ich unterbrach ihn und sagte: «Du kannst mir morgen alles erzählen.»

«Wieso morgen?», fragte er überrascht.

«Ich komme morgen nach Amerika.»

«Was?!» Er schrie vor Freude laut auf.

In San Francisco stellte ich fest, dass Xin genauso lebhaft, agil und voller Ideen war wie ich. Aus dem elfjährigen Kind war inzwischen ein junger Mann von 24 Jahren geworden. Sein Aussehen und seine Bewegungen hatte er ganz offensichtlich von mir geerbt. Wir verbrachten den ganzen ersten Tag und die Nacht nur in seinem Zimmer und redeten miteinander. Was er mir zu erzählen hatte, war schrecklicher, als ich es mir jemals ausgemalt hatte.

Mit meiner Flucht hatte für meine Angehörigen eine Tortur begonnen. Außer meinem Bruder wurde auch Meizhen ohne Angabe von Gründen ins Gefängnis geworfen, und zwar zunächst für anderthalb Jahre in Peking und dann für weitere fünfeinhalb Jahre in der Provinz Shanxi, weil sie als Mitarbeiterin der Universität in Taiyuan dort offiziell gemeldet war.

Ein Kader aus der Personalabteilung des Friedenskomitees riss sich unsere schöne Wohnung unter den Nagel. Xin wurde zunächst zu seiner Tante Meijing gebracht, doch da deren Mann auch in politischen Schwierigkeiten steckte, wollte er Xin nicht behalten und brachte ihn seinerseits zu Minqian, die allerdings schon unter Arrest stand. Mein Schwager sah rot, als der Kleine bei ihm auftauchte. «Geh zu deinem Großvater!», schrie er wütend, nutzte die Abwesenheit meiner Mutter und setzte ihn vor die Tür. Seine Sachen warf er ihm durch das Fenster hinterher. Daraufhin irrte Xin tagelang durch die Straßen, schlief unter Gemüseständen und stahl sich etwas zu essen. Endlich schaffte er es, wieder in die Nähe des Wohnheims seiner Tante Meijing zu gelangen, wo er in einem Heizungskeller aufgegriffen und schließlich bei der Tante abgegeben wurde. Seine Großmutter, die inzwischen von Shanghai nach Peking zu Meijing gezogen war, setzte es daraufhin durch, dass er dort bleiben konnte.

Als Meizhen 1974 aus dem Gefängnis entlassen wurde, hatte sie weder Arbeit noch eine Wohnung. Dank des großen Einsatzes all ihrer Verwandten und Freunde gelang es jedoch, sie nach Peking zurückzuholen und ihr dort eine Dozentenstelle und eine Wohnung zu vermitteln.

«Ich bin kein Einzelfall», meinte Xin. «Wie viele Menschen sind während der Kulturrevolution verhaftet oder sogar getötet worden! Deren Kinder haben sich dann alle elternlos durchschlagen müssen. Ich hatte noch Glück, dass ich bei meiner Tante unterkommen konnte.»

Es war unfasslich. Alle in unserer Familie hatten sich stets für die Revolution eingesetzt, aber am Ende zählte das nicht, im Gegenteil: Alle drei Kinder meiner Mutter wurden als Konterrevolutionäre eingestuft. Und die unschuldige Meizhen, die wie die anderen nichts von meiner Flucht gewusst hatte, war ebenfalls Opfer der Sippenhaft geworden – eine Behandlung, wie sie schon im alten China üblich gewesen war.

Xin hatte noch Glück im Unglück gehabt. Seine Tante und sein Onkel behandelten ihn wie ihren eigenen Sohn. Er nahm sogar ihren Namen an. Sein Onkel war Soldat. Die Armee war von der Kulturrevolution weitgehend verschont geblieben, und so hatte Xin auf den armeeeigenen Schulen eine fundierte Bildung erhalten, während in zivilen Schulen einige Jahre lang gar kein richtiger Unterricht gegeben worden war.

Xin war zwar noch sehr jung gewesen, als ich fortging, aber in schwierigen Zeiten werden die Kinder nun einmal viel früher reif als in Zeiten des Friedens. Er wusste, wie sehr ich ihn liebte. Zwar hatte er es mir verübelt, dass ich ihn verlassen hatte, aber ihm war klar gewesen, dass ich wegen der schlimmen politischen Lage keine andere Möglichkeit gesehen hatte. Er wusste, wie viele Menschen während der Kulturrevolution ums Leben gekommen waren, und es schien ihm sehr fraglich, ob ich überlebt hätte, wenn ich damals in China geblieben wäre.

Leider blieben mir in Amerika nur fünf Tage Zeit, denn in Hamburg begannen die Vorlesungen wieder. Der Abschied fiel uns beiden sehr schwer. Als ich am Flughafen durch die Sperre ging, drehte ich mich ein paar Mal nach ihm um und ich sah, wie er immer wieder sein Gesicht hinter einem Pfeiler versteckte und heimlich weinte, bevor er mir wieder zuwinkte. Schon wieder musste er von seinem Vater Abschied nehmen. Auch diesmal war es nicht zu ändern, aber jetzt war es wenigstens nicht für immer.

Nachdem Deng Xiaoping im Jahre 1979 die Öffnungspolitik begann, setzte in China endlich ein wirklicher Wandel ein. Voller Hoffnung verfolgte ich die Berichterstattung. Gleichzeitig kamen immer mehr Chinesen nach Deutschland gereist. So wurden auch die Gäste bei mir zu Hause immer zahlreicher. Das tat mir richtig gut. So lange hatte ich keine Verbindung mehr zu meinen Landsleuten gehabt, und nun kamen sie in Scharen. Viele von ihnen erzählten derart haarsträubende Geschichten aus der Kulturrevolution, dass ich sie kaum glauben mochte. Obwohl ich selbst unter Mao Zedongs Politik gelitten hatte, hatte ich ihn immer noch für einen großen Mann gehalten. Aber aus den Erzählungen der Besucher erfuhr ich, welch brutaler Führer er gewesen war – ein roter Kaiser und ein großer Egoist. Von den anderen hatte er stets Bescheidenheit und Frugalität verlangt, alle hatten immer wieder Selbstkritik zu üben, alles zu tun, was die Partei bezüglich der Revolution von ihnen forderte, und der Revolution ihre eigenen Interessen zu opfern. Alles hatte jedoch nur seiner Herrschaft und seiner Diktatur gedient. Er war ein machtgieriger Mensch gewesen, der im Alter niemandem mehr vertraute. Alle seine Kameraden, die mit ihm zusammen gekämpft hatten, ließ er entmachten, so den Staatspräsidenten Liu Shaoqi, der zu Tode gequält wurde, und den Verteidigungsminister Peng Dehuai, der während der Kulturrevolution ins Gefängnis gesteckt wurde und dort an den Folgen von Misshandlungen starb. Selbst den Ministerpräsidenten Zhou Enlai, der immer so treu zu ihm gestanden hatte, hätte Mao in seinem letzten Lebensjahr am liebsten beseitigt. Allmählich begann ich ihn im Nachhinein zu hassen. Zwar war die Revolution vor allem sein Verdienst, aber danach hatte er China weit mehr geschadet als genutzt. Ein Großteil des chinesischen Kulturerbes und der historischen Sehenswürdigkeiten war während der von ihm entfachten Kulturrevolution zerstört worden.

Meine Gäste waren sehr offen und kritisch in ihren Schilderungen. Sie erlegten sich keine Zurückhaltung mehr auf. Es war fast so, wie es in den Märchen oft beschrieben ist, in denen die kleinen Tiere wieder ganz lebendig und fröhlich sein konnten, nachdem das große Ungeheuer besiegt war. Mir schien, als wären die Menschen vorher in ihrem Charakter verdreht und verbogen worden und kehrten nun endlich wieder in ihren Normalzustand zurück.

In Deutschland wurden der Austausch in Kultur und Wissenschaft und die Intensivierung der politischen und wirtschaftlichen Zusammenarbeit mit China immer mehr zum Thema. Unser Telefon klingelte viel häufiger als früher. Ständig wurde ich um Rat gefragt, sei es, dass Geschäftsleute nach China reisen und Kontakte anbahnen wollten, sei es, dass Firmen Übersetzungen und Delegationen eine sprachkundige Begleitung brauchten oder staatliche und private Institutionen chinesische Künstler und Wissenschaftler einzuladen planten. Schneller, als ich es selbst gewahr wurde, entwickelte ich mich zu einer Art Brücke zwischen Deutschland und China. Ich konnte etwas für die chinesische Kultur und für das deutsch-chinesische Verständnis tun. Ich war glücklich über die neue Rolle, die mir hier zuwuchs, zumal sie mich mit unglaublicher Energie erfüllte. Langsam setzte ein regelrechtes Chinafieber ein, das in den späten Achtzigerjahren seinen Höhepunkt erreichen sollte. Die Staatsmänner der Welt, besonders aus Europa und Amerika, gingen einer nach dem anderen auf Chinabesuch. Auch aus meinem privaten Umfeld fuhren viele Freunde und Bekannte nach China, einige sogar für mehrere Jahre, und umgekehrt kamen auch immer mehr Chinesen nach Deutschland. Allmählich entwickelte sich unsere Wohnung zu einem Gästehaus und Informationszentrum. Jemand schlug mir sogar vor, ich sollte meine Stelle an der Universität kündigen und eine Beraterfirma aufmachen, doch darüber konnte ich nur lachen. Ich wollte gern vermitteln und beraten, aber lieber im kulturellen Bereich.

Vor allem konnte ich an der Universität viel mehr zum deutsch-chinesischen Kulturaustausch beitragen. Ich liebte die Lehrtätigkeit und die Arbeit mit den Studenten. Mit einigen Fortgeschrittenen und Doktoranden bildete ich Arbeitsgruppen und fertigte Übersetzungen aus der chinesischen Literatur an. So entstand zum Beispiel eine Sammlung von chinesischen Volkserzählungen und ausgewählten Werken Lu Xuns, Chinas bedeutendsten Avantgardeschriftstellers im 20. Jahrhundert. Als besonders interessant gestaltete sich bald ein Projekt der Bundesregierung, die mit der Herausgabe einer chinesischsprachigen Zeitschrift das Verständnis zwischen beiden Ländern fördern und die Freundschaft und Zusammenarbeit stärken wollte. Mir wurde das Angebot gemacht, als verantwortlicher chinesischer Redakteur an dem Projekt mitzuarbeiten, was ich sofort begeistert annahm. Tatsächlich erschien dann ab 1981 alle zwei Monate – und dies fünfzehn Jahre lang – das «Deutsch-chinesische Forum», das über Wirtschaft, Politik, Kultur, Wissenschaft, Erziehung und allgemeines Leben in Deutschland informierte und über die deutsche Botschaft in China verteilt wurde. Die Zeitschrift wurde so beliebt, dass ich in der Folge ununterbrochen Leserbriefe aus allen Ecken Chinas bekam.

Kurz vor Weihnachten 1980 erhielt ich plötzlich einen Anruf von der chinesischen Botschaft in Bonn, mit dem mir mitgeteilt wurde, dass ich jetzt jederzeit ein Visum beantragen dürfe, wenn ich nach China reisen wolle. Endlich! Meine deutschen und chinesischen Freunde, meine Kollegen und Bekannten kamen und gratulierten mir, als sie davon erfuhren. Nun wollte ich keine Zeit mehr verstreichen lassen und plante meine Reise in die alte Heimat zusammen mit Petra gleich zu Beginn der Semesterferien im Februar 1981. Eine große Frage war, was für Geschenke ich mitnehmen sollte. Außer meinen nächsten Angehörigen – Vater, Bruder, Schwester, Halbschwester und Halbbruder – kam ich auf ungefähr fünfzig weitere Verwandte väterlicher- und mütterlicherseits. Alle würden von mir ein Mitbringsel erwarten. Ich begann, lange Einkaufslisten aufzustellen.

Dreizehn Jahre waren inzwischen vergangen, seit ich China verlassen hatte. Die Freude, die ich verspürte, dass ich in meine Heimat zurückkehren konnte, war unbeschreiblich. Aber wie würden mich meine Angehörigen in Peking begrüßen? Würden meine Verwandten und Freunde mir Vorhaltungen wegen meiner Flucht machen? Grund dazu hätten sie ja. Spannungen und peinliche Szenen waren nicht auszuschließen. Ich hatte an sich kein schlechtes Gewissen, was meine Flucht betraf. Außerdem schaute ich auch mit einem gewissen Stolz auf meinen Werdegang in Deutschland. Aber würden die anderen das auch so sehen? Wahrscheinlich kämen nur meine Schwester und mein Bruder zum Bahnhof, um mich zu begrüßen, so dass wenigstens der Einstieg ins Wiedersehen in kontrollierbarem Rahmen verliefe.

Wir hatten uns inzwischen entschieden, via Hongkong nach Peking zu fahren, denn so konnten wir die vielen Geschenke in Hongkong einkaufen und hätten beim Flug kein Problem mit dem Übergewicht. Ohnehin kaufte man in Hongkong günstiger ein als in Deutschland.

Der Zug von Hongkong nach Kanton war so voll, dass wir unsere acht schweren Gepäckstücke nur mit großer Mühe in den Waggon hineinbugsieren und im Abteil unterbringen konnten. Zudem war es kurz vor dem chinesischen Frühlingsfest, und damit Hauptreisezeit wie in Deutschland vor den Weihnachtstagen. Endlich hatten wir es auch geschafft, in Kanton umzusteigen, und saßen nun im bequemen Schlafwagenabteil im Zug nach Peking. Bahnhöfe und Waggons waren noch genauso wie vor zwanzig, dreißig Jahren. Unser Schlafwagen mit vier Betten pro Abteil war ein uraltes DDR-Produkt – wie früher auf meinen Reisen mit den russischen Experten. Selbst die Thermoskanne, die Bedienung und die Musik, die aus den Lautsprechern schallte: alles erinnerte mich an frühere Zeiten. Meine Augen konnten sich an der Landschaft gar nicht satt sehen. Vor dreizehn Jahren, als ich mit dem Flugzeug aus Shanghai nach Kanton geflogen war, hatte ich geglaubt, nie wieder zurückkehren zu können. Doch jetzt war ich wirklich auf dem Weg «nach Hause». Ich konnte es kaum fassen.

Während der ganzen Bahnfahrt sprach ich kaum. Abwechselnd versank ich in Erinnerungen und in der Betrachtung der vorüberziehenden Landschaft. Die Jahre seit der Flucht schienen auf einmal wie ein langer Traum, aus dem ich nun bald erwachen würde. Als sich der Zug Peking näherte, pochte mein Herz immer schneller. Vielleicht kommt niemand zum Bahnhof, überlegte ich, als ich mir noch einmal klar machte, wie viel Leid meine Flucht über die Familie gebracht hatte. Ich würde meinen Geschwistern keinen Vorwurf machen, wenn sie mich nicht abholten. Besonders meinem Bruder gegenüber hatte ich ein schlechtes Gewissen. Ich schaute Petra an und merkte, dass sie mindestens genauso gespannt war wie ich. Ich zog sie an mich und umarmte sie. «Wir sind bald da», sagte ich. «Was für ein Gefühl hast du?»

Sie sah mich an, schüttelte den Kopf und schwieg.

«Liebe Passagiere, der Zug erreicht in Kürze Peking. Bitte bereiten Sie sich auf den Ausstieg vor und lassen Sie nichts liegen» – die üblichen Ermahnungen vom Zugpersonal. Schließlich liefen wir in den Bahnhof ein. Ich streckte meinen Kopf aus dem Fenster. Wie viele Menschen da auf dem Bahnsteig standen, um Verwandte und Freunde abzuholen! Plötzlich hörte ich einen lauten Schrei: «Kleiner Onkel!» Gleich darauf schallte es explosionsartig im Chor: «Yuqian! Yuqian!» Derartig viele Hände streckten sich mir entgegen, dass ich so schnell gar nicht erkennen konnte, wer alles gekommen war. Anscheinend standen da nicht nur Schwester und Bruder, sondern auch noch alle meine in Peking ansässigen Vettern und Kusinen mit ihren Kindern. Es war so überwältigend, dass ich meine Tränen nicht mehr unterdrücken konnte. Am liebsten hätte ich laut geschrien: «Ihr Lieben, der verlorene Sohn kommt zurück!» Der Erste, der in den Waggon hereinsprang, war mein Neffe Feng. Er war so aufgeregt, dass er überhaupt nicht wusste, wie er Petra begrüßen sollte. Schließlich streckte er seinen Kopf aus dem Fenster und pfiff. Daraufhin kamen ein paar kräftige Burschen und nahmen die schweren Gepäckstücke entgegen, die Feng durch das Fenster hievte. Ein Stück nach dem anderen wanderte hinaus, ein Anblick, der die Leute auf dem Bahnsteig zum Lachen brachte. Endlich war das Gepäck draußen, und wir konnten aussteigen. Petra versteckte sich wie eine Katze hinter meinem Rücken. Sie wusste nicht recht, wie sie sich verhalten sollte als ausländische Schwiegertochter, die da plötzlich in unserer Familie auftauchte. Sie war natürlich eine große Sensation. Sofort wurde sie von meinen jungen Neffen und Nichten umkreist und aus dem Bahnhof geleitet. Meine Halbschwester Yiqian hatte die Regie und regelte, wer in welches Auto einstieg und wohin wir fahren sollten. Sie hatte eigens einen kleinen Bus und mehrere Personenwagen besorgt, was 1981 noch sehr schwer zu bewerkstelligen war. Petra und ich stiegen in den Bus zusammen mit den Geschwistern, Halbgeschwistern, Feng und zwei Kusinen. Ich war sehr glücklich, denn alles, was sie sagten, war voller Wärme und Herzlichkeit. Meine Befürchtung, von ihnen feindlich behandelt zu werden, verflüchtigte sich im Nu.

Unsere Unterkunft befand sich im Gästehaus des Staatsrates im Westteil Pekings. Es war eine Suite mit Schlaf- und Wohnzimmer, für jene Zeit ziemlich luxuriös. Yiqian erzählte mir, das sei alles von Vater arrangiert worden.

«Wann können wir Vater sehen?», fragte ich.

«Wir essen erst einmal zusammen zu Abend», erwiderte sie. «Ich habe schon alles organisiert. Danach, pünktlich um sieben Uhr, empfängt Vater euch zu Hause.»

Mehr als zwanzig Leute zwängten sich in das Wohnzimmer unserer Suite. Die Kinder setzten sich auf den Teppich. Ich bat meine Kusinen und Vettern, mir vorzustellen, welches Kind zu wem gehörte. Dass unsere große Familie so eng verbunden geblieben war, lag wohl an der guten Beziehung zwischen meinem Vater und seinem Bruder, meinem Onkel Zehn. In Shanghai hatten wir während der japanischen Besatzungszeit ja sogar für einige Zeit alle in einem Haus gewohnt. Erst ab 1957, seit Beginn der Bewegung gegen die Rechtsabweichler, die fast alle Mitglieder unserer Qian-Generation als Intellektuelle mehr oder weniger in Mitleidenschaft gezogen hatte, waren die Kontakte lockerer geworden. Jetzt waren sogar ihre Kinder schon alle groß, und ich erkannte keinen von ihnen.

Nachdem wir uns ein wenig erfrischt hatten, drängte Yiqian uns schon, zum Abendessen zu gehen.

Danach, pünktlich um sieben Uhr, suchten wir meinen Vater auf. Er wohnte noch immer in jener Fünf-Zimmer-Wohnung, die ihm in seiner Position als Berater auf Ministerrang zustand. Petra und ich wurden zuerst hineingebeten. Ich wollte Petra vorlassen, aber sie blieb hinter mir. Ihr Gesicht war ernst.

«Was ist los?», fragte ich sie auf Deutsch.

«Muss ich jetzt vor deinem Vater niederknien?»

Ein Freund hatte in Hongkong behauptet, sie müsse als Schwiegertochter vor meinem Vater Kotau machen, und sie hatte das wohl ernst genommen. Bevor ich noch etwas sagen konnte, trat Vater aus dem Wohnzimmer heraus und schloss mich in seine Arme. Dann begrüßte er Petra auf Englisch mit: «How do you do?», umarmte sie ebenfalls und gab ihr sogar links und rechts einen Kuss, geleitete sie ins Wohnzimmer und begann mit ihr auf Englisch zu parlieren. Offenbar hatte er sich wohl vorher etwas vorbereitet, schließlich hatte er schon lange Zeit kein Englisch mehr gesprochen. Der erste Besuch seiner ausländischen Schwiegertochter war für ihn etwas Sensationelles, und er wirkte ein wenig nervös. So bemerkte er nicht sogleich, dass Petra ihm auf Chinesisch antwortete. Erst nach einigen Minuten rief er auf einmal begeistert: «Du kannst ja Chinesisch sprechen!» Alle waren überrascht, wie gut sich Petra auf Chinesisch verständigen konnte, zudem war sie in ihrer Art so lieb, sprach mit so viel Humor und Witz, dass sie schon nach kurzer Zeit zu aller Liebling wurde. Ich hatte zuvor wirklich ein bisschen befürchtet, dass meine Angehörigen eine ausländische Schwiegertochter nicht so leicht akzeptieren würden. Westliche Ausländer standen aus historischen Gründen nicht unbedingt in bestem Ansehen, außerdem war in den letzten zwanzig, dreißig Jahren politischer Erziehung der Westen als Feind dargestellt worden. Petra jedenfalls eroberte alle Herzen im Sturm und wurde als echtes Mitglied der Sippe anerkannt.

Vater fragte mich nach meinem Leben in Deutschland. Ich schilderte es ihm kurz und sprach auch darüber, wie zufrieden ich mit meinem Beruf als Hochschullehrer war. Halbschwester Yiqian schaltete sich ein: «Bruder Yuqian, ein Glück, dass du diesen Weg gewählt hast, sonst hättest du nie nach Hause kommen können.»

«Wie meinst du das?», fragte Diqian erstaunt.

«Aber so ist es doch in China!», rief sie mit scharfem Unterton. «Wenn du es im Ausland zu etwas gebracht hast, bist du willkommen. Würdest du aber als Kellner in einem Chinarestaurant arbeiten, könntest du dich auf den Kopf stellen, man würde dich nicht zurücklassen!»

Das war typisch meine Halbschwester. Sie hatte sich überhaupt nicht geändert.

«Du übertreibst schon wieder», meinte mein Bruder und versuchte genau wie früher die Politik der Partei zu verteidigen.

Dann herrschte Stille. Ich spürte, dass die anderen gern auf meine Flucht zu sprechen kommen wollten, aber niemand wagte es, das Thema anzuschneiden. Nur Petra, klug wie sie war, erfasste sofort die Situation und brach den Bann: «Nachdem Yuqian China verlassen hat, habt ihr bestimmt viel Kummer bekommen.» Alle nickten und seufzten.

Schließlich sagte Vater: «Für uns ging es noch. Am schlimmsten hat es Diqian getroffen. Er hat viel gelitten.»

«Das habe ich gehört», sagte ich. Ich scheute mich, gleich am ersten Abend in dieser großen Runde an all diese Lasten aus der Vergangenheit zu rühren.

«Nachdem du gegangen warst, hatten wir große Angst», ergriff jetzt meine Stiefmutter das Wort. «Jederzeit konnten die Roten Garden kommen und unsere Wohnung auf den Kopf stellen. Beim leisesten Anzeichen von Unruhe draußen im Hof fingen wir sofort an zu zittern. Alles, was irgendwie mit alten Traditionen zu tun hat, wie alte klassische Bücher, haben wir vernichtet, sogar unser uraltes Familienbuch. Aber zum Glück wurde dein Vater als Berater des Staatsrates von Zhou Enlai geschützt. Das haben wir seiner alten Freundschaft zu ihm zu verdanken.»

Nun meldete sich Schwester Minqian zu Wort: «Nicht nur das Friedenskomitee, sondern alle Einheiten, die mit Auslandsangelegenheiten zu tun hatten, waren durch deine Flucht betroffen. Du hattest damals sehr viele Kontakte in Peking gehabt und kanntest viele Leute. Und die Gerüchte über deine Flucht waren so unterschiedlich und wurden so fantastisch ausgeschmückt, dass sich deine Geschichte im Nu überall herumsprach. Einige sagten, du wärst in die USA gegangen, andere meinten, nach Russland. Auch über den Verlauf deiner Flucht wurde wild spekuliert. Du hättest dich als Japaner ausgegeben, hieß es, dann wieder war zu hören, dass dir eine ausländische Botschaft geholfen habe.»

«Einige haben sogar behauptet, du wärst festgenommen worden und längst tot», warf mein Neffe Feng ein.

«Ich war schockiert, als ich hörte, dass du weggegangen bist», sagte Kusine Shanshan. «Ich hatte auch Angst, dass unser Haus durchsucht wird, und wagte nicht, anderen zu gestehen, dass du mit mir verwandt bist.»

«Das kann ich gut verstehen», sagte ich. «Was die Spekulationen betrifft, so habe ich sogar in Deutschland gehört, ich hätte geheimes Material aus China mitgenommen. Tatsächlich hatte ich nur die Ausgewählten Werke von Mao Zedong im Koffer.»

Alle lachten. Vater war schon 84 Jahre alt und genoss es sichtlich, mit der ganzen erweiterten Familie in harmonischer Runde beisammen zu sein. Mutter war nun schon über zwei Jahre tot, Onkel Zehn und Tante Zehn waren auch bereits verstorben. Als Einziger aus seiner Generation war Vater noch am Leben. Nun saßen alle aus der nächstjüngeren Generation um ihn herum. Er war bester Laune.

Mein Bruder Diqian saß an diesem Abend neben mir. Er hatte mir nach Mutter immer am nächsten gestanden. Er war ein sehr zurückhaltender Mensch – freundlich, aber wenig beweglich, jemand, der immer zuerst an andere denkt, ein tief konfuzianisch geprägter Bücherwurm. Da ich mit ihm noch nicht unter vier Augen hatte sprechen können, wusste ich nicht, wie er über mich und unsere Beziehung dachte. Ich suchte immer wieder seine Berührung, indem ich meine Hand mal auf sein Knie, mal auf seine Schulter legte, wagte aber kaum, ihn direkt anzuschauen. Er nickte mir immer wieder zu und lächelte.

Mein Halbbruder Bao'er, der gerade geheiratet hatte, ähnelte Diqian in Erscheinung und Charakter. Auch er war zurückhaltend, sprach wenig, schien sich aber viele Gedanken zu machen, ganz im Gegensatz zu Halbschwester Yiqian, die ähnlich wie meine Schwester sehr impulsiv und temperamentvoll war.

Erinnerungen

Alle Verwandten wollten Petra so bald wie möglich zu sich nach Hause einladen. Shanshan, unter den Kusinen die mir Vertrauteste, bestand darauf, dass wir zuerst zu ihr kämen. Eigentlich wollte ich mich ja lieber zuerst mit Schwester und Bruder allein treffen, aber Shanshan setzte sich durch und lud die beiden mit zu sich ein. In diesem kleinen Kreis erzählte ich dann alles über den Grund und den Verlauf meiner Flucht. Wahrscheinlich lag es an der vertrauten chinesischen Atmosphäre, dass mir alles so vorkam, als wäre es erst vor kurzem geschehen. Als ich auf Mutter und Xin zu sprechen kam, geriet ich ins Stocken. All die Bitternis, die ich längst begraben glaubte, kam wieder hoch.

Mutters Familie lebte in Tianjin. Minqian hatte mit unserem Onkel vereinbart, dass wir sie am zweiten Tag nach Neujahr besuchen würden. Obwohl Tianjin nicht weit von Peking entfernt liegt, war dort mehr traditionelles Brauchtum lebendig geblieben als in der Hauptstadt. Der zweite Tag des ersten Monats war das Datum, an dem die Ehefrauen mit ihrer Familie ihre Mütter besuchen gingen. Kaum hatten wir den Bahnhof von Tianjin verlassen, sahen wir überall junge Frauen mit ihren Kindern ganz in Rot gekleidet und mit roten Blumen geschmückt durch die Straßen eilen. Feststimmung lag in der Luft. Auch wir kehrten gewissermaßen zu unserer Mutter zurück, denn wenn sie auch nicht mehr unter uns weilte, lebten hier doch ihre Angehörigen, zudem war sie in dieser Stadt aufgewachsen, hatte hier studiert und geheiratet.

Mutter hatte eine jüngere Schwester und einen jüngeren Bruder, und alle drei hatten sich immer sehr nahe gestanden. Da die jüngere Schwester nie geheiratet hatte, blieb sie in der Familie meines Onkels, der mit seiner Frau und vier Söhnen eine Altbauwohnung europäischen Stils bewohnte. Von Kindheit an war ich bei ihnen immer gern zu Gast, denn dort war immer etwas los. Die vier Söhne waren lebhafte Burschen und ganz unterschiedlich talentiert. Mein Onkel hielt nichts von strenger Disziplin und konfuzianischen Verhaltensregeln. Er ließ uns Kinder immer großzügig gewähren. Das gefiel mir sehr, und deshalb liebte ich ihn. Später, als ich studierte, fuhr ich auch mehrfach nach Tianjin, um die Familie zu besuchen. Für mich wurde Tianjin ein Ort, an dem ich frei atmen konnte. Mein Onkel und seine Schwester waren beide in der Buchhaltung einer Fabrik tätig. Sie waren einfache, herzliche Leute, die von politischen Bewegungen relativ unberührt geblieben waren. Von den vier Söhnen hatte nur der älteste studiert; die drei anderen waren Arbeiter in einer Fabrik.

Meine Vettern holten uns vom Bahnhof ab, und der jüngste von ihnen sagte sofort: «Lieber Yuqian, ist das nicht ein Zufall, dass du heute an deinem fünfzigsten Geburtstag kommst?»

«Wie bitte, ist heute mein Geburtstag?» Vor lauter Wiedersehensfreude, all den schmerzlichen Erinnerungen und den vielen Gesprächen hatte ich tatsächlich vergessen, dass ich nach dem chinesischen Mondkalender an diesem Tag fünfzig Jahre alt wurde.

«Ja, heute ist doch der zweite Tag des ersten Monats. Jedes Jahr essen wir an diesem Tag Nudeln. Das hat in unserer Familie schon Tradition – weil du Geburtstag hast.»

Ich war sprachlos und sehr berührt.

In der Familie des Onkels erwartete mich fast die gleiche Szene wie am Bahnhof in Peking. Mein Onkel, seine Frau, Mutters Schwester, die Vettern und deren Frauen und dazu noch ihre Kinder – das Wohnzimmer war voll gestopft mit Menschen. Alle waren erschienen, um uns zu begrüßen. 1981 waren Ausländer in Tianjin noch viel seltener als in Peking. Nun kam plötzlich eine Verwandte aus Deutschland! Besonders für die Kinder war das eine ganz aufregende Sache. Den ganzen Abend betrachteten sie Petra mit staunenden Augen.

Hatte sich China verändert? Nicht unbedingt. In den Läden, Hotels oder Restaurants ging es noch genauso ruppig zu wie früher. Immer wieder hörte man: «Gibt's nicht!», «Haben wir nicht!» Dennoch zeichnete sich ein Wandel ab. Früher beispielsweise hätte es niemand wagen dürfen, einen Ausländer mit nach Hause zu bringen. Wer mit Ausländern auch nur den geringsten außerdienstlichen Kontakt hatte, konnte im Nu als Spion denunziert werden. Aber jetzt sagten alle sogar vor einer Ausländerin offen ihre Meinung und sparten nicht mit Kritik an Regierung und Partei. Onkel und Tante waren als Fabrikmitarbeiter sowieso viel einfacher und unkomplizierter als die Pekinger Verwandten. Petra mochte ihre herzliche Art sehr gern.

Ich weiß nicht mehr, wie es passierte, aber an diesem Abend kam es plötzlich zwischen Minqian und der Frau des ältesten Vetters zu einem heftigen Streit. Die Frau des Vetters kritisierte in aller Schärfe die Kulturrevolution und auch die derzeitige Regierungspolitik. Die Kommunistische Partei, erklärte sie, handele nicht im Sinne der Bevölkerung, sondern denke nur an sich. Meine Schwester, neben meinem Bruder das einzige Parteimitglied in diesem Kreis, versuchte wie immer die Partei zu verteidigen: «Ja, wir haben Fehler gemacht, aber wir sind dabei, sie zu korrigieren ... Habt ihr denn nicht gemerkt, dass sich die Situation im Land zunehmend verbessert?» Die Vettern und ihre Frauen sahen das ganz anders und wetterten zornig drauflos. Ich verfolgte dieses Streitgespräch mit großer Freude, zeigte es mir doch, dass für China Hoffnung bestand. Früher hatte die Partei immer versucht, die Konflikte oder Widersprüche zu verstecken, doch ohne Widersprüche und Konflikte bewegt sich die Gesellschaft nicht. Jetzt wurde zumindest darüber diskutiert. Das durfte schon als großer Fortschritt gelten.

Im Kreis von Mutters Verwandten überkamen mich sehr gemischte Gefühle. Alle wussten, welch enge Bindung ich zu Mutter hatte, und vermieden es deshalb, über sie zu sprechen. Aber sie schien mir fast zugegen zu sein. Wir konnten sie nicht unerwähnt lassen. Ich erzählte ihnen von dem Traum, in dem Mutter von mir Abschied genommen hatte. Minqian, von dem Streit noch ganz aufgewühlt, verwarf meine Worte als Spinnerei: «Mutter hat deinen Namen gar nicht mehr erwähnt. Außerdem war sie in den letzten zwei Jahren nicht mehr richtig bei sich. Sie wusste nicht einmal mehr, wie viele Kinder sie eigentlich hatte.»

Mein Onkel widersprach sofort: «Meine Schwester konnte alles vergessen, aber Yuqian ganz bestimmt nicht. Ich weiß, dass sie es in der verworrenen politischen Lage in Peking nicht wagte, Yuqians Namen zu erwähnen; wenn sie jedoch zu uns kam, sprach sie immer von ihm. Ich habe ihr immer gesagt, dass es zu Yuqians Schicksal gehört fortzugehen und dass das Glück zu ihm kommen wird, wenn er diese große Katastrophe überlebt. Vielleicht, so tröstete ich deine Mutter, hat er im Ausland eine bessere Zukunft als in China. Na? Habe ich nicht Recht gehabt? Wenn sie jetzt noch lebte, wäre sie sicher sehr glücklich.»

«Wie hat Mutter auf deine Worte reagiert?», fragte ich.

«Sie sagte: ‹Hoffentlich hast du Recht. Aber ich fürchte, dass er sich draußen in der weiten Welt einsam fühlen wird, wenn er alt ist. Wer kümmert sich dann um ihn?› Der Himmel wird ihm einen Weg weisen, habe ich geantwortet.»

«Wenn ich nicht weggegangen wäre, hätte Mutter bestimmt länger leben können», sagte ich.

Doch der Onkel winkte ab: «Sie ist zweiundachtzig Jahre alt geworden. Das ist eigentlich ein recht hohes Alter, vor allem wenn man bedenkt, was für ein entbehrungsreiches Leben sie geführt hat.»

Einige Tage vergingen, und ich hatte immer noch keine Gelegenheit gefunden, mit meinem Bruder unter vier Augen zu sprechen. Petra und ich trafen inzwischen die nötigen Vorbereitungen für eine Rundreise, die uns unter anderem nach Shanghai, Sichuan und Yunnan führen sollte. Wir fragten Minqian, Diqian und dessen Frau, ob sie nicht Lust hätten mitzukommen. Zu meiner großen Freude stimmten sie sofort zu. Dann hätten wir genug Zeit, um in Ruhe über alles zu sprechen, überlegte ich. So kam es dann auch. Wir legten die riesigen Distanzen von einem Ziel zum nächsten mit dem Zug zurück. Eines Nachts, als Petra schon mit meiner Schwester und der Schwägerin im Nachbarabteil schlief, saßen Diqian und ich uns still gegenüber und rauchten. Außer dem ratternden Geräusch der Eisenbahn war nichts zu hören. Niemand störte uns.

«Diqian», ergriff ich schließlich das Wort, «beschimpfe mich! Verfluche mich! Versuch, deiner Wut freien Lauf zu lassen! Du hast allen Grund dazu. Vielleicht würde es auch mich erleichtern.»

Mein Bruder schüttelte den Kopf und seufzte.

«Was passierte eigentlich genau, als meine Flucht entdeckt wurde?», fragte ich. «Wieso bist gerade du da hineingezogen worden?»

«An jenem Tag, an dem du geflüchtet bist, kam Meizhen schon nachmittags zurück in eure Wohnung. Als sie sah, dass du nicht zu Hause warst, wurde sie unruhig. Sie sah sich in der Wohnung um und bemerkte, dass ein großer Koffer, deine Geige und einige andere Sachen fehlten. Das kam ihr merkwürdig vor, und da du angekündigt hattest, die Roten Garden kämen ins Haus, um dich zu verhören, rief sie im Friedenskomitee an und fragte, was mit dir passiert sei. Außerdem schickte sie euer Dienstmädchen zu mir nach Hause und bat mich, sofort zu kommen. Deine Kollegen trafen noch vor mir in eurer Wohnung ein. Als ich schließlich ankam, beging Meizhen einen großen Fehler. Sie führte mich vor den Augen deiner Kollegen in ein anderes Zimmer und erzählte mir schnell, was geschehen war, und fragte, ob wir die Polizei rufen sollten. Diese Heimlichtuerei ließ deine Kollegen sofort vermuten, wir steckten mit dir unter einer Decke. Zwei Tage später kam dann die Polizei und nahm Meizhen und auch mich ohne Angabe von Gründen fest. Wir wurden sozusagen ohne Untersuchung und Urteil unter Arrest gestellt. Tag um Tag, Jahr um Jahr verging. Die Kulturrevolution hatte ja das ganze Land ins Chaos gestürzt, und so wurden wir beide im Gefängnis einfach vergessen. Das Gefängnispersonal wusste genau, dass ich grundlos eingesperrt worden war, aber ohne Befehl von oben wagten sie nicht, mich freizulassen. Ich schrieb einen Brief an Vater und bat ihn um Hilfe, habe aber daraufhin nichts gehört.

So saß ich sechs Jahre lang einfach so im Gefängnis, ehe ich schließlich, auch wieder ohne Angabe von Gründen, freikam. Erst 1978 wurde ich rehabilitiert. Außerdem wurde mir das Gehalt nachgezahlt. Doch mit Geld kann man das Leid eines Menschen nicht wieder gutmachen, wenn man ihn sechs Jahre unschuldig der Freiheit beraubt und seinen Körper und Geist ruiniert hat.»

Ich hatte eine Gänsehaut bekommen, und Wut gegen die Kommunistische Partei stieg in mir auf. Eine Stimme, ein Befehl hatte gereicht, das Leben vieler Menschen zu zerstören. Dennoch machte ich mir selbst auch wieder Vorwürfe. Meinetwegen hatten Diqian und Meizhen sechs Jahre im Gefängnis gesessen. Sobald ich wieder in Peking sein würde, wollte ich auch Meizhen einmal besuchen, um mit ihr ein klärendes Gespräch zu führen. Ich musste sie um Entschuldigung bitten.

Aber noch etwas anderes hatte ich auf diese Weise erfahren: Meine Flucht war tatsächlich noch am selben Tage entdeckt worden, und als die Nachforschungen nach meinem Verbleib begannen, war ich noch nicht einmal außer Landes gewesen. Nur hatte man offenbar zunächst nicht mit der Möglichkeit gerechnet, dass ich ins Ausland fliehen könnte, sondern an ein Verschwinden innerhalb Chinas gedacht. Ehe dann das Fehlen des japanischen Passes bemerkt und der Fluchtweg rekonstruiert worden war, war ich schon in Ägypten eingereist.

Diqian zerknüllte seine leere Zigarettenschachtel und zog eine neue aus der Tasche.

«Du rauchst zu viel», sagte ich, obwohl ich selber auch rauchte. Doch er qualmte ja fast ununterbrochen. «Kannst du nicht weniger rauchen?»

«Ich muss doch die sechs Jahre aufholen, die ich im Gefängnis nicht rauchen durfte», entgegnete er mit saurem Lächeln. «Keine einzige Zigarette habe ich dort geraucht. Eigentlich ging es mir im Gefängnis gar nicht so schlecht. Die Mitarbeiter und Gefangenen wussten alle, dass ich unschuldig bin, darum konnte ich mich dort freier bewegen als die anderen. Einmal habe ich mich bei dem Gefängnischef beschwert und gefragt, wieso man mich nicht freilässt. Darauf wusste er keine Antwort, doch er versuchte mich zu trösten und sagte: Sei froh, dass du hier im Gefängnis bist. Viele andere werden zur körperlichen Arbeit aufs Land geschickt. Weißt du, wie anstrengend das ist? Da geht es dir hier viel besser. Doch ich habe ihn nur böse angeschaut und gesagt: Aber hier habe ich keine Freiheit. Vielleicht hat uns das Gefängnis wirklich gerettet, gerade was Meizhen betrifft. Sie war doch so zart gebaut. Die körperliche Arbeit auf dem Land hätte sie kaum ausgehalten. Und mich hätten vielleicht die Roten Garden totgeschlagen. Zu jener Zeit war ja alles möglich.»

Für meinen Bruder war es jedoch noch schlimmer gekommen. Während er im Gefängnis saß, begann seine Frau mit Minqians Mann, unserem Schwager, eine Affäre. Minqian war inzwischen zur Konterrevolutionärin abgestempelt und aufs Land geschickt worden. Schwager und Schwägerin waren beide Parteimitglieder und versuchten mit politischen Anschuldigungen, das Leiden meiner Geschwister zu verlängern. Als Diqian aus dem Gefängnis entlassen werden sollte, informierte man seine Frau, die jedoch Einspruch erhob, so dass Diqian noch einige Monate länger im Gefängnis ausharren musste. Als er schließlich doch entlassen wurde, ließ sie ihn nicht in die Wohnung, obwohl diese ihm gehörte. Auch hatte sie inzwischen der gemeinsamen Tochter so viel Schlechtes über meinen Bruder erzählt, dass diese ihm lieber aus dem Weg ging. Mein aufrechter Bruder, der sein ganzes Leben lang niemandem ein Unrecht getan hatte, ließ sich das alles gefallen. Er hatte nicht mehr die Kraft, sich zu wehren. Außerdem fürchtete er, seine Tochter in noch größere seelische Nöte zu stürzen.

Noch unverschämter war, wie mein Schwager gegen meine Schwester vorging. Als sie 1979 rehabilitiert werden sollte, versuchte er dies zu verhindern und denunzierte sie als hundertprozentige Konterrevolutionärin. Er hatte Angst, dass mit ihrer Rehabilitation seine Affäre an die Öffentlichkeit kommen würde, was seinem Ansehen als altes Parteimitglied und Wissenschaftler geschadet hätte. Doch wie mein Bruder verzichtete auch meine Schwester auf einen großen Krach. Ihre drei Kinder, die den ganzen Verlauf der Affäre und die Verleumdungen gegen ihre Mutter miterlebt hatten, hielten demonstrativ zu ihr. Der älteste Sohn, damals schon Anfang zwanzig, starb kurz darauf an Leukämie. Er hatte wie viele andere Jugendliche während der Kulturrevolution in einer Chemiefabrik in der Mandschurei arbeiten müssen. Angeblich waren dort schon mehrere junge Arbeiter an Leukämie gestorben.

«Jetzt ist zum Glück alles vorbei», sagte Diqian ruhig. «Alles ist in Ordnung. Hast du schon unser altes Sprichwort vergessen? Im Glück steckt Unglück, im Unglück steckt Glück.

Nach meiner Rehabilitation erhielt ich meine Parteimitgliedschaft zurück und wurde Chefredakteur einer Zeitschrift. Außerdem wies man mir eine neue Wohnung zu. Und als ich dann einmal zu unseren Verwandten nach Tianjin fuhr, stellten Tante und Onkel mir sogar eine nette Frau vor, die etwas jünger als ich und Elektroingenieurin war. Jetzt ist sie deine Schwägerin. Wir verstehen uns sehr gut. Sie kümmert sich rührend um mich. Ich bin wirklich zufrieden.»

«Eins verstehe ich nicht», sagte ich schließlich. «Du hast so viel unter Mao Zedongs Herrschaft gelitten. Wieso unterstützt du immer noch die Partei?»

Mit großen Augen schaute er mich an und überlegte. Nach einer Weile antwortete er: «Möchtest du nicht, dass China irgendwann stark und reich wird?»

«Doch, natürlich, aber die Kulturrevolution –»

«Ja, die Kulturrevolution bedeutete einen großen Umweg in der Entwicklung Chinas. Aber die Partei hat diesen Fehler erkannt und kritisiert. Hast du nicht gesehen, dass sie versucht, Reformen durchzuführen?»

«Der Preis war zu hoch.»

«Ja, ich gebe zu, dass es ein hoher Preis war. Der Aufbau eines so großen Landes ist nun einmal schwierig, und unsere Partei besaß keinerlei Erfahrung. Außerdem hat sie in den späteren Jahren von Maos Herrschaft große Fehler begangen. Aber es steht außer Zweifel, dass die Mehrheit der Parteimitglieder eine friedliche, gerechte Gesellschaft aufbauen möchte. Wenn wir jetzt die Kommunistische Partei beseitigen, wer kann sie dann ersetzen? Der einzige Weg ist, dieser Partei zu helfen, die Lektion der Vergangenheit zu lernen.»

«Aber niemand kontrolliert die Partei. Alle stehen unter ihrer Führung. Irgendwann wiederholt sie den gleichen Fehler oder begeht neue.»

«Ein Mehrparteiensystem bringt einem so riesigen Land nicht unbedingt Vorteile. Das sieht man doch an Indien. China ist nicht wie die westlichen Länder, die schon dreihundert Jahre Erfahrung mit der Demokratie haben. In China fehlt die Basis für eine Demokratie. Wir müssen die Demokratie langsam einführen. Wir müssen auch darauf vertrauen, dass die Partei das chinesische Volk aus Elend und Armut herausholt.»

«Wollen wir's hoffen!», sagte ich ratlos.

In dem schwachen Licht der Abteilbeleuchtung sah ich das Gesicht meines Bruders. Seine Schläfen waren grau. Er sah älter aus, als er war. Ich wusste, dass ich ihn in seinen politischen Ansichten nicht umstimmen konnte. Aber ich wusste ja selbst auch nicht recht, was nun gut für unser Land war. In einem Punkt allerdings war ich mir ganz sicher: dass das Einparteiensystem wegen mangelnder Kontrolle für ein so großes Land sehr gefährlich war.

Drei Wochen reisten wir gemeinsam durch das Land. Als wir schließlich nach Peking zurückkamen, nahm ich Kontakt zu einer alten Bekannten auf, die zugleich eine gute Freundin Meizhens war. Ich fragte sie, ob es Sinn hätte, wenn ich mich mit Meizhen treffen würde. Ich hatte mich in den vergangenen Jahren immer wieder gefragt, welches der wahre Grund für das Scheitern unserer Ehe gewesen war. Hatten nicht die politischen Bewegungen einen entscheidenden Einfluss auf uns gehabt? Wäre uns die Katastrophe erspart geblieben, wenn wir nicht beide Opfer der Anti-Rechts-Kampagne geworden wären und man uns nicht über so viele Jahre getrennt hätte? Als ich China verließ, hatte ich allein Meizhen die Schuld gegeben, doch mit den Jahren hatte ich erkannt, dass die politischen Umstände eine große Rolle gespielt hatten.

Ihre Freundin schüttelte den Kopf, als ich mein Anliegen vorbrachte. «In Meizhens Leben ist endlich Ruhe eingekehrt. Sie möchte die Vergangenheit vergessen. Es geht ihr gut. Sie trifft sich häufig mit alten Schulkameraden und Kollegen. Einige von uns wollten ihr gern einen neuen Lebenspartner vorstellen, aber es hat nie geklappt. Du führst jetzt ein schönes Leben und hast noch einmal geheiratet. Der Spiegel ist sowieso schon zerbrochen, er kann nicht geflickt werden. Wozu willst du sie noch einmal sehen? Du möchtest sie besuchen, weil es dir Leid tut, was nach deiner Flucht geschehen ist. Das würde dich sicher erleichtern, aber bei ihr vielleicht alte Wunden aufreißen. Ich würde dir von einem Besuch abraten.»

Die Asche

Am zweiten Tag unseres Besuchs machte mir meine Schwester Minqian eine überraschende Mitteilung: «Yuqian, die Asche unserer Mutter befindet sich noch bei uns zu Hause. Wir haben all die Zeit auf den Tag gewartet, an dem du zurückkommen und sie mit uns gemeinsam bestatten würdest.»

Als Ort hatten sich meine Geschwister einen Hügel neben dem Staatsfriedhof Babaoshan ausgesucht, auf dem hochrangige Funktionäre beigesetzt werden. Dieser Hügel war ein wilder Begräbnisplatz, denn ein öffentliches Friedhofswesen existiert in China nicht. Viele bestatteten auf dieser Anhöhe mit wunderbarer Fernsicht die Asche ihrer Angehörigen. «Die Leute mögen den Platz, weil er ein gutes Fengshui hat. Wir sollten ihn nehmen», meinte Minqian.

Wenige Tage vor unserer Abreise wurde Mutters Grabstein fertig, ein schön polierter, grauer Stein, der nun auf einem kargen Stück Land aufgestellt werden sollte. Auf der linken Seite der Inschrift standen die Lebensdaten: 1897-1978, in der Mitte sieben Zeichen von oben nach unten: «Grab unserer lieben Mutter Yan Zhongyun», darunter die Namen von uns Kindern. Ich empfand große Dankbarkeit, dass mein Bruder und meine Schwester mit der Beisetzung der Urne auf mich gewartet hatten. Als wir drei mit Hacke und Spaten ein Grab schaufelten, ruhig und still die gefrorene Erde aushoben, glaubte ich, mir würde das Herz brechen. Wie ein Film lief Mutters Leben vor meinem geistigen Auge ab. Ich sah sie wieder, wie sie mit mir an der einen und mit Diqian und Minqian an der anderen Hand nach der Trennung von unserem Vater in Peking ankam, wie sie in Shanghai während der japanischen Besatzung und der Zeit des Bürgerkrieges tagsüber in der Schule unterrichtete und abends unsere Hausarbeiten kontrollierte und dabei unsere Kleidung stopfte. Nie war sie müde geworden, uns zu gebildeten Menschen zu erziehen. Wir sollten fleißig lernen, uns vernünftig benehmen und in Zukunft etwas für unser Vaterland tun. «Egal wie arm du bist, egal in welchen Schwierigkeiten du steckst, du musst ein aufrechter Mensch bleiben und durchhalten. Vergiss nie, dass du ein Chinese bist, und verkaufe nie deine Seele.» «Der Egoismus ist das Hässlichste, was es unter den Menschen gibt. Ein Mensch sollte nicht immer nur an Geld und Macht denken, sondern mehr an Gerechtigkeit und an Güte, dann kommt das Glück auch zu ihm.» «Man muss freundlich zu seinen Mitmenschen sein, man muss verzeihen können, doch streng mit sich selbst sein.» Dass diese großartige Mutter hatte sterben müssen, ohne ihren Jüngsten noch einmal zu sehen, war mir so schrecklich, dass ich es nie würde verwinden können.

Als wir die Urne mit ihrer Asche in die Erde legten, überwältigten mich meine Gefühle, und am liebsten hätte ich gleich daneben ein Grab für mich selbst ausgehoben, um ihr wenigstens im Tode nahe zu sein. Sie war mir der liebste Mensch auf der Welt und der Mensch, der mich am meisten liebte. Ich kniete vor ihrem Grabstein nieder. «Liebe Mutter, ich habe dir so viel zu sagen. Warum konntest du nicht auf mich warten? Liebe Mutter, obwohl wir uns dreizehn Jahre nicht gesehen haben, habe ich doch deinen Schatten immer um mich herum gespürt und deine Stimme vernommen. Ich kam ganz allein nach Deutschland, ohne Geld, ohne Freunde, und trotzdem bin ich in keinen Abgrund gestürzt, sondern habe etwas geschafft, worauf ich vor meinen Landsleuten stolz sein kann. Das alles habe ich deiner Erziehung und Belehrung zu verdanken. Wenn ich manchmal nicht weiter wusste, wenn ich glaubte, ich könnte den nächsten Tag nicht überleben, dachte ich immer an dich und an deine Durchsetzungskraft. Wie viel schwieriger war dein Leben gewesen! Und dann sprach deine Stimme zu mir: Sei mutig und beiß die Zähne zusammen, du kannst es schaffen! Sei ein aufrechter Mensch, der der Gesellschaft nützlich ist! Meine liebe Mutter, du brauchst dich deines Sohnes nicht zu schämen. Ich habe dein Andenken nicht beschmutzt. Finde nun Ruhe im Jenseits!»

Als wir drei Geschwister den Berg verließen, versank die Sonne schon hinter den Bergen. Ich drehte mich ein letztes Mal um, sah diesen grauen, kahlen Hügel, auf dem die Pekinger die Urnen ihrer Toten beisetzten, ohne dass sich eine Behörde darum kümmerte. «Leb wohl, liebe Mutter, ich werde dich bald wieder besuchen kommen. Leb wohl, meine Mutter!»

Als ich drei Jahre später wiederkam, waren die Gräber zerstört und der Hügel platt gewalzt worden. Nun stand hier eine Urnenhalle für hohe Kader.

Die Achtziger: Öffnung und Perestroika

Seit 1981 fuhren wir fast jedes Jahr nach China, und weil wir an einem umfangreichen Chinareiseführer arbeiteten, unternahmen wir ausgedehnte Reisen, die uns bis in die entlegensten Winkel des Landes brachten. Manchmal blieben wir auch einfach nur ein paar Wochen in Shanghai oder Peking und arbeiteten an anderen Buchprojekten. Auf diese Weise bekamen wir von Jahr zu Jahr die Auswirkungen von Deng Xiaopings Reformpolitik mit. Das Leben veränderte sich zusehends, es wurde fröhlicher, die Menschen fühlten sich wieder freier, verdienten mehr und kleideten sich besser. Aus den blauen Ameisen wurden bunte Ameisen. Hatten wir vor zwanzig Jahren noch unter Hunger gelitten, so freute ich mich jetzt über das reiche Angebot an Nahrungsmitteln auf den freien Märkten. Die Menschen erhielten die Freiheit, im Lande zu reisen, Flüge und Eisenbahnen waren ständig ausgebucht. Ich hatte das Gefühl, dass in China wirklich der

Frühling einkehrte. Mit Vergnügen stellte ich fest, dass die Buchhandlungen Literatur kritischer Autoren führten, während die sozialistische Pflichtlektüre von einst in die Ecken gedrängt oder auf die obersten Regalbretter verschoben wurde.

Am 29. April 1986 erschien in der Volkszeitung, dem Sprachrohr der chinesischen Regierung, ein Artikel über mich, der meinen Beitrag, den ich in Deutschland als Vermittler der chinesischen Kultur leistete, ausführlich würdigte. Für mich war das Wichtigste daran folgende Passage: «Guan Yuqian ist in China geboren und aufgewachsen. Während der Anti-Rechts-Kampagne wurde er nach Qinghai verbannt und während der Kulturrevolution gezwungen, seine Heimat zu verlassen und nach Deutschland zu gehen.» Damit war selbst meine Flucht nun offiziell gerechtfertigt, und ich konnte mich auch in diesem Punkt als rehabilitiert betrachten.

In Deutschland schwappte die Woge der Chinabegeisterung bald immer höher. Die Zahl der jährlichen Studienanfänger im Fach Sinologie wuchs an unserem Seminar zwischen 1986 und 1989 von zuvor zwanzig, fünfundzwanzig auf achtzig, neunzig an, obwohl bereits ein scharfer Numerus clausus eingeführt worden war. Die Unterrichtsräume quollen über von Leuten, und wir mussten nach Hörsälen suchen.

Die Euphorie gegenüber der chinesischen Öffnungspolitik beunruhigte mich jedoch auch ein wenig, denn die Erwartungen des Westens entsprachen nicht der Realität in China. Immer deutlicher war zu spüren, dass hinter den Kulissen ein Kampf zwischen Reformern und konservativen Kräften ausgetragen wurde. Wann immer Schriftsteller und Journalisten in ihren Werken direkt oder indirekt die Fehler der Mao-Ära kritisierten, wurden sie beschuldigt, gegen den Sozialismus und für einen kapitalistischen Liberalismus zu sein. Deng Xiaoping, dreimal selbst entmachtet und dreimal wieder an die Macht gekommen, wusste sehr wohl, wie dringend China der Reformen bedurfte, ließ sich jedoch nicht darüber hinwegtäuschen, dass seine Reformpolitik vor allem im Militär umstritten war. Ein Großteil der überalterten Staats- und Parteiführung lehnte besonders politische Reformen vehement ab.

Mit der Öffnungspolitik strömten ausländische Investoren, Geschäftsleute und Touristen ins Land. Viele von ihnen kamen aus dem Westen. Die Großzügigkeit, mit der diese Menschen Geld ausgaben, erregte bei vielen Chinesen den Eindruck, in den westlichen Ländern herrschten paradiesische Zustände. Mit den Menschen drangen auch wieder westliche Ideen ins Land. Begriffe wie Freiheit, Demokratie oder Mehrparteiensystem wurden zu einem Thema unter Intellektuellen und Studenten. Gerade in diesen

Kreisen hatte man während der verschiedenen politischen Bewegungen viel Leid ertragen müssen. Von den bitteren Erfahrungen zeugen die Werke der so genannten Narbenliteratur. In der städtischen Bevölkerung wuchs die Unzufriedenheit mit der Partei und die Bereitschaft, politische Tabuthemen aufzugreifen und zu diskutieren. Die vielen chinesischen Besucher, die ich in Hamburg empfing, scheuten sich nicht mehr, offen über Bestechung, Korruption und Machtkampf zu sprechen. Einige meinten sogar, es bestünden kaum noch Unterschiede zwischen der Korruption heute und den Zuständen unter Jiang Kaishek.

Ende 1986 beschloss Deng Xiaoping – im Hintergrund noch immer die führende Eminenz –, drei bekannte Persönlichkeiten aus der Partei auszuschließen, unter ihnen den berühmten Schriftsteller und Journalisten Liu Binyan, der in seinen Artikeln in der Volkszeitung schonungslos die Korruption unter den Provinzkadern angeprangert hatte. Diese Entscheidung war ein Warnsignal und zeigte sofort Wirkung: Chinas Intellektuelle fingen wieder an zu zittern.

Obwohl ich nun schon so lange im Westen lebte, war ich in Gedanken immer mit meiner Heimat verbunden. Manches glaubte ich aus der fernen Distanz deutlicher zu erkennen als meine Landsleute in China selbst. Natürlich wollte auch ich, dass China sich so schnell wie möglich veränderte, andererseits sah ich aber die Gefahr, dass ein überstürzt vorangetriebener Reformprozess scheitern könnte wie ein Schnellzug, der bei zu hoher Geschwindigkeit entgleist.

Unterdessen strahlte das chinesische Beispiel auf die Sowjetunion aus. Immer deutlicher wurde, dass auch die KPdSU um einen Systemwandel nicht herumkam. Mit Beginn von Gorbatschows Perestroika und Glasnost wuchs in mir der Wunsch, endlich einmal nach Russland zu fahren. So vertraut mir dieses Land war, mit dessen Sprache, Literatur, Musik, Wirtschaft und Politik ich mich viele Jahre intensiv beschäftigt hatte, war es mir doch immer versagt geblieben, Russland einmal zu besuchen.

Kurz vor Weihnachten 1987 war es dann soweit. Mit einer Touristengruppe aus Hamburg landeten Petra und ich auf dem Moskauer Flughafen. Über dreißig Jahre war es her, dass ich für Sergej Michailowitsch in Peking gedolmetscht hatte. Ob er noch am Leben war? Und was mochte aus seiner Familie geworden sein, mit der mich damals eine tiefe Zuneigung verband? Ich werde nie vergessen, wie es mir verboten wurde, zu ihrer Verabschiedung zum Flughafen mitzukommen, und wie ich dann doch heimlich allein dort hingefahren war, um sie aus der Ferne abfliegen zu sehen. Wir hatten danach noch so lange miteinander korrespondiert, bis die Beziehungen zwischen beiden Ländern völlig abrissen und man keine Briefe mehr schreiben durfte. Seine Adresse wusste ich noch immer auswendig: Prospekt Mira Nr. 224. Petra und ich wohnten im Hotel Sputnik, das ebenfalls am Prospekt Mira lag, wenn auch am anderen Ende. Ich wollte versuchen, Sergej Michailowitsch wieder zu sehen.

Für den ersten Tag gab es noch kein Programm. Die Reisegruppe sollte sich erst einmal ausruhen. Das war für uns die Gelegenheit, uns auf die Suche nach Sergej Michailowitsch zu machen. Das Wetter war trübe und die Straßen voller Schneematsch. Der Prospekt Mira erwies sich als ziemlich lang, so fuhren wir ein Stück mit der U-Bahn.

Nach den Anweisungen eines netten Russen stiegen wir an einer bestimmten Haltestelle aus. Vor der Station parkten etliche Lastwagen, und hinter jedem standen Menschen in langen Schlangen an, mit Tüten in den Händen, in Wintermäntel gehüllt, mit Mützen, dicken Schals und Winterstiefeln harrten sie geduldig aus. Die Reihen bewegten sich nur langsam vorwärts, ohne dass irgendwelche Klagen zu hören gewesen wären – ein trostloser Anblick. Beim Näherkommen war zu sehen, dass aus jedem Lastwagen nur eine Ware verkauft wurde: beim einen Kartoffeln, beim nächsten Tomaten, beim dritten Porree. Man musste sich also jedes Mal von neuem anstellen.

Als wir endlich das richtige Haus – einen riesigen Wohnblock – und auch die richtige Wohnung gefunden hatten, wagte ich nicht zu klingeln. «Klingel du mal», bat ich Petra, und sie drückte behutsam den Klingelknopf. Heraus trat eine Frau mittleren Alters, die offenbar gerade gehen wollte, denn sie trug Hut und Mantel.

«Zu wem möchten Sie?», fragte sie und musterte uns skeptisch.

«Zu Sergej Michailowitsch», antwortete ich.

«Der wohnt nicht mehr hier. Die Familie ist umgezogen.» Die Frau schickte sich an zu gehen, doch mein enttäuschter Gesichtsausdruck fiel ihr wohl auf, denn sie fragte Petra: «Woher kommt der Gast, den Sie begleiten?» Offensichtlich hielt sie Petra für eine Russin.

«Meine Frau ist Deutsche, sie versteht kein Russisch», sagte ich. «Und ich selbst komme auch von sehr weit her.» Ich wollte nicht sagen, dass ich aus China kam, hatte ich doch keine Vorstellung, wie die Russen heute über Chinesen dachten.

«Kommen Sie aus China?» Gut getroffen.

«Ja. Sergej Michailowitsch ist ein ganz alter Freund von mir.»

Sie lächelte und sagte: «Ach ja, ich weiß. Sergej Michailowitsch hat ja mit seiner Familie ein paar Jahre in China gelebt. Ich kann Ihnen seine Adresse sagen. Er wohnt gleich im Gebäude gegenüber.»

Schon wenige Minuten später standen wir vor der richtigen Wohnung.

Mein Herz klopfte wie wild. Ob sich Sergej Michailowitsch überhaupt noch an mich erinnerte? Noch bevor ich den Mut fasste zu klingeln, hatte Petra schon gedrückt. Die Tür öffnete sich, und ein bildhübsches Mädchen erschien, groß und schlank, mit blauen Augen und langen blondbraunen Locken.

«Zu wem möchten Sie?»

«Ist Sergej Michailowitsch zu Hause?»

«Eine Sekunde!» Sie wandte sich um und rief: «Großväterchen! Besuch für dich!»

Nach einer Weile schlurfte ein grauhaariger, hagerer Mann heran, in einen Morgenmantel gehüllt, unter dem ein dicker Schlafanzug hervorschaute. Ich erkannte ihn sofort wieder. Die dreißig Jahre hatten nichts an seinen breiten Schultern, seinen tief liegenden Augen und dem Lächeln auf seinem Gesicht ändern können. Selbst auf der Straße hätte ich ihn sofort wiedererkannt. Ich streckte ihm beide Hände entgegen, erstarrte jedoch, als er mich fragte: «Wer sind Sie?»

Er erkannte mich also nicht mehr! Enttäuscht rief ich: «Sergej Michailowitsch, ich bin es, Guan!»

«Guan? Ich kenne Sie aber nicht, oder?»

Wie furchtbar! Wie peinlich! Hatte sein Gedächtnis gelitten, oder wollte er mich vielleicht gar nicht erkennen? Plötzlich fiel mir ein, dass er mich ja früher immer «kleiner Guan» oder auch «Yura» genannt hatte. «Ich bin doch Yura, der kleine Guan! Haben Sie mich vergessen?»

«Yura? Kleiner Guan?» Plötzlich riss er die müden Augen auf, er schien zu begreifen, und es verschlug ihm die Sprache, dann aber schrie er: «Yura, du? Du lebst noch? Bist du es wirklich? Kleiner Guan?» Er schoss auf mich zu, umarmte mich und küsste mich auf die Wangen, links, rechts, links, rechts, und wiederholte: «Kleiner Guan, Yura!» Nun strömten Tränen über sein Gesicht, er war so aufgeregt und zittrig, dass ich mich sorgte, er könnte einen Herzanfall bekommen.

Hinter ihm war eine Frau mittleren Alters aufgetaucht.

«Bist du nicht Tanja?», rief ich.

Auch sie fiel mir sofort um den Hals. Damals in Peking war sie vierzehn Jahre alt gewesen. Das Mädchen, das uns aufgemacht hatte, war ihre Tochter. Die Frau von Sergej Michailowitsch lag krank im Bett. Als sie hörte, Yura sei da, wollte sie unbedingt aufstehen und mich begrüßen. Sergej Michailowitsch führte uns deshalb sogleich ins Schlafzimmer, und ich setzte mich mit Petra für ein Weilchen zu ihr aufs Bett, ehe wir dann ins Wohnzimmer gingen.

«Wir haben dich nie vergessen», sagte Sergej Michailowitsch. «Noch vor ein, zwei Jahren haben wir uns mit ein paar anderen, die damals auch am Finanzministerium gearbeitet haben, über dich unterhalten. Erinnerst du dich an Arkadje, der damals auch bei euch war als Dolmetscher? Er ist vor zwei Jahren noch einmal in China gewesen und hat irgendwie herausbekommen, dass du während der Kulturrevolution China verlassen hast. Wir haben uns immer Sorgen um dich gemacht und uns gefragt, ob du überhaupt noch lebst.» Wieder umarmte er mich herzlich.

Seine Stimme und seine Gestik hatten sich nicht verändert. Wie oft war ich damals mit ihm in China herumgereist! Immer hatte er mich als sein Sprachrohr, seinen Mund, seinen Begleiter und Freund bezeichnet. Am Ende hatte er sogar gesagt: Yura ist mein Sohn.

Ich begann zu erzählen, wie es mir in den letzten dreißig Jahren ergangen war. Auf Erinnerungen folgten Erstaunen, Seufzen, Schweigen. Ich stellte fest, wie schwer mir die Konversation auf Russisch nach so langer Zeit fiel, und wenn ich nicht aufpasste, mischten sich deutsche Wörter dazwischen. Trotzdem lauschten alle so aufmerksam, als wollten sie sich kein Wort entgehen lassen. Ich erinnerte mich an das Gedicht von Li Shangyin, einem Dichter aus der Tang-Zeit:

Abschied fällt schwer, doch Wiedersehen ist noch schwerer.
Matt bläst der Ostwind, die Blüten sind welk.
Tränen begleiten die Worte, bis die Kerze erlischt.

Sergej Michailowitsch war inzwischen achtzig, aber er konnte noch immer nicht stillsitzen. Mal kramte er die alten Fotos aus China hervor, dann wieder zeigte er Petra die Andenken, die er damals aus China mitgebracht hatte, dann wieder kam er und streichelte mir übers Haar und rief seine alten Kollegen von damals an, um ihnen zu erzählen, dass ich da war: «Eine gute Nachricht! Yura ist hier – ja, Yura aus Peking!»

Am Silvesterabend waren wir erneut bei Sergej Michailowitsch zu Gast. Die ganze Familie war zusammengekommen, auch seine ältere Tochter Olga, die mit ihrer ganzen Familie – mit Sohn und Schwiegertochter – angerückt war; Tanja mit ihrer Familie war auch wieder dabei. Wir tranken auf die Freundschaft, auf das Wiedersehen, auf die Perestroika und auf die Reformen in China. Sergej Michailowitsch war besonders ausgelassen an diesem Tag. Wir aßen, tranken und sangen. Die Familie hatte alles auf den Tisch gebracht, was sie in wochenlangem Schlangestehen ergattert hatte, und ich zauberte aus einer «Wundertüte» Dosen mit Fleisch und Fisch hervor, Würstchen, Schokolade, Kaffee und Wodka – alles in weiser Voraussicht aus Hamburg mitgebracht als Revanche dafür, dass sie mir damals nach Qinghai Schokolade geschickt hatten. In dieser Hinsicht waren sich Chinesen und Russen wirklich recht ähnlich. Sie zwangen uns förmlich zum Essen und zum Trinken. Und als ich sagte, ich könne keinen Bissen mehr hinunterkriegen, schnappten mich zwei von den Männern, stießen mich ein paar Mal mit den Füßen auf, damit das Essen sacken solle und Platz werde zum Weiterschmausen.

Noch zehn Minuten bis zum neuen Jahr 1988! Im Fernsehen, das die ganze Zeit lief, tauchte Gorbatschow auf, und schlagartig änderte sich die Atmosphäre im Raum. Alle hörten gespannt zu. Er berichtete über die Erfolge des zurückliegenden Jahres, sprach über die Zukunft und über die Perestroika. Erst in allerletzter Minute endete die Rede, die Zeitangabe kam, zehn, neun, acht ... Noch gerade rechtzeitig öffneten die beiden Schwiegersöhne die Sektflaschen, so dass wir beim letzten Gongschlag aufs neue Jahr anstoßen konnten.

Nach Mitternacht beherrschte plötzlich Politik die Gespräche. Die Ansichten prallten aufeinander, jeder hatte eine andere Meinung über die Perestroika. Sergej Michailowitsch wurde immer wieder von den Schwiegersöhnen und sogar von der Enkelin kritisiert, er sei zu konservativ und zu altmodisch.

Durch Sergej Michailowitsch erhielt ich die Adresse von Klara, einer ehemaligen Kollegin im Finanzministerium, die dort als Sekretärin gearbeitet hatte. Sie war Weißrussin und in der Mandschurei aufgewachsen. Ich hatte mich damals mit ihrem Mann angefreundet, Liang Tian, Sohn eines Chinesen und einer Russin, der seinerzeit als Dolmetscher beim Planungskomitee arbeitete. Ende der Fünfzigerjahre waren sie nach Russland gegangen, obwohl sie nie zuvor dort gewesen waren. Aufgrund ihrer Abstammung hatten sie in der Anti-Rechts-Kampagne erhebliche Schwierigkeiten bekommen.

Obwohl sie jetzt in einer recht passablen Wohnung lebten, kamen mir ihre Lebensumstände erschreckend ärmlich vor. Klara litt unter einem offenen Bein, erhielt aber keine adäquate Behandlung. Voller Stolz zeigten sie mir einen Sack Kartoffeln, den ihr Sohn gerade aus einem Wolgadorf mitgebracht hatte. Ich bereute, dass ich den gesamten Inhalt meiner «Wundertüte» bei Sergej Michailowitsch gelassen hatte.

«War das Leben denn immer so schlecht in Russland?», fragte ich.

«Anfangs ging es ganz gut, aber seit einiger Zeit geht es nur noch abwärts.»

Ich erzählte von der erstaunlich guten Versorgungslage in China. Inzwischen konnte man ja wirklich alles kaufen. Liang Tian lachte. «Früher haben die Chinesen von den Russen gelernt, und heute ist es genau umgekehrt. Gorbatschow zeigt großes Interesse an der chinesischen Reformpolitik. Ich sitze jetzt jeden Tag im Büro des hiesigen Planungskomitees und mache nichts anderes, als Material über die chinesischen Reformen ins Russische zu übersetzen.»

Perestroika und Glasnost beschäftigten mich weiter, als ich längst nach Deutschland zurückgekehrt war. Aus europäischer Perspektive die atemberaubenden Umwälzungen der späten Achtziger hautnah mitzuerleben, war eine große Sache für mich. Die Sowjetunion zerfiel und fand aufgrund ihrer anscheinend unlösbaren Probleme in Wirtschaft und Politik keine Zeit und Kraft mehr, die demokratischen Bewegungen in Osteuropa zu unterbinden. Jeden Tag verfolgte ich in den Medien die neuesten Entwicklungen in den sozialistischen Ländern, und mit bangem Herzen fragte ich mich, was aus China werden würde.

Das Jahr der Revolutionen

Im Frühling 1989 gingen in China die Studenten auf die Straße und forderten mehr Demokratie. Die Partei und die Regierung sollten die Korruption bekämpfen und gegen die Bürokratie vorgehen. Die Bilder, die ich täglich im deutschen Fernsehen und in den Zeitungen sah, erinnerten mich an die Studentendemonstrationen, an denen ich vor 1949 in Shanghai selbst teilgenommen hatte. Ich fand es völlig in Ordnung, dass die Studenten nach einem Gespräch mit der Führung der Kommunistischen Partei und der Regierung verlangten. Dem verweigerte sich die chinesische Führung jedoch und ließ am 26. April einen Leitartikel in der Volkszeitung veröffentlichen, in dem es hieß, hinter der Studentenbewegung stecke eine Hand voll Partei- und Chinagegner, die die Studenten aufgehetzt habe. Ich war empört. Wieso stellte die Partei eine solche Behauptung auf?

Eine halbe Million Menschen zogen nun zum Tian'anmen-Platz, um die studentische Bewegung zu unterstützen. Ihre Empörung spiegelte allerdings nicht nur die Kritik an der Regierung wider, sondern war Ausdruck des seit langem angestauten allgemeinen Unmuts über die Allmacht der Parteiführer, die heute das eine als recht definieren konnten und morgen das andere, und niemand hatte sich dareinzumischen. Hatte das Volk denn überhaupt kein Recht, seine Meinung zu äußern?

Den meisten Funktionären waren die Gründe für diesen Protest völlig unverständlich. Andererseits empfand ich es schon als positives Zeichen, dass die Parteiführung diese Bewegung überhaupt so lange duldete. Schließlich ist der Tian'anmen-Platz das politische und kulturelle Zentrum der Hauptstadt. Sechs Wochen lang hielten ihn die Studenten und die Demonstranten in Beschlag. Würde so etwas in Deutschland geduldet werden? Als der sowjetische Präsident Gorbatschow auf Staatsbesuch nach Peking kam und mit ihm Hunderte von Journalisten, fanden die Studenten für ihre Forderungen in der ganzen Welt Gehör. Ich meinte, die Studenten täten besser daran, sich nun zurückzuziehen. Schließlich braucht jede Reform Zeit. Und das Ziel, die Führung in Unruhe zu versetzen und zum Nachdenken zu bewegen, war bereits erreicht worden. Nun schien ein Punkt gekommen, an dem der Führung Zeit einzuräumen war, alles zu bedenken.

Dass die politische Führung, als sie mit ihrer Geduld am Ende war, die Studentenbewegung mit Panzern gewaltsam niederschlagen würde, hätte ich jedoch nicht für möglich gehalten. Ich war entsetzt und sagte vor Journalisten, die mich in Hamburg interviewten: «Ganz gleich, wie weit die Studenten und Demonstranten gegangen sind, die Partei und die Regierung haben nicht das Recht, mit Soldaten und Panzern gegen das eigene Volk vorzugehen. Panzer dienen zur Verteidigung gegen Angriffe von außen. Sie gegen das eigene, unbewaffnete Volk zu richten, ist großes Unrecht.»

Für einige Zeit glaubte ich mich durch diese Ereignisse jeder Hoffnung beraubt. Endlich hatte in China ein Reformprozess eingesetzt, war in der Morgendämmerung am fernen Horizont ein Funken Licht zu sehen gewesen, und schon endete alles wieder in einer Katastrophe. Das Echo auf die Niederschlagung der Protestbewegung war gewaltig. Die gesamte westliche Welt kritisierte die chinesische Politik aufs Schärfste. Manche Kommentatoren vergriffen sich jedoch arg im Ton. So war von chinesischer Grausamkeit die Rede. Andere fragten sich, wo denn Chinas vieltausendjährige Kultur geblieben sei – seltsame Verallgemeinerungen, die statt der Partei- und Staatsführung die Chinesen in ihrer Gesamtheit trafen.

Viele Stimmen im Westen forderten auch einen strengen Boykott gegenüber China. Ich fand es sehr unklug zu glauben, die kommunistischen Führer seien durch eine Blockade einzuschüchtern. Die einzig Leidtragenden wären nur wieder die einfachen Menschen. Schon in den Fünfzigerjahren hatte der Westen China boykottiert – mit dem Ergebnis, dass sich das Land der Sowjetunion zuwandte. Auch konnte Druck aus dem Westen leicht als neue Bevormundung verstanden werden und nationalistische Gefühle wecken. Die Zeit kolonialer Unterdrückung und Einschüchterung ist in China ja noch längst nicht vergessen.

Im August 1989 erschütterten mich die Nachrichten aus Ungarn, als sich Scharen von DDR-Bürgern über die offene Grenze zu Österreich nach Westdeutschland absetzten. Ich fragte einen meiner Studenten, der vor nicht allzu langer Zeit aus der DDR nach Hamburg gekommen war: «Im Vergleich zu den anderen sozialistischen Ländern ist die wirtschaftliche Situation in der DDR doch gar nicht so schlecht. Wieso sind die Menschen nicht zufrieden?»

«Wir sind nicht zufrieden, weil wir keine Freiheit haben», antwortete er knapp. «Wir haben keine freie Presse, keine freien Wahlen, wir haben kein Recht auf freie Meinungsäußerung und keine Reisefreiheit. Die aktiven Funktionäre genießen Sonderrechte, und die pensionierten Sonderrenten.»

Wie gut ich ihn verstand! «Glaubst du, dass es in der DDR auch zu solchen Unruhen kommt wie in China?»

Er nickte: «Schon möglich.»

Gebannt wie alle anderen Deutschen verfolgte ich in den nächsten Monaten die Ereignisse in der DDR, und am 3. Oktober 1990 stand ich zusammen mit Petra inmitten Hunderttausender von Menschen vor dem Reichstagsgebäude in Berlin, sang mit ihnen die Nationalhymne und jubelte über die Vereinigung von Ost und West, die ohne jedes Blutvergießen erreicht worden war. Ich als Chinese war genauso bewegt wie die vielen Deutschen um mich herum, die sich umarmten, küssten, lachten und weinten. Was für ein Wunder war diesen Menschen gelungen!

Der Tod meines Vaters

«Bruder Yuqian, Vaters Zustand ist sehr ernst! Vermutlich hat er nur noch zwei, drei Tage zu leben. Schwester Yiqian ist bereits aus Amerika eingetroffen, um von ihm Abschied zu nehmen. Ich bedaure sehr, dir diese traurige Nachricht senden zu müssen.»

Dieses Telefax meines Halbbruders Bao'er erreichte mich am frühen Morgen des 2. Dezember 1995. Noch am selben Tag flog ich nach Peking. Natürlich hoffte ich, Vater noch lebend anzutreffen und von ihm Abschied nehmen zu können.

Vater war inzwischen neunundneunzig Jahre alt. Als ich ihn im letzten Februar besucht hatte, war er schon ziemlich durcheinander gewesen. Er hielt meine Schwester Minqian, die mit mir zusammen gekommen war, für die japanische Kaiserin, und da er einst gegen die Japaner gekämpft hatte, hatte er sie mit Beschimpfungen überschüttet. Er kam nicht mehr allein zurecht und brauchte Hilfe bei allen täglichen Verrichtungen, so dass er immer jemanden zur Seite haben musste. Meine Stiefmutter, die ständig bei ihm war, hatte deshalb eine Pflegekraft engagiert. Wie oft hatte ich Vater in den letzten zwei, drei Jahren rufen hören: «Ich will hundert werden! Ich will hundert werden!» Schon als er neunzig wurde, hatten wir eine Feier für ihn ausrichten wollen, aber da verreiste er einfach und erklärte: «Erst zu meinem hundertsten Geburtstag könnt ihr eine Feier organisieren.» Jetzt fehlten nur noch acht Monate. Vielleicht würde er ja doch durchkommen und weiterleben?

Kaum saß ich im Flugzeug, gingen mir seltsame Gedanken durch den Kopf. Wenn er nun wirklich starb, wie sollte dann die Trauerfeier organisiert werden? Nach konfuzianischer Sitte hatte der erstgeborene Sohn das Sagen in der Familie. Also müsste Diqian die nötigen Entscheidungen treffen. Allerdings galten seit 1949 die Frauen als gleichberechtigt, von daher hätte Minqian als ältestes seiner Kinder die Regie zu übernehmen. Aber in unserer Familie war ja alles noch komplizierter. Wer sollte denn um Himmels willen in unserem Fall als der offizielle Vertreter unserer Familie auftreten? Meine älteren Geschwister oder die beiden jüngsten Kinder meines Vaters, die aus seiner zweiten Ehe stammten? Achtzehn Jahre alt war meine «Stiefmutter» gewesen, als sie meinem Vater in die Revolution folgte; seitdem hatte sie ihm treu zur Seite gestanden. Mittlerweile war sie auch schon Mitte siebzig. Vater hatte diese zweite Ehefrau und die beiden jüngsten Kinder immer als seine offizielle Familie angesehen.

Diqian, Minqian und auch mein Halbbruder Bao'er erwarteten mich am Pekinger Flughafen. Alle schwiegen, und an ihren ernsten Gesichtern konnte ich gleich ablesen, was geschehen war. Sie schüttelten mir nacheinander die Hand, und mein Halbbruder sagte: «Gestern Nachmittag um zehn nach zwei hat unser Vater die Welt verlassen. Eigentlich hätte er noch länger leben können, so dass du ihn noch hättest sehen und dich von ihm verabschieden können. Aber er hatte plötzlich Schleim im Hals, der ihm die Luftröhre verstopfte, und es war niemand vom Personal erreichbar, der ihm den Schleim rechtzeitig hätte absaugen können. Ich war bei ihm und habe überall nach einem Arzt oder einer Krankenschwester gesucht. Niemand war zu finden, und so ist er gestorben.»

Wir fuhren sofort zu meiner Stiefmutter. Sie begrüßte uns weinend und wiederholte immer wieder: «Ich habe mich nicht genügend um ihn gekümmert!» Jeder von uns wusste, dass dies nicht stimmte, denn sie war ursprünglich Krankenschwester, und ohne ihre stete Fürsorge wäre Vater wohl überhaupt nicht so alt geworden. Sie kam sehr schnell auf die Beerdigung zu sprechen. «Das Beraterbüro des Staatsrats hat uns mitgeteilt, dass in der Haupthalle des Babaoshan-Friedhofs eine staatliche Trauerzeremonie für euren Vater stattfinden wird.»

Welch eine Ehre! In der großen Halle des Babaoshan-Friedhofs wurden normalerweise nur für die wichtigsten politischen Größen des Landes Trauerzeremonien veranstaltet, Personen vom Rang eines Vizeministers wie mein Vater zählten nicht dazu. «Der Leiter des Beraterbüros will übermorgen herkommen», fuhr sie fort, «und mit den offiziellen Familienvertretern den Verlauf der Zeremonie besprechen. Was meint ihr, wer soll alles dabei sein?»

Peinliches Schweigen. Ich überlegte kurz: Ich war weder der Älteste, noch gehörte ich zu den Kindern aus der zweiten Ehe. So bekundete ich spontan: «Ich möchte für einen Tag nach Tianjin fahren und die Verwandten meiner Mutter besuchen.» Meine älteren Geschwister riefen sofort: «Yuqian, wir kommen auch mit nach Tianjin!»

Unsere Stiefmutter nickte erleichtert. Ein schwieriges Problem schien für sie gelöst. Ihre beiden Kinder waren eben doch die offiziellen Nachkommen unseres Vaters.

Drei Tage nach meiner Ankunft teilte uns das Beraterbüro mit, dass die Trauerzeremonie erst nach einer weiteren Woche stattfinden würde. Gleichzeitig erhielten wir einen Bericht über das Leben meines Vaters zugesandt. Gleich in der ersten Zeile hieß es: «Das herausragende Mitglied der Kommunistischen Partei, der aufrechte Kämpfer für den Kommunismus, der Berater des Staatsrats, Genosse Guan Yiwen, ist am 2. Dezember 1995 in Peking im Alter von hundert Jahren den Folgen einer schweren, unheilbaren Krankheit erlegen.» Danach folgte seine gesamte Biografie.

Später erfuhr ich von meiner Stiefmutter und meiner Halbschwester, dass an der Zeremonie einige wichtige Vertreter aus Partei und Regierung teilnehmen würden. Es würde offenbar eine hochoffizielle und politisch angehauchte Feier werden. Mir war nicht wohl bei dem Gedanken. Sollte ich als ehemaliger «Rechtsabweichler» und «Konterrevolutionär» überhaupt daran teilnehmen? Außerdem ärgerte es mich, dass die hohen Funktionäre hochgejubelt wurden, während die einfachen Leute vielerorts nicht einmal einen Platz zur Beisetzung einer Urne bekamen – obwohl doch nach alter chinesischer Tradition die Trauerzeremonie sehr wichtig war, in der die Kinder und Verwandten ihre Liebe, ihren Respekt und ihre Pietät gegenüber den Eltern bezeugten. Auch war mir natürlich unvergessen, dass Mutters Grab einer Erweiterung ebendieses Funktionärsfriedhofs wegen einfach eingeebnet worden war. Die Universität Hamburg hätte bestimmt nichts dagegen gehabt, wenn ich bis zur Trauerfeier geblieben wäre, doch ich reiste lieber schon nach wenigen Tagen wieder ab. Es zog mich zurück zu meinen Studenten.

China heute

Wenn die letzten zwanzig Jahre eine sehr glückliche Zeit in meinem Leben waren, so auch wegen der atemberaubenden Veränderungen, die ich vor allem in den Neunzigerjahren in China beobachten konnte und die meine ursprünglichen Erwartungen und Hoffnungen weit übertroffen haben. Jedes Jahr fliege ich einmal oder sogar mehrmals nach China und kann den Wandel hautnah miterleben. Ich bin zufrieden und glücklich, wenn ich sehe, über wie viele persönliche Freiheiten meine Landsleute heute verfügen. Wer konnte zu meiner Zeit seinen Beruf und seinen Einsatzort selbst wählen, geschweige denn einen Auslandsaufenthalt planen? So wie sich die Städte verändert haben, haben sich auch die Menschen verändert.

Früher galt die Marktwirtschaft als kapitalistisch, inzwischen wird sie überall in China eingeführt. Staatsbetriebe werden privatisiert oder geschlossen. Private Unternehmen schießen wie Bambussprossen nach dem Frühlingsregen aus dem Boden und expandieren in beachtlichem Tempo. Das chinesische Bankensystem passt sich allmählich dem internationalen an. In Shanghai und Shenzhen wurden Aktienbörsen eröffnet. Ich traue meinen Augen nicht, wenn ich heute durch chinesische Warenhäuser wandere und sehe, was die Menschen alles in prall gefüllten Tüten nach Hause schleppen.

Sicherlich, der Wandel vollzieht sich hauptsächlich auf wirtschaftlichem Gebiet, und es gilt noch immer die politischen Rechte der Menschen einzuklagen. Auch an Pressefreiheit ist noch nicht zu denken. Nichts fürchtet die Partei so sehr, als dass ihre Fehler der letzten 40 bis 50 Jahre öffentlich angeprangert werden. Ich denke, dass allein das Problem der grassierenden Korruption zu Unruhen führen würde, wenn sich die Zeitungen offen diesem Thema widmen könnten. Dennoch spricht man allerorten über Korruption, Bürokratie und andere aktuelle Probleme und spart nicht mit Kritik an der Partei, wenn auch meist nur in privatem Rahmen.

Vor zwanzig Jahren hat Deng Xiaoping mit seiner Reform- und Öffnungspolitik die Tür nach Westen geöffnet, und herein strömten ein frischer Wind und westliche Ideen. Viele junge Chinesen möchten das Land so schnell wie möglich von den alten Bürden befreien und das kommunistische System durch ein demokratisches ersetzen. Ich bin auch dafür, doch das braucht Zeit. Wenn das Tempo der Jugend den Reformprozess bestimmt, fürchte ich, dass er scheitern wird. Die wirtschaftliche Basis des Landes ist noch instabil. Die Einführung der Marktwirtschaft hat in den letzten Jahren die Kluft zwischen Arm und Reich dramatisch wachsen lassen. Das Lebensniveau in den reichen östlichen Küstenregionen steht in keinem Vergleich zu vielen westlichen Landesteilen, in denen Armut noch offensichtlich ist. Das allgemeine Bildungsniveau ist relativ niedrig. Auch auf diesem Gebiet hat China noch viel nachzuholen.

Noch bis nach der Kulturrevolution galt als Gesetz, was die Partei oder sogar der einzelne Parteifunktionär sagte. Heute ist diese Willkürherrschaft schon zurückgedrängt. Gesetze und Vorschriften spielen eine immer größere Rolle, auch wenn die Parteiführer noch immer glauben, sich über diese hinwegsetzen zu können. Aber immerhin, ein Anfang ist getan. Es wird noch einige Zeit dauern, bis sich in der Bevölkerung ein starkes Rechtsbewusstsein gebildet hat und die Menschen auf ihr Recht pochen. Einen Durchbruch wird es erst mit unabhängigen Gerichten geben. Ich setze meine ganze Hoffnung auf eine breite Mittelschicht, die im Laufe der Zeit mit dem weiteren Ausbau der Privatwirtschaft heranreifen sollte und ihre politischen Rechte einfordern wird.

Betrachtet man China mit westlichen Augen und legt europäische Maßstäbe an, so sind die Verhältnisse sicher noch als undemokratisch zu beklagen, und in vielerlei Hinsicht ist China gewiss auch noch rückständig. Doch aus meiner Sicht, der ich noch in der alten Gesellschaft und zwanzig Jahre unter kommunistischer Herrschaft gelebt habe, ist der Wandel großartig und ermutigend. Die Formen maoistischer Unterdrückung, die zu meiner Flucht führten, sind ebenso Geschichte wie die teils von außen aufgezwungene, teils selbst gewählte Abkapselung des Landes.

Meine Zeugin

An einem sonnigen, kalten Sonntagmorgen im Februar 2001 gehe ich wie fast jeden Tag an die Außenalster, Hamburgs schön umgrünten See, den ich schon bei meiner ersten Ankunft ins Herz schloss. Heute ist ein besonderer Tag: es ist mein Geburtstag. Petra hat mich aus dem Haus verbannt, damit sie in Ruhe die letzten Vorbereitungen für die Geburtstagsparty treffen kann. So spaziere ich allein mit unserem kleinen strubbeligen Hund Mimi am Wasser entlang. Es sind nur zwei, drei Minuten, um von unserem Zuhause in den Alsterpark zu gelangen, der das Seeufer säumt, ein Katzensprung also, und so verwundert es sicher nicht, dass ich dort bei jedem Wind und Wetter und zu jeder Jahreszeit meine Runden drehe und die ständig wechselnde Szenerie genieße.

Ich weiß nicht, wie viele Spuren meine Schritte in all den Jahren am Alsterufer hinterlassen haben. Die Alster, meine treue Freundin, ist zu einem Teil meines Lebens geworden. Sie hat mein Weinen gehört, als mich in meinen ersten Hamburger Jahren die Sehnsucht nach meiner Familie verzweifeln ließ. Dann stand ich so manche Nacht an ihrem Ufer, vertraute ihr meinen Kummer an und fasste neuen Mut, wenn ich den tröstenden Klang ihres sanften Wellenschlages hörte. Sie hat mit mir gelacht, als der Himmel meinem Leben einen neuen Frühling schenkte, mich inspiriert, wenn ich an Artikeln oder Büchern arbeitete, und sie strahlte, als ich ihr nach so langen Jahren endlich meinen Sohn präsentieren konnte. Zu niemandem kann ich so großes Vertrauen haben wie zu ihr, niemand hört mir so geduldig zu.

Jetzt, in der Abenddämmerung meines Lebens, blicke ich zurück auf all meine Erlebnisse und Erfahrungen. So manches Mal setzte ich alles auf eine Karte, musste lebensbedrohliche Situationen überstehen und Rückschläge einstecken. Doch immer wieder konnte ich auch Erfolge verbuchen, und unzählige Male wurde mir wertvolle Hilfe zuteil. Ich habe geliebt und gehasst, habe Glück und Pech gehabt – all dies gehört zur Symphonie meines Lebens.

Ich muss zugeben, dass mich häufig blinder Optimismus leitete. Voller Enthusiasmus umarmte ich als junger Mann eine neue Epoche, in die ich alle Hoffnungen setzte. Ich wäre gern ein Held gewesen, der tapfer für sein Vaterland kämpft. Zu spät erkannte ich, dass meine Begeisterung von mangelnder Erfahrung und ungenügender Besonnenheit herrührte. Ich war immer sehr spontan und euphorisch und bedachte selten die Folgen.

Optimismus und Tapferkeit können aus dem Leben eines Menschen ebenso gut eine Komödie wie auch eine Tragödie machen. Mein merkwürdiges Schicksal trägt Züge von beidem. Ein chinesischer Freund sagte einmal zu mir: Niemand sonst als du hätte es gewagt, in Zeiten wie der Kulturrevolution einen japanischen Pass aus der Schublade zu ziehen und damit zu flüchten. Er hat wahrscheinlich Recht, doch mehr als Mut war es wohl mein unerschütterlicher Drang nach Freiheit gewesen, der mich damals so handeln ließ. Ich bin dankbar für die wunderbaren Fügungen in meinem Leben. Wie in jungen Jahren liebe ich noch immer diese Welt und verfolge mit Spannung das Zeitgeschehen. Das Einzige, was ich zutiefst bedaure, ist das Unheil, das ich meiner Mutter, meinen Geschwistern und meiner Familie zugefügt habe.

Jede Generation hat wahrscheinlich ihr eigenes Verständnis von Heimat. Meine Generation, die noch die Unterdrückung durch ausländische Mächte erlebt hat, ist sicherlich tiefer mit der Heimat verbunden als manche jungen Leute im heutigen China, die nur die Unterdrückung durch das kommunistische System kennen lernten. Nach alter konfuzianischer Sichtweise ist das Vaterland wie eine Mutter, die, ganz gleich wie arm oder hässlich sie ist und wie sehr sie ihr Kind züchtigt, doch immer geliebt und geachtet wird.

Jetzt, Mitte Februar, blühen im Süden meiner alten Heimat China schon die Blumen, doch hier im Norden Europas ist es noch frostig kalt. Ich ziehe die Mütze tief in die Stirn und beschleunige meinen Schritt, um mich zu wärmen. Gedanken schwirren mir durch den Kopf, Erinnerungen an vergangene Tage. Ich bin ein Kind des Ostens und ich lebe im alten Europa. Ich schaue auf die Alster und denke an den Nördlichen See im Pekinger Beihai-Park und an den Westsee in Hangzhou. So fern der Heimat fühle ich mich doch eng mit ihr verbunden, und trotz der vielen Pein, die mein Schicksal für mich bereithielt, bin ich ein unerschütterlicher Optimist geblieben, der das Leben und die Freiheit liebt. Die Alster ist meine Zeugin.

Danksagung

Schon vor 30 Jahren hatte ich die Idee, meine Erlebnisse in China schriftlich festzuhalten, und ich begann, mir Notizen zu machen und Material zu sammeln. Doch erst in den letzten fünf Jahren fand ich Muße, diesen zunächst noch vagen Plan zu realisieren. Während dieser Zeit erhielt ich von all meinen Freunden und Kollegen kostbare Hilfe.

Zuallererst möchte ich meiner Frau und Lebensgefährtin Petra Häring-Kuan danken, die von Anfang an an dieses Projekt geglaubt hat. Ohne ihre moralische Unterstützung und ihren großen Arbeitseinsatz hätte ich dieses Vorhaben wohl nie vollenden können.

Großen Dank schulde ich auch meiner ehemaligen Studentin, der Sinologin Britta Manske. Mit bewundernswerter Geduld setzte sie über anderthalb Jahre hinweg mit mir zusammen die zunächst auf Chinesisch verfassten Ausführungen in eine deutsche Rohfassung um und tippte sie in den Computer.

Mein Freund und Kollege Dr. Hans-Wilm Schütte nahm die mühselige Arbeit auf sich, mein Manuskript von über tausend Seiten gründlich zu redigieren und es in die vorliegende Form zu bringen.

Wertvolle Verbesserungsvorschläge bekam ich von meinem Doktorvater, dem Sinologen Prof. Dr. Wolfgang Franke. Zu den kritischen Erstlesern meines Manuskriptes gehören Prof. Dr. Bernd Eberstein, Prof. Dr. Hans Stumpfeldt, Harald Clapham, und Prof. Dr. Stefan Blessin. Ihnen allen sei Dank, ebenso meinem Kollegen Dr. Zhu Jinyang, mit dem ich vor allem zu Beginn meiner Arbeit immer wieder Aufbau und Struktur diskutiert habe.

Ganz besonders danke ich Dr. Henry Fok aus Hongkong für seine vielseitige Unterstützung.

Nicht zuletzt möchte ich auch meinem Agenten Joachim Jessen von der Thomas Schlück GmbH Dank sagen, der für mich die Suche nach einem Verlag übernahm, sowie Peter Lohmann vom Scherz Verlag, der mein Manuskript sofort akzeptierte.

Was aus ihnen geworden ist …

Die meisten Leser meines Manuskriptes fragten mich prompt: «Was ist aus Lucy geworden, aus Meizhen, deinem Sohn und den anderen?» Ich möchte es deshalb nicht versäumen, hier noch ein paar Informationen über deren weiteren Lebensweg anzufügen.

Nach einem Studium der Wirtschaft und neuen Informationstechnologien pendelt mein Sohn Xin als erfolgreicher, weltgewandter Geschäftsmann zwischen den USA und China hin und her. Besonders glücklich macht mich seine herzliche Beziehung zu Petra, mit der er vieles besser besprechen kann als mit mir. Wann immer es zwischen Vater und Sohn zu Differenzen kommt, ist sie es, die vermittelnd eingreift und auf beiden Seiten für Verständnis wirbt. So ist es zum Teil ihr Verdienst, dass mich mit Xin nicht nur eine enge Vater-Sohn-Beziehung, sondern auch eine innige Freundschaft verbindet. Ein- bis zweimal im Jahr besuchen wir ihn, und gelegentlich legt er auf seinen Geschäftsreisen einen Abstecher nach Hamburg ein. Da er meine Reiselust geerbt hat, gehen wir ab und zu gemeinsam auf große Fahrt und haben neben China und einigen europäischen Ländern auch Australien, Indonesien und Ägypten besucht.

Meizhen, Xins Mutter, ging vor mehr als zehn Jahren als Englischlektorin zu einem Forschungsaufenthalt an die California State University in San Francisco. Dank Xins Hilfe konnte sie in Amerika bleiben. Wie eine Ironie des Schicksals kam es mir vor, als sie – nun selbst eine Schwiegermutter – nach alter chinesischer Tradition zu unserem Sohn zog, um ihrer Schwiegertochter im Haushalt und bei der Betreuung des Babys zu helfen. Dieses Experiment ging allerdings gründlich schief. Ich habe sie nie mehr gesehen, im Gegensatz zu meinen Geschwistern, die sie bei Reisen durch die USA besucht haben.

Auch meine Jugendliebe Lucy habe ich nie wieder gesehen. Von ehemaligen Klassenkameraden erfuhr ich, dass sie in Hongkong geheiratet und zwei Kinder bekommen haben soll. Später sei sie in die USA gegangen. Ich denke oft an Lucy, und je älter ich werde, desto mehr erkenne ich ihr aufrechtes, großzügiges Wesen. Manchmal stelle ich mir vor, wie sie als grauhaarige Frau und mit einer Brille auf der Nase in einem meiner Bücher liest.

Onkel Zehn musste sich 1962 einer Blinddarmoperation unterziehen, die er aufgrund ärztlichen Versagens nicht überstand. Im Nachhinein betrachtet war es vielleicht ein Glück für ihn, denn der Kulturrevolution wäre er mit Sicherheit zum Opfer gefallen.

Mit meinen Geschwistern Minqian und Diqian verbindet mich auch nach den langen Jahren der Trennung eine enge Beziehung. Ich bewundere die beiden, die ihr Leben lang für die hehren Ziele der Revolution gekämpft und den Glauben an sie bis heute nicht verloren haben, obwohl sie vor allem in der Kulturrevolution so viel Unrecht erdulden mussten. Wenn alle chinesischen Kader so ehrlich und aufrichtig wären, gäbe es in China keine Korruption. Nach den bitteren Erfahrungen mit ihren früheren Ehepartnern sind beide wieder glücklich verheiratet, Schwester Minqian mit einem pensionierten Piloten und Bruder Diqian mit einer Elektroingenieurin. Minqian ist nach langjähriger Tätigkeit im Allchinesischen Frauenverband trotz ihres Alters von über siebzig Jahren noch immer sehr aktiv. Sie gibt Englischunterricht, organisiert Seniorinnenprogramme, singt in verschiedenen Chören und unternimmt weite Reisen durch das In- und Ausland. Das Reisen liegt uns drei Geschwistern wohl im Blut, denn auch mein Bruder schaut sich am liebsten fremde Länder an, was er besonders in Europa mehrmals ausgiebig getan hat. Nach seiner Pensionierung leitete er mehrere Jahre lang den Pekinger Journalistenverein und ist bis heute weiterhin journalistisch tätig.

Nach meinem Sohn Xin zog auch meine Halbschwester Yiqian nach San Francisco, um wie unser Vater Anglistik zu studieren. Heute lebt sie dort als selbständige Geschäftsfrau. Vor zwei Jahren ging auch mein Halbbruder Bao'er in die USA. Er arbeitet als Computer- und Softwareexperte im Silicon Valley. Die Mutter der beiden lebt mit ihrer Schwiegertochter in Peking. Ich besuche sie, wann immer ich mich in Peking aufhalte.

Seit meiner ersten Rückkehr nach Peking und Shanghai 1981 stehe ich wieder in nettem Kontakt mit alten Freunden und Kollegen. So wird zum Beispiel jeder Besuch in meiner Heimatstadt Shanghai mit einem Klassentreffen gefeiert, zu dem sich immer zehn bis fünfzehn Personen einfinden, denn die meisten meiner Schulkameraden sind in Shanghai geblieben. Auch mit den befreundeten Kollegen aus dem Finanzministerium und dem Friedenskomitee treffe ich mich regelmäßig. Wie ein böser Traum kommt es uns vor, wenn wir uns an die vergangenen politischen Bewegungen erinnern. Meine Freunde aus der «Qinghai im Bild» durften erst nach zwanzig Jahren nach Hause zurückkehren und leben heute in Peking, Nanking und Suzhou. Mein treuer Freund Robby starb leider schon mit Mitte sechzig an Krebs.

Nachwort

Der Lebensweg Y. C. Kuans ist einzigartig. So unvorstellbar war seine Flucht aus dem China der Kulturrevolution, dass die Gäste im chinesischen Salon von Frau Flatow ihn sich noch Jahre später nur als Spion denken konnten. Für die Grenzbeamten, Reisebüromitarbeiter und seine Kollegen im Friedenskomitee lag die Idee, einer der Ihren könnte mit einem fremden Pass das Land verlassen, trotz aller kulturrevolutionären Auslandsparanoia derartig fern, dass alle Sicherungen versagten und das tollkühne Wagnis gelingen konnte. In Ägypten war Kuan ob seiner Seltenheit «der Chinese» schlechthin, in Hamburg, dieser Stadt mit traditionsreicher Internationalität, zur Zeit seiner Ankunft – und wohl noch für einige Jahre länger – der einzige Chinese aus der VR China.

Das Ungewöhnliche an seiner Biographie jedoch lässt das Allgemeine seines Schicksals umso deutlicher hervortreten. Ein Großteil der städtischen intellektuellen Jugend zu seiner Schulzeit befand sich wie er im Widerspruch zwischen Amerikaverehrung und Amerikaverachtung, zwischen Enttäuschung über die eigene Regierung und dem Wunsch, auf das Chinese-Sein stolz sein zu können. In keiner chinesischen Autobiographie stellte sich dieser Widerspruch mit seinen Hintergründen bislang so deutlich dar wie hier – ein Widerspruch übrigens, der das chinesische Bewusstsein vor allem der Jugend bis heute prägt. Als die Kommunisten siegten – ein Ereignis, das mit dem noch heute üblichen Wort «Befreiung» sehr zwiespältig benannt wird –, schien der Wunsch nach mehr Gerechtigkeit, nationaler Selbstbestimmung und Größe zunächst wahr zu werden. Aber die Partei verstand nicht, den nicht nur unter der Jugend verbreiteten Enthusiasmus zu stärken und zu bündeln, sondern stürzte sie in Gewissenskonflikte, raubte ihnen die Freude und erzog sie zu Denunzianten. Das ganze chinesische Drama der Fünfziger- und Sechzigerjahre, das, wo nicht Tote, so doch gebrochene Rückgrate und Opportunisten en masse hinterließ, entfaltet sich an Kuans Beispiel vor unseren Augen. Es war die in der Geschichte vielfach wiederholte Tragödie des verlorenen Friedens nach gewonnenem Krieg. Der große Visionär Mao machte das Land, das so arm war, dass es sich keinerlei Experimente hätte leisten dürfen, zum Versuchsfeld seiner kommunistischen Utopie und die Bürger seines Landes zu Sklaven eines Parteiapparats, der immer wieder bis in privateste Belange hinein regierte. Maos naiver Glaube an die allverwandelnde Kraft der Massen wurde gleichzeitig zur Tragödie wie zur Farce. So unantastbar war, was er anordnete, und so unbezweifelbar, was er sagte, dass Kuan in Qinghai den Bau von Bewässerungsanlagen an einem Ort erleben konnte, wo es kein Gewässer gab, sie zu füllen, dass er erfuhr, wie Kochgeschirr geschmolzen wurde für ein Kantinenkonzept, dessen Absurdität allen bewusst war und das die «Verantwortlichen» dennoch umsetzten – aus Untertanengeist und aus Angst.

Herrschaft durch Angst war es auch, was das Geheimnis der Gehirnwäsche ausmachte, wie sie Kuan eindringlich schildert. Der Verzicht auf alle «weltlichen» Freuden, das Bekenntnis eines falschen Bewusstseins und eines – wenn auch nicht so genannten – sündigen Lebens in der vorrevolutionären Vergangenheit brachen die persönliche Identität der jungen Leute, verlangten von ihnen eine quasi religiöse Hinwendung zur neuen, absolut gesetzten Lehre und ließen sie die Mitgliedschaft in einer Politsekte anstreben zu einer Zeit, als diese längst kein gefährdeter Geheimbund in der Diaspora mehr war, sondern das größte Volk der Erde regierte. Aus der Kriegs- in die Friedenszeit übernahm die Partei die Geheimbündelei und ihre Feindbilder. Längst waren Grundherren und Kapitalisten entmachtet, da wurden sie und ihre Kinder noch und noch als Konterrevolutionäre entlarvt, mussten Verbrechen gestehen, die sie nicht begangen hatten. Anderes erbte die Partei, obzwar Kind der antikonfuzianischen Bewegung vom 4. Mai 1919, aus der konfuzianisch-kaiserlichen Vergangenheit: den Einsatz von Sippenhaftung als Kontroll- und Strafinstrument, ebenso die Sexualmoral und die Ablehnung spontaner Lebensäußerungen. Auch das abgekapselte Leben der Oberschicht, die sich allerlei libertinöse Freiheiten erlaubte, war typisch für das Fortwirken eines konfuzianischen Erbes unter umgekehrtem ideologischem Vorzeichen. Kuans Vater, der hoch geehrte Patriot und Widerstandskämpfer, nahm sich eine zweite Frau, ohne von der ersten geschieden zu sein, und Ministerpräsident Zhou bat zum Gesellschaftstanz, während Kuan wegen des bloßen Gedankens, aus Amerika könne irgendetwas Gutes kommen, zur Selbstkritik gezwungen worden war. Dabei gab sich die Partei ebenso als allwissend, wie sich ihre hingebungsvollen Adepten zynisch-lebensverachtend gebärdeten. Dank ihrer Legitimität, die sie im revolutionären Kampf gegen ein korruptes Regime errang, folgten ihr alle, fast alle, in einer Serie von Kampagnen, die vom Alten und Ausländischen nichts gelten lassen wollten, während sie doch konfuzianischen Untertanengeist auf die Spitze trieben und proletarischen Internationalismus propagierten. Sogar die Experten, die die sowjetische

Brudernation geschickt hatte, wurden, wie Kuan schildert, jahrelang privat isoliert.

Bei alldem scheint aber auch eine zweite Seite des Lebens im China Mao Zedongs auf: Für die meiste Zeit blieben den Menschen mal größere, mal kleinere private Freiräume, in denen sie sie selber sein konnten. Da zieht der Student Kuan mit einigen Kommilitonen heimlich in den Park, wo man nach Herzenslust herumflachst, da verdient er mit privaten Übersetzungen russischer Werke ein halbes Vermögen, da beschafft der befreundete Fernfahrer ihm ein Hotelzimmer, wo er mit der Geliebten als angeblicher Schwester zusammen sein kann, ohne dass jemand nachfragt. Bei ethnischen Minderheiten, die er in Qinghai besucht, lernt er Gegenwelten kennen, die als Inseln des Glücks erscheinen. Haben die politischen Kampagnen mal Pause, werden bürgerliche Freiheiten auch im öffentlichen Leben wieder toleriert: Da organisiert Kuan Tanzpartys für die Kommilitonen, da spielt er im «Werktätigenorchester» klassische westliche Musik, da speist er mit seiner Meizhen im Edellokal Gerichte, wie der Kaiser sie aß. So wahrten sich viele nicht nur ihre kleinen Fluchten, sondern auch ihre Würde. «Bleib, wie du bist!», bat ihn der alte Zhao, als die Flutwelle der Anti-Rechts-Kampagne über ihn hereingebrochen und er als Rechtsabweichler gebrandmarkt worden war. Beide, der alte Zhao und Kuan ebenso wie Robby, Lucy und viele andere ebenso außerhalb wie innerhalb der Partei hatten sich einen Sinn für menschlichen Anstand, für allgemeinmenschliche Werte bewahrt.

Vollends zerstört wurde diese Zweitexistenz in den vorwiegend privaten Refugien erst in der Kulturrevolution. Nicht nur bei Kuans Familie tilgte diese gründlichste und furchtbarste aller politischen Bewegungen weithin die letzten Schlupfwinkel persönlicher Freiheit und Würde. Wer nicht als Konterrevolutionär gedemütigt wurde, stand bald als Rechtsabweichler am Pranger. Schließlich, als Kuan schon in Deutschland ist, trifft es Maos treuesten Kampfgenossen Lin Biao und posthum gar die einzige wirkliche politische Eminenz, die es an Maos Seite ausgehalten hat und mit ihm und für ihn das China der Fünfziger-, Sechziger- und frühen Siebzigerjahre geprägt hat: Ministerpräsidenten Zhou Enlai.

In dem Maße, in dem sich die Partei ihr eigenes Glaubwürdigkeitsgrab grub – bis nach Maos Tod völlig überdeckt vom Personenkult um den «großen Steuermann» –, kehrte in Volk und Staat das Bewusstsein der Notwendigkeit von Freiheit zurück, gewährt zunächst in Form der Erlaubnis für die Bauern, in kleinem Rahmen Privatgärten zu bewirtschaften und eventuelle Überschüsse daraus auf dem freien Markt zu verkaufen. Solche Zugeständnisse, noch zu Zeiten Maos eingeräumt, weiten sich nach seinem Tod rasch aus. Auch die Partei zieht Konsequenzen aus der Serie mörderischer Desaster in Wirtschaft und Politik. Als Kuan dann 1981 endlich offiziell in seine alte Heimat zurückkehren kann, hat die Lage, keine fünf Jahre nach Maos Tod, bereits begonnen, sich tief greifend zu wandeln, hat China begonnen, den Weg zu einer Freiheit zu beschreiten, die Kuan, ohne sich dessen zunächst selbst recht bewusst zu sein, gesucht hat, als er floh, und deren Natur er – als Gedanken-, Meinungs- und Bewegungsfreiheit – erst völlig begriff, als er nach Deutschland kam.

Doch nicht nur die Suche nach Freiheit erscheint als ein Leitmotiv seines Lebens, sondern auch die Heimatliebe. Stets blieb er China tief verbunden, nie verlor er auch die positiven Leistungen der chinesischen Revolution aus dem Blick, die seiner Nation eine teils von außen geraubte, teils in innerer Korruption verspielte Würde zurückgegeben hatte. Sein Lebensweg aber machte ihn zu einem wahren Weltbürger, dessen Leben unter zwei Himmeln – dem seiner eigentlichen Heimat China und dem seiner mit Mühe errungenen zweiten Heimat Deutschland – über beider Horizonte hinausreicht. Die Leser seiner politischen Kommentare, die seit vielen Jahren regelmäßig in der Hongkonger und Singapurer chinesischen Presse erscheinen, wissen dies am besten.

Hans-Wilm Schütte

Erläuterungen zur Umschrift

Zur Lateinumschrift chinesischer Zeichen hat sich mittlerweile das so genannte Pinyin durchgesetzt. Es wird auch in diesem Buch angewandt, wobei jedoch auf eine Wiedergabe der Tonakzente verzichtet wurde. Daher erscheint der Name des Autors, der sich gemäß den Gepflogenheiten, die zu seiner Kindheit galten, sonst «Kuan Yu-chien» schreibt, im Text als «Guan Yuqian». Auf folgende Besonderheiten der Pinyin-Schreibung sei hingewiesen:

c sprich wie tz
ei sprich wie eh in «Weh»
ch sprich wie tsch in «deutsch»
j sprich wie dj
q sprich wie tch in «Lottchen»
sh sprich wie sch
x sprich wie ch in «ich»
z sprich wie s in «Sonne» mit einem d davor
zh sprich wie dsch in «Dschunke»

In folgenden Fällen haben wir uns, abweichend von Pinyin, an historisch eingebürgerte Schreibweisen gehalten:

Jangtse (in China stets: Changjiang)
Jiang Kaishek (Pinyin: Jiang Jieshi)
Nanking (Pinyin: Nanjing)
Peking (Pinyin: Beijing)
Sun Yatsen (Pinyin: Sun Yixian, in China heute stets: Sun Zhongshan, eigentlicher Name: Sun Wen)
Taipei (Pinyin: Taibei)

Jiang Kaishek und sein Sohn Jiang Jingguo sind gemäß der in Taiwan vorherrschenden (uneinheitlichen) Umschriftformen im Westen vor allem in den Schreibungen Chiang Kai-shek (deutsch auch: Tschiang Kaischek) bzw. Chiang Ching-kuo bekannt.

Inhalt

Kindheit
(1931–1945)

Jugend
(1945–1949)

Auf dem Weg zum Revolutionär
(1949)

Studienzeit
(1949–1953)

Der Dolmetscher
(1953–1958)

In der Verbannung
(1958–1962)

Der Organisator
(1962–1968)

In Ägypten
(1968–1969)

Aufbruch ins zweite Leben
(1969–1977)

Der Kreis schließt sich
(1978–2001)